COURS

DE

DROIT DIPLOMATIQUE

II.

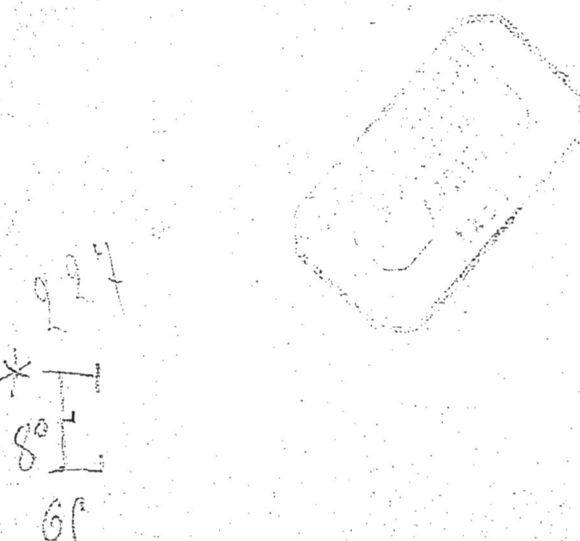

COURS

DE

DROIT DIPLOMATIQUE

A L'USAGE

DES AGENTS POLITIQUES DU MINISTÈRE

DES AFFAIRES ÉTRANGÈRES DES ÉTATS EUROPÉENS

ET AMÉRICAINS

ACCOMPAGNÉ

de pièces et documents proposés comme exemples des offices divers qui sont du ressort de la diplomatie

PAR

P. PRADIER-FODÉRÉ

Chevalier de la Légion d'honneur; Officier d'Académie;
Fondateur et Doyen honoraire de la Faculté des Sciences Politiques et Administratives de l'Université de Lima;
ancien membre du Conseil supérieur de l'instruction publique du Pérou.

TOME SECOND

PARIS

A. DURAND ET PEDONE-LAURIEL, ÉDITEURS

Libraires de la Cour d'Appel et de l'Ordre des Avocats

G. PEDONE-LAURIEL SUCCESSEUR

13, Rue Soufflot, 13

1881

COURS

DE

DROIT DIPLOMATIQUE

CHAPITRE XI.

Droits et immunités des ministres publics. — Coup d'œil rétrospectif. — Quelles sont les prérogatives des ministres publics? — Origine et raison justificative de ces prérogatives. — L'inviolabilité. — Droit français. — Législations étrangères. — Question de l'inviolabilité appliquée aux envoyés des gouvernements étrangers près du Saint-Siège, et des envoyés du Saint-Siège près des gouvernements étrangers. — Loi péruvienne. — A quoi l'inviolabilité des ministres publics s'applique-t-elle ? — Point de départ de l'inviolabilité. — Jusques à quand dure-t-elle? — Des représailles peuvent-elles justifier des actes de violence contre un ministre public? — Le ministre offensé peut-il se faire droit lui-même de l'offense qu'un particulier lui aurait faite ? — Attaques par la presse. — Cas du chargé d'affaires britannique, du journal *El Comercio* et du journal *La Voz del pueblo*. — Loi française. — Sanction de l'inviolabilité. — Cas où cesse l'inviolabilité. — Position du ministre public à l'égard des tierces Puissances. — L'indépendance. — L'exterritorialité. — Base de la prérogative de l'indépendance. — Conséquences de l'indépendance. — 1° Immunité des impôts. — Impôts que le ministre public ne paye pas. — Impôts personnels directs. — Logement des gens de guerre. — Impôts sur le capital et sur le revenu. — Décimes de guerre. — Droits de douane. — Gouvernement péruvien. — Résolution du 11 juillet 1829. — Décret du 15 juillet 1845. — Cas de M. D.-J.-A. Garcia y Garcia, en 1868. — Correspondance entre le ministre des États-Unis d'Amérique et le ministre des relations extérieures du Pérou, en 1870, au sujet de l'exemption des droits de douane. — Résolutions du 26 juillet 1865 et du 4 juillet 1874. — Impôts que le ministre public doit payer. — Observation relative à l'immunité des impôts. — Le ministre public peut-il prétendre à ces immunités, sur le territoire d'une tierce Puissance.

Droits et immunités des ministres publics. — Coup d'œil rétrospectif.

C'est une tradition ancienne et universelle, que celle qui a porté toutes les nations policées à entourer de prestige et de respect les fonctions diplomatiques. Les républiques de Grèce et de Rome ont laissé des témoignages de la vénération qu'elles professaient pour le caractère des ambassadeurs. A Athènes, lorsqu'un ambassadeur venait à succomber pour la défense des intérêts de son pays, une statue rappelait sa mémoire à la reconnaissance de la postérité. Philippe, roi de Macédoine, ayant menacé de mort un ambassadeur athénien, le négociateur avait noblement bravé cette violence en répondant qu'au lieu d'un corps périssable sa patrie lui rendrait une effigie immortelle. Les annales romaines offrent de mémorables exemples de la rigueur avec laquelle le sénat sévissait contre toute atteinte à la dignité de ceux qui étaient revêtus du caractère diplomatique. Aucune protection ne pouvait dérober au châtiment ceux qui étaient accusés d'une offense quelconque envers les représentants de Rome ou d'une nation alliée. Les coupables étaient aussitôt livrés à cette nation, quelle que fût leur condition. La république les abandonnait à la légitime vengeance du peuple outragé dans la personne de ses ambassadeurs. L'inviolabilité diplomatique paraissait tellement sacrée aux anciens, qu'ils reconnaissaient la nécessité de l'observer même envers les ennemis.

Térence a pu dire sans exagération que les ambassadeurs sont « la voix des empires ». Procope affirma plus tard que les histoires ne mentionnent pas l'existence d'une nation assez barbare pour méconnaître systématiquement et de parti pris « l'inviolabilité quasi-divine du caducée de la diplomatie ». Toute offense envers un ambassadeur était en effet qualifiée de sacrilège. Si l'on vit, en dépit de ces maximes, le sénat athénien condamner des ambassadeurs à mort, pour n'avoir point, dans leur voyage, suivi la route qui leur était prescrite ; si l'on vit Antoine soumettre à un supplice infamant un délégué romain qui avait refusé de se prosterner devant Cléopâtre, il faut mettre ces violences au compte du relâchement des mœurs, et ne les attribuer qu'à l'effet d'une décadence générale. Chez les anciens, le caractère sacré de l'envoyé était la règle ; la violation de ce caractère était l'exception ; et toujours cette exception était suivie de terribles châtiments.

Ce principe antique traversa les époques brutales du moyen-âge, et reçut une nouvelle consécration des faits, non cependant sans que la règle ne fût souvent violée, mais aussi avec des répressions sévères contre les violateurs. Quand on considère l'état des mœurs pendant le XVIe siècle, par exemple, qui offre un mélange si extraordinaire de civilisation et de barbarie, on demeure frappé du respect que la législation et la coutume accordaient aux fonctions diplomatiques. C'est sans doute au droit romain qu'il faut attribuer cet effet. La législation romaine était alors en vigueur dans une grande partie de l'Europe méridionale, et l'on comprend toute l'influence que devaient exercer ses maximes sur un temps que son culte pour l'antiquité devait illustrer.

On peut donc affirmer que toutes les nations se sont accordées dans le passé et s'accordent dans le présent à reconnaître le principe du respect dû au caractère des ministres publics. L'histoire est pleine d'enseignements à cet égard, et il y a aussi des lois écrites, ainsi que des monuments de jurisprudence, qui consacrent le principe avec ses applications rationnelles. On ne peut, à ce propos, omettre de citer le fragment 17 de Pomponius, au livre L, titre VII, du Digeste (1) : « *Si quis legatum hostium pulsasset, contra jus gentium id commissum esse existimatur, quia sancti habentur legati; et ideò, si cum legati apud nos essent gentis alicujus bellum cum eis indictum sit, responsum est liberos eos manere : id enim juri gentium conveniens esse; itaque eum qui legatum pulsasset, Quintus Mucius dedi hostibus quorum erant legati, solitus est respondere...* » Ainsi donc, d'après ce texte, celui qui a frappé l'envoyé d'un peuple étranger a violé le droit des gens, qui n'était autre que le droit naturel, d'après la doctrine des jurisconsultes romains, et ce violateur doit être livré au peuple qu'il a outragé dans la personne de son envoyé. Il est vrai que le fragment 7 d'Ulpien, du Digeste également, livre XLVIII, titre VI (2), porte ce qui suit : « *Lege Juliâ de vi publicâ tenetur, qui cum imperium potestatem ve haberet, civem romanum adversùs provocationem necaverit, verberaverit, jusserit ve quid fieri, aut quid in collum injecerit, ut torqueatur. Item quod ad legatos, oratores, comites ve attinebit, si quis eorum quem pulsasse, et sive injuriam fecisse arguetur.* » Aux termes de ce texte, celui qui avait frappé un envoyé ne devait être puni que comme coupable de violence pu-

(1) *De legationibus.*
(2) *Ad legem Juliam, de vi publicâ.*

blique. On explique cette contradiction en disant qu'il ne s'agit pas, dans ce fragment d'Ulpien, des envoyés, des ambassadeurs d'un peuple étranger, mais seulement des députés envoyés à Rome par quelque cité ou province.

Un des premiers préceptes du Coran est de respecter les ministres publics et de les traiter comme des personnes sacrées et inviolables.

Vicquefort rappelle une loi hollandaise de 1651, qui défendait expressément à tous « d'offenser, endommager, injurier de paroles, de fait ou de mine, les ambassadeurs, résidents, agents ou autres ministres des rois, princes, républiques, ou autres ayant la qualité de ministres publics, ou leur faire injure ou insulte directement ou indirectement, en quelque façon ou manière que ce puisse être, en leurs personnes, gentilshommes de leur suite, valets, maisons, carrosses, etc., à peine d'être punis corporellement comme violateurs du droit des gens et perturbateurs du repos public (1). »

La Russie, en 1708, livra un de ses sujets qui avait insulté l'envoyé britannique. L'Angleterre elle-même, par suite des représentations du czar qui se plaignait que le carrosse de son ambassadeur eût été arrêté par un créancier de celui-ci, dut faire poursuivre l'offen-

(1) Vicquefort, *L'ambassadeur et ses fonctions*, livre Ier, sect. 2. Voici la loi hollandaise dont Wicquefort a conservé le texte : « Les chevaliers, les nobles et villes de Hollande et de West-« frise, représentants les États de la même province, à tous ceux « que ces présentes verront, salut.

« Suivant le droit des gens, et même celui des barbares, les « personnes des ambassadeurs, des résidents, des agents et des « autres semblables ministres publics des rois, princes et répu-« bliques, sont tenus partout dans une si haute considération, « qu'il n'y a aucune personne, quelle qu'elle puisse être, qui « ose les offenser, injurier on endommager ; et qu'ils sont au « contraire en possession d'être respectés, hautement considérés « et honorés de chacun : néanmoins, qu'il est parvenu à notre « connaissance que quelques gens insolents, emportés et dissolus, « ont eu la témérité de faire et entreprendre le contraire de ce « que dessus, à l'égard de quelques ministres publics, envoyés à « cet État, et résidant en notre province ;

seur et adopter une loi punissant un pareil fait. Cette loi, du 21 avril 1709, considérait comme violateurs du droit des gens et perturbateurs de la tranquillité publique, ceux qui attentaient à l'inviolabilité des ambassadeurs et des autres ministres des princes et États étrangers. Ils devaient être punis extraordinairement. Un pouvoir illimité pour proportionner la peine à l'outrage était conféré à trois principaux juges du royaume (1).

En 1728, un individu fut condamné à mort, en Suède, pour avoir publiquement insulté l'ambassadeur de Louis XV. En Suisse, une réparation fut offerte au ministre anglais, dont quelques débauchés avaient insulté l'hôtel, et si elle ne fut pas donnée, c'est que le minis-

« A quoi voulant pourvoir, nous avons trouvé bon d'ordonner « bien expressément, par notre présente déclaration, de statuer « et de défendre bien sérieusement, ainsi que nous ordonnons, « statuons et défendons, que personne, de quelque nation, état, « qualité ou condition qu'il puisse être, n'offense, endommage, « injurie de paroles, de fait ou de mine, les ambassadeurs, rési- « dents, agents ou autres ministres des rois, princes, républiques « ou autres ayant la qualité de ministre public, ou leur fasse « injure ou insulte directement ou indirectement, en quelque « façon ou manière que ce puisse être, en leurs personnes, « gentilshommes de leur suite, valets, maisons, carrosses et « autres choses qui leur puissent appartenir ou dépendre « d'eux, à peine d'encourir notre indignation, et d'être punis « corporellement comme violateurs du droit des gens et pertur- « bateurs du repos public : le tout, selon la constitution et l'exi- « gence des cas.

« Ordonnons à tous les habitants de cette province et à tous « ceux qui s'y trouveront, qu'au contraire de ce que dessus, ils « aient à faire tout honneur, et à rendre tout respect à ces mi- « nistres, même de leur donner, comme aussi à leur suite, tout « aide, et de contribuer à ce qui pourra servir à leur honneur, « et aider à leur service et commodité.

« Ordonnons et commandons au premier et autres conseillers « de la cour de cette province, comme aussi à tous officiers et ma- « gistrats et à tous ceux qu'il appartiendra, de procéder contre « les transgresseurs, par l'exécution des peines ci-dessus men- « tionnées, sans connivence ou dissimulation quelconque.

« Fait à La Haye, sous notre grand sceau, le 29 mars 1651. »

(1) Blackstone, *Commentaires sur les lois anglaises*, livre I,

tre répondit dignement qu'il y avait eu erreur. On sait quelles réparations exigèrent François Ier pour la condamnation prononcée à Milan contre son ambassadeur; le Directoire, pour le meurtre des plénipotentiaires français au congrès de Rastadt; Charles X, pour l'insulte faite à son ministre par le dey d'Alger, etc.

En 1810, un événement récent venait de démontrer l'abus inévitable des immunités diplomatiques. Plusieurs agents relevant des ambassades de Russie et d'Autriche avaient pratiqué, en France, des intelligences au ministère de la guerre, et les projets de Napoléon avaient été connus par cette voie. A l'instigation de Fouché, il fut question de supprimer par décret les privilèges des ambassadeurs, et cette mesure devait être prise comme une simple disposition d'administration intérieure. Merlin fut toutefois chargé de présenter un rapport et d'y traiter la question sous le point de vue historique. Il était facile au célèbre magistrat de rappeler des précédents fâcheux et de s'appuyer sur de nombreux exemples des inconvénients qui résultent des immunités des ministres étrangers. M. d'Hauterive s'aperçut de la propension de l'empereur à accueillir les conclusions de Merlin. En quelques jours il rédigea un contre-projet qui résumait tous les principes de la matière avec une grande netteté. Il montra que sans les immunités diplomatiques toutes les relations seraient impossibles. Il termina en établissant la différence qui existe entre l'autorité et la dignité des souverains. « Distinguons, disait-il, deux choses essentiellement différentes : l'autorité et la dignité des souverains. L'autorité des souverains est bornée dans les limites du territoire sur lequel elle s'exerce. Elle se multiplie comme les États, et l'on peut dire qu'il y a

chap. VII. — Cette loi portait atteinte à un principe nécessaire du droit criminel : c'est que la fixation de la peine doit toujours être l'œuvre de la loi; il faut que celui qui commet un délit sache à quoi il s'expose.

dans le monde politique autant d'autorités souveraines qu'il y a de gouvernements et d'empires. L'autorité souveraine ne peut se transporter, ni s'exercer, au-delà de ses limites. Il est donc hasardé de dire que cette autorité puisse créer en faveur de ceux qu'elle a intérêt de protéger des droits positifs qui leur soient propres, et qui se trouvent être en opposition avec les droits d'autres autorités indépendantes. Un souverain ne peut se faire obéir hors de chez lui. Il ne peut exercer aucun acte de souveraineté hors de la contrée qui lui est soumise. Tel est le caractère de l'autorité. Il n'en est pas de même de la dignité. Cet attribut du pouvoir suprême, qui est consacré par tous les besoins et par tous les intérêts de la société, et sur lequel les hommes de tous les temps et de toutes les nations sont convenus de reconnaître l'empreinte d'un sceau divin, cet attribut est inaltérable et universel. Un souverain ne peut se faire obéir que chez lui, mais sa dignité est partout reconnue, et il n'y a aucune nation, quelque étrangère, quelque éloignée qu'elle soit, au sein de laquelle cette doctrine ne soit respectée. »

Cette théorie était subtile et bien imaginée pour plaire à un despote disposé à oublier l'origine démocratique de son pouvoir absolu. Elle s'appuyait sur la doctrine qui donne pour base aux immunités diplomatiques l'idée de la représentation personnelle du souverain par le ministre public. Le mémoire de M. d'Hauterive en faveur des immunités diplomatiques fut mis par M. Locré, secrétaire du Conseil d'État, sous les yeux de l'empereur, qui le lut rapidement et ne reparla plus de la suppression projetée. Par sa courageuse opposition, M. d'Hauterive sauvait ainsi à l'empereur une violation flagrante des principes les plus essentiels du droit des gens (1).

On peut donc dire, avec M. de Bielfeld, que « les auteurs les plus fameux et les exemples de tous les siècles s'accordent pour constater, non seulement l'exis-

(1) Ch. Vergé, *Diplomates et publicistes*, 1865, p. 10 et suiv.

tence et la nécessité des légations, mais aussi pour donner à tous les ministres publics trois sortes de prérogatives, savoir : de les recevoir et reconnaître en cette qualité ; de leur procurer une entière sûreté pour leurs personnes et pour leurs biens ; de leur accorder des honneurs et des distinctions dus à leur caractère et au souverain qui les envoie » (1).

Quelles sont les prérogatives des ministres publics ?

Les prérogatives des ministres publics sont :

L'*inviolabilité* ;

L'*indépendance* (qui comprend ce qu'on appelle les *immunités*) ;

Le *droit au cérémonial*.

Ces prérogatives dérivent du droit des gens tant naturel que positif.

(1) De Bielfeld, *Institutions politiques*. — Ne perdons pas de vue, toutefois, que l'histoire moderne offre de nombreux exemples d'attentats commis contre des ministres publics : ce sont, sous l'empereur Charles-Quint, Frégose et Rinçon, ambassadeurs de France à la cour ottomane et près la République de Venise, qui sont assassinés par Duguart, gouverneur du Milanais ; c'est, plus récemment, le baron de Saint-Clair, ambassadeur de Suède, qui est arrêté et fouillé par un ordre du gouvernement impérial d'Allemagne, en revenant de Constantinople ; c'est le suédois Patkul, ambassadeur du Czar en Pologne, qui est livré par Auguste II à Charles XII, lequel le fait rouer ; vers le même temps, c'est Monti, envoyé de France près Stanislas, qui est dirigé sur Dantsick par les Russes ; c'est, en 1756, le maréchal de Belle-Isle, ambassadeur de France près le roi de Prusse, qui est arrêté par les Anglais dans une poste prussienne, et conduit en Angleterre ; ce sont, en 1793, Maret et de Sémonville, tous deux envoyés en qualité de ministres de France, l'un en Suisse, l'autre à Naples, et qui sont enlevés par les Autrichiens sur le lac de Chiaverne, dépendant des Ligues-Grises ; ce sont, le 9 floréal an VII, les citoyens Bonnier, Roberjot et Jean Debry, ministres plénipotentiaires de France au congrès de Rastadt, qui, revenant en France, sont, les deux premiers, égorgés, et le troisième laissé pour mort, par un détachement du régiment autrichien de Szeklers, dont le commandant dirige les sabres sur eux, après leur avoir demandé leurs noms et leurs qualités, etc.

Origine et raison justificative de ces prérogatives.

L'origine et la raison justificative de ces prérogatives se trouvent dans l'indépendance où l'agent diplomatique doit être du gouvernement avec lequel il est chargé de négocier. Dans ses notes sur le *Précis du droit des gens moderne de l'Europe* de G. F. de Martens, Pinheiro-Ferreira a très-bien expliqué la raison des prérogatives et immunités accordées aux ministres publics. « Chargé de l'importante mission de mettre un terme aux désastres de la guerre, ou du soin non moins important de maintenir la paix entre les deux États, l'envoyé, dit-il, est naturellement en butte aux intrigues et aux embûches des partis intéressés à la continuation de la guerre, ou à l'interruption de la bonne intelligence qui existe entre les deux nations. Il y a toujours, en outre, dans tous les pays, un certain nombre d'hommes prévenus contre tous les étrangers en général, mais particulièrement contre les membres du corps diplomatique, qu'ils considèrent comme autant d'agents payés pour travailler contre les intérêts du pays où ils sont envoyés. Il fallait donc que la loi des nations entourât d'une protection toute particulière les agents diplomatiques... C'est en conséquence de ces prévisions qu'on a admis au nombre des principes du droit des gens positif, en Europe, l'immunité de la personne et de la demeure, ainsi que des équipages et des effets de l'ambassadeur... Quant à l'immunité de la personne, chacun en aperçoit aisément la raison, car, sans une pleine sûreté et liberté individuelle, il lui serait impossible d'atteindre le but de sa mission... La sûreté personnelle de l'ambassadeur n'est pas le seul objet pour lequel on ait à craindre des atteintes de la part, soit du gouvernement, soit des partis au milieu desquels il se trouve, sans autre protection que celle du droit des nations. Les papiers de la mission sont un objet d'une trop haute importance, pour qu'il soit permis de penser que les personnes intéressées à faire échouer la négociation négligeront d'employer tous les moyens imaginables pour s'en emparer, n'importe sous quel prétexte, pourvu qu'on puisse trouver un motif plausible pour y parvenir. Aussi, sous prétexte de la visite des effets ou des équipages à la douane, de même que lors d'une visite domiciliaire, dans les cas généralement permis ou ordonnés par les lois, mille occasions pourraient se trouver d'accomplir, sans le moindre risque d'être convaincu, un aussi coupable dessein. Voilà l'origine, voilà le but des immunités, tant personnelles que réelles, rigoureusement dues à l'ambassadeur » (1).

En d'autres termes, les prérogatives des ministres publics, et plus particulièrement l'inviolabilité et l'indépendance, ont été introduites pour les mettre en état de remplir avec sûreté les fonctions dont ils sont chargés ; c'est là même leur véritable mesure, et c'est d'après ce principe que doivent être jugées toutes les prétentions et toutes les contestations auxquelles elles peuvent donner lieu (2).

L'inviolabilité.

L'*inviolabilité*, c'est la sûreté absolue, complète; c'est le droit à la protection la plus vigilante, la plus efficace. Les anciens disaient des envoyés que c'étaient des personnes saintes, « *personæ sanctæ* », placées sous la protection des dieux, et défendues de plus, contre les attaques et les offenses des hommes par les sanctions de la loi. La crainte des dieux, comme le fait observer Bluntschli, suppléait alors à l'impuissance du droit international. Le monde moderne les met sous la protection du droit, c'est-à-dire de la loi humaine, et non plus de la loi divine (3).

(1) Note de Pinheiro-Ferreira, sous le n° 215 du *Précis du droit des gens moderne de l'Europe* de G. F. de Martens.
(2) Le *Guide diplomatique*, édition de 1866, t. I, p. 83.
(3) Voir, à cet égard, *Le droit de la guerre et de la paix* de

L'inviolabilité attribuée aux ministres publics ne doit pas s'entendre dans le sens que l'empire des lois se taise à leur égard, et qu'il leur soit loisible d'outrepasser leur sphère juridique ; cette prérogative emporte que le gouvernement près duquel est accrédité un agent diplomatique, a le devoir de s'abstenir envers ce dernier de tout acte de violence, qu'il doit le premier donner l'exemple du respect dû aux représentants des autres nations, et qu'il doit les protéger encore contre les outrages dont ils pourraient être l'objet de la part des habitants du pays, afin qu'il leur soit possible de remplir librement leurs fonctions. Il n'y a pas de doute que l'État doit accorder sa protection à tous les individus qui se trouvent sur son territoire, nationaux ou étrangers ; mais ce devoir prend une importance plus générale, plus considérable, en ce qui concerne les représentants des États étrangers. L'insulte faite à un particulier est un délit commun qui n'atteint que la société dont ce particulier est membre ; celui qui offense l'envoyé d'une Puissance étrangère se rend coupable d'une lésion du droit des gens, en ce que, outre qu'il fait injure à la nation par lui représentée, il outrage d'une certaine manière l'humanité entière, par l'intérêt qu'ont tous les peuples qui la composent de voir reconnue et garantie l'inviolabilité de leurs agents diplomatiques. Voilà pourquoi, lorsqu'on manque au respect dû à un ministre étranger, tous les États sont autorisés, soit à appuyer les réclamations de la nation directement lésée, soit à pourvoir par eux-mêmes à la réparation de l'offense et à la punition des coupables (1).

Lorsqu'un gouvernement a reconnu un ministre étranger en sa qualité de mandataire de son souverain, il doit donc, non seulement s'abstenir lui-même

Grotius, traduit en français et annoté par Pradier-Fodéré, livre II, chap. XVIII, t. II, p. 325 et suiv.

(1) Phillimore, *Commentaires sur le droit international*, II, p. 142. — Esperson, ouvrage déjà indiqué, n° 104, p. 70.

de tout acte qui serait contraire à l'inviolabilité attachée à la personne du ministre, mais encore réprimer sévèrement toute atteinte matérielle ou morale qu'elle pourrait subir sur son territoire. Toute atteinte illégale à la personne du ministre public est en effet une atteinte à l'État que l'agent diplomatique représente. On peut même aller plus loin, et dire que, dans les cas graves, un pareil acte pourrait même être considéré comme une offense à tous les États et au droit international en général. Tous les États ayant intérêt à ce que l'inviolabilité des agents diplomatiques soit reconnue et garantie, seraient, par conséquent, comme le dit Phillimore, autorisés, soit à appuyer les réclamations de l'État directement lésé, soit à venger eux-mêmes le droit des gens violé. Il y a donc un grand intérêt pour les gouvernements à prévenir par tous les moyens possibles les atteintes à l'inviolabilité des ministres publics ; à s'abstenir de tout acte offensant à leur égard ; à les protéger contre les violences dont ils viendraient à être l'objet de la part des habitants du pays ; à punir sévèrement, comme délit contre l'État, tout attentat, toute offense dirigés contre la personne des agents diplomatiques étrangers. C'est en effet ce qui a lieu dans quelques pays : les lois intérieures y punissent avec plus de sévérité les délits commis envers la personne des ministres publics.

Droit français.

Le principe suivi en France est que les attentats contre les agents diplomatiques accrédités auprès du gouvernement français doivent être réprimés par les tribunaux du pays où ils ont eu lieu. Le code civil l'a consacré en disposant que les lois de police et de sûreté obligent tous les individus indistinctement qui habitent le territoire : ce qui comprend tous les crimes et tous les délits, sans distinction des personnes au préjudice desquelles ils ont été commis.

Avant la mise en activité du code d'instruction criminelle de 1808, les procès criminels qui avaient pour objet des attentats commis contre le droit des gens devaient être soumis à des jurés spéciaux, ainsi que cela résulte des articles 180 et 516 du code des délits et des peines du 3 brumaire an IV. Aujourd'hui la répression de ces sortes d'attentats se ferait de la même manière et dans les mêmes formes que celle des attentats contre toutes personnes autres que les agents diplomatiques.

C'est peut-être ici le cas de rappeler la disposition de l'article 84 et surtout de l'article 85 du code pénal français : « Art. 84. Quiconque aura, par des actions hostiles, non approuvées par le gouvernement, exposé l'État à une déclaration de guerre, sera puni du bannissement ; et si la guerre s'en est suivie, de la déportation. » « Art. 85. Quiconque aura, par des *actes* non approuvés par le gouvernement, exposé des Français à éprouver des représailles, sera puni du bannissement. » Par des *actes*, c'est-à-dire des outrages, des voies de fait que des Français auraient commis envers des sujets d'une Puissance étrangère, et à plus forte raison des agents diplomatiques étrangers. Il n'importe, pour l'application de ce dernier article, que des représailles n'aient pas eu lieu : il suffit que des Français aient été exposés à en éprouver.

Les condamnés pour crimes ou délits peuvent obtenir leur grâce du Chef de l'État ; mais, lorsqu'il s'agit de crimes commis contre les représentants d'une nation étrangère, il semblerait que le pardon de l'offense dût dépendre uniquement du souverain étranger qui a été offensé. Reconnaître à un chef d'État étranger le pouvoir de détruire les effets de la justice française, serait contraire, non-seulement au droit public de la France, mais encore à toutes les règles du droit public universel. Le chef d'État dont l'agent diplomatique aurait été la victime de l'attentat pourrait toutefois intervenir pour demander la grâce (1).

(1) *Répertoire général du Journal du Palais*, voir *Agent di-*

Législations étrangères.

Le code pénal prussien de 1851 punissait d'un emprisonnement d'un mois à un an, quiconque par paroles, écrits, dessins, gestes, images ou figures, aurait offensé un agent diplomatique accrédité près la cour de Berlin; mais la poursuite ne pouvait être commencée que sur la requête de l'offensé. En Belgique, la loi du 12 mars 1858 inflige la peine d'emprisonnement de 2 à 18 mois, et une amende, à ceux qui, soit par actes, soit par le moyen d'écrits, dessins, images ou emblêmes de n'importe quelle sorte, affichés, distribués ou mis en vente, ou exposés aux regards du public, auront outragé, quant à leurs fonctions, les agents diplomatiques accrédités près du gouvernement belge. Les mêmes peines sont appliquées pour outrages directs par paroles, gestes ou menaces. Quand le ministre public étranger aura été frappé dans l'exercice de ses fonctions, la peine pourra s'élever de 6 mois à 3 ans; on prononcera même la réclusion, dans le cas d'effusion de sang, avec surveillance facultative de la police, de 5 à 10 ans. Le code pénal belge contient aussi d'autres peines plus graves, suivant les cas. La loi sarde sur la presse, du 26 mars 1848, punissait des peines prononcées pour les offenses contre les particuliers les offenses contre les ambassadeurs, ministres, envoyés et autres agents diplomatiques des Puissances étrangères accrédités près le roi et son gouvernement; mais l'amende devait être doublée. Quant aux offenses commises d'une autre manière que par la presse contre des ministres publics étrangers, le code pénal sarde de 1859, étendu à toutes les provinces d'Italie, excepté la Toscane, ne contenait aucune disposition spéciale: on appliquait donc les dispositions

plomatique, numéros 108 et suiv.; Dalloz, *Code pénal annoté*, art. 84 et 85, p. 197.

générales de ce code. Les projets du nouveau code pénal du royaume d'Italie ont adopté le même système (1).

Question de l'inviolabilité appliquée aux envoyés des gouvernements étrangers près le Saint-Siège et des envoyés du Saint-Siège près les gouvernements étrangers.

M. Esperson examine la question d'inviolabilité appliquée aux envoyés des gouvernements étrangers près le Saint-Siège, et des envoyés du Saint-Siège près les gouvernements étrangers.

En ce qui concerne les premiers, il rappelle que la loi italienne du 13 mai 1871 a étendu aux offenses contre les envoyés étrangers près du pape, les sanctions pénales pour les offenses contre les envoyés des Puissances étrangères près le gouvernement italien, et que, par conséquent, les dispositions de la loi sur la presse seront applicables. M. Esperson enseigne donc que les dispositions relatives aux offenses contre des personnes légitimement chargées d'un service public, dans l'exercice de leurs fonctions ou à cause d'elles, devront également être appliquées aux offenses commises contre les envoyés étrangers auprès du pape, pendant qu'ils accompliront des actes relatifs à leur ministère ou des actes qui sont la conséquence de ce ministère : par exemple, si l'on commettait des démonstrations injurieuses pendant qu'ils se trouveraient au Vatican pour conférer avec le saint-père, ou si on les empêchait de se rendre au Vatican. Mais il ajoute que si les offenses étaient étrangères aux fonctions de ces envoyés, les magistrats italiens ne devraient pas appliquer d'au-

(1) D'après l'article 110 de la constitution fédérale de la Confédération suisse, du 29 mai 1874, le tribunal fédéral assisté du jury, lequel statue sur les faits, connaît, en matière pénale, des crimes et des délits contre le droit des gens.

tres dispositions que celles établies pour réprimer les offenses commises contre des particuliers. Il devrait d'autant plus en être ainsi, suivant lui, dans le cas où l'envoyé étranger accrédité près le Saint-Siège outrepasserait les limites de ses attibutions.

Quant aux offenses contre les envoyés du Saint-Siège à l'étranger, M. Esperson les soumet exclusivement au droit commun. Les dispositions destinées à protéger l'inviolabilité des agents diplomatiques dans les pays étrangers, ne sont, dit-il, à la rigueur, plus applicables. Il se fonde sur ce que la loi dite des garanties n'existe que pour l'Italie, et qu'elle n'oblige pas les autres pays. A l'étranger, les envoyés du pape ne pourront donc invoquer que la protection du droit commun (1).

Cette théorie ne peut se soutenir qu'en refusant aux envoyés étrangers auprès du Saint-Siège, et aux envoyés du Saint-Siège auprès des gouvernements étrangers, le caractère d'agents diplomatiques : ce qui, nous l'avons dit, n'est pas admissible.

Loi péruvienne.

Le code pénal du Pérou range la violation du domicile des agents diplomatiques parmi les délits contre le droit des gens, et la punit de cinq mois d'emprisonnement (2).

A quoi l'inviolabilité des ministres publics s'applique-t-elle?

L'inviolabilité des agents diplomatiques s'étend sur toute l'activité officielle du ministre public, et principalement sur ses fonctions, sur tous les actes qui s'y rattachent, afin qu'elles puissent être librement remplies. Elle comprend nécessairement la liberté absolue

(1) Esperson, ouvrage cité, nos 122, 123, 124, 125, 126, p. 79, 80.

(2) Code pénal péruvien, art. 118 et 124.

de correspondre avec son propre gouvernement, d'expédier et de recevoir des lettres et des dépêches, soit par des courriers particuliers munis des documents nécessaires pour justifier leur qualité, soit par le moyen des postes locales. Dans ce dernier cas, les lettres et les dépêches doivent porter un cachet diplomatique incontesté.

L'inviolabilité est due, il n'est pas besoin de le dire, aux ministres publics des quatre classes. Elle est accordée, non seulement à tout agent diplomatique régulièrement accrédité, mais aussi aux personnes qui sont attachées à sa mission. Elle s'applique à son épouse et à ses enfants, ainsi qu'aux gens qui composent sa suite ; elle s'applique, en outre, aux choses qui se rapportent directement à sa personne et à sa dignité, spécialement : à l'hôtel du ministre, autant qu'il l'occupe avec sa famille et sa suite, au mobilier garnissant l'hôtel par lui occupé, à sa voiture ou à son équipage.

Les courriers particuliers, autrement nommés courriers de cabinet, ne peuvent être arrêtés, ni obligés à livrer les dépêches dont ils sont porteurs. Leur inviolabilité est une conséquence naturelle de celle des agents diplomatiques. « Les courriers qu'un ambassadeur dépêche ou reçoit, dit Vattel, ses lettres et dépêches, sont autant de choses qui appartiennent essentiellement à l'ambassade, et qui doivent par conséquent être sacrées, puisque, si on ne les respectait pas, l'ambassade ne saurait obtenir sa fin légitime, ni l'ambassadeur remplir ses fonctions avec la sûreté convenable » (1).

Cette inviolabilité doit couvrir également les parlementaires. Vattel fait observer avec justesse que « les raisons qui rendent les ambassades nécessaires et les ambassadeurs sacrés et inviolables, n'ont pas moins de force en temps de guerre qu'en pleine paix.... Aussi la sûreté de ceux qui apportent les messages ou les pro-

(1) Vattel, *Le droit des gens*, etc., § 86, livre IV, chap. VII, édition annotée par Pradier-Fodéré, 1863, t. III, p. 260.

positions de l'ennemi, est-elle une des lois les plus sacrées de la guerre ». « Il est vrai, ajoute-t-il, que l'ambassadeur d'un ennemi ne peut venir sans permission, et comme il n'aurait pas toujours la commodité de la faire demander par des personnes neutres, on y a suppléé par l'établissement de certains messagers privilégiés, pour faire des propositions en toute sûreté, d'ennemi à ennemi. Je veux parler des héraults, des trompettes et des tambours, qui, par les lois de la guerre et le droit des gens, sont sacrés et inviolables dès qu'ils se font connaître, en tant qu'ils se tiennent dans les termes de leurs commissions, dans les fonctions de leur emploi. Cela doit être ainsi nécessairement, car, sans compter.... qu'il faut se réserver des moyens de ramener la paix, il est, dans le cours même de la guerre, mille occasions où le salut commun et l'avantage des deux partis exigent qu'ils puissent se faire porter des messages et des propositions » (1).

Point de départ de l'inviolabilité. — Jusques à quand dure-t-elle ?

A partir de quel moment l'inviolabilité due à la personne du ministre public étranger commence-t-elle ? En droit, à partir du moment où son caractère public a été suffisamment constaté et reconnu comme tel par le gouvernement auprès duquel il doit résider ; en fait,

(1) Vattel, *Le droit des gens*, etc. § 87, livre IV, chap. VII, édition citée, t. III, p. 261 et suiv.

M. Esperson saisit l'occasion de cette question pour lancer contre l'armée française des accusations tirées d'une circulaire de M. Thile, sous-secrétaire des affaires étrangères à Berlin, et du *Haats-Anzeiger* du 26 août 1870. Le même auteur italien pose la question de savoir si l'inviolabilité doit couvrir les parlementaires, même durant les guerres civiles ; il la résout avec raison affirmativement, mais il cite inexactement Vattel comme ayant soutenu la négative. Vattel enseigne très-formellement que les parlementaires doivent être respectés, même dans une guerre civile, dans son § 88, du livre IV, chap. VII. Voir Esperson, ouvrage cité, n° 138, p. 85, 86.

l'inviolabilité commence au moment où le ministre a mis le pied sur le territoire où il doit résider, s'il a fait connaître son caractère officiel. « Quoique le caractère du ministre ne se développe dans toute son étendue, dit Vattel, et ne lui assure ainsi la jouissance de tous ses droits que dans le moment où il est reconnu et admis par le souverain à qui il remet ses lettres de créance, dès qu'il est entré dans le pays où il est envoyé, et qu'il se fait connaître, il est sous la protection du droit des gens; autrement, sa venue ne serait pas sûre. On doit, jusqu'à son arrivée auprès du prince, le regarder comme ministre sur sa parole; et d'ailleurs, outre les avis qu'on en a ordinairement par lettres, en cas de doute le ministre est pourvu de passeports qui font foi de son caractère » (1).

Lorsque l'agent diplomatique a séjourné dans le pays avant d'y être accrédité avec le caractère de ministre public, son inviolabilité ne doit et ne peut dater que de la présentation de ses lettres de créance.

Non seulement le ministre public doit jouir de l'inviolabilité inhérente au caractère dont il est revêtu, du moment où il touche le territoire du souverain prévenu de sa mision, mais encore cette inviolabilité doit le couvrir tant qu'il n'a pas quitté le sol, jusqu'à son retour auprès du gouvernement à qui il doit rendre compte de sa mission; car, ainsi que le dit Vattel, la sûreté, l'indépendance, l'inviolabilité de l'agent diplomatique « ne sont pas moins nécessaires au succès de l'ambassade dans le départ que dans la venue » (2).

Il est bien entendu que l'inviolabilité dure même lorsque la guerre a éclaté entre les deux États, et que dans tous les cas un entier sauf-conduit est dû au ministre public pendant son voyage, son passage, son séjour officiel dans le territoire de l'État où il est accrédité. C'est ainsi que, le 4 avril 1879, le Chili ayant

(1) Vattel, *Id.*, § 83, livre IV, chap. VII, t. III, p. 253.
(2) Vattel, *Id.* § 125, livre IV, chap. IX, t. III, p. 326.

déclaré la guerre au Pérou, l'agent diplomatique chilien quitta Lima entouré de tous les égards, de toutes les protestations de respect de la part de la population. Il convient d'ajouter toutefois que la mission péruvienne au Chili avait failli être la victime des plus sauvages attentats, même avant la déclaration de la guerre (1).

Quant aux pays étrangers que l'agent diplomatique traverse, il n'en est plus de même : on lui doit assurément, sur les territoires des tierces-Puissances, sûreté et courtoisie, car en y manquant on offenserait le souverain du ministre public, mais ce dernier n'y jouit point de l'inviolabilité, parce que ce privilège n'existe pour lui que dans le pays où il est accrédité.

Des représailles peuvent-elles justifier des actes de violence contre un ministre public ?

Il ne saurait être permis de maltraiter un ministre par représailles, car le gouvernement qui use de violence contre un ministre étranger commet un crime, et l'on ne doit pas s'en venger en l'imitant (2). Heffter qui enseigne avec grande raison que des représailles ne peuvent pas servir de prétexte à des actes de violence contre des ministres publics, admet cependant une restriction : à moins, dit-il, que le gouvernement de l'agent diplomatique ne se soit rendu lui-même coupable d'une pareille violation du droit international. Cette restriction ne peut être approuvée : comment admettre en effet que l'injustice d'un ennemi puisse ja-

(1) Voir, entre autres documents, la dépêche du 5 mars 1879 de l'intendant de Valparaiso, M. Altamirano, au ministre de l'intérieur du gouvernement chilien ; la lettre du 8 mars 1879 de M. D. L. E. Marquez, consul général du Pérou à Valparaiso, au ministre des affaires étrangères du gouvernement péruvien ; la lettre du 1er avril 1879 de M. D. P. Paz Soldan y Unanue, chargé d'affaires du Pérou au Chili, au ministre des affaires étrangères du Pérou.

(2) Vattel, *Id.*, § 102, livre IV, chap. VII, t. III, p. 285.

mais autoriser à être injuste soi-même ! (1) Vattel cite aussi un cas où il lui paraîtrait très-permis d'arrêter un ministre public, pourvu qu'on ne lui fît souffrir d'ailleurs aucun mauvais traitement : « quand un prince, dit-il, violant le droit des gens, a fait arrêter notre ambassadeur, nous pouvons arrêter et retenir le sien, afin d'assurer par ce gage la vie et la liberté du nôtre. Si ce moyen ne réussissait pas, il faudrait relâcher l'ambassadeur innocent, et se faire justice par des voies plus efficaces » (2).

Le moyen le plus efficace, en pareille circonstance, comme dans toutes celles où les ministres publics d'un pays auraient été victimes d'une violation du droit international de la part d'un gouvernement étranger qui se refuserait à réparer cette violation, serait de regarder désormais les agents diplomatiques de ce gouvernement comme dépouillés du caractère dont ils étaient revêtus, et de considérer leur mission comme finie. Devenus ainsi de simples particuliers, ils auraient tout intérêt à quitter sans retard le territoire,

(1) Heffter, ouvrage cité, n° 204, p. 388 de l'édition française de 1873.

(2) Vattel, *Id.*, § 103, livre IV, chap. VII; t. III, p. 286. Gundling, professeur à Hall, en Saxe, soutenait que le droit de représailles peut autoriser un gouvernement à violer, dans la personne d'un ministre public étranger, la sûreté et la protection que le droit des gens lui assure. Il allait même jusqu'à dire qu'on peut ôter la vie au ministre de la Puissance qui a fait mourir le nôtre. *Jus naturæ et gentium*, chap. XXXVI, § 181 et 185. « Pour ce qui regarde le droit du talion, dit Bynkershoëck, on peut refuser à l'ambassadeur ce qui est au-delà des règles communes de la justice, mais non pas ce que demande la justice, parce que l'un est volontaire, l'autre indispensable. Ainsi il n'est pas permis d'user de violence contre les ambassadeurs du prince qui a maltraité les nôtres ; mais rien n'empêche, peut-être, qu'on ne regarde ses ambassadeurs comme simples sujets, en leur refusant les privilèges qu'on accorde, d'ailleurs, aux ambassadeurs, selon l'usage reçu des peuples, et qui ne sont pas renfermés dans l'étendue des règles ordinaires de la justice. On ne fait par là aucun tort aux ambassadeurs, puisque la vengeance ne tombe pas sur eux, mais sur leur maître ». (Cité par Merlin, *Répertoire*, V° *Ministre public*, Sect. V, § III, n° V.)

et pourraient être sans violences conduits à la frontière.

« Qu'on dise tant qu'on voudra, dit Merlin, que la perfidie du maître nous autorise à ne plus regarder désormais son ministre comme ambassadeur : la convention particulière et tacite que nous avons faite avec le ministre même, nous défend de punir dans sa personne l'innocent pour le coupable. Tout ce qui nous est permis, c'est de le dépouiller de son caractère et de le laisser dans l'état où il était avant d'en être revêtu, sans avoir égard à ce que son maître a fait depuis contre les lois de la paix et le droit des ambassades. » Se fondant sur ce que ce n'est pas pour l'avantage particulier des ministres publics étrangers que les privilèges diplomatiques leur sont accordés, mais pour celui de leur souverain, Merlin en conclut que « ces privilèges ne peuvent durer qu'autant que leur souverain ne nous dispense pas de les continuer ; et c'est ce qu'il fait, lorsqu'il contrevient aux engagements qu'il avait contractés en recevant nos propres ambassadeurs. » « De là il résulte, ajoute-t-il, que, dans ce cas même, nous pouvons faire arrêter ses ministres et les tenir prisonniers. C'est un acte de violence, sans doute ; mais on l'exerce contre eux parce qu'ils ont cessé d'être ambassadeurs, du moment que leur maître a témoigné ne plus respecter les nôtres ; et par conséquent on use à leur égard comme on ferait envers tout autre sujet de leur prince qui se trouverait par hasard dans notre pays... Voilà en quoi consiste le seul genre de représailles que le droit des gens autorise ; mais remarquons bien qu'elles ne peuvent avoir lieu que pour venger les mauvais traitements faits à un ministre public : un souverain ne pourrait pas punir de cette manière des injures qui ne regarderaient pas son propre ambassadeur, non-seulement par la raison de Vattel, que la sûreté des ministres publics serait bien incertaine, si elle dépendait de tous les différends qui peuvent survenir, mais plutôt par une suite nécessaire de l'engagement tacite que l'on prend envers eux, en les recevant, de les traiter comme s'ils étaient hors du pays (1). » Le dernier mot de cette discussion sur la question de savoir s'il est permis de violer, par représailles, dans la personne des agents diplomatiques étrangers, la sûreté et la protection que le droit des gens leur assure, est donc affirmatif, puisqu'on autorise l'arrestation d'un ministre public accrédité dans le pays où il est procédé à cette voie de rigueur. Seulement, cette arrestation n'est autorisée que par représailles, et à la condition qu'il ne sera commis aucun acte de violence, aucun mauvais traitement sur la personne. Mais quel est, aujourd'hui, dans nos époques de mœurs policées, le pays civilisé où des mauvais traitements seraient commis par représailles sur des nationaux étrangers inoffensifs ? Tout l'intérêt pratique de cette discussion se trouve dans cette solution, que, lorsqu'un gouvernement étranger met en état d'arrestation notre agent diplomatique, nous pouvons arrêter le sien (2).

(1) Merlin, *Répertoire*, v° *Ministre public*, Sect. v, § III, n° v.

(2) Saint-Simon nous donne un exemple des vexations qui étaient imposées aux ambassadeurs étrangers, dans certains cas de rupture. « Sur l'avis, dit-il, que Phélypeaux et l'ambassadeur d'Espagne à Turin étaient fort resserrés, sans aucune communication entre eux ni avec personne, et un corps de garde posé devant leurs maisons, du Libois, gentilhomme ordinaire, eut ordre de se rendre chez l'ambassadeur de Savoie, d'y loger et de l'accompagner partout. Cet usage en cas de rupture est ordinaire, même à l'égard des nonces. Ce sont d'honnêtes espions, et à découvert, à qui la chambre de l'ambassadeur ne peut être fermée pour voir et rendre compte de tout ce qu'il fait et se passe chez lui, mangeant avec lui, et ne le quittant presque point de vue. » On allait même plus loin, et Saint-Simon nous apprend qu'à la cour du duc de Savoie, ce même Phélypeaux « essuya des barbaries étranges », souffrit toutes sortes de manquements et d'extrémités jusque dans sa nourriture, et fut menacé plus d'une fois « du cachot et de la tête ». Mais « il désola M. de Savoie par sa fermeté, son égalité et la hauteur de ses réponses, de ses mépris et de ses railleries ». *Mémoires complets et authentiques du duc de Saint-Simon*, édition Garnier frères, 1853, chap. CXXIV, t. VII, p. 116, 117.

Le ministre offensé peut-il se faire droit lui-même de l'offense qu'un particulier lui aurait faite?

Le gouvernement du pays où réside le ministre public doit prévenir les agressions et offenses dont ce ministre pourrait être victime ; il doit punir sévèrement les auteurs, quand elles auront été commises malgré sa vigilance ; mais le ministre public peut-il se faire raison lui-même des offenses qui lui sont faites ? En réalité il est souvent très-difficile de déterminer si une offense a été faite au ministre comme particulier, ou en sa qualité diplomatique. Mais, même lorsqu'elle a été faite au particulier, le ministre ne doit pas perdre de vue le caractère dont il est revêtu : c'est une théorie facile et dangereuse en effet, que celle de séparer le particulier du fonctionnaire ; elle autorise bien des écarts. Il faut donc décider que le ministre public doit dans tous les cas s'abstenir de se faire justice soi-même, si ce n'est dans le cas de légitime défense. D'après l'usage moderne, l'agent diplomatique doit d'abord se plaindre et demander satisfaction au gouvernement du pays où il réside, et, si justice lui est refusée, ou est différée, il doit recourir aux moyens diplomatiques qui sauveront sa dignité. Quelquefois cependant, lorsque l'offense est venue directement du gouvernenent auprès duquel le ministre public était accrédité, la retraite immédiate de l'agent diplomatique, accompagnée ou non d'une protestation, est la seule démarche que la dignité puisse avouer.

Le droit qu'a la nation représentée par l'agent diplomatique de demander une réparation convenable, lorsque l'offense faite au ministre public provient du gouvernement auprès duquel il est accrédité, est incontestable. Mais quel sera le juge qui prononcera sur le différend ? Comme il n'existe pas de tribunaux entre les nations, c'est la guerre qui en décide.

Attaques par la presse.

Il a été dit que le gouvernement qui a reconnu un ministre public étranger en sa qualité diplomatique, doit, non-seulement s'abstenir lui-même de tout acte qui serait contraire à l'inviolabilité attachée à la personne du ministre, mais encore réprimer toute atteinte matérielle ou morale que le ministre pourrait subir sur le territoire de l'État où il est accrédité, et qui proviendrait de personnes tierces. En janvier 1856, un article éditorial du journal officiel «*El Peruano* » avait offensé les membres du corps diplomatique résidant à Lima. Le gouvernement péruvien réprouva hautement cette offense, le rédacteur du journal fut destitué, et le gouvernement ordonna que la désapprobation ainsi que la destitution fussent publiées dans les autres journaux. Le gouvernement du Pérou agit en cela conformément à son devoir de protéger les ministres publics contre toutes insultes. Mais il s'agissait du journal officiel, c'est-à-dire d'un journal placé sous sa direction et son autorité. Or, sans parler des offenses, insultes, injures et diffamations, qui peuvent et doivent toujours être réprimées, les gouvernements pourraient-ils faire cesser de simples attaques dirigées par la presse libre, par la presse non officielle, contre les ministres publics (1) ?

La solution de la question dépend des principes politiques du gouvernement, de la forme et de la force constitutionnelles des pouvoirs publics. Il est évident que l'empereur autocrate de toutes les Russies aura plus de moyens d'imposer silence aux agresseurs qu'un président de république. C'est, par exemple, une disposition constitutionnelle de la loi fondamentale du Pérou, que tous peuvent faire usage de la presse pour

(1) Il est certain qu'un diplomate qui se produit comme auteur n'est pas protégé par son caractère officiel contre les attaques de la critique. Voir Heffter, ouvrage cité, édition française de 1873, p. 390, note.

publier leurs écrits, sans censure préalable, mais sous la responsabilité que détermine la loi. Or, toutes les attaques par la plume sont possibles, sauf la responsabilité encourue dans les cas légalement définis.

Cas du chargé d'affaires britannique, du journal « El Commercio » et du journal « La Voz del pueblo ».

La question s'est présentée notamment au Pérou, en 1855. A cette époque, le chargé d'affaires britannique, M. S. H. Sulivan, s'était plaint d'articles dirigés contre lui par les journaux « *El Comercio* » et « *La Voz del pueblo* ». Le ministre des relations extérieures, M. D. Manuel-Toribio-Ureta lui fit une réponse très sage. Il lui exprima, dans sa lettre du 10 février 1855, combien de pareilles publications étaient désapprouvées par son gouvernement, qui ne les autorisait pas, et qui ne pouvait même pas les empêcher, aucun journal, excepté « *El Peruano*, » n'étant soumis à la direction du gouvernement, et les articles publiés par eux ne pouvant être considérés comme l'expression des idées officielles. Parlant de ces journaux autres que « *El Peruano*, » le ministre des relations extérieures insistait sur ce qu'ils étaient une entreprise particulière, responsable seulement devant les tribunaux, en vertu des lois sur la liberté de la presse, et non soumise à la censure préalable. « Le gouvernement, disait-il, a le devoir de respecter la liberté de la presse, bien qu'il déplore ses écarts, spécialement quand ils atteignent les représentants des nations amies ». Le chargé d'affaires d'Angleterre se déclara satisfait de ces franches explications.

Loi française.

En France, la diffamation envers les agents diplomatiques est punie par la loi du 17 mai 1819, dont l'article 17 est ainsi conçu : « La diffamation envers les ambassadeurs, ministres plénipotentiaires, envoyés, chargés d'affaires ou autres agents diplomatiques accrédités près du *roi*, sera punie d'un emprisonnement de huit jours à dix-huit mois, et d'une amende de 50 francs à 3,000 francs, ou de l'une de ces deux peines seulement, selon les circonstances. » L'injure contre les mêmes personnes est punie par l'article 19 de la même loi, dont voici la disposition : « L'injure contre les personnes désignées par l'article 17 de la présente loi, sera punie d'un emprisonnement de cinq jours à un an, et d'une amende de 25 francs à 2,000 francs, ou de l'une de ces deux peines seulement, selon les circonstances. » La loi n'exige pas que la diffamation ou l'injure aient eu lieu pour des faits relatifs aux fonctions des agents diplomatiques; elle ne distingue pas non plus le cas où elles sont commises dans l'exercice de leurs fonctions; elle entend leur accorder une protection spéciale pour tous les cas, sans distinction, où ils sont offensés, quels que soient les motifs de la diffamation et de l'injure. La diffamation commise envers les agents diplomatiques étrangers accrédités auprès du gouvernement français doit donc être punie, encore bien qu'elle n'ait pas pour objet des faits relatifs à leurs fonctions (1). Le respect dû au seul caractère d'ambassadeur n'a pas permis de faire, à l'égard de ceux qui en sont revêtus, cette distinction introduite à l'égard des fonctionnaires, et a encore moins permis de les ranger dans la classe des simples particuliers.

La preuve de la vérité des faits diffamatoires allégués contre des agents diplomatiques est inadmissible. « Nous n'avons, nous Français, dit Chassan, aucun droit d'inquisition et de surveillance sur la vie publique des étrangers. Si nos lois protègent spécialement les agents diplomatiques accrédités en France, c'est dans un intérêt tout politique, afin que la sévérité de la peine prévienne de pareilles attaques, qui pourraient imprudemment engager le pays dans une guerre

(1) Arrêt de la Cour de cassation du 27 janvier 1843 (affaire Barrachia contre Reschid-Pacha).

étrangère. Ce serait augmenter l'irritation née à l'occasion de ces attaques, que de livrer la vie de ces agents étrangers aux investigations de la justice française. Le mal que ferait une pareille investigation serait souvent plus grand que celui de l'attaque elle-même » (1).

L'article 5 de la loi du 26 mai 1819 portait que, dans le cas de délits commis par voie de publication contre tout agent diplomatique étranger accrédité en France, la poursuite n'aurait lieu que sur la plainte de la partie qui se prétendrait lésée. L'article 6 de la loi du 29 décembre 1875 a disposé que, dans le cas d'offense contre la personne des souverains ou chefs des gouvernements étrangers, la poursuite aurait lieu, soit à la requête des souverains ou chefs des gouvernements étrangers, soit d'office, sur leur demande adressée au ministre des affaires étrangères, et par celui-ci au ministre de la justice; mais il n'est pas question dans cet article, ni dans l'article 5 de la même loi qui soumet à la juridiction des tribunaux correctionnels les délits d'offense envers la personne d'un souverain ou du chef d'un gouvernement étranger, il n'est pas question, dis-je, des agents diplomatiques étrangers accrédités auprès du gouvernement français. Il faut en conclure, contrairement à ce qu'affirme M. Rolland de Villargues (2), que la disposition de l'article 5 de la loi du 26 mai 1819 n'a pas été remplacée par l'article 5 de la loi du 29 décembre 1875, ni par l'article 6 de la même loi.

La loi du 25 mars 1822 déférait aux tribunaux de police correctionnelle les délits de diffamation et d'injure commis contre tout agent diplomatique étranger accrédité en France (Art. 17). La loi du 8 octobre 1830, en abrogeant cette disposition (Art. 5), a soumis les

(1) Chassan, *Traité des délits et des contraventions de la parole*, édition de 1838, t. II, p. 449.

(2) Rolland de Villargues, *Les Codes criminels*, édition de 1877, t. II, *Lois de la presse* p. 34, note 1, sous l'art. 5.

délits de la presse au jury; ils ont été rendus à la juridiction des tribunaux correctionnels par le décret du 25 février 1852. L'article 5 de la loi du 29 décembre 1875 porte que les tribunaux correctionnels connaîtront: 1° des délits de diffamation, d'outrage et d'injure publique, contre toute personne et tout corps constitué; 2° du délit d'offense envers le président de la République ou de l'une des deux Chambres, ou envers la personne d'un souverain ou du chef d'un gouvernement étranger. Du temps où les délits de diffamation envers les fonctionnaires publics étaient déférés au jury, on discutait même si ces délits commis par la voie de la presse contre les agents diplomatiques ne devaient pas être du ressort de la police correctionnelle, et malgré la jurisprudence adoptée par la Cour de cassation dans son arrêt du 27 janvier 1843, la doctrine inclinait vers la compétence des tribunaux correctionnels, attendu que l'agent diplomatique étranger ne saurait être considéré comme un fonctionnaire public dans le pays où il est accrédité (1).

Sanction de l'inviolabilité

Ainsi donc, pour résumer cette question de l'inviolabilité :

1° Lorsque c'est un gouvernement qui commet une offense envers un ministre public étranger accrédité près de lui, c'est le gouvernement lui-même qui est tenu, selon la nature de l'offense, d'accorder une réparation conformément aux voies internationales : indemnité du dommage matériel, envoi d'ambassades, explications solennelles, etc. (2).

(1) *Journal du Palais*, v° *Agent diplomatique*, n° 120)

(2) L'histoire moderne fournit des exemples nombreux de réparations accordées pour injures ou lésions. Heffter en cite plusieurs tirés des *Causes célèbres* de Ch. de Martens ; en voici les dates : 1662, entre l'Espagne et la France, pour droits de préséance violés ; 1685, entre Gênes et la France; 1687, entre l'Angleterre et l'Espagne ; 1702, entre Venise et la France ; 1709, entre

2° Lorsque c'est un particulier qui s'est rendu coupable d'une offense semblable, il doit être poursuivi conformément aux dispositions des lois de l'État, à la réquisition du ministre offensé. C'est la justice du pays où l'offense a été commise qui doit être saisie, c'est elle qui doit réprimer, surtout quand l'offenseur est un national, en vertu du principe consacré par tous les traités d'extradition, d'après lequel jamais l'extradition n'est accordée lorsqu'il s'agit de nationaux.

Le devoir du juge, en pareille matière, est de bien examiner les circonstances, de les peser, de voir si les offenses ont eu pour objet direct de blesser le caractère diplomatique et représentatif du ministre public. Et en effet les offenses contre les ministres publics ne peuvent être considérées comme une violation du droit international, que lorsque celui qui les a commises connaissait ou devait connaître le caractère du ministre outragé par lui. Dans le cas contraire, ces offenses pourraient être regardées comme des délits de droit commun et punies comme tels, c'est-à-dire comme si elles avaient été commises au préjudice d'un particulier.

Cas où cesse l'inviolabilité.

Il y a d'ailleurs des circonstances dans lesquelles le ministre public et les personnes de sa suite ne peuvent invoquer en leur faveur le privilège de l'inviolabilité. C'est, premièrement, lorsque le ministre public provoque par sa conduite irrégulière, de la part du gouvernement près duquel il réside, des actes de sûreté, de défense ou de répression;

l'Angleterre et la Russie, après que l'ambassadeur russe eût été offensé à Londres; en 1752, entre la Suède et la Russie; en 1785, entre les Pays-Bas et l'empereur d'Allemagne, le pavillon de ce dernier ayant été offensé sur l'Escaut. Heffter fait remarquer que dans les temps plus récents ce sont les violations des droits des neutres sur mer qui sont les causes les plus fréquentes de réclamations. Ouvrage et édition cités, n° 102, note 1, p. 201.

quand il aura commis quelque acte contraire à la dignité du souverain qui l'a reçu, ou à la sûreté de l'État, ou à la tranquillité publique. Violer cette dignité, compromettre cette sûreté, cette tranquillité, c'est abuser de l'immunité et par le fait y renoncer.

Il est certain également, que, lorsqu'un ministre public vient à être blessé ou lésé par un particulier qui se trouvait en état de légitime défense, il n'est pas fondé à former des réclamations. Lorsque la personne jouissant de l'inviolabilité attaque d'autres individus dans leur personne, leur famille ou leurs biens, ou fait usage vis-à-vis d'eux de menaces graves, il est incontestable qu'on peut user de légitime défense envers elle et répondre à la violence par la violence. Si le ministre public succombe dans une lutte qu'il a provoquée, sa mort ne peut constituer une atteinte au droit international. Il en serait de même des insultes adressées à un ministre étranger, par exemple s'il se trouvait dans un mauvais lieu.

Un agent diplomatique pourrait aussi être considéré, selon les circonstances, comme ayant renoncé tacitement à son immunité, s'il avait contracté certains engagements personnels. Dans le cas où il refuserait de les remplir, il pourrait y être forcé. Tel serait le cas, pour un agent diplomatique qui ferait le commerce, qui souscrirait des billets, qui passerait des actes devant notaires, etc. Il se rangerait alors implicitement dans la catégorie des justiciables ordinaires.

Ces solutions sont fort rationnelles. Il ne saurait être de l'intérêt d'aucun souverain de couvrir les délits de la sauvegarde de sa dignité, et, d'un autre côté, aucun chef d'État ne peut vouloir que les prérogatives diplomatiques tournent au détriment de ses nationaux, et qu'un caractère public devienne pour eux un piège et une cause de ruine. Le refus du passeport à un agent qui voudrait se soustraire à l'action de la justice par la fuite serait donc de droit (1).

(1) Cette question sera traitée plus tard, à propos de la prérogative de l'*indépendance* et des *immunités*.

Le ministre public ne peut donc pas invoquer l'inviolabilité dans des circonstances entièrement étrangères à son caractère officiel. Enfin, lorsque l'agent diplomatique brave volontairement un danger, il s'expose aux conséquences de sa témérité ou de son imprudence. Ainsi, lorsqu'il se rend, sans prendre de précautions, au milieu d'un groupe d'émeutiers, ou lorsqu'il vient à être tué ou blessé en duel, ce n'est pas comme ministre public qu'il a été atteint, et sa mort ne peut nullement être considérée comme une offense envers l'État qu'il représente. En ce qui concerne le duel, l'agent diplomatique ne pourrait pas d'avantage invoquer son inviolabilité pour attirer une punition sur celui qui l'aurait blessé en combat singulier, quand bien même son adversaire heureux l'aurait outragé à l'occasion de ses fonctions. Et en effet, le ministre public outragé pouvait recourir aux voies de droit ; il a préféré le péril du duel, il a renoncé tacitement à son inviolabilité : celui qui affronte un péril s'expose à en subir toutes les conséquences.

Position du ministre public à l'égard des tierces Puissances.

Il a été dit que les ministres publics, sur le territoire d'une tierce Puissance, n'ont droit qu'à la sûreté et qu'à la courtoisie. L'opinion des publicistes est toutefois divisée sur cette question. Suivant Grotius et Bynkershoëck, l'inviolabilité des ambassadeurs ne lie que les États qui les envoient et ceux qui les reçoivent. Grotius s'exprime ainsi : « Cette loi d'ailleurs, dont j'ai parlé, qui défend de faire violence aux ambassadeurs, doit être considérée comme obligeant celui à qui l'ambassade a été envoyée, et seulement s'il l'a reçue, comme si une convention tacite était survenue à cet égard depuis ce moment........ Cette loi ne regarde donc pas ceux sur les terres desquels les ambassadeurs passent, sans en avoir reçu la permission ; car s'ils vont auprès de leurs ennemis, ou s'ils en viennent, ou s'ils ourdissent quelque autre acte d'hostilité, ils pourront même être mis à mort...... S'il n'y a rien de tel, et si les ambassadeurs sont maltraités, ce n'est pas le droit des gens dont nous traitons, mais c'est l'amitié et la dignité ou de celui qui les a envoyés, ou de celui vers lequel ils vont, qui seront réputées violées....» (1). Bynkershoëck de sont côté soutient que les ambassadeurs qui traversent le territoire d'un État autre que celui où ils sont envoyés pour résider, sont justiciables de la juridiction civile et criminelle, de la même manière que les autres étrangers qui doivent à l'État une obéissance temporaire (2). Wicquefort, qui a toujours été considéré comme le plus courageux champion des droits des ambassadeurs, affirme que l'assassinat des ministres du roi de France, François Ier, sur les terres de l'empereur Charles-Quint, quoique étant un meurtre atroce, ne portait aucune atteinte au droit des gens en ce qui touche les privilèges des ambassadeurs, et qu'on ne pouvait le regarder que comme une violation du droit de passage inoffensif, aggravée par la circonstance du caractère de dignité des victimes du crime (3). Suivant Merlin, « quand on dit qu'un ambassadeur doit jouir, dans les pays par lesquels il ne fait que passer, de l'indépendance attachée à son caractère, cela s'entend pourvu qu'il les traverse en ambassadeur, c'est-à-dire après s'être fait annoncer et avoir obtenu la permission de passer comme tel. Cette permission met le souverain qui l'a accordée dans les mêmes obligations que si c'était à lui-même que le ministre public fût envoyé et qu'il l'eût admis. Mais aussi, sans cette permission, l'ambassadeur doit être con-

(1) Grotius, *Le droit de la guerre et de la paix*, traduction française de Pradier-Fodéré, livre II, chap. XVIII, n° V, § 1, 2, tome II, p. 340 et suiv.

(2) Bynkershoëck, *Traité du juge compétent des ambassadeurs*, chap. IX, § 7.

(3) Wicquefort, *L'ambassadeur et ses fonctions*, liv. I, § XXIX

sidéré comme un voyageur ordinaire, comme un simple passager, et conséquemment rien ne s'oppose à ce qu'on l'arrête, quand il y a contre lui des causes qui seraient suffisantes pour faire arrêter un particulier » (1). Heffter constate que les tierces Puissances n'ont jamais reconnu l'inviolabilité d'un ministre étranger qui se trouve en dehors du territoire où il est envoyé. Elles ont au contraire, en toute occasion, maintenu, suivant lui, le principe qu'elles n'étaient pas tenues de respecter le caractère public d'un ministre, dès qu'il se trouvait en conflit avec leurs propres droits et intérêts. Les tierces Puissances, dit Heffter, ne sont tenues d'observer envers l'agent diplomatique «d'autres égards que ceux qu'elles accordent en général à des sujets étrangers, et particulièrement aux sujets de la Puissance à laquelle il appartient. Elles ne sont pas tenues de souffrir qu'une mission étrangère vienne porter aucun préjudice à leurs droits de souveraineté. Néanmoins, l'intérêt général qui exige la liberté du commerce diplomatique, et le respect mutuel que les États, tant qu'ils continuent à rester en relations d'amitié, se doivent entre eux, leur conseillent de ne pas troubler inutilement ce commerce. Une espèce de convention tacite les oblige à le favoriser autant que possible (2). »

(1) Merlin, *Répertoire*, V° *Ministre public*, Sect. V, § III, n°s IV, XII.

(2) La note suivante se trouve dans Heffter : « Dans les prétendues lois de Charles V, n° XV, il est dit à ce sujet : lorsque les ambassadeurs devront passer par d'autres souverainetés que celles où leur maître les a envoyés, il faudra qu'ils soient munis de passeports pour éviter tous les fâcheux accidents, car, à leur passage, ils ne peuvent prétendre à d'autres égards que ceux qui sont accordés par le droit des gens aux étrangers, selon leur rang et leur fortune; mais la correspondance mutuelle des nations veut qu'un caractère si éminent soit respecté partout. Cependant tout dépend ici de la bonne volonté de la tierce Puissance. » Heffter, ouvrage et édition cités, § 207, p. 194, note 1.

Voici enfin l'opinion de Vattel, qui est très-favorable à l'inviolabilité (1). « A la vérité, le prince seul à qui le ministre est envoyé se trouve obligé et particulièrement engagé à le faire jouir de tous les droits attachés à son caractère ; mais les autres sur les terres de qui il passe, ne peuvent lui refuser les égards que mérite le ministre du souverain et que les nations se doivent réciproquement. Ils lui doivent surtout une entière sûreté. L'insulter, ce serait faire injure à son maître et à toute la nation ; l'arrêter et lui faire violence, ce serait blesser le droit d'ambassade qui appartient à tous les souverains. François Ier, roi de France, était donc très-fondé à se plaindre de l'assassinat de ses ambassadeurs Rinçon et Frégose, comme d'un horrible attentat contre la foi et le droit des gens. Ces deux ministres destinés, l'un pour Constantinople, et l'autre pour Venise, s'étant embarqués sur le Pô, furent arrêtés et assassinés.... L'empereur Charles-Quint ne s'étant point mis en peine de faire rechercher les auteurs du meurtre, donna lieu de croire qu'il l'avait

(1) Wheaton adopte l'opinion de Merlin, d'après laquelle la permission de passer comme ambassadeur met le chef d'État qui l'a accordée dans la même obligation que si c'était à lui-même que le ministre public fut envoyé et qu'il l'eût reçu. Seulement il admet la permission *expresse* ou *tacite*, parce que, dit-il, « un ministre public accrédité près d'un pays, et qui entre sur le territoire d'un autre pays, en faisant connaître son caractère officiel dans la forme ordinaire, peut se prévaloir autant de la permission que l'absence de prohibition lui accorde implicitement que pourrait le faire le souverain lui-même dans un cas semblable. » Wheaton, *Éléments du droit international*, troisième partie, chap. 1er, § 20, édition de Leipzig, 1858, t. Ier, p. 222.— Esperson enseigne que, lorque le représentant d'une Puissance étrangère a présenté son passeport, et qu'il a mis en évidence sa qualité, il doit jouir de l'inviolabilité, même dans les pays où il ne se trouve que de passage. Il est vrai, dit-il, que le caractère de l'agent diplomatique ne se développe efficacement que dans le pays où il est envoyé; mais la solidarité qui doit régner entre les États, l'intérêt réciproque qu'ils ont de voir assurée la liberté de leurs relations diplomatiques, exigent impérieusement que tous doivent coopérer à cette liberté, et qu'ils la favorisent autant que possible : d'où, une violence, un outrage, constitueraient un

commandé, ou au moins qu'il l'approuvait secrètement et après coup. Et comme il n'en donna point satisfaction convenable, François Ier avait un très-juste sujet de lui déclarer la guerre, et même de demander l'assistance de toutes les nations. Car une affaire de cette nature n'est point un différend particulier, une question litigieuse, dans laquelle chaque partie tire le droit de son côté: c'est la querelle de toutes les nations, intéressées à maintenir comme sacrés le droit et les moyens qu'elles ont de communiquer ensemble et de traiter de leurs affaires. Si le passage innocent est dû, même avec une entière sûreté, à un simple particulier, à plus forte raison le doit-on au ministre d'un souverain qui va exécuter les ordres de son maître, et qui voyage pour les affaires d'une nation » (1).

Heffter enseigne avec justesse qu'un ministre public étranger peut être arrêté, poursuivi et puni, à raison de crimes commis par lui dans le territoire d'une tierce Puissance. Il ajoute que ce ministre est protégé par son caractère international sur le territoire où il se trouve, lors même qu'il tomberait entre les mains d'une Puissance ennemie, contre laquelle il n'aurait commis aucun acte d'hostilité. Enfin il déclare qu'au-

attentat contre le droit des gens. Suivant Esperson, la permission du souverain territorial n'est pas nécessaire afin que dans ces États tiers on accorde au ministre de passage une pleine sécurité : ce qui importe, c'est que la qualité du ministre soit connue ; du moment où elle est connue, la sécurité lui est due. Le même auteur déclare que les équipages et les bagages d'un ministre étranger doivent, durant le voyage, être exempts de toute visite, même en pays tiers, afin qu'on ne viole pas le secret des papiers de la légation. Mais Esperson enseigne aussi qu'on n'appliquera aux violences faites au ministre public étranger que les sanctions pénales pour les offenses contre les particuliers, dans le pays tiers où se trouvera le ministre, les lois pénales ne pouvant jamais s'étendre par analogie à d'autres cas que ceux pour lesquels elles ont été faites, et le ministre public n'exerçant d'ailleurs pas de fonctions en lieu tiers. Esperson, ouvrage cité, nos 327, 328, 332.

(1) Voir *Le droit des gens* de Vattel, édition annotée par Pradier-Fodéré, liv. IV, chap. VII, n° 84, t. III, p. 255 et suiv., et la note de la page 257 et suiv.

cune raison de droit ne peut autoriser un belligérant à enlever l'agent diplomatique de son adversaire sur le territoire ou même sur le navire d'une nation neutre (1). Aussi l'arrestation de MM. Mason et Slidell, représentants de la Confédération américaine du Sud, à bord d'un paquebot anglais, en février 1861, a-t-elle été irrégulière. Elle l'aurait été, lors même que le navire neutre, au lieu d'être sorti d'un port neutre, serait parti d'un port ennemi. Les États neutres ont en effet le droit d'entretenir des relations diplomatiques avec les deux belligérants: ces derniers peuvent empêcher qu'un envoyé de l'ennemi ne traverse leur territoire ; ils peuvent, à la rigueur, l'arrêter, s'il entreprend ce voyage sans leur autorisation, en raison de l'importance de sa mission, mais ils n'ont pas le droit d'attaquer en pleine mer ou dans les eaux neutres le navire qui porterait à son bord des envoyés de l'État ennemi. L'Angleterre réclama donc contre cette violation des droits des neutres, et les États-Unis remirent les prisonniers en liberté (2).

En résumé, l'opinion à laquelle on doit s'attacher de préférence est celle d'après laquelle, lorsque le ministre public traversant des territoires étrangers appartenant à de tierces Puissances a fait connaître le caractère dont il est revêtu, les gouvernements de ces tierces Puissances lui doivent tous la même sécurité ; ils doivent s'abstenir de tout acte quelconque de violence à son égard et lui faire rendre justice par leurs tribunaux, conformément aux dispositions du droit commun pour les offenses commises par les particuliers. Mais, dans le cas où le ministre public de passage dans un tiers pays y aurait contracté des dettes ou commis des délits, il ne pourrait pas y invoquer l'immunité de la juridiction locale ; il ne pourrait pas prétendre non plus l'immunité des impôts de transit en vigueur dans les États traversés par lui, pour les objets qui ne

(1) Heffter, ouvrage et édition cités, § 207, p. 394 et suiv.

(2) Bluntschli, *Le droit international codifié*, n° 817, édition française de 1874, p. 457.

voyageraient pas avec lui comme bagage. Cette immunité pourrait lui être accordée dans le pays où il serait accrédité, mais ce ne serait qu'une faveur qui ne constituerait pas l'existence d'un usage général ou d'un droit.

L'indépendance.

Indispensable au libre exercice des fonctions diplomatiques, l'*indépendance* est un droit fondamental des ministres publics, inhérent à leur caractère représentatif (1).

L'indépendance du ministre public est la prérogative de l'agent diplomatique, qui consiste dans le droit et dans le fait de ne point être placé sous la juridiction et sous l'autorité de l'État où il réside, de n'être soumis à aucune juridiction, à aucune autorité étrangère. Que le gouvernement auprès duquel le ministre public est accrédité n'ait aucun pouvoir sur lui ; que l'agent diplomatique ne puisse être distrait de ses fonctions par aucune chicane ; qu'il n'ait rien à craindre du souverain à qui il est envoyé : voilà ce qui constitue l'indépendance.

Non seulement le ministre public ne doit rien avoir à craindre du souverain auprès duquel il est accrédité,

(1) « Le droit des gens a voulu que les princes s'envoyassent « des ambassadeurs ; et la raison, tirée de la nature de la chose, « n'a pas permis que ces ambassadeurs dépendissent du souve- « rain chez qui ils sont envoyés, ni de ses tribunaux. Ils sont la « parole du prince qui les envoie, et cette parole doit être libre. « Aucun obtacle ne doit les empêcher d'agir. Ils peuvent souvent « déplaire, parce qu'ils parlent pour un homme indépendant. « On pourrait leur imputer des crimes, s'ils pouvaient être punis « pour des crimes ; on pourrait leur supposer des dettes, s'ils « pouvaient être arrêtés pour des dettes. Un prince qui a une « fierté naturelle, parlerait par la bouche d'un homme qui « aurait tout à craindre. Il faut donc suivre, à l'égard des ambas- « sadeurs, les raisons tirées du droit des gens, et non pas celles « qui dérivent du droit politique. Que s'ils abusent de leur être « représentatif, on le fait cesser, en les renvoyant chez eux ; on « peut même les accuser devant leur maître, qui devient par là « leur juge ou leur complice. » Montesquieu, *Esprit des lois*, livre XXVI, chap. XXXI.

mais il doit encore ne rien avoir à en attendre. « Pour que cette indépendance se conserve pleine et entière, — dit le baron Ch. de Martens, — il faut que l'agent diplomatique maintienne sa liberté morale, et qu'à cet effet il s'abstienne de tout ce qui pourrait l'influencer. Il n'acceptera donc, et encore moins sollicitera-t-il, du souverain auprès de qui il réside, aucune charge de cour, aucune pension publique ou secrète, à quelque titre et sous quelque dénomination que ce soit : l'honneur et la fidélité lui en font également un devoir. Il ne devra non plus, sans l'autorisation expresse de son constituant, accepter aucune dignité, aucun titre, aucune décoration, grâce ou faveur quelconque, de ce même souverain, ni de tout autre prince étranger ». Il est vrai que cette dernière défense ne s'applique pas seulement aux agents diplomatiques, mais encore à tous les nationaux résidant au dehors, nul ne pouvant accepter, quelle que soit sa position, une décoration ou un titre d'une Puissance étrangère, sans la permission du chef de l'État (1).

La prérogative de l'indépendance est comme le corollaire de l'inviolabilité. On peut dire aussi qu'elle est la conséquence de l'indépendance de la nation dont le ministre public est le mandataire. Il est aisé de comprendre combien cette prérogative est nécessaire. « Sans elle, dit Vattel, la sûreté du ministre public ne sera que précaire : on pourra l'inquiéter, le persécuter, le maltraiter sous mille prétextes. Souvent le ministre est chargé de commissions désagréables au prince à qui il est envoyé : si ce prince a quelque pouvoir sur lui, et particulièrement une autorité souveraine, comment espérer que le ministre exécutera les ordres de son maître avec la fidélité, la fermeté, la liberté d'esprit nécessaires ? Il importe qu'il n'ait point de pièges à redouter ;..... pour assurer le succès de son ministère, il faut qu'il soit indépendant de l'auto-

(1) *Le Guide diplomatique*, chap, v, § 25, édition de 1866 t. Ier, p. 89.

rité souveraine de la juridiction du pays, tant pour le civil que pour le criminel.... » (1).

L'exterritorialité

Grotius donne pour base à l'indépendance des ministres publics la fiction de l'*exterritorialité*. « Je crois pleinement, dit-il, qu'il a plu aux nations que la commune coutume qui soumet à la loi du lieu quiconque se trouve sur le territoire d'autrui, souffrît exception pour les ambassadeurs, et que, de même que, par une sorte de fiction, ils sont pris pour les personnes de ceux qui les envoient,.... de même, par une fiction semblable, ils fussent réputés aussi comme étant hors du territoire : d'où ils ne sont pas régis par le droit civil du peuple chez lequel ils vivent.... » (2).

L'*exterritorialité* est donc une fiction qui consiste en ce qu'un ministre public doit être regardé comme résidant toujours dans le pays d'où il est venu, et, par conséquent, hors du territoire de la nation où il a été envoyé, quoiqu'il y soit matériellement. C'est de cette fiction qu'on a longtemps fait dériver, comme son corollaire légitime, l'immunité des agents diplomatiques de la juridiction locale, soit en matière civile, soit en matière pénale (3).

Heffter rappelle que le principe qui fait considérer les ministres publics comme n'ayant point quitté les États de leur souverain, était reconnu sous plusieurs rapports déjà dans l'antiquité. Les Romains accordaient même aux députés provinciaux la faculté de récuser,

(1) Vattel, *Le droit des gens*, etc., livre IV, chap. VII, § 92, édition annotée par Pradier-Fodéré, t. III, p. 264 et suiv.

(2) *Le Droit de la guerre et de la paix*, de Grotius, livre II, chap. XVIII, n° IV, § 5, traduction française de Pradier-Fodéré, t. II, p. 336.

(3) La même fiction a été étendue aux personnes appartenant à la suite des ministres publics étrangers, ainsi qu'à l'habitation de ces ministres, aux effets qui s'y trouvent, à leurs carrosses, etc.

pendant leur séjour à Rome, la compétence des tribunaux, tant en matière civile qu'en matière pénale, à raison de créances antérieures ou de délits, ou du moins de n'y répondre que provisoirement. Cette faculté se nommait « *Jus domum revocandi* ». Cette exemption de la juridiction territoriale, dit Heffter, jointe à l'inviolabilité établie au profit des ambassadeurs proprement dits, s'est transformée en exterritorialité, dans les usages modernes des nations (1).

L'emploi de cette fiction est à peu près abandonné de nos jours. Déjà elle avait été très-critiquée par plusieurs publicistes, par Pinheiro-Ferreira, entre autres, comme étant d'une utilité contestable, à raison des restrictions importantes qu'elle comporte. « La fiction de l'exterritorialité, dit Pinheiro-Ferreira, n'étant d'aucune utilité pour la science, ne peut qu'induire en erreur... Au lieu donc de recourir à cette stérile fiction, les publicistes auraient dû examiner le véritable fondement des immunités et exemptions qui sont dues au diplomate étranger, car ils ne sauraient disconvenir que, parmi celles qu'on leur accorde, les unes sont rigoureusement dues à leur caractère diplomatique, tandis que d'autres ne sont qu'une suite des égards que les gouvernements se plaisent à leur témoigner, comme un gage de leurs dispositions amicales envers leurs souverains. Faute d'avoir fait cette distinction, les publicistes, et d'après eux les diplomates, ont prétendu faire un devoir aux gouvernements de ce qui n'est qu'une générosité de leur part » (2).

Cette observation de Pinheiro-Ferreira peut se résumer dans la remarque suivante faite par Bluntschli : « La fiction de l'exterritorialité n'est pas la cause de l'immunité dont les ministres publics jouissent en pays étranger ; elle en est seulement l'application à une personne déterminée. La vraie cause, c'est le respect de

(1) Heffter, ouvrage cité, n° 205, p. 390.

(2) Pinheiro-Ferreira, note sur le n° 215 du *Précis du droit des gens moderne de l'Europe*, de G. F. de Martens.

l'indépendance de ceux qui sont chargés de représenter les États. Cette fiction n'a donc que des effets relatifs ; sa portée est réglée par les causes réelles de cette immunité » (1).

Base de la prérogative de l'indépendance.

Il est certain que c'est donner une base bien faible à la prérogative de l'indépendance des ministres publics que d'asseoir cette prérogative sur la fiction de l'exterritorialité. Pour s'en convaincre, il suffit de considérer que ce n'est pas du tout un principe absolu, que la souveraineté d'un État ne puisse jamais s'étendre au-delà des bornes de son territoire. Tout au contraire, de nos jours surtout, les législations de beaucoup de pays ont sanctionné la maxime que, dans certains cas, la compétence des tribunaux d'une nation, tant en matière civile qu'en matière pénale, peut être invoquée vis-à-vis d'individus qui se trouvent, ou de faits qui se sont passés, au-delà de la frontière.

On enseigne aujourd'hui que la fiction de l'exterritorialité n'est nullement nécessaire pour que le ministre public puisse accomplir son mandat ; mais qu'il dérive de la nature et du caractère des légations, que, du moment où un agent diplomatique a obtenu la reconnaissance du caractère représentatif inhérent à son office, il doit être traité de façon à pouvoir remplir sa mission avec pleine sécurité, car, ainsi que l'a dit Bynkershoëck, tous les privilèges des ambassadeurs n'ont pas été imaginés dans un autre but que celui de leur permettre de s'acquitter de leurs devoirs en pleine sûreté, sans retards et sans obstacles.

Le dernier mot de la doctrine contemporaine, en ce qui concerne la prérogative de l'indépendance, est ce qui suit : tout État a le droit de commander souverainement dans toute l'étendue de son territoire, sur toutes les personnes qui s'y trouvent et sur tous les

(1) Bluntschli, ouvrage cité, n° 135, p. 120.

biens qui y sont situés. Mais l'exercice de la souveraineté territoriale ne doit pas avoir lieu de manière à rendre impossible le maintien des relations diplomatiques entre les différents États ; aussi cet exercice doit être limité, par voie d'exception, à l'égard des ministres publics étrangers. Cependant une exception, quelque large qu'on veuille l'établir, ne doit pas être mise à la hauteur du principe lui-même et se mettre en opposition avec ce principe : une exception doit être plutôt restreinte dans les limites qui lui sont tracées par la raison qui lui a servi de fondement. D'où il est évident que l'exception à l'exercice de la souveraineté territoriale, quant aux agents diplomatiques étrangers, étant fondée sur la nécessité où se trouvent les États d'accorder à ces agents cette sécurité et cette liberté qui rendent efficace le caractère dont ils sont revêtus, cette exception ne doit pas pouvoir s'étendre au delà des limites du pur besoin. En d'autres termes, les immunités qui sont la conséquence de l'indépendance ne doivent pouvoir être invoquées que dans la mesure strictement indispensable afin que les agents diplomatiques étrangers accomplissent librement leur mission (1). Ajoutons que parmi les immunités qui sont la conséquence de l'indépendance, plusieurs ne sont pas indispensables pour l'accomplissement de la mission, mais ne sont accordées que par hospitalité.

Conséquences de l'indépendance.

Les conséquences de l'indépendance sont :

1° L'immunité des impôts ;

2° La franchise de l'hôtel ;

3° L'exemption des lois de la police et de la juridiction civile du pays ;

4° L'exemption de la juridiction criminelle ;

(1) Esperson, ouvrage cité, nos 148, 150, 151, 152, 153, p. 91, 92, 93, 94.

5° La juridiction et le droit de surveillance du ministre à l'égard de sa suite ;

6° Le droit de culte domestique, etc. (1).

Immunité des impôts.

L'immunité des impôts n'est pas fondée en général sur le caractère public des agents diplomatiques étrangers, mais sur des considérations d'hospitalité. On peut dire aussi qu'elle résulte de la qualité d'étranger, qui ne permet pas qu'on exige d'un ministre public des impôts qui supposent généralement la souveraineté d'une part, et la sujétion de l'autre. Toutefois, il y a à distinguer à cet égard, car cette immunité n'est pas absolue et ne s'applique pas à tous les impôts ; il n'y a d'ailleurs pas de règles uniformes et d'une application universelle sur ce point.

En général, les immunités attribuées aux agents extérieurs, lorsqu'une loi positive ne les définit pas, dérivent, soit du principe de la réciprocité, soit d'usages traditionnels, soit du texte des traités, soit enfin des stipulations arrêtées entre d'autres nations, et dont on s'approprie le bénéfice en vertu de la clause générale du traitement de la nation la plus favorisée.

(1) L'article 11 de la loi italienne *des garanties*, du 13 mai 1871, tel qu'il était proposé par la commission, établissait que les légats et nonces du souverain pontife près les gouvernements étrangers jouiraient de toutes les prérogatives et immunités qui compètent aux agents diplomatiques, selon le droit international. Il fut observé, dans la séance de la Chambre des députés du 15 février 1871, par M. Mancini, qu'à la faveur d'une telle disposition le pape pourrait nommer des légats et nonces, sans les envoyer jamais à l'étranger, et qu'ils jouiraient dans le royaume d'Italie de l'immunité de toutes les lois et de toute juridiction. L'article fut renvoyé à la commission. Dans une séance suivante il fut présenté et approuvé dans sa rédaction nouvelle, d'après laquelle les prérogatives et immunités ont été limitées à l'aller et le retour. De plus, pour supprimer les doutes qui auraient pu naître au sujet du mot *légats*, qui en droit ecclésiastique a beaucoup de significations, on n'a parlé que des envoyés près des gouvernement étrangers. Esperson, ouvrage cité, n° 327, note 13, p. 201.

Impôts que le ministre public ne paye pas. — Impôts personnels directs.

Quels sont les impôts que les ministres publics, le plus généralement, ne payent pas?

Ce sont : 1° Les impôts personnels directs, tels que la capitation. Ces impôts sont précisément et essentiellement ceux qui supposent, d'un côté sujétion, et de l'autre côté souveraineté ; il n'y a que les sujets de l'État qui les payent : rien de plus naturel et de plus logique que les ministres publics étrangers soient à couvert de tout impôt relatif à la qualité de sujet de l'État. Si cependant l'agent diplomatique exerçait une industrie étrangère à ses fonctions, il devrait acquitter les droits de patente, et s'il était, en même temps que ministre public accrédité par un gouvernement étranger, sujet du pays de sa résidence, il serait tenu des impôts personnels (1).

Laurent critique dans les termes suivants l'exemption des impôts personnels attribuée aux agents diplomati-

(1) Les impôts personnels directs sont les impositions assises directement sur les personnes, qui se lèvent par la voie des rôles de cotisation, et qui passent immédiatement du contribuable cotisé au percepteur chargé d'en recevoir le produit. On entend par *capitation*, une taxe par tête. Les agents diplomatiques des Puissances étrangères sont exempts, en France, de la contribution personnelle et mobilière. Circ. minist. 7 ventôse an XIII. Avis. Cons. d'État, 17 nov. 1843.

D'après une lettre adressée au préfet de la Seine, le 11 juillet 1866, par le ministre des affaires étrangères, les agents politiques sont exemptés de la contribution personnelle et mobilière et de la contribution des portes et fenêtres. Cette exemption est étendue aux secrétaires officiels de la mission qui ont une résidence particulière en dehors de l'hôtel de l'ambassade. V. *Jurisprudence des conseils de préfecture*, 1878, p. 284. Le conseil de préfecture de la Seine a jugé, le 13 août 1878, que les agents diplomatiques sont dispensés de payer la contribution des portes et fenêtres, et que, par suite, le propriétaire de l'hôtel occupé par un ambassadeur (dans l'espèce, l'ambassade d'Italie), ne pouvant réclamer à son locataire le montant de cet impôt, il doit lui en être accordé décharge. Voir aussi le *Journal du droit international privé*, 1878, t. V, p. 601 et suiv.

ques : « Cette immunité, dit-il, n'a pas plus de raison d'être que les autres. Il n'est pas vrai de dire que les impôts personnels frappent l'indigène : ils pèsent sur tous ceux qui résident dans le pays, nationaux et étrangers. Tous jouissent de la protection de l'État, donc ils doivent aussi supporter les contributions sans lesquelles l'État ne pourrait remplir sa mission. Ce motif a une grande portée : est-ce que l'ambassadeur ne profite pas de la justice qui protège sa personne et ses biens ? Et il prétend être au-dessus des lois... » (1). Il y aurait quelques réponses à faire à ces observations. On pourrait démontrer, par exemple, que, si les étrangers sont soumis aux impôts personnels du pays, il ne peut être question que des étrangers domiciliés dans ce pays, ou du moins y ayant une résidence fixe, permanente, et, par conséquent, se trouvant sujets temporaires ; mais l'agent diplomatique étranger ne saurait être considéré même seulement comme sujet temporaire : sa mission, le caractère de son emploi, excluent toute idée de sujétion quelconque. J'ai déjà fait remarquer aussi, que, si l'agent diplomatique profite de la justice qui protège sa personne et ses biens, cette protection lui est due en vertu du droit des gens, et qu'il n'a pas à la payer.

Logement des gens de guerre.

2° L'obligation du logement des gens de guerre. En cas d'insuffisance des bâtiments militaires, et lorsqu'on ne trouve pas à louer une maison convenable, le logement des troupes est dû par les citoyens. Cette obligation pèse sur tous les habitants, excepté les dépositaires des caisses publiques, les femmes veuves et les filles, qui peuvent s'en dispenser en fournissant un logement chez d'autres habitants, à leurs frais. Les hôtels des ministres publics étrangers sont exempts du logement des gens de guerre, parce que cette charge serait incompatible avec la sécurité que le

(1) Laurent, *Le droit civil international*, t. III, p. 140.

droit des gens doit garantir aux agents diplomatiques dans l'exercice de leur mission. Or cette sécurité serait très-précaire, s'il était permis à des hommes d'armes de pénétrer dans l'intérieur de la demeure du ministre public. Mais l'exemption du logement des troupes doit-elle être étendue jusqu'au payement de la contribution par laquelle les gouvernements ont l'habitude de remplacer ces logements pour les personnes qui ont de justes motifs d'en être exemptées, ou lorsqu'ils croient préférable d'adopter cette mesure en général? G. F. de Martens enseigne l'affirmative: «l'hôtel du ministre, dit-il, est exempt du logement des gens de guerre et des droits qui y sont substitués» (1). Pinheiro-Ferreira soutient la négative. Il est d'avis «qu'on ne saurait trouver aucune raison d'en exempter l'agent étranger, pas plus que tout autre habitant, qui, à l'égal des citoyens, profite dans la juste proportion des avantages que ces contributions sont destinées à procurer à tout le pays en général» (2).

Ce sont les usages observés par les gouvernements, la pratique habituellement suivie et quelquefois les clauses des traités, qui décident la question; mais théoriquement parlant, l'opinion de G. F. de Martens doit être préférée à la doctrine exagérée de Pinheiro-Ferreira. Le logement des gens de guerre frappe les citoyens d'abord et les habitants ensuite, sans distinction de nationalité; mais le ministre public accrédité en pays étranger n'est, ni citoyen, ni habitant dans le sens juridique du mot, c'est-à-dire en se plaçant au point de vue d'un domicile établi et d'intérêts se liant à ce domicile. J'ajouterai que l'agent diplomatique en pays étranger n'y est pas protégé par les hommes d'armes, mais par le droit des gens sur lequel s'appuient ses immunités.

(1) *Précis du droit des gens moderne de l'Europe*, par G. F. de Martens, édition annotée par Ch. Vergé (1864), § 228, livre VII, chap. VII, t. II, p. 144, et note p. 145.
(2) *Id.*

Klüber fait la remarque que, si les hôtels des ministres publics ne sont que loués par eux, les propriétaires sont tenus d'en faire compensation, ou de loger autre part les soldats, là où ce logement est une charge réelle (1). L'observation est juste.

Impôts sur le capital et sur le revenu.

3° Les impôts sur le capital et sur le revenu. Ce sont des impôts qui grèvent la fortune mobilière : or, la fortune mobilière suit la personne, est attachée à la personne. On comprend donc que, si les ministres publics sont exempts des impôts personnels directs dans le pays de leur résidence, ils soient également exempts des impôts sur le capital et sur le revenu. Cette exemption toutefois n'est fondée, ni sur une nécessité interne, ni sur le caractère public de l'agent diplomatique ; elle n'est pas indispensable pour le libre accomplissement de sa mission : c'est plutôt une immunité qui résulte de sa qualité d'étranger. Dans quelques pays la loi l'accorde en termes formels, en vertu d'une disposition spéciale du législateur : en Italie, par exemple, la loi du 14 juillet 1864 (Art. 7). C'est une faveur.

Esperson demande, à propos de cette loi, si cette exemption peut être invoquée par les envoyés étrangers près le Saint-Siège, et il répond négativement. Il fonde son opinion sur ce que les envoyés des gouvernements étrangers près le Saint-Siège ont, à la vérité, été mis par la loi italienne du 17 avril 1871 sur le même pied que les autres agents diplomatiques, mais non pour toutes les immunités et prérogatives qui appartiennent à ces derniers selon le droit international. Le législateur italien, selon Esperson, n'a voulu que les protéger contre les offenses; il ne les a assimilés aux vrais agents diplomatiques que pour la protection

(1) Klüber, ouvrage et édition cités, § 206, note *e*, p. 295.

personnelle. Or, l'exemption de l'impôt sur la richesse mobilière n'est point par elle-même au nombre des prérogatives et immunités des agents diplomatiques; elle n'est point inhérente à leur caractère représentatif; c'est une exception à la règle générale, c'est un privilège, et, comme exception, comme privilège, il n'est pas permis de lui donner une interprétation extensive : il faut, au contraire, en restreindre l'application aux personnes exceptionnellement considérées par la loi, c'est-à-dire aux vrais agents diplomatiques (1). Cette argumentation serait sans réplique, si, en réalité, les envoyés des Puissances étrangères près le Saint-Siège étaient dépourvus du caractère diplomatique, et s'il dépendait du législateur italien de leur créer une situation et un caractère de fantaisie. Mais il a été déjà démontré que le caractère diplomatique des envoyés étrangers auprès du Saint-Siège et des envoyés du Saint-Siège auprès des Puissances étrangères ne peut être contesté.

Décimes de Guerre

4° Les décimes de guerre, ou impositions extraordinaires d'un décime par franc en sus de certains droits, à titre de subvention de guerre. Ces impôts extraordinaires frappent nécessairement les seuls citoyens du pays ; ils sont du nombre de ceux qui supposent une sujétion : les ministres publics étrangers doivent donc en être exemptés. Mais cette exemption n'est pas indispensable pour l'accomplissement libre de leur mission.

Droits de Douane

5° Les droits de douane, pour les effets et marchandises que les ministres publics emportent avec eux ou font venir pour leur usage, ou pour celui des personnes de leur suite. Le payement de ces droits n'est

(1) Esperson, ouvrage cité, nos 309, 310, 311, p. 190, 191.

cependant pas inconciliable avec le caractère diplomatique et représentatif des ministres publics, et si cette immunité leur est accordée, c'est en vertu d'un usage très ancien qui a prévalu (1). Il faut remarquer tou-

(1) Les auteurs qui ont écrit sur le droit des gens sont unanimes pour considérer l'exemption des droits de douane comme une concession de pure générosité, n'ayant d'autre fondement que le désir des gouvernements de témoigner, par des égards envers les agents diplomatiques, leurs dispositions amicales pour leurs souverains ou les nations qu'ils représentent. Vattel est particulièrement très-explicite à ce sujet. Parlant des choses qu'un ministre étranger fait venir dans le pays, il s'exprime ainsi : « Il n'y a nulle nécessité qu'il soit distingué à cet égard, puisqu'en payant ces droits il n'en sera pas moins en état de remplir ses fonctions. Si le souverain veut bien l'en exempter, c'est une civilité à laquelle le ministre ne pouvait prétendre de droit, non plus qu'à soustraire ses bagages, ou les caisses qu'il fait venir du dehors, à la visite des commis de la douane ; cette visite étant nécessairement liée avec le droit de lever un impôt sur les marchandises qui entrent dans le pays. Thomas Chaloner, ambassadeur d'Angleterre en Espagne, se plaignit amèrement à la reine Élisabeth, sa maîtresse, de ce que les commis de la douane avaient ouvert ses coffres pour les visiter. Mais la reine lui répondit que l'ambassadeur était obligé de dissimuler tout ce qui n'offensait pas directement la dignité de son souverain ». Vattel, *Le droit des gens*, etc. liv. IV, chap. VII, § 105, édition annotée par Pradier-Fodéré, t. III, p. 290. — G. F. de Martens enseigne formellement que « l'immunité de douane n'est pas fondée dans la rigueur de la loi naturelle », et que le ministre public étranger doit souffrir qu'on visite à la douane les objets qu'il importe ou fait venir, mais qu'il n'est pas obligé de souffrir cette visite dans son hôtel. G. F. de Martens, *Précis du droit des gens moderne de l'Europe*, chap. VII, § 227, édition annotée par Ch. Vergé, 1864, t. II, p. 140, 141. — Sur la question de visite, Pinheiro-Ferreira, qui est si peu favorable cependant aux immunités des ambassadeurs, fait l'observation suivante : « c'est une erreur que d'accorder aux officiers de la douane le droit de visiter les bagages de l'envoyé, parce que là il y a danger pour l'objet de sa mission, aucune garantie ne pouvant lui être offerte que ces agents du pouvoir respecteront l'inviolabilité due à ses papiers. C'est là la seule raison de l'immunité de son hôtel ; et si, de l'aveu de tout le monde, il n'est pas obligé de souffrir la visite de celui-ci, il ne saurait l'être, à plus forte raison, de souffrir celle de ses effets. » Pinheiro-Ferreira en conclut que la parole du ministre doit suffire pour qu'on s'abstienne de toute visite.

tefois que la pratique des États n'est pas uniforme à cet égard : quelques États admettent l'exemption de la manière la plus large, d'autres la restreignent ou la modifient.

D'où viennent ces variations? C'est que le droit des gens, dit Merlin, laisse, à cet égard, chaque souverain maître de régler les choses comme il lui plaît. Il n'y a nulle nécessité qu'un ministre public soit distingué des citoyens ordinaires, pour les consommations et les droits d'entrée et de sortie : en payant ces droits il n'en sera pas moins en état de remplir ses fonctions, et, d'ailleurs, comme ils sont imposés sur les choses, il n'en résulte aucune atteinte pour son indépendance personnelle. Si quelques souverains veulent bien l'en exempter, c'est une civilité à laquelle le ministre ne pouvait prétendre de droit, et leur exemple n'est pas une loi pour les autres États (1).

Il est bien entendu aussi, que, même dans le cas d'exemption accordée dans la proportion la plus large, l'abus doit la faire cesser. C'est ainsi que, au siècle dernier, sous le couvert de la franchise que possédait comme ambassadeur le prince de Rohan, une contrebande considérable se faisait à l'ambassade de France à Vienne. Georgel, ministre et confident du prince de Rohan, ne le nie point dans ses mémoires, mais il prétend que l'ambassadeur n'en tirait aucun profit particulier. Pour faire cesser ce scandaleux abus, sans offenser la France, l'impératrice Marie-Thérèse retira la franchise à tous les ambassadeurs.

Dans le cas où l'immunité des droits d'entrée est accordée au ministre public pour tous les objets qu'il fait venir de l'étranger, cette immunité comprend-elle les marchandises prohibées, les articles de contrebande? Oui, dit-on, à moins que le contraire n'ait été stipulé lors de la réception de l'agent diplomatique. Et dans le cas où le contraire a été stipulé, l'agent doit naturellement tolérer la visite des objets qu'il fait ar-

(1) Merlin, *Répertoire*, V°, *Ministre public*, Sect. V. § V, N° II.

river des pays étrangers, à la condition toutefois que les préposés de la douane chargés de la visite ne pénétreront, ni dans l'hôtel du ministre public, ni dans ses voitures. Mais en général on se contente de l'affirmation donnée par le ministre public qu'il ne s'y trouve aucun objet prohibé ou de contrebande.

En pareille matière — on ne saurait trop insister sur ce point — tout est relatif; l'immunité n'est fondée, ni sur une nécessité interne, ni sur le caractère public de l'agent diplomatique : elle dépend de la bonne volonté des gouvernements, et particulièrement de la réciprocité. Comme l'observation en a déjà été faite, les lois de certains États sont fort peu larges à cet égard, d'autres sont très libérales : ainsi, à Stockholm, les ministres étrangers ont joui, depuis 1825, d'une exemption générale de tous les impôts (1).

(1) En Belgique, l'exemption des droits de douane est accordée par la loi générale du 26 août 1822 aux objets appartenant aux ambassadeurs ou ministres des Puissances étrangères accrédités près le gouvernement belge. Le principe de la disposition est la réciprocité. La lettre de la loi exclut les chargés d'affaires, mais l'administration a toujours étendu la jouissance des immunités à tout agent chef de mission, quel que soit le grade dont il soit revêtu, sans distinguer entre les titulaires fixes ou les intérimaires. Les immunités diplomatiques sont accordées par l'administration, sur la demande du département des affaires étrangères ; mais pour quelques cas très-rares et exceptionnels, par exemple lorsqu'un courrier d'État arrive à la frontière, la présentation d'une demande préalable n'est pas exigée. Lorsqu'une personne qui se sera fait dûment reconnaître en qualité de courrier, porteur de dépêches, ou d'agent attaché à une légation, arrive à un bureau de douane belge, avec un paquet ou tout autre colis revêtu du sceau ou de l'adresse d'une légation accréditée en Belgique, ou d'un autre gouvernement qui y est représenté, et que ce paquet ou ce colis est indiqué sur le passeport ou la feuille de route dont cette personne est munie, on la laisse passer sans ouvrir ni visiter l'objet portant ces indications. Si le nombre et le volume des colis ou paquets sont tels qu'ils fassent naître des soupçons de fraude, les employés du bureau n'en entravent point le passage, mais ils en informent immédiatement le ministre des finances, afin que les mesures convenables puissent être prises. Le transit des documents diplomatiques est libre, et les colis munis du cachet du département des affaires étrangères et des légations ne sont soumis à aucune visite. D'ordinaire, ces paquets sont accompagnés d'autant de

Dans la pratique moderne on accorde, en général, aux agents diplomatiques un délai de plusieurs mois (6 ou 9 mois, par exemple), pour faire venir de l'étranger, en franchise de droit, tous les objets nécessaires à leur établissement. En outre il leur est ouvert un crédit annuel pour leurs besoins journaliers. Lorsque la somme de ce crédit est épuisée, les ministres doivent à la rigueur payer l'excédant conformément au tarif; mais aucun gouvernement n'insiste, à moins qu'il n'y ait abus manifeste (1).

En Angleterre, suivant l'auteur du *Guide diplomatique*, la restriction d'un crédit annuel n'existe pas ; les diplomates accrédités à Londres ont liberté illimitée d'importer ce qu'ils veulent, mais ils doivent chaque fois, et même pour l'objet le plus insignifiant, solliciter la permission par une note spéciale adressée au Foreign-Office, pendant que là où il y a un crédit annuel les marchandises sont délivrées au chef de mission destinataire, sur un simple certificat revêtu du sceau de la légation et attestant qu'elles sont destinées à son usage particulier (2).

L'exemption des droits de douane est restreinte aux

déclarations qu'il y a de frontières à passer. Ces déclarations, qui restent en la possession des douanes, attestent que les paquets qu'elles accompagnent ne contiennent que des documents diplomatiques. Voir Garcia de la Véga, ouvrage cité; 1867, p. 248 et suiv. — Un arrêté du roi d'Espagne, d'octobre 1814, accordait un délai de six mois aux ministres étrangers pour importer leurs effets francs d'impôts. Des dispositions analogues ont été prises en Russie.

(1) Les abus ne sont pas rares, mais les gouvernements ferment les yeux. Il n'est arrivé que trop fréquemment que les ministres publics aient fait trafic de leur immunité. Il y aurait un grand intérêt de moralité, et un grand profit pour la dignité du caractère diplomatique, à ce que les gouvernements s'entendissent pour supprimer complétement l'exemption des droits de douane. Le baron Ch. de Martens rapporte que quelques gouvernements allouent à leurs ministres à l'étranger, à titre d'indemnité, et selon leur rang, une somme déterminée, soit une fois payée, soit annuelle, représentative des droits de douane qu'ils auraient à acquitter. Voir *Le Guide diplomatique*, édition de 1851, t. 1. p. 108, note 2.

(2) *Le Guide diplomatique*, édition de 1866, t. 1er, p. 112.

chefs de missions ; aucun secrétaire ne saurait la demander, le cas excepté où il remplace *ad interim* son chef comme chargé d'affaires (1).

La pratique exempte généralement de la visite de la douane, non seulement tout colis expédié à un agent diplomatique sous le sceau officiel de son gouvernement, mais encore ses équipages, ses bagages. Il suffit que le ministre public prouve son caractère diplomatique au moyen de son passeport. Quant au contenu des colis et à leur destination à l'usage personnel de l'agent diplomatique et de sa suite, la parole du ministre public est considérée comme suffisante. Notons que cette exemption de la visite des colis expédiés sous le sceau officiel du gouvernement et des équipages du ministre public, n'est plus seulement une faveur, une immunité : c'est un droit qui tient à l'inviolabilité (2).

En France, tout ce qui entre pour la première fois avec l'agent diplomatique étranger doit être exempt de visite et de perception ; mais les équipages qui arrivent après doivent être signalés, afin que l'administration puisse donner des ordres spéciaux pour leur admission. A toute époque, l'agent diplomatique peut demander l'entrée des choses à son usage ; elles sont expédiées sur la douane de Paris, qui les livre en franchise (3). Ces règles sont observées à l'égard de tous les ministres publics. Quant au délai dans lequel les agents diplomatiques étrangers accrédités auprès du gouvernement français ont la faculté générale d'introduire en franchise les effets à leur usage et à celui de leur famille, il est ordinairement de six mois, et s'étend quelquefois jusqu'à un an ; mais celui de ces deux termes, quel qu'il soit, qui a été adopté, étant une fois expiré, si le ministre public veut obtenir la libre entrée de quelques objets, il doit en faire la demande spéciale. Les objets sur lesquels porte l'exemp-

(1) *Id.*
(2) Esperson, ouvrage cité, nos 314, 315, 316, p. 192 et suiv.
(3) Décision administrative du 24 février 1826.

tion des droits sont en général les équipages, meubles et effets, etc., qui sont à l'usage personnel de l'agent diplomatique, ainsi que les vins, eaux-de-vie et liqueurs destinés à sa consommation. La nature des objets pour lesquels la franchise peut être accordée n'est pas d'ailleurs exclusivement limitée aux provenances du pays du ministre public (1).

Toutes dépêches ou tous paquets cachetés du sceau d'un cabinet étranger, et adressés par la voie d'un courrier de cabinet ou d'un agent diplomatique, soit à l'un des ambassadeurs ou ministres près le gouvernement français, soit à l'un des ministres de ce gouvernement, doivent être admis sans retard et en exemption de visite (2). Tout paquet ou colis revêtu des cachets diplomatiques des cours étrangères, doit être admis librement, alors même que les cachets seraient apposés de manière que le colis pût être ouvert sans les rompre. Toutefois, des décisions administratives du 23 janvier 1820 et du 12 juin 1838 ont ordonné, si les paquets présentés par un courrier de cabinet n'étaient pas cachetés, en supposant qu'ils fussent destinés pour Paris, que le receveur de la douane s'abstînt de vérifier leur contenu et les réunît en un seul paquet, lequel, après avoir été revêtu du cachet de la douane et de celui du courrier de cabinet, serait adressé à la douane de Paris sous acquit-à-caution. Aux termes d'une décision administrative du 4 novembre 1833, à défaut de caution on se contenterait même de la signature du courrier de cabinet.

A l'égard des dépêches revêtues du sceau d'une légation, qui, venant de l'étranger et destinées pour un cabinet étranger, doivent seulement passer par la France, l'administration des douanes ne doit apporter aucun obstacle à la continuation du voyage du courrier, lorsqu'il justifie de sa mission par un passeport ou

(1) Dépêche du département des affaires étrangères, du 22 décembre 1830.

(2) Circulaire minist. du 20 octobre 1826.

autre titre régulier (1). Quant aux paquets non revêtus du sceau du cabinet et non destinés pour Paris, ils sont soumis à la loi commune et, par conséquent, visités (2).

Les dépêches, paquets et portefeuilles, présentés à la frontière par les courriers français et revêtus du cachet d'un ministre de la République à l'étranger, sont admis en exemption de toute visite et doivent être plombés par la douane, qui les remet aux courriers sous acquit-à-caution portant engagement de leur part de les présenter dans un parfait état d'intégrité au ministre des affaires étrangères. Ce ministre certifie sur l'acquit-à-caution que les portefeuilles et paquets lui sont parvenus en parfait état, et cette attestation sert de décharge aux courriers (3).

Si des objets prohibés ou passibles de droits sont découverts dans les portefeuilles ou paquets, ils sont envoyés avec les acquits-à-caution à la douane de Paris, qui requiert devant la justice ce que de droit (4).

Gouvernement péruvien. — Résolution du 11 juillet 1829.

Aux termes d'une résolution du Suprême Gouvernement, datée du 11 juillet 1829, les ministres publics et autres individus appartenant au corps diplomatique résidant au Pérou, devaient seuls jouir de l'exemption des droits dans l'introduction de leur bagage nécessaire, suivant la coutume. Cette exemption ne devait pas être étendue à toutes les espèces de denrées qu'ils introduiraient durant leur séjour dans le pays, ainsi que l'avait demandé, à cette époque, le consul des

(1) *Id.*

(2) Décision administrative du 4 décembre 1826.

(3) Arrêté du ministre des affaires étrangères, et circulaire du 5 octobre 1833.

(4) Voir Dalloz, *Jurisprudence générale*, V° *Douanes*, Nos 751 à 755.

Pays-Bas. Cette résolution fut communiquée dans une note du 13 décembre 1844 au ministre du gouvernement par le ministre des relations extérieures. Il était dit dans cette note qu'il existait une pratique absolument abusive ; que les consuls et vice-consuls faisaient entrer libres toutes sortes d'objets déclarés par eux nécessaires à leur consommation ; que cet abus existait même au profit des attachés et des autres personnes dépendantes de la mission. L'auteur de la note déclarait que, pour ne point encourir la responsabilité qui pesait sur lui, il ferait exécuter désormais la résolution du 11 juillet 1829, laquelle était toujours en vigueur (1).

Décret du 15 juillet 1845.

Le général D. Ramon Castilla rendit, le 15 juillet 1845, un décret très important sur les immunités accordées aux ministres publics étrangers.

L'exposé des motifs signalait la nécessité de fixer d'une manière précise les règles auxquelles doivent être soumis les ministres et agents diplomatiques, à leur entrée et lors de leur établissement dans la République. Les règles formulées dans d'autres époques n'avaient pas été claires sur les limites de ces exemptions, et n'avaient pas été notifiées par les moyens diplomatiques. « Tout gouvernement a la faculté incontestable, était-il dit dans le préambule du décret, de régler au mieux de ses intérêts fiscaux les droits d'entrée et de sortie des effets destinés aux ministres publics, et de les limiter pour éviter les abus, suivant les principes du droit des gens généralement reconnus ».

Conformément aux dispositions du décret, les ministres publics étaient exemptés des impôts personnels ; leurs équipages et bagages ne devaient pas être visités aux douanes de la République, à l'entrée et à la sor-

(1) La note était signée par M. D. Manuel de Mandiburu. Voir la *Collection* d'Oviédo, t. VII, p. 5 et 6.

tie. Il y avait exemption à leur profit des impôts indirects de douane et de consommation, quant aux objets leur venant immédiatement de l'étranger et destinés, soit à leur usage, soit à l'usage des personnes de leur suite. Ces exemptions devaient durer pendant six mois, à partir de leur arrivée. Mais les ministres publics ne devaient pas être exemptés des droits qui sont une rétribution immédiate et due à l'État, aux particuliers, aux communes, pour dépenses faites relativement à des objets ou établissements particuliers, à l'usage desquels les ministres participent, tels que péages, ports de lettres, octrois, etc. Ils devaient payer les impôts fonciers, s'ils possédaient des biens immeubles dans le pays ; les droits de patente, s'ils exerçaient un commerce ou quelque industrie ; les droits de communautés ou sociétés, s'ils étaient membres de quelque société ou communauté. Quant aux ministres publics d'autres pays traversant le Pérou pour se rendre dans un État tiers, ils ne devaient jouir que de celles des exemptions que le gouvernement péruvien voudrait bien leur accorder. Il était exprimé du reste que les dispositions du décret n'étaient point absolues, et qu'elles seraient soumises aux clauses, restrictions ou modifications qui pourraient résulter des traités (1).

Cas de M. D. I. A. Garcia y Garcia, en 1868.

La question de l'exemption des droits de douane s'est présentée en 1868. Il est vrai que ce n'était pas à propos des bagages de ministres étrangers arrivant au Pérou, mais d'effets appartenant à M. D. I. A. Garcia y Garcia, ministre du Pérou aux États-Unis d'Amérique, et pour lesquels l'exemption des taxes était demandée. Consulté par le ministre des relations extérieures, l'administrateur de la douane fit un rapport dans lequel il exposa la nécessité d'une résolution du

(1) *Collection* d'Oviédo, t. VII, p. 6.

gouvernement, fixant d'une manière précise les cas dans lesquels devrait avoir lieu l'exemption des droits d'importation d'objets appartenant aux agents diplomatiques à l'étranger, l'étendue et le temps de ce privilège. L'auteur de ce rapport citait l'article 125 du règlement de commerce et l'article 14 du règlement diplomatique en vigueur. Il rappelait que, suivant une pratique constante, observée pendant de nombreuses années, les équipages et objets d'usage des agents diplomatiques de la République n'étaient reçus libres de droits qu'après le terme expiré de la mission, et lorsque le retour de l'agent diplomatique avait été effectué. Il paraît que ce n'était point le cas de M. Garcia y Garcia : sa mission n'avait point cessé. L'admininistrateur de la douane demandait en conséquence, si l'exemption sollicitée devait se répéter plusieurs fois au profit du même individu et de la même mission ? Combien de fois ? Et si M. Garcia y Garcia ayant joui de cette immunité, en profiterait encore à l'expiration de sa mission ? Le gouvernement prit une résolution en date du 27 juillet 1868, aux termes de laquelle l'exemption des droits accordée aux équipages des agents diplomatiques du Pérou, après leur retour, ne devait valoir que pour une seule fois, et ne s'appliquer qu'aux seuls objets pouvant être compris sous la dénomination d'équipage (1).

Correspondance entre le ministre des États-Unis d'Amérique et le ministre des relations extérieures du Pérou, en 1870, au sujet de l'exemption des droits de douane.

On peu citer aussi une intéressante correspondance échangée, en juin et juillet 1870, entre M. Alvin P. Hovey, ministre des États-Unis d'Amérique à Lima, et M. D. José J. Loayza, ministre des relations extérieures du Pérou.

(1) Voir le journal officiel *El Peruano*, nº du 28 juillet 1868, t. 55, p. 96.

Le 2 juin 1870 en effet, le ministre des États-Unis, se fondant sur ce que son gouvernement désirait établir un système de réciprocité, présenta à M. Loayza un questionnaire auquel il l'invitait à vouloir bien répondre. Il demandait, entre autres choses, jusqu'à qu'elle classe d'agents diplomatiques s'étendait l'exception des droits de douane, d'après la loi du Pérou?

Si elle s'étendait jusqu'aux secrétaires de légation, mariés ou célibataires?

S'il y avait une limite pour la quantité d'un article spécial qu'un agent diplomatique pourrait importer à la fois, ou pendant une période déterminée?

En supposant que l'agent diplomatique fût absent avec licence, si l'exemption pourrait s'appliquer à quelques articles qui pourraient être importés durant son absence? etc., etc.

Le mois suivant, le ministre des relations extérieures du Pérou répondit que: l'exemption s'étendait à toutes les classes d'agents diplomatiques, sans distinction de rang, pourvu qu'ils fussent chefs de mission;

Qu'elle ne s'étendait point aux secrétaires de légation, célibataires ou mariés, à moins qu'ils ne fussent investis *ad interim* du caractère de chargés d'affaires;

Qu'il n'existait point de limite quant à la quantité d'un article déterminé qu'un agent diplomatique pouvait importer en une seule fois, ou pendant une période donnée, mais que la disposition règlementaire portant que les ministres publics peuvent introduire en franchise de droits les articles destinés à leur usage personnel, la quantité se trouvait ainsi limitée à ce qui pouvait servir à cet usage personnel et à celui de leur famille;

Que, d'ailleurs, dans la pratique, la véritable limite se trouvait fixée par la réserve et la délicatesse de l'agent diplomatique, par la courtoisie et par la prudence du gouvernement du Pérou;

Que la circonstance de l'absence de l'agent diplomatique, quelle que soit la durée de son voyage et de son séjour dans d'autres pays, n'établissait pas une règle différente, et que, par conséquent, elle n'avait point d'effet sur l'exemption.

M. Loayza ajoutait que cette immunité était accordée, non seulement aux ministres publics accrédités au Pérou, mais encore à tous les agents diplomatiques étrangers accrédités dans d'autres pays, et de passage sur le territoire péruvien (1).

Résolutions du 26 juillet 1865 et du 4 juillet 1874.

Une résolution du 26 juillet 1865 avait prescrit la vérification des caisses contenant les objets que les agents diplomatiques font venir pour leur usage personnel, mais, en 1874, cette mesure fut jugée peu convenable, et une nouvelle résolution du 4 juillet est venue abroger celle de 1865, en se fondant sur ce qu'on ne doit pas supposer que le représentant d'une nation demande, sous sa signature officielle, l'importation exempte de droits d'articles qui ne seraient pas réellement pour son usage personnel, ou qui seraient prohibés par les lois du pays.

Cette abolition de la vérification des envois faits aux ministres publics est un témoignage de la courtoisie du gouvernement péruvien, et en même temps d'une confiance qui pourrait avoir ses inconvénients.

Impôts que le ministre public doit payer.

Quant aux impôts que les ministres publics doivent en général payer, sauf le cas de dispense spéciale, soit fondée sur la réciprocité, soit stipulée par traités,

(1) Voir le journal officiel *El Peruano*, n° du 3 août 1870, t. 58, p. 653.

soit provenant du bon vouloir du gouvernement auprès duquel ils sont accrédités, ce sont :

1° Les impôts indirects frappant les objets de consommation, pour ce que les ministres publics achètent dans l'intérieur du pays, l'impôt étant compris par les vendeurs dans le prix des objets. Comme ces impôts font partie du prix, les ministres publics les payent nécessairement (1).

2° Les impôts qui ont le caractère d'une rémunération due, soit à l'État, soit à des particuliers ou à des municipalités, pour dépenses faites en vue d'objets ou d'établissements d'intérêt individuel à l'usage desquels les ministres participent : tels que droits à payer pour péages, ports de lettres, chaussées, fanaux, balises (2), etc. La franchise d'impôt ne s'étend pas non plus aux taxes télégraphiques et aux chemins de fer, sans distinction entre les lignes exploitées par l'État et celles exploitées par des particuliers. On accorde cependant quelquefois la franchise des ports de lettres aux ministres publics, ainsi que celle des droits de péage, mais c'est un acte de pure complaisance, c'est par convenance et pure courtoisie, et nullement parce que cette immunité serait fondée sur le caractère représentatif de l'agent diplomatique (3).

(1) Les impôts indirects sont ceux qui ne portent sur personne nominativement, mais qui atteignent tout le monde, car ils frappent certaines denrées servant à la consommation. En France, un décret du 28 janvier 1790 a aboli le privilège qui existait en faveur de certaines personnes d'être exemptées des droits d'octroi. L'article 105 de l'ordonnance du 9 décembre 1814 a consacré en ces termes le principe du décret de 1790 : « Nulle personne, quels que soient ses fonctions, ses dignités ou son emploi, ne pourra prétendre, sous aucun prétexte, à la franchise des droits d'octroi ».

(2) Les *balises* sont des marques placées aux endroits dangereux, pour avertir les navigateurs.

(3) Dans l'ancien empire germanique l'immunité de péage pour les ponts et chaussées s'accordait à tous les ministres accrédités auprès des assemblées de l'Empire. — En 1870, le gouver-

3° Les droits exigés à l'occasion de certains actes ou de certaines transmissions, tels que les droits d'enregistrement et de mutation par décès. A l'égard de ces droits il faut distinguer, du moins en France (1). S'il s'agit, par exemple, d'une succession ouverte en France au profit d'un agent diplomatique, les droits de mutation sont dus par lui, à moins qu'il n'existe dans le pays étranger auquel appartient l'agent diplomatique une loi de réciprocité en faveur des agents du gouvernement français; mais s'il s'agit de la succession mobilière de l'ambassadeur, aucun droit de mutation ne sera dû, l'ambassadeur étant réputé décédé en pays étranger. Telle est la solution formulée par plusieurs décisions ministérielles (2).

Les tribunaux français tiennent toujours très-fortement à la fiction de l'exterritorialité, et il s'appuyent sur elle pour résoudre la question de la soumission des agents diplomatiques aux impôts indirects. C'est ainsi qu'ils décident que, lorsqu'un ministre public étranger vient à décéder en France, le mobilier qui existe dans son hôtel ne doit être assujetti à aucun droit de muta-

nement de la République Argentine ayant exempté de toute taxe postale la correspondance de la légation péruvienne, dans toute l'étendue de la Confédération, le gouvernement péruvien, pour se conformer au principe de la réciprocité, a dispensé également la correspondance de la légation accréditée au Pérou par le gouvernement national de Buénos-Ayres, de tout impôt, de toute taxe, de tout droit, dans toute l'étendue de la république péruvienne. — En France, une lettre du ministre des affaires étrangères porte que les droits de consommation, les taxes des péages et droits d'octroi, sont des charges que les agents étrangers des relations commerciales sont tenus de supporter comme les simples particuliers. Les mêmes motifs existent pour les agents diplomatiques en général.

(1) Voir la note de M. Ch. Vergé, sur le § 227 du *Précis du droit des gens moderne de l'Europe* de G. F. de Martens, édition citée, t. II, p. 141 et suiv.

(2) Décision de la régie du 9 juillet 1811 ; décisions ministérielles des 27 et 29 mars 1822 ; délibération du conseil d'administration du 1 septembre 1829. Voir Dalloz, *Jurisprudence générale*, V°, *Agent diplomatique*, N° 144.

tion par décès, puisqu'il se trouve hors des atteintes de la loi française ; mais il devra être passé déclaration des rentes et créances dues à ce ministre public par des Français, et payables en France, parce que les étrangers pouvant contracter en France, y faire le commerce et y réclamer le secours des lois, doivent par une juste réciprocité participer aux charges du gouvernement, dans la mesure de la protection qu'ils en obtiennent (1). On trouve la confirmation de ces principes dans un arrêt de la Cour de cassation française, aux termes duquel les contributions indirectes, parmi lesquelles est rangé le droit d'enregistrement et de mutation par décès, sont des charges qui doivent être supportées même par les agents des Puissances étrangères accrédités près du gouvernement français. Ils n'en pourraient être affranchis qu'autant qu'il existerait dans les pays étrangers, en faveur des agents du gouvernement français, une loi de réciprocité (2).

4° Les impôts ou charges réelles qui grèvent les immeubles possédés par les ministres publics dans le territoire où ils résident, tels que les impôts fonciers, droits de mutation pour ouverture de successions immobilières, etc. Les impôts réels frappent en effet les biens, abstraction faite de la qualité du possesseur : tout possesseur indistinctement doit les payer. Il n'y a aucune raison pour que l'hôtel occupé par un ministre public soit affranchi de l'impôt qui atteint les autres immeubles (3) ; mais il en est dans le fait généralement exempté.

(1) Décis. rég., 9 juill. 1841, confirmée par une décision ministérielle du 27 mars 1822. Dalloz, *Jurisprudence générale*, V° *Enregistrement*, 4157.

(2) C. de cass., ch. civ., 26 avril 1815, Dalloz, *Jurisprudence générale*, V° *Enregistrement*, 4158, note 1.

(3) L'auteur du *Guide diplomatique* suppose le cas où le ministre public occuperait un hôtel appartenant à son souverain : « Il est probable, dit-il, que, par égard pour le prince, la contribution immobilière ne serait pas exigée, une pareille exemption n'étant bien entendu qu'une faveur et nullement une conséquence des immunités diplomatiques». Edit. de 1851, t. Ier, p. 107.

5° Les impositions qui grèvent l'exercice de certaines industries étrangères aux fonctions du ministre public, tels que les droits de patente pour l'exercice d'un commerce ou d'un métier.

6° Les contributions municipales, parce qu'elles sont imposées à l'habitant comme tel.

Observation relative à l'immunité des impôts.

Une observation sur laquelle il faut insister, c'est que l'immunité des impôts, sauf l'immunité du logement des gens de guerre, celle des décimes de guerre, ainsi que l'exemption de la visite par les employés de la douane, n'est qu'une concession de pure générosité, qui n'a d'autre fondement, comme il a été dit, que le désir des gouvernements de témoigner par des égards envers les agents diplomatiques leurs dispositions amicales pour leurs souverains ou les nations qu'ils représentent. Cette concession peut être plus ou moins étendue, plus ou moins limitée ; elle peut présenter des modalités diverses, elle peut même être accordée en apparence et être rendue inutile en réalité. Ainsi, autrefois, à Madrid, à Gênes, à Vienne, on faisait payer à chaque ministre étranger, à proportion de son rang, une somme déterminée, soit une fois pour toutes, soit par an, à titre d'indemnité de son immunité des douanes. C'était remplacer le droit par un équivalent.

Notons enfin que tout ministre public doit se contenter de ce que le gouvernement ou la cour auprès desquels il est accrédité accordent aux autres ministres de son rang, à moins qu'il n'ait à réclamer une immunité particulière fondée sur des conventions spéciales ou à titre de réciprocité (1).

(1) En résumé, il est à peu près universellement admis que les ministres étrangers sont exempts pour eux et pour les gens de leur suite de tout impôt personnel et de toute taxe somptuaire, mais qu'ils restent, pour les immeubles qu'ils possèdent dans le pays où ils sont accrédités, assujettis aux contributions foncières imposées sur les propriétés ou biens-fonds appartenant aux nationaux, sauf néanmoins la maison qui leur sert d'hôtel. Quant

Le ministre public peut-il prétendre à ces immunités sur le territoire d'une tierce Puissance ?

En matière d'immunités, tout est de volonté libre, hors les cas de clauses spéciales stipulées dans les traités. Aussi, à la question de savoir si le ministre public a le droit de prétendre à l'immunité des impôts sur le

aux droits de douanes, ou leur en accorde l'exemption dans une mesure qui varie suivant les pays, selon les traités, et qui s'appuie sur la considération de la réciprocité, pour les objets à leur usage qu'ils font venir de l'étranger. D'après le décret du 6 août 1791 sur les douanes françaises, les mesures relatives aux passeports donnés aux ambassadeurs, tant étrangers que français, devaient faire l'objet de conventions avec les Puissances étrangères, et être établies sur le pied d'une entière réciprocité. Les agents diplomatiques sont exempts presque partout de toute visite. Selon l'usage à peu près général, ils ne sont point exempts des droits de péage, et autres, établis pour l'entretien des routes, ponts, canaux, etc., qu'ils parcourent. « Une des conséquences de l'*assimilation complète* des consuls du Levant et de Barbarie aux *ministres publics,* disent MM. de Clercq et de Vallat, est leur exemption de tous tributs et impositions locales, soit directes soit indirectes : ils doivent donc être exemptés du payement des droits de douane sur les provisions qu'ils font venir du dehors pour leur usage personnel. » Plus loin, les même auteurs disent que « la France reconnaissant à ses consuls *le caractère d'agents publics,* en fait résulter pour eux :.... en pays de chrétienté, le droit de l'exemption de toutes charges nationales et municipales, quand ils ne possèdent pas des biens-fonds et qu'ils n'exercent pas le commerce. » Ils rappellent qu'en Espagne les consuls étrangers sont exempts du logement des gens de guerre et de toutes charges personnelles et municipales, mais qu'ils payent les droits de douane sur les objets qu'ils reçoivent de l'étranger. La législation portugaise concède aux consuls l'exemption des droits de douane et d'octroi. En Russie, les consuls étrangers sont exempts de tout impôt personnel ; on accorde par courtoisie aux consuls *envoyés*, lors de leur première arrivée, une exemption du droit de douane dont le chiffre est de 2000 francs (500 roubles) pour les consuls généraux, et de 1200 francs (300 roubles) pour les simples consuls. En Prusse, les consuls étrangers, non citoyens du royaume, sont exempts des logements militaires et des contributions directes ; en Danemarck, ils sont exempts de toutes charges ou contributions per-

territoire d'une Puissance tierce, on peut répondre: non, si ce n'est en vertu de traités. Mais cette immunité a pu parfois être accordée par pure complaisance (1).

sonnelles. Dans les Pays-Bas, dont, sous ce rapport, la Belgique a conservé la législation, les consuls étrangers non commerçants sont exemptés du logement militaire, de l'impôt personnel et de toutes contributions publiques et municipales autres que les impôts indirects, à charge, il est vrai, de réciprocité en faveur des consuls hollandais ou belges. Voir le *Guide pratique des consulats*, édition de 1880, t. Ier, p. 11 et suiv. — A plus forte raison les agents diplomatiques doivent-ils jouir de ces exemptions dans ces différents pays.

(1) Nul agent diplomatique, dit le baron Ch. de Martens, ne peut prétendre à la franchise des droits de douane en vigueur dans les États dont il emprunte le territoire, pour se faire suivre d'aucun bagage qui ne voyagerait pas avec lui. Ce qui se pratique quelquefois à cet égard, soit en vertu d'usages particuliers et réciproques, soit par des motifs de déférence de la part des États secondaires, ne suffit pas pour établir l'existence d'un usage général ou d'un droit. *Le Guide diplomatique*, édition de 1851, t. I, p. 125.

CHAPITRE XII

La franchise de l'hôtel. — Justification de cette immunité. — Base de cette immunité. — Limite de cette immunité. — Ne pas confondre la franchise de l'hôtel avec le droit d'asile d'autrefois. — Accord arrêté par le corps diplomatique résidant à Lima, le 19 mai 1865. — Affaire des ministres du général Pezet. — Protocole du 15 janvier 1867. — Protocole du 29 janvier 1867. — Mémorandum du 1er février 1867. — La franchise des quartiers. — Franchise du mobilier. — Exemption de la juridiction de la police. — Immunité de la juridiction civile. — Ce que disent, à cet égard, les législations civiles. — L'immunité de juridiction civile est-elle absolue ? — Exceptions. — 1° Actions réelles immobilières. — 2° Agent diplomatique exerçant le commerce. — 3° Cas où le ministre public se soumet par son propre fait au juge du lieu de sa résidence. — Un ministre public peut-il renoncer à l'immunité de juridiction civile ? — Le ministre public, sujet de l'État où il est accrédité par une Puissance étrangère, jouit-il de l'immunité de la juridiction civile ? — L'exemption de la juridiction s'étend-elle aux biens meubles du ministre public ? — Les meubles servant au ministre public sont-ils susceptibles de revendication, de la part du marchand non payé du prix, lorsque le ministre a cessé ses fonctions ? — Le propriétaire d'un immeuble peut-il retenir les effets mobiliers d'un ministre public qui n'a pas satisfait aux conditions de location de l'hôtel occupé par sa légation ? — L'immunité diplomatique s'oppose-t-elle à ce qu'un tribunal du pays où le ministre est accrédité commette un huissier pour notifier un jugement ? — L'immunité met-elle obstacle à l'exécution de simples mesures conservatrices du droit des tiers ? — Le ministre public peut-il se servir des autorités et des notaires du pays où il est accrédité ? — Dans les cas exceptionnels où les agents diplomatiques pourront être assignés, comment l'exploit leur sera-t-il remis ? — Des poursuites peuvent-elles être exercées contre des biens appartenant à un gouvernement étranger ? — L'immunité de la juridiction civile n'existe-t-elle qu'au profit de la personne seule du ministre ?

La franchise de l'hôtel.

La *franchise de l'hôtel* du ministre public, ou *immunité locale*, est généralement reconnue. Elle consiste dans l'indépendance des hôtels occupés par les agents diplomatiques de la souveraineté du pays, à l'exception cependant des droits de contribution et de juridiction foncières. Cette indépendance consiste particulièrement en ce qu'aucun officier de l'autorité publique, aucun agent de la force publique, ne puissent pénétrer dans ces hôtels pour y exercer des actes de leur ministère.

En vertu de cette immunité, l'habitation des agents diplomatiques accrédités est inaccessible aux ministres ordinaires de la justice, aux officiers de police, employés de douane, etc. Ce principe a été solennellement reconnu, en France, par un arrêté de l'Assemblée Nationale, au début de la Révolution.

Le 11 décembre 1789, le comte de Montmorin, ministre des affaires étrangères du roi de France Louis XVI, écrivit au président de l'Assemblée Nationale : « Les ambassadeurs et ministres étrangers auprès de sa majesté m'ont témoigné le désir qu'ils auraient d'obtenir une explication au sujet d'une réponse de l'Assemblée Nationale à une députation de la Commune de Paris. Cette députation avait pour objet de demander qu'il fût permis à la Commune de faire des recherches dans les maisons privilégiées. Les ministres publics, bien persuadés que l'Assemblée n'a pas eu l'intention de les comprendre, eux ni leurs maisons, dans les termes généraux de la réponse qu'elle fit à la Commune, se seraient dispensés de demander aucune explication, si l'un d'entre eux, réclamant de quelques subalternes des égards auxquels un usage constant les avait accoutumés, n'en avait reçu pour réponse qu'il ne devait pas ignorer *qu'il n'y avait plus de privilégiés*. Cette réponse a fait craindre aux ministres étrangers que l'on ne donnât une interprétation trop étendue à la manière dont l'Assemblée s'est expliquée dans sa réponse à la Commune de Paris, et qu'il n'en résultât des faits dont ils seraient forcés de se plaindre. Responsables, envers les souverains dont ils sont les représentants, de tout ce qui concerne la dignité du caractère dont ils sont revêtus, ils doivent prévoir tout ce qui pourrait y porter atteinte ». Le comte de Montmorin ajouta que les ministres désiraient une explication donnée par l'Assemblée Nationale.

L'Assemblée déclara que la réponse à la Commune de Paris ne changeait rien aux dispositions du droit des gens qui établissent les privilèges des ambassadeurs (1).

Justification de cette immunité.

On comprend que l'indépendance personnelle d'un ministre public serait fort imparfaite, et sa sûreté mal établie, si la maison où il loge ne jouissait pas d'une entière franchise, si elle n'était pas inaccessible aux agents ordinaires de la justice, si elle n'était pas exempte des perquisitions ou visites de la police et de celles des employés des douanes, auxquelles peuvent se trouver assujetties les habitations des nationaux et des étrangers. Le ministre public pourrait être troublé sous mille prétextes, son secret pourrait être décou-

(1) *Moniteur* du 14 décembre 1789.

vert par la visite de ses papiers, sa personne serait exposée à des avanies. Toutes les raisons qui établissent son indépendance et son inviolabilité concourent donc à assurer la franchise de son hôtel, dans l'intérêt même des gouvernements étrangers. Ces derniers en effet ne sauraient prendre trop de précautions pour empêcher que des agents subalternes ne compromettent la bonne intelligence internationale, en se portant envers les agents diplomatiques d'autres pays à des actes attentatoires à leurs prérogatives. Ajoutons qu'il n'est pas toujours facile, en pareil cas, de donner après coup des explications satisfaisantes, qui éloignent tout soupçon de complicité de la part du gouvernement qu'on présumerait intéressé à chercher des prétextes pour pénétrer les secrets de la politique étrangère. L'immunité locale est donc généralement reconnue chez les nations policées. On considère au moins, dans tous les cas ordinaires de la vie, l'hôtel d'un ministre public comme devant être à couvert de toute insulte, sous la protection particulière des lois et du droit des gens. L'insulter, serait se rendre coupable envers l'État et envers toutes les nations (1).

Base de cette immunité.

La plupart des auteurs donnent pour base à la franchise de l'hôtel la fiction de l'exterritorialité : ils la considèrent comme une des conséquences de cette fiction ; ils disent que c'est le privilège de l'exterritorialité fictive accordé au ministre public et aux personnes attachées à sa mission, qui s'étend aussi à son hôtel, en tant qu'il s'agit de l'exemption des visites et perquisitions, etc. Cependant la tendance contemporaine est d'expliquer l'immunité locale autrement que par l'exterritorialité. On ne peut douter, dit-on, que l'inviola-

(1) *Le droit des gens*, de Vattel, édition annotée par Pradier-Fodéré, liv. IV, chap. IX, n° 117, t. III, p. 312.

bilité ne s'étende à tous les actes inhérents aux fonctions des ministres étrangers, afin qu'ils puissent exercer librement ces fonctions. La violation du secret des correspondances officielles constitue un attentat contre le droit des gens; or, s'il était permis d'envahir la demeure des ministres publics pour y faire des perquisitions, qui ne voit qu'ils pourraient être troublés dans l'exercice de leurs fonctions, et qu'il pourrait y avoir lieu de craindre que leur correspondance fût violée? Il n'est pas nécessaire pour voir cela de recourir à la fiction de l'exterritorialité. Au contraire, en n'y recourant pas, on attribue à l'immunité locale ses justes limites, tandis que si l'on invoque l'exterritorialité, on est conduit à lui donner une extension qui n'est pas indispensable pour le but que l'on veut atteindre (1).

La demeure d'un ministre public est donc inviolable, mais cette inviolabilité n'existe bien entendu qu'en tant qu'il s'agit de l'exercice libre et régulier des fonctions du ministre. Du moment où la conduite ou l'attitude imprudentes de l'agent diplomatique mettraient en péril la paix de l'État, violeraient ou tendraient à éluder les lois d'un pays, en convertissant par exemple la légation en refuge pour les criminels, ou en foyer de conspiration contre le gouvernement établi, le privilège de l'inviolabilité du domicile disparaîtrait, et l'État offensé serait pleinement fondé en droit à refuser désormais à la demeure de l'agent diplomatique le bénéfice d'une immunité que la saine raison et la justice cesseraient de légitimer (2).

Limite de cette immunité.

Il est évident que l'immunité locale ne doit pas être admise dans le sens par exemple que la maison d'un

(1) Esperson, ouvrage cité, n° 254, p. 156.

(2) *Le droit international théorique et pratique*, par Ch. Calvo, édition de 1880, t. Ier, p. 595.

agent diplomatique puisse servir d'asile à des malfaiteurs. Il n'y aurait plus de souveraineté dans le sein d'un État, s'il s'y trouvait un point du territoire indépendant qui pût servir de foyer aux conspirations, de refuge aux criminels : l'indépendance des agents diplomatiques absorberait complètement celle des gouvernements. Une semblable doctrine serait la conséquence de la fiction de l'exterritorialité appliquée dans toute sa rigueur. Les auteurs n'arrivent pas à cette conséquence. Mais ils sont divisés d'opinions sur la question de savoir quelles mesures devront être prises au juste, dans le cas où un agent diplomatique, ayant été dûment requis par l'autorité légitime, refusera de livrer un individu qui se sera réfugié dans son hôtel pour se soustraire aux recherches de la justice.

Il y a un point sur lequel tout le monde est d'accord : c'est que l'autorité locale a le droit d'entourer de gardes l'habitation, et de prendre au dehors toutes les mesures nécessaires. Mais a-t-on le droit de pénétrer dans l'intérieur et d'arracher de force le réfugié ? Ici, trois opinions sont en présence :

1° Suivant les uns, l'autorité locale n'a pas d'autre moyen à employer que de demander l'extradition de l'hôtel par l'intermédiaire du ministre des affaires étrangères, et, en cas de refus de l'agent diplomatique d'opérer cette extradition, de la demander à son souverain (1).

Cela est logique, dans le système qui fonde l'immunité locale sur la fiction de l'exterritorialité. On doit procéder alors comme on procéderait pour l'extradition. En poussant même la logique jusqu'à ses plus extrêmes conséquences, il conviendrait de ne point ac-

(1) Aux termes de l'article 89 (ult. §.) du *Code de procédure en matière pénale*, du Pérou, « pour extraire les délinquants de la maison des agents diplomatiques, on procédera comme dans le cas d'extradition. » Le juge du crime en fait rapport à la Cour Suprême, qui examine s'il y a lieu à l'extradition, et demande que le gouvernement fasse le nécessaire pour l'obtenir. (*Art.* 83 du même code.)

corder à l'agent diplomatique le droit de consentir à l'extradition, qui ne devrait être demandée que de gouvernement à gouvernement.

2° D'après d'autres auteurs, les officiers publics chargés d'opérer l'arrestation peuvent directement demander à l'agent diplomatique que le réfugié leur soit remis, et, s'il refuse, ils peuvent pénétrer dans l'hôtel, mais en prenant toutes les mesures pour ne porter aucune atteinte aux droits du ministre public et aux égards qui lui sont dus.

3° Dans une troisième opinion, l'on distingue entre les cas suivants : la présence du coupable est-elle constatée d'une manière irréfragable, et y-a-t-il péril en la demeure ? La présence du coupable est-elle certaine, sans qu'il y ait péril en la demeure ? La présence du coupable n'est-elle que soupçonnée ?

Dans le premier cas, c'est-à-dire si la présence du coupable est constatée d'une manière irréfragable, et s'il y a péril en la demeure, on pourra revendiquer par la force les droits de la juridiction locale outragés par le ministre public. Si la présence du coupable est certaine, sans qu'il y ait péril en la demeure, l'autorité locale se contentera de faire entourer l'hôtel de la légation ; le gouvernement pourra même enjoindre au ministre public de se retirer, il pourra le faire conduire à la frontière, mais son domicile devra être rigoureusement respecté. Enfin, s'il n'y a qu'un soupçon, même grave, on se bornera à demander au ministre public des explications, on se plaindra même à son gouvernement, mais on ne forcera point sa porte. Au reste, les autorités locales devront, toutes les fois que les circonstances le permettront, s'adresser à leur gouvernement, à qui il appartient en définitive de décider si, et à quel point, il convient de respecter la franchise de l'hôtel. C'est cette troisième opinion que la doctrine actuelle semble avoir adoptée (1).

(1) Esperson, ouvrage cité, nos 266, 267, 268, 269, 270, 271, p. 163 et suiv.

Heffter a tracé d'une manière très-précise les limites dans lesquelles existe de nos jours l'immunité locale. Nul motif, dit-il, ne peut autoriser un ministre public à faire servir son hôtel ou ses voitures pour soustraire à la juridiction compétente du pays des individus prévenus d'un crime, ou à favoriser leur évasion. Le respect qui est dû à lui et au souverain qu'il représente exige seulement qu'en pareil cas l'extradition du criminel s'effectue avec beaucoup de ménagements, et de la manière la moins blessante pour sa personne. Ainsi, lorsqu'il est constant qu'un individu prévenu d'un crime s'est réfugié dans l'hôtel d'un agent diplomatique, les autorités du pays ont, non-seulement le droit de faire entourer de gardes l'hôtel et de prendre au dehors des mesures nécessaires pour que le coupable ne puisse s'échapper, mais elles peuvent encore, dans le cas où le ministre public, après avoir été dûment sollicité par l'autorité compétente, se refuserait à son extradition, le faire enlever de l'hôtel à main armée. Cependant, en procédant à la visite, les autorités doivent éviter tout ce qui peut porter préjudice aux droits et aux égards dus à la personne du ministre et de sa suite.

En dehors de ce cas, il n'est pas permis aux autorités locales de pénétrer dans l'hôtel d'un ministre public et d'y procéder à une perquisition, lors même qu'il existerait des soupçons qu'il sert d'abri à un criminel ou à cacher les traces d'un crime. Le ministre interrogé à cet égard ne peut, au besoin, refuser de donner des explications. S'il les refuse, ou qu'elles paraissent insuffisantes, la perquisition peut être autorisée. Ce droit de plus ne saurait être contesté au gouvernement étranger, lorsqu'il aurait des motifs de supposer que l'hôtel sert d'asile à une entreprise criminelle tramée contre lui (1).

Ainsi, Heffter n'autorise l'entrée dans l'hôtel de l'agent diplomatique, que dans le cas où il est constant

(1) Heffter, *Le droit international de l'Europe*, édition française de 1873, p. 402, 403.

qu'un criminel de droit commun y est caché, ou que les traces d'un crime y sont soustraites aux regards de la justice. Ajoutons que l'entrée dans l'hôtel ne sera permise qu'aux autorités compétentes, lesquelles agissent nécessairement avec responsabilité, et en se conformant à une procédure qui est une garantie contre les violences et les insultes (1).

Ne pas confondre la franchise de l'hôtel avec le droit d'asile d'autrefois.

Limitée dans ces proportions raisonnables et nécessaires, la franchise de l'hôtel n'est plus le droit d'asile d'autrefois, qu'on pouvait définir ainsi : le droit d'accorder protection contre la police ou la justice du pays à des personnes n'appartenant pas à la suite des ministres, et qui, étant prévenues de crimes, s'étaient réfugiées dans les hôtels des agents diplomatiques. Ce droit d'asile, dont on a beaucoup abusé en faveur des criminels, est généralement aboli en Europe, à cette modification près que les ministres publics doivent être préalablement requis, dans les formes, d'opérer

(1) « Il n'y aurait plus de souveraineté, dit M. Faustin Hélie, si, au sein de chaque État, se trouvait un territoire indépendant qui pût servir de refuge à tous les criminels, de foyer à tous les complots, et qui pût opposer sa justice à la justice du pays. L'indépendance des ambassadeurs absorberait complètement l'indépendance des gouvernements. On doit donc se borner à déduire de l'inviolabilité de l'hôtel ces simples conséquences : que cet hôtel est sous la protection particulière des autorités locales, qui doivent le mettre à l'abri de toute insulte ; que ces autorités ne peuvent, même dans les cas prévus par les lois, y pénétrer ou y envoyer leurs agents ; qu'elles doivent en référer au chef de l'ambassade pour obtenir son agrément, ou au ministre des affaires étrangères pour avoir son autorisation ; et que, sauf les cas de nécessité pressante, où le bien public serait en danger et ne permettrait point de délai, elles doivent attendre, pour agir, la détermination du gouvernement ». *Instruction criminelle*, t. II, §. 127, p. 558.

l'extradition des réfugiés. On vient de voir en effet que les autorités du pays sont en droit, non-seulement de prendre au dehors les mesures convenables pour empêcher que le criminel ne s'échappe de l'hôtel du ministre, mais encore, au cas où celui-ci en aurait refusé l'extradition dûment demandée, de faire même enlever de force le réfugié. « De même qu'un souverain, dit Klüber, ne pourrait soustraire un ministre étranger prévenu de crime aux poursuites de la justice du pays de ce ministre, sous le prétexte qu'il séjourne dans ses États, de même l'hôtel du ministre ne peut offrir un asile à des criminels poursuivis par la police ou la justice de leur État, dont la compétence à cet égard ne peut être révoquée en doute. Dans l'un et l'autre cas on attenterait à l'indépendance des États (1). »

La loi italienne du 13 mai 1871, dite loi des garanties, a établi qu'aucun officier de l'autorité publique, ou qu'aucun agent de la force publique, ne pourront, pour exercer des actes de leur ministère, s'introduire dans les palais et lieux servant de résidence habituelle ou temporaire au souverain pontife, ainsi que dans les lieux où se trouveraient réunis un conclave ou un concile œcuménique, sans l'autorisation du souverain pontife, du conclave ou du concile (Art. 7). Cette disposition souleva une vive opposition dans le sein de la Chambre des députés. La commission de la Chambre avait proposé d'ajouter : ou sur un arrêt de la suprême magistrature judiciaire siégeant à Rome (« *dietro un decreto della suprema magistratura giudiziaria sedente in Roma* »). Lors de la discussion, le gouvernement se prononça pour l'article 7 du projet de loi, et contre la proposition de la commission. Le président du conseil des ministres, M. Lanza, déclara formellement qu'en demandant la suppression de la disposition proposée par la commission, le gouvernement n'avait nullement l'intention de faire revivre le droit d'asile et de procurer l'impunité à ceux qui violeraient les lois

(1) Klüber, *Droit des gens moderne de l'Europe*, édition de 1874, n° 208, p. 297 et suiv.

de l'État, mais de protéger l'honneur, l'indépendance et la dignité du souverain pontife. Dans l'hypothèse inadmissible, dit-il, où les lois de l'État seraient violées, le gouvernement et le parlement pourraient aviser au moyen de les faire respecter, et ils le feraient assurément. Le cabinet finit par triompher dans cette lutte parlementaire, et, à l'appel nominal, la proposition de la commission fut repoussée par 204 voix contre 139 (1).

La question du droit d'asile diplomatique peut donc être considérée comme définitivement jugée depuis longtemps, en Europe, dans le sens de l'abolition ; du moins en ce qui concerne les individus poursuivis pour délits de droit commun.

Le droit d'asile, auquel jadis les souverains attachaient une si grande importance, n'existe plus : ce qui était une règle du droit des gens au XVIIe siècle, n'est plus une règle du droit des gens au XIXe ; le fait a disparu devant une notion plus exacte de la justice.

Mais la question s'agite encore en Amérique, où l'on n'a pas toujours distingué d'une manière suffisamment nette entre la matière politique et la matière des crimes ordinaires.

Les exemples de débats soulevés à ce sujet sur le nouveau continent sont très nombreux. En voici un qui, par son importance, par les proportions que la discussion a prises, mérite d'arrêter l'attention.

Accord arrêté par le corps diplomatique résidant à Lima, le 19 mai 1865.

Au mois de mai 1865, le général Canseco avait cherché un asile dans la maison de M. Robinson, ministre des États-Unis d'Amérique. Des difficultés ayant été soulevées à cet égard, le corps diplomatique étranger résidant à Lima s'était réuni, et avait arrêté d'un commun accord les points suivants :

(1) Esperson, ouvrage cité, p. 167 et suiv., en note.

1° Indépendamment des limites au droit d'asile émanées des instructions des gouvernements qui ont accrédité des agents diplomatiques dans le pays auquel appartient le réfugié, ou stipulées dans les traités, il y a encore les limites que la prudence de l'agent diplomatique doit lui conseiller.

2° Le corps diplomatique adopte et considère comme très-prudentes les instructions données au ministre du Brésil par son gouvernement, et desquelles il résulte que l'asile doit être accordé avec la plus grande réserve, et qu'il doit être circonscrit par le temps exclusivement nécessaire pour que le réfugié puisse se mettre en sûreté d'une autre manière ; l'agent diplomatique devant du reste faire tout son possible pour obtenir ce résultat.

Les principes adoptés dans cet accord ne l'avaient été que d'une façon provisoire, en attendant que chaque ministre public eût porté la question à la connaissance de son gouvernement et en eût reçu des instructions. Il avait été convenu, de plus, d'une manière expresse, que les principes ainsi provisoirement admis ne devaient s'appliquer qu'aux délits proprement appelés politiques.

Le gouvernement péruvien n'avait pas concouru à cet accord, auquel on reprochait, d'ailleurs, de laisser une part trop large à l'appréciation particulière de chaque chef de légation. Les points convenus en 1865 étaient en effet très vagues et se prêtaient à des interprétations capricieuses. Des événements nouveaux allaient donner une nouvelle opportunité à la question.

Affaire des ministres du général Pezet.

A la suite de la révolution du 6 novembre de la même année, le général D. Manuel-Ignacio Vivanco et MM. D. Pedro-José Caldéron, Jorge Loayza et Pedro-José Carrillo, qui avaient appartenu comme ministres à l'administration du général Pezet, avaient cherché asile dans la légation de France, et y étaient restés sans que le gouvernement ait eu connaissance officielle de ce fait. La Cour centrale avait décrété leur arrestation, le 19 décembre. Le consul de France, M. Vion, chargé par intérim des affaires de la légation, avait été invité à les livrer, et avait répondu par un refus péremptoire, en l'accentuant par cette considération, que, s'il était vrai que la doctrine de l'asile ait quelquefois eu, en Amérique, une application exagérée, les avantages qui en étaient résultés avaient compensé amplement une faute inspirée seulement par le sentiment de l'humanité (1).

Le consul de France en avait, du reste, référé à son gouvernement, et M. Drouyn de Lhuys, qui était alors ministre des affaires étrangères de l'empereur Napoléon III, lui avait donné raison. Dans sa réponse, M. Drouyn de Lhuys avait déclaré que le droit d'asile était trop conforme aux sentiments d'humanité pour que la France consentît à l'abdiquer ; que seulement il fallait faciliter l'éloignement du pays à des hommes qui ne pourraient y rester sans péril pour leur personne et pour le pays lui-même. Il rappelait le souvenir de l'accord de mai 1865, pour en conclure que la pratique de l'asile constituait, en Amérique, une immunité universellement admise dans les usages diplomatiques, pourvu qu'il demeurât enfermé dans les limites que la prudence et la loyauté prescrivent naturellement aux agents étrangers; et, à cette occasion, il faisait remarquer qu'à cet accord avaient concouru, non-seulement les représentants de l'Europe, mais, en grande majorité, les agents des États américains, puisque les ministres des États-Unis d'Amérique, du Brésil, du Chili, de Bolivie, de Guatémala, s'étaient associés aux opinions consignées dans l'acte du corps diplomatique du 19 mai. M. Vion avait donc été pleinement autorisé à profiter de ce privilége, dont l'existence venait d'être sanctionnée par des déclarations si récentes. En ce qui concernait l'invitation d'avoir à livrer les personnages dont il

(1) Note de M. Vion, du 24 déc. 1865.

était question, M. Drouyn de Lhuys avait ajouté que le refus de M. Vion était d'autant plus fondé, que, ni les usages, ni les traités, ne permettaient à l'agent diplomatique d'effectuer une semblable extradition en vertu de son autorité propre, sans avoir préalablement communiqué pareille demande à son gouvernement, et avoir reçu de lui des instructions spéciales (1).

En communiquant au ministre des relations extérieures du Pérou cette réponse de M. Drouyn de Lhuys, M. de Lesseps, chargé d'affaires de France, avait insisté sur l'avantage qu'il y aurait de fixer d'une manière définitive la doctrine à cet égard, et de signer un accord qui établirait la pratique de ce droit « sud-américain », afin de conjurer dans l'avenir les difficultés et les erreurs. Il avait invité en conséquence le ministre des relations extérieures du Pérou, en sa qualité de président-né du corps diplomatique, à réunir ce corps et à lui proposer l'examen de la question.

La proposition de M. de Lesseps avait été faite le 24 avril 1866. La réunion du corps diplomatique eut lieu le 15 janvier 1867.

Protocole du 15 janvier 1867.

A cette séance, présidée par M. Pachéco, ministre des relations extérieures du Pérou, assistèrent les agents diplomatiques d'Angleterre, de Bolivie, du Brésil, du Chili, d'Italie, de France. M. Pachéco exposa les antécédents et l'objet de la réunion; il annonça que le ministre des États-Unis d'Amérique n'ayant pu assister à la réunion, avait envoyé son opinion par écrit; puis il parla contre le droit d'asile, qui, suivant ses expressions, s'est introduit au Pérou et dans d'autres républiques de l'Amérique, contrairement aux principes partout reconnus, et sous le prétexte d'une préten-

(1) Note confidentielle de M. de Lesseps au ministre des relations extérieures du Pérou, du 24 avril 1866.

due humanité. La conclusion de son discours était qu'il fallait en revenir au droit commun, c'est-à-dire abolir le droit d'asile.

Mais tel n'avait pas été l'objet de la réunion. Dans la pensée du ministre de France, le corps diplomatique devait être appelé à discuter sur des règles à poser, en matière de droit d'asile, et non sur l'abolition de ce droit. M. de Lesseps en fit la remarque, et exprima le regret de ne pouvoir suivre M. Pachéco sur ce terrain. Il déclara, dans tous les cas, qu'il faudrait au moins en référer aux gouvernements respectifs. Devant cette déclaration, la conférence fut ajournée, et les agents diplomatiques se retirèrent sans avoir rien décidé.

Quant à l'opinion que le ministre des États-Unis d'Amérique avait envoyée par écrit, elle se résumait ainsi : Le Pérou est admis à tous les droits et privilèges d'une nation chrétienne ; comme tel, il doit donc être placé dans la condition des États-Unis d'Amérique, de l'Angleterre, de la France et des autres nations chrétiennes. Or, chez ces nations, la doctrine de l'asile ne peut être dûment soutenue qu'à moins qu'il ne s'agisse d'arracher des personnes à la violence de la populace. Le ministre des États-Unis déclarait donc, que, dès qu'une accusation légale, pour délit politique ou non, était formée contre un individu, il considérait comme un devoir pour l'agent diplomatique dans la légation duquel le réfugié avait cherché asile, de le livrer aux autorités locales qui demandaient son arrestation. M. Hovey citait, à l'appui de son opinion, Wheaton, Woolsey, Polson. Il rappelait que telle était la pratique suivie aux États-Unis d'Amérique, et il terminait en disant que, tant qu'il aurait l'honneur de représenter son pays, il ne réclamerait du Pérou aucun droit que son gouvernement n'accorderait point au représentant péruvien à Washington (1).

La séance brusquement levée du 15 janvier 1867 fut suivie d'entrevues et de démarches, dans lesquelles

(1) Note du général Hovey, ministre des États-Unis d'Amérique à Lima, du 15 janvier 1867.

s'accentua de plus en plus la volonté, de la part du corps diplomatique, de ne point accepter la proposition faite par le gouvernement péruvien d'abolir l'asile dans les légations, et, de la part du ministre des affaires étrangères du Pérou, d'arriver à obtenir cette suppression.

Protocole du 29 janvier 1867.

Le 29 janvier 1867, nouvelle conférence, présidée par M. Pachéco, et à laquelle prirent part les ministres de Bolivie, des États-Unis d'Amérique, du Chili, du Brésil, d'Italie, de France et d'Angleterre. Le ministre de Bolivie déclara qu'il n'était pas autorisé à accepter la suppression complète du droit d'asile, qu'il ne la croyait pas opportune, mais qu'il contribuerait avec plaisir à la réglementation de ce droit, pour le soumettre à des limites nécessaires, afin d'éviter les abus. Le représentant du Chili fit une déclaration à peu près semblable. Il qualifia le droit d'asile de « correctif humanitaire, qui apparaît lorsque les agitations politiques exaspèrent extraordinairement les passions ». Il démontra que l'asile avait souvent profité à ceux-là même qui se trouvaient au pouvoir au moment où ils attaquaient ce droit, et que les réfugiés de la veille pouvant être les vainqueurs du lendemain, tous les partis politiques avaient un intérêt commun à le conserver. Le gouvernement chilien était convaincu de l'existence des abus, mais il pensait qu'on pourrait les éviter en réglementant l'asile au moyen de principes fixes, qui supprimeraient en même temps des discussions fâcheuses.

Le ministre du Brésil émit l'avis que l'abolition de l'asile tendrait à détruire les immunités diplomatiques. Il rappela que les révolutions ont toujours apporté avec elles le droit d'asile ; que cela a eu lieu en Espagne, en Portugal, en Italie, et même dans quelques autres pays, à la suite de la révolution de 1848. Pendant ces mouvements révolutionnaires, a-t-il dit, il se serait commis bien des actes contraires à l'humanité, si le droit d'asile n'avait pas existé. Bien que ce ne soit pas un principe, mais un fait, le déclarer aboli, lorsqu'il se présente si fréquemment des cas où on l'invoque, serait enlever aux demeures des agents diplomatiques l'inviolabilité dont elles jouissent, et compromettre l'immunité des ministres publics. Quand les passions politiques sont exaltées, personne ne sait jusqu'où peut aller leur débordement, ni jusqu'à quel point les mœurs des peuples peuvent être altérées.

Le ministre des États-Unis d'Amérique exprima l'idée que les membres du corps diplomatique n'avaient pas le droit de fixer de nouvelles règles en matière de droit international. Il insista sur ce qu'aux États-Unis d'Amérique, en France, en Angleterre, on ne discutait plus sur la question du droit d'asile, et il ajouta que, d'après un principe d'équité élémentaire, ce qu'on n'accorde pas aux autres, on ne doit pas l'exiger en sa faveur. Il termina en demandant aux représentants de la Bolivie et du Chili s'il leur convenait que leurs nations respectives fussent traitées plus défavorablement que les autres nations chrétiennes.

Au milieu de cette discussion qui, par moments, prenait un caractère presque aigu, M. Pachéco maintint sa doctrine que la réglementation de l'asile était sujette à de telles difficultés, qu'à son avis elle augmenterait les conflits plutôt que de les faire disparaître ; qu'il n'y avait pas d'autre solution possible que de revenir au droit commun ; qu'il n'y avait aucune raison pour que le Pérou et les autres républiques américaines restassent placées dans une situation différente de celle des autres nations civilisées ; que le droit d'asile n'avait aucun fondement ; que les immunités diplomatiques n'étaient pas attachées au droit d'asile de telle sorte, que, ce droit étant supprimé, ces immunités s'évanouiraient par cela même ; qu'il n'y avait pas eu, jusqu'alors, dans le pays, d'actes de férocité justifiant la nécessité de ce droit ; etc., etc.

La conférence du 29 janvier n'a pas eu plus de résultat que la précédente. Les ministres qui en faisaient partie se séparèrent sans même avoir entendu la lecture d'un *memorandum* rédigé par le ministre des relations extérieures du Pérou, et dans lequel M. Pachéco exposait les principes professés par le gouvernement péruvien sur le droit d'asile diplomatique. Mais il fut convenu que ce *memorandum* serait remis au doyen du corps diplomatique, — le ministre de Bolivie, — pour qu'il le portât à la connaissance de ses collègues.

Memorandum du 1er février 1867.

Ce *memorandum* est fort intéressant. Il y est dit que le gouvernement péruvien a toujours reconnu et respecté les immunités des agents diplomatiques ; ces immunités n'ont jamais été violées, même dans les époques les plus calamiteuses de la République. Loin de prétendre les diminuer, le gouvernement veut au contraire les consacrer, en leur donnant la seule base qui soit inébranlable : les principes généraux du droit international et les traités. En thèse générale, on peut dire qu'il n'y a pas un seul auteur ayant écrit sur le droit des gens, qui soutienne la doctrine de l'asile diplomatique, et cet asile n'a jamais été considéré comme un élément indispensable pour que les ministres publics jouissent des privilèges, immunités et prérogatives, que le droit international leur accorde, et qui sont entrés dans la pratique des nations civilisées.

Ici, l'auteur de ce *memorandum* reproduit des extraits de Wicquefort, de Bynkershoëck, Vattel, Merlin, G. F. de Martens, Ch. de Martens, Klüber, Heffter, Wheaton, Polson, Pinheiro-Ferreira, Woolsey, Bello.

Après avoir fait ces citations, M. Pachéco revient à la discussion. A défaut d'appui pour l'asile diplomatique dans le droit international, on a voulu, dit-il, lui trouver une base dans la coutume et dans le consentement tacite des gouvernements sud-américains. Avant d'examiner la valeur réelle d'un fondement semblable, il convient de se rendre compte des motifs qui, suivant l'opinion commune, ont donné origine à cette coutume. Le premier de ces motifs est l'instabilité des institutions politiques du Pérou et les fréquents changements politiques dans les républiques sud-américaines. Mais M. Pachéco trouve précisément dans cette instabilité, dans ces changements fréquents, un argument suivant lui péremptoire contre l'utilité du droit d'asile ; car, dit-il, c'est dans les pays où les institutions sont vantées comme les plus stables, qu'on rencontre les exemples les plus fréquents de la barbarie la plus raffinée. Les changements fréquents, les commotions multiples sont rarement accompagnés d'actes d'excessive rigueur, parce qu'on s'y habitue, et que chacun s'attend à ce qu'on fera pour lui le lendemain ce qu'il aura fait la veille pour les autres. L'instabilité dans les institutions, qu'on reproche aux républiques américaines, n'est donc pas suffisante pour soutenir le droit d'asile. Un droit ne peut pas naître d'un fait, et ce droit, en dernière analyse, n'est qu'une véritable faculté que s'attribue le représentant étranger pour juger les institutions du pays où il est accrédité et la nature des changements politiques qui s'y réalisent, en établissant ainsi une véritable tutelle qui ne peut que diminuer la dignité et porter atteinte à la souveraineté de la nation.

L'asile est, il est vrai, un droit né de la coutume, mais doit-il exister perpétuellement? En Europe aussi il a existé avec le caractère de coutume, et cependant il a été aboli. Pourquoi ne serait-il pas aboli dans les États américains, comme il l'a été en Europe? Si le consentement tacite de quelques gouvernements de l'Amérique l'a fait maintenir, leur intention expresse doit avoir une force plus grande pour le supprimer. Les traités sont plus solennels que la coutume, et cependant ils ne sont pas perpétuels. Si les obligations écrites et parfaites peuvent avoir un terme, on ne comprend pas la prétention de rendre perpétuelles des obligations imparfaites qui ne s'appuyent que sur le consentement présumé. De plus, les droits et les obligations des nations doivent être nécessairement réciproques. S'il y a donc un droit d'asile, soit conventionnel, soit coutumier, il est indispensable que la nation qui le réclame l'accorde à celle de laquelle on l'exige; et, du moment où ce droit est un véritable privilège, l'État qui en jouit peut y renoncer en tout temps, sans qu'un autre État puisse l'obliger à le maintenir.

L'autre raison invoquée pour soutenir l'asile diplomatique est un motif d'humanité. L'existence du droit d'asile, dit-on, importe plus aux États où il s'exerce qu'aux légations qui l'exercent, parce qu'il empêche les persécutions violentes et les actes auxquels elles pourraient donner lieu. Le droit des gens s'efforce, assurément, de fonder ses maximes sur les sentiments humanitaires, mais ces sentiments n'accordent pas à une nation la faculté d'imposer à d'autres des règles certaines et déterminées de conduite qui ne seraient pas observées par les mêmes nations. Maintenir l'asile dans les États d'Amérique comme institution humanitaire, ce serait décider que ces États sont barbares et dépourvus de civilisation. Or, M. Pachéco en appelle au témoignage irrécusable des honorables membres du corps diplomatique. Le Pérou a-t-il jamais donné, ni par le fait de son gouvernement, ni par celui de ses populations, l'exemple d'actes de telle nature qu'on puisse en déduire une méconnaissance des principes de justice, de morale et d'humanité ? On pourra peut-être citer quelques cas isolés, mais des cas de cette espèce sont certainement moins communs au Pérou que dans d'autres pays qui comptent leurs progrès en civilisation, non par années, mais par siècles. Quant aux cas de cette nature, il n'y a pas de nécessité de recourir à des immunités et à des privilèges. Le droit naturel donne des règles sûres pour procéder en pareilles occasions. Mais on a accordé l'asile à toutes sortes de personnes qui s'abritaient sous le prétexte d'une persécution politique, la plupart du temps illusoire ; on l'a accordé, tandis que le réfugié ne courait pas le moindre danger de perdre la vie ; on l'a accordé à des individus qui étaient sous le coup de poursuites judiciaires, en opposant ainsi un véritable *veto* à l'administration de la justice ; on l'a accordé même pour exempter certains individus de l'accomplissement d'une obligation purement civile. Tous ces faits constituent une atteinte à la souveraineté et à l'indépendance de la nation, et c'est pour cela que le gouvernement péruvien a voulu mettre fin à une pratique qui blesse si profondément les droits souverains du pays.

En considérant la question sous un point de vue humanitaire, l'asile diplomatique serait une faveur accordée par les légations aux citoyens ou sujets de l'État où les ministres publics sont accrédités. Il en résulterait que les citoyens ou sujets de cet État trouveraient plus de protection dans les légations étrangères que dans les lois et auprès des autorités de leur pays, et que si ce dernier pays renonçait pour sa part à l'exercice de cette protection à l'étranger, le pays qui la maintiendrait violerait l'indépendance de la nation qui y aurait renoncé.

Pour conclure, l'auteur du *memorandum* signalait la difficulté de trouver un tempérament en pareille matière, et il disait que, dans la pensée du gouvernement péruvien, l'unique moyen d'éviter les débats fâcheux avec les légations étrangères et de conserver à la nation la plénitude de ses droits, était de s'en tenir strictement aux principes que la loi des nations a établis en matière d'asile, à moins que les autres États qui ne le reconnaissent point, ne soient disposés à l'établir d'un commun accord, et comme la règle générale et uniforme.

Le *memorandum* se terminait par la déclaration suivante :

1° Le gouvernement ne reconnaîtra plus, dans l'avenir, l'asile diplomatique, tel qu'il a été pratiqué jusqu'à présent au Pérou ; il ne le reconnaîtra que dans les limites que lui assigne le droit des gens, et qui suffisent pour résoudre les questions qui peuvent être soulevées, dans des cas exceptionnels, en matière d'asile.

2° L'asile diplomatique subsistant dans les États de l'Amérique du Sud, et le Pérou étant admis à en jouir pour ses légations dans ces États, le Pérou renonce, pour ce qui le concerne, à ce privilège, du moment où il le refuse aux légations de ces autres États sur son territoire.

Le ministre des États-Unis d'Amérique accepta dans toute leur étendue les conclusions du gouvernement péruvien ; les représentants de la Bolovie et du Chili firent des réserves et en référèrent à leurs gouvernements respectifs. Le ministre du Brésil fit une réponse très sensée. Il exprima la pensée que les opinions d'un nombre plus ou moins grand d'auteurs ne sauraient avoir la force d'un droit positif capable d'annuler, en un moment donné, les privilèges et immunités universellement reconnus comme appartenant aux ministres publics, et dont l'adoption est jugée nécessaire pour conserver à l'abri de toute atteinte l'indépendance requise pour l'exercice de leurs fonctions. Il ajouta, avec grande raison, que tous les auteurs cités par M. Pachéco n'ont parlé que des criminels ou malfaiteurs, et que même certains de ces auteurs ont hésité entre la reconnaissance et le refus du droit d'asile, en ce qui concerne les malfaiteurs et les criminels.

Et en effet, dans toute cette longue discussion qui n'a abouti à aucun résultat pratique et qui a laissé la question en suspens, on a confondu continuellement le cas de l'asile diplomatique politique et celui de l'asile diplomatique en faveur des criminels de droit commun. Il est hors de doute, tant en Europe qu'en Amérique, que l'immunité dont jouit le ministre public, quant à son hôtel et à son carrosse, ne doit pas pouvoir arrêter le cours ordinaire de la justice criminelle du pays, et que, suivant l'expression de Heffter, nul motif légitime ne peut autoriser un ministre à faire servir son hôtel ou ses voitures pour soustraire à la juridiction compétente du pays des individus prévenus d'un crime, ou à favoriser leur évasion. Sur ce point la question est décidée depuis longtemps, des deux côtés de l'Atlantique. Mais le droit d'asile supprimé définitivement quant aux délinquants de droit commun, l'est-il en réalité pour les délinquants politiques ? Il n'est pas prouvé que l'asile diplomatique n'existe point en Europe pour cette classe de fautes et de délinquants. Dans tous les cas, la fréquence des révolutions dans les républiques de l'Amérique du Sud fait de cet asile un véritable bienfait, dont les vainqueurs du moment peuvent avoir à profiter peu de jours après.

Assurément M. Pachéco a raison, quand il vante les mœurs douces des populations péruviennes, mais les foules sont comme les flots de l'océan : qui peut marquer d'une manière certaine le point fixe où s'arrêteront leurs fureurs ? Il y a, du reste, à propos de la question du droit d'asile diplomatique, des distinctions à établir, et qui n'ont généralement pas été faites.

Il est d'abord certain que, même à l'égard d'un criminel ordinaire qui se serait refugié dans une légation, l'hôtel du ministre public doit rester fermé pour la foule. Sur ce point, rien ne peut autoriser la violation de la franchise de l'hôtel du ministre. Tous les États sont intéressés à faire respecter cette inviolabilité par la populace. La question ne devient délicate, et ne comporte une discussion, qu'en ce qui regarde le cas où il y a demande régulière d'extradition par les autorités compétentes. Dans ce cas, il y a à distinguer, s'il s'agit de délits communs ou de délits politiques. Si les autorités compétentes demandent l'extradition d'individus prévenus de délits communs, je ne vois pas qu'il soit possible de justifier un refus. C'est dans ce sens que le droit des gens européen a supprimé le droit d'asile diplomatique. Mais s'il s'agit d'un réfugié politique réclamé par un parti vainqueur pour rassasier la vengeance de ses ennemis, qui donc osera sérieusement prétendre que le représentant d'une nation policée devra le livrer froidement à la rage de ses assassins ? Je sais bien que le parti qui se sera emparé du pouvoir aura le moyen de faire dûment requérir l'extradition de son ennemi vaincu par les autorités compétentes, sous le prétexte d'une accusation de crime de droit commun, mais le tact et l'impartialité du ministre lui feront aisément discerner la réalité. En résumé, il faut se prononcer pour l'asile diplomatique, en matière politique, mais pour l'asile restreint, réglementé, purgé des abus qui sont une atteinte à la souveraineté des États. C'est ce que demandait M. de Lesseps, au nom du gouvernement français, c'est ce que voulaient les ministres de Bolivie, du Brésil et du Chili. Réglementer le droit d'asile, en matière politique, tel avait été l'objet des conférences diplomatiques de 1867, et c'était par une sorte de surprise que M. Pachéco avait mis en discussion l'abolition de ce droit. Voici, du reste, comment s'exprime, à cet égard, un auteur américain dont l'ouvrage est souvent cité en Europe et en Amérique : « Il serait sans doute à désirer que chaque gouvernement déterminât avec précision l'étendue qu'il entend reconnaître à l'exercice de ce qu'on appelle le droit d'asile ; mais, tant qu'aucune règle fixe n'aura été établie sur ce point, on ne saurait se guider en cette matière que d'après des considérations générales d'humanité et d'après le sentiment des justes égards que les nations se doivent les unes aux autres. Nous admettons donc qu'au milieu des troubles civils qui surviennent dans un pays, l'hôtel d'une légation puisse et doive même offrir un abri assuré aux hommes politiques qu'un danger de vie force à s'y réfugier momentanément. Il nous serait facile de citer plus d'un exemple pour prouver qu'en Europe, aussi bien qu'en Amérique, le droit d'asile ainsi pratiqué a invariablement été respecté (1). »

Quant à l'asile diplomatique appliqué aux délinquants de droit commun, son abolition ne fait plus question de nos jours. Le premier devoir d'un ministre étranger est de respecter les lois et les autorités du pays

(1) Ch. Calvo, ouvrage cité, édition française de 1880, § 585, t. Ier, p. 595.

où il réside, et il ne saurait s'attribuer des prérogatives qui conduiraient à l'absurde. La justice locale et les parties intéressées ont le droit incontestable de faire juger l'homme qui s'est réfugié dans l'hôtel de l'agent diplomatique étranger. Ce n'est pas un droit spécial, c'est le droit commun, sans distinction de pays ou de législations. Lorsque le coupable est dans le pays même où le crime a été commis, personne, pas même le souverain, ne saurait avoir le droit de mettre entrave au cours de la justice. Le ministre public étranger commettrait donc un attentat, s'il osait braver les lois en s'interposant entre la justice et le coupable. Ce serait se rendre complice du crime, et dès lors il ne resterait au gouvernement qu'à lui envoyer ses passeports, en prenant les mesures convenables pour que l'accusé fût saisi, s'il se hasardait à quitter l'hôtel avant le départ du ministre. Ce départ effectué, la personne et les archives du ministre étant à l'abri de toute atteinte, rien ne s'oppose à ce que les agents du gouvernement pénètrent dans sa demeure pour s'emparer du coupable. Si le ministre public étranger, dûment prévenu, y donne son assentiment, le gouvernement procède aux recherches à faire dans son hôtel, dès que ce ministre a pris ses mesures pour mettre à couvert sa personne, sa suite et ses archives, de tout acte arbitraire de la part des exécuteurs de la loi. L'autorité doit veiller à ce que cette visite se fasse avec des égards tout particuliers et en présence d'un magistrat supérieur (1).

« Dans le Levant, comme en Barbarie, disent MM. de Clercq et de Vallat, les consuls de France sont de *vrais ministres publics* : comme tels, leur personne est inviolable; la maison consulaire est sacrée, et nos consuls

(1) Ch. de Martens, *Le Guide diplomatique*, édition de 1851, t. Ier, p. 115. — L'article 98 du code français *d'instruction criminelle* portant que les mandats d'amener, de comparution, de dépôt et d'arrêt, seront exécutoires dans toute l'étendue de la République, n'admet aucune distinction, et exclut par celà-même le droit d'asile.

ont le droit absolu d'y arborer le pavillon national; par suite, nul ne peut s'y introduire par force, et aucune autorité territoriale ne peut y exercer publiquement le moindre acte de juridiction». Ces auteurs considèrent comme résultant expressément de l'inviolabilité du domicile des consuls « *le droit d'asile*, bien que la plus grande réserve doive être apportée dans l'exercice de ce droit, dénié aujourd'hui en Europe aux ambassadeurs eux-mêmes, mais maintenu dans le Levant et en Barbarie comme un privilège découlant forcément de leur droit de juridiction et du principe de l'exterritorialité ». Enfin ils signalent l'existence d'une sorte de *franchise de quartier*, en rappelant qu'en Syrie les consuls français « ne peuvent se loger que dans un quartier déterminé de la ville, désigné sous le nom de *quartier franc*, isolé et indépendant, mais qui, dans ce cas, se trouve en entier couvert de la protection de leur pavillon (1) ».

La franchise des quartiers

On appelait autrefois *franchise des quartiers* l'extension de la franchise de l'hôtel à toutes les maisons d'un même arrondissement ou d'un même quartier de la ville. C'était, en d'autres termes, le privilège en vertu duquel toutes les maisons situées dans l'arrondissement de l'hôtel d'un ministre public étranger, étaient exemptes de la juridiction du pays, en y arborant les armes du souverain du ministre. Cette franchise des quartiers était reconnue dans plusieurs États, notamment à Rome, à Venise, à Madrid, ainsi qu'à Francfort-sur-le-Mein durant l'assemblée pour l'élection et le couronnement de l'empereur d'Allemagne. A Rome, par exemple, pendant très-longtemps et jusque dans la première moitié de notre siècle, quelques légations, telles que celles de France et d'Espagne, ont joui d'une certaine franchise de quartier,

(1) *Guide pratique des consulats*, édition de 1880, p. 7 et suiv.

au moyen des armoiries nationales placées, comme indice de protection, sur le portail de l'hôtel. Au siècle dernier, les ministres de France à Gênes étaient même en possession du droit de ne point permettre aux agents de la police de passer devant leur hôtel.

Laurent rapporte, d'après Voltaire, la vive querelle qui s'éleva entre Louis XIV et le pape Innocent XI, au sujet de la *franchise de quartier*. Ce privilège rendait la moité de Rome un asile sûr à tous les crimes. Innocent obtint de tous les princes catholiques, l'empereur, le roi d'Espagne, celui de Pologne, Jacques II, roi d'Angleterre, qu'ils renonçassent à ce droit odieux. Le nonce du pape proposa à Louis XIV de concourir, comme les autres rois, à la tranquillité et au bon ordre de Rome. Louis XIV répondit qu'il ne s'était jamais réglé sur l'exemple d'autrui, et que c'était à lui de servir d'exemple. Il envoya à Rome le marquis de Lavardin, en ambassade, pour braver le pape. Lavardin entra dans Rome, malgré les défenses du souverain pontife, escorté de quatre cents gardes de la marine, de quatre cents officiers volontaires, et de deux cents hommes de livrée tous armés. Il prit possession de son palais, de ses quartiers et de l'église de saint-Louis, autour duquel il fit poster des sentinelles et faire la ronde comme dans une place de guerre. Tout ce qu'Innocent XI put faire, fut de se servir des armes de l'excommunication. Il publia donc une bulle par laquelle il renouvela, avec clause de l'excommunication, les constitutions de Jules III, de Pie IV, de Grégoire XIII, de Sixte V, abolissant toute franchise de quartier. Achille de Harlai, procureur général du roi, interjeta appel comme d'abus contre la bulle du pape. L'appel était rédigé avec une hauteur de langage digne du prince au nom duquel parlaient les gens du roi. Le procureur général n'avait pu s'imaginer que le pape pût concevoir le dessein de comprendre les ambassadeurs que le roi voudrait bien envoyer vers lui, dans des menaces générales d'excommunication qu'il avait jugé à propos d'y insérer. Le pape, disait de Harlai, aurait dû se rappeler le pouvoir souverain que les rois prédécesseurs de Louis XIV avaient exercé dans Rome, les libéralités qu'ils avaient faites au Saint-Siège, et il aurait dû rendre au roi, dans la personne de ses ministres, des témoignages de reconnaissance proportionnés à ses services. Le procureur général rappelait encore la révocation de l'édit de Nantes, la protection accordée à l'Église, et il s'étonnait que le pape contestât au roi des *droits* qui n'avaient pas encore reçu d'atteinte. Ayant appris la *prétendue excommunication* de Lavardin, il ne pouvait demeurer plus longtemps dans le silence. Cette excommunication était tellement nulle, qu'il n'était besoin d'aucune procédure pour l'anéantir. Le procureur général attendait, avec tous les Français, de la seule puissance du roi, la réparation que méritait ce procédé, et la conservation de ces franchises qui ne dépendent que du seul jugement de Dieu, et qui ne peuvent recevoir de diminution que celle que la modération et la justice du roi pourraient leur donner. Achille de Harlai terminait en se déclarant appelant de *l'usage abusif* qu'on avait fait de la puissance de l'Église dans la bulle d'Innocent XI, non pas au pape mieux informé, mais au premier concile général qui se tiendrait, comme au tribunal véritablement souverain et infaillible de l'Église, auquel son chef visible est soumis ainsi que ses autres membres.

Le jour suivant, la Grand'-Chambre et la Tournelle étant assemblées, les gens du roi requirent d'être reçus appelants. Denis Talon, qui portait la parole, dit qu'on ne pouvait concevoir qu'Innocent XI eût passé jusqu'à cette extrémité de révoquer absolument les franchises des quartiers et d'ajouter à sa bulle de vaines menaces d'excommunication, qui n'étaient pas capables de donner la moindre terreur aux âmes les plus timides et aux consciences les plus délicates. C'est une *maxime certaine*, dit l'avocat général, qui n'a besoin, ni de preuves, ni de confirmation, que *nos rois* et *leurs officiers* ne peuvent être sujets à aucune censure pour tout ce qui regarde l'exercice de leur charge ; c'est un abus intolérable que, dans une matière purement profane, le pape se soit servi des armes purement spirituelles, qui ne doivent être employées que pour ce qui concerne le salut des âmes. La bulle de Jules III, les décrets de Pie IV, de Grégoire XIII, de Sixte V étaient autant de réglements de police faits à l'occasion des franchises par les papes, en qualité de princes temporels, ce qui n'avait pas empêché que les ambassadeurs de France continuassent d'en jouir. Talon en conclut qu'Innocent XI devait regarder le dessein d'en priver le marquis de Lavardin comme un projet aussi impossible qu'il était irrégulier ; que le roi ne souffrirait jamais que l'on fît cette injure à son ambassadeur, et qu'il n'était point de résolution rigoureuse qu'on ne prît pour empêcher que, pendant son règne glorieux, la France ne souffrît cette flétrissure. En conséquence, il requit que les gens du roi fussent reçus appelant de la bulle d'Innocent, et que le roi fût très-humblement supplié d'employer son autorité pour conserver les franchises et immunités du quartier de ses ambassadeurs à Rome, dans toute l'étendue qu'elles avaient eue jusque-là. Le parlement rendit un arrêt conforme à ces conclusions ; on l'afficha, non-seulement à la porte de l'hôtel du nonce, à Paris, mais encore par toute la ville de Rome (1).

Que d'enseignements dans ce démêlé entre le roi très-chrétien et le pape, dit avec philosophie Laurent ! Deux siècles se sont écoulés depuis la bulle d'Innocent et le réquisitoire des gens du roi. On ne sait plus à Rome, ni nulle part, ce que c'est que la franchise des quartiers et l'immunité de l'hôtel des ambassadeurs. Il n'y a plus de Rome pontificale ; la ville éternelle existe, mais elle n'est plus le séjour du peuple roi, ni du souverain-pontife, roi des rois. La nation souveraine a repris sa souveraineté.... Le parlement qui bravait le

(1) Voltaire, *Siècle de Louis XIV*, chap. XIV ; Réal, *La science du gouvernement*, t. v. p. 120 et suiv. ; Laurent, *Le droit civil international*, t. III, p. 130 et suiv.

Saint-Siège n'est plus. Il y a encore des appels comme d'abus contre les évêques de France, mais ceux-ci ne sont pas plus sensibles aux foudres temporelles que les fidèles ne se soucient des censures spirituelles. Une profonde indifférence règne dans le monde catholique... L'humanité se transforme. Châteaubriant dit que les rois s'en vont. Il est certain que la monarchie de Louis XIV s'en est allée ; personne ne croit plus au droit divin des rois. Est-ce que les immunités des ambassadeurs et de leurs maîtres survivraient seules au cataclysme du vieux monde? La question n'est pas sérieuse. Les maîtres ne sont plus ce qu'ils étaient : ils ne sont plus les représentants de Dieu, ils ne sont que les chefs du pouvoir exécutif, soumis aux lois et aux tribunaux, comme tout citoyen. Dans ce nouvel ordre d'idées, il ne peut plus être question d'une immunité quelconque appartenant à des souverains qui n'existent plus : comment les représentants auraient-ils un pouvoir que n'ont point les représentés? Le prestige de la vieille royauté, son caractère sacré expliquaient les priviléges dont jouissaient les princes et ceux qui parlaient et agissaient au nom de leur roi, leur maître. Aujourd'hui la majesté des rois n'est plus qu'un mot, et l'on ne parle plus du caractère sacré des ambassadeurs; personne ne songe à les troubler dans l'exercice paisible de leurs fonctions ; ils sont inviolables comme tout homme, et cette inviolabilité est plus puissante que le privilège que leur reconnaissait le prétendu droit des gens. Les ambassadeurs n'ont pas besoin d'être affranchis de la juridiction criminelle ; ils ne croient plus leur dignité compromise, si un officier de justice pénétrait dans leur hôtel pour y saisir un meurtrier ou un voleur. Ainsi le progrès s'accomplit, dans l'ordre moral comme dans l'ordre politique, sous la main de Dieu (1).

Ces sortes de franchises ont été abolies dans tous les pays qui ont reconnu et adopté les principes consacrés

(1) Laurent, ouvrage cité, t. III, p. 135.

par le droit des gens moderne. En Espagne, l'abolition de la franchise des quartiers remonte à deux ordonnances de 1594 et de 1684. N'est plus admis, également, le droit dont jouissaient autrefois les ministres publics, d'accorder des billets de protection à des personnes non attachées à leur légation et à leur suite, soit pour exercer des métiers dont la liberté était restreinte, soit pour toute autre cause. Ce privilège n'existe plus de nos jours.

Franchise du mobilier.

Il est inutile de rappeler que l'immunité des ministres publics étrangers s'étend aussi à leur mobilier: en particulier à leurs bagages, caisses, cassettes, aux meubles de leur maison et à leurs équipages. L'extension de cette immunité au mobilier est destinée surtout à sauvegarder leurs actes et correspondances. Mais l'immunité dont il s'agit est nécessairement limitée par les droits de haute police appartenant à l'État. Un ministre public étranger ne pourrait donc pas se servir, ou permettre qu'on se servît de ses équipages, pour soustraire à la juridiction du pays de sa résidence des délinquants de droit commun, ou pour introduire en fraude des objets prohibés par la loi.

Exemption de la juridiction de la police.

Le ministre public est exempté de la juridiction de la police; mais il faut s'entendre sur la portée de cette immunité. Quand on dit qu'un agent diplomatique étranger n'est pas soumis aux lois de police de l'État où il réside, cela ne signifie point qu'il soit affranchi de l'observation des règlements de police auxquels les nationaux et les étrangers séjournant dans le pays seraient tenus de se conformer : tels seraient les règlements relatifs à la circulation des voitures, à l'éclairage, au passage sur un pont ou près d'un magasin à poudre, etc. Il est en effet hors de toute discussion, que les agents diplomatiques sont tenus à l'observation des règlements de police ayant pour objet la sécurité et l'ordre public. On admet également, sans contester, que le gouvernement local a le droit de leur interdire des faits qui pourraient être une occasion de désordres et de perturbation de la tranquillité publique, car des faits semblables sont étrangers aux fonctions diplomatiques. L'observation des lois et prescriptions de police est même généralement reconnue comme une condition tacite de la réception des ministres publics. Par l'exemption de la juridiction de police il faut entendre, que, dans le cas de contravention, il n'y a pas lieu de procéder contre le ministre public par voie de citation, mais simplement par voie d'avertissement, et qu'on ne pourra exercer contre lui aucune contrainte directe ou indirecte. Assurément, en pareil cas, il serait bon de prévenir le gouvernement de qui dépend l'agent diplomatique, afin que la prohibition vînt de ce gouvernement ; mais, en cas d'urgence, le bien public doit prévaloir sur la considération due au ministre public, et les égards diplomatiques sont sauvegardés, d'ailleurs, par la forme amicale donnée à l'interdiction.

Il est donc bien certain que la police locale a toujours le droit de prendre des mesures pour empêcher des actes contraires aux lois, à la sûreté, à l'ordre public ; d'autant plus que le premier devoir des agents diplomatiques, est de ne rien faire qui puisse porter atteinte aux lois et règlements de police de l'État sur le territoire duquel ils résident. Le ministre public est donc tenu de ne troubler en rien l'ordre établi, de veiller à ce que, dans l'intérieur de son hôtel, il ne se fasse rien qui puisse compromettre au dehors la sûreté publique, contrairement aux ordonnances qui y sont relatives, etc. En ne respectant pas les lois et règlements de police qui concernent la sûreté et l'ordre public, il pécherait contre le principe même sur lequel est fondée son immunité ; il serait même censé y avoir renoncé. Ainsi, le respect de la dignité de l'État étranger n'étant pas incompatible avec le soin de la sûreté personnelle, si le ministre public voulait, par exemple, faire dans son jardin des essais de tir préjudiciables aux voisins, ou allumer des feux dangereux pour les maisons du quartier, la police aurait le droit d'empêcher ces actes. En pareil cas, il suffira toujours d'un avertissement officieux de l'autorité de police pour faire cesser la cause de trouble ou d'inquiétude, car il n'est pas admissible qu'un ministre public veuille entrer en lutte ouverte avec les autorités d'un pays. Mais si l'agent diplomatique persistait dans sa conduite répréhensible, la police aurait incontestablement le droit d'intervenir matériellement pour empêcher les dangers immédiats. Les immunités sont choses respectables, mais il convient de les restreindre autant que possible au profit de l'ordre public (1).

Le droit d'intervenir matériellement n'est toutefois pas reconnu d'une manière formelle par les auteurs qui font autorité dans la matière ; ils évitent même de se prononcer. La doctrine généralement enseignée, c'est qu'il n'est pas loisible à l'agent diplomatique de faire, soit dans l'intérieur de son hôtel, soit au dehors, rien qui puisse troubler l'ordre ou compromettre la sûreté publique : il doit, au contraire, respecter tous les règlements y relatifs ; mais, s'il lui arrivait de les enfreindre, on ne pourrait que recourir aux voies diplomatiques et s'adresser au ministre des affaires étrangères. Tout cela est très insuffisant et très peu pratique. Vattel affirme le droit qu'a tout gouvernement de défendre aux ministres étrangers de faire des choses dont il peut résulter du désordre, et qui, d'ailleurs, ne sont pas nécessaires à l'exercice de leurs fonctions (2).

(1) L'auteur du *Guide diplomatique* prescrit au ministre public de veiller à ce que les gens du pays ne puissent prendre part chez lui aux jeux de hasard défendus par les lois, et d'interdire aux gens de sa suite tout commerce de marchandises prohibées. Édition de 1851, p. 105.

(2) Vattel, *Le droit des gens*, livre IV, chap. VII, n°. 93.

Merlin pense aussi que, si un gouvernement prévoit qu'une démarche étrangère aux fonctions de l'agent diplomatique peut causer des désordres et troubler le repos public, il ne tient qu'à lui de l'interdire à cet agent. « A la vérité, dit-il, il serait plus régulier d'en prévenir son commettant, pour que la défense vînt du gouvernement qu'il représente ; mais il faudrait que le temps le permît : toutes les fois qu'il y a urgence, le bien public doit l'emporter sur la considération due au caractère, et tout ce qu'on peut faire alors, par égard pour le ministre, c'est de revêtir l'ordre qu'on lui adresse d'un extérieur d'honnêteté qui puisse le faire passer pour une prière (1). » Voilà qui est bien, mais ces auteurs supposent, — ce qui arrivera presque toujours, — que l'agent diplomatique obtempérera à l'ordre, à la défense. L'auteur du *Guide diplomatique* mentionne l'obligation, pour les ministres publics, de se conformer en tout temps aux lois et ordonnances de police, mais il se tait sur la sanction de cette obligation (2). Merlin, dont l'opinion vient d'être citée, rappelle la démarche faite, en 1661, par le gouvernement anglais, auprès des représentants des cours étrangères à Londres. Ayant appris que les ambassadeurs de France et d'Espagne avaient rassemblé un grand nombre de gens armés pour soutenir, à l'entrée publique de l'ambassadeur de Venise, leurs prétentions respectives à la préséance, il fit prier tous les ministres étrangers qui se trouvaient à Londres, de ne point envoyer leurs carrosses à la cérémonie dont il s'agissait (3). Le comte d'Estrade, ambassadeur de France, ne fit aucune difficulté de souscrire à cette réquisition. Mais s'il n'y avait pas souscrit, quelles eussent été les droits de l'autorité anglaise? Il est cer-

(1) Merlin, *Répertoire*, V° *Ministre public*, Sect. V, §. IV, art. XI.

(2) *Le Guide diplomatique*, édition de 1866, t. Ier, p. 109 et suiv.

(3) Merlin, *Répertoire*, *ibid.*

tain qu'elle eût été fondée à intervenir de fait, car, comme le dit Bynkershoëck, « si l'on a donné tant de privilèges à ces ministres étrangers, c'est afin qu'ils vivent plus commodément dans le pays, sans être troublés en aucune manière dans les fonctions de leur ambassade, et non pas afin qu'ils puissent troubler les habitants ».

Il faut ajouter que Louis XIV blâma son ambassadeur. « Je ne vous cèlerai pas, — lui écrivit-il, le 31 août 1661, — que j'ai été fort touché de ce que vous avez déféré à ce que le roi mon frère vous a envoyé dire, n'ayant même été qu'une prière de sa part, de n'envoyer pas des carrosses ; vu que, quand même ç'aurait été un ordre exprès, comme il lui est permis de les donner tels qu'il veut dans ses États, vous auriez dû répondre que vous n'en receviez que de moi ; et, s'il eût voulu après cela user de violence, le parti que vous aviez à prendre était de vous retirer de sa cour » (1). En cas pareil, on fait respecter l'ordre public dans son pays et les prescriptions de l'autorité, tout en conciliant l'énergie des mesures avec la considération et les égards dus au ministre d'une nation étrangère, et si l'agent diplomatique se retire, selon le vœu de Louis XIV, l'opinion publique est, de nos jours, trop souveraine en toutes choses, pour ne pas donner raison à l'État qui a su se faire respecter.

Immunité de la juridiction civile.

Il est admis, dans la pratique des États, que le caractère des agents diplomatiques les soustrait à la juridiction civile du pays dans lequel il sont accrédités. Les tribunaux n'autorisent donc, en général, aucune action civile, et spécialement aucune poursuite pour dettes, contre les ministres publics. Ils ne prononcent contre eux, ni contrainte par corps, ni saisie. C'est là un principe à peu près universellement reconnu. On ad-

(1) Merlin, *Répert.*, *ibid.*

met presque partout que la personne de l'agent diplomatique est, sauf un petit nombre d'exceptions, entièrement exempte de la juridiction civile du pays dans lequel il est envoyé ; qu'elle ne ressortit que des tribunaux de son propre souverain ; que, pendant le cours de sa mission, le ministre public ne cesse point d'appartenir à son pays ; qu'il y conserve son domicile ; que sa succession s'ouvre au lieu de ce domicile (1).

Quel est le fondment de cette immunité ? Les auteurs ne sont point d'accord à cet égard. Les uns disent que l'agent diplomatique est censé résider toujours dans le territoire du souverain qui l'accrédite auprès du gouvernement étranger : c'est la fiction de l'exterritorialité. Mais elle ne peut guères servir de base à l'immunité de la juridiction civile, attendu que les étrangers peuvent généralement, dans des cas déterminés, être actionnés devant les tribunaux de pays où ils ne résident pas (2).

D'autres, avec plus de raison, se fondent sur l'indépendance dont a besoin le ministre public pour remplir complètement sa mission. C'est l'explication qui

(1) Comme application de ce principe, en France et en Belgique, voir, entre autres décisions judiciaires : C. de Bruxelles, an x ; Trib. de la Seine, 2 juil. 1834 ; C. de Paris, 5 avril 1813, 22 juil. 1815, 19 mai 1829, 12 juil. 1867.

(2) C'est ainsi que l'article 14 du code civil français porte que « l'étranger, même non résidant en France, pourra être cité devant les tribunaux français, pour l'exécution des obligations par lui contractées en France avec des Français ; il pourra être traduit devant les tribunaux de France, pour les obligations par lui contractées en pays étranger envers des Français. » L'article 39 du code civil du Pérou énumère aussi divers cas dans lesquels l'étranger, quoique ne résidant pas sur le territoire de la République, peut être cité à répondre devant les tribunaux péruviens. Pour l'énumération de ces cas, voir mon *Cours de droit international privé*. M. Esperson enseigne donc, avec raison, dans son ouvrage sur le *Droit diplomatique*, qu'on ne doit pas nécessairement faire découler de la fiction d'exterritorialité, comme conséquence obligée, au bénéfice des ministres publics étrangers, une immunité aussi étendue que le prétendent les auteurs. Et en effet, dit-il, comment pourrait-on expliquer une telle prérogative, dans les pays où, par exception à la

avait déjà été donnée par les Romains : « *Ne impediatur legatio* », « *que la mission ne soit pas embarrassée par des obstacles* ». En d'autres termes, il ne faut pas que le ministre public soit inquiété dans sa personne, ni troublé dans sa mission par des procès. Ces auteurs disent, avec Montesquieu et avec Vattel : « Le droit des gens a voulu que les princes s'envoyassent des ambassadeurs, et la raison tirée de la nature de la chose n'a pas permis que ces ambassadeurs dépendissent du souverain chez qui ils sont envoyés, ni de ses tribunaux. Ils sont la parole du prince qui les envoie, et cette parole doit être libre. Aucun obstacle ne doit les empêcher d'agir. Ils peuvent souvent déplaire, parce qu'ils parlent pour un homme indépendant....... On pourrait leur supposer des dettes.... » (1). « Le même droit des gens qui oblige les nations à admettre les ministres étrangers, les oblige aussi à recevoir ces ministres avec tous les droits qui leur sont nécessaires, tous les privilèges qui assurent l'exercice de leurs

règle « *actor sequitur forum rei* », les législations admettent que quelquefois la compétence des tribunaux de l'État peut être invoquée vis-à-vis d'individus qui se trouvent en territoire étranger, ou de faits qui s'y sont passés. Ainsi, par exemple, la loi italienne établit que la présence de l'étranger en Italie n'est pas nécessaire pour pouvoir être actionné devant l'autorité judiciaire italienne, lorsqu'il s'agit d'obligations qui ont eu pour origine des contrats, ou des faits qui se sont passés, en Italie, ou même à l'étranger, mais qui devaient recevoir leur exécution en Italie (C. de proc. civ. ital., art. 105, n° 2). Qu'on admette donc qu'un agent diplomatique accrédité auprès du gouvernement italien doive être considéré, par fiction, comme résidant dans son propre pays : cette fiction ne conduit pas à la conséquence que les tribunaux italiens seront incompétents à son égard, quand il sera actionné à raison d'obligations exigibles en Italie, attendu que, quand même il se trouverait résider réellement, et non par fiction, à l'étranger, il ne pourrait pas proposer l'exception d'incompétence. L'exterritorialité ne vaut donc pas pour démontrer que les agents diplomatiques doivent absolument être placés en dehors du droit commun dans les pays où ils résident. Ouvrage cité, t. I, n° 162, p. 101, 102.

(1) Montesquieu, *Esprit des lois*, liv. XXVI, chap. XXI, cité plus haut, p. 39, en note.

fonctions. Il est aisé de comprendre que l'indépendance de la juridiction doit être un de ces privilèges. Il importe que le ministre n'ait point de juges à redouter, qu'il ne puisse être distrait de ses fonctions par aucune chicane » (1).

Laurent critique toutefois l'opinion qui donnerait pour base à l'immunité civile la « *sainteté* » des ambassadeurs. C'est, dit-il, un terme emprunté à l'inviolabilité des agents diplomatiques ; le terme et l'idée qu'il exprime nous transportent dans un âge de barbarie, où l'étranger était sans droit, où sa personne et ses biens étaient à la merci de la violence : il fallait une exception à cette barbarie, pour que les relations entre les peuples par la voie des ambassadeurs devinssent possibles ; et il faut ajouter que les ambassadeurs étaient la seule voie par laquelle les peuples pussent communiquer, à une époque où il n'existait aucune communication entre les hommes, ni messageries, ni bateaux, ni postes. On déclara les ambassadeurs *saints*, *inviolables*, afin de garantir leur vie et leur liberté. C'est un étrange anachronisme que d'invoquer, au milieu du XIXe siècle, la sainteté des ambassadeurs pour justifier l'immunité de la justice. Tout homme aujourd'hui est sacré; la liberté des ministres est mieux garantie par le droit commun, qu'elle ne l'était jadis par la sainteté de leur caractère. Et ce sont précisément les tribunaux qui garantissent les droits de l'homme. Par quelle singulière contradiction veut-on que les agents diplomatiques soient exempts de la juridiction à raison de leur sainteté, alors que c'est grâce à l'action régulière des tribunaux qu'ils doivent l'inviolabilité dont ils jouissent? Les ministres publics auraient-ils été déclarés inviolables pour leur permettre de tromper impunément leurs créanciers? L'inviolabilité a-t-elle été établie pour pouvoir couvrir la mauvaise foi? Que si par « *sainteté* » des ambassadeurs on entend la sécu-

(1) Vattel, *Le droit des gens*, etc. Liv. IV, chap. VII, n° 92. Voir mon édition annotée, t. III, p. 264.

rité dont ils doivent jouir, il faut dire qu'elle n'a plus de raison d'être ; tout homme peut vaquer librement à ses affaires, sans avoir à craindre qu'on ne lui suppose des dettes pour le traîner devant les tribunaux ; la justice a cessé d'être un pouvoir arbitraire que les hommes doivent dérouter, elle est devenue un pouvoir protecteur ; elle protège l'ambassadeur comme elle protège tout homme ; mais, par cela même qu'elle protège, elle doit avoir le droit de condamner. Comment protègerait-elle le créancier, si elle ne pouvait condamner le débiteur ? Si le ministre public peut poursuivre ses droits en justice contre ses débiteurs, ses créanciers doivent aussi avoir le droit de l'actionner pour qu'il soit tenu de remplir ses obligations (1).

Qu'on explique l'immunité de la juridiction civile par la fiction aujourd'hui très-combattue de l'exterritorialité, ou, sans recourir à cette fiction, simplement par le besoin d'indépendance, peu importe. Ce qu'il y a de certain, c'est que les auteurs sont à peu près unanimes pour reconnaître aux agents diplomatiques le droit de décliner la compétence des tribunaux qui rendent la justice au nom du souverain près duquel ils sont accrédités, et qu'une pratique universelle s'est prononcée dans ce sens.

Parmi les auteurs modernes, il n'y a eu pendant longtemps que Pinheiro-Ferreira, qui, dans ses notes sur le *Précis du droit des gens moderne de l'Europe* de G. F. de Martens, ait péremptoirement refusé aux ministres publics l'exemption de la juridiction civile (2). Suivant lui,

(1) *Le droit civil international*, t. III, p. 146 et suiv.

(2) Bynkershoeck s'était toutefois déjà exprimé ainsi : « Un ambassadeur représente à la vérité son prince, mais de la même manière qu'un procureur représente celui qui lui a donné commission, c'est-à-dire dans toutes les affaires dont il s'est chargé. Ainsi, il faut, à la vérité, qu'on n'apporte aucun retardement, ni aucun empêchement à ce que l'ambassadeur ne puisse commodément vaquer à ses négociations pour l'intérêt de son prince ; mais comme il n'a point ordre de traiter pour son avantage particulier, moins encore de mal faire, ne peut-on pas, sans choquer son maître, le laisser dépendre de la juridic-

l'État ne peut accorder ce privilège diplomatique, parce qu'il ne peut disposer des droits des citoyens. L'État devrait alors se charger de payer les dettes de l'envoyé diplomatique. « S'il était permis, dit-il, de supposer que l'intérêt public exigeât que le citoyen fît à l'État le sacrifice des droits qu'il aurait à faire valoir contre le ministre étranger, la conséquence qu'on en pourrait tirer, serait que l'État au profit de qui, par supposition, ce sacrifice devrait tourner, se trouverait dans l'obliga-

tion de l'autre Puissance dans les États de qui il a contracté?..... Faut-il permettre qu'un ambassadeur, en contractant, mette les autres dans quelque obligation, sans s'obliger lui-même à rien, ou plutôt qu'il puisse appeler les autres en justice pour toutes sortes d'affaires, pendant qu'il ne peut lui-même y être appelé pour aucune ? Doit-on souffrir que, dans les contrats particuliers qui n'ont aucun rapport avec son ambassade, il dupe nos sujets en vrai filou, et qu'il emporte chez lui leur bien et leur argent, et cela, souvent, sans aucune espérance de recouvrer ce qui leur est dû, à cause des difficultés et de la dépense du voyage, et par le risque qu'ils courent en s'exposant à plaider dans un autre État contre une partie redoutable ? Tout ce qu'on peut dire pour colorer la justice d'un privilège si incommode, c'est qu'il est nécessaire de l'accorder jusqu'à ce point, pour ne pas détourner les ambassadeurs des fonctions de leur emploi. Mais, s'ils ont le temps et la commodité de faire des contrats et d'escroquer l'argent des sujets de l'État, ne peuvent-ils pas aussi trouver moyen de poursuivre un procès, sans préjudice des affaires de l'ambassade ? Qu'ils ne contractent donc point, s'ils craignent les procès ; ou, s'ils veulent contracter, qu'ils se résolvent à répondre en justice pour ce sujet, et qu'ils pensent qu'en tout ce qu'ils font au-delà de ce que demande manifestement le but de l'ambassade, ils agissent en simples particuliers, et que, comme tels, ils sont soumis aux mêmes lois et à la même juridiction que les sujets naturels de l'État. On a beau dire qu'ils seraient détournés des fonctions de l'ambassade, s'il fallait qu'ils vaquassent à des procès. Les ambassadeurs qui résident pendant longtemps dans une cour étrangère, comme font aujourd'hui la plupart, n'ont presque rien à faire, et ne passent guère leur temps qu'en festins, en spectacles ou autres sortes de divertissements, se contentant d'écrire quelquefois à leur prince pour lui apprendre qu'ils sont encore en vie et qu'ils pensent à lui quelquefois. » Chap. VII, § 2. cité par Merlin, *Répertoire*, V° *Ministre public*, Sect. V, § IV, art. II. Bynkershoeck admettait cependant l'immunité de la juridiction civile.

tion rigoureuse d'en dédommager le citoyen, qui, d'après le droit commun, ne devrait jamais être forcé de se dessaisir de sa propriété pour le service de l'État, à moins qu'on ne lui accordât préalablement une indemnité équivalente. Mais, outre l'absurdité de charger ainsi l'État du paiement des dettes de tous les ministres étrangers, la supposition de l'utilité de déclarer les agents non justiciables des tribunaux du pays est absolument fausse et gratuite, parce qu'elle n'a aucun rapport avec le motif qui est le seul fondement de toute immunité diplomatique, et parce qu'il n'est pas vrai que, d'assujettir les ministres étrangers aux tribunaux du pays, il doive en résulter le moindre préjudice à la bonne harmonie entre les deux nations. Si l'affaire appartient au civil, aucune difficulté réelle ne se présente à ce que l'envoyé nomme un fondé de pouvoirs pour ester en son nom par devant les tribunaux en qualité de défendeur, de même qu'on est dans l'usage de le faire, lorsqu'un agent diplomatique veut se porter partie civile contre quelque citoyen, soit au civil, soit au criminel.... ».

L'opinion de Pinheiro-Ferreira, qui était restée longtemps isolée, paraît recruter aujourd'hui des partisans. C'est ainsi que M. Esperson enseigne, dans l'ouvrage que nous avons déjà cité, que la théorie communément soutenue au sujet de l'immunité de juridiction, n'est pas seulement contraire aux principes de la science, mais qu'elle est encore en opposition avec l'état de la civilisation moderne. Autrefois en effet, quand, par suite de la confusion des pouvoirs publics, les magistrats étaient considérés uniquement comme les délégués du prince et dépendant de sa volonté, les agents diplomatiques auraient eu peu de sécurité, s'ils avaient pu être soumis, pour n'importe quelle raison, à la juridiction locale. Dans ces temps-là, l'immunité absolue pouvait être regardée comme conforme au but des missions diplomatiques, et comme constituant un droit fondamental des envoyés. Mais aujourd'hui que les relations internationales sont fondées sur le principe de la fraternité universelle, aujourd'hui que, dans tous les États civilisés, l'indépendance du pouvoir judiciaire est consacrée par les constitutions, il n'est plus permis de croire que le caractère de représentant d'une nation étrangère soit de rendre suspects les magistrats locaux (1). M. Esperson pense donc que ce serait une véritable exagération, de vouloir exonérer l'agent diplomatique du devoir de répondre en justice à une demande formée contre lui pour l'accomplissement d'obligations par lui contractées envers les habitants du pays où il est envoyé. Dira-t-on que l'immunité absolue a pour objet de conserver le prestige et la dignité du ministre public ? Mais comment ne voit-on pas que cette immunité est plutôt contraire à ce prestige, car personne ne contractera avec les ministres publics, sans exiger de fortes garanties ; l'agent diplomatique perdra tout crédit. Allèguera-t-on que le fait de soumettre les ministres publics à la juridiction des pays où ils sont accrédités rendra impossible l'accomplissement de leur mandat ? Mais il est admis dans toutes les législations modernes qu'on peut ester en justice par le ministère d'un procureur ; et, d'ailleurs, dans les cas où la comparution personnelle serait prescrite, on pourrait toujours en dispenser les agents diplomatiques, en se fondant sur la raison alléguée pour les mettre à l'abri de la contrainte par corps (2). M. Laurent n'est pas moins contraire à l'immunité de juridiction civile.

Vattel, qui trouve « tout à fait convenable, et même nécessaire, qu'un ambassadeur ne puisse être appelé en justice, même pour cause civile, afin qu'il ne soit pas troublé dans l'exercice de ses fonctions », se demande comment on peut obtenir justice contre un ministre public, et propose la solution suivante : « Tous particuliers, citoyens ou étrangers, qui ont des prétentions

(1) Esperson, *Droit diplomatique*, etc., t. I, nº 173, p. 107 et suiv.

(2) Esperson, ouvrage cité, t. Ier, nos 168, 169, 171, p. 104 et suiv.

à la charge d'un ministre, s'ils ne peuvent obtenir satisfaction de lui-même, doivent s'adresser au maître, lequel est obligé de rendre justice de la manière la plus compatible avec le service public. C'est au prince de voir s'il convient de rappeler son ministre, ou de marquer le tribunal devant lequel on pourrait l'appeler, d'ordonner des délais, etc..... » (1). Dans ses notes sur le *Précis du droit des Gens*, de G. F. de Martens, M. Ch. Vergé a critiqué le moyen proposé par Vattel, comme « peu conforme à la dignité des rapports diplomatiques et peu utile aux intérêts particuliers » (2). Il a critiqué aussi l'opinion mixte exposée dans la *Jurisprudence générale* de Dalloz, qui établit la distinction suivante : s'il s'agit d'une citation se rapportant à un acte dont les conséquences soient de nature à porter atteinte à la liberté du ministre public, et par conséquent à son inviolabilité et au paisible exercice de ses fonctions, la citation sera nulle et pourra motiver de justes réclamations ; mais, si la citation n'a d'autre objet que d'obliger le ministre public à reconnaître un engagement purement civil et non susceptible de contrainte par corps, la citation sera valable, parce qu'il ne peut résulter, ni voie de fait sur la personne du ministre, ni empêchement dans l'exercice de ses fonctions (3). M. Ch. Vergé a condamné cette distinction

(1) Jean Hotman écrivait, en 1603, dans son *Traité de l'ambassadeur* (chap. V, nos 8 et 9), qu'il faut s'adresser, non aux juges, mais au prince, et non pas au prince qui a envoyé l'ambassadeur, mais à celui auprès duquel il est envoyé en ambassade, et qui doit connaître de sa dette. C'est d'après cette doctrine, que Henri IV fit décider par des arbitres pris dans son conseil une contestation élevée sur une saisie de meubles pratiquée contre l'ambassadeur de Venise. Voir Merlin, *Répertoire*, v° *Ministre public*, Sect. V, § IV, art. II; Dalloz, *Jurisprudence générale*, v° *Agent diplomatique*, 104. — Vattel recommande de s'adresser au maître du ministre public. *Le droit des gens*, etc., édition annotée par Pradier-Fodéré, liv. IV, chap. VIII, nos 110 et 116, t. III. p. 299 et 311.

(2) Livre VII, chap. V, note sur le n° 216, édition de 1864, t. II, p. 110.

(3) *Jurisprudence générale*, v° *Agent diplomatique*, 108.

comme blessant le principe de l'exterritorialité, et comme étant de nature à compromettre la dignité du ministre public (1).

La distinction enseignée dans la *Jurisprudence générale* de Dalloz n'est pas encore entrée dans la pratique, mais elle se vulgarise de plus en plus dans la doctrine. On soutient volontiers aujourd'hui, et non sans raison, que l'immunité de juridiction doit pouvoir être invoquée d'une manière absolue pour tous les actes qu'un agent diplomatique fait dans l'accomplissement de sa mission : ainsi, qu'un habitant du pays se croie lésé par de tels actes, il ne pourra pas actionner l'envoyé devant les tribunaux locaux, mais il devra s'adresser au gouvernement près duquel ce ministre réside, afin que, suivant les cas, il ait à agir diplomatiquement vis-à-vis de l'État qui a accrédité. Si les tribunaux du pays de la résidence voulaient prononcer sur des faits accomplis par le représentant d'un État étranger dans les limites de sa mission,ils commettraient un véritable abus de pouvoir, un attentat contre l'indépendance des nations. Mais quant aux actes qui n'ont aucun rapport avec la mission de l'agent diplomatique, et qui ne constituent qu'une application de son activité individuelle, comme simple particulier, ils devraient tomber sous l'empire du droit commun, un agent diplomatique ne jouissant du caractère représentatif que pour les actes qui se rapportent au mandat à lui confié (2). Cependant une dépendance absolue de la juridiction pour les actes accomplis comme simple particulier pouvant avoir pour effet de rendre impossible l'exercice des fonctions diplomatiques, on admet comme tempérament que l'immunité, pour ces actes, pourra, suivant le cas, être invoquée par le ministre public, mais seulement dans la mesure strictement né-

(1) *Précis du droit des gens moderne de l'Europe*, de G. F. de Martens, *loc. cit.*

(2) Voir Esperson, ouvrage cité, nos 163, 164, 165, 166, 168, t. Ier, p. 102 à 105.

cessaire pour que l'exercice de ses fonctions ne soit pas empêché (1).

(1) Dans l'affaire Bazili, la cour de Paris n'a point eu égard à cette distinction. L'un des appelants avait soutenu qu'il n'était point justiciable des tribunaux français; que sa qualité d'agent diplomatique d'un gouvernement étranger rendait sa personne et son domicile inviolables; que cependant cette inviolabilité se trouvait ouvertement attaquée par l'action intentée contre lui, puisque la condamnation intervenue pouvait amener la saisie de ses effets et l'arrestation de sa personne, et qu'alors la nation qui l'avait envoyé n'aurait plus de représentant. Les intimés avaient avoué le principe de l'inviolabilité des agents diplomatiques, mais, suivant eux, l'appelant n'avait point agi en cette qualité dans les faits qui avaient donné lieu au procès; il n'avait paru que comme particulier, l'acte répréhensible (violation de dépôt) qu'il avait commis ne présentant aucun rapport avec la mission qu'il remplissait auprès du gouvernement français. La cour de Paris, par un arrêt du 5 avril 1813, a déclaré nul et incompétemment rendu le jugement dont était appel, en ce qui touchait l'agent diplomatique étranger. Il est vrai que, dans l'espèce, il s'agissait d'une violation de dépôt, et que l'action intentée contre l'agent diplomatique était de nature à porter atteinte à son inviolabilité personnelle. V. Dalloz, *Jurisprudence générale*, vº *Agent diplomatique*, Sect. I, art. IV, § 3, nº 116 et note 1.

Le sieur Angelo Poulos, second secrétaire-interprète de l'ambassadeur de Turquie à Paris, avait souscrit, en faveur du sieur Besson, marchand épicier, un billet à ordre de 550 francs, pour marchandises fournies à l'ambassadeur. Le sieur Fourton, porteur de ce billet, l'a fait protester à son échéance, et a cité en payement le souscripteur devant le tribunal de commerce de la Seine. Condamné par ce tribunal, le sieur Angelo Poulos a appelé de ce jugement, et s'est borné à soutenir que, comme attaché à l'ambassade ottomane, et à raison d'un engagement contracté en cette qualité, il n'était pas justiciable des tribunaux français. La cour de Paris a rendu, le 29 juin 1811, un arrêt ainsi conçu: « Attendu qu'il est reçu en France que les ambassadeurs et ministres publics des Puissances étrangères ne peuvent pas être poursuivis par-devant les tribunaux français pour le payement des dettes par eux contractées pendant l'exercice de leurs fonctions, *pour des intérêts non étrangers au caractère dont ils sont revêtus*; que ce privilège s'étend aux personnes attachées aux ambassades; qu'il est constant, dans la cause, que le billet à ordre souscrit par Angelo Poulos au profit de Besson, marchand épicier, est pour marchandises pour l'ambassadeur ottoman; déclare le jugement dont est appel nul et incompétemment rendu, sauf à Fourton à se pourvoir ainsi qu'il

Ce que disent à cet égard les législations civiles.

Aucune disposition spéciale ne réglait cette matière en France, avant 1789 (1); les prérogatives des ministres étrangers n'y avaient été sanctionnées par aucun texte de loi, mais elles étaient reconnues par l'usage.

avisera ». V. Dalloz, *Jurisprudence générale*, V° *Agent diplomatique*, Sect. Ire, art. 4, § 3, n° 118, note 2. Faut-il conclure de cet arrêt, que la cour de Paris permettrait de poursuivre les agents diplomatiques étrangers devant les tribunaux français, pour le payement des dettes contractées par eux, pendant l'exercice de leurs fonctions, pour des intérêts étrangers au caractère dont ils sont revêtus ? On voit que la jurisprudence de la cour de Paris n'est pas bien certaine à cet égard. L'arrêt de la cour de Paris, du 29 juin 1811, déclare qu' « *il est reçu*, en France, que les ambassadeurs et ministres publics des Puissances étrangères ne peuvent pas être poursuivis devant les tribunaux français pour le payement des dettes par eux contractées pendant l'exercice de leurs fonctions, pour des intérêts non étrangers au caractère dont ils sont revêtus, » « *Il est reçu* » ! dit Laurent ; voilà une affirmation, mais où est la preuve ? Le mémoire de M. d'Aiguillon est un des actes les plus récents de l'ancien régime, or, le droit des gens est un droit traditionnel, puisqu'il est fondé sur les usages ; eh bien ! M. d'Aiguillon dit tout le contraire de ce qu'affirme la cour de Paris. Il n'y a rien de plus vague que la tradition, même en droit civil, qui est essentiellement positif : que sera-ce, s'il s'agit du droit des gens, qui repose sur des usages contradictoires ? Laurent s'attache à prouver ensuite que le droit des gens n'est pas aussi certain, sur ce point, que le prétend la cour de Paris. Voir le *Code civil international*, t. III, p. 148 et suiv.

(1) Les dispositions des lois romaines concernant les ministres publics laissent indécise la question de savoir si les ministres étrangers sont, ou ne sont pas, indépendants de l'autorité publique des lieux où ils exercent leurs fonctions. Il y a des auteurs toutefois qui, appliquant aux ministres publics quelques décisions du Digeste, en concluent que la législation romaine affranchissait bien les *legati* de la juridiction des tribunaux du lieu de leur résidence officielle, à raison des dettes qu'ils avaient contractées avant leur entrée en fonctions, mais qu'elles les y soumettaient à raison des dettes qu'ils avaient contractées et des crimes qu'ils avaient commis durant leur ambassade. Byn-

Il convient toutefois de citer à ce propos le mémoire de M. d'Aiguillon, qui semble formuler la doctrine française, telle qu'elle était établie à la fin du siècle dernier.

En 1771, dit Merlin, un ministre étranger qui avait fait beaucoup de dettes à Paris, se disposait à partir sans les acquitter, et même sans donner avis de son départ. Ses créanciers, informés de son dessein, firent parvenir leurs plaintes au gouvernement, qui, les trouvant fondées, donna des ordres pour qu'il ne fût pas expédié de passeport au ministre. Celui-ci, prétendant que, rappelé par son maître d'une manière pressante, personne n'avait le droit de le retenir, en porta ses plaintes à tout le corps diplomatique. Entre temps, un huissier entra chez lui pour lui signifier un exploit. Nouvelles plaintes de sa part. En conséquence, le 5 janvier 1772, il fut remis à M. d'Aiguillon, ministre des affaires étrangères, un mémoire ainsi conçu : « Les am-« bassadeurs ayant été instruits qu'on avait refusé un « passeport à un ministre étranger, et que même on « avait attenté à leurs droits et privilèges, en signi-« fiant un exploit au même ministre ; croyant par là le « droit des gens blessé, en ce que cela gênerait la li-« berté qui leur est nécessaire pour se retirer, lors-« que les circonstances peuvent l'exiger, ils réclament « aujourd'hui la justice et l'équité de sa majesté très-« chrétienne, pour mettre en sûreté ces mêmes droits « et privilèges ».

kershoëck a démontré (chap. VI, § 8 et 9) que ces auteurs ont mal entendu et faussement appliqué les lois romaines. « Si on lit, dit-il, tous les fragments qui restent des anciens jurisconsultes, tous les rescrits des empereurs qui se trouvent dans les titres du Digeste et du Code, *De legationibus*, on conviendra sans hésiter que tout ce qu'ils contiennent, à l'exception de la dernière loi de l'un, où il s'agit d'ambassadeurs envoyés par l'ennemi, ne doit s'entendre que des députés de quelque province ou de quelque ville de l'empire romain. Si, ailleurs, il est parlé par occasion des *legati*, on ne peut guère appliquer ce qui en est dit qu'aux députés de cette dernière espèce. Voir Merlin, *Répertoire*, v° *Ministre public*, Sect. V, § IV, art. 1.

Ce mémoire mis sous les yeux de Louis XV, ajoute Merlin, le roi répondit qu'il aurait constamment l'attention la plus scrupuleuse à maintenir les immunités attachées au caractère sacré de ministre public ; mais qu'il pensait que les circonstances du fait qui avait excité la réclamation des ambassadeurs étaient telles, qu'il ne pouvait en résulter aucune atteinte à leurs droits ni à leurs privilèges.

Cette réponse fut appuyée d'un mémoire du ministre des affaires étrangères, M. d'Aiguillon, qui fut envoyé par celui-ci à toutes les cours de l'Europe, et que Merlin reproduit d'après ce qu'en a publié Gérard de Rayneval, dans ses *Institutions du droit de la nature et des gens* (Liv. II, note 42). En voici les termes :

« L'immunité des ambassadeurs et autres ministres « publics est fondée sur deux principes : 1° sur la di- « gnité du caractère représentatif, auquel ils partici- « pent plus ou moins ; 2° sur la convention tacite qui « résulte de ce qu'en admettant un ministre étranger « on reconnaît les droits que l'usage, ou, si l'on veut, « le droit des gens lui accorde.

« Le droit de représentation les autorise à jouir, « dans une mesure déterminée, des prérogatives de « leurs maîtres. En vertu de la convention tacite, ou, « ce qui est la même chose, en vertu du droit des gens, « ils ont droit d'exiger qu'on ne fasse rien qui les trou- « ble dans leurs fonctions publiques.

« L'exemption de la juridiction ordinaire, qu'on ap- « pelle proprement immunité, découle naturellement « de ce double principe.

« Mais l'immunié n'est point illimitée ; elle ne peut « s'étendre qu'autant que les motifs qui lui servent de « base.

« Il résulte de là : 1° qu'un ministre public ne peut « en jouir, qu'autant que son maître en jouirait lui- « même ; 2° qu'il ne peut en jouir dans les cas où la « convention tacite ou la présomption des deux souve- « rains vient à cesser.

« Pour éclairer ces maximes par des exemples ana-

« logues à l'objet de ces observations, on remarquera :

« 1° Qu'il est constant qu'un ministre perd son im- « munité, et se rend sujet à la juridiction locale, lors- « qu'il se livre à des manœuvres qui peuvent être re- « gardées comme crime d'État, ou qui troublent la sé- « curité publique. L'exemple du prince de Cellamare « constate ces maximes à cet égard.

« 2° L'immunité ne peut avoir d'autre effet que d'é- « carter tout ce qui pourrait empêcher le ministre pu- « blic de vaquer à ses fonctions.

« De là il résulte que la personne seule du ministre « jouit de l'immunité, et que ses biens pouvant être « attaqués sans interrompre ses fonctions, tous ceux « qu'un ministre possède dans le pays où il est accré- « dité sont soumis à la puissance territoriale ; et c'est « par une suite de ce principe, qu'une maison ou une « rente qu'un ministre étranger posséderait en France, « serait sujette aux mêmes lois que les autres héri- « tages.

« 3° La convention tacite sur laquelle l'immunité se « fonde cesse, lorsque le ministre se soumet formel- « lement à l'autorité locale, en contractant par devant « un notaire, c'est-à-dire en invoquant l'autorité civile « du pays qu'il habite......

« 4° L'immunité étant fondée sur une convention, et « toute convention étant réciproque, le ministre public « perd son privilège, lorsqu'il en abuse contre les in- « tentions constantes des deux souverains.

« C'est par cette raison qu'un ministre public ne peut « se prévaloir de son privilège pour se dispenser de « payer les dettes qu'il peut avoir contractées dans le « pays où il réside : 1° parce que l'intention de son maî- « tre ne peut point être qu'il viole la première loi de la « justice naturelle, qui est antérieure aux privilèges du « droit des gens ; 2° parce qu'aucun souverain ne veut, « ni ne peut vouloir, que ces prérogatives tournent au « détriment de ses sujets, et que le caractère public « devienne pour eux un piège et un sujet de ruine ; « 3° on pourrait saisir les biens mobiliers du prince

« même que le ministre représente, s'il en possédait « sous notre juridiction : de quel droit les biens du mi- « nistre seraient-ils donc exceptés de cette règle ?

« 5° L'immunité du ministre consiste essentiellement « à le faire considérer comme s'il résidait dans les « États de son maître. Rien n'empêche donc d'em- « ployer vis-à-vis de lui les moyens de droit dont on « userait, s'il se trouvait dans le lieu de son domicile « ordinaire.

« Il en résulte qu'on peut le sommer d'une manière « légale de satisfaire à ses engagements et de payer « ses dettes ; et Bynkershoëck décide formellement, « n° 186, que *ce n'est pas peu respecter la maison d'un « ambassadeur, que d'y envoyer les officiers de jus- « tice, pour signifier ce dont il est besoin de donner « connaissance à l'ambassadeur.*

« 6° Le privilège des ambassadeurs ne regarde que « les biens qu'ils possèdent comme ambassadeurs, et « sans lesquels ils ne pourraient exercer les fonctions « de leur emploi. Bynkershoëck, p. 167 et 173, et Bar- « beyrac, p. 173, sont de cet avis ; et la cour de Hol- « lande a adopté cette base dans l'ajournement qu'elle « a fait signifier, en 1721, à l'envoyé de Holstein, *après « avoir accordé saisie de tous ses biens et effets, au- « tres que les meubles et équipages, et autres choses « appartenant à son caractère de ministre.* Ce sont « les termes de l'arrêt de la cour de Hollande, du 21 « février 1721.

« Ces considérations justifient la règle qui est reçue « dans toutes les cours, qu'un ministre public ne doit « point partir d'un pays sans avoir satisfait ses créan- « ciers.

« Lorsqu'un ministre manque à ses devoirs, quelle « est la conduite à tenir ? C'est la seule question es- « sentielle que la matière puisse faire naître. Elle doit « se décider par un usage conforme aux différentes « maximes qu'on a établies ci-dessus.

« On ne parlera point de l'Angleterre, où l'esprit de « la législation, borné à la lettre de la loi, n'admet

« point de convention tacite, ni de présomption, et où « le danger d'une loi positive dans une matière aussi « délicate, a jusqu'ici empêché de fixer légalement les « prérogatives des ministres publics.

« Dans toutes les autres cours, la jurisprudence « paraît à peu près égale ; les procédés seuls peuvent « différer.

« A Vienne, le maréchal de l'empire s'arroge, sur « tout ce qui ne tient pas à la personne de l'ambassa- « deur et à ses fonctions, une juridiction proprement « dite, dans une étendue qu'on a quelquefois envisagée « comme difficile à concilier avec les maximes géné- « ralement reçues. Ce tribunal veille, d'une manière « particulière, sur le paiement des dettes contractées « par les ambassadeurs, surtout au moment de leur « départ. On en a vu, en 1764, l'exemple dans la per- « sonne de M. le comte..., ambassadeur de Russie, « dont les effets furent arrêtés, jusqu'à ce que le « prince de Lichtenstein se fût rendu sa caution.

« En Russie, un ministre public est assujetti à an- « noncer son départ par trois publications. Nous avons « vu arrêter, il y a peu d'années, les enfants, les pa- « piers et les effets de feu M. de Beausset, jusqu'à ce « que le roi eût fait son affaire des dettes que ce mi- « nistre avait contractées.

« A La Haye, le conseil de Hollande s'arroge une ju- « ridiction proprement dite, dans tous les cas où les « intérêts des sujets se trouvent compromis. On a vu « plus haut les preuves de cette assertion.

« En 1668, un exploit fut signifié à un ambassadeur « d'Espagne, en personne, qui en porta des plaintes : « les États généraux jugèrent qu'elles étaient fondées, « en ce qu'il n'aurait fallu remettre l'exploit qu'aux « gens de l'ambassadeur (Bynkershoëck, p. 188).

« A Berlin, le baron de Posse, ministre de Suède, fut « arrêté et gardé, en 1723, parce qu'il refusait de payer « un sellier, malgré les avertissements réitérés du « magistrat.

« A Turin, le carrosse d'un ambassadeur d'Espagne

« fut arrêté, sous le règne d'Emmanuel. La cour de « Turin se disculpa, à la vérité, de cette violence, mais « personne ne réclama contre les procédures qui « avaient été faites pour condamner l'ambassadeur à « payer ses dettes.

« Ces exemples paraissent suffire pour établir qu'un « ministre étranger peut être contraint à payer ses « dettes. Ils constatent même l'extension qu'on a « quelquefois donnée au droit de coaction.

« On a soutenu qu'il suffisait d'avertir le ministre de « payer des dettes, pour justifier, en cas de refus, les « voies judiciaires, et même la saisie des effets. Gro- « tius dit que, si un ambassadeur a contracté des det- « tes, et qu'il n'ait point d'immeubles dans le pays, il « faut lui dire honnêtement de payer ; s'il le refusait, « on s'adresserait à son maître ; après quoi, on en « viendrait aux voies que l'on prend contre les débi- « teurs qui sont d'une autre juridiction.

« Or, ces voies sont les procédures légales qui tom- « bent sur les biens de l'ambassadeur, autres que « ceux qui sont immédiatement nécessaires à l'exer- « cice de ses fonctions, ainsi qu'on l'a déjà ob- « servé.

« L'opinion la plus modérée est qu'il convient, dans « tous les cas, de s'abstenir autant qu'il est possible « de donner atteinte à la décence qui doit environner « le caractère public ; mais le souverain est autorisé « à employer l'espèce de coaction qui n'emporte au- « cun trouble dans ses fonctions : elle consiste à inter- « dire la sortie du pays, sans avoir satisfait à ses en- « gagements. C'est dans ce sens que Bynkershoëck « conseille *d'employer contre les ambassadeurs des* « *actions qui emportent plus de défense qu'un ordre* « *de faire telle ou telle chose. Ce n'est alors qu'une* « *simple défense, et personne n'oserait soutenir qu'il* « *soit illicite de se défendre contre un ambassadeur,* « *qui ne doit pas troubler les habitants en usant de* « *violence et en emportant ce qui appartient à au-* « *trui.* Cette maxime est encore plus de saison, lors-

« que des circonstances particulières et aggravantes « chargent le ministre du reproche de mauvaise foi « ou de manœuvres répréhensibles: lorsqu'il viole lui- « même ainsi la sainteté de son caractère et la sécu- « rité publique, il ne peut point exiger que d'autres « les respectent. »

Il paraît résulter de tous ces détails, fait observer Merlin, par rapport à la France, que le gouvernement reconnaissait le principe de l'indépendance des ministres publics, mais qu'il cherchait à le limiter par des exceptions qui en diminuaient singulièrement les effets (1).

L'Assemblée Constituante, par décret du 11 décembre 1789, rendu à la suite d'une réclamation adressée par le corps diplomatique au ministre des affaires étrangères, déclara, nous l'avons vu, que, dans aucun cas, elle n'avait voulu porter atteinte par ses décrets à aucune immunité des ambassadeurs et ministres étrangers.

Le 13 ventôse an II survint un décret de la Convention, ainsi conçu : « La Convention Nationale interdit à toute autorité constituée d'attenter en aucune manière à la personne des envoyés des gouvernements étrangers ; les réclamations qui pourraient s'élever contre eux seront portées au Comité de salut public, qui seul est compétent pour y faire droit ». Ce décret a donné lieu à plusieurs observations. On a soutenu d'abord qu'il rendait le gouvernement seul arbitre de ce qu'il pouvait être convenable de faire en cette matière ; on a remarqué ensuite que la Convention n'avait prévu que les réclamations qui seraient de nature, si le gouvernement n'intervenait pas, à porter atteinte à la personne des agents diplomatiques, expressions qui semblaient restreindre ce privilège aux poursuites emportant privation de la liberté. Mais il a prévalu que le décret du 13 ventôse an II, qui n'a pas cessé d'être en vigueur, ne confère au gouvernement français que le droit de traiter diplomatiquement, avec le gouver-

(1) Merlin, *Répertoire*, V° *Ministre public*, Sec. V. § IV, art. III.

nement de l'agent diplomatique dont on se plaint, la réclamation élevée contre cet agent. Ce décret est généralement reconnu applicable en matière civile comme en matière criminelle. C'est donc au ministre des affaires étrangères que doivent être aujourd'hui, en France, adressées les réclamations qu'on pourrait avoir à formuler contre les agents diplomatiques étrangers (1).

En Angleterre, les privilèges des agents diplomatiques étrangers font partie de la loi du pays, depuis les premières années du siècle dernier. Blackstone cite une loi anglaise du 21 avril 1709, d'après laquelle tout acte tendant à faire arrêter un ambassadeur, ou quelqu'un de sa suite ou de ses gens, ou à faire saisir ses biens ou effets, serait absolument nul; ceux qui auraient requis, sollicité ou exécuté de tels actes, seraient

(1) L'article 14 du code civil français établit le principe de la compétence des tribunaux français, en matière civile, à l'égard des étrangers, mais aucune de ses dispositions ne s'explique spécialement sur les agents diplomatiques. Le projet de ce code avait un article ainsi conçu : « Les étrangers revêtus d'un caractère représentatif de leur nation, en qualité d'ambassadeurs, de ministres, d'envoyés, ou sous quelque autre dénomination que ce soit, ne seront point traduits, ni en matière civile, ni en matière criminelle, devant les tribunaux de France. Il en sera de même des étrangers qui composent leur famille ou qui seront de leur suite. » Cet article fut retranché, et le Tribunat s'étant plaint devant le Corps législatif du silence de cette partie du code sur les ministres publics, l'orateur du gouvernement, M. Portalis, répondit de la manière suivante : « Ce qui regarde les ambassadeurs appartient au droit des gens. Nous n'avons point à nous en occuper dans une loi qui n'est que de régime intérieur ». Voir : *Travaux préparatoires du code civil*, t. VII, p. 15. L'immunité de la juridiction civile, en faveur des ministres publics, repose, en France, sur le décret de l'an II, sur l'usage et sur la jurisprudence. « Ce principe, — disait la cour de Paris, en 1867, se fonde sur la nature des choses... » V. Dalloz, *Pér.* 1867, 2, 123, 124. — Voir aussi Pailliet, *Dictionnaire de droit...*, V° *Agent diplomatique*, § 2, n°s 9 et 10, et V°, *Actions concernant les étrangers* n° 8; Guichard, *Traité des droits civils*, n° 227 ; Foelix, *Traité du droit international privé*, n° 186. Le décret de la Convention du 13 ventôse an II, qui « interdit à toute autorité constituée d'*attenter en aucune manière à la personne* des envoyés des

considérés comme ayant violé la loi des nations et comme perturbateurs de la paix publique, et devraient subir telles peines et punitions corporelles qu'il plairait au lord chancelier et aux deux chefs de justice de leur infliger (1).

Quelques législations renferment des dispositions sur la matière. Ainsi Fœlix cite le code de procédure

gouvernements étrangers », et dispose que « les réclamations qui pourraient s'élever contre eux seront portées au Comité de salut public, *seul compétent pour y faire droit* », s'applique-t-il aux réclamations d'intérêt privé ? Est-il dès lors possible de l'invoquer pour établir l'immunité des agents diplomatiques en matière civile ? Laurent ne le pense pas. Le décret, dit-il, avait pour but de proclamer que la Convention Nationale respectait la liberté des ministres publics, et qu'elle s'en remettait au Comité de salut public qui concentrait tous les pouvoirs de la République; mais le décret ne parlait que des *attentats* contre la *personne* des agents diplomatiques : or, les *intérêts privés* sont étrangers à la liberté de la personne. Laurent, *Le droit civil international*, t. III, p. 8. — Gand admet le droit de poursuite contre les ministres publics, et par suite la compétence des tribunaux français : ils peuvent condamner l'agent diplomatique, même par corps, mais l'exécution du jugement sera suspendue, tant que le débiteur sera revêtu de ses fonctions diplomatiques. En conséquence, les ministres publics resteraient justiciables des tribunaux de France, à raison des obligations consenties par eux, dans les mêmes cas où le serait un étranger, simple particulier, qui aurait contracté avec un Français. Gand applique l'article 14 du *Code civil* aux agents diplomatiques; les tribunaux ne pourraient, sans déni de justice, se dispenser de reconnaître la dette et d'accorder au créancier un titre contre son débiteur. L'immunité diplomatique n'aurait d'effet que lorsqu'il s'agirait de mettre le jugement à exécution ; il ne pourrait l'être contre la personne par voie de contrainte par corps. Voir Gand, *Code des étrangers*, nos 71, 72, 80, 81.

(1) En 1708, le comte de Matucof, ambassadeur extraordinaire de Russie, avait pris congé de la reine d'Angleterre, et se disposait à passer en Hollande, lorsque tout-à-coup il fut arrêté en pleine rue par des officiers de justice, munis d'un ordre qu'avaient obtenu contre lui des marchands à qui il devait 350 livres sterling. Les sergents le tirèrent de son carrosse et le traînèrent à Blackreven, maison d'arrêt, où il survint un lord qui le fit relâcher en se rendant sa caution. Une poursuite fut dirigée contre les auteurs de l'arrestation ; le jury les déclara convaincus des faits

civile de Bavière, qui exempte de la juridiction ordinaire « tous ceux qui jouissent *du droit des ambassadeurs* ». Le code général de Prusse dispose que les ambassadeurs et résidents des Puissances étrangères, et les personnes qui sont à leur service, conservent leur franchise, *conformément au droit des gens* et aux conventions existant entre les diverses cours. Selon le code civil d'Autriche, les ambassadeurs, les chargés d'affaires et les personnes qui sont à leur service, jouissent des *franchises établies par le droit des gens* et par les traités publics. On remarquera que ces dispositions sont très-vagues : « *qui jouissent du droit des ambassadeurs* », quel droit ? Les conventions existantes : soit, s'il y en a ; mais *franchises conformes au droit des gens* : quelles sont-elles au juste ? Pas de définition. D'après les lois civiles russes, aucun jugement ne peut être mis à exécution dans les hôtels occupés par les ambassadeurs et envoyés diplomatiques, autrement que par l'intermédiaire du ministre des affaires étrangères. Toute autorité saisie d'une réclamation quelconque élevée contre un individu attaché à une mission étrangère, doit la transmettre au même ministre. En Portugal, d'après une loi de Jean IV, renouvelée sous Jean V, le ministre étranger ne pouvait être poursuivi devant les tribunaux du royaume,

imputés, mais sous la réserve de cette question : jusqu'à quel point ces faits étaient-ils criminels suivant la loi ? Les juges ne décidèrent pas la question. Le czar avait demandé la peine de mort contre le shérif de Middlesex et tous autres qui auraient contribué à l'arrestation de l'ambassadeur. La reine répondit qu'elle ne pouvait infliger une punition, fût-ce au moindre de ses sujets, si elle n'était ordonnée par la loi du pays. En même temps, pour apaiser le czar et satisfaire aux réclamations des ministres étrangers, il fut proposé un bill et posé une loi pour empêcher et punir de tels outrages. L'acte fut envoyé par un ambassadeur extraordinaire, le czar regarda cette démarche comme une réparation suffisante, et, sur sa demande, les accusés furent déchargés de toutes poursuites postérieures. Tels furent les antécédents de la loi du 21 avril 1709. Voir Merlin, *Répertoire, loc. Cit.* art. III ; Dalloz, *Jurisprudence générale*, V° *Agent diplomatique*, Sect. I, art 4, § 3, n° 106 ; Blackstone, liv. I, chap. VII.

qu'autant que son engagement datait d'une époque antérieure à sa mission diplomatique auprès du roi. Hors ce cas, aucune reconvention ne pouvait être reçue contre le ministre étranger. En Espagne, au contraire, en vertu de la loi 7 du titre XXXI du livre IX du recueil intitulé *Recopilacion de leyes*, les agents diplomatiques étrangers pouvaient être poursuivis devant les tribunaux espagnols à raison d'engagements contractés pendant l'exercice de leur mission, mais non pas à raison des engagements antérieurs (1).

Sans nous arrêter dans de plus amples détails, nous pouvons donc considérer comme une règle générale du droit des gens, vaguement consacrée par certaines législations civiles, mais fondée surtout sur un usage non interrompu, presque invariablement observé jusqu'à présent, que les agents diplomatiques d'un gouvernement étranger ne sont pas soumis à la juridiction des tribunaux du pays dans lequel ils sont envoyés ; que, pendant la durée de leur mission, ils doivent rester justiciables des tribunaux de leur pays, comme s'ils étaient toujours présents ; qu'aucune contrainte par corps, aucune saisie, ne peuvent être pratiquées contre eux.

On demande, dit Laurent, si pendant leur mission les agents diplomatiques peuvent être poursuivis de-

(1) Voir Foelix, ouvrage cité, 4me édition, 1868, livre II, titre II, chap. II, sect. IV, t. Ier, p. 426 et suiv.

L'étendue des immunités des agents diplomatiques étrangers est très-souvent déterminée par les traités. Il n'est pas rare de rencontrer dans les conventions internationales une clause à peu près ainsi conçue : «Les parties contractantes désirant éviter toute inégalité dans leurs communications publiques et leur correspondance officielle, sont convenues et conviennent d'accorder à leurs envoyés, ministres, chargés d'affaires et autres agents publics, les mêmes faveurs, immunités et exemptions, que celles dont jouissent ou jouiront dans l'avenir les agents de la nation la plus favorisée : étant bien entendu que toute faveur quelconque, tous privilèges et immunités, que chacune des parties contractantes trouvera convenable d'accorder aux envoyés, ministres, chargés d'affaires ou autres agents diplomatiques de n'im-

vant les tribunaux du pays qu'ils représentent ? On sait que nos lois accordent à l'ambassadeur l'exemption de la tutelle, parce qu'il remplit hors du territoire de son pays une mission de son gouvenement (*code civil*, art. 428) : ici la réalité l'emporte sur la fiction ; la fiction le répute présent dans son pays, tandis qu'il est, de fait, absent pour cause de service public : il est donc à la fois, et au même moment, présent et absent. Faut-il réputer les agents diplomatiques absents quant aux procès intentés contre eux ? Comme dans le lieu où ils résident on les répute absents par suite de l'exterritorialité, on devrait au moins les réputer présents dans l'État auquels ils appartiennent ; d'ailleurs, quoiqu'ils soient absents de fait, rien n'empêche qu'ils soutiennent un procès, puisque le procès s'instruit et se plaide par les avoués et les avocats..... Pourquoi admet-on que les ministres publics sont indépendants de la juridiction des juges du lieu où ils résident ? C'est pour une fiction de droit qui les répute hors de ce pays. S'ils sont censés n'y être pas, on suppose donc qu'ils sont dans leur patrie, car il est impossible qu'ils ne soient pas quelque part. C'est cependant à cette impossibilité absurde qu'aboutiraient certains partisans exagérés des immunités des agents diplomatiques : absents du lieu où ils résident, à cause de leurs fonctions, et absents de leur patrie, encore à raison de leurs fonctions ;

porte qu'elle autre Puissance, seront par le fait même étendus et accordés respectivement à ceux des parties contractantes. » Je trouve cette clause, notamment dans les traités du Pérou avec les États-Unis d'Amérique (art. 31), avec la grande Bretagne (art. 11), avec la République Argentine (art. 29), avec la Colombie (art. 27) ; il y a une clause qui assure les immunités accordées aux agents diplomatiques de la nation la plus favorisée, dans le traité du Pérou avec la Belgique (art. 18), dans l'ancien traité de cette République avec la France (art. 47). L'article 3 du traité du Pérou avec la Chine, porte que « les agents diplomatiques de chacune des parties contractantes jouiront, dans leurs résidences respectives, de tous les privilèges et immunités que leur accordent les usages internationaux ». L'article 2 du traité entre le Pérou et le Japon stipule les immunités accordées aux agents diplomatiques de la nation la plus favorisée.

donc absents partout (1). La doctrine de Laurent, nous l'avons vu, n'est pas celle qui prévaut.

L'immunité de la juridiction civile est-elle absolue ? Exceptions. — 1° Actions réelles immobilières.

Cependant cette immunité n'est pas absolue : elle comporte des exceptions.

Ainsi, les tribunaux civils et les tribunaux de commerce sont exceptionnellement compétents :

1° Lorsque c'est devant eux que la demande devrait être formée, dans le cas où la personne jouissant de l'exterritorialité demeurerait réellement à l'étranger, et lorsque le jugemeet pourrait être exécuté sans porter atteinte à l'indépendance et à la dignité de l'État étranger. Ainsi, la revendication d'un bien fonds dont le ministre public est en possession, ne peut-être portée que devant les tribunaux du pays où l'immeuble est situé. Il en est de même des actions résultant du voisinage de deux fonds, des actions relatives aux servitudes, etc. « Tous les fonds de terre, dit Vattel, tous les biens immeubles, relèvent de la juridiction du pays, quelqu'en soit le propriétaire. Pourrait-on les en soustraire par cela seul que le maître sera envoyé en qualité d'ambassadeur par une Puissance étrangère ? Il n'y aurait aucune raison à cela. L'ambassadeur ne possède pas ces biens là comme ambassadeur ; ils ne sont pas attachés à sa personne, de manière qu'ils puissent être réputés hors du territoire avec elle. Si le prince étranger craint les suites de la dépendance où se trouvera son ministre par rapport à quelques-uns de ses biens, il peut en choisir un autre. Disons donc que les biens immeubles possédés par un ministre étranger ne changent point de nature par la qualité du propriétaire, et qu'ils demeurent sous la juridiction de l'État où ils sont situés. Toute difficulté, tout procès qui les

(1) Laurent, *Le droit civil international*, t. III, p. 156 et suiv.

concerne, doit être porté devant les tribunaux du pays, et les mêmes tribunaux en peuvent ordonner la saisie sur un titre légitime ». Vattel ajoute que, lorsqu'on veut actionner un ministre public au sujet de quelques immeubles, on doit citer comme on cite les absents, puisqu'il est censé hors du territoire, et que son indépendance ne permet pas qu'on s'adresse à sa personne par une voie qui porte le caractère de l'autorité, comme serait le ministère d'un huissier (1).

Tout le monde est d'accord sur ce point, que les actions réelles relatives aux biens immobiliers possédés par un agent diplomatique dans le pays de sa résidence, tombent sous la juridiction territoriale, attendu que ces biens ne sont pas nécessaires à l'accomplissement de ses fonctions, et qu'on ne peut pas dire qu'il les possède comme représentant de sa propre nation. Ainsi, pour ne parler que de la législation française, si les agents diplomatiques étrangers possédaient en France des immeubles, ces immeubles demeureraient soumis à la juridiction française, et pourraient par suite être saisis, faire l'objet d'une expropriation, donner lieu à une action réelle. Les immeubles, même ceux possédés par des étrangers, sont en effet régis par la loi française (2), et ne peuvent être considérés comme attachés à leur personne. Les denrées et revenus provenant de ces immeubles seraient également soumis aux poursuites des créanciers des agents diplomatiques. On excepterait toutefois la maison qu'un ministre public occuperait, qui lui appartiendrait, mais qui serait considérée comme son hôtel, car elle servirait à son usage diplomatique : cette maison, cet hôtel, serait à l'abri de la saisie et de l'hypothèque. Remarquons que, pour justifier cette exception, il n'est point nécessaire de recourir à la fiction de l'exterritorialité. Cette exception se fonde sur ce qu'il faut faciliter à l'agent diplo-

(1) *Le droit des gens*, etc. de Vattel, édition annotée par Pradier-Fodéré, liv. IV, chap. VIII, n° 115, t. III, p. 310.

(2) Code civil art. 3.

matique étranger l'accomplissement complet et libre de ses fonctions, ce qui ne pourrait avoir lieu autrement (1).

2° Agent diplomatique exerçant le commerce.

2° Lorsque la personne qui jouira de l'immunité possède dans le pays une position spéciale, en qualité de simple particulier, de négociant par exemple. L'exemption de juridiction et de saisie doit rester étrangère au cas où le ministre public s'est fait commerçant, spéculateur, et où il s'agit de choses ou valeurs prove-

(1) M. Esperson adhère à la doctrine universellement admise que les actions réelles relatives aux biens immobiliers possédés par un agent diplomatique dans le pays de sa résidence tombent sous la juridiction territoriale ; mais il en tire un argument contre l'immunité absolue de la juridiction locale, en matière d'obligation personnelle. Quelle est, dit-il, la différence entre le cas où le ministre public est cité devant la justice locale pour répondre à une action hypothécaire, et celui où il est cité pour être obligé à l'accomplissement d'une obligation personnelle? Si l'exception d'incompétence ne peut être invoquée dans un cas, pourquoi pourra-t-elle l'être dans l'autre? Ouvrage cité, n° 174, t. 1er, p. 108.

Sur la question de savoir si les biens de l'agent diplomatique accrédité à l'étranger sont soumis à la juridiction des tribunaux du pays où il réside, tous les auteurs distinguent donc, avec Vattel, entre les immeubles et les meubles. Le ministre public, disent-ils, ne possède pas les immeubles comme agent diplomatique ; les immeubles ne sont point attachés à sa personne de manière qu'ils puissent être réputés hors du territoire avec elle : d'où la conséquence que les biens immeubles possédés par un ministre étranger ne changeant pas de nature par la qualité du propriétaire, doivent demeurer sous la juridiction de l'État où il sont situés. Quant aux meubles, on les couvre également de l'immunité. Laurent combat, lui aussi, cette distinction par les raisons qui suivent : on peut dire des meubles ce que les auteurs disent des immeubles ; est-ce que l'agent diplomatique possède comme tel, les actions et les obligations qu'il a dans les sociétés de commerce et d'industrie ? Ces valeurs sont-elles attachées à sa personne ? Si l'on peut feindre que le ministre public n'est pas au lieu où il est réellement et où il doit être, pourquoi n'étendrait-on pas cette fiction aux immeubles ? Et si les im-

nant de son commerce ou de sa spéculation. « Ce qui n'a aucun rapport à ses fonctions et à son caractère, dit Vattel, ne peut participer aux privilèges que ses fonctions et son caractère lui donnent. S'il arrive donc qu'un ministre fasse quelque trafic, tous les effets, marchandises, argents, dettes actives et passives, appartenant à son commerce, toutes les contestations même et les procès qui en résultent, tout cela est soumis à la juridiction du pays... Les abus qui naîtraient d'un usage contraire sont manifestes. Que serait-ce qu'un marchand privilégié pour commettre impunément dans un pays étranger toute sortes d'injustices? Il n'y a aucune raison d'étendre l'exemption du ministre jusqu'à des choses de cette nature. Si le maître craint quelques inconvénients de la dépendance indirecte où son ministre se trouvera de cette manière, il n'a qu'à lui défendre un négoce, lequel sied assez mal à la dignité du caractère ». Mais Vattel pense avec raison que, lorsqu'il y a lieu de douter si une chose est véritablement destinée à l'usage du ministre et de sa maison, ou si elle appartient à son commerce, il faut juger à l'avantage du ministre : autrement on s'exposerait à violer ses privilèges (1).

A vrai dire, la solution donnée par Vattel, et qui est généralement adoptée, ne concerne que les choses qui appartiendraient aux ministres publics étrangers sous une autre relation que celle de leur caractère diplomatique, par exemple les marchandises dont ils feraient commerce. Ces marchandises n'ayant aucune utilité

meubles sont soumis à la juridiction territoriale, pourquoi pas les meubles ? Il est impossible, disent les partisans de l'immunité, de permettre la saisie des meubles. A quoi servirait à un ministre l'indépendance personnelle qu'on lui reconnaît, si on ne l'étendait à tout ce qui lui est nécessaire pour vivre avec dignité et vaquer tranquillement à ses fonctions ? Je demande s'il n'en est pas de même des revenus des immeubles ? S'ils ne lui sont pas nécessaires pour vivre ? *Le droit civil international*, t. III, p. 153 et suiv.

(1) Vattel, *Le droit des gens*, etc. liv. IV, chap. VIII, n° 114, t. III p. 308, 309.

pour la mission des ministres, n'étant pas nécessaires à leur existence, doivent en effet demeurer soumises à la juridiction du pays de la résidence, et, par conséquent, sont susceptibles d'être saisies. Mais les ministres publics seront-ils personnellement justiciables à raison de leur commerce ? En se faisant commerçants ont ils contracté une dépendance personnelle ? La négative prévaut. On décide généralement que les marchandises seules seront soumises à la juridiction, et que les agents diplomatiques seront ainsi obligés indirectement à répondre par la saisie des choses relatives à leur commerce. Je n'hésiterais point à déclarer déchu de l'immunité de juridiction le ministre public étranger, qui, méconnaissant la dignité de son caractère, ouvrirait boutique dans le pays où il exercerait ses fonctions, et cela, en me fondant sur les considérations de Vattel. Il est certain que cet agent diplomatique devrait être justiciable des tribunaux du pays de sa résidence, et qu'on devrait pouvoir l'actionner directement devant eux pour faits de son commerce. La seule exception que j'admettrais, serait celle relative à la contrainte par corps, car ici reviendrait le besoin d'assurer l'indépendance du ministre public, en vue du libre et complet accomplissement de sa mission.

En 1867, le tribunal de commerce de la Seine a jugé que l'immunité de juridiction n'appartient pas à l'agent diplomatique qui s'est livré à des opérations commerciales. La cour de Paris, saisie d'appel contre ce jugement, ne s'est pas expliquée sur l'application, en matière commerciale, du principe de l'immunité diplomatique ; mais, si elle n'a pas refusé cette application, elle ne l'a pas accordée, elle a même supposé qu'elle pourrait être refusée. Cette question est d'ailleurs dépourvue d'intérêt pratique, car le sentiment de la dignité, la vanité et la crainte des sanctions de la discipline hiérarchique et professionnelle, empêcheront toujours un agent diplomatique de se livrer ostensiblement au commerce (1).

(1) Je dis *ostensiblement*, parce que, durant mon séjour de

3° Cas où le ministre public se soumet par son propre fait au tribunal du lieu de sa résidence.

3° Quand la personne appelée à jouir de l'immunité a reconnu la compétentce des tribunaux du pays où elle réside, en exerçant le droit qui lui appartient incontestablement de plaider comme demandeur devant les tribunaux du pays où elle a été accréditée. Lorsqu'un ministre public intente lui-même une action civile devant un tribunal étranger, il doit naturellement se soumettre aux lois de procédure du tri-

plusieurs années dans l'Amérique du Sud, j'ai vu continuellement des agents diplomatiques étrangers s'intéresser à des négoces et à des spéculations.

Le sieur Tchitchérine, conseiller de l'ambassade russe, à Paris, avait conclu avec le rédacteur d'un journal un traité, aux termes duquel ce rédacteur s'engageait à recevoir les inspirations de M. Tchitchérine sur les affaires de Pologne en particulier, et d'une manière générale sur tout ce qui intéressait la politique russe. Tous les bénéfices de l'entreprise devaient appartenir à M. Tchitchérine. Le journal n'ayant pas réussi, le rédacteur a été mis en faillite, et le syndic prétendant que, dès lors que le conseiller de l'ambassade devait recueillir tous les bénéfices, il devait en même temps supporter les pertes, assigna M. Tchitchérine devant le tribunal de commerce de la Seine, à fin de versement entre ses mains d'une somme suffisante pour désintéresser les créanciers de la faillite. M. Tchitchérine déclina la compétence des tribunaux français. Le tribunal de commerce a repoussé ce déclinatoire par jugement du 15 janvier 1867, dont voici deux considérants : « Attendu que, pour repousser la compétence du tribunal, Tchitchérine invoque sa qualité, et soutient qu'il est de principe incontestable que les agents diplomatiques ne peuvent relever de la juridiction des tribunaux des pays où ils sont accrédités ; — Attendu que, s'il est vrai que Tchitchérine est agent diplomatique et que les immunités qu'il invoque appartiennent aux représentants des gouvernements étrangers, afin qu'ils ne soient pas troublés dans leurs fonctions, ces immunités ne sauraient les suivre alors qu'ils se livreraient à des actes de commerce dans leur intérêt privé ; que Tchitchérine a agi en dehors de ses fonctions de conseiller d'ambassade, et que, dans l'espèce, en faisant des actes de commerce, il s'est placé en dehors des immunités diplomatiques ;...se déclare compétent..» Sur l'appel formé par Tchitchérine, la cour de Paris a rendu,

bunal qu'il a reconnu, il ne peut plus prétendre à aucun privilège, et, dans ce cas, il ne peut se soustraire à l'obligation de payer les frais, s'il est condamné. Aussi admet-on avec raison que les agents diplomatiques ne peuvent décliner la juridiction des tribunaux du pays où ils exercent leurs fonctions : 1° lorsqu'ils sont actionnés en paiement des frais auxquels ils ont été condamnés, par suite du rejet d'une demande qu'ils avaient formée eux-mêmes devant ces tribunaux; 2° lorsqu'ils sont défendeurs à un appel d'un jugement

le 12 juillet 1867, un arrêt dont voici les considérants relatifs à la question d'immunité : « Considérant que c'est un principe certain du droit des gens, que les agents diplomatiques d'un gouvernement étranger ne sont pas soumis à la juridiction des tribunaux du pays dans lequel ils sont envoyés; — que ce principe se fonde sur la nature des choses, qui, dans l'intérêt respectif des deux nations, ne permet pas que ces agents soient exposés dans leurs personnes ou dans leurs biens à des poursuites qui ne leur laisseraient pas une entière liberté d'action, et qui gêneraient les relations internationales auxquelles ils servent d'intermédiaires ; — qu'en France, ce principe a été spécialement reconnu par le décret du 13 ventôse an II, duquel il résulte que les réclamations qui peuvent s'élever contre les envoyés des gouvernements étrangers doivent être formées et suivies par les voies diplomatiques; — Considérant, qu'en supposant qu'il pût être fait exception à ce principe pour les agents diplomatiques qui se livreraient à des opérations commerciales, et à raison de ces opérations, le traité par lequel Tchitchérine se serait assuré le droit de disposer de la publicité du journal *La Nation* aurait un caractère tout autre que celui d'une spéculation commerciale faite dans un intérêt privé.....». L'arrêt de la cour de Paris ne s'est donc pas expliqué sur l'application, en matière commerciale, du principe de l'immunité diplomatique, parce que le traité par lequel le conseiller de l'ambassade russe à Paris s'était assuré le droit de disposer de la publicité d'un journal, avait un caractère tout autre que celui d'une spéculation commerciale faite dans un intérêt privé. V. Dalloz, *R. Pér.* 1867, 2, p. 123 et suiv. — Voir, dans Sirey, 1868, 2, 201, les conclusions de M. l'avocat général Descoutures, dans l'affaire qui a donné lieu à l'arrêt du 12 juillet 1867.

« La distinction qui paraît avoir été pour le tribunal de commerce la raison suprême de décider, — a dit M. l'avocat général Descoutures, — à savoir, que les ministres publics ne sont pas indépendants des tribunaux locaux relativement aux actes de

par eux obtenu ; 3° lorsqu'il s'agit d'une demande reconventionnelle formée contre eux à la suite d'une action par eux intentée.

Tous les auteurs ne sont cependant pas d'accord au sujet de la demande reconventionnelle. Ainsi, Bluntschli enseigne que le ministre public peut refuser de répondre à une action reconventionnelle, parce que cette action est une demande, et que tous les motifs pour lesquels on ne peut, dans la règle, former des demandes contre les agents diplomatiques, subsistent

commerce qu'ils ont pu faire, car ce ne sont pas des actes de leurs fonctions,...... n'a pas de raison d'être. Et en effet, quelle que soit la cause de l'obligation contractée par Tchitchérine, s'il en a contracté une....., dès qu'on le traduit devant un tribunal français pour l'exécution de cette obligation, on viole son immunité, son droit...... car on le trouble dans l'exercice de sa fonction, on porte atteinte à sa liberté. Or, si le tribunal est incompétent dans le cas où il s'agit d'une obligation civile, pourquoi serait-il compétent dans le cas où il s'agit d'une obligation commerciale, puisque les conséquences sont les mêmes, puisque le trouble est le même, et puisque, après tout, celui qui traite commercialement avec un ambassadeur ou un agent diplomatique, ne peut pas ignorer sa fonction, sa qualité et les privilèges particuliers, professionnels..... qui s'y rattachent ? Est-ce à dire qu'on réclame pour les ministres publics le droit de ne pas payer leurs dettes ? Aucunement..... Mais je soutiens qu'ils ne peuvent être poursuivis pour l'exécution de leurs engagements que dans certaines formes, par certaines voies, et jamais devant les tribunaux locaux. C'est à quoi se réduit leur immunité. Pensez-vous que l'appui de leur gouvernement manque jamais aux créanciers légitimes contre le représentant d'un gouvernement étranger ? Croyez-vous que la justice étrangère leur fasse à ce point défaut que leur débiteur soit sûr de leur échapper dans son pays ? Et, enfin, n'est-il pas de principe reconnu, certain, incontestable, que ses biens personnels, situés en France par exemple, sont le gage de ses créanciers, et ne sont pas le moins du monde compris dans l'immunité, puisqu'il ne les possède pas dans son caractère politique ? » — M. l'avocat général Descoutures ne se serait peut-être pas exprimé ainsi, s'il s'était agi d'un agent diplomatique, ambassadeur ou conseiller d'ambassade, ayant embrassé la profession commerciale, ayant placé son enseigne de commerçant à côté de l'écusson de son pays. Or, la question est là, et elle me paraît devoir se résoudre par le refus de l'immunité.

aussi à l'égard des demandes reconventionnelles (1). Je ne partage pas cette opinion, parce que, si la demande reconventionnelle est une demande, elle n'est formée par le défendeur que pour répondre à une action dirigée contre lui. La reconvention est plutôt une espèce de défense. Vous demandez cent francs : fort bien, dit Merlin, mais vous m'en devez vous même davantage ; serait-il juste, parce que vous êtes ambassadeur, que je fusse condamné à vous payer ce que je vous dois, et que, de votre côté, vous puissiez braver impunément mon titre de créance (2) ?

(1) Bluntschli, *Le droit international codifié*, édition française de 1874, n° 140, p. 122, 123.

(2) Merlin, *Répertoire*, V° *Ministre public*, Sect. V, § IV, art. X.—Laurent fait les observations suivantes sur les exceptions que reçoit l'immunité civile, et qui, suivant lui, détruisent la règle. On suppose, dit-il, que le ministre public forme une demande devant les juges du lieu de sa résidence ; s'il en est débouté, il sera condamné aux frais. Dans ce cas, enseigne-t-on, il ne pourra se dispenser de répondre aux poursuites que l'on fera contre lui pour la liquidation de ces dépens, et il faudra qu'il les paye. Le voilà défendeur, assujetti, non seulement à la juridiction, mais encore aux voies d'exécution, à la saisie. Cependant on dit que son indépendance, sa dignité, son caractère, l'exemptent de toute juridiction, à ce point qu'il ne peut être contraint de venir déposer en justice ! La contradiction est palpable. S'il gagne sa cause, enseigne-t-on encore, et que le défendeur interjette appel, il faudra bien qu'il y défende, et qu'il se soumette à la juridiction du tribunal où cet appel est porté. Ainsi l'agent diplomatique sera justiciable des tribunaux d'appel, et il ne l'est pas des tribunaux de première instance ! Nouvelle contradiction. Enfin, le ministre public qui plaide est sujet à la reconvention comme tout autre. Cela était déjà admis en droit romain. La reconvention n'est qu'une espèce de défense. Ici la contradiction est telle, qu'elle détruit le principe de l'immunité. La reconvention est une demande formée contre l'agent diplomatique ; il est soumis de ce chef à la juridiction locale. Si le créancier formait cette demande directement, le ministre public opposerait l'incompétence, cependant la demande est la même et les parties sont les mêmes. Dans une affaire identique, l'indépendance du ministre s'oppose et ne s'oppose pas à ce que le tribunal en connaisse ! Rien de plus simple, dit-on. Le ministre public se soumet, par son propre fait, à la juridiction du juge local. C'est-à-dire que l'agent diplomatique peut renoncer à son immu-

Un ministre public peut-il renoncer à l'immunité de la juridiction civile ?

La troisième exception à l'immunité de la juridiction civile est fondée sur ce que le ministre public peut être considéré, dans les différents cas où elle s'applique, comme ayant renoncé à l'immunité, puisqu'il a engagé lui-même l'action, et que les demandes formées ensuite contre lui ne sont que des suites, des conséquences de son action. Mais on enseigne qu'en dehors de ces cas les ministres étrangers ne peuvent renoncer aux prérogatives qui les placent, dans les pays où ils sont accrédités, hors des règles du droit commun, sans le consentement exprès du prince ou de l'État qu'ils représentent ; car, dit Vattel, « sans ce consentement, l'ambassadeur n'est pas en droit de renoncer à des privilèges qui intéressent la dignité et le service de son souverain, qui sont fondés sur les droits de son maître, faits pour son avantage, et non pour celui du ministre » (1). « Je n'oserais soutenir, dit Bynkershoëck, qu'un ambassadeur puisse renoncer à ses droits sans la participation de son prince ; car, pourquoi les privilèges des ambassadeurs ont ils été établis, si ce n'est afin que ces ministres puissent être plus utiles à leur prince, et que rien n'empêchât le libre exercice de leurs fonctions ? Ces privilèges regardent donc plus les intérêts du prince que celui de l'ambassadeur, et l'ambassadeur peut bien y renoncer à son préjudice, mais non pas au préjudice de son maître. Ainsi, à consulter la raison seule, il faut dire..... qu'à l'égard des affaires

nité. Quoi ! il s'agit de l'indépendance du ministre public et de son souverain dont il est le représentant : donc la souveraineté est en cause. L'agent diplomatique peut-il renoncer à la souveraineté de son maître? Le souverain lui-même n'y peut renoncer, car renoncer c'est disposer. Dispose-t-on de la puissance souveraine? La souveraineté est-elle dans le commerce ? *Le droit international*, t. III, p. 154 et suiv.

(1) Vattel, *Le droit des gens*, etc., liv. IV, chap. VIII, n° 3, t. III, p. 302, 303.

civiles, un ambassadeur ne peut, par une telle renonciation, s'engager à autre chose qu'à permettre de juger et de prononcer, mais non pas d'exécuter la sentence, s'il peut en résulter quelques empêchements pour l'ambassade » (1).

Par un arrêt du 21 août 1841, la cour de Paris s'est prononcée pour la non-validité de la renonciation à l'immunité. Elle a jugé que les immunités accordées par le droit international aux ministres des Puissances étrangères sont d'ordre public ; que ceux qui en jouissent comme représentant leur gouvernement ne peuvent y renoncer ; qu'on ne peut exciper contre eux d'aucun acte par lequel ils auraient consenti à s'en dépouiller ; que l'incompétence des tribunaux de la résidence étant d'ordre public, peut être proposée en tout état de cause, et que rien ne peut la couvrir (2).

Le ministre public sujet de l'État où il est accrédité par une Puissance étrangère, jouit-il de l'immunité de la juridiction civile ?

L'immunité de la juridiction civile existe-t-elle au profit de l'agent diplomatique d'un souverain étranger, lors même que ce ministre public est national du pays où il est accrédité ? Il faut supposer, pour que la question porte sur un cas possible, que le gouvernement du pays où le national exerce ses fonctions diplomatiques au service d'un gouvernement étranger a autorisé ce national à accepter ces fonctions.

L'affirmative résulte des raisons mêmes qu'on allègue pour expliquer et justifier cette immunité. Du moment où, dans un pays, on admet un national à représenter une Puissance étrangère, il faut, par voie de conséquence, admettre tout ce qui est essentiel à l'exercice indépendant de ses fonctions. La négative est toutefois également soutenue. On enseigne en effet

(1) Bynkershoëck, chap. XXIII, § 7.

(2) Voir Dalloz, *Jurisprudence générale*, V° *Agent diplomatique*, Sect. I, art. IV, § 5, note 2.

que l'immunité de juridiction civile ne compète pas aux agents diplomatiques qui sont sujets de l'État auquel ils sont envoyés, et l'on relève que, dans certains pays, leur admission, quand elle a lieu, est ordinairement subordonnée à la condition qu'ils continueront d'être sujets de la juridiction de cet État pour tout ce qui n'appartiendra pas directement à leur mission (1).

La question s'est présentée notamment en France, en 1875. Plusieurs porteurs d'obligations de la République de Honduras avaient assigné devant le tribunal civil de la Seine M. Herran, et quelques autres individus, en leur qualité de membres de la commission de l'emprunt de Honduras. M. Herran, avant de conclure au fond, avait demandé, par voie d'incident, la nullité de l'assignation lancée contre lui, en se fondant sur sa qualité de ministre plénipotentiaire de la République de Honduras. Tout en reconnaissant qu'il était resté Français, il avait soutenu que, par l'effet des immunités diplomatiques, il n'était pas, en matière personnelle, justiciable des tribunaux de France.

Observons, en passant, que pour comprendre que M. Herran, ministre plénipotentiaire de Honduras, soit resté Français, il faut nécessairement supposer qu'il n'avait accepté ses fonctions diplomatiques qu'avec l'autorisation du gouvernement français. Or, ce gouvernement avait dû faire, en faveur de M. Herran, une exception à la règle, qu'il s'est imposée depuis bien longtemps, de n'agréer aucun Français comme agent diplomatique d'une Puissance étrangère. Il faut que des circonstances particulières aient motivé cette dérogation à une pratique presque constamment suivie.

Le 21 janvier 1875, le tribunal civil de la Seine a rendu un jugement dont les considérants étaient ainsi conçus, en ce qui touchait M. Herran : « Attendu qu'il a été accrédité en qualité de ministre plénipotentiaire de la République de Honduras, près le gouvernement français ; que, représentant un gouvernement étran-

(1) Esperson, ouvrage cité, t. Ier, n°161, p. 101 ; Ch. de Martens, *Le Guide diplomatique*, t. Ier, p. 41, en note, édition de 1866.

ger, il n'est pas justiciable des tribunaux français, même relativement aux actions qu'il peut avoir accomplies comme personne privée ; Attendu que, s'il est vrai qu'il a conservé sa qualité de Français, il n'en jouit pas moins des immunités diplomatiques inhérentes à la fonction dont il est investi, et qu'il serait contraire au droit des gens et à l'indépendance des nations, que le représentant de l'une d'elles fût justiciable des tribunaux du pays où il représente un État souverain ; Attendu qu'on ne s'explique pas qu'un exploit d'ajournement ait pu être porté à son hôtel, et délivré ainsi en territoire étranger (1) : par ces motifs, déclare nulle l'assignation délivrée à Herran.... ».

M. Demangeat trouve cette décision de tous points juridique. Après avoir rappelé les raisons qui motivent l'immunité des agents diplomatiques, « comme il est manifeste, dit-il, qu'elles s'appliquent parfaitement au cas où l'agent envoyé en France par un souverain étranger se trouve être Français, il faut dire, sans hésiter, avec le tribunal civil de la Seine, que cet agent peut, comme les autres, dans l'intérêt de son souverain, se prévaloir de l'immunité dont il s'agit... C'est donc avec raison que le tribunal de la Seine reconnaît au ministre d'un souverain étranger la même immunité, quand ce ministre est Français, que quand il est étranger. Sans doute, quand il est Français, ses créanciers n'ont pas la ressource de le poursuivre devant les tribunaux du souverain qui l'a envoyé. Mais, d'abord, dans le conflit d'un intérêt privé avec un intérêt public,

(1) « *Ne s'explique pas qu'un exploit d'ajournement ait pu être porté à son hôtel, et délivré ainsi en territoire étranger....* ». C'est la fiction de l'exterritorialité dans toute sa rigueur. Déjà le même tribunal, dans un jugement du 2 juillet 1834, avait décidé que l'huissier qui remet la copie d'une citation à l'hôtel d'un ambassadeur, est passible de peines disciplinaires. Mais il avait fondé sa décision sur ce qu'une pareille remise constituait une atteinte à la considération due aux représentants des souverains étrangers. V. *Journal du Palais*, *Répertoire*, V° *Agent diplomatique*, n° 201.

il est juste que l'intérêt public l'emporte. Et, d'ailleurs, les créanciers de ce ministre s'adresseront au gouvernement français, pour que celui-ci fasse valoir leurs réclamations auprès du gouvernement étranger. Enfin, ils auront toujours la ressource d'attendre le moment où leur débiteur sera dépouillé de son caractère diplomatique : rien ne s'opposera plus alors à ce qu'ils le poursuivent devant les tribunaux français » (1).

C'est une admirable chose que le droit des gens, dit Laurent, à propos de ce jugement du tribunal de la Seine ! S'agit-il du droit civil, le juge ne peut pas se contenter d'affirmer, il doit prouver ce qu'il affirme. Le droit des gens est dispensé de preuve : on l'allègue, puis tout est dit. Le tribunal se borne à supposer que le Français qui a accepté des fonctions publiques d'un gouvernement étranger a conservé néanmoins sa qualité de Français, et il se contente de dire que, tout en restant Français, il jouit du privilège de l'exterritorialité; il s'étonne même qu'une assignation ait pu être portée à l'hôtel du ministre, vu que c'est un territoire étranger. C'est l'exterritorialité poussée jusque dans ses dernières conséquences... Cependant, ajoute Laurent, M. Demangeat déclare que la décision du tribunal de la Seine lui paraît de tous points parfaitement juridique. Les auteurs, suivant M. Demangeat, sont à peu près unanimes pour admettre l'incompétence des tribunaux français. *A peu près*: est-ce qu'un *à peu près* suffit pour établir une règle du droit des gens ? Une jurisprudence qui se borne à affirmer a-t-elle une autorité quelconque? Le dernier arrêt que M. Demangeat cite dit : « c'est un principe certain du droit des gens que les agents diplomatiques d'un gouvernement étranger ne sont pas soumis à la juridiction des tribunaux du pays dans lequel ils sont envoyés ». *Il est certain*: toujours des affirmations! Cela est si peu certain, que, de l'aveu de M. Demangeat, les auteurs ne s'accordent même pas sur les motifs de

(1) *Journal du droit international privé*, publié par M. Edouard Clunet, cahier de mars et avril 1875, p. 89 et suiv.

l'immunité ; et le motif d'un principe n'est-il pas tout le principe? Grotius fonde le privilège des ambassadeurs sur l'exterritorialité, et tel est aussi l'avis du tribunal de la Seine, puisqu'il ne conçoit pas qu'une assignation ait pu être remise à l'hôtel du ministre, cet hôtel étant en *pays étranger*. Est-ce aussi l'avis de M. Demangeat? Non ; il dit que la fiction de l'exterritorialité n'explique rien, et cependant il déclare juridique *en tous points* la décision fondée sur cette fiction qui n'explique rien. Voilà un étrange témoignage de *l'unanimité* des auteurs et de la *certitude* du droit des gens. En voici un autre témoignage. M. Demangeat préfère la théorie de Vattel, suivie par Montesquieu, qui fonde l'immunité sur l'indépendance dont l'ambassadeur a besoin pour remplir ses fonctions. Soit, mais si l'on invoque Vattel, que l'on s'en tienne au moins à ce qu'il enseigne. Or, il se trouve que Vattel contredit la décision qui, d'après M. Demangeat, serait fondée sur son autorité... Vattel nie ce que le tribunal de la Seine affirme, et Vattel est la grande autorité de M. Demangeat! Il l'écarte en disant que la *distinction* de ce qui appartient *directement* au ministère de l'ambassadeur est très subtile et ne s'accorde pas avec les exigences de la pratique. Si, en théorie, la distinction est subtile, elle était d'une application très facile dans l'espèce: une commission d'emprunt et de banque a-t-elle un rapport quelconque avec les fonctions diplomatiques ? Non ; donc le ministre de Honduras restait assujetti aux tribunaux français, dans la doctrine de Vattel. Laurent remarque, d'ailleurs, que, dans cette affaire, la morale était d'accord avec le droit, et il termine sa critique par la considération suivante : « que répond M. Demangeat ? *Dans le conflit d'un intérêt privé avec un intérêt public, il est juste que l'intérêt public l'emporte* ». Oui, quand il n'y a que des *intérêts* en cause. Non, quand l'intérêt privé est un *droit*, et le plus sacré de tous, *la justice* ; il faut dire que le plus grand de tous les intérêts d'un État, et le premier de ses devoirs, est de garantir les droits des citoyens, et de leur assurer la justice qui leur est due. La doctrine contraire subordonne et sacrifie tous les droits à la politique: c'est la doctrine de Machiavel (1).

Ce qui est certain, c'est que si l'immunité de la juridiction civile est fondée sur le besoin de préserver de toute atteinte l'indépendance de l'agent diplomatique étranger, de faciliter, de favoriser le paisible exercice de ses fonctions, le ministre public qui est né sujet du pays dans lequel il est employé par une Puissance étrangère, doit pouvoir invoquer cette immunité comme tout agent diplomatique étranger l'invoquerait lui-même. Il y a autant de nécessité pour lui que pour tout autre d'exercer librement et paisiblement ses fonctions. Par cela seul qu'un gouvernement admet un de ses propres nationaux à représenter auprès de lui un prince ou un

(1) *Le droit civil international*, t. III, p. 176 et suiv. — Laurent suppose qu'un Belge remplisse les fonctione d'ambassadeur de France en Belgique, avec autorisation du roi. Il conserve sa qualité de Belge; comme tel, il est justiciable des tribunaux de Belgique; mais en qualité de ministre public il est affranchi de toute juridiction civile et criminelle en Belgique. Devant quel tribunal les créanciers l'actionneront-ils ? Quel sera le juge compétent pour connaître des délits qu'il aurait commis en Belgique contre un Belge ? Il n'est pas justiciable des tribunaux de France, puisqu'il n'est pas Français, et que le demandeur est Belge, et puisque le fait litigieux s'est passé en Belgique. Le voilà à l'abri de toute poursuite; impossible d'obtenir droit contre lui. Cependant, à entendre les défenseurs de l'immunité, le privilège des ambassadeurs ne doit pas être le déni de justice ; tous demandent qu'ils soient renvoyés à leur maître. Dans l'espèce, le souverain étranger n'est pas le maître de son envoyé, et les tribunaux étrangers seront incompétents. La doctrine de l'immunité, dit Laurent, est réduite à l'absurde. Ce Belge, — ajoute Laurent, — invoque à Bruxelles la fiction de l'exterritorialité. Dans quel but ? Pour dire que, si, de fait, il est à Bruxelles, de droit il est à Paris. Il conserve son domicile en Belgique, et il se prévaut de son privilége pour en induire qu'il a son domicile à Paris. Le Belge, ambassadeur à Bruxelles, y est poursuivi par ses créanciers ; il leur oppose l'exterritorialité et l'immunité qui en découle. Pourquoi ? c'est leur dire : actionnez-moi à Paris, où j'ai mon domicile de droit. Or, à Paris il n'a aucun domicile et il n'y peut être actionné. *Ibid.* p. 168, 169.

État étranger, il l'admet nécessairement avec les prérogatives attachées à son emploi, et, par conséquent, avec toutes les immunités qu'on lui accorde communément. « Le ministre étranger, dit Vattel, quoique auparavant sujet de l'État, en est réputé absolument indépendant pendant tout le temps de sa commission. Si son premier souverain ne veut pas lui accorder cette indépendance dans son pays, il peut refuser de l'admettre en qualité de ministre étranger... (1) ». Il peut aussi ne l'admettre que sous la réserve formelle qu'il restera soumis aux lois de sa patrie comme les autres citoyens, en tout ce qui ne touchera pas à son caractère diplomatique. Ce sont là des points à arrêter entre gouvernements, et qui appartiennent au droit conventionnel. Mais, quand rien n'a été dit à cet égard, le national admis dans son pays à représenter un État étranger doit être assimilé aux étrangers accrédités comme ministres publics. Reste à savoir, maintenant, si c'est entraver l'exercice des fonctions diplomatiques, que de s'adresser à un ministre public pour obtenir de lui ou de la justice le payement de ses dettes.

L'exemption de la juridiction s'étend-elle aux biens meubles du ministre public ?

L'agent diplomatique étranger est indépendant de la juridiction du pays où il est accrédité ; mais son indépendance personnelle, quant au civil, lui serait inutile,

(1) Vattel, *Le droit des gens*, livre IV, chap. VIII, n° 112.

En France, nous l'avons dit, la pratique exempte de la contribution personnelle et mobilière les agents diplomatiques des nations étrangères accrédités auprès du gouvernement français. Cette exemption avait été formellement consacrée par la loi du 7 thermidor an III, concernant la contribution personnelle et diverses taxes somptuaires, depuis abolies. L'article 17 de cette loi s'exprimait ainsi : « Les ambassadeurs, envoyés ou chargés d'affaires des nations amies ou alliées, en seront complètement exemptés, quel que soit le temps de leur séjour. » Bien que cette disposition n'ait été reproduite, ni par la loi de frimaire an

si elle ne s'étendait à tout ce qui lui est nécessaire pour vivre avec dignité et pour vaquer tranquillement à ses fonctions. Tout ce qu'il a amené ou acquis *pour son usage comme ministre* est tellement attaché à sa personne, qu'il en doit suivre le sort. Le ministre venant comme indépendant, n'a pu entendre soumettre à la juridiction du pays, son train, ses bagages, tout ce qui sert à sa personne. Toutes les choses donc qui appartiennent directement à la personne du ministre, en sa qualité de ministre public, tout ce qui est à son usage, tout ce qui sert à son entretien et à celui de sa maison, tout cela, — dit Vattel, — participe à l'indépendance du ministre, et est absolument exempt de toute juridiction dans le pays (1). De même que le ministre public ne peut être contraint par corps (2), de même les biens

VII, ni par aucune loi postérieure, relatives à la contribution personnelle et mobilière, elle a continué d'être observée. On a considéré que les agents français ne sont pas imposés dans les pays où ils résident. Dalloz, *Jurisprudence générale*, V° *Impôts directs*, n° 230. Cette exemption serait-elle applicable, dans le cas où une Puissance étrangère choisirait, pour la représenter en France, un citoyen né ou naturalisé français, et qui serait agréé par le gouvernement français ? Une circulaire du ministre des finances, du 30 septembre 1831, se prononce pour la négative. En 1866 et 1867, dans une affaire soumise au Conseil d'État, le même ministre a soutenu, conformément aux traditions de son département, que l'exemption n'était applicable qu'aux étrangers, et que, par suite, elle ne pouvait être réclamée dans l'espèce, le contribuable étant un citoyen français. Le Conseil d'État semble avoir hésité à consacrer cette opinion, et a réservé la question. Dalloz, *Rec. Per.* 1867, 3, 32.

(1) Vattel, ouvrage et édition cités, liv. IV, chap. VIII, n° 113. t. III, p. 306, 307.

(2) C'est en effet une règle qui n'est contestée par personne, que des dettes contractées par un agent diplomatique, avant ou pendant sa mission, ne peuvent autoriser aucun acte de juridiction quelconque contre sa personne. On admet même, quoique moins unanimement, qu'on ne pourrait lui refuser ses passeports, bien qu'il s'apprêtât à partir sans s'être arrangé avec ses créanciers. Il a été jugé par la cour de Paris (19 mai 1829) qu'un agent diplomatique étranger ne peut être constitué gardien judiciaire, son caractère public et l'inviolabilité de son domicile

meubles qu'il possède, non comme simple particulier, mais comme ministre, ne peuvent être séquestrés pour dettes contractées avant ou pendant sa mission. Les meubles qui appartiennent directement à la personne du ministre public, en sa qualité de ministre, sont donc, selon la doctrine commune, et dans la pratique habituelle, absolument exemptés de la juridiction étrangère, car « saisir de tels biens, ce serait, comme le dit Bynkershoëck, ôter à l'ambassadeur ce qui lui sert » (1). Dans le cas fort rare d'ailleurs où un agent diplomatique étranger accrédité dans le pays refuserait de payer ses dettes, les créanciers n'auraient, par conséquent, d'autre ressource que de réclamer l'intervention du ministre des affaires étrangères du pays où le débiteur serait accrédité, ou de recourir à la voie judiciaire dans le pays auquel appartiendrait le ministre étranger, en procédant alors par voie de citation, comme s'il s'agissait d'un absent.

La doctrine contemporaine, plus que la jurisprudence, donne une solution différente quant aux biens meubles qu'un ministre public possède sous un rapport étranger à son caractère. Nous avons vu en effet qu'on enseigne que les biens meubles possédés par l'agent diplomatique comme simple particulier ne peuvent être à l'abri de la juridiction locale, attendu que ces biens ne sont pas nécessaires à l'exercice des fonctions diplomatiques. Les meubles qui servent à l'usage du ministre public, dit-on pour soutenir cette thèse, ne sont pas insaisissables par cela seul qu'il les possède ; si la qualité du possesseur était la cause de leur insaisissabilité, les choses immobilières qui lui appartiennent jouiraient de la même franchise. Ce n'est donc que parce qu'ils sont nécessaires à l'exercice de l'ambassade qu'il est défendu de les saisir (2).

ne permettant pas qu'il soit soumis à la contrainte par corps, dont le gardien judiciaire est susceptible. (C. Civ. art. 2060.) Voir Dalloz, *Jurisprudence générale*, V° *Agent diplomatique*, Sect. I, art. IV, § 3, p. 398, note 1.

(1) Bynkershoëck, chap. XVI, § 11.

(2) Merlin, *Répertoire*, V° *Ministre public*, Sect. V, § IV, Art. VI.

Or, les biens meubles appartenant au ministre comme simple particulier n'ont pas de rapport avec les fonctions diplomatiques, avec l'exercice de la légation : donc, ils doivent être sujets à la juridiction locale comme les biens immeubles, comme les revenus ou les fruits produits par les immeubles, et comme eux ils doivent pouvoir être saisis et devenir objet de gage. On a même admis la saisissabilité des sommes d'argent, des deniers dus à un ministre public, pourvu toutefois qu'il ne s'agisse point de sommes d'argent destinées à l'usage de l'agent diplomatique en sa qualité de ministre, à l'entretien de sa maison. Mais ici se place une observation très-juste de Bynkershoëck : « Il faut avouer qu'il est difficile de distinguer à quel emploi une somme d'argent est destinée ; car, ce qu'un ambassadeur gagne, même dans le commerce, ce qui lui est légué par un testament, il peut l'employer à son entretien, et on dira qu'il n'a point pensé à se procurer de l'argent d'ailleurs, parce que celui-là se présentait à point nommé. Dans le doute on décide ordinairement en faveur du ministre étranger ; et par cette raison il serait peut-être plus équitable de mettre l'argent, quel qu'il fût, à l'abri de tout arrêt, comme une des choses les plus nécessaires à l'exercice de l'ambassade (1) ». Cette observation très-juste à l'égard des deniers, des sommes d'argent, ne l'est pas moins quant aux autres objets mobiliers qui peuvent appartenir au ministre public. Dans tous les cas, les auteurs sont d'accord pour décider que, dans le doute, le respect de son caractère exige qu'on explique toujours les choses à l'avantage de ce même caractère ; c'est-à-dire que, quand il y a lieu de douter si une chose est véritablement destinée à l'usage du ministre et de sa maison, il faut juger à l'avantage du ministre, afin de ne pas rencontrer le péril de violer ses prérogatives.

Enfin, il y a une opinion encore plus favorable à l'indépendance des agents diplomatiques étrangers : c'est

(1) Bynkershoëck, chap. XIV, § 2, et chap. XVI, § 6, cité par Merlin, *Répertoire*, V° *Ministre public*, Sect. V, § IV, art. VI.

celle qui veut qu'aucune action, quelle qu'elle soit, ne puisse être formée, au civil, contre un ministre public devant les tribunaux du pays où il exerce ses fonctions; qu'aucune saisie ne puisse être pratiquée sur ses biens meubles pour dettes contractées par lui, même comme homme privé; c'est l'opinion qui, par exemple pour exempter les agents diplomatiques étrangers de la juridiction française, ne distingue pas si leurs obligations ont été souscrites pour des faits même de leur ambassade, à l'occasion seulement de leur mission, et si les meubles qu'ils possèdent ont, ou n'ont pas, de rapport avec le caractère de ministre. Le principe de l'immunité complète de la juridiction, en matière civile, paraît être jusqu'à présent la règle de la jurisprudence française. Dans le jugement du 21 janvier 1875, rendu par le tribunal de la Seine dans l'affaire de M. Herran, il est dit formellement qu'un agent diplomatique étranger « n'est pas justiciable des tribunaux français, même relativement aux actions qu'il peut avoir accomplies comme personne privée », et « qu'il serait contraire au droit des gens et à l'indépendance réciproque des nations, que le représentant de l'une d'elles fût justiciable des tribunaux du pays où il représente un État souverain »; et l'on a vu que, dans son arrêt du 12 juillet 1867, la cour de Paris avait considéré comme « un principe certain du droit des gens que les agents diplomatiques d'un gouvernement étranger ne sont pas soumis à la juridiction des tribunaux du pays dans lequel ils sont envoyés ». L'insaisissabilité de leurs biens meubles serait une conséquence de cette immunité absolue. Telle parait être encore la jurisprudence actuelle des cours et tribunaux français (1).

(1) Il n'est toutefois pas inutile d'insister sur ce point que le décret du 13 ventôse an II, qu'on donne pour base à l'immunité de la juridiction civile, semble précisément consacrer la distinction qui a été faite entre la personne et les biens de l'agent diplomatique. Ce décret ne défend en effet que d'*attenter* à la *personne* des ministres publics; on ne soumettra au gouvernement que les *réclamations* qu'on aurait à former *contre eux* : or, les *réclamations* ne sont pas les revendications, ni les saisies.

Les meubles servant au ministre public sont-ils susceptibles de revendication, de la part du marchand non payé du prix, lorsque le ministre a cessé ses fonctions.

On demande si les meubles de l'agent diplomatique servant à sa mission sont susceptibles d'être revendiqués par le marchand non payé du prix, lorsque le ministre a cessé ses fonctions?

Cette question a été résolue négativement. On s'est fondé sur cette considération que la circonstance du départ ne fait pas cesser le caractère du ministre public. Les droits de l'agent diplomatique ne finissent pas en effet en même temps que ses fonctions. Les fonctions cessent, dit Merlin, dès que le ministre a eu son audience de congé, mais les droits ne cessent que lorsqu'il est rentré, ou lorsqu'il a pu rentrer dans son pays (1). D'où la conséquence que la circonstance du départ ne devrait pas suffire pour autoriser la revendication et la saisie, et que, par conséquent, tant que le retour du ministre public dans son pays ne serait pas réalisé, il ne serait pas permis de pratiquer de saisie. « Nous croyons aussi, dit Dalloz, que, par égard pour le souverain qu'un ministre représentait, on doit le traiter comme ambassadeur, même après le retrait de ses lettres de créance et son audience de congé qui mettent fin à ses fonctions; la prolongation de son séjour devrait lui conserver les prérogatives de son ancien titre. Mais, dès qu'il a quitté sa résidence, il n'y a plus aucun motif d'ajourner l'exercice des actions qu'on peut avoir à exercer contre lui. Toute protection est due à sa personne dans les endroits où elle se trouve; mais, dans les lieux qu'il a quittés, les biens qu'il laisse ne peuvent plus être considérés comme attachés à sa personne, ni comme nécessaires à un poste qui n'est plus occupé » (2).

(1) Merlin, *Répertoire*, V° *Ministre public*, Sect. V, § IV, art. 8.

(2) Dalloz, *Jurisprudence générale*, V° *Agent diplomatique*, Sect, Ire, art, 4, § 3, n° 115.

Cette opinion est certainement préférable, et c'est celle qui serait appliquée dans la pratique. Il y a cependant une autre doctrine, enseignée par les auteurs qui n'admettent pas les immunités non indispensables à l'exercice indépendant des fonctions diplomatiques. Suivant Esperson, la règle invoquée par Merlin et par Dalloz est certaine, mais elle existe pour rendre hommage à la dignité des nations. On conçoit bien, dit-il, que les égards dus à la nation dont le ministre est l'envoyé, exigent que sa personne soit protégée contre toute offense tant qu'il n'a pas effectué son retour dans sa patrie, mais est-ce manquer à ces égards que de permettre de saisir, après la cessation de ses fonctions, les meubles que le ministre a achetés sans en payer le prix ? Esperson autoriserait donc la saisie immédiatement après la cessation des fonctions, c'est-à-dire aussitôt après l'audience de congé (1).

Le propriétaire d'un immeuble peut-il retenir les effets mobiliers d'un ministre public qui n'a pas satisfait aux conditions de location de l'hôtel occupé par sa légation ?

La question de savoir jusqu'à quel point les effets personnels d'un ministre public sont sujets à être saisis ou retenus, dans le but de l'obliger à remplir les engagements contractés par lui dans le bail de l'habitation qu'il a louée, a été, dans le temps, l'objet d'une vive discussion entre les gouvernements des États-Unis d'Amérique et de Prusse. Le propriétaire de la maison dans laquelle le représentant des États-Unis demeurait à Berlin, exerçant en cela un droit généralement reconnu par les différentes législations positives, et spécialement par le code civil prussien, avait retenu de lui-même, sans d'ailleurs user de violence, les meubles appartenant au ministre américain, en faisant

(1) Esperson, *Droit diplomatique*, etc. nº 182, t. Iᵉʳ. p. 3.

valoir le mauvais état dans lequel l'habitation avait été laissée par son locataire.

Le gouvernement prussien soutint que l'exemption générale de la juridiction locale, dont jouissent d'après le droit des gens les biens mobiliers des ministres étrangers, ne s'étendait pas à ce cas. Il prétendit que le droit de détention résultait du contrat lui-même et de l'effet légal que la loi locale lui donnait. On faisait valoir qu'en accordant ainsi au propriétaire les droits d'un créancier dont la créance est assurée par hypothèque, non seulement pour ce qui touche le loyer, mais encore pour toutes autres obligations naissant du contrat, le code civil prussien lui accordait un droit réel sur tous les effets du locataire trouvés dans la maison à l'expiration du bail, et qu'il pouvait, par conséquent, d'après ce droit, retenir tous ces effets pour sûreté de l'accomplissement de toutes les clauses du contrat.

Le ministre américain exposa que la doctrine du gouvernement prussien plaçait les membres du corps diplomatique accrédité à la cour de Prusse sur le même pied que les sujets de ce royaume, relativement au droit que le code prussien accorde au bailleur de retenir les biens du locataire pour le forcer à accomplir les obligations du contrat. Or, la seule raison alléguée pour justifier une telle exception au principe général de l'exemption, serait que le droit en question résulterait du contrat lui-même. Mais une pareille exception n'a été émise par aucun écrivain d'autorité sur le droit des gens ; elle a été même expressément repoussée par eux. La manière d'agir d'un seul gouvernement, dans un seul cas, ne saurait suffire pour créer une exception à un principe que les nations regardent comme inviolable et sacré. Qu'au lieu de forcer le bailleur à recourir à une action personnelle contre le locataire, le code civil prussien lui donne une garantie sur les biens trouvés dans la propriété louée : rien de mieux. Cette garantie peut être employée pour obliger les sujets du pays, parce que leurs biens sont soumis à ses lois et à ses tribunaux de justice ; mais elle ne peut-être employée contre les ministres étrangers résidant dans le pays, attendu qu'ils ne dépendent, ni des unes, ni des autres.... En somme, il n'y a pas ún seul privilège dont on ne puisse dépouiller un ministre public, par le même mode de raisonnement dont se sert le gouvernement prussien, pour le priver de l'exemption à laquelle il est en droit de prétendre pour ses effets personnels. Mais le priver de ce droit, serait le priver de cette indépendance et de cette sécurité qui lui sont indispensablement nécessaires pour le mettre à même de remplir les devoirs qu'il doit à son gouvernement. Si l'on peut saisir un seul article de son mobilier, on peut tout saisir, et le ministre ainsi que sa famille peuvent-être privés par là de moyens de subsistance. Si la sainteté de sa demeure peut être violée pour cette cause, elle peut l'être pour toute autre. Si l'on peut sous ce prétexte prendre sa propriété privée, on peut sous le même prétexte prendre la propriété de son gouvernement, et même les archives de la légation, etc., etc...

En somme, ce différend, qui est exposé avec de grands développements dans les *Éléments du droit international* de Wheaton (1), se termina entre les parties par la restitution que fit le propriétaire de la maison des effets mobiliers qui avaient été retenus, après avoir reçu une indemnité raisonnable pour les dégradations faites à sa propriété. Quant à la question débattue, les gouvernements de Berlin et de Washington restèrent inébranlables dans leur manière de voir, en doctrine, et la solution théorique demeura donc en suspens. Mais ce que les deux gouvernements ne décidèrent point peut être résolu par la logique du bon sens. « A nos yeux, dit avec raison M. Ch. Calvo, il est plus conforme aux convenances internationales et aux vrais principes du droit, que tous les créanciers d'un agent diplomatique soient

(1) Édition de 1858, t. Ier, p. 203 et suiv.

placés sur la même ligne, et que, connaissant les immunités de la personne privilégiée avec laquelle ils ont traité, ils subissent la responsabilité dont ils ont mal calculé les conséquences extrêmes (1)».

Telle est l'opinion qui est universellement enseignée, et qu'il faut adopter.

L'immunité diplomatique s'oppose-t-elle à ce qu'un tribunal du pays où le ministre est accrédité commette un huissier pour lui notifier un jugement ?

Ainsi donc le caractère des agents diplomatiques les soustrait à la juridiction civile du pays dans lequel ils sont accrédités ; les tribunaux n'autorisent, en règle générale, aucune action civile, et spécialement aucune poursuite pour dettes, contre les ministres publics ; ils ne prononcent contre eux, ni contrainte par corps, ni saisie (2).

Cette exemption appartient aux ministres publics dans toute l'étendue du pays, en tant qu'ils ne sortent pas de leur caractère diplomatique. Le ministre public ne peut donc pas être arrêté pour dettes, n'importe qu'elles soient contractées avant ou durant sa mission ; pas

(1) *Le droit international théorique et pratique*, édition française de 1880, t. 1er p. 589.

(2) Autrefois, si l'on ne déclarait pas les ambassadeurs exempts de toute espèce de juridiction dans tout pays, on leur accordait du moins des *lettres d'État*, ou les cours rendaient en leur faveur des *arrêts de surséance*, qui suspendaient toute poursuite contre le ministre absent ; mais on ne le faisait que pour les ambassades extraordinaires et d'une durée illimitée. C'est ainsi qu'en 1643 les États-Généraux des Provinces-Unies ordonnèrent, en faveur d'un ambassadeur que la république envoyait en Angleterre, que l'on suspendît tous les procès commencés contre lui, et qu'on ne pût, ni les poursuivre, ni en intenter de nouveaux avant les six semaines qui suivraient son retour. « Tel était l'ancien régime, dit Laurent ; régime de privilège et d'arbitraire, même dans les républiques. Bénissons la Révolution de 1789, qui nous a délivrés d'un prétendu droit public qui ruinait le droit dans ses fondements ». *Le droit civil international*, t. III, p. 158.

même pour dettes assurées par des lettres de change (1). Les créanciers du ministre public qui se trouvent nantis de quelques objets lui appartenant, ne peuvent exercer sur ces biens d'autres droits que ceux qui n'ont pas besoin d'être autorisés en justice. Mais on peut se demander si l'immunité diplomatique s'oppose à ce qu'un tribunal du pays où le ministre est accrédité commette un huissier pour lui notifier un jugement? Si l'immunité met obstacle à l'exécution de simples mesures conservatrices du droit des tiers?

Il n'apparaît pas que l'immunité dont jouissent les ministres publics puisse s'opposer à ce qu'un huissier soit commis, pour leur notifier un jugement, par un tribunal du pays où ils sont accrédités. Une pareille notification ne peut être considérée en effet comme un acte de juridiction : c'est une simple information authentique. Pourquoi l'immunité de juridiction civile est elle admise? Parce que l'absence de cette immunité nuirait au but de la mission de l'agent étranger et entraverait l'exercice de ses fonctions : or, telle n'est point la conséquence de la signification d'un jugement.

Cette doctrine est bonne, mais dans une certaine limite. J'admets volontiers qu'on pourra signifier le jugement au ministre public, mais en tant seulement que cette signification ne vaudra que comme simple

(1) Suivant Gérard de Rayneval, toutefois, « un ambassadeur qui a l'imprudence de prendre des engagements personnels, renonce, au moins tacitement, à toute immunité à l'ombre de laquelle il pourrait les éluder, et s'expose à toutes les poursuites pour y faire honneur ; car un souverain ne saurait souffrir que les immunités qu'il consent à donner deviennent préjudiciables à ses sujets, et un agent politique qui, manquant lui-même par sa mauvaise foi à la condition sous laquelle il est admis, avilit son caractère, ne saurait exiger que d'autres le respectent. C'est par une conséquence nécessaire de ces maximes qu'un agent politique, s'il se permet de faire des dettes, peut être forcé de les acquitter. *Institutions du droit de la nature et des gens*, chap. XIV, § 5. Cette doctrine est, nous l'avons vu, celle que M. d'Aiguillon a exposée dans son mémoire, et qu'on peut considérer comme étant la doctrine française, telle qu'elle était établie à la fin du siècle dernier.

moyen d'informer le ministre. Quant à la partie de la signification qui contient une réquisition d'avoir à exécuter, je l'exclus absolument, comme incompatible avec le caractère de la personne diplomatique et avec le principe de la souveraineté.

L'immunité met-elle obstacle à l'exécution de simples mesures conservatrices du droit des tiers ?

On soutient aussi que l'immunité ne devra pas mettre obstacle à l'exécution de simples mesures conservatrices du droit des tiers. Ainsi, par exemple, le protêt faute de payement d'un mandat tiré sur un agent diplomatique est indispensable, dit-on, pour que le porteur puisse justifier vis-à-vis du tireur de ses diligences à l'égard du tiré. Il n'attente, d'ailleurs, en rien au privilège dont jouissent les agents diplomatiques étrangers. Cette doctrine n'est pas universellement adoptée. Certaines Puissances en effet, et certains auteurs, prétendent au contraire que l'immunité s'applique à toute juridiction civile quelconque, qu'elle est générale. Je ne partage nullement cette dernière opinion, parce que les simples mesures conservatrices du droit des tiers ne peuvent jamais attenter aux privilèges diplomatiques, attendu qu'elles n'empêchent pas le ministre public de remplir librement ses fonctions.

Le ministre public peut-il se servir des autorités et des notaires du pays où il est accrédité ?

Sur la question de savoir si le ministre public peut se servir des autorités et des notaires du pays où il est accrédité, on fait une distinction qui me semble fondée.

On distingue en effet, si, dans l'affaire dont il s'agit, l'autorité ou le notaire sont uniquement au choix des particuliers : par exemple pour authentiquer une déclaration, pour effectuer le dépôt d'un testament, etc. ;

ou si l'affaire est exclusivement du ressort d'une certaine autorité constituée : par exemple les appositions de scellés, en cas de décès, les confections d'inventaires, la constitution d'un tuteur, etc.

Dans le premier cas, comme le choix des particuliers est libre, on admet facilement que le ministre public pourra volontairement recourir au ministère d'une autorité ou d'un notaire du pays où il est accrédité. Mais, dans le second cas, il subirait l'empire d'une souveraineté étrangère, s'il s'adressait aux autorités obligatoirement désignées par la loi du pays où il remplit sa mission. En cas pareil, les scellés par exemple devront être apposés par le secrétaire de la légation, ou par un autre ministre ou fonctionnaire public du même pays que le ministre ; à leur défaut, par le chef de la légation d'un gouvernement ami, qui y serait autorisé en vertu d'une convention. Ce ne sera jamais qu'en dernier lieu que l'autorité judiciaire du pays où est accrédité le ministre aura droit de se mêler de l'affaire, et encore devra-t-elle s'abstenir scrupuleusement de prendre connaissance des papiers relatifs à la mission du ministre (1).

(1) Les agents diplomatiques ne sont pas tenus de suivre, pour les formes des actes regardant leur personne, leur famille et leurs biens, les lois du pays où ils résident, mais ils peuvent se conformer aux lois en vigueur dans leurs pays respectifs. Est-ce une exception à la règle *locus regit actum*, constituant une immunité diplomatique? M. Esperson ne le pense pas, et il a raison. En effet, c'est principalement en faveur des individus qui se trouvent en pays étranger qu'existe la règle *locus regit actum*, car il leur serait souvent impossible d'observer les formes prescrites par les lois de leur patrie. Il résulte nécessairement de cela, qu'un étranger a la faculté de renoncer à pareille faveur, en suivant les formalités prescrites par les lois de son pays, quand il ne lui est pas impossible de s'y conformer, et en passant par dessus les dispositions en vigueur dans le pays où l'acte s'accomplit. Ainsi donc, comme il est au pouvoir de *tout étranger* de ne point observer les formes prescrites par les lois locales, et que ce n'est pas réservé aux seuls agents diplomatiques, on ne peut pas dire qu'une telle faculté soit une prérogative exceptionnelle de ces agents. Ouvrage cité, n° 155, t. Ier, p. 98, 99. — Une

Dans les cas exceptionnels où les agents diplomatiques pourront être assignés, comment l'exploit leur sera-t-il remis ?

Nous avons vu qu'il y a des cas où les ministres publics ne pourraient décliner la compétence des tribunaux du pays où ils sont accrédités : dans le cas, par exemple, d'actions réelles immobilières, ou lorsque l'agent diplomatique aurait succombé dans une action qu'il aurait lui-même introduite devant ces tribunaux, et où il se trouverait actionné en paiement des frais

conséquence de l'exterritorialité, d'après la doctrine établie, c'est que l'agent diplomatique n'est pas tenu de suivre, pour la forme des actes relatifs à sa personne, à sa famille et à ses biens, les lois de la nation où il exerce ses fonctions... Si l'on prend, dit M. Laurent, la fiction de l'exterritorialité au pied de la lettre, rien de plus logique. Le ministre de Belgique à Londres n'est pas à Londres, il est en Belgique, donc c'est la loi belge qu'il faut appliquer à la forme des actes dans lesquels le ministre ou sa famille figurent comme parties. La fiction est absurde, et la conséquence plus absurde encore... Comment le ministre de Belgique s'y prendra-t-il pour faire dresser un acte par un notaire selon les formalités de la loi du 25 ventôse an XI, s'il est accrédité dans un pays où il n'y a point de notaire, et où l'on ne connaît pas la loi de ventôse ? L'adage « *locus regit actum* » a été admis partout précisément à raison de l'impossibilité où se trouvent les parties contractantes, en pays étranger, de suivre les formes prescrites par leurs lois nationales : est-ce que, par hasard, la fiction de l'exterritorialité rendra possible ce qui est impossible, et le ministre étranger trouvera-t-il un notaire là où il n'y en a pas ? Est-ce que la raison n'a plus rien à dire quand un ambassadeur est en cause ? Mais il ne figure pas seul dans l'acte, il y a un tiers, et celui-ci est soumis à la loi du lieu où l'acte est dressé : est-ce que la fiction de l'exterritorialité va être étendue à ce tiers, et aura-t-elle pour effet qu'un acte reçu dans d'autres formes que celles du lieu où il est passé, sera censé être la vraie expression de sa volonté, alors que la loi locale, seule compétente, a décidé le contraire ? Ce qui est irrationnel deviendra rationnel, un acte nul sera valable, parce qu'une fiction absurde le veut ainsi ? La fiction de l'exterritorialité a pour but de garantir l'*indépendance* de l'ambassadeur... Essayez de l'étendre à la *forme des actes*, elle

auquel ils aurait été condamné ; ou lorsqu'il aurait obtenu gain de cause dans l'action qu'il aurait lui-même introduite, et où il serait intimé en appel ; ou, lorsqu'à la suite de cette action qu'il aurait introduite, on formerait contre lui une demande reconventionnelle.

Dans ces différents cas, comment l'exploit d'ajournement lui sera-t-il remis ?

Cette question a été diversement résolue.

Selon tel auteur, l'exploit devra être notifié au ministre public en parlant à sa personne, hors de son hôtel, ou au parquet du procureur de la République (1) ; suivant tel autre, l'assignation ne pourra être remise qu'au parquet du procureur de la République (2) ; d'autres estiment qu'une assignation donnée, soit à la personne de l'agent diplomatique hors de son hôtel, soit en son hôtel, même en parlant au suisse, ne saurait être déclarée nulle (3). Un jugement du tribunal de première instance de la Seine, du 2 juillet 1834, a décidé que l'huissier qui remettait la copie d'une citation à l'hôtel d'un ambassadeur était passible de peines disciplinaires, comme s'étant rendu coupable d'atteintes à la considération due aux représentants des souverains étrangers (4). Les auteurs du *Réper-*

sera sans raison aucune, vous serez en pleine absurdité. Que l'on veuille bien me dire ce qu'il y a de commun entre l'indépendance de l'ambassadeur et la forme des actes ? Montesquieu craint qu'on ne suppose des dettes à l'ambassadeur, s'il pouvait être actionné pour dettes. On dresse un acte où figure un ambassadeur, le droit universel veut que l'on suive les formes prescrites par la loi : qu'est-ce qu'il y a à craindre ici pour la liberté et l'indépendance de l'ambassadeur ? La question est absurde, et la solution qu'on lui donne est plus absurde encore. Là où l'indépendance du ministre n'est pas en cause, ne parlez point de l'exterritorialité. Le bon sens le dirait à défaut du droit. *Le droit civil international*, t. III, p. 159 et suiv.

(1) Pigeau, *Commentaire* sur l'article 69 du Code de Procédure, t. I, p. 198.

(2) Legat, *Code des étrangers*, p. 10.

(3) Bioche et Goujet, *Dictionnaire de procédure*, V° *Ministre public*.

(4) Jugement cité par Bioche et Gouget.

toire général du Journal du Palais recommandent comme la seule marche à suivre, à cet égard, celle qui est prescrite par le code de procédure lui-même vis-à-vis des étrangers non résidant en France et qu'on veut appeler devant un tribunal français : la copie de l'exploit sera remise, conformément au § 9 de l'article 69 du code de procédure civile, au procureur de la République près le tribunal où doit être portée la demande, lequel enverra cette copie au ministre des affaires étrangères, chargé de la faire parvenir au destinataire (1).

Des pousuites peuvent-elles être exercées contre des biens appartenant à un gouvernement étranger ?

Il y a une question fort intéressante, qui se rattache, jusqu'à un certain point, à la matière de l'immunité de la juridiction civile : c'est celle de savoir si des poursuites peuvent être exercées dans un pays contre des biens appartenant à un gouvernement étranger? Cette question s'est particulièrement présentée, en France, sous la forme suivante : peut-on pratiquer en France une saisie-arrêt sur les fonds d'un gouvernement étranger ?

Pour la négative on raisonne ainsi :

Il résulte du principe de l'indépendance réciproque des États, qu'un gouvernement ne peut être soumis à la juridiction d'un État étranger. Le droit de juridiction qui appartient à chaque gouvernement pour juger les différends nés à l'occasion des actes émanés de lui, est un droit inhérent à son autorité souveraine, qu'un autre gouvernement ne saurait s'attribuer sans s'exposer à altérer leurs rapports respectifs.

L'article 14 du code civil, aux termes duquel « l'étranger, même non résidant en France, pourra être

(1) *Répertoire général du Journal du Palais*, V° *Agent diplomatique*, n° 197 à 202.

cité devant les tribunaux français, pour l'exécution des obligations par lui contractées en France avec un Français ; il pourra être traduit devant les tribunaux de France, pour les obligations par lui contractées en pays étranger envers des Français » ; cet article 14 n'a trait qu'aux engagements privés contractés entre particuliers. Cela s'induit des termes de cet article, et notamment de ce qu'il est placé dans un livre du code qui traite exclusivement des personnes, et dans un chapitre dont les dispositions sont destinées à régler uniquement les droits civils de celles-ci.

Avec quelque personne qu'un État traite, cette personne, par le seul fait de l'engagement qu'elle contracte, se soumet aux lois, au mode de comptabilité et à la juridiction administrative ou judiciaire de cet État.

Le gouvernement étranger n'étant pas tenu de reconnaître la décision de la juridiction qui aurait validé la saisie, pourrait toujours réclamer de son débiteur le paiement de sa créance, réclamation qui exposerait le tiers saisi à payer deux fois (1).

Pour l'*affirmative* on raisonne de la manière suivante :

On prétend qu'il résulte du principe de l'indépendance réciproque des États, qu'un gouvernement ne peut être soumis à la juridiction d'un État étranger ? Mais cela n'est vrai que de l'État agissant comme souverain, et ne peut s'appliquer à l'État jouant le rôle d'une personne privée. Que je revendique comme mienne une portion du territoire, en France, possédée par un gouvernement étranger : quel est le tribunal qui refuserait de me rendre justice, à cause de la qualité de mon adversaire ? Que le débiteur d'un gouvernement étranger soit établi en France, ou y possède des biens, ce gouvernement se fera-t-il scrupule, pour l'honneur du droit des gens, de recourir aux tribunaux français et de solliciter d'eux une sentence ?

(1) Arrêt de la Cour de cassation de France, du 22 janvier 1849, Dalloz, P. 1849, 1, 5.

On allègue que l'article 14 du code civil n'a trait qu'aux engagements privés contractés entre particuliers, et l'on invoque la place qu'il occupe dans ce code? Mais cet argument n'est pas sérieux. Parce que le livre est intitulé : *Des personnes*, et que l'article 14 parle d'un étranger, il ne serait donc jamais permis d'en faire l'application qu'à des particuliers ? Mais l'article 8 du code civil est aussi placé dans le livre *Des personnes*, et dans le chapitre de la jouissance des droits civils (1). Le droit d'hypothèque, par exemple, est un droit civil : il faudrait donc dire que ce droit pourrait bien appartenir à une personne privée, mais jamais à l'État ? L'article 15 du code civil qui dispose qu'« un Français pourra être traduit devant un tribunal, de France, pour des obligations par lui contractées en pays étranger, même avec un étranger » cet article ne serait donc jamais appliqué à un État créancier d'un Français ?

On dit que la personne qui traite avec un État se soumet, par le seul fait de l'engagement qu'elle contracte, aux lois, au mode de comptabilité et à la juridiction administrative ou judiciaire de cet État? Mais ce n'est là qu'une pétition de principes : c'est alléguer pour preuve la chose en question.

On exprime la crainte que le gouvernement étranger, n'étant pas tenu de reconnaître la décision de la juridiction qui aurait validé la saisie, ne réclame de son débiteur le paiement de sa créance, et n'expose ainsi le tiers-saisi à payer deux fois? Mais peut-on croire qu'un gouvernement osera jamais commettre un pareil abus? Dans tous les cas, si ce danger existe pour le tiers-saisi, il existera aussi bien quand le saisi, au lieu d'être un gouvernement, sera un simple particulier étranger.

Les arguments de l'*affirmative* me paraissent décisifs, et c'est l'opinion qu'il faut adopter. C'est, du reste, celle qui répond le mieux au devoir d'honorabilité qui

(I) Code civil, Art. 8 : « Tout Français jouira des droits civils ».

s'impose aux gouvernements aussi bien qu'aux particuliers. « Du moment qu'on reconnaît, dit M. Demangeat, que les mêmes rapports d'obligation qui se forment entre particuliers peuvent naître entre un État et un particulier, il faut admettre, sous peine de créer un privilège intolérable, que les tribunaux français feront justice sans acception de personnes. Les tribunaux sont compétents pour prononcer sur les contestations civiles entre le gouvernement français et un simple particulier; pourquoi donc les gouvernements étrangers jouiraient-ils, à cet égard, d'une prérogative que la législation française n'a pas voulu attribuer au gouvernement français » (1) ?

L'immunité de la juridiction civile n'existe-t-elle qu'au profit de la personne seule du ministre ?

Pour en revenir aux immunités des agents diplomatiques, la femme, les domestiques, la suite du ministre public, jouissent des privilèges et exemptions attachés à son caractère. Les secrétaires d'ambassade et de légation jouissent spécialement, comme personnes officielles, des privilèges des agents diplomatiques, en ce qui touche leur exemption de la juridiction locale.

En ce qui concerne la femme du ministre public, un arrêt de la cour de Paris, du 21 août 1841, a décidé qu'elle jouit des mêmes immunités que son mari ; qu'elle ne peut, en conséquence, être assignée devant les tri-

(1) Note de M. Demangeat, sur le n° 212 du *Traité du droit international privé* de Foelix, édition de 1866, t. Ier, p. 418 et suiv. — Voir aussi un article de M. Holtzendorff, dans le *Journal du droit international privé* de M. Clunet, 1876, p. 431, et une étude de M. Spée, dans le même journal, 1876, p. 329 et 435. — C. de cass. de France, 22 janvier 1849, avec notes, Dalloz, P. 1849.1, 5; C. de Bruxelles, 30 déc. 1840, *Pasic.* 1841, II, 33 ; Haute cour d'amirauté, 7 mai 1873 ; Cour de chancellerie d'Angleterre, 27 mai 1869 et 6 nov. 1874 ; Trib. civ. d'Anvers, 11 nov. 1876. — *Journal du droit international privé*, 1874, p. 32 ; 1875, p. 25 ; 1876, p. 125.

bunaux français pour les obligations qu'elle a contractées en France, et que l'incompétence de ces tribunaux peut, en ce cas, être opposée en appel pour la première fois, car elle est d'ordre public, et ne saurait être couverte par une défense au fond présentée devant les premiers juges (1). Quant aux secrétaires particuliers et aux gens de la suite du ministre public, l'indépendance de ce dernier se communique à eux : on admet qu'ils sont comme lui exempts de la juridiction civile, bien qu'ils n'aient aucun caractère public. Il y aurait peut-être à distinguer, néanmoins, si les engagements contractés par eux, et à raison desquels ils ne sauraient être actionnés, d'après l'opinion commune, leur seraient personnels ou non. Enfin, pour ce qui est des secrétaires du ministre public, il ne faut pas les confondre avec les secrétaires d'ambassade, qui possèdent un caractère représentatif propre, sont nommés par leur souverain, ne peuvent être révoqués que par lui, et jouissent, par conséquent, des immunités diplomatiques à un titre personnel et plus éminent que les personnes de la suite du ministre public (2).

Dans la plupart des pays les règlements ou les

(1) Dalloz, *Jurisprudence générale*, V° *Agent diplomatique*, Sect. I, art. 4, § 5, n° 157, note 2.

(2) Quand on entend Montesquieu réclamer, dans son beau langage, l'immunité pour ceux qui sont la parole du souverain, la doctrine de l'exterritorialité a un air de grandeur, qu'en réalité elle emprunte à la forme ; mais, dit Laurent, quand on entend ensuite les publicistes revendiquer ce même privilège pour les valets et les servantes, le prestige s'évanouit et les scrupules naissent en foule. Qu'est-ce que la valetaille a de commun avec la parole du prince ? L'indépendance et la souveraineté des États seraient-elles compromises, si des coquins et des coquines répondaient de leurs engagements ?... Soustraire à la justice du pays des commis, des domestiques, cela s'appelle les protéger!.. : et les créanciers, les parties lésées, n'ont-ils pas droit avant tout à la protection des lois ? Quand on pénètre au fond de l'immunité que l'on réclame pour la suite de l'ambassadeur, on ne trouve que de vieux préjugés. Tout était privilège dans l'ancien ordre social, essentiellement aristocratique ; or, il ne

usages veulent qu'une liste officielle des domestiques des ministres étrangers soit communiquée au secrétaire d'État ministre des affaires étrangères, pour les faire jouir du bénéfice de l'exemption.

Au reste, ainsi que le fait observer Bluntschli, comme les personnes de la suite de l'envoyé ne sont affranchies de la juridiction civile du pays dans lequel elles résident que parce qu'elles font partie de la mission diplomatique, le ministre public peut permettre qu'elles soient actionnées devant les tribunaux de ce pays, et les tribunaux peuvent sous cette condition prononcer sur la demande, sans porter atteinte aux principes du droit international (1).

suffit point aux privilégiés d'être au-dessus de la loi : il faut que tout ce qui les touche de près ou de loin participe au privilège. Là ou le maître avait une juridiction exceptionnelle, les domestiques y participaient. Dans cet ordre d'idées, on comprend que les ambassadeurs considérassent comme une insulte le fait de citer un de leurs gens devant les tribunaux du pays. Mais les privilèges ont passé ; nous sommes sous l'empire du droit commun, le même pour tous. Dans ce nouvel ordre de choses, on ne comprend plus que les valets d'un ambassadeur participent à l'inviolabilité et à l'indépendance de leur maître. *Le droit civil international*, t. III, p. 165, 166.

(1) Bluntschli, *Droit international codifié*, édition française de 1874, n° 149 et 219, p. 126 et 148. — Voir : Lesellyer, *Traité de l'action publique et privée*, t. III, n° 772 et suiv. — Guichard, *Traité des droits civils*, n° 228. — Pailliet, *Dictionnaire de droit*, V° *Agent diplomatique*, n° 9.

CHAPITRE XIII.

Immunité de la juridiction criminelle. — Exception à l'immunité de la juridiction criminelle. — Question relative au ministre étranger qui se trouve sujet de l'État où il est accrédité. — Un agent diplomatique peut-il être cité comme témoin dans un procès ? — Un agent diplomatique peut-il se rendre demandeur en cause criminelle ? — L'exemption de la juridiction criminelle s'étend-elle aux personnes attachées à la mission, ou faisant partie de la suite du ministre? —Affaire de l'emprunt de Costa-Rica, en 1857. — Expulsion de Bolivie de l'agent diplomatique du Pérou, en 1853. — De quoi se compose la suite d'un ministre public ? — Personnes employées pour le service de la légation. — Les conseillers de légation. — Les attachés militaires. — Les attachés de légation. — Les chanceliers. — Les courriers. — Autres personnes employées dans les légations. — Membres de la famille du ministre public. — Son épouse. — Ses enfants. — Personnes attachées au ministre public pour son service personnel. — Le ministre public exerce-t-il un droit de juridiction sur les personnes de sa suite ? — Juridiction volontaire. — Droit du culte privé ou domestique. — Autres immunités ou privilèges des ministres publics. — Le droit au cérémonial. — Existe-t-il vraiment une différence marquée, quant aux prérogatives, entre les ministres publics du premier rang et ceux du rang immédiatement inférieur ? — Audiences diplomatiques. — Distinctions honorifiques. — Titre d'Excellence. — Droit d'arborer le drapeau de son pays. — Honneurs funèbres. — Train de maison du ministre public.

Immunité de la juridiction criminelle.

Il est encore généralement admis, dans la pratique actuelle des États, que le ministre public est à l'abri de la juridiction criminelle du pays où il est accrédité; que c'est par *voie politique*, et non par le ministère des juges du pays où le ministre réside, que ses délits peuvent être punis; que tout gouvernement a le droit toutefois de s'assurer de la personne d'un agent diplomatique qui conspire, et de le renvoyer du pays où il réside, mais qu'il n'est permis de mettre le ministre public hors de la protection du droit des gens, que lorsqu'il agit avec violence et en vient aux voies de fait, les armes à la main. Ce principe, devenu un dogme international consacré par l'usage presque universel des nations, est fixé depuis Grotius (1).

Le droit des gens universel, dit G. F. de Martens, offre des arguments plus décisifs pour exempter le ministre étranger de la juridiction criminelle de l'État auprès duquel il réside, que pour l'exempter de la juridiction civile: la nature des actes inséparables d'une procédure criminelle et toutes les suites qu'on en pourrait craindre pour le sort des négociations, semblent s'opposer à l'exercice d'une telle juridiction. On ne saurait soutenir que tout crime, soupçonné ou commis, priverait le ministre de prérogatives qui lui sont accordées moins en faveur de sa personne qu'en faveur de sa cour (2) ».

La règle générale est donc qu'aucune poursuite criminelle ne peut être valablement intentée, ni contre le ministre public, ni contre les personnes de sa suite; qu'on ne peut les mettre en état d'arrestation, ou prononcer contre eux une condamnation quelconque. Si le ministre, dit Gérard de Rayneval, oublie lui même sa dignité; s'il perd de vue la maxime qu'il ne peut, ni offenser, ni être offensé; s'il se permet des injustices, des actes arbitraires; s'il ose troubler l'ordre public,

(1) *Le droit de la guerre et de la paix*, traduction et annotations de Pradier-Fodéré, liv. II, chap. XVIII, n° 4, t. II, p. 330 et suiv.

(2) *Précis du droit des gens moderne de l'Europe*, par G. F. de Martens, édition annotée par M. Ch. Vergé, 1864, n° 218, t. II, p. 118, 119.

manquer aux habitants, au souverain lui-même ; s'il conspire, s'il se rend odieux, suspect ou coupable, il doit être puni, *mais par son souverain.* C'est un devoir pour celui-ci ; c'est une condition tacite, mais essentielle de l'admission de son agent. Le souverain près duquel cet agent réside peut aussi, selon les circonstances, prendre des mesures de sûreté contre lui ; il peut interrompre toute communication, tout rapport avec lui ; il peut même le renvoyer de ses États, et, en cas de résistance, employer la force pour le contraindre ; car, en pareil cas, le ministre se met dans un état hostile et devient lui-même l'auteur de la violence qu'il éprouve ; il manque aux obligations que le caractère dont il est revêtu lui impose ; il détruit par là, lui-même, ce caractère, et, par conséquent, les prérogatives qui y sont attachées (1).

Exception à l'immunité de la juridiction criminelle.

Le bon sens indique en effet qu'il ne saurait être permis à un agent diplomatique de s'abriter derrière son caractère public pour commettre impunément des actes coupables ou scandaleux. Non seulement le parculier menacé peut user à son égard de tous les moyens de défense ; non-seulement les autorités de police peuvent intervenir, dans les limites que nous avons indiquées plus haut, pour empêcher par voie préventive que des désordres ou que des crimes ne se commettent sur le territoire ; mais aussi, après la perpétration même d'un crime, le gouvernement auprès duquel le ministre est accrédité est en droit de prendre toutes les mesures propres à sauvegarder ses intérêts, et à faire disparaître le mauvais exemple, en y procédant toutefois avec les égards dus à ses fonctions (2).

(1) Gérard de Rayneval, ouvrage cité, liv. II, chap. XIV, § 3.

(2) Heffter, *Le droit international de l'Europe*, traduction française de Jules Bergson, 1873, n° 214, p. 405, 406.

Toutefois, comme le remarque fort bien G. F. de Martens, c'est plutôt du droit de défense contre celui qui par sa conduite se déclare l'ennemi de l'État, que de la juridiction criminelle, qu'il semble qu'on doive faire découler les mesures auxquelles l'État peut être autorisé, même contre la personne d'un ministre étranger (1).

Dans la pratique des peuples modernes, en cas de crimes privés commis ou tentés par un ministre étranger, on se contente ordinairement de demander son rappel. Voici, du reste, d'après Heffter, la gradation des mesures auxquelles peut recourir l'État offensé pour obtenir satisfaction. Parmi ces mesures on comprend, en cas de contraventions peu importantes, un avertissement confidentiel fait directement au ministre, ou une plainte adressée à son gouvernement ; en cas d'infractions plus graves, une demande de rappel et de satisfaction faite à son souverain. Dans l'intervalle, il peut être soumis, quant à sa personne, à une surveillance toute spéciale. Dans le cas où il ne serait pas donné suite à la demande en rappel, le gouvernement auprès duquel il est accrédité serait en droit de l'éloigner de sa résidence et de lui intimer l'ordre de quitter, dans un délai déterminé, les États du souverain. Enfin, s'il s'était rendu coupable d'un attentat quelconque contre la sûreté du souverain, ou contre la sûreté du gouvernement près duquel il réside, ce dernier pourrait le traiter en conspirateur et en ennemi, et le détenir, jusqu'au moment où il aurait obtenu une réparation complète, à moins que l'agent détenu ne parvînt à se disculper des faits qui lui sont reprochés.

Ces règles, dit Heffter, sont fondées sur une nécessité interne, et sont confirmées par la jurisprudence. «Les publicistes modernes les admettent toutes sans exception (2)». A cet égard, le savant professeur de Berlin commet ce qu'on appelle un dénombrement impar-

(1) G. F. de Martens, ouvrage et édition cités, n° 218, t. II, p. 118, 119.

(2) Heffter, ouvrage et édition cités, n° 214, p. 405 et suiv.

fait. Ces règles sont, au contraire, très controversées encore par certains auteurs. Voici quelques-unes de leurs théories.

Luigi Borsari distingue entre les actes d'information et les actes de jugement. Suivant lui, l'information doit appartenir aux tribunaux locaux, jusqu'au point où commence la nécessité de la comparution. Le dossier sera alors envoyé, par la voie diplomatique, au gouvernement du ministre public, afin que ce gouvernement fasse juger son agent par ses tribunaux pour le délit par lui commis. Ainsi, la tâche de l'autorité du pays où le ministre public délinquant sera accrédité, devra être restreinte à recueillir les premiers éléments de la poursuite (1).

D'après Casanova, dans les causes criminelles il y a d'abord l'instruction, puis les débats, puis la sentence, enfin l'exécution de la sentence. L'instruction et les débats destinés à constater le délit du ministre délinquant ne peuvent avoir lieu que dans le pays où le délit a été commis : dans le pays du ministre les tribunaux manqueraient des moyens propres à constater et apprécier le fait sur lequel doit porter leur décision. Quant à l'exécution de la sentence, par égard pour le gouvernement du ministre déclaré coupable, elle peut être laissée à la discrétion de ce gouvernement (2).

La doctrine qui reconnaît d'une manière absolue la compétence territoriale, celle des tribunaux du pays où le ministre public était accrédité et a commis son délit, est, elle-même, adoptée et soutenue par d'excellents esprits. Elle consiste à établir que le pouvoir souverain de chaque territoire s'étend sur tout ce qui se trouve sur ce territoire, et que les ministres publics ne doivent pas en être exempts. Assurément, dit-on, ils sont inviolables, mais il ne faut pas confondre l'inviolabilité avec l'immunité de juridiction. L'inviola-

(1) Luigi Borsari, *De l'action pénale*, chap. IV, § 35.
(2) Casanova, *Du droit international*, leçon XIII.

bilité n'a pas d'autre but que de protéger la personne contre les violences et les injures, mais non contre le droit. L'immunité a pour objet d'assurer aux fonctions diplomatiques la plus complète indépendance, la liberté la plus entière, mais elle ne peut pas avoir pour résultat d'accorder au ministre public la faculté de commettre des délits : elle doit lui procurer la sécurité personnelle, non l'impunité. Comment supposer, d'ailleurs, que le gouvernement du pays où il réside veuille le livrer à des poursuites privées de fondement (1).

M. Pasquale Fiore estime qu'il n'est pas nécessaire, pour assurer l'inviolabilité du ministre public, de lui concéder l'immunité de juridiction territoriale dans le cas où il se rendrait coupable de crimes. Sans doute, dit-il, on peut considérer comme nécessaire, pour assurer la sécurité personnelle et l'indépendance du ministre, de le protéger contre les violences ; mais, en lui accordant l'irresponsabilité pénale, on porterait atteinte aux droits de juridiction que doit avoir la souveraineté nationale, et l'on ferait une chose contraire aux vrais intérêts de la société, de la justice et de l'ordre social. « De ce que nous venons de dire et de démontrer, ajoute M. Fiore, il résulte que l'indépendance des agents diplomatiques dans l'exercice de leurs fonctions repose sur des principes rationnels, mais que, pour ce qui est des crimes dont ils pourraient se rendre coupables dans le lieu de leur résidence, ils devraient être jugés par les tribunaux locaux. La fiction juridique de l'exterritorialité ne saurait avoir pour effet d'établir un fait contraire à la vérité, et de faire considérer comme absent quelqu'un qui vit effectivement au milieu de nous. Dès lors, si le souverain de l'État représenté voulait évoquer le droit de juger son agent diplomatique qui se serait rendu coupable d'un crime, et demandait son extradition, à sa demande on pourrait opposer un refus (2) ».

(1) Voir Faustin-Hélie, *Traité d'instruction criminelle*, t. II, liv. II, chap. v, § 127.

(2) Pasquale Fiore, *Traité du droit pénal international et de*

M. Esperson soutient et développe la même thèse. Partant de cette considération très juste, qu'il n'est pas permis à un ministre public étranger de s'abriter sous son caractère diplomatique pour troubler l'ordre juridique dans les pays où il réside, et que dès lors l'autorité publique peut exercer à son égard tous les actes de juridiction qui tendent à garantir les habitants du pays des violences et voies de fait (1), il démontre qu'il n'est pas suffisamment pourvu à l'intérêt de l'État où le ministre public délinquant est accrédité, par l'expulsion de ce ministre et par le renvoi, pour le jugement, aux tribunaux de son pays. Ce n'est pas seulement, dit-il, une question de lieu et de juridiction, mais aussi une question de compétence. Or, il est conforme aux principes du droit pénal, non-seulement que les délits soient punis, mais encore qu'ils le soient dans le lieu où ils ont été commis, car, là, la punition servira efficacement à l'exemple, le juge sera plus à même de recueillir les preuves, de compléter l'instruction, d'émettre un jugement éclairé (2).

M. Esperson expose que la fiction de l'exterritorialité ne saurait suffire pour expliquer l'immunité, tant à l'égard des délits publics, c'est-à-dire des délits qui lèsent directement la personne collective de l'État près duquel l'agent diplomatique est accrédité, qu'à l'égard des délits privés. Comment l'immunité pourrait-elle se justifier, demande-t-il, même en invoquant l'exterritorialité, lorsqu'il s'agit de délits publics, tels par exemple que les délits de contrefaçon du sceau de l'État, des monnaies, des obligations de l'État, des lettres du crédit public? Il est établi dans beaucoup de législations qu'à l'égard de ces délits il y a dérogation au principe que la loi pénale est territoriale. Et s'il s'agit d'un crime politique, d'une conjuration pour changer

l'extradition, traduit en français par M. Charles Antoine, n° 23 et 25, t. Ier, p. 17 et 18.

(1) Esperson, *Droit diplomatique et juridiction internationale maritime*, n° 206 et 207, t. I, p. 128, 129.

(2) *Id.*, n° 243, t. Ier, p. 144.

la forme du gouvernement, quel intérêt aura une nation de punir les coupables, si l'organisation de cette nation est précisément celle que les conjurés voulaient établir dans l'autre pays? Renvoyer le ministre à sa nation pour l'y faire punir, serait lui assurer l'impunité. Il est vrai que l'État offensé pourra demander satisfaction au gouvernement étranger, et en faire un *casus belli*. Mais recourra-t-on à la guerre pour faire justice, quand il est si simple de se la faire soi-même en invoquant la justice des tribunaux locaux? On respectera la personnalité d'un individu, et l'on précipitera un État dans la guerre! Faut-il tant multiplier les cas de recours aux armes? Il est donc hors de doute, pour M. Esperson, que, lorsqu'il s'agit de délits publics commis par un agent diplomatique, les principes de la science exigent que, non-seulement on puisse user de l'arrestation préventive, (ce que tous les auteurs admettent, et ce qui est confirmé par la pratique des États,) mais qu'il soit considéré comme licite de commencer et de conduire à terme les poursuites, sans avoir besoin de renvoyer le délinquant aux tribunaux de son pays (1). En ce qui concerne les délits privés, c'est-à-dire lorsqu'un agent diplomatique étranger aura offensé les citoyens du pays où il réside, et non la personnalité de l'État auprès duquel il est accrédité, M. Esperson est d'avis que la même solution doit être donnée. Il est certain qu'on ne peut pas dire que les délits privés doivent être considérés comme naturellement adhérents au territoire de l'État auquel appartiennent les citoyens offensés; mais on ne pourra jamais démontrer que, pour le bon accomplissement de la mission d'un envoyé étranger, il soit besoin de considérer les délits commis par lui comme commis sur le territoire de l'État qu'il représente. Et quand bien même on pourrait le démontrer, serait-il possible de soutenir que le délit commis n'a pas porté une perturbation dans l'ordre juridique du pays de la résidence? Si, donc,

(1) *Id.*, nº 244, t. Ier, p. 146.

c'est dans le pays où le délit à réellement troublé l'ordre juridique, qu'il est juste que cet ordre soit rétabli, cela équivaut à dire que les magistrats locaux doivent statuer sur le sort du délinquant, sans qu'il soit nécessaire de le renvoyer aux juges de qui il dépend (1).

M. Esperson examine et discute ensuite les doctrines opposées. Il répond, par exemple, à l'objection déduite de ce qui est observé pour la juridiction civile. Cette objection consiste à dire ceci : il a été admis qu'il ne peut jamais être permis de recourir à la contrainte par corps pour obliger le ministre public au payement de ses dettes. Or, si la liberté personnelle de l'agent diplomatique est pleinement protégée pour les affaires civiles, comment ne le serait-elle pas dans les affaires criminelles ? M. Esperson répond : l'inaccomplissement des obligations purement civiles ne fait pas cesser la mission diplomatique ; la mission continuant, il faut que le ministre ait une liberté complète pour la remplir. Au contraire, tous les publicistes sont d'accord pour admettre qu'un gouvernement a le droit de renvoyer dans sa patrie le représentant d'une nation étrangère qui a commis des actions délictueuses, et de déclarer sa mission terminée. Du moment donc que la consommation d'un délit a pour effet de dépouiller le ministre du caractère dont il était revêtu, c'est-à-dire de le réduire à l'état de simple particulier, il n'y a plus raison de soustraire sa personne à la juridiction des tribunaux locaux (2). Quant au système d'après lequel ce seraient seulement les premiers actes de la procédure qui appartiendraient à la juridiction locale, en réservant le jugement aux tribunaux de la nation représentée par le ministre public, l'auteur italien observe que ce système pouvait recevoir application dans les temps passés, où la procédure écrite servait de fondement aux actions criminelles, mais qu'il ne peut plus être applicable dans les

(1) *Id.*, n° 245, t. Ier, p. 149.
(2) *Id.*, n° 242, t. Ier, p. 144.

temps présents, où est établi, chez toutes les nations civilisées, le principe des débats oraux. Il faudrait donc obliger le plaignant, les témoins et tous ceux qui doivent déposer et figurer dans les débats, à faire de très-longs voyages (1). M. Esperson croit que l'exécution de la sentence ne devrait même pas être laissée au gouvernement par qui l'agent diplomatique était accrédité, afin, non seulement de rendre un hommage complet à la juridiction territoriale, mais encore d'assurer la répression et de produire l'exemple : il ne vaudrait, d'ailleurs, pas la peine que le châtiment fût prononcé dans le pays où l'ordre a été troublé, s'il ne devait pas y être subi (2).

Les arguments ne manquent pas, sous la plume de M. Esperson, pour prouver que le système qui repousse l'exercice de la juridiction locale n'est pas conforme au principe de fraternité humaine sur lequel sont appuyées aujourd'hui les relations internationales ; ni au principe de l'indépendance du pouvoir judiciaire, proclamé par le droit public moderne. Autrefois, quand la confusion des pouvoirs existait, on pouvait craindre que de soumettre les agents diplomatiques à la juridiction locale ce fût les exposer à des outrages. Mais, de nos jours, des principes de fraternité humaine règnent entre les sociétés politiques ; les juges ne sont plus les instruments du pouvoir ; l'opinion publique est juge des procès criminels et des condamnations ; les juges locaux seraient même plus impartiaux que les juges du pays du ministre. N'est-il pas juste que l'envoyé étranger ayant violé l'hospitalité qui lui est accordée, et ayant offensé la conscience publique, l'ordre juridique du pays n'en subisse pas la conséquence ? Ne serait-il pas absurde qu'il jouisse de la protection spéciale des lois de l'État où il réside, que les offenses à lui faites soient plus sévèrement punies que si elles avaient été faites à de simples par-

(1) *Id.*, nº 246, t. Ier, p. 150.
(2) *Id.*, nº 249, t. Ier, p. 152.

ticuliers, et que, lui, il ait la faculté de violer impunément les mêmes lois (1) ? Enfin, le système qui reconnaît l'exercice de la juridiction locale est même favorable à l'intérêt de l'agent accusé, car, si quelquefois l'agent pourrait trouver l'impunité dans son pays, il pourrait souvent y rencontrer aussi des juges rigoureux et des peines sévères (2).

M. Esperson conclut que, de tous les systèmes, le plus conforme au postulat de la science et à l'état de la civilisation moderne est celui qui admet d'une manière absolue la compétence des tribunaux locaux pour les délits commis par les envoyés étrangers. Le ministre public représente sa nation pour les faits qu'il accomplit dans l'exercice de ses fonctions et dans l'accomplissement de sa mission, mais non dans ceux qui sont étrangers à cette mission et à ces fonctions. Quant aux premiers, il n'est tenu d'en répondre que devant son propre gouvernement; pour les seconds, il doit être soumis à la juridiction locale. Or, peut-on affirmer que les délits commis par un agent diplomatique étranger ont une relation avec sa mission ? Il n'y a pas de doute que le droit des gens lui garantit l'inviolabilité, mais cette prérogative n'a pas d'autre objet que de le protéger contre les outrages et les violences, et non de le soustraire au droit commun pour les offenses dont il pourrait être l'auteur. L'inviolabilité doit se borner à protéger l'office, et non la personne des envoyés (3). L'auteur italien souhaite donc de voir adopter le principe que les délits des agents diplomatiques n'ayant aucun rapport avec leur caractère représentatif, ne peuvent être soustraits à la juridiction territoriale. Toutefois, ajoute-t-il, on ne procédera pas contre un envoyé étranger comme on procéderait contre un simple particulier. Comme le caractère public dont il est revêtu ne se développe qu'après qu'il a été reconnu par le gouvernement auprès duquel il est

(1) *Id.*, nº 248, t. Ier, p. 151.
(2) *Id.*, nº 247, t. Ier, p. 150.
(3) *Id.*, nº 241, t. Ier, p. 143.

accrédité, il s'ensuit que ce caractère ne peut être considéré comme ayant cessé que du consentement de ce même gouvernement. Lors donc qu'un agent diplomatique s'est rendu coupable d'un délit, l'autorité compétente pour procéder devra s'adresser au ministre de la justice, afin que ce dernier puisse s'entendre opportunément avec le ministre des affaires étrangères, à qui il appartient d'examiner avec maturité si l'on doit ou non considérer la mission comme terminée, et si l'agent diplomatique doit être placé désormais sous l'empire du droit commun (1).

M. Laurent combat, de son côté, l'immunité de la juridiction criminelle avec une grande et légitime virulence : il la considère comme un privilège qui révolte le sens moral ; il ne peut admettre qu'au nom du droit des gens on réclame l'impunité en faveur des ministres publics, de leur famille et de leur suite, et qu'on regarde ce privilège accordé à des « malfaiteurs titrés » comme un caractère des nations civilisées ; sa conscience d'homme et de légiste se soulève contre un droit qui est la violation du droit. Suivant Grotius, l'impunité est justifiée par cette considération que *la sécurité* des ambassadeurs l'emporte sur *l'utilité* qui résulte de la *peine*. Mais, dit M. Laurent, est-ce qu'on ne punit les criminels que parce qu'il est utile de leur infliger une peine ? La justice est-elle une affaire de calcul et d'intérêt ? N'est-ce pas l'immunité des ministres publics qui est plutôt une question d'utilité ? On affirme qu'il importe qu'ils puissent vaquer avec sécurité à l'accomplissement de leur mission. Dira-t-on que l'existence de la société dépend de la sécurité dont jouissent les ambassadeurs ? On abolirait toutes les ambassades, ou l'on enlèverait aux ambassadeurs toutes leurs immunités, que le monde n'en irait pas plus mal, tandis que là où il n'y a point de justice, il n'y a plus de société. Il faut donc dire que la justice l'emporte sur l'utilité des ambassades. Phillimore s'incline de-

(1) *Id.*, n° 250, t. Ier, p. 153.

vant le fait, alors même qu'il s'agirait de crimes contre l'État, de conspirations contre le souverain, qui mettent en danger l'existence de l'État : c'est, dit-il, l'opinion généralement reçue ; cela lui suffit. Non, cela ne suffit point, réplique M.Laurent ; tous les précédents du monde ne justifient point le mépris de la justice. Phillimore et tous les publicistes se récrient contre ce reproche ; ils ne veulent pas que l'on dise que l'immunité est l'impunité. M.Laurent répond que, si l'immunité n'est pas l'impunité, il est certain qu'elle y a toujours abouti. Il y a des crimes qu'ils commettent de complicité avec le prince dont ils sont les représentants, ils conspirent par ordre, et c'est à leurs complices qu'on les renvoie, pour qu'ils leur infligent un châtiment qu'eux-mêmes devraient recevoir ! Cela n'est pas sérieux. Grotius concède que, si un ambassadeur emploie la force armée, l'État peut le repousser par la force ; mais, dit-il, c'est une défense contre un ennemi, ce n'est pas la justice qui punit un coupable. Ainsi, observe Laurent, l'État n'a pas même le droit de punir un ennemi public qui l'attaque les armes à la main ; on lui permet seulement de se défendre contre l'agression. Régulièrement on se borne à arrêter le traître, et on le transporte sous escorte au-delà des frontières : c'est un droit qui est réclamé sans opposition par toutes les Puissances... Que fait-on, quand un ambassadeur vole, assassine, « adultère » ? Pour que l'État intervienne, il faut d'abord qu'il y ait scandale public ; si l'on peut dissimuler le crime, il faut paraître l'ignorer. On doit se contenter d'ordonner à l'ambassadeur de se retirer, et se borner à demander à son maître, son unique juge, qu'il en fasse justice. Voilà la satisfaction que le droit des gens donne à l'ordre public troublé par un crime! On voit ici l'origine et le fondement de la doctrine de l'immunité: c'est la monarchie absolue et le fétichisme royal ; le roi seul est juge de son ambassadeur, c'est à lui de le punir. Cela était vrai dans la vieille monarchie ; mais est-ce que dans les États constitutionnels le roi exerce encore la justice ? Lui appartient-il de juger son ambassadeur? Celui-ci doit être puni par les tribunaux du pays dont il a violé l'ordre public. Réal le reconnaît, mais il sacrifie la justice au droit des gens. « La loi qui punit le crime n'est, dit-il, que du droit civil. Violer les lois civiles est un crime particulier; violer le droit des gens est un crime général, c'est un crime de *lèse-majesté universelle.* » Non, répond Laurent; il y a une majesté supérieure à celle des rois, c'est la justice universelle : celle-là ne veut pas qu'on dissimule les crimes et qu'on fasse semblant de les ignorer, elle ne s'en rapporte pas au bon plaisir des princes, dont le bon plaisir peut être de ne pas punir leurs représentants. « Il y a eu des centaines, des milliers de crimes commis par leurs ambassadeurs : qu'on nous cite les jugements rendus contre eux dans le pays qu'ils représentent ! L'immunité a toujours abouti à l'impunité (1) ».

On voit par ces citations de théories italiennes et belges contemporaines, que les règles rappelées par Heffter ne sont pas admises par tous les publicistes modernes, sans exception. Mais, s'il y a des doctrines différentes, il n'est pas moins vrai que le savant professeur prussien a exposé ce qui est reconnu et consacré par la pratique des États. Il est admis, en fait, que l'agent diplomatique ne peut, sous aucun prétexte, être traduit pour délit ou crime devant les tribunaux du gouvernement près duquel il est accrédité. Le privilège de cette immunité est même considéré comme si absolu, qu'un ministre public n'a pas la faculté de renoncer à son exemption de la juridiction criminelle; mais il est évident que ce privilège cesse dès que le ministre public quitte son poste, et que par ce fait il renonce à sa prérogative (2).

La loi française du 11 ventôse an II, qui interdit à toute autorité constituée d'attenter en aucune manière à la personne des envoyés des gouvernements étran-

(1) *Le droit civil international*, t, III. p. 169 et suiv.
(2) *Le Guide diplomatique*, édition de 1866 t. I, p. 94 et 97.

gers, et qui dispose que les réclamations à élever contre eux seront portées au Comité de salut public (le gouvernement, le ministre des affaires étrangères), a résolu, du reste, législativemet la question pour la France (1).

L'exemption de la juridiction criminelle territoriale en faveur de l'agent diplomatique étranger, et le principe que cet agent n'est justiciable que des lois criminelles de son propre pays, sont consacrés par plusieurs législations européennes. C'est ainsi, par exemple, que le code pénal autrichien dispose que : « les ambassadeurs étrangers et les personnes qui appartiennent spécialement au corps diplomatique, sont traités selon

(1) On trouvera l'exposition de toutes les théories soutenues au sujet de cette immunité dans le livre II, chap. XVIII, n° 4, du *Droit de la guerre et de la paix* de Grotius, traduction française de Pradier-Fodéré, t. II, p. 330 et suiv., et dans le livre IV, chap. VII, n° 94, du *Droit des gens* de Vattel, édition annotée par Pradier-Fodéré, t. III, p. 275. et suiv. — Je ne parle pas des anciens auteurs, qui distinguaient entre les crimes ordinaires de droit commun et les crimes attentatoires à la sûreté générale des pays où les ministres publics délinquants résidaient. Pour ce qui concerne les crimes de droit commun, les opinions étaient divisées. Antonio de Véra enseignait qu'un prince doit et peut se saisir d'un ambassadeur, l'accuser et le punir comme un particulier, lorsqu'il « offense la réputation de ses lois » (*Parfait ambassadeur*, n° 45). Frédéric de Marselaer disait que, si, de fait, on ne punit pas les ambassadeurs dans les pays ou ils se sont rendus coupables de crime, c'est par un principe d'humanité, ou par des raisons de prudence, et non pas en vertu d'une obligation fondée en droit (*Legatus*, Diss. XIII). Telle était l'opinion de Jean Hotman, de Bouchel, etc. Mais Mornac, Bynkershoëck, Vattel, Montesquieu, avaient embrassé le sentiment opposé. Si les opinions étaient divisées, la pratique des Etats différait beaucoup aussi. En 1533, un ambassadeur de France était puni, à Milan, pour cause de meurtre. Cromwel, plus tard, faisait saisir dans l'hôtel de l'ambassadeur de Portugal, condamner et mettre à mort, le frère de l'ambassadeur portugais, qui avait tué un homme à Londres. Mais, d'un autre côté, dit Bynkershoëck, « les annales des derniers siècles nous fournissent un si grand nombre d'exemples d'ambassadeurs coupables de divers crimes, dont ils n'ont pourtant pas été punis par les Puissances chez qui ils étaient en ambassade, que l'on est embarrassé à choisir. Souvent

le droit des gens et ne se trouvent pas soumis aux autorités du pays » (1re part., art. 221, n° 4). Cette immunité est reconnue aussi en Amérique : les jeunes et brillantes républiques du nouveau monde, — je parle des républiques de l'Amérique espagnole, — sont, d'ailleurs, trop désarmées devant les Puissances de l'ancien continent, pour pouvoir méconnaître les immunités diplomatiques des ministres publics européens, dans les cas où ces ministres publics commettraient sur leurs territoires des actes délictueux. Quels beaux prétextes à réclamations armées elles fourniraient ainsi à la vieille Europe ! Mais hâtons-nous de reconnaître que, de nos jours, tant en Europe qu'en Amérique, les discussions sur l'immunité des ministres publics en matière criminelle ne sont plus que simplement théoriques, car la pratique moderne n'offre plus d'occasions de sévir contre les agents diplomatiques, comme le cas s'en est plusieurs fois présenté en Europe dans les siècles antérieurs.

Question relative au ministre étranger qui se trouve sujet de l'État où il est accrédité.

Si l'agent diplomatique d'une Puissance étrangère se trouve être le sujet du gouvernement auprès duquel il est envoyé, son caractère public devra le protéger néanmoins contre les poursuites dirigées contre lui à raison des infractions qui lui seront reprochées. Les raisons qui justifient l'immunité de la juridiction criminelle en faveur des ministres appartenant au pays dont

on a fait semblant de n'être pas informé de ces crimes ; souvent le ministre coupable a été renvoyé à son maître, afin qu'il le punît. Mais la plupart du temps on a simplement congédié un tel ambassadeur » (Chap. XVIII, § 9). Quant aux crimes politiques, aux crimes contre la sûreté du pays où les ministres publics remplissent leur mission, il y avait plus d'uniformité dans la doctrine. Parmi les auteurs qui soutenaient qu'en matière criminelle ordinaire les ministres publics ne sont pas justiciables des tribunaux du pays où ils résident, presque tous

le gouvernement les accrédite, sont les mêmes quant aux ministres qui appartiennent au pays où ils sont accrédités. Il y a, sur ce point, à se reporter à ce qui a été dit plus haut sur la même question, en ce qui concerne l'immunité de la juridiction civile (1).

pensaient qu'il en était tout autrement, lorsqu'il s'agissait de crimes attentatoires à la sûreté générale de ce pays. Voir Merlin, *Répertoire*, V° *Ministre public*, Sect. v, § 4, art. xi, Quest. iii.

En 1571, l'évêque de Rosse avait été convaincu d'avoir conspiré contre la reine Elisabeth, pour tirer de ses mains l'infortunée Marie-Stuart. Il prétendit que son caractère d'ambassadeur le mettait à couvert de toutes poursuites. On assembla cinq des plus savants jurisconsultes d'Angleterre, à qui l'on proposa, entre autres points, les questions suivantes : Le ministre d'un prince qui a été déposé par autorité publique, et à la place duquel un autre a été couronné, peut-il jouir des priviléges et des droits diplomatiques? — Un prince qui est venu dans le royaume d'un autre prince, et qui y est détenu prisonnier, peut-il y avoir un ministre, et celui-ci sera-t-il considéré comme ambassadeur? — Le prince ayant averti ce ministre et son maître, qui est gardé prisonnier, qu'à l'avenir ce ministre ne sera plus regardé comme ambassadeur, ce ministre peut-il prétendre en justice jouir des priviléges du caractère diplomatique? Les jurisconsultes répondirent : Que si la déposition du prince est légitime, son ministre ne peut plus jouir des priviléges du caractère représentatif, attendu que les souverains qui ont le droit de majesté sont les seuls qui puissent envoyer des ministres publics; — Que si ce prince n'a pas abdiqué sa souveraineté, il peut avoir un ministre, mais que de savoir si ce ministre peut être considéré comme ambassadeur ou non, cela dépend de l'autorité que sa commission lui donne ; — Que le souverain peut empêcher l'ambassadeur d'entrer dans son royaume, qu'il peut aussi l'en faire sortir, quand il ne se renferme pas dans les termes de son droit ; mais que, pendant tout le temps qu'on le souffre, il doit jouir des priviléges attachés à son caractère. Voir Wicquefort, liv. I, sect. III et XXVII ; Merlin, *Répertoire*, v° *Ministre public*, Sect. II, § 1, n° VIII.

(1) M. Esperson examine la question de l'immunité de juridiction applicable aux envoyés du souverain pontife près des gouvernements étrangers, et des envoyés des gouvernements étrangers près du souverain pontife. Conformément à la doctrine des publicistes italiens, il déclare que les envoyés du pape près les Puissances étrangères ne peuvent invoquer la fiction de l'exterritorialité, attendu qu'ils ne sont pas revêtus d'un caractère diplomatique. Comment pourrait-on, dit M. Esperson, parler d'exterrito-

Un agent diplomatique peut-il être cité comme témoin dans un procès ?

Les agents diplomatiques étrangers étant exempts de la juridiction du pays où ils exercent leurs fonctions, ne peuvent non plus être cités comme témoins dans un procès quelconque. Tout ce qu'on pourrait leur demander serait de donner leur témoignage par écrit, mais, s'ils refusaient, on n'aurait aucun moyen de contrainte contre eux (1).

Il est enseigné et pratiqué qu'aucun magistrat, aucun tribunal, ne peut donner à un ministre public étranger l'ordre de déposer en justice. Pour obtenir cette déposition, en France par exemple, si elle est nécessaire, le procureur général s'adresse au ministre de la justice, qui en réfère au ministre des affaires étrangères ; celui-ci demande, par voie diplomatique, au gouverne-

rialité à leur égard, du moment où la cour romaine a perdu le territoire sur lequel elle exerçait la souveraineté politique, et, par conséquent, toute juridiction ? Les tribunaux italiens seront donc compétents pour juger les actions dirigées contre un Italien revêtu de la mission de représenter le Saint-Siège à l'étranger, dans tous les cas où ces tribunaux auraient compétence pour connaître des actions formées contre des nationaux italiens établis à l'étranger. Ce sont en effet de simples particuliers ; ils n'ont pas le caractère de représentants de la nation italienne : il faut leur appliquer les règles qui concernent les procès contre les simples particuliers italiens à l'étranger. Quant aux envoyés des gouvernements étrangers près le souverain pontife, l'école italienne contemporaine, se fondant sur la loi dite *des garanties* qu'elle considère comme une grâce du gouvernement italien, enseigne que les prérogatives et immunités reconnues par le droit international au bénéfice des agents diplomatiques, doivent être assurées aux ministres publics que les Puissances étrangères accréditent près du pape. Esperson, ouvrage cité, nos 202, 203, 204, 205, t. I, p. 125 et 126.— Voir plus haut ce qui a été dit sur le caractère diplomatique des envoyés du souverain pontife et sur la loi dite *des garanties*.

(1) *Le Guide diplomatique*, chap. VI, § 30, édition de 1866, t. Ier, p. 98.

ment étranger d'autoriser son ministre à déposer devant le tribunal français.

Lorsqu'il y a lieu d'entendre, en matière criminelle, la déposition d'un agent diplomatique français accrédité à l'étranger, les formalités à suivre dans ce cas sont réglées par le code d'instruction criminelle et par le décret du 4 mai 1812, dont voici les dispositions :

Code d'instruction criminelle. Art. 514. « A l'égard des ministres autres que le ministre de la justice, des grands officiers de la couronne, conseillers d'État chargés d'une partie de l'administration publique, généraux en chef actuellement en service, *ambassadeurs ou autres agents de l'empereur, accrédités près les cours étrangères*, il sera procédé comme il suit :

« Si leur déposition est requise devant la cour d'assises, ou devant le juge d'instruction du lieu de leur résidence ou de celui où ils se trouveraient accidentellement, ils devront la fournir dans les formes ordinaires.

« S'il s'agit d'une déposition relative à une affaire poursuivie hors du lieu où ils résident pour l'exercice de leurs fonctions, et de celui où ils se trouveraient accidentellement, et si cette déposition n'est pas requise devant le jury, le président ou le juge d'instruction saisi de l'affaire adressera à celui du lieu où résident ces fonctionnaires à raison de leurs fonctions, un état des faits, demandes et questions sur lesquels leur témoignage est requis.

« S'il s'agit de témoignage *d'un agent résident auprès d'un gouvernement étranger*, cet état sera adressé au ministre de la justice, qui en fera le renvoi sur les lieux, et désignera la personne qui recevra la déposition ».

Art. 516. « Cette déposition sera envoyée close et cachetée au greffe de la cour ou du juge requérant, communiquée et lue.... »

Le décret du 4 mai 1812 a dérogé aux dispositions du code d'instruction criminelle sur la manière dont sont reçues les dépositions de certains fonctionnaires de l'État : il est ainsi conçu :

Art. 1er. « Nos ministres ne pourront être entendus comme témoins que dans les cas où, sur la demande du ministère public ou d'une partie, et sur le rapport de notre grand juge ministre de la justice, nous aurions *par un décret spécial autorisé leur audition* ».

Art. 2. « Le décret portant cette autorisation réglera en même temps la manière dont nos ministres seront entendus et le cérémonial observé à leur égard ».

Art. 4. « Si nos préfets ont été cités comme témoins, et qu'ils allèguent, pour s'en excuser, la nécessité de notre service, il ne sera pas donné de suite à la citation. Dans ce cas, les officiers chargés de l'instruction, après qu'ils se seront entendus avec eux sur le jour et l'heure, viendront dans leur demeure pour recevoir leurs dépositions, et il sera procédé à cet égard ainsi qu'il est prescrit à l'article 516 de notre code d'instruction criminelle ».

Art. 5. « Lorsque nos préfets, cités comme témoins, ne s'excuseront pas, ainsi qu'il est dit à l'article précédent, ils seront reçus par un huissier à la première porte du palais de justice, introduits dans le parquet et placés sur un siège particulier. Ils seront reconduits de la même manière qu'ils auront été reçus ».

Art. 6. « Les dispositions des deux articles précédents *sont déclarées communes* aux grands officiers de l'empire, aux présidents de notre Conseil d'État, aux ministres d'État et conseillers d'État, lorsqu'ils sont chargés d'une administration publique, à nos généraux actuellement en service, à *nos ambassadeurs et autres agents diplomatiques près les cours étrangères* ».

Ainsi, aux termes de ce décret, un agent diplomatique français accrédité près d'un gouvernement étranger peut refuser de venir déposer à l'audience sur la citation qui lui a été donnée ; mais les parties peuvent demander l'exécution de l'article 4 du décret. La dispense est générale ; les fonctionnaires désignés par le décret peuvent en user, soit que leur déposition ait été requise devant un juge d'instruction, un tribunal, ou qu'elle le soit devant une cour d'assises (1). Sur ce dernier point il pouvait y avoir un doute, le décret de 1812 ne parlant que des *officiers chargés de l'instruction*, sans s'occuper explicitement, comme le code d'instruction criminelle, du cas où il s'agissait de déposer devant une cour d'assises ou une juridiction d'exception. Aussi Legraverend en concluait-il que le décret ne s'appliquait qu'aux citations données pour comparaître comme témoins dans le cours de l'instruction, mais que lorsque les fonctionnaires y mentionnés, et notamment les agents diplomatiques, sont appelés pour déposer devant une cour d'assises, les dispositions générales ou spéciales du code d'instruction criminelle sur leur audition doivent être seules exécutées, sauf l'observation du cérémonial réglé par le décret (2). L'arrêt de la Cour de cassation du 29 septembre 1842 a fait cesser ce doute.

Les dépositions des agents diplomatiques ne diffèrent intrinséquement en aucune façon de celles émanées des témoins ordinaires : aussi Legraverend remarque-t-il avec raison que rien ne s'oppose à ce qu'elles soient discutées, débattues comme elles, malgré la haute dignité des personnes qui les ont faites. C'est évidemment ce que permet la loi, en prescrivant de les *soumettre aux débats* (3).

Quant aux agents diplomatiques étrangers, la question est ainsi présentée et résolue par Carnot. « Les ambassadeurs et les agents des Puissances étrangères près le gouvernement français peuvent-ils être cités à comparaître en justice pour y faire leur déclaration? Le code n'a pas prévu le cas. Le décret du 4 mai 1872 ne l'a pas prévu non plus : il ne s'est oc-

(1) C. de cass., 29 sept. 1842 (affaire Besson), *Journal du Palais*, 1842, t. II, p. 403.

(2) Legraverend, *Législation criminelle*, t. 1er p. 267.

(3) *Code d'instruction criminelle*. Art. 512. — Legraverend *Législation criminelle*, t. 1er, p. 263.

cupé, dans son article 6, que des ambassadeurs français et autres agents diplomatiques accrédités près les cours étrangères, qui se trouvaient déjà compris dans les dispositions de l'article 514 du code d'instruction criminelle. Depuis longtemps les souverains se sont accordés à regarder comme indépendants de leur autorité et de leur juridiction les ambassadeurs et les autres agents diplomatiques envoyés près d'eux par les Puissances étrangères. Montesquieu en donne pour motif qu'il ne faut pas décider par les lois politiques ce qui appartient au droit des gens ; et ce serait violer ce principe universellement reçu, que de citer le ministre accrédité d'une Puissance étrangère, et le traduire devant la justice pour y faire sa déposition. L'article 3 du code civil porte, il est vrai, que les lois de police et de sûreté obligent tous ceux qui habitent le territoire, sans prononcer aucune exception en faveur des agents diplomatiques des Puissances étrangères ; mais si cette exception ne fut pas rappelée au code d'instruction criminelle, ce fut par la raison que ce qui regarde les ambassadeurs est réglé par le droit des gens et par les traités. L'épouse et les personnes de la suite de l'ambassadeur devraient jouir de la même prérogative, lors même qu'elles seraient nées françaises » (1). Cette opinion est évidemment trop absolue. Sans doute on ne pourra adresser ou remettre directement au ministre étranger, non plus qu'aux personnes de sa famille ou de sa suite, des réquisitions ou citations à l'effet de se rendre devant un fonctionnaire ou un tribunal français ; mais si, un crime ayant été commis, il n'était possible de le constater que par leur audition ou leur intermédiaire, nous ne pensons point qu'il y ait impossibilité absolue de recourir à eux. Seulement, nous pensons qu'en pareil cas le juge chargé de l'instruction, ou le ministre public, devrait recourir au ministre de la justice, qui transmettrait les pièces à son collègue des affaires

(1) Carnot, *De l'instruction criminelle*. Art. 514. observ. 5, édition de 1830, t. III, p. 413.

étrangères. Ce dernier s'adresserait alors, comme nous l'avons dit plus haut, par la voie diplomatique, soit à l'agent directement, soit, en cas de refus, à son gouvernement, qui déciderait si son représentant doit ou non prêter son concours à la justice française (1). Laurent fait sur ce point une observation pleine de justesse. L'indépendance des agents diplomatiques, dit-il, leur caractère, l'honneur qui est dû aux princes qu'ils représentent, empêchent-ils qu'ils viennent dans le sanctuaire de la justice dire ce qu'ils savent pour l'éclairer ? La justice n'est elle pas un devoir universel qui ne connaît point, qui ne devrait point connaître de frontières ? Les agents diplomatiques n'ont-ils pas précisément pour mission d'être les organes de cette communauté de droit qui de toutes les nations ne fait qu'une famille ? La souveraineté implique une obligation, et le premier de tous les devoirs qui lui incombent c'est de procurer la justice, et de la faciliter à l'étranger comme elle est tenue de la rendre dans son territoire (2).

Un agent diplomatique peut-il se rendre demandeur en cause criminelle ?

De lui-même, sur sa propre initiative, un agent diplomatique étranger ne pourra se rendre demandeur, en cause criminelle, devant la juridiction du pays où il est accrédité : il devra s'adresser à son souverain, qui demandera réparation. Il ne se portera pas plaignant sans le consentement spécial de son maître, et, s'il y est autorisé, il pourra dénoncer le fait dont il aura à se plaindre à l'autorité judiciaire, par l'entremise du ministre des affaires étrangères, afin que le

(1) *Journal du Palais*, *Répertoire*, V°. *Agent diplomatique*, n°s 257, 258.

(2) Laurent, *Droit civil international*, t. III. p. 144, 145.

coupable soit poursuivi et que la justice suive son cours (1).

(1) Bien qu'il ne s'agisse, dans le texte, que du cas où l'agent diplomatique serait demandeur en cause criminelle, il peut être intéressant de prévoir le cas où l'agent se serait exposé à une poursuite criminelle, pendant l'exercice de ses fonctions à l'étranger. Les auteurs et les tribunaux qui fondent sur l'exterritorialité les immunités des agents diplomatiques, n'admettent cette fiction que contre le gouvernement étranger auprès duquel le ministre public est accrédité, mais non contre son propre gouvernement. A l'égard de celui-ci, le ministre public est bien réellement en pays étranger, et non présumé toujours présent dans son pays. D'où la conséquence que les crimes et délits qu'il commettrait dans le pays où il exerce ses fonctions, soit au préjudice des nationaux de ce pays, soit au préjudice de ses propres concitoyens, seraient, aux yeux de son gouvernement, réellement commis en pays étranger. Dès lors, pour les agents français, ce seraient les règles posées par le code d'instruction criminelle qu'il faudrait suivre. L'article 5 de ce code, modifié par la loi du 27 juin 1866, porte que « *tout Français* qui, hors du territoire de la France, s'est rendu coupable d'un *crime* puni par la loi française, peut être poursuivi et jugé en France. *Tout Français* qui, hors du territoire de France, s'est rendu coupable d'un fait qualifié *délit* par la loi française, peut être poursuivi et jugé en France, si le fait est puni par la législation du pays où il a été commis. Toutefois, qu'il s'agisse d'un crime ou d'un délit, aucune poursuite n'a lieu si l'inculpé prouve qu'il a été jugé définitivement à l'étranger. En cas de délit commis contre un particulier français ou étranger, la poursuite ne peut être intentée qu'à la requête du ministre public ; elle doit être précédée d'une plainte de la partie offensée ou d'une dénonciation officielle à l'autorité française par l'autorité du pays où le délit a été commis. Aucune poursuite n'a lieu avant le retour de l'inculpé en France, si ce n'est pour les crimes énoncés en l'article 7 ci-après ».

Cet article 7, modifié par la même loi de 1866, dispose que « tout étranger qui, hors du territoire de la France, se sera rendu coupable, soit comme auteur, soit comme complice, d'un crime attentatoire à la sûreté de l'État, ou de contrefaçon du sceau de l'État, de monnaies nationales ayant cours, de papiers nationaux, de billets de banque autorisés par la loi, pourra être poursuivi et jugé d'après les dispositions des lois françaises, s'il est arrêté en France, ou si le gouvernement obtient son extradition ». L'article 5 du code d'instruction criminelle s'applique aux ministres publics ; il permet de poursuivre, juger et punir en France *tout Français*, agent diplomatique ou autre.

L'exemption de la juridiction criminelle s'étend-elle aux personnes attachées à la mission, ou faisant partie de la suite du ministre ?

Il n'y a pas de doute que l'immunité de la juridiction criminelle ne s'étende aux personnes attachées aux ambassades ou légations, aux secrétaires, à la suite du ministre public (1).

On enseigne même généralement, mais non universellement et sans controverse, que les domestiques de l'agent diplomatique, lors même qu'ils seraient citoyens de l'État auprès duquel l'envoyé est accrédité, ne sont pas soumis aux lois pénales du pays où ils résident, et dépendent, comme la suite de l'envoyé, de la justice criminelle de l'État que ce dernier représente (2). Mais cette immunité ne saurait s'étendre aux individus

(1) Voici comment le comte de Garden expose la situation des secrétaires d'ambassade ou de légation : « Ils sont fonctionnaires de l'État ; leur nomination est notifiée au ministère des affaires étrangères du pays où ils doivent résider ; ils sont ordinairement présentés au souverain par le ministre auquel ils sont attachés, et ils sont sous la protection spéciale du droit des gens, en vertu duquel ils jouissent de certains droits et d'un rang particulier. C'est ce qui les distingue des secrétaires privés du ministre. Leurs fonctions sont d'assister en tout l'envoyé ; de lui faire des rapports détaillés, s'il les leur demande, ou si les circonstances l'exigent, et même de l'aider de leurs observations. Ils sont particulièrement chargés des rédactions que le ministre leur prescrit, et de remplir de vive voix les commissions qui regardent la légation ; ils tiennent un journal et surveillent les archives. En cas d'absence ou de maladie de l'envoyé, le secrétaire de légation muni des pouvoirs nécessaires le supplée, en qualité de chargé d'affaires ». *Traité complet de diplomatie*, édition de1833, t. II, p. 20 et suiv.

(2) D'après le code pénal autrichien, les personnes mêmes de la mission et les domestiques d'un ambassadeur, *qui sont sujets immédiats de la Puissance à laquelle il appartient*, ne sont pas soumis à la juridiction ordinaire. En conséquence, s'ils commettent quelque délit, le magistrat peut s'assurer de la personne de l'inculpé, mais en même temps il doit en donner connaissance au ministre, afin que celui-ci reçoive la personne arrêtée.» (1re partie, Art. 221.)

qui s'adjoignent à une mission par goût, ou dans l'espoir de faire un gain, qui n'y occupent aucune fonction et n'y sont chargés d'aucun service; ni aux personnes qui, tout en se prétendant au service du ministre public, sont en réalité indépendantes de lui et ne lui sont adjointes à aucun titre (1).

Quand un délit ou un crime ont été commis par les domestiques d'un agent diplomatique, l'usage moderne autorise simplement le chef de mission à faire arrêter les délinquants et à les envoyer dans leur propre pays pour y être jugés. Les autorités de l'État étranger, en arrêtant une personne de la suite pour la livrer au ministre public ou à l'État dont celui-ci dépend, ne violent pas le principe de l'exterritorialité, aux yeux même de ceux qui admettent encore ce principe: elles le reconnaissent au contraire implicitement par cet acte. L'arrestation n'a en effet pour but que de venir en aide à l'agent diplomatique dans l'exercice de la justice.

Le ministre public peut aussi, à son choix, renvoyer les délinquants de son service, ou les livrer aux tribunaux de l'État où il réside, et dans ce cas ces tribunaux n'auront pas à tenir compte de la question d'exterritorialité (2). C'est ce qui aura lieu surtout, lorsque

(1) La Cour de cassation de France a jugé, dans un arrêt du 13 octobre 1865, que l'étranger n'appartenant à aucun titre à l'ambassade de sa nation est soumis à la juridiction française, à raison des crimes par lui commis dans l'hôtel de cette ambassade: la fiction légale en vertu de laquelle l'hôtel d'un ambassadeur ou autre agent diplomatique est censé situé hors du territoire du souverain près duquel il est accrédité, devant être, suivant la Cour, strictement restreinte à l'ambassadeur, au ministre, et à ceux qui, *lui étant subordonnés, sont néanmoins revêtus du même caractère public*. V. Sirey, 1866, 1, 34.

(2) La Cour de cassation a jugé, par arrêt du 11 juin 1852, que les individus attachés au service des ambassadeurs ou autres agents diplomatiques étrangers, sont soumis à la juridiction française à raison des crimes ou délits par eux commis dans l'hôtel de l'ambassade, alors surtout que l'ambassadeur a porté plainte lui-même, ou donné son assentiment aux poursuites. V. Sirey, 1852, 1, 467.

les individus faisant partie de la maison du ministre comme domestiques seront citoyens de l'État où l'envoyé est accrédité. Il arrivera sans doute rarement que le ministre public rende sa suite justiciable des autorités judiciaires ou de police du lieu où il réside. Il y a là un point de tact et de dignité nationale qui s'impose à l'attention vigilante et à la délicatesse de l'agent diplomatique. Qu'au congrès de Munster, en Westphalie, les représentants des divers États, voulant mettre un terme aux querelles et aux rixes qui s'élevaient entre les personnes de leur suite, aient convenu de rendre ces personnes justiciables de la police locale : cela se passait il y a plus de deux siècles, et c'était une bonne manière de faire cesser des violences continuelles. Mais, de nos jours, de pareils scandales sont plus que rares ; les délits des personnes de la suite des ministres publics, s'il s'en commet, sont isolés, et il n'y a plus autant de raisons pour se relâcher de ses droits. Assurément il est dangereux de pousser trop loin les immunités et leurs conséquences, mais il y a un péril non moins réel à affaiblir par des théories relâchées le prestige et l'autorité des caractères publics. L'école de Pinheiro-Ferreira et des publicistes italiens et belges contemporains, si ses principes venaient à dominer exclusivement, aboutirait à faire table rase de toutes les règles, de tous les usages qui ont été jusqu'à présent des sauvegardes contre les abus de la force. L'agent diplomatique doit dans la règle, et afin de maintenir son droit, faire respecter l'immunité dont il jouit à l'égard des lois pénales de l'État étranger, et cela, tant pour son compte personnel que pour celui des personnes qui occupent des fonctions ou qui rendent des services auprès de lui. Mais l'État où est accrédité le ministre public a, de son côté, le droit incontestable d'exiger qu'il soit prononcé judiciairement sur les prétentions des créanciers des personnes de la suite du ministre et sur les crimes ou délits commis par ces personnes sur le territoire où réside l'envoyé. Si le droit international commande de protéger la liberté et l'honneur des États dans la personne de leurs répresentants, il ne veut pas qu'on laisse impunis les méfaits de certains individus.

Ajoutons que les autorités d'un pays ont toujours le droit de faire arrêter provisoirement les personnes appartenant à une mission, et qui sont prises en flagrant délit. Seulement, elles doivent porter de suite ce fait à la connaissance du chef de la mission, et mettre la personne arrêtée à la disposition de celui-ci.

En somme, l'accord n'existe ni dans la doctrine, ni dans la pratique, sur la question de la position du personnel non officiel des légations, au point de vue de l'immunité de la juridiction en matière criminelle, et l'on doit constater que, si les ministres publics étrangers prétendent généralement à cette immunité pour les gens de leur suite, elle est moins universellement reconnue que l'immunité de la juridiction civile. En pareille matière ce sont surtout les traités internationaux qui doivent décider, et à défaut de traités il faut consulter les usages particuliers.

Il est certain que l'immunité, par sa nature, doit protéger tous ceux qui *font partie de la légation*, tels que les secrétaires, les attachés, etc.: le chef de mission peut aussi peu renoncer à leurs privilèges qu'aux siens. Mais le doute est permis, quant aux personnes qui sont attachées à la légation sans avoir un caractère public. Je le répète, c'est un point qui doit être réglé par le droit conventionnel ou par les usages particuliers, et, dans tous les cas, c'est une question de tact de la part du ministre public étranger, et de courtoisie de la part du gouvernement près duquel il est accrédité.

Les auteurs qui tiennent encore à la fiction de l'exterritorialité distinguent entre le cas où le délit commis par les personnes de la maison privée de l'agent diplomatique a été commis *dans l'hôtel* de la légation, ou *hors de l'hôtel*.

S'il a été commis *en dehors de l'hôtel*, ils admettent que l'exemption de la juridiction indigène ne saurait être invoquée pour des gens qui n'ont aucun droit personnel aux privilèges diplomatiques : la répression reviendra donc aux autorités locales, et il sera indifférent que l'inculpé appartienne ou non à l'État dans lequel le ministre réside, la juridiction criminelle s'étendant à tous les délits commis sur le territoire et dont les auteurs ne sont pas soustraits au droit commun.

Mais si le délit a été commis *dans l'hôtel* de la légation, cet hôtel jouissant du privilège de l'exterritorialité, le délit doit être considéré comme commis sur le territoire du pays de l'agent diplomatique, et c'est aux autorités de ce pays que doit appartenir la punition du coupable (1).

Quant aux publicistes de l'école italienne contemporaine, ils repoussent absolument l'immunité de juridiction en matière criminelle au profit des gens de la suite du ministre public, et n'admettent pas, bien entendu, la distinction des auteurs qui n'ont pas encore renoncé à la fiction de l'exterritorialité. « Les autorités locales, — dit Pasquale Fiore, — doivent connaître des délits commis dans le palais du ministre, même dans le cas où les inculpés seraient les citoyens de l'État qu'il représente. Du reste, il n'est point conforme à la raison, ni au droit, qu'une souveraineté étrangère administre la justice dans un édifice construit sur le territoire de l'État » (2). Esperson enseigne qu'en matière pénale l'immunité ne peut être d'aucune manière invoquée, spécialement s'il s'agit de personnes attachées au service de l'agent diplomatique; car, dit-il, le refus par un ministre public étranger de remettre à la justice locale ses domestiques appartenant à sa nation, pour les renvoyer dans leur pays, équivaudrait presque toujours à un brevet d'impunité. Il peut arriver en effet que les faits réputés crimes dans le pays où réside le ministre, ne soient prévus par aucune loi pénale dans son propre pays. Or, comment les juges de ce pays pourront-

(1) *Le Guide diplomatique*, édition de 1866, t. Ier, p. 104.

(2) Pasquale Fiore, *Traité de droit pénal international*, etc., Ire partie, chap. Ier, n° 29, traduction française de M. Antoine, t. I, p. 22.

ils les punir? Et si même ces faits étaient punis par la loi des deux pays, comment faire juger à de grandes distances? Comment, pendant le voyage de l'inculpé, éluder les lois des pays de transit, qui pourraient interdire de retenir l'inculpé en prison? Comment établir la preuve? Comment suppléer aux débats oraux? Et si les personnes de la suite du ministre public sont indigènes du pays de la résidence, de quel droit les renvoyer dans le pays du ministre? Esperson ne se laisse pas toucher par la circonstance que le délit aurait été commis dans l'hôtel même de la légation, car l'immunité locale ne tendant qu'à assurer le libre exercice des fonctions diplomatiques, il ne lui paraît pas nécessaire, pour atteindre ce but, que les délits commis dans l'habitation d'un agent diplomatique soient considérés comme l'ayant été sur le territoire de la nation représentée par lui (1).

Nous avons vu ce qu'en pense Laurent. L'immunité s'étend-elle aux affaires criminelles, demande l'éminent professeur belge? Les uns disent oui, les autres disent non. Les gens de l'ambassade seront-ils soumis à la juridiction de l'ambasadeur? Faudra-t-il que la partie lésée les actionne à Constantinople ou à Washington? Réal a imaginé une compétence pour l'ambassadeur, mais sous des conditions impossibles : il faudrait d'abord que le souverain lui eût délégué ce droit; puis, que le souverain du pays où l'ambassadeur exerce ses fonctions le lui eût reconnu ; or, aucun des deux souverains n'a le pouvoir de déléguer sa puissance souveraine, ni d'y renoncer en tout ou en partie. On aboutit donc forcément à l'impunité et au déni de justice. Cela s'appelle le droit des gens des peuples! Vattel dit pour justifier l'immunité qu'il accorde à la suite de l'ambassadeur : «l'inviolabilité de l'ambassadeur se communique aux gens de sa suite, et son indépendance s'étend à tout ce qui forme sa maison ».

(1) Esperson, *Le droit diplomatique*, etc., n°s 292 et 294, t. I, p. 179, 180, 181.

Voilà une affirmation, mais où est la preuve? Quel rapport y a-t-il entre l'inviolabilité d'un ambassadeur et l'inviolabilité de sa cuisinière? L'indépendance d'un ministre public sera-t-elle en danger et sa parole sera-t-elle enchaînée, parce qu'un coquin de valet sera livré aux tribunaux du pays dont il a violé les lois? Vattel répond : « toutes ces personnes lui sont tellement attachées, qu'elles suivent son sort; elles dépendent de lui seul immédiatement, et sont exemptes de la juridiction où elles ne se trouvent qu'avec cette réserve ». C'est se payer de mots et de paroles. Je demande des raisons. Suffit-il que les valets et les servantes de l'ambassadeur fassent leur *réserve*, en entrant dans un pays, pour être exempts de la juridiction civile et criminelle? Les réserves contre le droit, contre la justice, contre la souveraineté de la nation, peuvent-elles avoir un effet quelconque ? « L'ambassadeur, dit Vattel, doit protéger les gens de sa suite, et on ne peut les insulter sans l'insulter lui-même ». Traduire devant les assises les gens de l'ambassadeur qui volent, qui assassinent, qui violent, cela s'appelle les insulter, et insulter leur maître !.... Quand on pénètre au fond de l'immunité qu'on réclame pour la suite de l'ambassadeur, dit Laurent, on ne trouve que de vieux préjugés. Tout était privilège dans l'ancien ordre social, essentiellement aristocratique. Mais les privilèges ont passé ; nous sommes sous l'empire du droit commun, le même pour tous (1).

Quelle que soit la solution qu'on donne à la question, ce qu'il y a de certain c'est que, comme le dit l'auteur du *Guide diplomatique*, dans le cas même d'un délit commis par les personnes faisant partie de la légation, s'il n'appartient pas aux tribunaux du pays où le délit a été commis de prononcer un jugement contre les prévenus, *la procédure n'en doit pas moins être instruite par eux*. Aucun privilège ne saurait dépouiller la partie offensée et plaignante du droit de faire

(1) Laurent, *Le droit civil international*, t. III, p. 163 et suiv.

procéder aux informations sur les lieux par les autorités locales auxquelles la loi commune en défère le pouvoir. Ces autorités ont qualité pour faire comparaître devant elles toutes les personnes dont les déclarations ou les dépositions seraient nécessaires à l'enquête, tant que ces actes ne compromettront pas d'une manière réelle et non fictive les intérêts politiques de la Puissance à laquelle le défendeur appartient; car c'est cette enquête même qui fournit au plaignant les moyens d'appuyer sa demande devant les autorités étrangères (1).

(1) *Le Guide diplomatique*, édition de 1866, t. I, p. 105. — M. A. Villefort a publié dans la *Revue critique de législation et de jurispudence* (1858, t. XII, 8me année, p. 124), un article sur la renonciation au privilège de l'exemption de juridiction. Il y enseigne que, dans le cas où le délit a été commis dans l'hôtel même de l'ambassadeur, le fait échappe alors, d'une manière absolue, à la juridiction du pays. « Il est clair, dit-il, que si l'autorité locale pouvait s'introduire dans l'hôtel même de l'ambassadeur, et y exercer des actes de juridiction, il n'y aurait plus d'inviolabilité. En pareil cas, l'exemption de juridiction paraît complète en droit, et l'autorité locale ne pourrait agir qu'avec l'autorisation de l'ambassadeur, et dans les limites de la renonciation que celui-ci pourrait faire à son privilège ». Que si le délit avait été commis hors de l'hôtel de l'ambassadeur, soit publiquement, soit dans une maison tierce, M. Villefort proposerait de distinguer, si l'auteur du délit a été un domestique de la nation de l'ambassadeur, ou un domestique de la nation où il réside. « Dans la dernière hypothèse il semble, dit-il, que sans qu'il soit besoin d'examiner si l'ambassadeur a, ou n'a pas, juridiction sur les gens de sa suite, le coupable devrait toujours être abandonné à la juridiction locale.... Il parait aussi exorbitant en fait qu'en droit d'enlever un individu à la juridiction du pays où il a commis le crime, dont il est le sujet, et où il se trouve, pour le laisser à celle de l'ambassadeur auquel il n'appartient que par les liens de la domesticité, et qui ne pourra peut-être pas le punir. La question serait plus délicate, si le domestique appartenait à une nation tierce. Enfin, si le crime a été commis par un domestique de la nation de l'ambassadeur, l'exemption le couvre; c'est, du moins, l'opinion de la grande majorité des auteurs, mais, en fait, l'ambassadeur, à moins de considérations graves, devrait le plus souvent renoncer à cette exemption, et livrer le coupable aux tribunaux du pays. » *Ibid.*, p. 149, 150.

Affaire de l'emprunt de Costa-Rica, en 1857.

L'histoire diplomatique du Pérou offre quelques exemples intéressants se rattachant plus ou moins à la question des immunités diplomatiques. Ainsi, par exemple, dans l'affaire de l'emprunt de Costa-Rica, en 1857, on voit un commissaire — ce n'était pas, il est vrai, un agent diplomatique, — sortant de la réserve et de la modération que lui imposait son caractère public, et désavoué par son gouvernement.

Le 18 décembre 1856, M. D. Gregorio Escalante s'était présenté au gouvernement péruvien, comme commissaire chargé par la République de Costa-Rica de contracter un emprunt de 300 à 500 mille pesos. Sa démarche avait été accueillie ; la solution de cette affaire avait été déférée à l' « Assemblée nationale » péruvienne. Mécontent des lenteurs de l'opération, M. D. Grégorio Escalante publia dans le Journal « *El Comercio* » un article injurieux pour le gouvernement péruvien, dont il interpella la conduite de la manière la plus violente, et demanda ses passeports. Le gouvernement, considérant que M. Escalante avait abandonné les moyens licites pour parvenir au but de sa mission, et qu'il avait oublié la dignité de son caractère, lui refusa la délivrance des passeports. M. Escalante partit cependant. Sur ces entrefaites, la « Convention nationale » avait autorisé le gouvernement péruvien à prêter 100,000 pesos. Le gouvernement promulgua immédiatement cette loi, mais, en même temps, donna des instructions précises au ministre du Pérou résidant à Costa-Rica, pour qu'il introduisît une réclamation et obtînt une réparation de l'offense faite. Le 26 mai 1857, dans une note datée de San José, le ministre des relations extérieures de Costa-Rica exprima au gouvernement péruvien les regrets que lui avait causé la conduite de M. D. Grégorio Escalante ; il essaya de l'excuser par le désir qu'avait M. Escalante de retirer son pays de la situation difficile où il se trouvait, mais le ton général de la note, très-courtoise dans la forme et très-équitable dans le fond, contenait un désaveu implicite de la conduite de cet agent. Le conseil des ministres du gouvernement péruvien se déclara pleinement satisfait, et la « Convention Nationale », par une résolution du 8 octobre 1857, approuva l'acceptation faite par le gouvernement des satisfactions données par la République de Costa-Rica.

Expulsion de Bolivie de l'agent diplomatique du Pérou, en 1853.

Il a été dit que, lorsque le ministre public dépasse les limites de ses droits et se permet des infractions aux lois du pays où il est accrédité, le gouvernement auprès duquel il est envoyé est autorisé, suivant les cas, à le rappeler à ses devoirs, et même à demander satisfaction à son souverain. Il a été dit également que le ministre accusé d'un crime contre la sûreté de l'État où il réside, peut-être arrêté, éloigné, expulsé même. Mais ce droit d'expulsion est un moyen extrême de rigueur et de prévoyance, auquel il ne peut être permis de recourir que dans les cas très-graves, et lorsque la culpabilité, la criminalité de l'agent diplomatique, sont très-réelles et complètement démontrées.

Il ne convient pas d'agir comme l'a fait le gouvernement Bolivien, en 1853, vis-à-vis de l'agent diplomatique du Pérou.

Depuis de nombreuses années il existait un sérieux motif de discorde entre les deux pays : c'était la monnaie de mauvais aloi que le gouvernement de Bolivie avait frappée, qu'il avait répandue dans le Pérou, et qui y causait de graves désordres dans les transactions commerciales. Malgré la convention de 1847, dans laquelle le gouvernement bolivien s'était engagé à mettre un terme à l'émission de la fausse monnaie, ce singulier commerce avait continué. Pressé d'exécuter la convention, le général Belzù, président de Bolivie, ne trouva rien de mieux, pour se soustraire à cette obligation formelle, que d'expulser brutalement le chargé d'affaires du Pérou, en mars 1853.

Le dossier de cette affaire est intéressant à parcourir. On y voit, à la date du 6 janvier 1853, une note émanée du gouvernement bolivien, qui demande au gouvernement péruvien de rappeler le chargé d'affaires du Pérou, « parce qu'il a perdu la confiance » du gouvernement de Bolivie, et de retirer le vice consul, «ui s'est rendu l'objet de l'animadversion publique». Cette note ne s'appuie que sur des raisons très-vagues; elle n'articule aucune incrimination précise.

Le 10 février suivant, le ministre des relations extérieures répond, que, comme il n'est pas convenable que les ministres publics soient révoqués sans de gaves et puissants motifs, et comme l'honneur des deux nations y est intéressé, le gouvernement péruvien demande s'il y a contre M. D. Mariano Paredes, son chargé d'affaires, d'autres nouveaux et graves motifs pour le rappel, afin que ces motifs puissent être pris en considération.

Le 4 mars, nouvelle note du ministre des relations extérieures de Bolivie : il se plaint de n'avoir pas reçu de réponse sur la demande de rappel ; il annonce que le gouvernement bolivien a tranché lui même la question, en terminant les rapports avec M. Paredes, et en retirant l'exequatur au vice consul, M. D. Théodore Zevallos.

Le 12 mars, expulsion brutale du chargé d'affaires du Pérou et du vice-consul, avec intervention des agents de la police. M. D. Mariano Paredes adresse, d'Aréquipa, au ministre des relations extérieures de Lima, une relation de son expulsion violente. Elle est datée du 20 mars.

Le 26 mars, le ministre des relations extérieures de Bolivie envoie des explications au gouvernement péruvien, dans une note fort embarrassée. Il y est question, en termes très-vagues, d'une conspiration qu'auraient ourdie MM. Paredes et Zevallos. Le gouvernement bolivien aurait pu les punir, mais, par égard pour leur caractère et pour leur pays, il a préféré les renvoyer, et il demande que le gouvernement péruvien les mette en jugement. La note était accompagnée de la copie de l'interrogatoire d'un prisonnier, qui accusait M. Paredes de s'être rendu complice de conspiration contre le gouvernement bolivien.

On voit ensuite, dans ce dossier, sous la date du 11 avril, un mémoire du ministre des relations extérieures du Pérou au Conseil d'État de la République. Ce fonctionnaire y analyse certains documents, y commente certains détails. Il démontre que le gouvernement bolivien a expulsé M. Paredes sans motif plausible, même sans prétexte sérieux. Le prisonnier interrogé est un condamné à mort pour conspiration, à qui l'on a fait grâce de la vie et à qui l'on a imposé cette déclaration, faite, d'ailleurs, onze jours après l'expulsion. De son côté, dans une lettre du 12 avril, M. Paredes affirmait, sur l'honneur, ne s'être compromis en rien; il ne connaissait pas les prétendus conjurés ; il ne connaissait pas son accusateur.

Le Conseil d'État délibéra, et le résultat de sa délibération fut un rapport fortement motivé, daté du 13 avril, dont les conclusions étaient que des réparations devaient être demandées pour l'outrage, et que des mesures de rétorsion devaient être prises pour la violation des traités sur la monnaie.

Le gouvernement péruvien adopta en effet différentes mesures, parmi lesquelles la suppression des franchises de droits dont jouissaient certaines marchandises boliviennes. En même temps, il adressa au cabinet de Bolivie un *ultimatum* demandant la destitution du ministre des relations extérieures, le rétablissement de la légation péruvienne à Sucre, avec tous les honneurs dus au représentant d'une nation amie, l'exécution du traité relatif à la monnaie de mauvais aloi et une indemnité pour les émissions précédentes. Le gouvernement bolivien ayant refusé de satisfaire à ces réclamations, les Péruviens mirent à exécution leurs représailles commerciales, et envoyèrent quelques troupes et une escadrille pour s'emparer de Cobija, l'unique port possédé par la Bolivie sur la côte du Pacifique.

Le résultat de ce différend fut, pour le Pérou, une guerre extérieure compliquée d'une guerre civile (1).

De quoi se compose la suite du ministre public.

Quoique le mot *suite* désigne l'ensemble des personnes qui accompagnent quelqu'un par honneur, on comprend sous cette dénomination : les personnes employées pour le service de la légation et celles qui sont attachées au ministre, soit comme membres de sa famille, soit pour son service personnel. La composition de cette suite varie suivant l'importance de la mission et les convenances de l'État qui l'envoie. Les personnes employées pour le service de la légation, et qui forment le *personnel officiel* de la mission, sont, suivant la hiérarchie adoptée par l'État qui les envoie et suivant le caractère de la mission dont elles font partie, des secrétaires, des conseillers, des attachés d'ambassade ou de légation, des aspirants, des chanceliers, et toutes autres personnes qui, sous quelque autre dénomination, ont reçu la charge d'aider l'agent diplomatique dans l'exercice de ses fonctions. Des médecins et des aumôniers accompagnent certains ministres publics ; les États joignent souvent aussi au personnel officiel des officiers qui prennent le titre d'attachés militaires, et sont particulièrement chargés des travaux militaires de la mission. Ces différentes personnes sont nommées par le gouvernement du ministre et participent de droit, à titre personnel, aux immunités diplomatiques : aussi, comme nous l'avons déjà dit, les ministres, après avoir fait connaître leur caractère public, ont-ils ordinairement l'habitude,

(1) On peut lire les pièces de ce dossier dans la *Collection* d'Oviédo, t. VII, p. 66 et suiv.

conformément aux règlements de plusieurs États, d'envoyer au ministre des affaires étrangères du pays où ils sont accrédités une liste de toutes les personnes attachées au service de leur mission, pour les faire jouir des immunités qui leur appartiennent (1).

Les femmes, les enfants, les secrétaires particuliers, les domestiques de l'agent diplomatique, forment sa *suite non officielle;* les secrétaires particuliers, les officiers de l'hôtel, les domestiques, font partie de sa maison sans appartenir à la légation. Il vient d'être dit qu'il est d'usage d'inviter les ministres étrangers, après leur arrivée, à envoyer au département des affaires étrangères la liste des personnes faisant partie de leur suite : ils sont invités aussi à indiquer les changements qui pourraient survenir pendant la durée de leur mission.

Suivant Heffter, les gouvernements ont incontestablement le droit de s'opposer à une augmentation exagérée du personnel des missions diplomatiques (2). C'est une observation peu pratique et très-inutile, de nos jours où, de l'aveu même de cet auteur, on n'accorde plus aux questions relatives au personnel d'ambassade l'importance qui s'y attachait autrefois. Sous ce rapport l'opinion publique, ainsi que des considérations d'économie, ont introduit des changements notables, qui ne donnent plus lieu de craindre une augmentation exagérée. Dans tous les cas, les gouvernements devront agir avec la plus grande réserve à cet égard.

Personnes employées pour le service de la légation.

Au premier rang des personnes faisant partie de la

(1) Les jeunes gens attachés à la mission d'Autriche à Constantinople ont le titre d'*élèves*. Les élèves du *drogmanat* français dans cette capitale, destinés à remplir les fonctions de *secrétaires interprètes*, sont qualifiés *élèves interprètes*

(2) *Le droit international de l'Europe*, traduction française de Jules Bergson, n° 221, édition de 1873, p. 417, 418.

suite du ministre public et employées pour le service de la légation, se trouvent les secrétaires d'ambassade ou de légation ; puis viennent les conseillers de légation ou d'ambassade, les attachés militaires, les attachés, les chanceliers et les autres personnes désignées par différentes autres dénominations, telles que les directeurs de chancellerie, secrétaires interprètes, déchiffreurs, auditeurs, employés ou commis, copistes, payeurs, fourriers, huissiers de chancellerie, drogmans, maréchaux d'ambassade, gentilshommes d'ambassade, pages, la suite militaire et les courriers.

Mais observons de suite que ces différents emplois existent peu, et même n'existent plus, de nos jours. L'esprit démocratique de nos époques bourgeoises a fait disparaître les *pages*, les *gentilshommes d'ambassade*, les *maréchaux d'ambassade* ; la facilité des voyages a rendu inutile le service des *fourriers*, ou officiers qui parcourent les étapes et préparent les logements.

Secrétaires d'ambassade ou de légation.

On a dit que le ministre public chef de mission ressemble souvent à l'aiguille d'une montre. C'est alors sur le secrétaire de légation que roule la plus grande partie de l'ouvrage.

Les *secrétaires de légation* sont appelés *secrétaires d'ambassade*, lorsqu'ils sont attachés à un ambassadeur. Quelquefois ils sont en même temps revêtus du caractère de *conseillers* : quelques gouvernements donnent en effet aux premiers secrétaires de leurs grandes missions le titre de *conseillers d'ambassade* ou *de légation*.

J'ai déjà mentionné le décret du 18 août 1856, qui a supprimé, en France, la classification, par poste diplomatique, des secrétaires d'ambassade ou de légation et des attachés payés. Ce décret a même supprimé le titre d'attaché payé ; il a divisé, à l'avenir, les secrétaires en trois classes, et il a disposé que, suivant les besoins du service, les secrétaires pourront être attachés à des ambassades ou des légations indistinctement, quelle que soit la classe à laquelle ils appartiendront ; il a fixé enfin à trente-six le nombre des attachés surnuméraires; etc (1).

Dans les nonciatures papales, ils se nomment « *auditores nunciaturæ* », « *datarii* », « *subdatarii* ».

Les attributions des secrétaires d'ambassade ou de légation consistent à aider le ministre public dans les affaires qui font l'objet de sa mission. En l'absence du ministre, ou en cas d'empêchement, le secrétaire de légation le remplace assez souvent dans les affaires proprement dites, en qualité de *chargé d'affaires*. Et en effet, toutes les fois que le gouvernement que la mission représente n'a rien statué de contraire, le secrétaire d'ambassade ou de légation est le fonctionnaire que le chef de poste diplomatique, en cas d'empêchement, est autorisé à présenter au ministre des affaires étrangères du pays où il est accrédité, comme chargé par intérim des affaires de la légation.

Les « *auditores nunciaturæ* », ou auditeurs de nonciature, prennent quelquefois le titre d'*internonces*, lorsqu'ils remplissent par interim les fonctions de nonce.

Les secrétaires d'ambassade ou de légation, les auditeurs de nonciature, jouissent, ainsi qu'il a été dit, de l'inviolabilité et des immunités des ministres, tant en leur propre nom qu'en qualité de personnes attachées à la suite du ministre public.

(1) Rappelons qu'en France le décret du 18 août 1856 a fixé le nombre des secrétaires d'ambassade et de légation à 14 de première classe, 24 de seconde classe et 24 de troisième classe. Rappelons aussi que la loi des finances de 1872 a réduit le nombre des secrétaires de première classe à 12, et celui des secrétaires de 2e et 3e classe à 23. Un décret du 21 février 1880 a subdivisé la seconde classe des secrétaires d'ambassade en deux sections : la première section comprendra les 12 secrétaires d'ambassade de deuxième classe composant la première partie du tableau d'avancement de leur grade. Voir tome Ier, p. 305 et suiv.

F. G. de Martens fait remarquer qu'on doit les distinguer des secrétaires privés du ministre, qui, dans la règle, ne sont employés qu'aux affaires privées de celui-ci (1). Tandis que les secrétaires d'ambassade ou de légation servent tant à des objets de cérémonie qu'aux affaires de la mission, et qu'ils sont employés, par exemple, à soigner les archives, à chiffrer et à déchiffrer, à minuter des mémoires, des dépêches, à dresser des protocoles, etc., les secrétaires privés du ministre ne sont employés qu'à la correspondance particulière de l'agent diplomatique, qu'aux détails qui ne l'intéressent que comme individu.

L'auteur du *Guide diplomatique* résume ainsi les attributions des secrétaires d'ambassade ou de légation, attributions qu'ils partagent du reste avec les attachés: ils sont particulièrement chargés, par le ministre sous les ordres duquel ils sont placés, des rapports verbaux à faire en son nom au ministre des relations extérieures du gouvernement du pays où il réside, ainsi qu'aux ministres étrangers ses collègues; de surveiller la bonne tenue des archives de la mission, de chiffrer et de déchiffrer les dépêches; quelquefois aussi de minuter les notes ou les lettres que le ministre peut avoir à écrire, soit à ses collègues, soit aux autorités locales. Ce sont eux encore qui dressent les procès-verbaux, reçoivent et légalisent les déclarations, dressent les actes de l'état-civil et les certificats de vie pour leurs nationaux, ou y mettent le *visa* officiel, ainsi qu'aux passeports. Mais quand un chancelier est attaché à la mission, cette dernière partie des fonctions des secrétaires rentre dans ses attributions. Du reste, quel que soit le rang qu'ils occupent entre eux, tous ces agents secondaires ayant l'attache officielle ont pour obligation générale d'aider leur chef dans tout ce qui concerne l'exercice de ses fonctions (2).

(1) G. F. de Martens, ouvrage et édition cités, n° 236, t. II, p. 157.

(2) *Le Guide diplomatique*, chap. V, § 23, édition de 1866, t. Ier, p. 78. Voir plus haut, page 188, note 1.

Les différentes fonctions dont peuvent être chargés les secrétaires d'ambassade ou de légation sont fixées, d'ailleurs, par leurs gouvernements respectifs (1).

On a quelquefois posé la question de savoir, si, en cas d'absence du ministre public, le secrétaire d'ambassade ou de légation peut présenter en son propre nom des mémoires, lorsqu'il n'a pas été légitimé comme chargé d'affaires ? En d'autres termes, si le secrétaire de légation qui n'a pas été accrédité auprès du ministre des relations extérieures pour exercer les fonctions de chargé d'affaires pendant l'absence du ministre public, peut, le cas échéant, s'acquitter valablement de ces fonctions ? G. F. de Martens présente la question comme douteuse, quoiqu'il incline vers la négative ; mais Pinheiro Ferreira, avec plus de raison, pense qu'il ne saurait même y avoir de question à cet égard. Sans caractère public, demande-t-il, puisque par supposition il n'a point été accrédité, en quelle qualité le secrétaire d'ambassade ou de légation pourrait-il exercer des fonctions de service public (2)?

L'auteur du *Guide diplomatique* dit que, bien qu'on ne conteste plus actuellement aux secrétaires d'ambassade ou de légation, en cas d'empêchement du chef de la mission, la faculté d'être admis aux conférences et de présenter des mémoires ou des notes *signés par le ministre*, on leur conteste quelquefois le droit de remplacer le ministre dans toutes ses fonctions, lors même

(1) Il y a lieu de rappeler ici l'arrêté du Directoire exécutif de la République française, du 22 messidor an VII (10 juillet 1799), qui détermine le mode de rapports existants entre les étrangers accrédités et les autorités constituées de la République. Aux termes de cet arrêté, « les étrangers accrédités de quelque manière que ce soit près du gouvernement français, et ceux qui se trouvent occasionnellement sur le territoire de la République par suite d'opérations politiques auxquelles ils ont pris part, n'ont de rapports directs qu'avec le ministre des relations extérieures » (Art. 1er). « Ils ne communiquent que par son intermédiaire avec les autres ministres » (Art. 2).

(2) G. F. de Martens, ouvrage et édition cités, n° 236, t. II, p. 157 et 158.

qu'ils auraient été préalablement légitimés comme chargés *ad interim* des affaires de la mission. Il rappelle, à ce sujet, qu'à la Diète de la Confédération germanique de Francfort, le secrétaire de légation, même pendant l'absence de son ministre, et quand sous d'autres rapports, il remplissait les fonctions de chef de la mission, n'était jamais admis aux séances de la Diète. Le ministre absent ou empêché d'y assister devait se faire représenter pour l'émission de son vote par un de ses collègues (1).

La solution qui doit être donnée à la question est que le secrétaire d'ambassade et de légation, lorsqu'il n'a pas été accrédité ou présenté comme chargé d'affaires en l'absence du chef de mission, ou en cas d'empêchement de celui-ci, n'a aucune qualité pour remplir les fonctions du ministre public titulaire du poste, et pour accomplir les actes qui rentrent dans les attributions de ce dernier. Les secrétaires ne sont que des auxiliaires, des aides, ils ne sont chargés que d'assister l'envoyé.

Les secrétaires d'ambassade et de légation ne peuvent pas prétendre à un cérémonial particulier à la cour près de laquelle ils remplissent leurs fonctions. C'est même une question de savoir, si, et dans quelles conditions, ils peuvent être présentés à la cour? Les usages des cours ne sont pas uniformes à ce sujet. Klüber rappelle qu'à la cour de France, du temps de Napoléon Ier, ils furent présentés sans exception (2).

Dans les ambassades ou légations importantes, il y a ordinairement plusieurs secrétaires, de classes différentes, attachés à la même mission ; mais en revanche, dans certaines légations de second et de troisième ordres, il peut ne pas y avoir de secrétaire. Les missions anglaises n'ont eu longtemps qu'un secrétaire ; on a donné ensuite le même titre au premier attaché

(1) *Le Guide diplomatique*, *ibid.*, p. 78.

(2) *Droit des gens moderne de l'Europe*, édition de 1874, n° 188, note *d*, p. 272.

payé (1). L'ambassade d'Angleterre à Paris est dirigée par un ambassadeur extraordinaire et plénipotentiaire; les fonctions de secrétaire sont exercées actuellement par un ministre plénipotentiaire et par cinq secrétaires ayant grade de deuxième secrétaire. La France entretient trois secrétaires à Berlin, trois à Vienne, deux à Munich, trois à Bruxelles, trois à Rio-Janeiro, deux à Santiago du Chili, trois à Pékin, deux à Copenhague, trois à Madrid, trois à Washington, quatre à Londres (les fonctions de secrétaire de première classe y sont actuellement remplies par un ministre plénipotentiaire), deux en Grèce, trois à Rome, trois à Tokio (Japon), un à Tanger, deux à La Haye, un à Lima, un à Téhéran, deux à Lisbonne, deux à Bucharest, trois à Saint-Pétersbourg, trois auprès du Saint-Siège, un à Belgrade, deux à Stockholm, trois à Berne, trois à Constantinople. Telle était du moins la composition du personnel diplomatique français, quant aux emplois de secrétaire, au 1er juin 1880.

(1) Aux termes du décret du 18 août 1856 relatif au traitement des chefs de mission diplomatique absents par congé ou pour affaires de service, confirmé, quant aux dispositions suivantes, par l'article 21 du décret du 25 juin 1879, lorsque le chef de poste aura été autorisé à s'absenter de sa résidence pour un temps excédant quinze jours mais ne dépassant pas deux mois, le chargé d'affaires par interim ne sera tenu à aucune représentation quelconque. Si le congé doit excéder deux mois, le chef de mission aura à fournir au chargé d'affaires les moyens de satisfaire aux exigences de sa position officielle. Il mettra, à cet effet, à la disposition de ce dernier, celles des localités de son habitation qui sont indispensables pour constituer, selon les convenances et les usages du pays, un état de maison suffisant, telles que salon, salle à manger, office, cuisine. Toutes ces pièces devront être garnies de leur mobilier meublant et de tous les accessoires nécessaires pour le service de la table. Le service des domestiques sera à la charge du chargé d'affaires. Lorsque le titulaire du poste diplomatique ne sera pas en mesure de remplir ces obligations, il indemnisera le chargé d'affaires en lui abandonnant le huitième du traitement intégral du poste (*Art.* 6, 7). Sont affranchis de ces obligations, les chefs de missions diplomatiques admis au traitement spécial mentionné dans l'article 12 du décret du 25 juin 1879. Voir tome Ier, p. 325.

Les conseillers de légation.

Les *conseillers de légation* sont des agents que les gouvernements attachent quelquefois aux missions pour assister de leurs avis le ministre public dans les affaires d'une certaine importance, ou qui exigent des connaissances spéciales que l'agent diplomatique n'est pas censé posséder. « Dans la suite, dit Pinheiro Ferreira, comme on abuse de tout on ne vit dans les conseillers d'ambassade ou de légation que des attachés d'une catégorie supérieure aux attachés proprement dits, et inférieure aux secrétaires de légation, et l'on accorda ce titre à de simples élèves de diplomatie ».

Le même auteur fait remarquer que dans l'ordre hiérarchique les conseillers de légation sont inférieurs aux secrétaires de légation, puisque ces derniers, pendant l'absence du ministre, peuvent être appelés à devenir des chefs de mission, et par là supérieurs de tous les autres employés de la légation. Le comte de Garden observe qu'aucun usage diplomatique ne fixe les attributions des conseillers de légation, et que c'est à leur gouvernement à les déterminer (1).

Les attachés militaires.

Les attachés militaires sont des officiers de l'armée de l'État que représente le ministre public, adjoints à la légation dans un but qui ne peut être autre que de surveiller les armements et les perfectionnements réalisés dans les armées du pays où le ministre public est accrédité. Ce sont l'Autriche, la Prusse et la Russie qui ont inauguré la coutume d'entretenir des attachés de ce genre auprès de leurs ambassades réciproques. La France a également attaché, depuis 1860, des officiers de son armée à diverses légations.

(1) *Traité complet de diplomatie*, édition de 1833, t. II, p. 21.

Il ne faut pas confondre les attachés militaires avec la suite militaire qu'on donnait autrefois comme marque d'honneur autant que comme protection aux ministres publics. C'était une escorte de troupes que le gouvernement du pays où était accrédité l'agent diplomatique lui accordait, soit pendant une excursion, un voyage, soit même à l'endroit de sa résidence. Cet usage qui s'est pratiqué autrefois, surtout dans les congrès de paix avec la Porte ottomane, a disparu de nos jours (1).

(1) Le tribunal civil de la Seine a jugé, le 31 juillet 1878, que les attachés militaires étrangers commissionnés par le gouvernement de leur pays participent aux immunités diplomatiques, et ne peuvent être poursuivis devant les tribunaux français par les commerçants qui leur ont fait des fournitures. Il a considéré que la prérogative des ministres publics s'étend à tous les fonctionnaires qui les accompagnent et qui leur sont adjoints pour les assister et les suppléer, soit dans la mission générale qu'ils ont à remplir, soit dans les branches spéciales ressortissant à cette mission ; qu'elle appartient à leurs secrétaires, à leurs attachés, au personnel de leur suite, à leur famille, à tous les gens, en un mot, dont la présence est nécessaire pour leur permettre de représenter dignement leur pays et d'accomplir complètement et utilement leur mission. Les agents spéciaux dont un usage récent autorise l'adjonction aux légations diplomatiques, sous la désignation d'*attachés militaires*, font également partie de ces légations. S'ils ne représentent point directement leur gouvernement, ils sont les auxiliaires de son représentant pour tout ce qui concerne l'étude et la solution des questions militaires ; leur fonction n'est qu'un démembrement des fonctions plus générales du chef de la mission ; commissionnés par le gouvernement même, revêtus d'un caractère public et officiel, il y a pour eux les mêmes raisons que pour les agents diplomatiques proprement dits de ne point être troublés dans leurs fonctions, ou atteints dans leur dignité, par des poursuites judiciaires et par des actes d'exécution. Ils puisent donc à la fois dans leur titre personnel et dans leur situation de dépendance d'une légation, le droit de participer aux prérogatives attachées à leur situation et à leur titre. On trouve dans ce jugement du 31 juillet 1878 deux autres dispositions intéressantes à recueillir : l'une qui reconnaît aux femmes des attachés militaires les mêmes prérogatives qu'à leurs maris ; l'autre qui déclare constant que l'im-

Les attachés de légation.

Les *attachés d'ambassade* ou *de légation* sont généralement des jeunes gens de familles nobles ou riches, qui se destinent à la carrière diplomatique, et qui font le noviciat de la diplomatie auprès d'un ambassadeur ou d'un ministre public du second ou du troisième degré. Le poste d'attaché est, en général, purement honorifique. Le personnel des légations reçoit de ces jeunes novices quelques services, car on les applique à certains travaux, sans charge pour le trésor. Il y a des pays, toutefois, qui leur accordent un appointement minime ; il y en a d'autres où on ne leur donne qu'une indemnité de voyage. Il y aurait tout avantage à faire du poste d'attaché une position sérieuse, avec des appointements suffisants, mais en exigeant de ces jeunes gens, ordinairement plus adonnés au plaisir qu'à l'étude du droit des gens, un travail soutenu et utile. Ce serait alors un véritable apprentissage de la diplomatie pratique, qui donnerait à l'État des diplomates expérimentés et compétents.

Les chanceliers.

Les chanceliers sont des fonctionnaires, ou plutôt des agents d'un ordre secondaire, dont la compétence tient à la fois du notaire, de l'huissier et du greffier. Ce sont, disent MM. de Clercq et de Vallat (1), des officiers publics placés près des consuls (ou près des chefs de mission diplomatique) pour les assister dans leurs fonc-

munité de juridiction s'applique à tous les actes de la vie civile se rattachant aux fonctions des envoyés étrangers, et à tous les engagements dérivant comme une conséquence nécessaire de leur présence sur le territoire français. Voir : *Journal du droit international privé*, etc., 1878, t. V, p. 500 et suiv.

(1) Il s'agit, bien entendu, des chanceliers français.

tions. En matière politique et administrative, ils remplissent l'office de secrétaires ; en matière judiciaire, ils sont, tantôt greffiers, tantôt huissiers ; en matière de comptabilité ou de dépôt, ils sont préposés du trésor ou de la caisse des dépôts et consignations ; hors des pays du Levant et de la Barbarie, ils sont chargés des traductions officielles. Ils sont, sous la surveillance des chefs de la mission, notaires au même titre et avec la même autorité que les notaires publics de France (1).

Aux termes de l'article 17 de l'ordonnance française du 20 août 1833, sur le personnel des consulats, des chanceliers devaient être placés, quand l'intérêt du service l'exigerait, près des missions diplomatiques qui réuniraient à leurs attributions celles du consulat général. Les exigences de la comptabilité publique et les recommandations expresses de la Cour des comptes, ont mis le gouvernement dans la nécessité d'établir une chancellerie auprès de chacune des missions diplomatiques françaises, même en l'absence de tout établissement consulaire.

Deux décrets, l'un du 1er décembre 1869, l'autre du 12 décembre 1877, ont subdivisé, en France, tous les titulaires des chancelleries diplomatiques et consulaires en trois classes attachées à la personne de l'agent, indépendamment du poste dans lequel il exerce ses fonctions. Les titulaires des chancelleries diplomatiques, tous nommés par le chef de l'État, appartiennent indistinctement et suivant l'importance du poste à l'une des trois classes de chancelier. Ils sont rétribués de la même manière que les chanceliers consulaires, au moyen d'un traitement fixe et de remises proportionnelles ; ils sont soumis à l'obligation d'un cautionnement.

L'ancienneté et le mérite de leurs services font quelquefois conférer aux chanceliers diplomatiques le titre de consul honoraire de seconde classe ; mais ce n'est

(1) *Guide pratique des consulats*, édition de 1880, t. Ier, p. 60.

là qu'une distinction purement honorifique et personnelle, qui ne leur confère aucun des privilèges, aucune des attributions consulaires proprement dites : aussi leur est-il défendu de rappeler cette qualification dans l'intitulé et la signature des actes qu'ils dressent (1).

Les chanceliers diplomatiques n'ont aucun rang à prétendre en vertu de leur qualité. Si l'on peut admettre en effet qu'ils sont rattachés jusqu'à un certain point au personnel de la mission, et couverts par ses immunités, on ne saurait néanmoins aller jusqu'à les considérer comme membres du corps diplomatique proprement dit (2).

Les courriers.

On appelle *courriers*, des messagers que les gouvernements, les ministres publics, des généraux ou d'autres autorités constituées, envoient pour porter en toute diligence une nouvelle, un ordre, etc. On emploie aussi, pour de pareilles missions, outre les courriers proprement dits, qui sont ordinairement distingués par un costume, par un écusson qu'ils portent sur la poitrine, ou par tout autre signe quelconque, d'autres fonctionnaires publics, soit militaires, soit civils, des serviteurs particuliers, et même des personnes qui ne sont pas au service de l'État.

Les courriers proprement dits, ou employés aux fonctions de courriers, sont nommés quelquefois *courriers de cabinet*. Les autres sont appelés *courriers-porteurs de dépêches*. Les employés du ministère des affaires étrangères sont aussi expédiés parfois en courriers, pour porter des lettres ministérielles aux envoyés de leur gouvernement.

Partout, les courriers qui font connaître leur qualité

(1) Ordonnance du 20 août 1833, art. 17.

(2) De Clercq et de Vallat, *Guide pratique des consulats*, édition citée, t. Ier, p. 72.

et qui la prouvent, jouissent, dans leurs voyages officiels, et sur le territoire des États amis de leur gouvernement et de leur pays, non seulement de l'avantage d'une prompte expédition par les postes, même de préférences, mais aussi du plus haut degré d'inviolabilité par rapport à leur personne et à leurs dépêches. De sorte que toute violence commise contre eux est considérée comme une violation du droit des gens, qu'elle soit commise sur le territoire de l'État pour lequel le courrier a une commission, ou sur celui d'une tierce-Puissance où il passe. C'est ainsi que le meurtre commis en Silésie, près du village de Zoucha, le 17 juin 1759, sur la personne du major suédois Sinclair, envoyé en courrier de Constantinople à Stockholm, fut allégué comme une des raisons de la déclaration de guerre dans le manifeste publié par la Suède contre la Russie. Mais, répétons-le, cette inviolabilité suppose que le voyageur s'est annoncé comme courrier, en se légitimant, soit par des marques attachées à ses vêtements, soit par des passeports dûment dressés par ceux qui en ont le droit.

Le bagage des courriers n'est que rarement soumis à la visite des douanes, et, dans quelques pays, pour ne point retarder leur course, on les dispense de payer les impôts auxquels les autres voyageurs sont sujets, tels que péages, droits de pontonnage, droits de barrières, etc. L'exemption de la visite des douanes n'est toutefois pas toujours accordée, et les paquets portant un cachet officiel sont seuls légalement exempts de toute visite.

En temps de guerre, on se croit autorisé à arrêter et à dépouiller le courrier de l'ennemi et de ses alliés, tant qu'on n'est pas convenu réciproquement de la sûreté des courriers. Aussi, lorsqu'il s'agit d'assembler un congrès de paix, est-il prudent de ne pas omettre de conclure de suite des arrangements sur ce point, et d'assurer avant tout le libre envoi des courriers respectifs.

La saisie des dépêches d'un courrier est-elle justifiable, lorsque l'agent diplomatique qui l'envoie est soupçonné avec fondement de former ou de favoriser des complots contre la sûreté de l'État où il est accrédité ? La plus grande réserve est commandée aux gouvernements, et il faudra que les preuves soient bien accumulées, pour autoriser une mesure semblable ; mais personne ne contestera que, pour les États comme pour les individus, le droit de défense implique les moyens extrêmes, aux risques et périls de l'agresseur.

Autres personnes employées dans les légations.

Quant aux autres personnes qui peuvent être employées pour le service des légations, telles que les directeurs de chancellerie, les déchiffreurs, les employés ou commis, les copistes, les payeurs, le simple énoncé de leur titre indique la nature de leurs attributions. Il est bien entendu que ces différents employés n'existent que dans des missions très-importantes. Ordinairement le même individu cumule ces divers emplois. Le titre d'*auditeur* est le même que celui d'*attaché*. Les secrétaires interprètes et drogmans ne sont guères en usage que dans les légations établies près de la Porte ottomane et des gouvernements asiatiques ou africains, et dans celles de ces gouvernements auprès des cours européennes.

Enfin, les anciens dignitaires destinés spécialement au cérémonial, tels que les maréchaux d'ambassade, les gentilshommes d'ambassade, sont remplacés, chez les ambassadeurs, par des maîtres de cérémonie. Les attachés pourraient être considérés, sous un certain point de vue, comme les successeurs des anciens pages.

Membres de la famille du ministre public. — Son épouse.

Au premier rang des personnes qui participent à plusieurs prérogatives du ministre public, spécialement à l'inviolabilité et aux autres immunités qui s'attachent à son caractère, viennent sa femme et ses enfants.

En général, l'épouse du ministre public ne jouit pas de droits honorifiques particuliers ; traitée comme une étrangère d'un rang élevé, ce n'est que par courtoisie qu'on lui accorde parmi les dames de la cour la place d'honneur que son mari est en droit de prétendre sur les maris de celles-ci. Elle participe toutefois aux immunités du ministre public ; elle a, comme lui, un droit particulier à la protection de l'État auquel il est envoyé ; on ne peut saisir ses effets, etc., etc. La femme de l'ambassadeur reçoit toutefois un traitement plus officiellement distingué que les épouses des autres ministres publics. On lui donne par courtoisie le titre d'ambassadrice. L'étiquette des cours diffère, d'ailleurs, beaucoup, quant aux distinctions et honneurs qui lui sont accordés. Ainsi, l'étiquette varie, par exemple, par rapport à l'honneur du tabouret chez l'impératrice ou chez la reine ; à la réception de l'ambassadrice, lors de sa présentation, ou lors de sa dernière audience; au reste du cérémonial. Voici ce qui avait lieu, en France, pour la présentation d'une ambassadrice qui venait de se marier : le cérémonial était qu'elle fût amenée dans la chambre de la reine par les introducteurs des ambassadeurs ; le roi arrivait par une porte dérobée, et la reine présentait elle-même la nouvelle ambassadrice ; ensuite le roi lui donnait à souper en grande cérémonie, mais le fauteuil seul du roi était présent, et le grand écuyer ou le premier gentilhomme de la chambre tenait la place du monarque. Le soir, l'ambassadrice paraissait au cercle de la reine. C'est ainsi qu'en 1785 se passa la présentation de Mme de Staël comme ambassadrice de Suède (1).

(1) *Souvenirs d'un page*, par le comte d'Hézecques. — Rappelons les considérants de l'arrêt de la cour de Paris, du 21 août 1841: « Attendu que le baron de Pappenheim est ministre du grand-duc de Hesse, résidant en France ; qu'à ce titre, il y jouit des immunités accordées par le droit international aux ministres des Puissances étrangères ; que la baronne de Pappenheim, sa

Ses enfants.

Pour ce qui est des enfants et des autres personnes de la famille du ministre, qui résident près de lui, ils sont, par rapport au cérémonial, traités comme des étrangers, selon le rang qu'ils occupent dans la société (1) ; mais ils jouissent nécessairement des immunités diplomatiques, tant qu'ils vivent avec le ministre public.

Personnes attachées au ministre public pour son service personnel.

Les personnes attachées au ministre public pour son service particulier, sont : l'aumônier, le médecin, lors-

femme, jouit des mêmes immunités ; que ces immunités sont d'ordre public ;... qu'ainsi, le tribunal de commerce était incompétent pour connaître d'une action personnelle dirigée contre la baronne de Pappenheim ; que cette incompétence étant d'ordre public, peut être proposée en tout état de cause, et ne saurait être couverte par le consentement que l'appelante aurait donné de plaider devant le tribunal.... ». Dalloz, *Jurisprudence générale*, V° *Agent diplomatique*, p. 403, en note.

(1) « Heenskerke, ambassadeur de Hollande, avait amené sa « femme et sa fille. Sa femme eut son audience publique de « madame de Bourgogne, assise au milieu du cercle, à la « droite de la duchesse du Lude, chacune sur leur tabouret, « comme c'est l'usage. En arrivant, reçue en dedans de la porte « par la dame d'honneur, elle la mena par la main à madame « la duchesse de Bourgogne, à qui elle baisa le bas de la robe, « et dont tout de suite elle fut baisée comme cela est de droit « pour toutes les femmes titrées. En même temps elle présenta « sa fille, qui l'avait suivie avec Sainctot, dont c'est la charge. « La fille baisa le bas de la robe, et tout aussitôt se présenta « pour être baisée. Madame la duchesse de Bourgogne étonnée « hésite, la duchesse du Lude fait signe de la tête que non ; « Sainctot n'en fait pas à deux fois, et hardiment pousse la fille « de la main et dit à madame la duchesse de Bourgogne : « Bai- « sez, madame ; celà est dû ». A cela, et le tout fut fait en un « tour de main, madame la duchesse de Bourgogne, jeune, « toute neuve, embarrassée de faire un affront, eut plus tôt fait « de déférer à Sainctot, et sur sa périlleuse parole, la baisa. « Tout le cercle en murmura tout haut, et femmes assises, et

qu'ils ont été nommés et amenés par lui; le secrétaire particulier du ministre; l'instituteur de ses enfants; les officiers de sa maison, tels que maîtres d'hôtel, majordomes, écuyers, valets de chambre, portiers, sommeliers, cuisiniers, etc.; sa livrée, qui se compose des coureurs, laquais, cochers, postillons, palefreniers, etc. Ces personnes jouissent de la protection particulière du droit des gens, dans la mesure qui a été indiquée précédemment. Mais, dès que les personnes de la suite du ministre public quittent son service, elles deviennent justiciables des lois du pays où elles se trouvent, si elles ne sont pas sujettes de l'État qui a accrédité l'agent diplomatique. Si elles sont sujettes de cet État, elles rentrent dans la condition des étrangers ordinaires.

Rappelons encore que le gouvernement auprès duquel est accrédité l'agent diplomatique, conserve, vis-à-vis des personnes de la famille du ministre public et des gens de sa suite, le droit de recourir aux mesures que peuvent rendre nécessaires la sûreté de l'État et la conservation de l'ordre public (1).

« dames debout, et courtisans. Le roi, qui survient toujours à « ces sortes d'audiences pour faire l'honneur à l'ambassadrice « de la saluer, et ne la recevoir point chez lui, n'en sut rien dans « cette foule. Au partir de là, l'ambassadrice alla chez Madame. « Même cérémonie et même entreprise pour la fille. Madame, « qui en avait reçu tant et plus dans sa vie, voyant la fille ap- « procher son minois, se recula très-brusquement. Sainctot lui « dit que madame la duchesse de Bourgogne lui venait de faire « l'honneur de la baiser. « Tant pis ! répondit Madame fort haut, « c'est une sottise que vous lui avez fait faire et que je ne sui- « vrai point ». Cela fit grand bruit, et le roi ne tarda pas à le « savoir. Sur le champ il envoya chercher Sainctot, et lui dit « qu'il ne savait qui le tenait de ne le pas chasser et lui ôter sa « charge. De ceci, les ambassadeurs ne s'en émurent point : « leur caractère qui se communique à leurs femmes, parce que « mari et femme ne sont qu'un, ne va pas jusqu'à leurs en- « fants, et ils ne prétendirent rien là-dessus ». *Mémoires complets et authentiques du duc de Saint-Simon*, édition Garnier frères, 1853, chap. LIII, t, III, p. 129 et suiv.

(1) Voir la note de M. Ch. Vergé sur le n° 235 du *Précis du droit des gens moderne de l'Europe*, de G. F. de Martens, édition de 1864, t. II, p. 155 et suiv.

En ce qui concerne les personnes de la suite proprement dite, telles que les aumôniers, les médecins et les gens de la domesticité, il y a une autre remarque à faire : c'est que ces personnes, qui n'ont droit aux immunités qu'indirectement, et à cause de celui auquel elles sont attachées, ne jouissent de pareil privilège qu'autant qu'elles habitent la maison de l'agent diplomatique, et non lorsqu'elles ont une position indépendante en dehors de la famille et de la maison. Dans ce dernier cas, ces individus sont de simples ressortissants d'un État étranger, et sont assimilés aux autres étrangers. Ainsi, le précepteur des enfants appartient à la famille de celui qui a droit aux immunités ; les autres maîtres qui viennent donner des leçons chez le ministre public ne font pas partie de sa maison. Le prêtre qui célèbre un service religieux dans la chapelle de l'ambassade ou légation, le médecin de la ville qui vient donner des soins de son art au ministre public ou à des personnes de sa suite, n'ont pas droit aux immunités. Pour y participer, pour être couvert par elles, il faut être attaché officiellement à la mission, ou faire partie de la suite.

Le ministre public exerce-t-il un droit de juridiction sur les personnes de sa suite ?

Rien n'est confus et contradictoire comme la matière de la juridiction du ministre public à l'égard des personnes de sa suite, dans les ouvrages des auteurs qui ont écrit sur le droit des gens. Les uns enseignent, avec Bynkershoëck, que c'est au gouvernement qui accrédite le ministre à déterminer, si, de quelle manière, et jusqu'à quel point, ce ministre doit exercer lui-même la juridiction sur les personnes de sa suite, et dans quels cas il doit renvoyer devant les tribunaux de son pays les causes civiles contentieuses et les causes criminelles. Les autres prétendent, avec Kluit, qu'il faut que l'État où le ministre public réside, non seulement agrée, en général, l'exterritorialité de la légation, mais qu'il donne encore un consentement spécial pour l'exercice de la juridiction conférée à l'agent diplomatique par son souverain. Tels auteurs déclarent qu'ordinairement on confère au ministre public un pouvoir de police limité et la juridiction civile, tant contentieuse que volontaire, sur les personnes de sa suite ; tels autres ne reconnaissent à l'agent diplomatique qu'une sorte de juridiction correctionnelle, de pouvoir disciplinaire. Il serait difficile de concilier toutes ces propositions qui se contredisent plus ou moins, et de mettre quelque précision dans ces déclarations vagues qui n'offrent à l'esprit rien de net, rien de certain. Heffter seul a apporté quelque clarté dans cette obscurité, quelque ordre dans ce chaos.

Il commence par rappeler que la position exceptionnelle du ministre public à l'étranger, la fiction qui le fait considérer comme n'ayant pas quitté le territoire de son souverain, l'idée enfin que l'ambassadeur représente la personne du souverain, ont donné autrefois naissance à l'opinion qu'il exerce une juridiction spéciale sur les personnes de sa suite. Les annales de la diplomatie citent en effet un certain nombre d'envoyés diplomatiques qui se sont arrogé le droit de prononcer la peine capitale (1). A plus forte raison ils revendiquaient à leur profit l'exercice d'une juridiction civile.

(1) Vattel raconte en effet que le marquis de Rosny, depuis duc de Sully, étant ambassadeur extraordinaire de France en Angleterre, un gentilhomme de sa suite se rendit coupable d'un meurtre, ce qui excita une grande rumeur parmi le peuple de Londres. L'ambassadeur assembla quelques seigneurs français qui l'avaient accompagné, fit le procès au meurtrier et le condamna à perdre la tête ; après quoi il fit dire au maire de Londres qu'il avait jugé le criminel, et lui demanda des archers et un bourreau pour exécuter la sentence. Mais ensuite il convint de livrer le coupable aux Anglais, pour en faire eux-mêmes justice comme ils l'entendraient, et M. de Beaumont, ambassadeur ordinaire de France, obtint du roi d'Angleterre la grâce du jeune homme, qui était son parent. — Voir *le Droit des gens* de Vattel, édition annotée par Pradier-Fodéré, liv. IV, chap. IX, n° 124, t. III, p. 323 et suiv.

Néanmoins, ces prétentions n'ont jamais été admises, dit Heffter, d'une manière définitive dans la pratique des États. Dans tous les cas, le droit de juridiction ne pouvait et ne peut encore aujourd'hui être le résultat que d'une délégation formelle du gouvernement étranger. Mais, ni celui-ci, ni le gouvernement près duquel le ministre est accrédité, ne peuvent l'autoriser à exercer dans son hôtel une juridiction criminelle, pas plus qu'on ne le permettrait à un souverain étranger. Ce n'est qu'en Turquie et dans plusieurs autres États barbaresques, que les représentants des Puissances européennes jouissent d'une juridiction très-étendue, notamment en matière pénale, conformément aux usages des Francs.

Passant à la pratique contemporaine, Heffter constate que la juridiction des ministres publics est circonscrite dans des limites très-étroites, et qu'elle est réservée presque entièrement aux tribunaux de la patrie.

Voici les circonstances dans lesquelles elle peut s'exercer, suivant lui :

1° *Juridiction volontaire ou gracieuse, à l'égard des personnes de la suite* : le ministre public peut exercer cette juridiction ; ainsi, il peut recevoir des testaments, légaliser les contrats et les actes de l'état civil, faire apposer des scellés, etc.

2° *Juridiction volontaire ou gracieuse, à l'égard de personnes ne faisant pas partie de la suite, mais sujets de son souverain* : le ministre public peut exercer cette juridiction, mais à la condition d'avoir reçu un mandat spécial à cet effet. Le gouvernement auprès duquel le ministre est accrédité peut cependant refuser d'admettre la validité de ces actes, toutes les fois qu'il y a affaire en litige, et que cette affaire est envisagée par lui comme étant du ressort de ses tribunaux.

3° *Contestations entre les nationaux de l'agent diplomatique, ou entre personnes de sa suite* : le ministre public n'est compétent que pour mettre à exécution les commissions qui lui sont adressées, notamment celles qui ont pour objet un interrogatoire de parties ou de témoins. Mais dans aucun État de l'Europe chrétienne, et l'on peut ajouter de l'Amérique, les ministres publics ne sont investis du droit de statuer sur les contestations entre leurs nationaux, ou seulement entre les personnes de leur suite (1).

(1) Heffter reconnaît que le comte de Garden soutient le contraire dans son traité de diplomatie, mais il ajoute qu'il se trouve évidemment en contradiction avec la pratique moderne. Voici comment s'exprime le comte de Garden : « Nous avons établi que toutes les personnes formant la suite, ou attachées à la maison de l'ambassadeur, jouissaient de l'exemption de la juridiction locale. Pour suppléer à cette exemption, l'usage a introduit un droit inhérent au caractère des ministres du premier et du second rang, et communément désigné sous le nom de juridiction des ambassadeurs. Pour ce qui est de la *juridiction civile*, elle est généralement reconnue en Europe. Les ministres peuvent donc se charger d'actes de la juridiction volontaire..... Il appartient aux tribunaux du pays de décider si ces actes sont également valables pour ceux de leurs compatriotes qui ne font pas partie de la légation ; mais ces formalités ne suffisent jamais pour valider des actes qui ne peuvent être distraits de la compétence judiciaire. Lorsqu'un tribunal du pays où réside l'envoyé a besoin d'entendre comme témoins des personnes de sa maison, il peut demander à celui-ci de les faire comparaître. S'il s'y refuse et qu'il insiste pour les interroger lui-même, son droit ne paraît pas douteux, et dans tous les cas il ne conviendrait guère d'en faire un sujet de contestation. Des conventions particulières peuvent fixer diversement ces rapports et les spécifier plus exactement. L'action du ministre à l'égard de la juridiction criminelle n'est pas aussi généralement reconnue. Ce serait un acte trop contraire à l'autorité de l'État où il réside, que celui d'infliger, fût-ce même dans son hôtel, une peine corporelle. Cependant les envoyés réclament le droit de faire mettre aux fers ceux de leurs domestiques qui se sont rendus coupables d'un délit criminel, et de les renvoyer ainsi dans leur pays ; à moins qu'il ne se soit déjà présenté le cas où leur propre gouvernement ait refusé une permission semblable. Mais comme la compétence judiciaire du lieu où se commet le délit est partout établie, il semblerait que si le ministre est en droit de traduire devant la justice de son pays les personnes attachées à son service qui ont commis des excès dans sa demeure, surtout lorsque ces désordres concernent leur patrie ou leurs compatriotes, il n'en devrait pas être ainsi de celles qui, hors de l'hôtel de la légation, auraient troublé la tranquillité publique ; leur jugement appartient

4° *Cas de crime ou de délit commis par une personne de la suite du ministre* : le rôle du ministre public se borne à faire arrêter le prévenu, ou à demander son extradition ; à faire constater les faits, autant que les localités de l'hôtel le permettent ; éventuellement, à requérir à cet effet les autorités étrangères ; à procéder à l'interrogatoire des gens de l'hôtel comme témoins, et, généralement, à procéder aux actes d'instruction et à faire mettre à exécution les actes de réquisition envoyés par les autorités judiciaires de son pays.

Heffter observe que tant qu'il s'agit d'un délit ou d'un crime commis dans l'intérieur de l'hôtel par les gens de la suite du ministre, ou bien sur eux, et que le coupable a été saisi dans l'hôtel, le gouvernement près duquel le ministre est accrédité ne peut, sous aucun prétexte, en demander l'extradition. Mais, d'autre part, ainsi que le marque Merlin, lorsque des gens du service d'un ministre étranger ont commis hors de l'hôtel de l'ambassade une contravention ou un crime, le ministre, bien qu'il en ait rigoureusement le droit, peut difficilement refuser l'extradition du délinquant aux autorités du pays sans manquer aux convenances, ou sans prendre l'odieux de l'impunité, qui dans ce cas serait accordée presque toujours à des personnes plus ou moins coupables.

5° *Droit de correction modérée sur les personnes de la suite* : ce droit, que les ministres publics s'attribuaient autrefois sur les personnes de la suite qui étaient directement à leurs gages, n'existe plus de nos jours ;

à la magistrature du pays, comme autorité compétente pour punir de tels crimes. Aussi les ministres, pour ne compromettre ni leur caractère, ni la tranquillité publique, chassent ordinairement le coupable de leur service et l'abandonnent à la justice locale. Pour les simples délits de police, on s'en remet ordinairement à l'envoyé sur le châtiment des gens de sa suite ; on les fait même conduire chez lui à cet effet, lorsqu'on les surprend et les arrête hors de son hôtel ». *Traité complet de diplomatie*, édition de 1833, t. II, p. 169 et suiv. — Heffter a bien raison de dire que ce qu'enseigne ici le comte de Garden est en contradiction avec la pratique moderne.

il a disparu devant les mœurs et les institutions de notre époque (1).

En résumé, selon Heffter, l'agent diplomatique chef de mission a un pouvoir disciplinaire sur les personnes de sa suite, mais il n'a pas sur elles un droit de juridiction criminelle proprement dit : il ne peut entreprendre que les actes judiciaires préparatoires ; constater le corps du délit, dans l'hôtel ; procéder aux interrogatoires des personnes qui dépendent de lui ; requérir les autorités du pays où il réside de constater le corps du délit hors de l'hôtel, et d'entendre les témoins sur lesquels ces autorités exercent une juridiction ; faire arrêter la personne de sa suite sur laquelle se portent les soupçons, et veiller à la remise de cette personne aux autorités compétentes de l'État dont il tient ses pouvoirs. Ce n'est que par exception qu'on accorde, en Turquie et dans les pays mahométans, aux ministres publics, et même aux consuls, le droit de juger les délits commis par leurs nationaux chrétiens, et aux envoyés de ces gouvernements en Europe, la même juridiction sur leurs compatriotes mahométans (2).

L'école italienne contemporaine refuse, avec raison, aux ministres publics ce droit de juridiction sur les personnes de leur suite. Elle se fonde sur ce qu'un tel droit n'est pas nécessaire à l'exercice des fonctions diplomatiques, et sur ce qu'on doit rendre plein hommage à la juridiction de l'autorité locale. La mission confiée à un agent diplomatique se borne à représenter son souverain dans les affaires dont ce dernier l'a chargé : cette mission n'emporte aucune délégation du pouvoir judiciaire ; et quand même il y aurait délégation de ce pouvoir, comment serait-il possible de l'exercer sur un territoire soumis à une souveraineté étrangère ? Le gouvernement de la résidence le tolérerait-il ? Comment exécuterait-on ? Toute juridiction attribuée à un

(1) Heffter, ouvrage et édition cités, n° 216, p. 408 et suiv.

(2) V. Bluntschli, ouvrage et édition cités, n°s 216 et 217, p. 147.

ministre étranger, quelque limitée qu'elle fût, serait nécessairement une usurpation de la souveraineté du pays (1).

Voici comment s'exprime, de son côté, M. Villefort, dans l'article qu'il a publié, en 1858, dans la *Revue critique de législation et de jurisprudence*: « En principe, je n'hésiterais pas à décider aujourd'hui que l'ambassadeur n'a pas ce pouvoir; du moins, faudrait-il que la commission qu'il a reçue de son souverain le lui donnât en termes exprès, car une telle délégation ne saurait se présumer. Toutefois, même dans ce dernier cas, on se trouve arrêté par une difficulté. Le souverain, qui ne peut exercer lui même sur son propre territoire la justice criminelle, pourrait-il déléguer ce pouvoir à son ambassadeur pour l'exercer à l'étranger ?.... On a contesté que de pareilles conséquences, admissibles seulement, dit-on, dans les pays où le pouvoir est absolu, pussent l'être dans des pays régis par des lois constitutionnelles qui interdisent au prince tout exercice personnel du pouvoir judiciaire. On dit alors que le prince ne peut déléguer à son ambassadeur un pouvoir qu'il n'a pas lui même.... Quelle que soit la solution qu'on adopte, le pouvoir judiciaire de l'ambassadeur dépend de la délégation qu'il aura reçue de l'autorité compétente. En dehors d'une délégation expresse, on devrait donc décider que l'ambassadeur n'a pas ce pouvoir » (2). Telle est en effet l'opinion qu'il faut adopter, en ne perdant pas de vue que le régime politique des États de l'Europe et de l'Amérique modernes ne permet point de semblable délégation. Cette solution, correcte quant aux personnes de la suite du ministre public qui sont du même pays que lui, l'est bien davantage encore pour les gens de la suite qui sont nationaux du pays de la résidence.

(1) V. Esperson, *Droit diplomatique*, etc., nos 294, 298, 300, 301, t. I, p. 181, 182, 184, 185.

(2) T. II de la *Revue*, 1858, p. 148, 149.

Juridiction volontaire.

Mais si, de nos jours, le chef de la mission n'a aucune juridiction sur le personnel de sa mission et sur ses nationaux, dans le pays où il réside, il peut toutefois, en matière civile, exercer certains actes de juridiction volontaire à leur égard. On ne lui conteste pas, en général, le droit de recevoir les testaments, et moins encore celui de légaliser par sa signature les actes des personnes qui font partie de la légation, de faire apposer les scellés, en cas de mort, sur les objets qui leur appartiennent. L'apposition des scellés est même pour lui un devoir. Les lois de chaque pays décident, d'ailleurs, jusqu'à quel point la juridiction volontaire exercée par l'agent diplomatique peut s'étendre aux sujets de son souverain qui ne font pas partie de la légation. C'est ainsi, par exemple, qu'aux termes de l'article 48 du code civil français, tout acte de l'état civil des Français en pays étranger sera valable, s'il a été reçu, conformément aux lois françaises, par les agents diplomatiques ou par les consuls (1). L'article 368 du code

(1) Le tribunal civil de la Seine a jugé, le 2 juillet 1872, et le 21 juin 1873, qu'un mariage célébré à Paris, à l'hôtel de l'ambassade d'Angleterre (1re espèce) ou des États-Unis (2me espèce), suivant les formes usitées dans ces pays, entre une Française et un national de l'un de ces pays, est nul, comme n'ayant pas été célébré devant l'officier de l'état civil ; et que l'hôtel d'une ambassade ne jouit point de la fiction d'exterritorialité, au regard des actes intéressant les nationaux du pays près duquel elle est accréditée. « Attendu, — est-il dit dans le jugement de 1872, — que, si l'hôtel d'une ambassade doit, selon le droit des gens, être regardé comme territoire de la nation que représente l'ambassadeur, ce n'est qu'au point de vue des immunités consacrées par les traités internationaux au profit des agents diplomatiques, mais que cette fiction d'exterritorialité ne saurait être étendue aux actes de la vie civile intéressant les indigènes du pays près duquel est accrédité l'ambassadeur.....». L'arrêtiste qui a recueilli ce jugement ajoute l'observation suivante :

« L'exterritorialité n'a qu'une réalité subjective, qui rencontre sa limite dans la satisfaction même du principe d'indépendance qu'elle doit protéger. Dès que ce principe est satisfait, l'immu-

civil italien dispose, que les citoyens qui se trouvent hors du royaume peuvent faire recevoir les actes de naissance, de mariage ou de décès, par les agents diplomatiques ou consulaires du royaume, pourvu que les formes établies par le code soient observées. Pour l'accomplissement de ces différents actes appartenant à la juridiction volontaire, l'agent diplomatique délègue ordinairement ses pouvoirs au chancelier de la légation. Il a été déjà dit que des chanceliers ont été placés près de chacune des missions diplomatiques françaises, même en l'absence de tout établissement consulaire.

Quant à tout droit d'action directe sur la personne des nationaux à l'étranger, à tout droit de direction sur leur conduite, l'agent diplomatique ne saurait y prétendre. On veut attribuer aux chefs de mission un droit « naturel » de surveillance sur leurs concitoyens, qui se traduirait en avertissements officieux et même officiels à ceux d'entre eux qui, dans des vues politiques ou autres, voudraient compromettre l'honneur et l'intérêt de leur pays, mais l'exercice de ce droit serait bien difficile dans la pratique : ce droit ne pourrait, d'ailleurs, s'exercer que vis-à-vis des nationaux qui se seraient fait connaître à la légation, ce qui n'a pas lieu dans la généralité des cas (1). En revanche, les agents diplomatiques ne

nité diplomatique n'a plus de raison d'être; aussi ne comprendrait-on pas qu'elle fût étendue au-delà du représentant lui-même ou des personnes qui concourent à sa fonction, et que les individus du pays près duquel le représentant est accrédité élevassent la prétention de s'en prévaloir. A l'égard de ces derniers, le sol de l'ambassade étrangère est partie intégrante du sol national, et lorsqu'ils s'y trouvent, par accident ou par intention, ils n'ont pas quitté leur propre territoire ». *Journal du droit international privé*, 1874, t. Ier, p. 71 à 75.

(1) L'État a-t-il sur ses nationaux qui se trouvent en pays étranger le même pouvoir qu'il exerce sur eux dans le territoire où il exerce sa puissance souveraine ? C'est sur ce point, dit Laurent, que la Cour de cassation française paraît fonder la compétence que l'article 48 du code civil accorde aux agents diplomatiques et aux consuls. Dans l'affaire Sommaripa, il s'agis-

sont pas obligés, nous l'avons vu, d'appuyer de leur crédit les demandes et pétitions que forment leurs compatriotes sur des objets étrangers au droit des gens. C'est ici l'occasion de citer les recommandations de Marie-Thérèse à Marie-Antoinette, sa fille : « Ne vous chargez d'aucune recommandation, n'écoutez personne, si vous voulez être tranquille » ; et : « il faut savoir refuser ».

Droit du culte privé ou domestique.

Le droit du ministre public d'exercer dans son hôtel le culte de sa religion, pour lui et pour sa suite, et d'entretenir à cet effet une chapelle de légation avec les personnes nécessaires au service, tels que des aumôniers, des sacristains, etc., fait partie des prérogatives des agents diplomatiques. Ils en jouissent depuis le

sait de savoir si les agents diplomatiques pouvaient célébrer un mariage entre un Français et une étrangère. La Cour se prononça pour la négative, par les motifs suivants : « Attendu que d'après la législation invariablement observée en France, et qui, dans aucun temps n'a été méconnue, les actes de toute nature passés en pays étrangers entre des étrangers et des Français, doivent être faits suivant les lois du pays où ces actes ont lieu ; que ce principe, loin d'être modifié, a reçu une nouvelle force des articles 47 et 170 du code civil, qui le rappellent de la manière la plus expresse ; que, si les agents diplomatiques et les consuls ont été autorisés par l'article 48 à recevoir les actes de l'état-civil des Français en pays étranger conformément aux lois françaises, il résulte clairement, et de l'essence des choses et du texte de la loi, qu'il ne s'agit ici que de Français uniquement, *nos lois et nos agents n'ayant de pouvoir à l'étranger que sur les nationaux*...». C. Cass. 10 août, 1819, Dalloz, *Jurisprudence générale*, V°. *Acte de l'état civil*, 355. Cette décision, dit avec grande raison Laurent, soulève bien des doutes. D'abord, est il bien vrai que la loi ait pouvoir sur les nationaux en pays étranger ? C'est-à-dire que l'État puisse exercer sur ses nationaux un acte de puissance sur un territoire étranger ? C'est un principe élémentaire que la souveraineté ne dépasse pas les bornes du territoire sur lequel elle s'étend ; ainsi, les agents diplomatiques ne peuvent pas arrêter un Français sur un territoire étranger, quand même il aurait subi une condamnation criminelle, et qu'il serait un

schisme du XVIe siècle, soit en vertu de lois de l'État, comme en Danemarck, depuis 1676, en Suède, depuis 1719, 1720, soit en vertu de conventions expresses ou tacites. A Constantinople, la paix de Kainardji, de 1774, a assuré à la légation ou ambassade de Russie le droit

forçat évadé; les décisions de nos tribunaux, qui sont présumées être l'expression de la vérité, perdent ce caractère hors de notre territoire : de là cet adage que hors du territoire on désobéit impunément à la loi nationale. Il y a une raison bien simple du caractère territorial de la souveraineté, c'est que, si la souveraineté française pouvait exercer un acte quelconque sur le territoire d'un autre pays, il y aurait dans ce pays deux puissances souveraines, ce qui est impossible, puisque la souveraineté est exclusive de son essence et indivisible : en ce sens, il faut dire, avec Portalis, que la souveraineté est tout ou qu'elle n'est rien. Il y a encore une autre considération qui est également décisive contre le principe admis par la Cour de cassation. La Cour suppose que la compétence des agents diplomatiques et des consuls est l'exercice d'un pouvoir sur les nationaux: c'est plus que cela, c'est l'exercice d'un pouvoir de souveraineté sur un territoire étranger. Qui a le droit d'instituer des fonctionnaires ayant pouvoir d'instrumenter dans un pays? Le souverain territorial et le souverain seul. Et que fait le code civil en déclarant que les agents extérieurs ont le droit de recevoir les actes de l'état civil des Français en pays étranger? Il les institue officiers de l'état civil, avec pouvoir d'instrumenter et d'imprimer l'authenticité aux actes qu'ils reçoivent. En vertu de quel droit la France fait-elle acte d'autorité dans un pays étranger? Ce n'est pas sur des Français qu'elle a un pouvoir, c'est sur le territoire, elle y fait acte de souveraineté, et qui lui donne ce droit? A vrai dire, c'est une usurpation de la souveraineté territoriale. Voir Laurent, *Le droit civil international*, T. IV, p. 468 et suiv.

Parlant des consuls, — et l'observation est également applicable aux agents diplomatiques, — MM. de Clercq et de Vallat s'expriment ainsi : « Les provisions en vertu desquelles les consuls exercent leurs fonctions enjoignent aux sujets français de les reconnaître et de leur obéir. L'autorité consulaire ainsi proclamée est sans doute incontestable en droit; mais il faut bien reconnaître qu'en fait elle est privée de tout moyen coërcitif. Le droit de haute police, confié autrefois à tous les consuls sur leurs nationaux, n'existe plus aujourd'hui qu'en Levant, en Barbarie et dans l'Indo-Chine. Les principes de liberté qui forment la base de notre droit civil s'opposent, d'ailleurs, à ce qu'un consul donne des ordres à ses nationaux relativement à leurs actes personnels. Ce n'est donc pas dans ce sens que l'obéissance due aux

d'entretenir une chapelle domestique, et, de plus, d'avoir sous sa protection une église publique de religion grecque.

Ordinairement cette prérogative n'est accordée au ministre public, ou plutôt il n'a intérêt à la demander, que s'il n'y a point d'exercice public, ni privé, de son culte dans le lieu de sa résidence. Ainsi, l'empereur Jo-

consuls doit être entendue : les Français ne leur sont soumis que relativement aux lois à l'exécution desquelles ils sont préposés. *Le Guide pratique des consulats*, édition citée, t. 1er, p. 416. L'autorité et la protection du gouvernement et des lois françaises suivent les nationaux en pays étranger, pour tout ce qui concerne le statut personnel; mais, dans son application aux cas particuliers, l'action des lois françaises reste subordonnée à l'exercice de la souveraineté territoriale, *ibid.*, p. 409.

Les auteurs du *Guide pratique des consulats* supposent le cas où, à l'étranger, un Français manquerait au respect dû à un consul, où il irait jusqu'à l'outrager à raison ou dans l'exercice de ses fonctions. « Ce genre de délit, disent-ils, rentrant sous la sanction d'une loi française, dont l'application ne peut appartenir à l'autorité judiciaire étrangère, c'est aux tribunaux français que revient le droit de statuer, à la requête du ministère public, sur la plainte du consul offensé. Toutefois, si l'autorité territoriale informée du fait voulait intervenir pour protéger et faire respecter l'agent accrédité d'une Puissance amie, nul doute qu'elle ne fût fondée à punir le délinquant par mesure administrative, ou même par voie judiciaire, si la loi du pays le comporte, et, dès lors, aucune poursuite ultérieure ne pourrait plus avoir lieu contre le délinquant à son retour en France ». *Le Guide pratique des consulats*, édition citée, T. 1er p. 417. Cette solution n'a guères de portée pratique: qu'importera une condamnation en France, à un Français établi à l'étranger, et qui n'a plus conservé l'esprit de retour? Que faut-il entendre, d'un autre côté, par cette punition «*par mesure administrative*»? MM. de Clercq et de Vallat perdent de vue que c'est un axiôme de droit universel que les lois de police et de sûreté obligent tous ceux qui habitent le territoire, qu'ils soient étrangers ou nationaux. Qu'un Français, par exemple, outrage un agent diplomatique de son pays à l'étranger, les tribunaux du pays où l'outrage aura été commis seront absolument compétents pour connaître de cette infraction à la loi de police et de sûreté. Tout ce qu'on peut accorder, c'est qu'ils ne prononceront pas la peine dont sont frappés ceux qui outragent des fonctionnaires publics, mais ils protégeront l'agent diplomatique en appliquant la loi qui protége tout habitant du territoire.

seph II, d'Autriche, ayant concédé, à Vienne, aux protestants de la confession d'Augsbourg, le droit de culte privé, déclara que, dès lors, le culte domestique de la même religion ne serait plus permis dans cette capitale aux ministres étrangers. De nos jours, ce privilège diplomatique a naturellement perdu une grande partie de sa valeur, depuis que dans presque tous les États gouvernés selon les principes du droit public moderne, la liberté des cultes a succédé au système des religions d'État. Il y a même aujourd'hui un très-grand nombre de missions, en Europe, qui ne font pas usage de ce privilège.

La prérogative dont nous nous occupons comprend: le droit de bâtir une chapelle pour la mission diplomatique et d'en faire usage ; la faculté d'entretenir un ecclésiastique chargé spécialement du service de la chapelle ; le droit même de laisser d'autres personnes, et spécialement les compatriotes du ministre public, ceux qui sont placés sous sa protection et les autres étrangers de la même religion que lui, prendre part au service religieux célébré dans la chapelle de la légation. Ce dernier droit n'est toutefois accordé que par esprit de tolérance et par courtoisie, car aucune autre considération ne pourrait imposer de l'accorder. Mais en même temps que les gouvernements modernes sont plus éclairés, ils sont animés de sentiments plus libéraux.

Les actes paroissiaux célébrés régulièrement dans la chapelle du ministre par l'ecclésiastique y attaché, produisent tous leurs effets civils par rapport aux personnes qui font partie du personnel de l'ambassade. Mais ces actes sont-ils valables, lorsqu'ils s'appliquent à des personnes étrangères à la mission, ou à des indigènes? La solution de cette question dépend des lois intérieures de chaque État, et de la tolérance de son gouvernement. Ainsi, sous le gouvernement temporel des papes, il fut défendu aux Romains, jusqu'en 1870, de suivre le service protestant célébré dans la chapelle du ministre de Prusse.

Il est bien entendu que le droit de tenir chapelle n'implique pas nécessairement celui de faire certaines manifestations extérieures, telles que processions, sonneries de cloches, droit de l'ecclésiastique de porter le costume de sa charge en dehors de la chapelle, ni de donner à la chapelle les dehors d'une église.

Le culte religieux dans l'intérieur de l'hôtel de l'agent diplomatique doit cesser, dans la règle, dès que le ministre a quitté son poste. Cependant, s'il n'est absent que par congé, et qu'il conserve son hôtel en y laissant quelques-uns de ses gens, on tolère la continuation du culte. Mais, lorsque la mission est terminée, ou que le ministre n'a plus d'hôtel, le culte cesse : sauf le cas, par exemple, où c'est la mort d'un des deux souverains qui termine la mission, et où l'on attend les nouvelles lettres de créance.

Le droit de culte privé ou domestique appartient-il à tous les agents diplomatiques, à quelque catégorie qu'ils appartiennent ? En général les chapelles privées n'ont été tenues que par des ambassadeurs, ou des ministres extraordinaires et plénipotentiaires, même par des résidents ; mais, ainsi que le fait observer Bluntschli (1), il n'existe, en droit, aucun motif de refuser cette prérogative aux chargés d'affaires.

Je ne vois pas en effet ce qu'on pourrait alléguer. Il peut même arriver que l'État représenté auparavant par un ministre public de première, de seconde ou de troisième classe, le remplace par un chargé d'affaires en mission permanente, et qu'il laisse subsister la chapelle dans l'hôtel. Le gouvernement local ne s'opposera jamais à ce que le culte y soit célébré.

Ce privilège auquel on ne tient plus guères, de nos jours, et qu'on ne refuse pas d'accorder, appartient donc aux agents diplomatique de toutes classes.

Il va sans dire que la famille, la suite et les domestiques du ministre public, ont également le libre exercice de leur religion ou confession, à l'intérieur de

(1) Bluntschli, ouvrage et édition cités, nº 204, p. 143.

l'hôtel, chacun suivant sa religion ou confession, lors même que ces personnes appartiendraient à une autre confession ou religion que le ministre public lui-même; mais je partage complétement l'opinion de Heffter, que l'ambassadrice ne saurait prétendre à l'exercice de son culte dans une chapelle particulière en son hôtel (1), car l'épouse de l'ambassadenr ne jouit pas de droits honorifiques, ni de privilèges spéciaux pour elle: c'est une grande dame, et rien de plus. L'auteur du *Guide diplomatique* incline plutôt vers l'opinion contraire. Tout en reconnaissant que ce privilège dépendrait absolûment de conventions particulières, des coutumes locales ou de la bonne volonté du souverain territorial, il enseigne que chaque membre du corps diplomatique *a droit de prétendre, pour lui et pour toutes les personnes de sa suite, aux privilèges et aux honneurs* que l'on accorde dans le pays aux agents diplomatiques du même rang que le sien, à moins qu'il n'y ait des conventions spéciales entre les deux États (2).

Autres immunités ou privilèges des ministres publics.

Les ministres publics et les personnes de leur suite jouissent encore de quelques immunités ou privilèges de moins grande importance. Ainsi, dans les pays où le droit de se livrer à l'exercice et au plaisir de la chasse se paye, les agents diplomatiques sont ordinairement exemptés de cette mesure fiscale. Les personnes attachées à leur suite pour le service de la légation, et peut-être même les membres de leur famille résidant avec eux, peuvent jouir de cette immunité. Il est d'usage en effet d'accorder aux agents diplomatiques l'immunité de tout impôt qui n'est pas, comme les péages par exemple, perçu pour l'usage d'une chose dont l'entretien exige des dépenses. Les

(1) Heffter, ouvrage et édition cités, n° 221, p. 416.
(2) *Le Guide diplomatique*, édition de 1866, t. Ier, p. 117.

agents diplomatiques justifient, dans ce cas, de leur qualité, devant les représentants de l'autorité chargés de constater les délits de chasse, par l'exhibition d'une carte délivrée par le ministre des affaires étrangères, et visée par l'autorité administrative compétente. Mais cette immunité de très peu d'importance ne met pas d'obstacle au droit des propriétaires de permettre ou de refuser la permission de chasser sur leurs terrains, que ces propriétaires soient des individus, ou des collectivités, comme des communes ; et même il est douteux que les agents diplomatiques soient exemptés de la partie du droit fiscal qui pourrait être attribuée aux communes. Il est certain que les dispositions de la législation sur la chasse qui seraient d'ordre public seraient aussi applicables aux agents diplomatiques.

Les voitures des membres du corps diplomatique ont le privilège de ne pas garder la file dans les cérémonies publiques, ou lorsqu'ils se rendent à la cour, ou au théâtre. Ordinairement la police envoie des billets de passe, que le domestique monté derrière la voiture exhibe, au besoin, aux agents chargés dans les rues de l'exécution des règlements. Souvent une entrée particulière est réservée aux voitures qui peuvent rompre la file. A la sortie des fêtes de la cour, le corps diplomatique étranger a également une issue particulière.

On admet, dans quelques pays, que le médecin attaché à une ambassade ou légation, qui n'aurait pas de diplôme dans le pays même, peut néanmoins pratiquer l'art de guérir dans l'hôtel de l'ambassade ou de la légation. On va même quelquefois plus loin, et, en se fondant sur ce que l'exterritorialité doit s'étendre, par condescendance, jusqu'au logement des personnes faisant officiellement partie des missions étrangères, on tolère que ce médecin puisse pratiquer son art au domicile de ces personnes ; mais, en aucun cas, il ne pourrait traiter les nationaux du ministre public.

On a autrefois compris parmi les privilèges des agents diplomatiques, le droit de posséder une imprimerie pour l'usage de la légation; mais ce privilège n'est guére usité de nos jours : on peut même dire qu'il n'existe plus. Le droit de posséder une imprimerie a été, notamment, exercé, pendant la guerre de Sept ans, à Ratisbonne, par le ministre du roi de Prusse accrédité auprès de la diète de l'Empire. Le ministre d'Espagne avait également une imprimerie dans son hôtel à Rome; mais le pape supprima cette prérogative en 1815.

La prescription court-elle pour les agents diplomatiques accrédités à l'étranger, ou contre eux ? Ulpien disait: « *absentia ejus qui reipublicæ causâ abest, ne que ei, ne que alii damnosa esse debet* » (1). La solution n'est pas douteuse, du moins en France; elle se trouve virtuellement comprise dans les termes de l'article 2251 du code civil français, ainsi conçu : « La prescription court *contre toutes personnes*, à moins quelles ne soient dans quelque exception établie par une loi » ; or, dans aucune de ses dispositions, la loi française n'a attribué à l'exercice des fonctions diplomatiques l'effet de suspendre le cours de la prescription. Les particuliers contre lesquels une prescription a été commencée du chef d'un agent diplomatique, avant son départ, pourraient donc l'interrompre, soit en faisant des actes contraires, soit de toute autre manière prévue par la loi, et notamment en notifiant tous exploits à son domicile connu en France. L'agent diplomatique, de son côté, contre lequel une prescription aurait couru depuis son départ, ne pourrait se plaindre, car c'était à lui de confier à un mandataire l'administration de ses biens et la défense de ses droits (2). « Quelque favorables que soient les causes de l'absence d'un ministre public, dit Dalloz, elles ne peuvent suffire pour lui donner un privilège qui n'existe pas dans la loi. D'ailleurs, la rapidité actuelle des com-

(1) *Digeste, De diversis regulis juris antiqui*, lib. L, t. XVII, l. 140.

(2) *Journal du Palais, Répertoire.* V° *Agent diplomatique*, n°s 231, 232.

munications, la sûreté des rapports qui existent entre les Puissances, donnent aux agents diplomatiques toutes les facilités nécessaires pour s'occuper de la gestion des biens qu'ils ont laissés dans leur pays, et la loi en accordant ce privilège aurait, sans un intérêt réel et appréciable, nui à la sécurité des transactions (1) ».

Le droit au cérémonial.

Le droit au cérémonial fait aussi partie des prérogatives des ministres publics dérivant du droit des gens, tant naturel que positif.

Ce cérémonial comprend beaucoup de détails qui ont été déjà l'objet d'un examen particulier. Il embrasse, on l'a vu, tout ce qui est relatif au rang des ministres entre eux, en lieu tiers, dans l'hôtel propre du ministre, entre eux et de tierces personnes ; tout ce qui concerne l'étiquette, par rapport aux audiences, les solennités publiques, les honneurs militaires et autres distinctions, les visites de cérémonie, le costume, les qualifications, etc., etc.

Fort compliqués autrefois, les honneurs diplomatiques, de nos jours, se simplifient à mesure que le caractère de la représentation des États est mieux défini, et que l'importance réelle des missions diplomatiques ressort avec plus d'évidence.

Nous ne reviendrons pas sur ce qui a été dit à cet égard ; cependant il y a quelques détails qui doivent nous arrêter encore (2).

(1) Dalloz, *Jurisprudence générale*, V° *Prescription civile*, n° 736.

(2) En France, le titre XIII du décret du 24 messidor an XII a déterminé les honneurs à rendre aux ambassadeurs dans les villes où ils passent : aux termes de ce décret, il ne sera, sous aucun prétexte, rendu aucune espèce d'honneurs militaires à un ambassadeur français ou étranger, sans l'ordre formel du ministre de la guerre (Art. Ier). Le ministre des relations extérieures se concertera avec le ministre de la guerre pour les honneurs à rendre aux ambassadeurs français ou étrangers. Le ministre de

Ainsi, par exemple, on peut se demander si, dans la réalité, il existe une différence marquée, quant aux prérogatives, entre les ambassadeurs et les ministres extraordinaires et plénipotentiaires, c'est-à-dire entre les agents diplomatiques de la première classe et ceux de la seconde classe. Cette différence existe assurément dans les cours qui ont conservé les usages primitifs, et qui distinguent encore entre représenter le prince dans sa dignité et représenter l'État dans ses affaires. Elle existe même encore dans les autres pays soumis à des principes plus libéraux, plus démocratiques et plus vrais, mais seulement en ce qui concerne certains points de cérémonial. Ainsi, les ambassadeurs, les légats et les nonces, ont droit au salut des forteresses et des navires de guerre, lorsqu'ils arrivent par mer, et, dans les pays où le salut est accordé aux ministres plénipotentiaires, les ambassadeurs, les légats et les nonces, sont salués par un plus grand nombre de coups de canon. Les ambassadeurs peuvent avoir dans leur salle de réception un dais, sous lequel sont placés un trône et le portrait de leur souverain; lorsqu'ils reçoivent les premières visites d'étiquette ou celles qui sont faites à l'occasion de la fête de leur souverain, ils se tiennent debout sous le dais, en évitant de masquer de leur corps la vue du portrait du prince. Les ministres de la première classe peuvent se présenter dans les cérémonies publiques avec un attelage de six chevaux ; ils peuvent, nous l'avons vu, dans leur audience de réception, se couvrir quand le souverain se couvre. Mais, sauf ce qui est relatif à ces honneurs extérieurs, dont l'usage se perd de plus en plus de nos jours, et certaines autres distinctions exclusivement

la guerre donnera des ordres pour leur réception (Art. 2). Il en sera des honneurs civils pour les ambassadeurs français ou étrangers, ainsi qu'il a été dit ci-dessus pour les honneurs militaires (Art. 3). Quant aux honneurs à rendre aux agents diplomatiques dans les ports de mer, les articles 37 et 38 du décret du 6 frimaire an XIII veulent qu'il ne soit rien fait, à cet égard, sans les ordres du ministre de la marine.

honorifiques, les ambassadeurs n'ont plus aujourd'hui les prérogatives exceptionnelles dont ils jouissaient autrefois: celle par exemple de traiter immédiatement avec le souverain auprès duquel ils étaient accrédités. Pinheiro-Ferreira fait à ce sujet une observation très-juste: « Depuis, dit-il, que les leçons des siècles ont rapproché les souverains de toutes les autres classes de citoyens, il est généralement reçu que les monarques s'entretiennent des intérêts des deux pays, et même de la politique générale, avec les agents diplomatiques de tous les ordres. Mais, alors même qu'il était rare, ou que l'étiquette de cour ne permettait qu'aux ambassadeurs, d'entretenir immédiatement les souverains des intérêts de leurs missions, jamais ces entretiens ne furent regardés comme actes valables de leurs négociations. C'est avec les ministres du monarque qu'il fallait conférer et conclure ; et jamais ministre qui tint à cœur les intérêts de l'État, la dignité de la couronne et sa propre dignité, n'aura pu s'abaisser à apprendre de la bouche de l'ambassadeur étranger les décisions de son propre souverain. C'est au contraire par lui que l'ambassadeur aura dû savoir, ainsi que l'envoyé ou le chargé d'affaires, ce qui en définitive doit être censé accordé entre les deux gouvernements, quelque flatteuses qu'aient été les espérances que l'ambassadeur ait pu concevoir de ses entretiens avec le souverain. Jusqu'ici nous avons supposé que les constitutions de l'État auquel l'ambassadeur appartient, ainsi que celles du pays où il est envoyé, lui permettent de traiter valablement de souverain à souverain. Mais tel n'est pas le cas dans les pays dont le gouvernement est représentatif, monarchies ou républiques ; car, dans les premières, le souverain n'exerce aucun acte de royauté que par l'entremise de ses ministres. Il ne peut y avoir, de la part d'un monarque constitutionnel envers les autres souverains, que des rapports privés. On peut encore moins concevoir de quels intérêts l'ambassadeur d'une république peut être chargé par le président auprès du souverain étranger, ou l'ambassadeur de celui-ci auprès du président de la république ». Pinheiro-Ferreira en conclut qu'un ambassadeur est une entité diplomatique dénuée de toute signification dans un gouvernement constitutionnel, et surtout un ambassadeur accrédité auprès du président d'une république (1). Cette conclusion est d'une justesse qui devient, de nos jours, de plus en plus évidente.

L'observation de Pinheiro-Ferreira est en effet confirmée surtout par la pratique contemporaine. Dans la grande généralité des pays, la différence qui existe entre les agents diplomatiques du premier et ceux du second rang est, sauf le cérémonial relatif à la réception, plutôt nominale que réelle, et, d'après l'organisation politique de la plupart des pays, l'influence des ministres publics est due à leur personne bien plus qu'à leur titre. Une mission de premier ordre indique seulement une déférence plus grande de la part du gouvernement qui accrédite. Les considérations d'économie entrent, du reste, pour beaucoup dans le choix du rang du ministre à accréditer (2).

(1) Note sur le n° 192 du *Précis du droit des gens moderne de l'Europe*, de G. F. de Martens, édition annotée par M. Ch. Vergé, 1864, t. II, p. 60.

(2) Il s'en faut de beaucoup que, sous Louis XIV, les ambassadeurs étrangers aient joui, en France, des privilèges et honneurs qui leur ont été attribués plus tard. On trouve dans les mémoires du duc de Saint-Simon un épisode fort curieux, qui montre les prétentions des agents diplomatiques de cette époque à des prérogatives souvent très futiles, et le peu de cas que le grand roi faisait de ces prétentions. Voici comment M. de Saint-Simon raconte l'incident : « Les ambassadeurs furent conviés d'aller à Compiègne. Le vieux Ferreiro, qui l'était de Savoie, leur mit dans la tête de prétendre le *pour*. Il assura qu'il l'avait eu autrefois en sa première ambassade en France. Celui de Portugal allégua que Monsieur, le menant à Montargis, le lui avait fait donner par ses maréchaux de logis, ce qui, disait-il, ne s'était fait que sur l'exemple de ceux du roi ; et le nonce maintint que le nonce Cavallerini l'avait eu avant d'être cardinal. Pomponne, Torcy, les introducteurs des ambassadeurs, Cavoie, protestèrent tous que cela ne pouvait être, et que jamais ambassadeur ne l'avait prétendu, et il n'y en avait pas un mot sur les registres. Le fait était que les ambassadeurs sentirent

La cour du pape est celle qui a conservé le plus longtemps les usages primitifs. A Rome, les ambassadeurs ont longtemps joui de quelques-uns de leurs anciens privilèges : je parle des ambassadeurs accrédités auprès du Saint-Siège. Aujourd'hui encore, l'ambassadeur voit plus souvent la personne du pape ; il est reçu immédiatement, même lorsqu'il n'a pas, comme c'est la règle ordinaire, fait demander, d'avance et par écrit, une audience. Les chefs de mission qui n'ont ni le rang, ni le titre d'ambassadeurs, n'ont point droit, en général, à ces réceptions particulières.

Depuis un temps immémorial, les quatre couronnes dites catholiques, l'Autriche, l'Espagne, la France et le Portugal, ont eu seules le droit d'accréditer des agents diplomatiques auprès du Saint-Siège, ayant les prérogatives d'ambassadeurs. La République de Venise jouissait autrefois du même privilège.

Audiences diplomatiques.

Aux détails déjà donnés sur les audiences diplomatiques, il faut ajouter les observations suivantes, fondées sur un usage, sinon universel, du moins très-général.

Lorsqu'un ministre public étranger désire une au-

l'envie que le roi avait de leur étaler la magnificence de ce camp, et qu'ils crurent pouvoir en profiter pour obtenir une chose nouvelle. Le roi tint ferme ; les allées et venues se poussèrent jusque dans les commencements du voyage, et ils finirent par n'y point aller. Le roi en fut si piqué, que lui, si modéré et si silencieux, je lui entendis dire à son souper, à Compiègne, que s'il faisait bien, il les réduirait à ne venir à la cour que par audience, comme il se pratiquait partout ailleurs. Le *pour* est une distinction dont j'ignore l'origine, mais qui en effet n'est qu'une sottise : elle consiste à écrire en craie, sur les logis, « *pour* » M. un tel, ou simplement M. un tel. Les maréchaux-des-logis qui marquent ainsi tous les logements dans les voyages mettent ce « *pour* » aux princes du sang, aux cardinaux et aux princes étrangers. Ce qui me fait appeler cette distinction une sottise, c'est qu'elle n'emporte ni primauté, ni préférence de logement...... ». *Mémoires complets et authentiques du duc de Saint-Simon*, édition de 1853, chap. LX, t. IV, p. 4 et suiv.

dience du chef d'État auprès duquel il est accrédité, il doit en exprimer par écrit le désir au ministre des relations extérieures, en lui faisant connaître le but de l'audience, s'il est officiel. Si l'audience a pour objet la remise d'une lettre de cabinet, l'agent diplomatique en remet au ministre des relations extérieures la copie, qui est toujours jointe par les chancelleries aux lettres de cabinet. Le ministre des relations extérieures prend les ordres du chef de l'État. L'heure de l'audience fixée, l'agent diplomatique s'y rend en uniforme, à moins qu'on ne l'ait invité à aller au palais en frac.

Les agents diplomatiques, ainsi qu'il a été déjà dit, demandent des audiences aux souverains auprès desquels ils sont accrédités, pour leur adresser des communications, pour s'entretenir avec eux des intérêts de l'État qu'ils représentent. Ordinairement, — mais les usages sont très-divers, — les chefs de mission ne remettent eux-mêmes les lettres de notification au chef de l'État que quand ils sont du premier, du second ou du troisième ordre des ministres publics ; les chargés d'affaires remettent les lettres autographes de leur souverain au ministre des affaires étrangères. Mais, je le repète, il y a beaucoup de diversité dans les règles et dans les usages à cet égard.

Quant aux ambassadeurs, s'ils ont conservé le privilège de pouvoir se présenter directement à l'audience du souverain, tandis que les autres ministres publics doivent au préalable demander au ministre des affaires étrangères de leur procurer cette audience, le privilège dont il est question se réduit aujourd'hui à très-peu de chose, car, quelle peut être la valeur d'un libre accès, si la présence du ministre des affaires étrangères est nécessaire pour traiter d'affaires et pour arriver à une conclusion (1) ? En général, c'est avec les ministres des affaires étrangères et les sous-secrétaires d'État aux relations extérieures que s'échangent les communications diplomatiques. Mais toutes ces questions ont été déjà

(1) Esperson, *Droit diplomatique*, n° 66, t. I, p. 48.

traitées avec les détails qu'elles comportent, dans le tome premier.

Les audiences officielles données par le chef de l'État aux ministres publics étrangers sont habituellement annoncées par la voie du journal officiel ; on indique également, d'une manière sommaire, l'objet de ces audiences. Le journal officiel fait aussi connaître au public le sujet des lettres de notifications que le chef de l'État a reçues des souverains étrangers.

Distinctions honorifiques.

Il n'y a pas à insister davantage sur les distinctions honorifiques dont les ministres publics sont l'objet dans les pays où ils sont accrédités. Dans les solennités publiques, telles que celles qui ont lieu à l'occasion de couronnements, d'entrées publiques, de funérailles, d'ouvertures de parlements, etc., une place distinguée est toujours réservée au corps diplomatique étranger. A la cour, chez le chef de l'État, les membres du corps diplomatique étranger sont admis avec des honneurs particuliers, et dans les grands galas (1). Dans les conférences, dans les congrès, les différentes prérogatives dont les ministres publics jouissent sont réglées d'après les rapports réciproques entre les États respectifs, et suivant le rang des ministres. Il convient de rappeler, à ce propos, l'observation déjà citée de Ch. de Martens, « qu'aucun ministre public ne peut prétendre à des honneurs et prérogatives supérieurs à ceux que les usages de la cour auprès de laquelle il est accrédité accordent à ceux de ses collègues qui appartiennent à la même classe, à moins que par des conventions spéciales le cérémonial

(1) En 1776, les ministres résidents furent déclarés, à Vienne, capables de paraître dans l'appartement de l'empereur. A Madrid, les chargés d'affaires ont été admis, depuis 1783, à être présentés au roi. Nous avons déjà dit qu'à la cour de Napoléon Ier, on admettait, non seulement les ministres de toutes classes, mais aussi les secrétaires de légation.

n'en ait décidé autrement. Les grandes cours accordent souvent moins d'honneurs distinctifs aux ministres de second classe, que les moyennes et les petites cours n'en accordent quelquefois aux ministres de troisième classe, notamment à ceux qui représentent des Puissances de premier ordre » (1).

Il a été dit qu'en 1868 le gouvernement péruvien avait ordonné qu'il serait formé un projet de réglement sur le cérémonial diplomatique, et que ce projet n'a jamais été formulé. Toutefois, un décret du 20 avril 1878, précédé d'un rapport développé, en date du 15 avril de la même année, a réglé quelques points de cérémonial relatifs à la réception des agents diplomatiques et des qualifications honorifiques à leur donner. Quant au costume des agents diplomatiques, il a été réglé, au Pérou, par un décret du général Ramon Castilla, en date du 31 juillet 1846 (2). Il est réglé, en France, par les ordonnances et réglements de 1830 et 1833, et par un décret du 30 avril 1880.

Titre d'Excellence.

Le titre d'*Excellence*, autrefois attribué aux empereurs, aux rois et aux autres princes régnants, est devenu l'épithète honorifique des ambassadeurs, surtout depuis l'époque des négociations pour la paix de West-

(1) *Le Guide diplomatique*, édition de 1866, t. Ier, p. 143, 144. M. Gérard de Rayneval donne pour règle générale du cérémonial, de ne rien établir qui puisse blesser le caractère d'un agent diplomatique, ou porter atteinte aux privilèges qui lui sont inhérents. Il conseille beaucoup de circonspection dans ces matières délicates qui peuvent éveiller des susceptibilités, surtout quant au rang et aux qualifications. Ou bien le cérémonial concerne la cour où l'agent diplomatique réside, ou bien il est relatif aux agents diplomatiques entre eux. Dans le premier cas, la cour est responsable de tous les manquements que l'agent diplomatique peut éprouver ; dans le second cas, le démêlé lui est étranger, elle n'a aucun droit d'intervenir, et la prudence le lui défend.

(2) Ce décret se trouve dans la *Collection* d'Oviédo, t. VII, p. 14.

phalie. Ce fut Henri IV qui le conféra, le premier, à un ambassadeur. Il qualifia d'*Excellence* le duc de Nevers qu'il envoyait à Rome, en 1593, pour le représenter auprès du Saint-Siège. Cette épithète, ce titre, sont donnés aux ambassadeurs dans les communications par écrit et dans la conversation, par tous les fonctionnaires, tous les particuliers, par les ministres étrangers de tous grades résidant à la même cour ; mais non par le chef d'État auprès duquel ils sont accrédités : il ne les appelle jamais que : « *Monsieur l'ambassadeur* ». Les cardinaux réunis en conclave ne donnent pas non plus le titre d'*Excellence* aux ambassadeurs.

Fussent-ils princes du sang, les ambassadeurs ne doivent recevoir que le titre d'*Excellence*, dans les relations officielles (1).

Quoique ce titre ne soit donné qu'aux ambassadeurs, les ministres publics de seconde classe sont souvent traités d'*Excellence*, sinon par les mininistres de rang supérieur, du moins, — par complaisance ou par politique, — par les ministres d'État et par les fonctionnaires du pays où ils résident. C'est ainsi qu'en 1807, M. de Talleyrand, ministre des affaires étrangères de France, traita d'*Excellence* les envoyés de second ordre, et même ceux des souverains de la Confédération du Rhin qui n'étaient que membres du Collège des princes. Mais le successeur de M. de Talleyrand au ministère des affaires étrangères n'en usa pas de même. Dans tous les cas, le titre d'*Excellence* ne peut être réclamé comme un droit par les ministres de second ordre.

(1) Depuis la fin du XVIIe siècle, l'usage avait attaché, en France, le titre de comte ou de marquis à certaines fonctions, telles que celles d'ambassadeur. C'étaient des titres de courtoisie qui souvent passaient aux fils, et même aux collatéraux. Voir Dalloz, *Code pénal annoté*, *art.* 259, n° 121, p. 349. La législation, la jurisprudence et les usages concernant les titres nobiliaires disparurent lors de la révolution de 1789, qui les supprima tous ainsi que la noblesse elle-même. Le décret du 1er mars 1808 concernant les titres ne mentionna pas les ambassadeurs.

Au Pérou, suivant le décret qui a été cité, du 20 avril 1878, les ministres extraordinaires et plénipotentiaires seuls sont traités d'*Excellence* ; les ministres résidents sont appelés : *Votre Seigneurie honorable*, et les chargés d'affaires : *Votre Seigneurie* (1).

Droit d'arborer le drapeau de son pays.

Presque partout les ministres publics font placer au-dessus de la porte de leur hôtel un écusson portant les armes de leur souverain ou de leur pays ; mais il n'y a pas de règle absolue sur ce point : c'est l'usage particulier de chaque gouvernement, de chaque cour, qui décide. On prétend que cette distinction peut être quelquefois refusée aux chargés d'affaires ; il n'y a cependant pas de raison pour établir une semblable différence entre ces agents diplomatiques et ceux des rangs supérieurs. Dans plusieurs capitales on remplace le tableau armorié par l'inscription : *Ambassade* ou *Légation* de..... Indépendamment de l'écusson placé au dessus de la porte de l'hôtel, les ministres publics arborent habituellement aussi le drapeau de leur pays sur leur demeure. Les usages locaux déterminent les jours, les heures, les circonstances dans lequels il convient d'arborer ces drapeaux. Il y a toutefois des capitales où cet usage n'existe point ; les drapeaux ne sont alors arborés que dans les cas très-rares de péril pour les nationaux des ministres étrangers. C'est ainsi qu'à Paris, où le corps diplomatique étranger n'arbore généralement point de drapeaux, on a vu cependant les couleurs nationales de chaque pays flotter au-dessus de la demeure de son agent diplomatique, pendant le siège de la grande et héroïque capitale par les Allemands, en 1870-1871.

Il y a, au Pérou, un décret du 16 octobre 1827, aux termes duquel, les jours de célébration des fêtes na-

(1) Ce décret se trouve dans le journal officiel « *El Peruano* » du mardi 7 mai 1878.

tionales, le pavillon étranger ne pourra être arboré qu'aux maisons des ministres et agents publics qui se trouveront dans le pays, et sous la condition d'arborer en même temps le drapeau de la République (1). Mais, en réalité, les ministres étrangers arborent leur drapeau national tous les dimanches, tous les autres jours fériés, et à l'occasion d'événements ou d'anniversaires glorieux, heureux ou malheureux, intéressant la politique du pays de la résidence, ou les familles de tous les souverains. Chaque légation avise les autres légations des anniversaires qui lui sont propres, et annonce qu'elle arborera son drapeau ; sur cet avis les autres légations arborent leur drapeau par réciprocité. Les agents diplomatiques ont aussi le droit de faire porter à leurs valets une cocarde aux couleurs de leur pays.

Honneurs funèbres.

Il n'existe, en général, aucunes dispositions qui fixent les honneurs funèbres à rendre aux agents des Puissances étrangères. C'est une question d'usage, et peut-être de réciprocité. Les pompes funèbres se règlent, à moins de dispositions testamentaires qui s'y opposent, sur le rang qu'occupait le défunt ; les cérémonies religieuses extérieures dépendent des lois et des usages du pays. Voici ce qui se passe dans quelques cours européennes, et ce qui peut avoir lieu également dans les pays soumis au gouvernement républicain. Il n'y a, pour ces derniers pays, qu'à changer le mot «*maréchal de la cour* » par le mot « *maître des cérémonies* ».

Lorsqu'un agent diplomatique étranger, chef de mission, vient à mourir, le ministre des affaires étrangères annonce le décès au maréchal de la cour et à l'agent diplomatique national accrédité près le gouvernement que représentait le défunt. La cérémonie des funérailles se règle entre le ministre des affaires

(1) *Collection* d'Oviédo, t. VII, p. 5.

étrangères, le doyen du corps diplomatique, le diplomate qui remplace intérimérairement le défunt, le maréchal de la cour et le ministre de la guerre. Le ministre de l'intérieur peut être aussi prévenu du décès, afin qu'il puisse inviter les fonctionnaires relevant de son département ministériel.

S'il n'y a pas, dans la capitale où le décès a eu lieu, d'employé diplomatique de l'État que représentait le défunt, pour remplacer immédiatement celui-ci, le ministre des affaires étrangères annonce le décès au consul de cet État, et à l'agent diplomatique de la même Puissance, dans la capitale la plus rapprochée du pays. S'il n'y a pas de consul, et s'il ne se trouve personne sur les lieux pour veiller aux archives de la légation et aux objets laissés par l'agent décédé, le ministre de la justice est invité à faire apposer les scellés.

Voici les observations que le comte de Garden fait à cet égard. « Lorsqu'un ministre vient à mourir dans le lieu de sa résidence, son souverain et sa famille ont droit d'exiger que sa mémoire soit honorée par des funérailles publiques et convenables. S'il se trouve dans le lieu de son décès une église de sa confession, il en ferait partie et l'on peut exiger d'elle ce qu'elle doit à ses membres, de même qu'elle en doit réclamer de ceux-ci ce qui lui revient de leur part ; on accorde, en conséquence, une honorable sépulture dans le cimetière de cette église, et elle en reçoit la taxe à laquelle elle a droit. Mais si le corps doit être transféré dans la patrie du défunt, il n'y a aucune raison pour prétendre, en cette occurrence, l'exempter des réglements auxquels les autres membres de la communauté sont assujettis, et la paroisse peut, à juste titre, demander la rétribution que ceux-ci sont tenus de payer pour une semblable concession. Si l'envoyé est décédé dans un lieu où il n'existe point d'église de sa confession, et s'il est chrétien, sa mémoire doit être honorée par une sépulture chrétienne ; mais si cette sépulture était refusée, il doit être permis de conduire le corps dans la patrie du défunt, et l'on ne saurait alors prétendre aux rétributions accoutumées. Les mêmes principes, en pareil cas, sont applicables aux personnes qui sont attachées à la légation, et à celles qui forment la suite du ministre ». Le comte de Garden ajoute que « des obsèques *solennelles* ne peuvent avoir lieu dans un pays où les réglements de l'administration et de l'Église les refusent aux personnes du même rang et de la même religion.... C'est ce qui a fait dire plaisamment à un écrivain diplomatique du siècle de Louis XIV, au sujet des grands privilèges dont jouissent les ambassadeurs, que, dès qu'un ambassadeur est *mort*, il rentre aussitôt dans la *vie privée* (1) ».

Train de maison du ministre public.

Le train de maison d'un ministre public doit naturellement varier beaucoup, suivant le genre de sa mission, le rang de l'État auquel appartient le ministre, et la magnificence du prince qui l'envoie, lorsque le ministre est accrédité par un gouvernement monarchique. Sur ce point, la société diplomatique contemporaine est bien loin d'égaler le monde de la diplomatie des siècles antérieurs. Voici, par exemple, quel était le détail du train de maison du prince de Rohan, ambassadeur de France à Vienne, au siècle dernier : une écurie de cinquante chevaux ; deux voitures de parade qui avaient coûté ensemble 40,000 livres ; un premier écuyer, brigadier des armées du roi ; un sous-écuyer ; deux piqueurs ; sept pages de famille noble, avec leur gouverneur et leur précepteur ; deux gentilshommes pour les honneurs de la chambre et six valets de chambre ; un maître d'hôtel ; un chef d'office ; deux heiduques ; quatre coureurs, dont les habits chamarrés d'or avaient coûté 4,000 livres pour chacun ;

(1) *Traité complet de diplomatie*, édition de 1833, t. II, p. 208 et suiv.

douze valets de pied et deux suisses ; dix musiciens habillés d'écarlate ; un intendant ; un trésorier ; enfin, pour le service diplomatique, un premier secrétaire, quatre secrétaires et quatre gentilshommes (1).

Certes, depuis 1772, le luxe des ambassades a bien changé, et il faut convenir que celui du prince de Rohan était assez voisin de la prodigalité ; mais, sans imiter cette magnificence princière, un ministre public doit bien se garder, même dans nos temps où l'on aime mieux s'enrichir que briller, d'imiter ces ambassadeurs dont parle Bouchel, « qui, par leur ménage et sordidité, semblaient être allés en ambassade pour profiter et y faire fortune, au lieu que cette charge consiste tout en honneur » (2).

Il faut au ministre, dit Klüber, pour lui et pour sa suite, une habitation convenable, qu'on appelle hôtel de légation ou d'ambassade. Les gouvernements ne possédant aujourd'hui que rarement, dans les capitales ou villes de résidences étrangères, des hôtels destinés à recevoir leurs ministres, ces derniers habitent pour la plupart des maisons louées, et il leur est alors ordinairement payé une somme quelconque à titre de frais de premier établissement ou d'indemnité, ou bien pour l'entretien de leur mobilier. Il n'y a que les ministres extraordinaires envoyés pour peu de temps, qui soient encore logés quelquefois par le gouvernement qui les reçoit... Au reste, on attend, surtout d'un ministre de première classe, qu'il mette un certain luxe, un certain étalage dans sa garde-robe, dans son ameublement, dans sa vaisselle, ses livrées et équipages, de la magnificence dans les fêtes et repas qu'il est dans le cas de donner, enfin dans tout ce qui porte sur l'extérieur (3).

Le ministre public doit toujours se rappeler en effet qu'il représente, non seulement son gouvernement,

(1) *Mémoires* de l'abbé Georgel, p. 216.
(2) Bouchel, *Bibliothèque du droit français*.
(3) Klüber, *Droit des gens moderne de l'Europe*, n° 192, édition de 1874, p. 277.

l'État dont il est fonctionnaire, mais, suivant l'expression de M. de Talleyrand, *la politesse de son pays*; il ne doit pas perdre de vue qu'à l'étranger tous les regards se portent sur lui, pour juger, par sa tenue, par sa conduite, du caractère moral de sa nation; il ne doit pas oublier non plus que, dans le monde, les choses de l'extérieur ont une influence considérable sur les appréciations de l'opinion.

Ces observations sur le train de maison du ministre public amènent tout naturellement à parler de la manière de vivre de l'agent diplomatique accrédité à l'étranger. Je trouve dans un opuscule intitulé : « *Instructions d'un ambassadeur à son fils qui se destinait à la carrière des négociations*, » des recommandations bien précieuses. En voici quelques extraits :

« Persuadé de la dignité de votre titre, faites respecter l'ambassadeur, mais ne compromettez jamais la personne; je ne veux pas dire par là que, minutieux observateur de l'étiquette ministérielle, on ne trouve en vous que l'homme du prince sans y rencontrer l'homme aimable. Quand vous verrez un ministre concentré sans relâche dans une gravité méthodique, tout plein de lui-même et occupé des formalités accessoires de sa place, prononcez hardiment que cet homme est un esprit médiocre, n'ira jamais au grand. Il saura très bien comment un fauteuil doit être placé, à qui il doit donner la main, et composer son visage à l'aspect du ministre d'une Puissance ennemie, neutre ou indécise, mais toute sa pénétration, bornée au faste, ne pourra s'étendre sur un traité essentiel, en saisir l'esprit, en prévoir les motifs et en déterminer les conséquences.

« Le talent ne consiste pas dans le flegme, mais une présence d'esprit silencieuse réunie au mérite contribue beaucoup au succès, et triomphera toujours, à coup sûr, de cet esprit superficiel qui consiste dans un assemblage de grands mots qui annoncent moins un politique qu'un homme fastueux, qui croit que l'Europe doit être tranquille quand il a dit gravement : le roi mon maître.

« Gardez-vous d'avilir jamais votre dignité ; mais n'allez pas donner dans une autre extrémité, en affectant toujours de monter sur des échasses et de compromettre votre souverain en le plaçant partout. Soyez ministre dans le cours des affaires soumises à votre négociation, mais ne prenez point le ton d'un ambassadeur dans la société où vous êtes entraîné par la nécessité de vous distraire du travail et de chercher de la dissipation. La gravité ministérielle est un fardeau qui devient incommode à mesure que vous le portez mal à propos. J'ai vu, à la cour de Turin, un ambassadeur qui ne prenait jamais son chocolat que son maître d'hôtel, qui l'apportait, ne fût précédé de deux écuyers et suivi de vingt valets de pied. Ce pénible service était à peine fini, que le ministre, éconduisant d'un geste toute cette livrée, se plaignait du joug superbe auquel sa dignité l'asservissait : grimace dont personne n'était la dupe, parce qu'on ne plaint point un homme qui se met lui-même dans les fers. Evitez aussi ces cérémonies d'éclat qui, tenant de la souveraineté, sont au-dessus de la dignité d'un représentant, dont les fonctions sont toujours motivées, quoique subordonnées aux circonstances.

« Respectez les lieux où vous êtes : le représentant d'un souverain ne peut, dans une cour étrangère, exercer aucun acte d'autorité sur ses propres nationaux.

« Une intelligence supérieure, un esprit vrai et indépendant de tous les préjugés, la connaissance du droit des gens et surtout une étude réfléchie du code diplomatique et de tous les traités, voilà ce qu'il faut pour former un ministre accompli. Faites un bon choix des livres relatifs à vos fonctions ; mais n'allez pas errer par excès de bonne foi, en vous rapportant vaguement aux titres des ouvrages qu'on vous présentera.

« Gardez-vous bien de recevoir de ces aventuriers qui s'impatronisent dans les maisons des ambassadeurs, pour trouver, à l'abri de cet appui, les moyens de faire des dupes, se déshonorer et vous compromettre ; mais il ne faut pas qu'une circonspection trop grande vous rende inaccessible aux sujets de votre maître, à qui vous pouvez être utile. Jugez, pour les protéger, de leur mérite, *de leur honnêteté plutôt que de leur naissance*, et ne leur faites point acheter par des bassesses et des humiliations l'avantage que vous pouvez avoir de les servir. Souffrez encore moins que les copistes de vos secrétaires *vendent vos bons offices*, comme cela se pratique chez plus d'un ministre. Veillez donc avec soin sur ce désordre, parce que de tels abus soufferts chez vous, vous compromettent.

« N'allez pas surtout, plein d'un orgueil déplacé, vous effaroucher d'un mot, *et quitter votre ambassade de votre propre mouvement*. Un ministre ne doit point abandonner la cour auprès de laquelle il est envoyé, que le roi son maître n'ait été insulté dans sa personne, et qu'on n'ait point réparé l'insulte. Vous ne pouvez décemment vous éloigner que lorsque la dignité du souverain est vivement attaquée dans son représentant. N'allez jamais immoler la gloire de votre caractère à un premier mouvement.

« Il faut que la même circonspection qui guide vos actions règle aussi vos paroles ; le représentant d'un roi n'est pas un souverain, et il ne faut jamais franchir tout à fait l'intervalle qui vous sépare du trône du prince auprès de qui vous êtes accrédité. Quand je vous recommande une extrême tempérance dans vos actions et dans vos propos, je ne prétends pas que vous essuyiez, sans répliquer, la mauvaise humeur ou les bons mots d'un souverain. Souvenez-vous, si vous vous trouvez jamais dans le cas de répondre à des saillies, de consulter auparavant votre naturel, et de ne vous livrer à un bon mot que quand vous apercevrez que le projet du souverain qui vous adresse la parole a été de vous attaquer personnellement.

« Je dois aussi vous recommander de ne point *avilir votre place en faisant des dettes* ; mesurez votre dépense et vos plaisirs sur vos revenus, et n'imitez point ces ministres dont l'antichambre n'offre aux yeux des étrangers que des usuriers et des bouffons, qui, se voyant préférer aux honnêtes gens, jouissent avec insolence des premiers moments de l'audience. Bannissez lès usuriers, ne voyez les comédiens que sur la scène, et n'allez point entraîner l'Excellence dans les loges des actrices qui riront de votre bonhomie avec le fat qui vous supplante.

« Ne donnez jamais de prise aux épigrammes du public, en vous extasiant sur les talents d'une actrice ou d'une danseuse, au point de faire cabale et de former un parti en sa faveur. Ces manœuvres ne conviennent qu'à des étourdis qui vont acheter, par ces singularités déshonorantes, la faveur d'une beauté mercenaire, qui, à défaut d'or, se paie de la réputation d'un fils de famille.

«Je sais qu'un négociateur habile ne regarde pas comme purement frivole le commerce avec les femmes. Il est des pays où elles ont une influence directe dans les affaires, et d'autres où elles en paraissent exclues, mais où leur ascendant n'en est peut être que plus puissant. Le prince qui règne, le magistrat qui gouverne, est souvent asservi à l'empire d'une beauté. Quand même le souverain serait trop jaloux de son autorité pour la partager avec une compagne vertueuse ou avec une maîtresse séduisante, ses ministres, ses généraux, ses favoris, ses conseillers, en un mot tous ceux qui l'environnent, sont-ils exempts de faiblesses ? Un tendre sentiment est payé quelquefois par une confidence sérieuse, par une insinuation écoutée, par un conseil demandé ou suivi dans une affaire importante. Les objets les plus graves ne sont souvent portés dans les cabinets des princes les plus austères, qu'après avoir passé par la bouche des femmes ; et il serait rare qu'un négociateur qui aurait le sexe en général contre lui, parvînt à réussir. Vous devez donc tâcher de plaire aux femmes par toutes sortes de politesses, de prévenances et d'attentions ; méritez leur estime et leur amitié par une conduite également sage et agréable, et formez avec elles des liaisons qui pourront vous devenir utiles, lorsque vous saurez profiter de leur habileté comme de leurs faiblesses.

« Sachez que les querelles qui s'élèvent entre deux ministres, pour des objets qui n'ont aucune analogie à leur mission, ont souvent brouillé leurs maîtres, parce que l'ambassadeur le plus honnête ne pouvant écarter la prévention qui l'anime contre celui à qui il croit avoir des torts à imputer, n'épie plus ses démarches de sang-froid, et leur donne aux yeux de sa cour une tournure qui, aigrissant les esprits, engage à des partis violents.

« La dignité qui doit régler toutes vos démarches ne veut pas que vous fréquentiez ces maisons ouvertes aux joueurs, dans lesquelles la bonne foi succombe sous les coups de l'adresse. Si vous êtes soupçonné, vous êtes perdu ; en vain chercherez-vous à vous justifier, en implorant des témoignages qui attestent votre probité : un homme en place est déshonoré, dès qu'il est forcé de donner son apologie dans un cas aussi grave ».

Les diplomates européens accrédités auprès des gouvernements d'Amérique laissent beaucoup à désirer sur ces différents points, il faut l'avouer, et, pour les Américains qui n'ont jamais visité l'Europe, il est bien difficile de se former une idée favorable de ce que doit être la société diplomatique, d'après les modèles qui frappent parfois leurs yeux. Sauf quelques honorables exceptions, la vie extérieure de ces diplomates n'est que trop souvent aussi éloignée de la vraie élégance que du respect que tout fonctionnaire doit avoir de son caractère, de sa situation officielle et de la dignité de son pays. Je ne parle pas des agents diplomatiques qui se font trafiquants, qui spéculent, qui réalisent des bénéfices quelquefois aux dépens même de leurs nationaux : je me borne à signaler les envoyés dont la vie n'est que futile et quelquefois licencieuse.

Cela tient à beaucoup de causes, et particulièrement à l'indifférence avec laquelle l'Europe traite, en général, ses relations avec les républiques américaines. Et cependant, que d'intérêts majeurs n'a-t-elle pas à ménager dans ces jeunes contrées pleines de ressources et d'avenir! Les missions diplomatiques dans les républiques hispano-américaines, ne sont, en général, confiées qu'à des médiocrités dans la diplomatie; lorsque des esprits distingués, des sujets d'élite, sont envoyés vers ces lointains parages, ce n'est jamais qu'à titre d'épreuve et en attendant mieux. Les postes ne sont, d'ailleurs, que très-rarement occupés par les titulaires. Le ministre plénipotentiaire et extraordinaire n'est pas plus tôt arrivé, qu'il ne songe qu'à prendre un congé, dont l'expiration coïncidera avec le moment où il aura le droit de solliciter son rappel (1). Pendant la durée

(1) Pour qu'un agent diplomatique rende des services sérieux, il faut le laisser longtemps dans un même pays, afin qu'il ait le temps d'étudier la langue et les mœurs. Le grand vice du système diplomatique français, entre beaucoup d'autres, c'est la légèreté avec laquelle on déplace les agents. Les Anglais ont un moyen très efficace pour être bien servis, particulièrement pour leurs consuls, mais rien n'empêcherait de l'appliquer aux agents diplomatiques : ils donnent de l'avancement sur place à leurs fonctionnaires. Au lieu de les envoyer, sous prétexte d'avancement, dans un poste où ils ne rendraient aucun service, ils augmentent successivement leurs appointements. En France, les frais de déplacement comprennent au-delà ce que coûterait l'augmentation des traitements. Il y aurait une étude assez curieuse à faire sur les états de service du personnel diplomatique français. On y verrait combien peu de temps certains diplomates passent dans chacune de leurs résidences. On pourrait citer, par exemple, tel diplomate attaché à Rome, le 6 septembre 1852 ; attaché à la direction politique du département, le 31 août 1856 ; à Constantinople, le 13 septembre de la même année ; secrétaire de troisième classe à Pékin, le 22 octobre 1859 ; à Constantinople, le 26 juin 1861 ; secrétaire de deuxième classe à Buesnos-Ayres, le 9 janvier 1864 ; à Florence, le 2 juin 1866 ; à Athènes, le 14 novembre 1867 ; à Saint-Pétersbourg, le 9 novembre 1868 ; à Rome, le 12 avril 1870 ; secrétaire de première classe à Madrid, le 17 juin 1871 ; ministre plénipotentiaire à Lima, le 28 août 1874, où il n'est arrivé qu'en 1875 ; envoyé extraordinaire et ministre plénipotentiaire au Maroc, le 16 février 1877. Tel autre se présenterait avec des nominations à divers postes, non moins nombreuses et rapprochées par les dates. Attaché à Athènes le 25 janvier 1867, il passerait à Constantinople le 8 septembre de la même année ;

du congé, c'est un jeune secrétaire de légation qui assume la responsablité de la mission, avec le titre de chargé d'affaires. Or, comme la distance qui les sépare de leur gouvernement rend nulle la surveillance et inefficace le contrôle, ces représentants intérimaires de grandes nations s'abandonnent volontiers aux légèretés de leur âge. Le pays où ils résident les observe, et il se forme une opinion qui n'est pas toujours favorable à la nation représentée. Il s'en suit que les affaires de leur gouvernement, et que même les intérêts de leurs nationaux, sont généralement sacrifiés, ou tout au moins mal défendus, parce que l'incompétence et l'absence d'autorité sont les compagnes ordinaires de la frivolité.

Les gouvernements, ou plutôt certains gouvernements de l'Europe, feraient bien de supprimer ces légations inutiles et dispendieuses ; ils les remplaceraient avec avantage par des consulats généraux, qui seraient toujours pourvus de fonctionnaires sérieux, connaissant à fond les affaires et profondément expérimentés (1).

à Berlin, le 14 janvier 1869 ; à Florence, le 5 janvier 1870 ; à Berne, le 5 juin 1871 ; il serait envoyé secrétaire de troisième classe à Lima, le 10 juin 1872; secrétaire de seconde classe à Washington, le 3 mars 1877 ; à Berne, le 27 avril 1878 ; à Bruxelles, le 20 avril 1880. On pourrait multiplier les exemples. Assurément ces changements qui ne laissent guère le diplomate à son poste que deux ans, en moyenne, *en comptant* le temps des voyages et parfois des congés, marquent généralement des avancements très-mérités dans la carrière ; mais on conviendra qu'un peu plus de fixité, loin de nuire à l'utilité des services, l'augmenterait au contraire. Peut-être y aurait-il lieu de rappeler aussi cette observation trop exacte de M. L. Herbette, dans sa brochure intitulée *Nos diplomates et notre diplomatie* : « Il y aurait beaucoup à dire sur la représentation de la France à l'étranger. Aucune branche de l'administration publique n'a subi à un pareil degré l'influence des révolutions. L'étude, l'expérience, la connaissance particulière du droit, sont singulièrement sacrifiées aux entraînements politiques et aux ambitions. Il n'en est pas de même à l'étranger, où les fonctions diplomatiques s'exercent régulièrement, au grand avantage des gouvernements ».

(1) Cette thèse a été soutenue, pour les petits États, dans un arti-

Mais, je le répète, il n'y a rien d'absolu dans ce qui vient d'être dit : des exceptions existent et méritent tous les respects. La trop grande liberté des manières n'est, du reste, pas exclusivement propre à notre temps. Je lis, par exemple, dans les « *Monuments historiques de la Hongrie*, » que M. de Croissy, magistrat et envoyé diplomatique de Louis XIV, renonçait quelquefois à la gravité que sa double profession semblait lui imposer. Dans une petite fête de la cour transylvaine, il dansa en effet en bras de chemise pendant plusieurs heures de suite, ce qui ne laissa pas que de divertir le prince, et sans doute de lui plaire comme une marque de condescendance de la part du représentant d'un si grand roi. Etait-ce jovialité naturelle, ou, peut-être, le conseiller en Parlement jugeait-il politique de s'accommoder aux mœurs de cette cour bizarre, où les sévérités du protestantisme le plus rigide contrastaient avec les costumes orientaux les plus variés et avec les réjouissances nationales les plus entraînantes (1)?

Il se peut qu'il soit bon de s'accommoder aux mœurs et coutumes des pays, mais ceux qui se consacrent à la noble carrière de la diplomatie feront bien de ne jamais user de ce prétexte pour imiter l'exemple de M. de Croissy. Avant de se plier aux habitudes d'un peuple, il faut se pénétrer de l'idée qu'on représente sa propre nation, et que la condescendance, en matière de dignité,

cle publié dans *l'Europe diplomatique* du 29 août 1880. Il est dit qu'un petit État doit se contenter de consuls généraux ; il est vrai que ceux-ci apparaissent devant l'opinion publique avec beaucoup moins d'éclat que des envoyés diplomatiques, mais, en compensation, ils ont à s'occuper de choses sérieuses et ne sont pas, comme des diplomates superflus, restreints à faire des rapports dont on pourrait se passer, étant donné le développement actuel de la presse européenne. Noublions pas qu'un homme d'État comme M. Thiers, en considérant la presse, commençait même à douter de la nécessité absolue d'ambassadeurs fixes, et que Chateaubriand a prévu l'époque ou ceux-ci seraient partout remplacés par des consuls. Un grand État n'a pas besoin davantage de « diplomates superflus ».

(1) Voir Szilagyi, dans les *Monuments historiques de la Hongrie*, I, p. 273.

est presque toujours considérée comme une abdication de son caractère. Ne pas représenter avec dignité son pays, c'est se rendre coupable d'une trahison, d'une désertion morale. Ces cas, après tout, sont très-rares en Europe, et, sauf un très-petit nombre d'exceptions fâcheuses, il est généralement vrai de dire que, dans tous les pays, la société diplomatique est la plus élégante, la plus distinguée, la plus aristocratique. M. Capefigue a tracé un portrait agréable du jeune diplomate qui comprend la beauté et la noblesse de sa carrière, avec les graves devoirs qu'elle impose. Le caractère de la société diplomatique, dit-il, est marqué d'un type particulier, de quelque chose à la fois de national et d'étranger, véritable mélange qui a son charme. Le jeune homme qui se voue à la carrière diplomatique garde une empreinte du pélerin : sur la simple disposition d'un ministre, il passe d'une capitale à une autre, de Pétersbourg à Londres, en Perse ou à Constantinople ; il réside ça et là deux ou trois ans, vient dans son pays à chaque intervalle ; de sorte que, lorsqu'il arrive au milieu de sa vie, ce caractère nomade laisse sur lui un cachet particulier. Avec le sentiment de sa nationalité dans ses actes, il n'a plus rien de national dans ses formes ; il tient à la bonne compagnie de tous les pays, avec des paroles d'une certaine distinction ; il a vu l'élite du monde partout, et, s'il a de l'esprit, une bonne naissance, il en recueille une politesse plus raffinée et des manières plus éminentes (1).

(1) Capefigue, *Les diplomates européens*, t. II, p. 272, 273. — Disons de suite, cependant, avec M. Block, que l'agent diplomatique ne doit pas se renfermer dans une société exclusive, s'il veut pouvoir juger et rendre compte de l'état du pays où il réside. Un des reproches qu'on peut faire aux agents diplomatiques est de se renfermer dans un cercle restreint et cosmopolite à la fois, qui, étant le même partout, ne laisse nulle part d'empreinte particulière. *Dictionnaire de la politique*, V° *Agent diplomatique*.

CHAPITRE XIV.

Nécessité des immunités diplomatiques au point de vue des négociations. — Les négociations. — Leur objet. — Manière de négocier. — L'art de négocier. — Qualités particulières d'un bon négociateur. — Responsabilité des négociateurs. — Opinion de M. D. Pedro Galvez, sur la responsabilité des négociateurs qui auraient été d'anciens fonctionnaires politiques. — Les Chambres ont-elles le droit d'émettre un vote de non-confiance contre les agents diplomatiques du pays ? — Emploi de la télégraphie dans les négociations diplomatiques. — Les conférences ; les congrès. — Objet des congrès et des conférences. — Caractère des congrès dans le monde moderne. — Le congrès de Panama.— Idée de la ligue latino-américaine. — Objet général que se proposaient les promoteurs de cette idée. — Bolivar. — Idée de Burke. — Pourquoi l'idée de Burke et celle plus pratique de Bolivar n'ont-elles pas réussi ? — La convention d'union, ligue et confédération, conclue le 6 juillet 1822 entre le Pérou et la République de Colombie. — Traité du 10 juin 1823, entre la Colombie et Buenos-Ayres. — Circulaire de Bolivar, du 7 décembre 1824. — Réponse de la Colombie et du Chili. — Réunion du congrès de Panama. — Efforts faits par le gouvernement du Mexique en vue d'une réunion du congrès américain. — Congrès américain tenu à Lima, en 1847 et 1848. — Traité du 8 février 1848. — Stipulation de confédération. — Alliance défensive. — Le « *Casus fœderis* ». — Proposition du plénipotentiaire de Bolivie. — Les traités antérieurs sont-ils rompus par l'état de guerre? — Limites des territoires. — La médiation préalable et l'arbitrage international. — Le principe de non-intervention. — L'extradition. — Forces militaires de la confédération. — Attributions du congrès des plénipotentiaires. — Sort du traité de confédération. — Opposition faite à certaines dispositions du traité par le plénipotentiaire du

Pérou. — Réponses des plénipotentiaires des autres républiques. — Jugement porté sur le traité de confédération. — Le traité de commerce du 8 février 1848. — Liberté de faire le commerce, etc. — Principes de droit maritime. — Reproches adressés au traité de commerce et de navigation. — Jugement porté sur ce traité. — La convention consulaire du 8 février 1848. — La convention postale du 8 février 1848. — Fin du congrès de 1847-1848. — Le traité continental du 15 septembre 1856. — Critique du traité continental par le ministre des relations extérieures de la République Argentine, M. D. Rufino Elizalde. — Appréciation du traité continental. — Conférences de 1857. — L'union des républiques de l'Amérique centrale. — Circulaire du 11 janvier 1864, de M. D. Juan Antonio Ribeyro. — Appréciation de cette circulaire. — Réponse du Chili. — Réponse de la Bolivie. — Réponse du gouvernement colombien. — Ouverture des travaux du congrès de Lima. — Résultats des travaux du congrès de Lima de 1864. — Nouvelles tentatives en 1867. — Congrès américain de jurisconsultes, de 1877. — Retour à la question de l'objet des conférences et des congrès. — Les congrès généraux. — Lettre de l'empereur Napoléon III, du 4 novembre 1863.

Nécessité des immunités diplomatiques au point de vue des négociations.

Les immunités, les privilèges dont jouissent les ministres publics, ne sont pas seulement, on l'a vu, une conséquence des égards que les États se doivent réciproquement : ces privilèges, ces immunités, sont encore une condition indispensable de l'indépendance de l'agent diplomatique dans l'exercice de ses fonctions de ministre public, et dans l'accomplissement de ses devoirs comme négociateur.

Les fonctions des agents diplomatiques consistent principalement dans la négociation des affaires de l'État, quoique cependant toutes les missions n'offrent pas d'occasions à négocier, ainsi, par exemple, les missions de cérémonie, de satisfaction, et même plusieurs missions permanentes, dans des États entre lesquels il y a peu d'affaires à traiter, ne fournissent point aux diplomates qui en sont chargés l'occasion de déployer les qualités de négociateurs. Mais en revanche il y a des missions qui sont exclusivement de négociation : telles sont celles qui sont confiées à des agents diplomatiques accrédités pour prendre part à des conférences, ou à un congrès de plénipotentiaires.

Les négociations. — Leur objet.

Il a déjà été dit que *négocier*, c'est traiter une affaire avec quelqu'un, et qu'on entend par *négociation*, ou l'action de négocier les affaires, ou même quelquefois l'affaire qu'on négocie (1). Les négociations peuvent avoir différents objets : on négocie pour maintenir les rapports légaux, conventionnels et politiques, qui existent entre les États ; on négocie pour préparer et pour conclure les traités. Le droit de chaque État pour de semblables négociations est fondé sur son indépendance. En vertu de cette indépendance, chaque État a le droit de faire toutes les actions compatibles avec l'indépendance des autres États.

La manière de négocier varie suivant les usages et les circonstances. Les négociations revêtent de plus des formes différentes, suivant leur importance. Rappelons qu'elles sont *orales* ou *écrites* ; que les communications *orales* comprennent : la conversation *non officielle*, dite aussi conversation *académique*, dans laquelle les interlocuteurs échangent leurs vues, sans donner à leurs paroles le caractère d'engagement d'État ; la conversation *officielle*, qui constitue un commencement

(1) Voir Chapitre X, t. 1er, p. 464.

d'engagement d'État; et la lecture de pièces écrites qui forment l'objet de la conclusion de la conversation; que les communications *écrites* se composent de la copie des pièces dont il a été donné lecture dans les conversations officielles, et des notes résumant l'objet de la communication faite oralement, ou qui constituent une communication spéciale : notes qui prennent le nom de *memorandum*, lorsque l'objet de la communication comporte plus de développements. C'est principalement dans les entrevues diplomatiques, dit Ch. de Martens, qu'un négociateur peut montrer ses talents, par la manière d'énoncer son opinion et de faire ses objections aux propositions que l'on avance. Le ton qu'un ministre négociateur adopte contribue beaucoup à faciliter le succès d'une affaire ; car l'objection la plus irréfutable, si elle n'est point émise avec ménagement, déplaira toujours, et l'on ne parviendra que difficilement alors à faire adopter son opinion par ceux avec lesquels on est dans le cas de traiter.

L'art de négocier.

L'art de négocier est peu susceptible d'être traité systématiquement: c'est le fruit des talents naturels, des talents acquis, de l'usage du monde et de la lecture réfléchie des négociations des temps passés (1).

Négocier, dit Ch. de Martens, c'est concilier les extrêmes ; on part de deux points opposés pour se rencontrer en chemin : quand une partie est forcée d'accepter purement les demandes de l'autre, il n'est pas nécessaire de discuter. Mais le point auquel on se rencontre entre les deux pôles n'est pas indifférent, et chaque partie tâchera que ce soit le plus près possible

(1) M. de Rayneval donne aux diplomates d'excellents conseils appuyés sur sa propre expérience et sur des exemples contemporains. Voir aussi : *De la manière de négocier avec les souverains*, par Callières; *Principes des négociations*, par l'abbé de Mably.

de son point de départ. Pour arriver à ce but, il faut se faire un plan stratégique avant d'entrer en campagne, et surtout bien distinguer les points essentiels d'une affaire des points secondaires. C'est sur les premiers qu'il faut se concentrer, car les décisions capitales entraînent le reste. Mais, pour l'emporter sur les points essentiels, il est quelquefois nécessaire de mettre en avant une proposition exorbitante, pour juger par l'impression qu'elle fait sur celui qui l'écoute des intentions de son adversaire : c'est ce que le marquis des Essarts appelait « jeter une sottise à terre pour voir qui la ramassera ». De cette manière on tâte le pouls à ceux avec lesquels on traite, et quand on connaît bien leurs dispositions, on est presque sûr de savoir jusqu'où l'on peut aller. Le diplomate ne se laissera pas décourager en voyant échouer des plans dont le succès ne serait pas secondé par les circonstances ; il ne prendra pas trop facilement l'alarme, en voyant surgir tout à coup des propositions ou des demandes inattendues : celles-ci, quoique soutenues d'abord avec toutes les apparences d'une détermination invariable, finissent tôt ou tard par céder à la dextérité du diplomate qui sait opposer froidement une résistance supérieure à l'attaque. Il ne faut pas non plus que le désir de faire prévaloir les intérêts de son gouvernement lui en fasse poursuivre la défense avec une inflexibilité qui n'admettrait aucun accommodement. S'il s'aperçoit de l'impossibilité de soutenir des prétentions exagérées, il devra y apporter à propos des tempéraments qu'il saura faire passer pour des concessions importantes, et qui pourront être acceptées comme une preuve de l'esprit de conciliation qui semble les dicter. Il y a des affaires qui mûrissent avec le temps, mais il ne faut jamais que ce soit par irrésolution qu'on se décide à attendre, car il y a d'autres circonstances où il s'agit de saisir aux cheveux l'occasion qui se présente. Quant aux formes, on ne saurait être trop accommodant. Il est inutile d'ajouter qu'il ne faut jamais recourir aux gros mots, ni aux vaines menaces : on ne ferait qu'affaiblir sa propre position et compromettre le succès en envenimant le ton de la discussion. De même, l'art stratégique ne doit pas aller jusqu'à la ruse : la plus grande finesse peut en effet s'allier à une parfaite franchise, et la franchise est au demeurant la première des habiletés (1).

Les règles de l'*art de négocier* ont été ainsi résumées par Heffter. L'agent diplomatique chargé d'une négociation particulière auprès d'une Puissance étrangère doit, dit-il, avant toutes choses, chercher à se pénétrer du but et des motifs de la négociation, ainsi que des moyens qui peuvent y conduire. Il doit observer et rapporter tout fidèlement à celui qui l'envoie, lui communiquer les obstacles et les doutes qui se présentent, sans cependant toujours attendre des instructions : il doit savoir, au contraire, faire lui-même des propositions. Il doit chercher à se mettre sur un pied convenable à la cour près de laquelle il est envoyé, et éviter avec soin de fournir aucun motif à des malentendus ; il doit cacher sous des dehors pleins d'aménité le dépit qu'il éprouve, sans se laisser détourner de son but par de vaines paroles ou par des choses étrangères à sa mission.

Le négociateur doit être précis dans ses ouvertures, sûr et logique dans la réplique et dans la discussion ; il doit ne jamais perdre de vue l'objet de sa mission, tout en le poursuivant avec mesure et sans opiniâtreté. Il doit se garder surtout de lutter contre des obstacles qu'il est impossible de surmonter immédiatement. Dans les affaires privées, là où les lois et les tribunaux viennent à l'appui des prétentions respectives des parties, il est nécessaire quelquefois de chercher à s'arracher réciproquement des concessions à force d'opiniâtreté. Mais dans les relations d'État à État, où les traités eux-mêmes n'existent qu'aussi longtemps qu'on trouve convenable de les observer, ou qu'on redoute la supé-

(1) *Le Guide diplomatique*, chap. VIII, § 53, édit. de 1866, t. Ier, p. 168, 173 et suiv.

riorité de la force, il est toujours très-dangereux de pousser les choses jusqu'au bout. La prudence conseille de la condescendance et des ménagements momentanés, dans les cas mêmes où l'on est en droit d'exiger. Le diplomate renoncera plutôt à la gloire d'avoir triomphé des obstacles, dès qu'il n'est pas sûr d'obtenir un succès durable. Un évènement imprévu suffit quelquefois pour vaincre facilement les obstacles (1).

Ces sages conseils peuvent être complétés par les recommandations suivantes : la première règle qui s'impose à un négociateur, est de ne rien présumer, de ne jamais agir sans autorisation, de réclamer des instructions précises, et de se bien pénétrer de ce principe qu'en matière de discussion positive, soit qu'il s'agisse de déclarer, soit qu'il s'agisse de répondre, les gouvernements seuls proposent et négocient, et les agents diplomatiques ne sont que les organes. Ils n'ont la faculté, ni d'accorder, ni de refuser, ni de transiger ; ils exposent seulement les déterminations du gouvernement qu'ils représentent. Mais s'ils sont des organes sans volonté, ils ne doivent pas être des organes sans intelligence : en énonçant les décisions dont ils sont les interprètes, ils ont la charge d'en plaider la justesse et de choisir le temps et les moyens d'en assurer le succès. Leur responsabilité à cet égard est tout entière dans leur fidélité à se renfermer dans leurs instructions et dans leur sagacité à bien en connaître la portée. En effet, dans toute instruction relative à une discussion de droit, il y a des degrés d'exigence ou de sacrifice qui laissent au discernement de l'agent une grande latitude. Mais, il ne faut pas s'y méprendre, la responsabilité d'un agent n'est pas déterminée par le *maximum* des sacrifices et par le *minimum* d'exigences qui sont portés dans ses instructions : le mieux dans ce qu'il était possible de faire entre essentielle-

(1) Heffter, *Le droit international de l'Europe*, traduction française de Jules Bergson, édition de 1873, n° 233, p. 440, 441.

ment dans les devoirs de sa mission. Ce mieux doit être son but, et c'est par ses efforts seuls, et non par les résultats, que sa conduite sera jugée (1).

Un bon négociateur cherchera ses titres et arguments dans l'esprit des traités et dans le système général des intérêts respectifs des gouvernements. Un prudent négociateur ne cèdera jamais, et à aucun prix, sur le fond même du droit, mais il pourra être moins rigoureux sur les détails d'exécution. Il n'abordera du reste que les difficultés qu'il pourra résoudre : autrement, ce serait compromettre son crédit.

Qualités particulières d'un bon négociateur.

On voit par cet aperçu des devoirs du négociateur combien il est difficile de remplir ce rôle. Les qualités particulières du négociateur sont un certain naturel de conduite libre de toute affectation ; de l'empire sur soi-même ; un esprit d'observation délicat ; de la réserve ; beaucoup de présence d'esprit ; un coup d'œil rapide ; de la facilité à improviser ; de l'élégance dans le langage ; des connaissances variées et une érudition spéciale ; une profonde expérience des choses de la vie ; la connaissance des hommes jointe à l'usage du monde ; une prudence à toute épreuve ; des manières liantes et agréables ; infiniment de souplesse, et par dessus tout le génie des négociations rehaussé par cette autorité personnelle que donnent à un homme le talent, l'honneur, le savoir et la probité.

En diplomatie, la souplesse est particulièrement une qualité précieuse. Il ne faut pas d'action brusque et violente, mais cette flexibilité qui parvient à obtenir par des voies détournées, ou par des moyens-termes convenables, ou par une circonspection réfléchie, ce qu'on se propose.

L'impassibilité, et, si j'osais même m'exprimer ainsi, une certaine habileté dans l'art de la mise en scène,

(1) Désiré de Garcia de La Véga, *Guide pratique des agents politiques*, p. 138.

sont également indispensables. J'entends par mise en scène tout ce qui dépend du jeu de la personne physique, les gestes, les mouvements de la physionomie, les inflexions de la voix. Cet art sert le plus généralement, soit à déguiser ses impressions, soit à traduire des impressions que l'on n'éprouve pas. Il joue un rôle considérable dans la diplomatie.

M. de Talleyrand excellait dans la pantomime diplomatique. Il commandait aux muscles de son visage ; sa rare impassibilité, jointe à une entente merveilleuse des jeux de la physionomie, aida beaucoup à ses succès. C'est avec cela qu'au congrès de Vienne il tint les plénipotentiaires de l'Europe en échec. Dans un des traités qui devaient être soumis à la ratification de la France, et dont les clauses se discutaient sur le tapis vert du congrès, le mot d' « *Alliés* » était répété plusieurs fois et avait été mis là intentionnellement par les Puissances belligérantes qui avaient formé contre la France l'alliance de Chaumont. C'était une manière de constater que l'on traitait avec des vaincus. M. de Talleyrand écouta cette lecture avec le plus grand phlegme, jusqu'à ce qu'on fût arrivé au mot d' « *Alliés* ». Là, il interrompit du geste, fit une pause et dit : « Je ne « connais pas d'alliés, car les alliés supposent la guer« re, et la guerre a fini au 31 mai 1814 ». Puis il écouta le reste de la pièce avec l'attitude d'un homme qui ne comprenait pas, et qui certainement ne pouvait pas être accusé de manquer d'intelligence. Il déconcerta les assistants par des airs de surprise, par des questions renouvelées coup sur coup, et jeta la réunion dans une confusion indicible.

Voilà assurément des qualités bien précieuses, bien difficiles à réunir, bien nécessaires ; et cependant, la réunion la plus complète de toutes ces qualités diplomatiques ne suffira pas toujours pour rendre le succès certain. Dans un très-grand nombre de cas le succès dépend beaucoup plus de circonstances accessoires que de la justice de la cause, des talents et de l'autorité personnelle du négociateur. Aussi arrive-t-il quelquefois que le diplomate le plus honorable, le plus capable, échoue dans une négociation, uniquement parce qu'il n'a pas su se plier à certaines conjonctures, parce qu'elles lui paraissaient trop mesquines et qu'il dédaignait de s'en servir, comme étant incompatibles avec son honneur. Un autre diplomate, au contraire, d'une importance morale et intellectuelle bien inférieure, n'hésite pas à faire dépendre de l'emploi de ces moyens le succès de sa mission, et il réussit. Autrefois on recourait volontiers à ce qu'on appelait les mensonges politiques ; on enseigne aujourd'hui avec raison que le mensonge politique est inconciliable avec la dignité des nations. L'histoire de la diplomatie offre de nombreux exemples, non seulement de la corruption employée pour faire réussir ou échouer une négociation, mais encore de manœuvres dans lesquelles on faisait agir le favori, le confesseur, la maîtresse d'un prince. De nos jours, la conscience des peuples se soulèverait contre l'emploi de semblables moyens. Les destinées des nations ne dépendent plus, d'ailleurs, d'une manière aussi absolue, des faiblesses et des passions de quelques individus. L'esprit constitutionnel moderne a imprimé un caractère plus grave à la négociation des affaires publiques. Je n'oserais pas affirmer cependant que, de nos jours, la maxime romaine « *de minimis non curat prætor* » « *le prêteur* (1) *ne s'occupe pas des petits détails* », soit absolument la règle de la pratique diplomatique, car, de tous temps, le savoir-faire a consisté beaucoup plus dans les petites choses que dans les grandes. Je n'affirmerais pas davantage que, même pour la politique et la diplomatie contemporaines, le plus court chemin d'un point à un autre ne soit pas quelquefois la ligne courbe, et que la tactique ne consiste point dans l'enchaînement des courbes.

Enfin, pour rendre facile aux négociateurs leur mission, il y a un élément plus puissant au monde que le

(1) Le prêteur, à Rome, était le magistrat qui rendait la justice et appliquait le droit.

talent, que l'habileté, même que la vertu et que l'honneur : c'est la puissance matérielle, c'est la force. Le négociateur le plus vulgaire s'appuyant sur un million d'hommes et sur des canons Krupp, l'emportera toujours sur le plénipotentiaire d'une nation épuisée par la guerre et découragée par la défaite. Lorsqu'en 1870-1871, le pied des armées allemandes foulait la terre de la sublime et malheureuse France, toute l'habileté des diplomates les plus consommés se fût brisée contre l'opiniâtreté arrogante de M. de Bismark. Il y a sur les facilités que donne le succès une parole bien vraie de M. Thiers : « Les communications des Puissances portent, comme toutes les relations entre les hommes, le caractère du temps, de la situation, des individus qui gouvernent. Un gouvernement fort et victorieux parle autrement qu'un gouvernement faible et vaincu (1) ».

Le comte de Garden a publié, à la suite de son *Traité complet de diplomatie*, une étude intéressante sur l'art de négocier, envisagé sous le point de vue philosophique, et intitulé : « *De l'art de négocier, par le célèbre de Haller* ». Bien que cet essai ait un peu vieilli, il mérite cependant d'être, tout au moins, analysé et résumé.

L'auteur commence par rappeler que, par le terme de *négociation*, on entend communément l'art de manier les affaires d'État, en tant qu'elles regardent les intérêts respectifs de grandes sociétés qui sont censées indépendantes et se trouver entre elles dans la liberté naturelle.

Cependant la négociation ne se borne point aux affaires qui se traitent de peuple à peuple : elle a lieu partout où il y a des différends à concilier, des intérêts à ménager, des hommes à persuader, et où il s'agit de faire réussir un dessein.

Quoique l'art de négocier les affaires publiques ait

(1) Thiers, *Histoire de la Révolution française*, liv. XXXIV, t. VIII de la 13me édition Furne, p. 390.

mérité jusqu'ici, dit-il, et mérite encore préférablement notre attention, l'étendue et l'utilité de celui de traiter les affaires en général devrait nous engager à ne pas le négliger. Son examen sera d'autant plus nécessaire, que la théorie de la négociation, prise dans le sens le plus universel, est commune aux affaires de toute espèce, et que la négociation publique ne diffère de la particulière que par son objet, par quelques nuances de l'exécution, accommodées à la diversité des circonstances. Il ne sera donc pas inutile de faire la recherche des règles de la négociation en général, et de les appliquer alors à la négociation publique, avec les modifications requises.

Pour ne point tâtonner dans l'obscurité, et pour ne point tomber dans des inconséquences continuelles, l'auteur recommande comme indispensable de se former une idée nette de l'affaire à traiter, et d'en dresser un plan bien lié, pour le fond et pour les moyens les plus propres afin d'obtenir le but désiré. La sagesse combine ce projet pour le fond, et la prudence choisit les moyens pour en assurer l'exécution. Dans les affaires particulières, la même personne qui tâche de faire réussir un plan est obligée encore à le former en entier. A cet effet, il est nécessaire de savoir l'art de dresser un projet, et de lier si bien ses différentes parties, qu'elles se prêtent un secours mutuel. Mais cet art est une science différente de la négociation, qui, à proprement parler, n'est que la science des moyens pour mettre en exécution un plan déjà tout formé.

Dans les affaires publiques le cas est différent. Le négociateur suit son instruction, fondée sur un plan dressé par son gouvernement, et il ne lui reste que la gloire d'une heureuse exécution des ordres qui lui ont été donnés. Mais quoiqu'il ne puisse pas arranger son projet pour le fond de l'affaire, il n'aura pas moins besoin d'en former un pour faciliter la réussite de son instruction. Il examinera tous les ressorts, il choisira ceux qu'il doit mettre en jeu, et il les subordonnera si bien entre eux, que ceux mêmes qui pourront manquer, contribueront au succès de son affaire. C'est dans ce choix que sa prudence et son habileté triompheront. Il est difficile de donner des règles à ce sujet : ce sont les circonstances qui présentent ces ressorts, qu'on ne peut pas forger à son gré, et tout ce que l'art peut faire, c'est d'enseigner la manière la plus avantageuse pour les employer.

Si le plan est formé, poursuit l'auteur, suivant la nature de l'affaire, et suivant l'exigence des moyens pour son exécution, c'est alors proprement que commence la négociation. De quelque espèce que soient ces moyens, ils se réduisent tous aux effets de la volonté des hommes. Les instruments de la négociation sont par conséquent les hommes, et ses ressorts sont les actions auxquelles nous engageons les hommes pour concourir à notre but. Or, les hommes ne sont mus que par les passions. Les actions mêmes qui paraissent au premier abord les plus éloignées de ce qu'on appelle communément action passionnée, ont pour motif quelque passion déguisée. Mais tous les hommes ne sont pas sujets aux mêmes passions, ou n'en sont point animés avec une force égale. Suivant notre tempérament, la trempe de notre esprit, l'étendue de nos lumières et la nature de nos habitudes, nous nous sentons plutôt entraînés par un penchant que par un autre, et ce penchant prédominant forme la base de notre caractère. Pour savoir qu'elles passions on peut mettre en jeu pour faire agir un homme, il faut étudier son caractère et connaître la nature de son esprit, de ses habitudes et de ses passions. Cette étude mène à la connaissance de l'homme, art également difficile et nécessaire.

Le moyen le plus simple et le plus sûr pour connaître les hommes, ce serait de les juger par leurs discours, par leurs écrits et par leurs actions. Mais dans nos mœurs le commerce de la parole est devenu si infidèle, qu'on ne pourra jamais fonder des jugements sur les propos d'un homme, sans risquer de se tromper : on est presque convenu tacitement de se payer en fausse monnaie. Les conséquences tirées des actions sont sans doute plus justes : il est impossible qu'un homme pousse assez loin l'hypocrisie pour maîtriser toujours ses passions, et pour les retenir longtemps sans qu'elles s'échappent. Cependant il est des hommes assez faux pour en imposer pendant une partie de leur vie par des actions simulées, et pour empêcher que leur caractère ne se manifeste par leurs actions. La dissimulation met ainsi un grand obstacle dans l'art de connaître les hommes, et cet obstacle devient d'autant plus considérable, que les gens accoutumés à manier des affaires prennent insensiblement l'habitude de vernisser leurs propos, de masquer leurs idées, de voiler leurs penchants, et de cacher leurs actions d'une manière impénétrable aux yeux les plus perçants. Quoique la vivacité et l'imprudence les trahissent quelquefois, et leur extorquent des indices propres à les démasquer, ces occasions sont rares ; et, pour connaître les hommes, il faut découvrir des marques encore plus sûres, et contre lesquelles l'homme le plus dissimulé ne puisse pas se défendre, ou contre lesquelles il soit moins en garde.

L'auteur exprime l'opinion, qui n'est pas exempte de quelque témérité, que le caractère d'un homme est peint sur son extérieur : pour savoir lire ce caractère, il ne faut donc, suivant lui, qu'avoir les yeux exercés par l'observation. Il ne s'agit point, dit-il, de ces règles vagues et arbitraires, par lesquelles plusieurs auteurs prétendent enseigner à juger des qualités morales par quelques traits isolés d'un visage, ou par quelques parties d'une figure. Il est question de ce composé de traits qui fait la physionomie d'un homme, et de l'ensemble de son corps, qui forme son air. Dans ce sens, la physionomie, le son de voix, le geste, la démarche, le maintien, enfin tout l'extérieur d'un homme, présentent des indices infaillibles de la disposition de son esprit et de son caractère. L'auteur croit qu'on peut acquérir l'habitude de cette méthode, si, en vivant avec beaucoup de caractères variés, on observe nettement les signes extérieurs ; si l'on compare ces signes avec soin pour en tirer des marques générales, et si, enfin, on applique ces règles généralisées à des caractères inconnus, qu'on tâche d'approfondir après pour vérifier la justesse de l'application. Un homme attentif et bien exercé à cette étude, dit-il, portera au premier coup d'œil un jugement assez net, et d'autant plus certain, que la dissimulation ne saura jamais altérer les signes imprimés par la nature. Mais si l'examen de l'extérieur ne suffit pas pour déchiffrer un caractère, il est des indices qu'on peut tirer des choses qui paraissent d'abord les plus indifférentes. Les hommes ne se composent que dans des occasions importantes ; ils se lassent de la gêne, et se relâchent dans les occurrences ordinaires où ils ne soupçonnent aucun danger de se trahir. Cependant rien n'est indifférent dans les actions les plus simples, et l'analogie des idées, qui nous force à n'estimer que les idées ressemblantes aux nôtres, arrache le secret des goûts de l'homme le plus caché. On jugera sûrement de son caractère par ses amis, ses connaissances, le choix de ses plaisirs et de ses lectures ; on n'aura pas des indices moins sûrs par le jugement que cet homme porte de ceux qui l'environnent, des auteurs qu'il lit, et des opinions qu'il embrasse, ou qu'il rejette.

Si le caractère est connu, et si les passions dominantes sont données, il est question de la manière de les employer, pour faire agir ceux avec lesquels on a à traiter. Il est des règles, dit l'auteur, qui conviennent à toutes les passions en général ; il en est qui doivent être appropriées à quelque passion particulière. De ce nombre sont celles qui regardent la passion de l'intérêt, prise dans la signification la plus étendue, en tant qu'elle comprend le penchant pour tout ce qui est utile, ou à notre fortune, ou à nos plaisirs. Dans les affaires, où il y a toujours un intérêt à discuter ou à obtenir, il est clair que cette passion doit jouer le premier rôle. Cependant on se trompe, en supposant que tous les hommes agissent toujours suivant leurs vrais intérêts: les bornes de leur esprit, l'ignorance, le préjugé, le choc des passions, obscurcissent ou éblouissent leur vue, et causent des méprises inattendues. Le faux intérêt est quelquefois si compliqué, qu'on a de la peine à le débrouiller. Les esprits médiocres sont très-propres à saisir ces petits intérêts et à se servir des petits moyens qu'ils exigent. C'est en cela que consiste la différence entre la négociation et l'intrigue. Le négociateur cherche plutôt à ramener les hommes aux grands intérêts et à les faire goûter à force de génie; l'intrigant, au contraire, profite des petits intérêts qu'il devine et qu'il trouve, pendant que le grand homme n'en soupçonne pas l'existence, ou qu'il dédaigne d'en tirer parti. Un homme très borné peut devenir habile intrigant, si la passion pour la fortune l'anime; ce n'est que le génie supérieur qui peut aspirer à la gloire de la grande négociation.

L'auteur reconnaît que la plupart des affaires importantes sont maniées par des gens éclairés, en état d'apprécier les vrais intérêts et de goûter les raisons par lesquelles on les leur démontre. C'est, dit-il, avec des gens de cette espèce qu'on peut employer les bons principes de la négociation, et qu'on peut mettre en œuvre toute la force du raisonnement. Il faut avoir beaucoup de lumières, de justesse dans l'esprit, d'ordre et de netteté dans les idées, pour trouver les arguments qui arrachent la conviction, pour arranger ces arguments dans une suite conforme à leur nature, et pour les exposer de la manière la plus frappante. Un homme qui a supérieurement cet heureux talent de bien raisonner, et de l'invention dans ses raisonnements, ne persuadera pas seulement les esprits lumineux: il dominera encore cette classe d'esprits froids, mais justes, dont l'imagination morte ne fournit pas le nombre requis d'idées pour composer des preuves, et qui cependant saisissent les idées, les combinent, et en tirent des conséquences aussitôt qu'on les leur présente. Les esprits de cette trempe ne peuvent pas se déterminer et se convaincre par eux-mêmes ; mais ils savent souvent le faire aussitôt qu'on vient à leur secours. Enfin la vérité bien exposée triomphe de tout, si l'ignorance ou des passions contradictoires ne s'opposent pas à son action. Il est, ajoute-t-il, des esprits d'une autre espèce, qui sentent les preuves, qui entrent dans les vues proposées, qui peuvent être convaincus, et qui, malgré la conviction, restent pourtant dans une indolence qui les empêche d'agir. Ce sont ces esprits paresseux qu'on honore quelquefois du titre d'esprits justes, et auxquels on attribue au moins le bon sens. On est souvent étonné de voir des gens assez éclairés pour distinguer clairement le pour ou le contre d'une question et pour découvrir les raisons décisives du parti à prendre, qui ont cependant de la peine à se déterminer, et qui tombent dans une irrésolution aussi nuisible dans les affaires que les fautes de précipitation. C'est l'absence des passions, cause de ce bon sens tant vanté, qui produit en même temps la conduite incertaine et chancelante des caractères froids, sur lesquels la chaleur des motifs ne fait aucune impression. Pour réussir auprès de caractères semblables, il faudra tâcher de les animer de quelque passion, leur communiquer ce feu vivifiant, ou réveiller au moins quelque étincelle cachée sous les cendres. Il n'est point d'homme inaccessible à toutes les passions, et qui ne porte au moins en soi des germes tout prêts à pousser, si une main sait les développer.

Il est évident pour l'auteur qu'il ne suffit pas de convaincre les hommes, et qu'il est nécessaire de remuer leurs passions dans tous les cas possibles.

Si nous voulons, dit-il, dominer les passions d'autrui, nous devons savoir maîtriser les nôtres ; sans cet empire sur nous-mêmes, nous nous engageons sans cesse dans de fausses démarches : emportés par le courant, nous ne pouvons pas attendre les occasions, saisir les moments favorables. Nous ne savons pas employer la douceur des insinuations et le charme de la parole ; nos passions avertissent les autres de se défier de nous, et nous font supposer des intérêts que souvent nous n'avons point. Elles nous aveuglent assez pour nous tromper sur la nature des ressorts dont il faudrait se servir, et sur la manière de les mettre en activité. Un homme qui veut réussir en fait de négociations, doit savoir cacher ses passions au point de paraître froid, quand il est accablé de chagrin, et tranquille, quand il est agité par les plus grands embarras. Comme il est impossible de se défaire de toute passion, et qu'il serait même dangereux d'en être privé entièrement, il faut savoir au moins les brider, et les empêcher de se montrer à découvert. Il est souvent avantageux de paraître rempli de passions, mais d'une espèce différente de celles qui nous animent en effet. Un homme passionné donne des espérances de se laisser gagner, au lieu qu'on est en garde contre un homme d'une froideur marquée. Celui qui feint des passions, dépayse, d'ailleurs, ceux qui cherchent à prendre de l'ascendant sur lui. Une dissimulation semblable est permise, et n'a rien de contraire à la probité.

Après avoir acquis cet empire sur soi-même, le premier soin du négociateur doit être de se rendre agréable à ceux avec lesquels il traite. Les hommes n'estiment que ce qui les flatte, et ne sont touchés que de ce qui leur plaît ; les plus éclairés ne sont pas exempts de cet attribut de la nature humaine, qui nous porte à priser, même trop, les simples agréments. Ce penchant fait qu'on est prévenu favorablement pour tout ce qui vient de la part d'une personne aimable, que sa vue prépare déjà la persuasion, et que toutes les raisons qu'elle peut alléguer acquièrent d'avance un poids considérable. Une aversion secrète, au contraire, nous met en garde contre tout ce qu'on nous propose, hérisse de difficultés le début même, fait interpréter au plus mal toutes les paroles d'une personne désagréable, et affaiblit toute la force de son raisonnement. Il est des agréments qui sont un présent de la nature, et qu'on ne se donne point. Heureux ceux qui en sont favorisés! Ils portent sur leur personne la recommandation la plus puissante. Cependant un homme qui n'est pas entièrement disgracié par la nature, qui ne choque pas au premier abord, peut acquérir des agréments, qui, quoique moins frappants dans un inconnu, ne laissent pas de faire impression dans un commerce plus familier, et qui la font même plus sûrement et avec plus de durée que les avantages de la figure: tels sont tous les signes extérieurs, et tous les effets d'un esprit supérieur et d'une belle âme. Un esprit cultivé par la fleur des connaissances les plus intéressantes, une imagination riante, l'aménité de la conversation, la douceur des mœurs et la politesse des manières, ne manqueront jamais de gagner les cœurs et de faciliter à un négociateur doué de ces aimables qualités la réussite de ses entreprises. L'amitié des hommes avec lesquels on a des affaires est indispensable encore pour un autre but. Souvent, pour régler nos démarches, nous avons besoin du secret d'autrui, ou au moins des avis sur des faits que des gens accoutumés à l'air mystérieux par l'habitude des affaires nous cachent ou nous déguisent. Les ruses de la finesse ordinaire ne forcent pas toujours les retranchements des gens si retirés, mais peu de personnes tiendront contre la confiance qu'un homme saura leur inspirer par la discrétion et par des manières ouvertes et caressantes. L'amitié ouvre le cœur et arrache le secret le mieux gardé.

De quelque manière qu'on tâche de convaincre les hommes, ou d'exciter et de régler leurs passions, on a besoin du ministère de la parole. On se trompe souvent, dit l'auteur, sur la nature de la vraie éloquence, et on la confond avec l'entassement des figures. Le mauvais goût des écoles et l'imitation peu réfléchie des orateurs anciens, sont les causes de cette méprise.

Nous sommes moins sensibles à l'éloquence, assure-t-on, que ne l'étaient les anciens, et on prétend tirer de cette observation une preuve en faveur du bon sens des modernes. Nous y sommes aussi sensibles que les Grecs et les Romains, mais nous sommes sensibles à une éloquence d'une autre espèce ; nous avons les mêmes passions, mais elles veulent être ménagées d'une manière différente. L'éloquence qui peut être employée de nos jours, et surtout celle qui est d'usage dans les affaires, doit être d'un autre genre. Nous vivons sous des gouvernements où les intérêts se décident entre peu de personnes ; on traite des affaires en particulier avec des gens éclairés et d'un certain âge, qui ne se paient pas en figures, et qui, par l'habitude d'un travail important, ont en horreur la diffusion, et sont en garde contre tout ce qui a l'air apprêté. Ainsi, le premier attribut de l'éloquence d'un homme chargé d'affaires sera la *brièveté* et la *simplicité*. Cependant, pour produire les effets dont l'éloquence est capable, il faut y ajouter ce qui fait sa plus grande force, savoir : le raisonnement, les images et le sentiment. Le talent de raisonner n'est pas moins requis dans l'éloquence qui cherche à remuer toutes les facultés de l'âme : pour pouvoir parler et pour pouvoir orner ce qu'on dit, il faut avoir quelque chose à dire, sans quoi on tombe dans le cas des rhéteurs, dont l'éloquence, vide de pensées et abondante en belles phrases, n'est point faite pour toucher. Suivant les lois de notre instinct, nos passions ne sont réveillées que par des objets présents, ou qui paraissent présents par le secours de l'imagination. Notre esprit a naturellement une certaine force d'inertie, qui rend pénibles les efforts nécessaires pour saisir une vérité toute nue et des idées trop abstraites : les gens les plus habitués à la méditation sont bien aises quand on leur épargne la peine d'une trop grande contention d'esprit. On ramène les objets absents sous nos yeux, et on facilite la connaissance de la vérité, par le moyen des images, qui sont des représentations sensibles des objets éloignés que l'imagination produit, si elle est mise en action par les signes convenus de la parole. Malgré l'utilité de ces images, la plus grande force de l'éloquence dépend du sentiment. Quand il s'agit de l'art de persuader, on entend par sentiment toute vérité qui regarde les mœurs ou les passions, appliquée aux hommes en général, ou à un homme en particulier. L'instinct pour l'imitation est la cause d'une certaine sympathie entre les âmes, qui les rend susceptibles des mêmes mouvements dont les autres sont affectés. Un homme passionné nous communique la même passion dont il est agité : nous sommes émus par des passions qu'on suppose aux êtres qui n'y sont point sujets, ou qui en ressentent d'une espèce différente de celles des nôtres. Si à ces parties essentielles de l'éloquence on ajoute encore la noblesse et l'élégance de la diction, le charme sera d'autant plus puissant, et on sera d'autant plus sûr d'arriver au but de la persuasion. Tous les hommes sont sensibles à la justesse, à l'ordre, à l'harmonie, et ils entendent à l'ordinaire assez bien leur langue pour en distinguer les délicatesses, et pour être frappés de tout ce qui flatte agréablement leurs oreilles.

Il est encore une partie de l'éloquence dont les anciens faisaient beaucoup de cas, et qu'ils regardaient comme la première : c'est la proposition ou l'action. Le son et les inflexions de la voix, les variations dans les mouvements du corps de l'orateur, enfin tout ce qui s'appelle le geste, doit sans doute faire l'impression la plus forte sur des hommes qui portent dans leur sein un penchant décidé pour l'imitation. On rencontre souvent dans le monde des gens qui paraissent éloquents sans l'être : ils doivent cette apparence à un ton assuré, à un geste aisé et décisif, suite de la confiance qu'inspirent la naissance et le crédit. Ce ton et ce geste imposent à ceux qui les écoutent, vernissent d'un faux éclat des propos très-communs et empêchent les assistants d'examiner avec attention la valeur des discours de celui qui parle avec tant de supériorité. Ainsi, le geste bien ajusté peut porter coup dans la conversation ordinaire, pourvu qu'il ne soit pas multiplié, et qu'il ne passe pas les bornes de la bienséance et de la probabilité. Pour être vrai, naturel et modéré, il suffit qu'il marque au juste le degré convenable de la passion dont on est animé, et qu'il soit le signe clair des mouvements de l'âme qu'on suppose à l'orateur.

Ce serait agir sans prudence, que d'employer tous les ressorts de l'éloquence, sans distinction, auprès des esprits et des caractères de toute espèce. Il est des hommes qui ne sont pas sujets au pouvoir de cet art, et qui traitent les images de folie, et le geste d'affectation. C'est le cas des imaginations froides et des âmes tranquilles. En connaissant la portée d'un caractère, on saura quelle quantité et quelle espèce de preuves, d'images et de sentiments on ose employer, et jusqu'à quel point on pourra se servir du secours de l'action. On est obligé de modérer tout, quand on parle à des hommes bornés et sans imagination, qui se laissent gagner plutôt par l'insinuation, ou par un ton simplement décisif. Malgré les difficultés causées par des caractères de cette espèce, qui, heureusement, sont rares dans la négociation, le pouvoir de l'éloquence surpasse tout ce qu'on en peut espérer. On trouve des gens qui sont incongrus dans leurs expressions, embrouillés dans leurs discours, et qui persuadent. Malborough, en parlant mal français, fit changer aux États-Généraux les résolutions les plus fermes, prises suivant leurs intérêts, et fit pleurer le comte Piper. C'est l'éloquence vive de l'âme qui produit les effets si peu attendus ; c'est le geste d'un homme supérieur, qui fait des impressions aussi puissantes. Par cette raison, tant d'hommes éloquents dans la conversation ne le paraissent plus dans leurs écrits ; par la même raison, beaucoup de personnes résistent aux efforts de la plume, ne peuvent être convaincues par écrit, et ne sont échauffées au moins que par la présence de celui qui doit les persuader. Ces considérations engagent souvent à préférer la négociation par écrit à celle qui se fait de bouche : on veut se garantir de la séduction de l'éloquence animée. On craint, d'ailleurs, de s'exposer aux interprétations aisées des paroles prononcées en conversation, qui peuvent toujours être désavouées, sous le prétexte du défaut de réflexion ; au lieu que celles qui existent sur le papier ne peuvent pas être palliées par la même excuse. Il est encore une infinité de circonstances qui rendent les écritures nécessaires, et, par conséquent, le talent de bien écrire est indispensable au négociateur.

L'art de bien écrire est un de ceux où il y a le moins de données, et où il y a le moins de règles fixes à proposer. On peut appliquer à l'art d'écrire ce qui a été dit de l'éloquence en général ; excepté ce qui regarde l'action, le reste convient aux deux arts également. Cependant, dit l'auteur, l'art d'écrire exige de plus une exactitude dont l'art de parler peut souvent se dispenser. Il s'est introduit une maxime, tournée presque en proverbe, qui, pour écrire naturellement, ordonne qu'on écrive comme on parle : l'observation de cette maxime serait un moyen sûr pour écrire mal. Quoiqu'on ait attaché de l'équivoque à l'éloge d'un homme dont on dit qu'il parle comme un livre, il serait plus raisonnable de tourner la maxime et d'ordonner qu'on parlât comme on écrit. Un homme qui suit cette méthode serait assuré de parler bien. Car, malgré ce soin, il ne lui échappera encore que trop de négligences, qui ne frapperont pas assez les auditeurs emportés par la chaleur de la conversation, pour les empêcher de croire qu'il parle comme un livre. La conversation souffre des tours coupés et des périodes décousues, en faveur des mouvements d'une passion présente, tours qui seraient insupportables dans le style soutenu. La simplicité et la clarté sont aussi nécessaires dans la composition que dans le discours. Quoique le lecteur puisse plutôt déchiffrer l'obscurité d'un écrit, que celui qui écoute ne peut, avec une attention passagère, percer les ténèbres d'une harangue, il serait imprudent de fatiguer le lecteur par une trop grande contention d'esprit. Ce qu'on entend avec peine ne fait jamais autant d'impression que ce qui frappe au premier coup-d'œil. La simplicité mène, d'ailleurs, à la netteté, qui est absolument indispensable dans les écritures qui regardent les affaires, où chaque mot doit être pesé comme sujet à des interprétations importantes. Par la même raison, l'ordre qui facilite tant l'intelligence de la matière traitée est d'un grand usage, et les transitions bien ménagées, qu'on peut négliger dans la conversation, ne peuvent être omises. Elles lient les pensées, et cette liaison naturelle aide à les produire dans l'esprit du lecteur, qui, par ce moyen, se forme une idée plus juste et plus étendue de l'affaire en question. Si la brièveté est utile quand on parle, elle le doit être par la même raison quand on écrit. Il paraît superflu d'insister sur cette qualité du style, quand on ne fait pas attention à un abus qui s'est produit dans la négociation des affaires publiques. On a adopté un style lâche et diffus, rempli de formules répétées, qu'on appelle le *style des dépêches*. Les jurisconsultes, autrefois les seuls hommes d'État, accoutumés aux formalités et à la diffusion du palais, sont les auteurs d'un style si peu convenable aux grandes affaires, qui perdent leur air de dignité par ces chevilles de prose. Il est singulier en effet de traiter les intérêts de l'État dans le même ton dont on plaide un petit procès, ou qu'on donne une sentence sur une bagatelle. Les habiles négociateurs de quelques nations évitent ce défaut, et savent mettre dans leurs dépêches la noblesse et l'éloquence que ces matières importantes méritent.

Il y a, ajoute plus loin l'auteur, une remarque à faire à l'égard d'une méthode de composer qu'on a vu employer par des auteurs et par des ministres. Souvent on ne se contente point de ranger les matières ; on exprime ses pensées par cœur jusqu'aux moindres paroles, avant de les coucher sur le papier. Ce procédé demande une attention extrême et une grande mémoire. Peu de têtes sont capables de cet effort, et celles qui sont en état de le faire ne sauront le supporter sans s'affaiblir. Il est des causes physiques qui produisent le relâchement des fibres, fatiguées par une tension trop uniforme, et qui les privent du ressort requis pour se remettre en mouvement. La méthode mentionnée est, sans doute, favorable à la force et à la brièveté du style; malgré cela on fera mieux de méditer avec soin la matière, d'inventer les pensées, et de se fier alors à l'inspiration de la plume. Avec une connaissance suffisante de la langue, avec des idées bien dessinées, on ne laissera jamais d'ajouter, en écrivant, les couleurs assortissantes de l'expression. Qui plus est, en s'abandonnant un peu plus à la plume, on ne refroidira par l'imagination, et on gagnera plus de facilité pour expédier plus d'affaires en moins de temps.

Si les caractères et les moyens de la persuasion sont connus, il reste encore des considérations qui résultent de la combinaison de la nature des affaires et du génie des personnes avec lesquelles on traite. On rencontre souvent des hommes très-difficiles à convaincre, et aussi difficiles à émouvoir, qui résistent à toutes les idées dont ils ne croient pas être les auteurs. Ce n'est ni le défaut des lumières, ni le défaut des passions, qui cause cette difficulté : c'est l'attachement à ses propres pensées, c'est la vanité de ne point prendre les instructions des autres, c'est la défiance contre des propositions formelles, qui rendent les hommes sourds à la voix de la persuasion. Avec des caractères de cette espèce, dit l'auteur, il faut se servir de l'insinuation, qui est une manière détournée de suggérer aux hommes les idées, en sorte qu'ils croient avoir trouvé eux-mêmes ces idées. Comme les petites passions qui bouchent l'entrée de la vérité dans ces esprits sont fort communes, et se mêlent dans la composition de tous les caractères, on peut dire, en général, que l'art d'insinuer est d'un usage plus universel que celui de persuader directement. La nature des affaires exige, d'ailleurs, souvent l'insinuation. Il en est qu'on n'ose pas proposer formellement, ou parce qu'elles sont trop contraires aux passions, ou trop éloignées de la façon de penser des personnes avec lesquelles on traite ; il en est qui ne peuvent pas réussir tout d'un coup, et qu'on ne fait parvenir à leur maturité que par de longues préparations ; il en est encore où il est avantageux à l'issue de paraître les avoir proposées, sans les proposer en effet pendant leur cours. Dans des cas semblables, il serait imprudent de vouloir se servir de la conviction : on ne parviendra à son but qu'en jetant des propos indirects et des germes d'idées, qui se développeront peu à peu dans les esprits, et qui produiront imperceptiblement les pensées et les mouvements qu'on a dessein d'y mettre. Dans ces occasions, il est permis de généraliser, en débitant sans affectation des maximes, et, en rapportant simplement des faits, on fournit de la matière aux applications et l'on fait naître des idées. De l'insinuation dépend encore ce qu'on appelle des ouvertures et lueurs, qui sont des propositionsà l'ordinaire vagues et indéterminées, par lesquelles on en amène de plus directes, ou par lesquelles on amuse le tapis. La prudence autorise quelquefois ces moyens, mais elle ordonne en même temps d'en user sobrement et de les empêcher de dégénérer en finesse. Si les hommes s'aperçoivent qu'on veut les surprendre par des propositions superficielles ou artificieuses, ils se préviennent contre les propositions solides et celles qu'il est de notre intérêt qu'ils prennent pour bonnes.

Quoiqu'on ne puisse pas choisir les caractères avec lesquels on négocie une affaire, il n'est pas moins nécessaire de faire de certaines considérations sur la proportion entre les formes des caractères et l'importance des affaires en question. En effet, les affaires ne prospèrent qu'entre les mains de ceux qui ont dans leur caractère les qualités proportionnées aux moyens que ces affaires exigent. C'est cependant à quoi on fait peu d'attention, et où l'on échoue si souvent, uniquement par la raison qu'on n'a pas bien jugé le point de la portée des hommes, et qu'on leur propose des choses d'un degré qui surpasse les facultés des caractères. Dans aucune occasion l'effet de cette disposition n'est plus sensible que quand on négocie avec des esprits timides. L'auteur démontre que l'irrésolution est une suite naturelle de la timidité. Un homme qui craint tout et qui se défie de lui-même a de la peine à se déterminer, et les impressions de la peur mettent de l'incertitude dans tous ses pas. Cependant il est encore une autre source de l'irrésolution : le défaut des passions de l'espèce requise pour décider dans un cas particulier. Les gens de la plus haute capacité sont souvent aussi irrésolus que les plus bornés, leurs lumières concourant à suspendre la décision de leur volonté, en leur présentant des deux côtés une foule de raisons d'une force presque égale, et qui les retiennent en équilibre. Ce n'est alors que le poids ajouté d'une passion qui peut faire pencher la balance et mettre la volonté en mouvement. Comme rien ne recule et ne dérange plus les affaires que l'incertitude de la conduite de ceux qui les manient, on ne doit rien épargner pour déterminer de bonne heure et pour fixer pour toujours la volonté.

Le temps convenable à la négociation dépend de la nature des affaires et de la disposition de ceux qui s'en mêlent. Il est, dit l'auteur, des hommes sensibles sur lesquels les causes physiques, tant extérieures qu'intérieures, ont beaucoup de pouvoir et les assujettissent aux variations de l'humeur. C'est un conte fait à plaisir, que l'histoire de cet Anglais qui, ayant des espérances fondées pour obtenir un emploi, et ne pouvant expliquer le refus du ministre, remarqua, en le quittant, que le vent avait changé. Néanmoins, ce conte n'est pas aussi fabuleux qu'il paraît d'abord, et, en vivant avec beaucoup de monde, on voit des effets tout aussi singuliers des vicissitudes de l'humeur produites par des causes mécaniques. Souvent il arrive des époques malheureuses où une influence maligne se répand sur tout, où tout est dérangé, et où les caractères les plus raisonnables semblent entièrement renversés. Quoique les causes de ce dérangement soient cachées, elles doivent exister, puisque leurs effets sont visibles et certains. Il est d'ailleurs encore des causes morales qui exercent leur pouvoir sur la disposition des esprits, dans les temps de trouble et d'embarras, où l'âme, agitée et accablée de chagrins, se ferme aux idées étrangères ; on ne les voit qu'en noir, il est autant qu'impossible de réussir en rien. Pour pouvoir se promettre une heureuse issue d'une affaire, il faut, pour la traiter, se saisir des occasions où les âmes, libres des impressions disgracieuses, et à l'abri des désordres du corps, s'épanouissent par la santé et par la joie, et permettent l'entrée aux idées qu'on leur présente, sans les décolorer.

L'arrangement essentiel d'une affaire exige souvent qu'on attende des occurrences d'une certaine espèce pour la proposer, ou qu'on la prépare jusqu'à ce qu'elle parvienne à sa maturité. C'est en cela, en distinguant le vrai point de possibilité d'une chose, que les gens d'une habileté consommée montrent peut-être le plus leur supériorité. L'homme ordinaire croit impossible tout ce qui est au-dessus de ses forces et de sa conception, et, s'il croit une chose possible, il manque le moment où elle est faisable. L'homme supérieur voit nettement la possibilité, le temps où elle peut devenir une réalité. Cependant, le génie et les lumières ne suffisent pas pour saisir le point de possibilité : l'auteur pense, avec grande raison, qu'il faut y ajouter la fermeté et la patience, qualités requises pour atteindre ce point. Un génie bouillant précipite tout, se dégoûte des lenteurs, et veut à contre-temps tout entraîner dans son tourbillon ; un homme éclairé, mais faible ou indolent, s'effraie des difficultés, laisse échapper les occasions et se lasse de tout ce qui demande des efforts continus. Le génie doit être allié à la fermeté, à ce courage qui se roidit contre les obstacles et le dégoût, et à la patience, ou à cette fermeté qui surmonte les obstacles et le dégoût, lorsque les désagréments sont d'une longue durée. Rien ne trouble plus le succès des affaires que l'inconstance ou l'inquiétude des négociateurs ; surtout s'ils ont à traiter avec des gens artificieux, qui prennent à tâche de fatiguer tout le monde par des longueurs, pour faire tomber les impatients dans leurs piéges, comme le serpent à sonnettes fait tomber les oiseaux à force de les lasser par son regard fixe. Le cardinal de Richelieu, convaincu de l'usage universel de la fermeté et de la patience, préférait ces deux qualités à toutes les autres dans ceux auxquels il confiait l'exécution de ses desseins, et, pour s'assurer d'eux, il mettait leur patience à de rudes épreuves. Dans le maniement des affaires, les natures froides ont de grands avantages sur celles qui ont trop de vivacité : ces dernières s'impatientent trop aisément. Un caractère vif est emporté par le feu de ses passions hors des limites prescrites à la bonne conduite, qui doit être mesurée et réglée sur un plan fixe, auquel la diversité des conjonctures, et point l'inconséquence de l'homme, peut apporter du changement. Cependant on ne confondra point la froideur de l'indolence, qui résulte de l'absence des passions, avec ce qu'on nomme proprement *sang-froid*. La première rend un homme inhabile aux affaires épineuses, et la seconde fait surmonter toutes les difficultés. Le véritable sang-froid peut être l'attribut des natures d'un caractère ardent, si les mœurs et l'habitude concourent à donner une certaine gravité, qui fait rentrer les passions sans qu'on ose les montrer. Avec des mœurs semblables, les hommes s'accoutument à maîtriser leurs passions, et à ne leur lâcher la bride que lorsque les circonstances sont favorables. La souplesse tient beaucoup de la patience, mais elle est jointe encore à une facilité de se plier aux idées et aux passions d'autrui. Elle est nécessaire en traitant avec des caractères de toute espèce ; il est rarement permis de heurter de front les préjugés et les passions, et il faut paraître s'y conformer, pour avoir le temps de les combattre; il faut savoir prêter le flanc à un vent contraire, et louvoyer jusqu'à ce qu'on atteigne le favorable. Mais elle ne doit pas se tourner en artifice et en fausseté : si l'artifice est démasqué, il retombe sur son auteur. Il est permis de paraître d'abord du sentiment de celui qu'on veut convaincre, pour pouvoir alors insensiblement le ramener par de bonnes raisons, sans le mettre en passion par des contradictions prématurées. Un pape disait de l'abbé de Polignac : ce jeune homme paraît toujours de mon sentiment, et à la fin de la conversation je trouve que je suis du sien. Il ne sera pas inutile de distinguer la souplesse qui est d'un si grand usage dans les affaires, de celle qui n'est que dans les mœurs. Cette dernière peut devenir dangereuse par l'habitude de la faiblesse qu'elle donne aux caractères. La facilité des mœurs tant vantée est un mérite bien équivoque : elle est le plus souvent la marque caractéristique d'une petite âme. Un homme qui sait se prêter indirectement à tout, est à l'ordinaire un homme qui n'est bon à rien, excepté à remplir le vide des sociétés oisives. La souplesse du négociateur est la condescendance d'un homme supérieur, qui se met à la portée des autres ; celle de la vie commune n'est qu'une coutume servile d'abandonner la liberté de ses idées et de ses sentiments au premier venu qui veut s'en emparer.

Toutes les affaires roulent sur des conventions, à qui la vérité seule peut donner la consistance. Si la droiture manque dans les contrats, si l'on se surprend réciproquement, la négociation devient un jeu où rien ne se décide, où aucun avantage ne devient stable et où il faut recommencer toujours le même manège. On ne trompe pas plusieurs fois les mêmes personnes, et si la réputation de duplicité précède un négociateur, il ne peut espérer aucun succès dans ses entreprises. La probité ainsi est indispensable pour le fond des affaires, et toutes les apparences de la franchise et de la sincérité le sont pour la manière de les traiter. On avance quelquefois d'une chose qu'elle est bonne en politique et qu'elle ne l'est point en morale. Cette assertion, fait observer l'auteur, est contradictoire, puisque la politique et la morale forment une seule science, dont les principes sont entièrement les mêmes : elle est le subterfuge des politiques vulgaires, qui ne pouvant parvenir à leurs fins par des voies directes, pallient leurs petites ruses par cette distinction paradoxale. Un vrai politique qui connaît la bonne morale saura toujours concilier les contrariétés apparentes, et régler ses démarches de sorte qu'elles ne choquent pas la vertu. La sagesse n'a aucun besoin de l'artifice pour trouver les moyens les plus propres à la réussite de ses desseins, et la prudence dédaigne les finesses, lorsqu'il s'agit de l'exécution du plan tracé par la sagesse. La sincérité facilite beaucoup le maniement des affaires : en traitant avec des gens dont la véracité est reconnue, on abrège tout, et on épargne le temps requis pour dévoiler les mensonges de ceux qui ne passent pas pour véridiques. On ne s'occupe pas alors à se tâter, à s'examiner, à se démasquer réciproquement, et la confiance aplanit toutes les difficultés. La vérité est encore d'un excellent usage, lorsqu'on a devant soi des fourbes et des gens défiants, auxquels on se voit obligé de donner le change. Ces caractères corrompus, jugeant les autres par eux-mêmes, prendront le contre-sens de la vérité, et se tromperont par leur propre faute. Par cette raison, Temple soutenait que la seule ruse toujours bonne était celle d'être vrai. Un ambassadeur espagnol se plaignait de la fausseté du cardinal de Mazarin, et avertissait son successeur de la nécessité de le payer en même monnaie : au contraire, répondit le dernier, je tromperai bien le cardinal, car je lui dirai toujours la vérité. Henri IV surprit Spinola, en lui exposant avec sincérité le plan d'une campagne projetée. Si la franchise, lorsqu'elle n'est pas tempérée par la prudence, est dangereuse, ses apparences au moins sont d'un grand avantage. On voit des fourbes, convaincus de son utilité pour cacher leurs menées, pousser cette vertu jusqu'à la naïveté, et même jusqu'à la rusticité. Il n'est pas convenable, sans doute, de manifester ses pensées ; mais il est avantageux de le faire aisément dans des conjonctures indifférentes, pour persuader aux autres qu'on ne prend pas la peine de retenir ses idées, et qu'on les communique naturellement. Par la même raison, un négociateur fait mieux de paraître léger et superficiel, que profond et dissimulé : il doit éviter tout ce qui pourrait réveiller la défiance et mettre les autres en garde. La prudence lui apprendra bien ce qu'il faut taire et cacher sans blesser la sincérité, et ce qu'il est nécessaire de faire pour dépayser les curieux, et pour se dérober à l'œil examinateur de ceux qui veulent pénétrer son secret. La finesse, par conséquent, est toujours un instrument sujet à mille inconvénients : s'il est mis souvent en usage, sa trempe se perd et sa pointe est émoussée. Un homme fin en trouve sans faute encore de plus fins, qui s'aperçoivent de ses allures et qui les combattent avec des armes égales. Si sa façon d'agir est une fois connue, il rencontrera d'avance des batteries dressées contre ses attaques, et partout il verra les esprits effarouchés à son approche. La réputation de finesse est la plus désavantageuse qu'un négociateur puisse se donner. Don Louis de Haro, quoique habitué aux ruses du gouvernement espagnol, disait que le cardinal de Mazarin avait le plus grand défaut auquel un politique puisse être sujet : celui de vouloir toujours être fin. Un grand prince montra de la répugnance à se servir d'un habile homme, uniquement à cause de sa physionomie trop fine et trop mystérieuse. Mornay et Temple réussirent dans toutes leurs négociations ; c'étaient de vrais politiques, et point des intrigants, et ils ne s'abaissaient pas à ces finesses et à ces ruses vulgaires, qui font échouer plus d'affaires qu'elles n'en font réussir.

Dans le cours des affaires, il arrive des évènements imprévus qui dérangent le plan le mieux concerté et qui obligent à le changer ; il se présente des obstacles que la sagesse n'a pas pu deviner et que la prudence doit écarter à mesure qu'on les lui oppose. C'est par les expédients qu'on pare à ces obstacles et qu'on remédie aux inconvénients amenés par des cas fortuits. Il est des hommes de beaucoup de capacité, dit à ce propos l'auteur, qui savent dresser un plan et l'exécuter, aussi longtemps que les accidents ne sortent de la route prévue ou tracée, mais qui sont arrêtés par la première difficulté, qui sont déroutés par tout objet étranger, et qui ne trouvent aucun moyen pour s'aider en chemin : ce sont des gens d'un sens juste et rassis, mais sans imagination. L'esprit à expédients tient de l'invention et dépend d'une imagination féconde, qui fournit un grand nombre d'idées et qui peut combiner ses idées de toutes les manières possibles. Cependant, si l'imagination est trop forte et trop active, elle forme ce qu'on nomme des hommes à expédients : gens souvent dangereux, qui croient tout faisable, et qui, séduits par la foule et l'éclat de leurs idées, ne font aucun choix des expédients et tombent dans le chimérique et le romanesque.

L'auteur de cet essai démontre ensuite qu'il est plus naturel d'appliquer la théorie de la négociation en général à celle des affaires publiques, que ne pense la foule des politiques vulgaires. En effet, toute la différence entre la manière de traiter des affaires qui du premier abord paraissent d'une espèce si éloignée, ne peut provenir que du fond, de l'importance, et de la complication de l'affaire publique, de l'élévation, de la délicatesse et de l'habileté des personnes avec lesquelles on négocie. Tout ce qui a été dit de la négociation prise dans le sens général convient donc à la négociation politique, et ce qu'il y a encore à remarquer touchant cette dernière se réduit à quelques réflexions qui forment la conclusion de cette étude, et dont voici quelques extraits.

On a négocié sans doute depuis aussi longtemps qu'il existe des sociétés qui ont des intérêts à discuter, mais la forme de la négociation se détermine suivant les mœurs, les lumières et la constitution d'un peuple, et suivant le système politique des nations entre elles. Les États de l'ancien temps, séparés par les mœurs, ayant peu de communications par des voyages et par le commerce, n'avaient à l'ordinaire que des intérêts momentanés à démêler : il n'était question que de finir une guerre, de fixer les limites d'un pays et de faire quelque alliance passagère. A cet effet, les anciens employèrent des ambassadeurs dont la mission était d'une courte durée, et, comme il s'agissait le plus souvent de persuader un grand nombre de personnes, on choisissait des gens fameux par leur éloquence : le nom d'orateur était à peu près synonyme de celui de ministre public. Dans le moyen-âge, où tout, jusqu'à la justice, se décidait uniquement par la force, où le gouvernement gothique rapprochait tous les petits États par la position, et les éloignait en même temps par les intérêts, la négociation avait peu de pouvoir sur des peuples isolés et farouches, qui ne connaissaient et qui n'aimaient aucune autre méthode, pour terminer leurs querelles, que celle des armes. Toute la négociation se réduisait presque à l'art de faire des trèves et de marchander les rançons. Ce n'est que dans l'Europe moderne, dont les habitants sont liés étroitement par la conformité des mœurs, par un même fond de religion, par un commerce fréquent et par une communication continuelle des lumières, que la négociation a pu se réduire en art et devenir stable. Ce changement est arrivé depuis que des intérêts sans cesse renaissants de cette liaison, et qu'un système politique inconnu aux anciens, qui fait de l'Europe une espèce de république d'alliés, ont engagé les souverains à entretenir des ministres résidant auprès de toutes les cours étrangères. On a voulu faire honneur au cardinal de Mazarin de l'introduction de l'art de négocier en France et de la perfection de cet art en général. Cependant, avant son temps, la France et les autres États de l'Europe avaient produit les plus habiles négociateurs ; et, depuis son temps, de grands hommes paraissent avoir suivi une méthode assez différente de la sienne. Ce ministre, tout composé de petites finesses, a mis dans ses négociations son âme artificieuse, et, bien loin d'avoir perfectionné cet art, il paraît l'avoir embrouillé, avoir altéré sa simplicité, et reculé ses progrès.

Quoi qu'il en soit, la coutume de négocier sans interruption, ou au moins la facilité de le faire à tout moment, a rendu la négociation publique plus compliquée. Les longueurs que cette coutume met dans les affaires exigent plus de fermeté et de patience, et un plus grand empire sur les passions, que n'en exige une négociation plus abrégée. L'habitude de traiter sans discontinuer apprend toutes les ruses dont les politiques se servent pour se tromper, et la lenteur donne tout le temps nécessaire pour les employer, pour se lasser et pour se surprendre réciproquement. On a des occasions continuelles à se tâter, à s'examiner et à abuser des passions d'autrui.

La complication essentielle des affaires publiques cause déjà assez de difficultés, et plus qu'on n'en peut rencontrer dans les affaires particulières. Tant de ressorts obscurs et cachés concourent à produire les résolutions des États ; tant de passions déguisées se mêlent dans la conduite des grands ; tant d'intérêts séparés forment l'intérêt général des nations, qu'il est impossible de mettre en mouvement ou de diriger des machines aussi composées, sans en connaître toutes les parties. Il faut savoir découvrir ces ressorts, en combiner les effets et s'en servir à propos. C'est cette multiplicité de considérations pour acquérir une connaissance unique, c'est cette quantité de causes subalternes pour concourir à un seul effet, qui font de la politique la science la plus difficile, et qui rendent l'application de sa théorie si peu sûre dans la pratique.

Si la complication des affaires publiques demande plus de sagesse pour le plan, leur importance demande aussi plus de prudence dans l'exécution. Dans la vie civile une fausse démarche peut être aisément redressée, et on peut réparer les influences d'un événement malheureux par mille moyens présents. Mais dans tout ce qui regarde les intérêts des États chaque pas est de la plus grande conséquence, et, en cas de malheur, les ressources ne sont pas si aisées à trouver. Un ministre a besoin de toute l'habileté, de toute la circonspection possibles, et d'une rare prudence dans l'invention et dans le choix des expédients.

Les personnes avec lesquelles on discute les intérêts publics ajoutent à la difficulté de cette espèce de négociation. Quoiqu'il arrive rarement qu'on traite directement avec le souverain, les occasions se présentent pourtant où il est indispensable de lui parler d'affaires. Un homme qui manque de courage est alors ébloui par l'éclat qui accompagne la majesté royale : la splendeur du pouvoir suprême lui impose au point qu'il ne peut ni faire les propositions de la manière requise, ni les appuyer avec force et avec fermeté. On ose proposer tout à ses égaux, ou à ceux qui ne sont pas dans une grande élévation; on le fait sans efforts d'une façon convenable, et on emploie sans embarras les charmes de l'éloquence. Mais un ministre public, s'il n'est pas doué d'nne noble hardiesse qui lui donne la liberté de parler, et d'une discrétion décente qui lui apprenne à ménager cette liberté, sera troublé par la présence d'un grand à ne pouvoir faire usage de ses talents, ou abusera de ces talents pour choquer des personnes qui décident du sort de sa négociation. Dans l'un et l'autre cas il fera un tort sensible à lui-même et aux affaires dont il est chargé.

Les grands, par l'habitude des superfluités et de la vue des meilleurs modèles, prennent un goût fin et machinal de tout ce qui est agréable, et se dégoûtent aisément de ce qui ne répond pas à leurs idées habituelles de la perfection. Sans cesse exposés aux séductions de la flatterie, ils deviennent d'une sensibilité extrême sur tout ce qui peut les choquer, ou leur déplaire. Tous ceux qui les approchent doivent avoir dans l'esprit, dans les manières et dans l'extérieur, ces grâces qui arrachent l'affection des cœurs les plus difficiles; ou au moins n'être pas sujets à des défauts qui laissent des impressions désagréables. Le ministre public a besoin, pour réussir, du talent des agréments dans toute son étendue, pendant qu'un particulier, en traitant avec des personnes qui n'ont pas tant de délicatesse, et qui sont accoutumées à une plus grande indulgence, peut se contenter d'en acquérir une partie.

Quoique le choix des hommes d'État soit souvent abandonné au hasard de la position, à la faveur aveugle d'un maître ou d'un parti, et au pouvoir de l'intrigue, il arrive cependant que d'habiles gens parviennent aux grandes places ; et, si le mérite leur manque, la routine des affaires supplée jusqu'à un certain point à leur incapacité naturelle. La plupart du temps, on est obligé de négocier avec des gens d'une habileté supérieure, rompus dans les affaires, et qui, maîtres de leurs passions, sont en garde contre toutes les surprises. Si l'on se mesure avec des hommes si bien armés, sans avoir une armure à l'épreuve des coups, bien loin de remporter la victoire on peut s'attendre à une défaite totale. On ne risque pas tant dans les affaires communes, où l'on attaque des hommes armés à la légère, qui font rarement usage de leurs forces, qui n'en ont point, ou qui n'en ont guères plus que celui qui les entame.

Par ces considérations on se convaincra que le négociateur public doit avoir les qualités nécessaires au maniement des affaires dans un degré plus éminent que celui qui traite avec des particuliers. Avec le génie propre à son emploi, il a besoin d'une connaissance profonde des affaires et des hommes ; d'un talent singulier pour se servir des passions d'autrui et pour dominer les siennes ; de l'art de parler et d'écrire avec agrément, avec force et avec facilité ; d'un courage à toute épreuve, et tempéré par une docilité sans bassesse ; d'un air ouvert, accompagné de manières nobles et insinuantes ; d'une sagesse supérieure ; d'un discernement exquis ; d'une probité éclairée ; d'une prudence consommée, sans mélange de finesse ; de l'esprit inventeur pour les expédients ; enfin d'une certaine élévation d'esprit et de cœur, qui l'empêche de tomber dans des bagatelles. Cette grandeur d'âme est exigée préférablement pour les affaires publiques, où le goût des vétilles, si ordinaire aux petits esprits, est de la plus dangereuse conséquence.

De ces qualités, celles qui ne sont pas un heureux don de la nature ne s'acquièrent que par l'étude, la méditation, l'usage du monde et l'expérience. La vie de l'homme est trop courte pour qu'il puisse faire sur tous les cas existants le nombre d'observations qui est requis pour former la vraie expérience et une grande capacité. On gagne de grandes avances en pouvant commencer sa propre expérience par celle des autres, et en sachant mettre à contribution les découvertes des grands génies de tous les siècles. Un homme ne saurait jouer avec supériorité son rôle dans les affaires, et surtout dans la négociation, s'il n'amasse pas des connaissances, et s'il ne cultive pas ses talents par un commerce familier avec les meilleurs auteurs. L'étude est d'une utilité incontestable : la méditation l'élabore, et en approprie les résultats à celui qui s'y livre avec jugement. Le négociateur portera ses vues préférablement du côté des sciences les plus analogues à sa vocation : du côté de la politique, qui lui fournit les principes de toutes ses démarches ; de l'histoire, de ce recueil d'expériences sur l'homme moral, qui lui apprend à découvrir les causes des événements ; de la philosophie, qui enseigne à raisonner juste ; et des lettres, qui ajoutent de l'agrément au reste des connaissances. Muni de ces secours, il pourra s'engager avec sûreté dans le labyrinthe des affaires, et acquérir de bonne heure de l'expérience et de la capacité.

Supposé encore que des connaissances variées ne soient pas d'un usage indispensable, elles sont toujours d'un avantage sensible, par une raison indirecte. Le ministre public est obligé de se mêler dans des conversations de toute espèce, et dans le monde on ne parle que des choses ou des personnes. Il est évident de quelle conséquence il est de parler trop des personnes, dans des situations où l'inimitié d'un seul homme peut faire échouer une négociation, sans compter l'insipidité d'une conversation semblable. Si l'on parle des choses, un homme resserré dans les idées relatives à son emploi borne son entretien uniquement à ce qui l'occupe, ou est forcé à un silence ennuyeux. On sent combien la prudence défend des entretiens si remplis de risques, où l'on trahit si facilement ses sentiments, on découvre des dessins, on laisse échapper son secret. Si le négociateur, au contraire, a l'esprit orné de belles connaissances, il peut fournir matière à une conversation intéressante, qui rend sa personne plus agréable, qui lui attire de l'estime et de l'amitié, et qui ne l'expose en aucune manière. Elles le délasseront, d'ailleurs, de ses occupations importantes, et le préserveront d'une dissipation toujours désavantageuse aux talents.

Par ces raisons, les plus grands politiques ont exigé du ministre public une grande variété de connaissances. Sully avoue que l'éloquence et la réputation du cardinal du Perron le servirent mieux dans ses négociations que toutes les finesses des autres : on ne pouvait résister, ajoute-t-il, à ses entretiens doux et insinuants, toujours assaisonnés d'un savoir varié. Temple méprisait tout ministre sans lettres, comme un homme auquel il manquait une partie essentielle du mérite politique. Il serait inutile de citer le grand nombre des hommes d'État qui ont été du même sentiment. Bacon prouve même par l'histoire que les politiques les plus habiles ont été tous des gens lettrés.

Malgré cette quantité de suffrages, il règne encore un préjugé assez généralement répandu. On croit les gens d'esprit et bien instruits moins propres aux affaires, et principalement à la négociation, que ceux qui n'ont pour eux que des talents agréables et la routine commune. L'exemple de plusieurs savants, et surtout de beaux-esprits, qu'on avait jugés capables de tout à cause de leurs agréments, et qui n'ont point réussi dans les emplois qu'on leur avait confiés, semble confirmer cette prévention. On aurait pu cependant penser, aussi naturellement, qu'un homme qui donne des preuves d'une pénétration et d'une habileté supérieures dans les sciences, peut porter dans les affaires la même pénétration et la même capacité, s'il est mis dans des circonstances où il pourra appliquer ces qualités.

L'auteur termine cette étude par les considérations suivantes. Dans la pratique, dit-il, les opinions semblent partagées sur l'utilité et l'importance de la négociation. Il est des époques entières stériles en négociations, où un esprit destructeur gagne les peuples, et où rien ne se décide que par la voie des armes ; il en est d'autres, où le génie pacifique de la peur paraît dominer, et où l'on ne fait que « *traitailler* ». Des Puissances faibles et peu propres aux exploits guerriers négocient sans cesse, et ne peuvent opposer à leurs ennemis que la défense de la prudence et de l'habileté. C'est pour cela que des négociateurs enthousiastes ont soutenu qu'un bon ambassadeur vaut autant à son maître qu'une armée de cent mille hommes.

Les plus grands monarques, et même les conquérants, qui ont méprisé la négociation, ne l'ont jamais dédaignée impunément. En employant uniquement la force et la hauteur, ils alarment leurs voisins, et les poussent à se liguer contre une Puissance inquiète et formidable, toujours prête à s'élancer sur ceux qui lui donnent le moindre prétexte pour une guerre. En négociant de bonne heure, on prévient les défiances, on gagne quelques-uns des princes tentés de s'allier contre nous, et en montrant du penchant pour les voies de la douceur et de l'accommodement, on diminue la crainte qu'inspire un gouvernement militaire. L'histoire est remplie d'exemples de souverains, qui, enflés par le succès de leurs armes, ont négligé de cultiver par la négociation l'amitié et l'alliance des autres Puissances, et qui, par cette conduite hautaine et imprudente, se sont attiré les plus grands malheurs. Les progrès des conquérants même sont facilités par l'adresse de gagner les hommes : Pyrrhus avoua que son épée ne lui avait pas donné autant de villes que ne lui en avait donné l'éloquence de Cynéas.

Il y a des Puissances qui, avec des forces très-médiocres, se soutiennent et se débarrassent des occurrences les plus épineuses. Elles sont redevables de leur conservation à leur prudence, à leur attention à se prêter aux circonstances, à saisir les occasions favorables à leurs intérêts, à observer la maxime qu'il est toujours avantageux de mettre en négociation les choses qu'on ne peut pas contester par les armes. Une conduite semblable ne peut se tenir sans négocier sans cesse, sans se faire des amis et des alliés : elle est la ressource unique pour les faibles, et elle est d'un usage excellent pour tempérer l'excès des forces des puissants.

Mais il n'est que trop vrai que la négociation qui n'est pas appuyée par des forces réelles ou supposées est toujours imparfaite, et accompagnée de mille difficultés. Le ministre d'un prince victorieux, craint et respecté, trouve les chemins frayés, et toutes les affaires préparées pour un bon succès. Ce qu'il y a de plus avantageux, en général, et l'auteur a raison de le reconnaître, c'est de savoir mêler avec adresse la force avec la négociation. Sans les forces, la négociation est, pour ainsi dire, un levier qui manque de point d'appui ; sans la négociation, la force est un instrument trop acéré, trop dur, et qui se casse entre les mains de celui qui l'emploie.

Responsabilité des négociateurs.

M. de Flassan disait, en parlant de la responsabilité des agents diplomatiques : « Il faut être très-indulgent à l'égard des erreurs de la politique, à cause de la facilité d'y tomber ». Le conseil peut être bon, mais je ne partage nullement l'indulgence de l'éminent auteur de l'*Histoire de la diplomatie française* et de l'*Histoire du congrès de Vienne*. Je suis d'avis, au contraire, qu'il faut être très-sévère pour ces erreurs, parce que personne n'est obligé de se livrer à la carrière de la politique, et que c'est l'ambition qui conduit le plus généralement les hommes sur ce difficile et dangereux terrain. Quand on se mêle de prétendre diriger, gérer ou défendre les intérêts publics, on doit le faire à ses risques et périls. Aussi, je ne puis qu'approuver l'article 11 de la Constitution du Pérou, aux termes duquel « tout individu qui exerce une charge publique quelconque, est directement et indirectement responsable pour les actes faits par lui dans l'exercice de ses fonctions; la loi déterminera la manière de rendre effective cette responsabilité ».

Opinion de M. D. Pedro Galvez, sur la responsabilité des négociateurs qui auraient été d'anciens fonctionnaires politiques.

Je trouve toutefois dans les documents sur la négociation relative à l'archevêché de Lima, en 1872, une note datée de Rome, du 24 décembre de la même année, et dans laquelle l'agent diplomatique du Pérou, M. D. Pedro Galvez, exprimait une opinion très-juste au sujet de la responsabilité qui pourrait peser sur des négociateurs. Il est vrai qu'il ne s'agissait point de la responsabilité des négociateurs eux-mêmes comme tels, mais de la responsabilité des négociateurs à raison d'actes accomplis par eux lorsqu'ils étaient fonctionnaires politiques, avant d'avoir été chargés d'une négociation. M. D. P. Galvez disait donc, avec raison, que l'action en responsabilité qui pèse sur les employés publics ne devrait pas atteindre les négociateurs pendant qu'ils se trouvent occupés à négocier, car une pareille action pourrait, en frappant le négociateur, compromettre la négociation. Mais cela ne porte pas préjudice à la responsabilité des négociateurs comme tels. Je suis d'avis que la plus lourde responsabilité doit peser sur les hommes qui, s'engageant dans la diplomatie sans les capacités nécessaires, compromettent par leur fait les intérêts de leur pays. Il appartient à la démocratie de rendre effective cette responsabilité.

Les chambres ont-elles le droit d'émettre un vote de non-confiance contre les agents diplomatiques du pays ?

Une question fort intéressante et touchant de près à celle de la responsabilité des ministres publics s'est présentée, en 1867, au Pérou. Le Congrès constituant avait, en juin 1867, adopté une motion présentée par trois de ses membres, et tendant à émettre un vote de non-confiance contre les agents diplomatiques du Pérou aux États-Unis d'Amérique, au Chili, en France et en Angleterre. Ce vote fut dénoncé par M. T. Pachéco, comme constituant une usurpation des facultés appartenant essentiellement au pouvoir exécutif. M. Pachéco démontra qu'adhérer à ce vote serait, de la part du gouvernement, abdiquer totalement et absolument les pouvoirs purement gouvernementaux et administratifs devant l'omnipotence du Congrès.

Les agents diplomatiques, disait M. Pachéco, sont les organes immédiats du pouvoir exécutif, et bien que, dans quelques pays, on requière, pour leur nomination, l'intervention d'une des Chambres du pouvoir législatif, l'action de ce dernier pouvoir ne va pas au-delà, et le pouvoir exécutif est le seul qui intervienne dans les actes de ses agents, le seul aussi à qui il appartienne de les approuver ou de les désapprouver. Si l'agent diplomatique délinque, les lois déterminent la manière de le juger, et si, malgré sa culpabilité manifeste, il est soutenu et approuvé par le gouvernement, la responsabilité retombe alors plus directement sur ce dernier. Cette responsabilité retombera avec beaucoup plus de raison encore sur le gouvernement même, si l'agent diplomatique a conformé sa conduite aux instructions que le gouvernement lui a données, et si ses actes ont été expressément approuvés. D'où il résulte que la censure lancée ou la non-confiance exprimée contre un agent diplomatique qui n'a pas cessé un moment de mériter la confiance du gouvernement, et dont, bien plus, les actes ont obtenu l'approbation suprême, retombent en plein sur le gouvernement lui-même. Dans les nations régies par le système parlementaire on discute souvent l'action des gouvernements, en ce qui concerne les relations extérieures ; mais il ne se présentera pas un seul exemple d'un débat sur les personnes des agents diplomatiques, et l'on ne citera un seul cas d'un vote de censure ou de non-confiance émis par les Chambres contre ces agents. Le Congrès péruvien de 1867 a donc voulu se singulariser, en introduisant des innovations étranges dans le droit public, privé et international. Indépendamment des raisons qui existent pour considérer le gouvernement comme le seul qui soit uniquement et exclusivement responsable des actes accomplis par ses agents, quand ces actes ont été faits en conformité des instructions données, et quand, de plus, ils ont été approuvés, il y a d'autres raisons encore qui se rapportent à un ordre infiniment supérieur, puisqu'elles touchent à la dignité, à l'honneur, au prestige du gouvernement et de la nation elle-même. Un agent diplomatique est la personnification de sa patrie dans un pays étranger ; c'est le représentant du souverain devant un autre souverain. Déclarer qu'un agent diplomatique ne mérite pas la confiance de la nation qu'il représente, ce n'est rien moins que manifester au souverain auprès duquel il est accrédité, qu'on a peu d'égards pour lui, puisqu'on lui a envoyé pour traiter avec lui une personne indigne ; c'est, d'autre part, rabaisser le prestige de la nation elle-même, qui s'est servie de pareils hommes pour personnifier sa souveraineté. Quand un agent diplomatique n'est pas à la hauteur de son poste, pour n'importe quel motif, on le rappelle purement et simplement, et la susceptibilité internationale est si grande, en pareille matière, la courtoisie que les nations observent entre elles impose des égards d'une délicatesse si exquise, que, même dans le cas d'une destitution violente, on n'en exprime pas les motifs dans les lettres de rappel : on allègue d'autres raisons, afin qu'il ne soit jamais constaté officiellement que le fonctionnaire contre lequel la mesure a été dirigée, ait été, ne fût-ce qu'un seul moment, indigne des attentions personnelles qui lui ont été prodiguées. En un mot, les actes d'un agent diplomatique peuvent être désapprouvés par son gouvernement, mais jamais on ne l'expose aux regards du souverain et de la nation auprès duquel il est accrédité, sous un point de vue qui porterait la moindre atteinte à sa dignité personnelle, parce que cette dignité, il est nécessaire de le répéter, est celle de sa propre nation qu'il représente (1).

Ces considérations sont excellentes, et me paraissent donner la solution de la question en Amérique comme en Europe ; mais elles ne portent pas préjudice à la responsabité.

Emploi de la télégraphie dans les négociations diplomatiques.

L'annotateur de Klüber constate, avec une satisfaction marquée, que les négociations diplomatiques se trouvent atteintes à leur tour du mouvement plus rapide qui entraîne toutes choses, dans le XIXe siècle. La télégraphie électrique, dit-il, tend à se substituer en partie aux voies plus lentes des correspondances ordinaires. Il n'est pas douteux que ce nouveau mode de correspondance ne modifie considérablement la marche des affaires diplomatiques, en rendant beaucoup plus fréquentes les communications directes entre les cabinets, en restreignant les pouvoirs des ministres et en les obligeant de demander des instructions spéciales sur toutes les questions de quelque importance, enfin en favorisant les décisions instantanées et les promptes solutions (2). Mais M. Ch. de Mazade, dans son ouvrage sur la guerre de France (1870-1871), a montré avec plus de raison, suivant moi, le danger

(1) Voir la brochure de M. T. Pachéco, intitulée : *Un incident diplomatique, à propos d'un autre incident parlementaire.* Lima, 1867.

(2) Klüber, *Droit des gens moderne de l'Europe,* note sur le n° 168, édition 1874, p. 242.

qu'il y a pour tout le monde à laisser s'établir le système de diplomatie télégraphique. Que le télégraphe, dit-il, soit un moyen d'information rapide et sommaire dont on ne peut désormais se passer, pas plus dans la diplomatie que dans tout le reste, ce n'est point la question ; mais aucune résolution sérieuse, surtout une résolution pouvant décider de la paix ou de la guerre, ne devrait être prise sur des communications télégraphiques, d'abord parce que ces communications sont nécessairement incomplètes, ensuite parce qu'elles suppriment un élément essentiel : le temps, c'est-à-dire la réflexion dans la délibération des affaires humaines.

Nul doute qu'on n'eût évité bien des malheurs, en 1870, si on eût pris le temps de suivre une négociation régulière, par des moyens réguliers ; si on n'eût été incessamment à la merci d'un coup de télégraphe (1).

Les conférences. — Les congrès.

C'est particulièrement dans les *conférences*, dans les *congrès*, qu'ont lieu les négociations.

Quelle différence y a-t-il entre les *conférences* et les *congrès* (2) ?

On ne saurait établir une distinction tranchée entre un congrès et une conférence, car plus d'un congrès n'a été de fait qu'une succession de conférences sans résultat positif, et plus d'une conférence a pris le caractère d'un congrès.

On a voulu, à tort, donner plus spécialement le nom de congrès aux assemblées de souverains se réunissant pour prendre en commun des décisions, et celui de conférences aux réunions de leurs ministres, de

(1) Ch. de Mazade, *La guerre de France* (1870-1871), t. Ier, p. 37, édition de 1875.

(2) D'une manière générale, on entend par *conférences* des délibérations diplomatiques, soit entre les membres d'un congrès, soit entre les ministres de plusieurs Puissances accrédités auprès de la même cour, du même gouvernement.

leurs représentants diplomatiques, de leurs fondés de pouvoir. Mais cette distinction ne repose sur rien d'absolu; elle est même démentie par la pratique des États, car un congrès peut se réunir sans princes, sans chefs d'États, et être composé uniquement de leurs représentants, tandis que, d'autre part, un prince, un chef d'État, peut participer occasionnellement aux délibérations d'une conférence de diplomates, sans que la conférence devienne pour cela un congrès.

Quand on considère de près les congrès et les conférences qui ont été tenus dans les derniers siècles, on remarque que les congrès sont plus importants, plus solennels que les conférences, tant par le nombre, en général, des plénipotentiaires qui y prennent part, que pour la nature des affaires qui s'y traitent : c'est dans ce sens qu'on a défini les congrès : des assemblées de souverains ou de plénipotentiaires spéciaux, réunis pour délibérer sur des affaires d'une importance majeure, sur des affaires par exemple d'un intérêt général pour l'Europe entière, ou pour un certain nombre d'États de l'Europe, ou pour tous les États ou un certain nombre d'États de l'Amérique je suppose. « On appelle congrès, dit Meisel, une assemblée des plénipotentiaires de plusieurs Puissances, à l'effet de traiter d'affaires communes à leurs constituants » (1). « On appelle congrès en général, dit le comte de Garden, une assemblée des plénipotentiaires de plusieurs Puissances, à l'effet de traiter d'affaires communes aux gouvernements qu'ils représentent » (2).

On remarque aussi que dans les congrès on prend des décisions définitives, tandis que dans les conférences, en général, on prépare seulement ces décisions.

On remarque enfin qu'aux congrès ne peuvent prendre part que des personnes ayant voix délibérative,

(1) Meisel, *Cours de style diplomatique*, t. II, p. 468.

(2) *Traité complet de diplomatie*, édition de 1833, t. II, p. 421.

tandis que des personnes n'ayant pas voix délibérative peuvent prendre part aux conférences.

Il résulte de ces observations qu'on doit donner le nom de congrès aux réunions très-importantes qui aboutissent à un traité général, tandis que le terme de conférences désignerait des réunions chargées, non pas de prendre des décisions définitives, mais seulement de préparer ces décisions, de mettre les affaires en état de recevoir une solution. Dans les congrès, les plénipotentiaires décideraient les questions ; dans les conférences, ils chercheraient à jeter des bases. Quand l'objet de la négociation serait très-général, et quand plusieurs États y figureraient, la réunion prendrait le nom de congrès, mais si l'objet était plus restreint, on l'appellerait conférence ; les congrès aboutiraient à des traités généraux, le terme générique de conférences serait réservé aux congrès qui échouent. On dit en effet : les conférences de Gertruydenberg (1710), les conférences de Vienne (1854-1855), mais on dit : le congrès d'Utrecht (1713), le congrès de Paris (1856).

La plupart des grands traités publics ont été précédés d'un congrès. Depuis que le droit public européen a commencé à se former, il s'en est déjà tenu beaucoup. On peut citer, avant notre siècle, les congrès de Munster et d'Osnabrück, qui précédèrent la paix de Westphalie (1648) ; les congrès des Pyrénées, en 1659 ; de Bréda, en 1667 ; d'Aix-la-Chapelle, en 1668, de Cologne, en 1673 ; de Nimègue, en 1678 ; de Ratisbonne, en 1682 ; de Ryswick, en 1697 : d'Utrecht, en 1713 ; de Bade, en 1714 ; de Hanovre, en 1715 ; de Cambrai, en 1722 ; de Soissons, en 1728 ; d'Aix-la-Chapelle, en 1748 ; de Teschen, en 1779 ; de Paris, en 1782 ; de Versailles, en 1784 ; de Rastadt, en 1797. Au XIXe siècle, il y a eu les congrès d'Amiens, en 1802 ; d'Erfürt, en 1807 ; de Châtillon, en 1814 ; de Vienne, en 1815 ; d'Aix-la-Chapelle, en 1818 ; de Carlsbad et de Troppau, en 1820 ; de Laybach, en 1821 ; de Vérone, en 1822 ; de Paris, en 1856 ; de Berlin, en 1878, sans compter les conférences.

On donne quelquefois aussi le nom de conférences aux réunions composées de représentants d'États de second et de troisième ordre, et n'ayant en vue que l'intérêt spécial de ces États. C'est par des conférences ministérielles composées des représentants des États de la Confédération germanique, qui ont abouti à l'acte final du 15 mai 1820, qu'a été complétée l'ancienne organisation intérieure de l'Allemagne. Enfin, la dénomination de conférence a même été employée pour désigner la réunion de ministres de la même Puissance : par exemple la conférence d'Ostende, où se rencontrèrent les ministres des États-Unis d'Amérique accrédités auprès des cours de Paris, de Londres et de Madrid, pour réduire en principe la doctrine Monroë. Mais on a contesté avec raison ce titre à cette réunion, car, si la dénomination de conférence s'applique à des délibérations diplomatiques de tout genre, c'est à la condition que les ministres qui y figurent appartiendront à des États différents (1).

Sans nous arrêter davantage à distinguer entre les conférences et les congrès, constatons que les congrès et les conférences sont devenus, de nos jours, un mode favori de réunions diplomatiques pour traiter d'affaires d'importance majeure.

Objets des congrès et des conférences.

Autrefois, on ne connaissait que les congrès destinés à terminer une guerre par une pacification générale. Aujourd'hui, les congrès ont pris un nouveau caractère. On se réunit en congrès pour s'occuper des moyens à prendre, afin de compléter et d'affermir une paix précédemment conclue, d'en développer les résultats, de prévenir les dangers futurs ; pour concerter des mesures à prendre en commun sur des affaires d'un intérêt général, etc. Ainsi, au XIXe siècle, les congrès n'ont

(1) Jules Grenier, article *Conférence*, dans le *Dictionnaire général de la politique* de M. Maurice Block.

plus seulement pour objet de mettre fin à des guerres, mais les souverains eux-mêmes, ou leurs plénipotentiaires, se réunissent en congrès, soit pour prendre des arrangements définitifs en vue de l'exécution d'un traité de paix précédent, soit pour concerter des mesures propres à conjurer des dangers à venir. Toutefois, en général, les congrès servent plutôt à sanctionner et à régler les faits accomplis.

Comme exemple de congrès réuni pour prendre des arrangements définitifs en vue de l'exécution d'un traité de paix précédent, on peut citer le congrès d'Aix-la-Chapelle de 1818, réuni en vue de débarrasser la France de l'occupation militaire qui lui avait été imposée en 1815 et de la recevoir dans le concert des grandes Puissances. On peut même citer le congrès de Vienne, car, lors de la réunion de ce congrès (1814-1815), la paix était faite d'avance par le traité de Paris.

On citera comme exemples de congrès réunis pour concerter des mesures propres à conjurer des dangers à venir : les congrès de Troppau, en 1820, de Laybach, en 1821, où les souverains d'Autriche, de Prusse et de Russie, s'entendirent sur les moyens de comprimer la révolution italienne ; de Vérone, en 1822, où fut préparée la guerre d'Espagne de 1823. Deux congrès de paix ont eu lieu depuis : celui de Paris, qui termina la guerre de Crimée par le traité du 30 avril 1856 ; et celui de Berlin, en 1878 (1). Mais, à plusieurs reprises, avant et depuis ces congrès, des questions européennes ont été traitées dans des conférences entre les plénipotentiaires des grandes Puissances. Les plus remar-

(1) Le dernier congrès qui ait été réuni est celui de Berlin, en 1878, à la suite de la guerre entre la Russie et la Turquie. Après une longue et vaillante résistance, les troupes ottomanes avaient dû capituler dans les lignes de Plevna, et au milieu de l'hiver de l'année 1877-1878, au moment où l'Europe s'attendait à une suspension des hostilités, l'armée russe, au prix de grands efforts, avait traversé la chaîne des Balkans et s'était répandue dans les plaines de la Roumélie. Une marche rapide avait amené bientôt les forces russes à Andrinople, et, peu de temps après,

quables de ces conférences ont été : celles de Londres, de 1831-1839, sur les affaires belges; de Vienne, de 1854-1855, pour prévenir la guerre entre la Russie et la Turquie ; de Londres, en 1864, pour l'affaire des duchés de Sleswig et de Holstein ; de Londres, en 1867, pour l'affaire du Luxembourg ; de Paris, en 1868, à l'occasion de l'insurrection crétoise ; de Berlin, en 1880, pour exercer la médiation stipulée par le traité de Berlin entre la Turquie et la Grèce ; etc. (1). Ajoutons que, surtout depuis le second empire français, les entrevues des souverains sont devenues plus fréquentes ; mais elles ne peuvent être assimilées aux congrès que lorsque les princes sont accompagnés de leurs ministres des affaires étrangères, ou d'autres plénipoten-

elles étaient aux portes de Constantinople. Au mois de février 1878, le gouvernement de l'Autriche-Hongrie prit l'initiative d'une invitation à un congrès, dans le but d'assurer à l'Europe troublée par ces événements le bienfait de la paix. Les négociations pour l'ouverture de ce congrès ont passé par différentes phases. Après avoir été commencées sur l'initiative de l'Autriche-Hongrie, elles ont été, dans les derniers temps, prises en main par le cabinet de Berlin, et c'est par son intervention qu'elles ont finalement abouti. De nombreuses questions secondaires se sont présentées : question de savoir dans quel lieu se tiendrait le congrès ; question relative à la composition du congrès ; question de savoir si la réunion serait une simple conférence d'ambassadeurs, ou une réunion plus solennelle à laquelle prendraient part les ministres des affaires étrangères ou les ministres dirigeants des différents pays. Finalement, après beaucoup de difficultés de détail, on a pu arriver à un accord entre les cabinets de Vienne, de Saint-Pétersbourg et de Londres, sur la formule d'invitation à adresser aux Puissances par le gouvernement de Berlin. En conséquence, les Puissances signataires des traités de 1856 et de 1871 ont été invitées à se réunir en congrès à Berlin, le 13 juin 1878, pour y discuter les stipulations du traité préliminaire de San-Stéphano, conclu entre la Russie et la Turquie. La France a mis pour condition à son acceptation, que les questions dérivant naturellement et directement de la dernière guerre seraient seules déférées au congrès, et que le programme de cette assemblée resterait circonscrit aux affaires qui ont été l'origine ou la suite immédiate e la lutte dont le traité de San-Stéphano a marqué le terme.

(1) Ces conférences sont dites aussi *ministérielles*.

tiaires, et qu'on y prend des délibérations dont il est dressé procès-verbal.

Je ne parle pas des conférences ayant un but tout à fait spécial, et qui ont été très-nombreuses dans les vingt dernières années, telles que : la conférence sanitaire internationale de Constantinople, en 1865 ; les conférences monétaires de 1865 et 1867 ; la conférence de Saint-Pétersbourg de 1868, pour l'interdiction des balles explosibles en temps de guerre ; la conférence télégraphique internationale de Vienne, de la même année (1868) ; la commission internationale du mètre, en 1870-1873 ; la conférence de Bruxelles, de 1874, relative aux lois et coutumes de la guerre, etc., etc. Plus la vie des sociétés modernes se développe dans le sens de la solidarité des intérêts, plus ces conférences sont appelées à se multiplier et à se diversifier.

Il est arrivé même que des congrès ont pu avoir un but scientifique et législatif. Ou n'a pas oublié, par exemple, le décret du 10 décembre 1875, par lequel le président de la République du Pérou a approuvé le projet de provoquer un congrès de juristes, en vue de rendre autant que possible uniforme la législation des États américains. En conséquence de ce décret, les gouvernements des États-Unis d'Amérique, du Mexique, de Guatémala, Salvador, Honduras, Costa-Rica, Nicaragua, de la République Dominicaine, de Haïti, des Etats-Unis de Colombie, de Vénézuéla, de l'Équateur, du Brésil, de l'Uruguay, du Paraguay, de la République Argentine, du Chili, de la Bolivie, ont été invités à nommer et à envoyer des plénipotentiaires... Nous verrons plus tard que ce projet s'est en partie réalisé.

Il est bien entendu qu'il ne peut être question ici que des congrès et conférences ayant des buts politiques.

Caractère de congrès dans le monde moderne.

M. Ch. Vergé a tracé avec exactitude et précision, dans son introduction au *Précis du droit des gens mo-*

derne de l'Europe, de G. F. de Martens, un aperçu historique sur le caractère des congrès dans le monde moderne. Il a montré que si l'idée d'établir une juridiction européenne permanente n'a pas encore abouti, il y a eu assez fréquemment, depuis deux siècles, sous le nom de congrès, et sous celui plus moderne de conférences, des essais plus ou moins heureux pour instituer temporairement des tribunaux de conciliation internationale.

Le premier en date, dit-il, est celui qui termina à Münster et Osnabrück la guerre de Trente ans, en 1648 (1). Plusieurs congrès furent plus tard provoqués, soit pour les affaires de Pologne, soit pour celles de la France, dans la seconde partie du XVIIIe siècle ; mais, soit que les parties contractantes n'eussent pas un désir sincère de paix, soit même qu'elles laissassent en dehors de leurs délibérations un ou plusieurs des États intéressés ou des États importants de l'Europe, soit enfin que les considérations d'intérêt ou de vengeance y neutralisassent celles de justice et de pacification, leurs résultats furent rarement durables.

Le congrès de Vienne, de 1814-1815, peut être considéré à juste titre comme la plus imposante réunion de négociateurs chargés, depuis la paix de Wesphalie, de régler les intérêts de l'Europe. L'empire de Napoléon venait de s'écrouler, la France était épuisée ; il s'agissait de remanier entièrement la carte du monde, de fixer les rapports territoriaux des États, et de poser de nouveau les bases du droit public. Les affaires les plus nombreuses et les plus considérables y furent traitées. Des royaumes à reconstituer, des dédommagements territoriaux à déterminer, des constitutions à réviser, de grandes iniquités morales à réparer, une vaste union politique à resserrer : voilà ce qui ne donne encore qu'une faible idée de la tâche dévolue à ce congrès. Mais, animé qu'il était par un esprit étroit de réaction, cette tâche, il ne l'a point remplie avec l'im-

(1) Et qui a abouti à la paix de Westphalie.

partialité, avec le souci des droits naturels, avec les ménagements nécessaires. On brisa les nationalités, on dépeça les territoires plutôt qu'on ne les rendit à leurs affinités naturelles ; on vit disparaître de la carte de l'Europe la Pologne, les Républiques de Venise et de Gênes, les souverainetés ecclésiastiques de l'Empire allemand, la presque totalité des villes libres d'Allemagne, une grande partie des États de second ordre... Les actes de Vienne ne dérivaient pas d'une pensée assez haute pour assurer définitivement la paix et pour la rendre féconde. Dominés par une passion de vengeance, ou tout au moins de représailles, cherchant plutôt à fortifier une portion de l'Europe au détriment de l'autre qu'à la constituer solidement, délibérant sous la pression de certains cabinets et ne tenant guères compte de l'opinion publique à peine initiée à leurs délibérations, les négociateurs de Vienne ont fait une œuvre de diplomatie et d'autorité, non une œuvre de justice et de franchise.

Les autres congrès réunis de 1815 à 1830, pendant la durée de la Restauration (1), obéirent à une même pensée, soit de domination, soit de défense exclusive contre la révolution et au profit des monarchies absolues. Le sentiment qui inspirait leurs résolutions était un sentiment de défiance réciproque qui devait finir par en désagréger les membres, modifier les attitudes respectives, changer le système des alliances et engendrer de nouvelles luttes.

Le congrès de Vienne avait montré plutôt ce que ces réunions ont été dans le passé que ce qu'elles peuvent être dans l'avenir. C'est le congrès de Paris, de 1856, qui peut être considéré comme le type de ce qu'elles devraient être désormais. Issues d'une lutte terrible entre trois des plus grandes Puissances de l'Europe, les conférences de Paris avaient pour principal objet de régler la question d'Orient et de consacrer

(1) Les congrès d'Aix-la-Chapelle, en 1818 ; de Carlsbad et de Troppau, en 1820 ; de Laybach, en 1821 ; de Vérone, en 1822.

des principes de droit public conformes à l'esprit nouveau. Si elles n'ont pas atteint ce but d'une manière définitive et complète, elles ont eu du moins des résultats dont on a pu se trouver satisfait. Elles ont fait entrer la Turquie dans le système politique de l'Europe, arrêté les bases d'un réglement de frontières entre cet État et la Russie, décrété l'abolition de la course maritime, proclamé la liberté de la navigation du Danube et celle du commerce de la Mer Noire; plusieurs des grandes questions politiques qui divisent l'Europe et menacent son repos y ont été abordées; enfin, l'idée la plus importante peut-être pour l'affermissement du droit des gens, celle d'une sanction certaine à donner à ses arrêts, y a été émise et formulée en vœu (1).

Depuis le congrès de 1856, les évènements n'ont pas répondu aux espérances de ses négociateurs, l'édifice qu'il a tenté de construire est en partie démoli; mais les idées qui y ont été émises, les vues qui ont dirigé ses délibérations, ont été adoptées par l'opinion. Sous cette égide, le triomphe leur est assuré dans un avenir qui peut être plus ou moins reculé encore, mais qui se réalisera (2).

Quant au congrès de Berlin de 1878, M. Bluntschli a caractérisé de la manière suivante son œuvre. Il a démontré que de puissants principes modernes ont exercé leur influence sur le traité qui en a été le résultat, les unes *ouvertement*, les autres *secrètement* et parfois même inconsciemment. Le congrès a proclamé en termes exprès le principe européen de la complète égalité de droit de toutes les confessions et de la liberté des cultes. D'autres principes ont trouvé leur application dans le traité de Berlin, sans y être énoncés

(1) Voir l'introduction de M. Ch. Vergé au *Précis du Droit des gens moderne de l'Europe* de G. F. de Martens, édition de 1864, p. XLIV et suiv.

(2) Il est impossible de penser aux efforts qui sont faits, de nos jours, pour faire entrer définitivement les relations des peuples dans la voie des progrès pacifiques, sans rendre hommage à la création de l'Institut de droit international.

ouvertement : il a surtout accentué l'idée que le droit se développe et se modifie, par opposition au principe de l'immutabilité du droit historique des traités et des dynasties. Au congrès de Vienne de 1815, le principe de la légitimité des droits des anciennes dynasties et de leur restauration exerça une action aussi efficace que le fit à Berlin, en 1878, le principe du développement national d'États nouveaux. Le congrès de Berlin s'est dépouillé des scrupules de la légitimité. Il les a sacrifiés partout où l'exigeait le développement de la vie nationale. Dans la délimitation des frontières des nouveaux États, il a pris en considération les besoins naturels des populations, les nécessités stratégiques et politiques, plutôt que la tradition, les lois et les traités en un mot ; le principe ancien de la légitimité des princes a partout fait place au principe moderne et vivant du développement national des peuples (1).

Le congrès de Panama. — Idée de la ligue latino-américaine.

M. Ch. Vergé n'a mentionné que pour mémoire le projet mis à exécution, en 1826, par Bolivar, d'appeler en congrès, à Panama, les délégués de tous les Etats d'Amérique qui venaient de s'affranchir de la domination espagnole. Le sujet est d'une importance assez grande, d'un intérêt assez vif, pour qu'il soit permis de s'arrêter un instant devant la grande idée de la ligue latino-américaine, lancée en 1822 par l'illustre fondateur de l'indépendance de l'Amérique espagnole.

Objet général que se proposaient les promoteurs de cette idée. — Bolivar.

C'est en effet Bolivar qui émit le vœu, en 1822, de la formation d'une union, d'une ligue, d'une confédé-

(1) Bluntschli, *Le congrès de Berlin et sa portée au point de vue du droit international*, article publié dans la *Revue du droit international et de législation comparée*, t. XI, 1879.

ration, pour consolider les relations existantes, pour soutenir la souveraineté et l'indépendance de chacune des républiques naissantes, pour empêcher qu'on altérât leurs institutions. Le point de départ était rationnel: les pays américains qui ont une même origine, des intérêts communs, des traditions identiques, les mêmes institutions, un même idiôme, une même religion, de communes aspirations, sont naturellement appelés à s'unir, parce que l'union est la plus irrésistible comme la plus féconde des affirmations. Quant au but à atteindre, j'ignore si Bolivar avait entrevu toutes les conséquences de son idée ; mais elle contenait en germe les résultats suivants, si elle avait été complétement réalisée: se prémunir contre les dangers pouvant venir du dehors ; formuler un code de droit public américain; faire observer dans le nouveau monde les principes du droit des gens qui se pratiquent entre les nations européennes ; fixer une base, et, s'il était possible, établir un tribunal qui décidât les questions de limites, afin d'éviter les guerres qui pourraient éclater entre les nouvelles républiques; régler ce qui concerne le commerce, l'industrie, l'exercice des professions des fils de la grande famille américaine, quand ils passent d'un État américain à un autre, etc. Malheureusement, ce beau programme n'est resté, jusqu'à présent, qu'à l'état d'idéal, mais d'un idéal auquel on est revenu sans cesse. Il est à remarquer en effet que les patriotes de l'Amérique espagnole ont toujours tendu à la formation de confédérations partielles : celle de Colombie, par exemple, celle de Pérou et Bolivie, celle des républiques de la Plata, celle des républiques de l'Amérique centrale. Il faut noter aussi que cette idée pacifique d'union et de ligue a plus d'une fois été invoquée contre des périls de guerre et de conquête : lors de l'invasion du Mexique, par exemple, par les armées anglo-américaines ; lors de l'expédition projetée du général Florès contre l'Équateur ; lors des expéditions du flibustier Walker, aidé par le gouvernement nord-américain, etc., etc.

Idée de Burke.

Presque dans le même temps où Bolivar proclamait la nécessité de la ligue, le nord-américain Burke émettait l'idée de former une confédération. « Pour consommer le grand édifice de la liberté et de l'indépendance du sud de l'Amérique, disait-il, pour réunir les vues et les efforts de toutes ces provinces, leur donner l'uniformité, communiquer à toutes les mêmes bienfaits, les présenter à leurs amis comme à leurs ennemis avec les forces d'un tout, il est évident qu'on doit établir un gouvernement général et central, soit pour obtenir et assurer de cette manière le bien général, soit pour empêcher la rivalité, l'opposition, l'ambition, la fragilité, les intrigues extérieures et les guerres domestiques qui seraient là conséquence fatale de l'absence de concert entre les provinces. Pour réaliser cet objet important, il faut que le peuple des différentes provinces élise un certain nombre de députés pour chacune, dans la proportion de son étendue et de sa population, afin qu'elles soient représentées dans un congrès continental et général de toute l'Union.... ».

Pourquoi l'idée de Burke et celle plus pratique de Bolivar n'ont-elles pas réussi ?

L'idée de Burke ne pouvait pas aboutir, parce qu'elle était absolument impraticable dans des pays très-vastes, séparés par de hautes montagnes. Comment faire fonctionner un gouvernement central dans une si immense étendue de territoires? Mais comment la pensée de Bolivar, si simple et si praticable, comment le projet de former une union, une ligue américaine, ne se sont-ils point réalisés encore? Nous n'avons pas à en scruter les causes, mais seulement à constater les faits. Peut-être faut-il attribuer cet insuccès à ce que les gouvernements américains ont eu plus en vue les relations politiques entre eux que les relations sociales et économiques entre les peuples. Dans leurs préoccupations d'individualisme politique, ils ont peut-être trop oublié les grands intérêts continentaux (1).

Quoi qu'il en soit, voici les principales dates de l'histoire de cette idée.

La convention d'union, ligue et confédération, conclue le 2 juillet 1822, entre le Pérou et la République de Colombie.

L'année même où Bolivar, président de Colombie, invitait les gouvernements du Mexique, du Pérou, de Bolivie, du Chili, de Buénos-Ayres, à former une confédération et à réunir dans l'isthme de Panama, ou tout autre point élu à la pluralité des voix, une assemblée de plénipotentiaires de chaque État, la République de Colombie et «l'État» du Pérou, « décidés à employer toutes leurs ressources, toutes leurs forces maritimes et terrestres, pour défendre efficacement leur liberté et leur indépendance, et désirant que cette ligue fût générale entre tous les États de l'Amérique auparavant espagnole », nommaient des plénipotentiaires pour discuter, arrêter et conclure un traité d'union, ligue et confédération (2).

Le traité qui sortit des délibérations de ces plénipotentiaires fut la convention d'union du 6 juillet 1822, conclue à Lima (3). Il y était dit que, pour resserrer de plus en plus les liens qui devaient unir, dans l'avenir, les deux États, et aplanir toute difficulté qui pourrait se présenter et interrompre leur bonne harmonie, il serait formé une assemblée composée de deux pléni-

(1) Voir l'excellent ouvrage de M. Torrès Caïcedo, ministre de la République du Salvador, en France, intitulé *Union Latino-Américaine*, etc. 1865. La lecture de ce livre est indispensable pour bien suivre les développements de cette question.

(2) Les plénipotentiaires furent, du côté du Pérou, le colonel D. Bernardo Monteagudo, et, pour la Colombie, D. Joaquin Mosquera.

(3) Ratifiée, en ce qui concerne le Pérou, le 15 juillet 1822; approuvée par la loi du 12 novembre 1823, et promulguée à la même date.

potentiaires du côté de chacune des deux parties contractantes, nommés selon les règles et usages établis pour la nomination des ministres publics accrédités près des Puissances étrangères (Art. 1).

Les deux parties s'obligeaient à interposer leurs bons offices auprès des gouvernements des autres États de l'Amérique auparavant espagnole, afin de les faire entrer dans ce pacte d'union, de ligue et de confédération perpétuelles (Art. 2). Aussitôt ce grand et important objet obtenu, une assemblée générale de tous les États américains se réunira. Elle sera composée de leurs plénipotentiaires. La mission de cette assemblée sera de cimenter d'une manière plus solide et plus stable les relations intimes qui doivent exister entre tous les États américains et chacun d'eux ; de servir de conseil à ces États dans les grands conflits, de point de contact dans les périls communs, de fidèle interprète de leurs traités publics quand il s'élèverait quelque difficulté, de juge arbitre et conciliateur dans leurs disputes et différends (Art. 3).

Plus tard, en 1823, lors de l'approbation par le législateur péruvien, on supprima les mots « juge arbitre », et on insista sur l'idée que les attributions de l'assemblée ne devraient être que diplomatiques et non judiciaires. C'était en effet conforme aux principes du droit des gens, qui n'admet pas de juge pour les États. Mais cet article 3 n'est-il pas bien intéressant? N'est-il pas remarquable de voir, en 1822, l'idée de l'arbitrage international formulée à trois mille cinq cents lieues de l'Europe?

L'isthme de Panama, par sa situation intermédiaire, paraissait être l'endroit le plus convenable pour la réunion de l'assemblée ; aussi, dans l'article 4 de la convention, la République de Colombie s'engageait-elle à recevoir les plénipotentiaires sur ce territoire, en leur assurant toute la protection due à leur caractère d'hôtes et à leur inviolabilité diplomatique. Dans l'article 5, l'« État » du Pérou contractait la même obligation, pour le cas où, soit les événements de la guerre, soit le vote de la majorité des États, transporteraient le siège de l'assemblée sur un point quelconque du territoire péruvien. Il était stipulé, dans l'article 6, que ce pacte d'union, de ligue et de confédération perpétuelles n'interromprait d'aucune manière l'exercice de la souveraineté nationale de chacune des parties contractantes ; mais qu'elles s'obligeaient expressément et irrévocablement à ne consentir à aucun traité avec l'Espagne ou toute autre nation, au préjudice de l'indépendance des républiques nouvelles, et à soutenir en toutes occasions et en tous lieux leurs intérêts réciproques avec la dignité et l'énergie de nations libres, amies, sœurs et confédérées. Les articles 7 et 8 s'occupaient des forces militaires que les deux parties contractantes s'engageaient à entretenir.

Tel est le résumé de cette convention d'union, de ligue et de confédération, qui a été le point de départ de tous les efforts tentés depuis (1).

Traité du 10 juin 1823 entre la Colombie et Buénos-Ayres.

L'année suivante, dans un traité du 10 juin 1823, la République de Colombie et l'État de Buénos-Ayres, confirmaient d'une manière solennelle et « à perpétuité », l'amitié et la bonne intelligence qui avaient existé entre ces deux Républiques, « par l'identité de leurs principes et la communauté de leurs intérêts ». Elles contractaient une alliance défensive pour protéger leur indépendance de la nation espagnole et de n'importe quelle autre domination étrangère. Un traité ayant le même objet avait été conclu, le 3 octobre de la même année, entre la Colombie et le Mexique.

(1) Ce traité se trouve dans la collection diplomatique publiée en 1858, à Lima, p. 12 et suiv.

Circulaire de Bolivar, du 7 décembre 1824.

Les esprits étaient donc préparés depuis 1822, lorsque Bolivar, alors chargé du gouvernement suprême de la République du Pérou, adressa aux gouvernements des autres républiques d'Amérique sa fameuse circulaire datée de Lima, le 7 décembre 1824.

Cette circulaire était chaude d'enthousiasme. Le « Libérateur » y parlait un langage élevé. Il est temps, disait-il, que les intérêts et les relations qui unissent entre elles les républiques américaines, autrefois colonies espagnoles, aient une base fondamentale qui éternise, si c'est possible, la durée de ces gouvernements. « Établir ce système et consolider le pouvoir de ce grand corps politique, ne peut être que l'œuvre d'une autorité suprême, qui dirige la politique de nos gouvernements, dont l'influence maintienne l'uniformité de leurs principes, et dont le nom seul calme nos orages. Une autorité si respectable ne peut exister que dans une assemblée de plénipotentiaires nommés par chacune de nos républiques, et réunis sous les auspices de la victoire obtenue par nos armes contre le pouvoir espagnol ».

Bolivar rappelait ensuite l'invitation qu'il avait adressée, en 1822, comme président de la République de Colombie, aux gouvernements du Mexique, du Pérou, du Chili et de Buénos-Ayres, afin de former une confédération et de réunir dans l'isthme de Panama une assemblée de plénipotentiaires de chaque État. Il rappelait la convention conclue entre le Pérou et la Colombie, le traité entre la Colombie et le Mexique. Pourquoi différer davantage l'assemblée générale des plénipotentiaires de républiques déjà confédérées de fait ? Attendre l'adhésion de ces républiques, ne serait-ce pas se priver des avantages que produirait cette assemblée dès son installation ? Bolivar ne voulait pas de retard plus prolongé : comme délai entre la convocation et la réunion, six mois lui paraissaient suffisants ;

comme siège, au moins provisoire, de la première assemblée des confédérés, il désignait Panama, située à égale distance des extrémités du monde. « Si le monde, disait-il, avait à choisir sa capitale, l'isthme de Panama me paraîtrait indiqué pour cette auguste destination, placé comme il l'est au centre du globe, regardant d'un côté l'Asie, de l'autre l'Europe et l'Afrique.... Le jour où nos plénipotentiaires feront l'échange de leurs pouvoirs, une époque immortelle sera inscrite dans l'histoire diplomatique de l'Amérique. Quand, au bout de cent siècles, la postérité cherchera l'origine de notre droit public, elle consultera avec respect les protocoles de l'isthme. Elle y trouvera le plan des premières alliances qui tracera la marche de nos relations avec l'univers. Que sera alors l'isthme de Corinthe, en comparaison de l'isthme de Panama ! ! ! ».

Il y avait un peu d'hyperbole dans ce style, mais la beauté de la cause, l'exaltation de l'époque, justifiaient ces figures de langage. Le sentiment était, d'ailleurs, patriotique, la pensée était judicieuse, trop confiante peut-être dans le désintéressement des contemporains. La critique historique, qui vise à tout expliquer par des vues égoïstes, a cru entrevoir, plus tard, dans le projet de Bolivar, le germe d'une pensée ambitieuse... Mais pourquoi découronner les grands hommes !

Réponse de la Colombie et du Chili.

Le gouvernement de Colombie répondit le 6 mars 1825, et celui du Chili, le 4 juillet de la même année. L'un et l'autre adhéraient au projet de Bolivar, mais avec moins d'enthousiasme ; en faisant même quelques restrictions. Le gouvernement colombien émettait l'avis, que dans l'intérêt mutuel des nouvelles républiques, l'assemblée convenue des plénipotentiaires devrait avoir lieu avec la participation de tous ou de la majeure partie des gouvernements américains, des belligérants comme des neutres, également intéressés à résister au prétendu droit d'intervention dont avaient été victimes quelques Puissances du midi de l'Europe. Il désirait même le concours des États-Unis d'Amérique. Tout au plus consentait-il à envoyer, dans un délai de quatre mois, ses deux plénipotentiaires dans l'isthme de Panama, pour y procéder, de concert avec les plénipotentiaires du Pérou, à des conférences préparatoires, et pour entrer en correspondance directe avec les gouvernements du Mexique, de Guatémala, du Chili et de Buenos-Ayres.

La réponse du « suprême directeur du Chili » n'était pas moins froide. On y distinguait, toutefois, d'une manière bien marquée, le désir de prendre pour soi-même l'honneur de l'initiative de l'idée. Le « suprême directeur » assurait que, depuis longtemps, le « sublime projet » dont il était question avait préoccupé son attention ; il répétait que les sages réflexions du gouvernement péruvien n'avaient fait qu'augmenter sa conviction. Mais il constatait avec regret un obstacle qu'il n'était pas en son pouvoir de lever : l'absence d'une autorité législative qui examinât les bases arrêtées par le gouvernement de Colombie, et qui devaient servir de direction aux plénipotentiaires. Il convenait donc, selon lui, d'attendre la prochaine réunion du congrès général de la nation.

Dans l'une et l'autre réponse on remarquait, d'ailleurs, une certaine appréhension des agissements de l'Europe. Le gouvernement colombien signalait, notamment, comme devant être pris en sérieuse considération par les républiques américaines, « le principe périlleux d'intervention que quelques cabinets de l'ancien monde avaient inauguré et pratiqué avec chaleur... » Il faisait ainsi allusion au traité dit de « *la quadruple alliance* » du 20 novembre 1815, par lequel l'Angleterre, la Russie, l'Autriche et la Prusse, s'étaient engagées, entre autres choses, à concerter entre elles et avec le roi de France les mesures qu'elles jugeraient nécessaires contre les manifestations de l'esprit révolutionnaire qui menaçait le repos de l'Europe, et à redoubler leurs soins pour veiller à la tranquillité et aux intérêts de leurs peuples. Il faisait surtout allusion aux évènements qui en avaient été la suite : aux résolutions de la Diète de Francfort, à l'intervention de l'Autriche à Naples et à Turin, au triomphe de la réaction en Italie, à l'intervention de la France en Espagne.

Notons qu'en 1824 un conflit s'était élevé entre la France et la Colombie ; on avait craint l'approche de forces françaises. Bolivar avait écrit, à ce sujet, en date de Lima, le 11 mars 1825, une lettre très intéressante au général Francisco de P. Santander, dans laquelle il avait insisté sur son idée de réunir un grand congrès de plénipotentiaires américains dans l'isthme de Panama. Il supposait alors que la France, livrée dans ce temps-là aux chefs de la Sainte-Alliance (1), avait conçu un vaste plan de conquête des pays latino-américains. C'était une erreur de ce grand esprit. Dans l'attente d'une guerre très-prolongée, très-ardue, très-difficile, il ne trouvait d'autre palliatif à tant de maux en perspective que le grand congrès de plénipotentiaires dans l'isthme, avec un plan vigoureux, serré, étendu, pouvant disposer d'une armée de cent mille hommes au moins, maintenue par la confédération et indépendante des États confédérés. Il conseillait aussi une alliance étroite avec les États-Unis d'Amérique et avec l'Angleterre. La Grande-Bretagne en effet, abjurant ses erreurs passées, redoutant l'influence de la France dans la péninsule espagnole, et s'abandonnant à son égoïsme commercial, venait de patronner le principe de non-intervention, et de pro-

(1) Le traité dit de la SAINTE-ALLIANCE est le traité qui a été signé à Paris, le 26 septembre 1815, entre les empereurs d'Autriche et de Russie et le roi de Prusse. Ces trois souverains manifestaient leur détermination inébranlable de ne prendre pour règle de leur conduite, soit dans l'administration de leurs États respectifs, soit dans leurs relations politiques avec tout autre gouvernement, que les préceptes de justice, de charité et de paix de la religion chrétienne. Ils cachaient ainsi sous un manteau religieux l'union conclue par les rois absolus contre les peuples.

clamer, par l'organe de lord Wellington, le droit de chaque nation à régler ses propres affaires.

La lettre de Bolivar est particulièrement remarquable par l'admiration qu'il n'y dissimule pas pour la France. Il s'y abstient de tout ton de défi ; c'est un esprit prudent qui voit venir le danger, qui se prépare à la résistance, mais qui ne se nourrit pas d'illusions. Je comprends que les ennemis de Bolivar aient pu lui reprocher d'avoir grossi le péril pour mieux arriver à ses fins, et de s'être servi de la prétendue expédition française comme d'un épouvantail opportun pour ses projets. Le « Libérateur » signalait en même temps l'anarchie qui existait à Buenos-Ayres, et le désordre gouvernemental dont souffrait le Chili.

Réunion du Congrès de Panama.

Enfin, le congrès de Panama se réunit le 22 juin 1826, avec la participation des ministres plénipotentiaires de Colombie, de Centre-Amérique, du Pérou et du Mexique. Le Pérou était représenté par MM. D. Manuel de Vidaurre et D. Manuel Perez de Tudela. Les États-Unis d'Amérique avaient nommé deux plénipotentiaires, dont l'un mourut à Carthagène, avant d'arriver dans l'isthme, et l'autre ne se rendit pas à son poste. Un agent anglais, M. E. Dawkins, et un envoyé du roi des Pays-Bas, le colonel Van Veer, se rendirent, en revanche, à Panama, pour y résider pendant les séances du congrès, sur invitation expresse, mais sans prendre part à aucune délibération.

Ouverts le 22 juin, les travaux de l'assemblée durèrent jusqu'au 15 juillet. Il en résulta quatre traités : un traité d'union, ligue et confédération entre le Pérou, la Colombie, le Centre-Amérique et les États-Unis Mexicains ; un accord pour la translation de l'assemblée américaine à Tacubaya, au Mexique ; une convention déterminant les contingents que chaque république confédérée avait à fournir ; un article réservé, réglant l'ordre dans lequel les contingents de la confédération devaient être envoyés et marcher. Le traité d'union ne fut ratifié que par la Colombie; quant à la convention relative aux contingents, elle mettait des dépenses trop lourdes à la charge des républiques contractantes pour être praticable. Les résultats du congrès de Panama furent donc nuls.

Cette assemblée avait excité un vif intérêt en Europe, et particulièrement en France, où le parti libéral se plaisait à y voir une sorte de contre-partie de la Sainte-Alliance. L'abbé de Pradt s'était écrié, avec enthousiasme : « les siècles n'assisteront jamais à un spectacle plus digne de la civilisation que le congrès américain » ! Le 8 août 1826, Bolivar écrivait, de Lima, au général Paëz : « le congrès de Panama, cette institution qui devrait être admirable, s'il avait plus d'efficacité, ressemble à ce fou grec qui prétendait diriger du haut d'un rocher les vaisseaux qui naviguaient. Son pouvoir sera une ombre, et ses décrets ne seront que de simples conseils... ».

Telle fut la première étape de l'idée de l'union latino-américaine. Nous verrons reparaître cette grande pensée en 1831 et dans les années qui suivirent, en 1838, 1840, 1847, 1856, 1857, 1859, 1864, 1866, etc.

J'ai dit que les envoyés des États-Unis d'Amérique, MM. Ricardo G. Anderson et J. Sergeant, ne s'étaient pas rendus à Panama. On a connu, depuis, les instructions dont ils étaient porteurs : ils devaient, entre autres choses, demander l'abolition de la confiscation des propriétés particulières dans les guerres maritimes, provoquer une bonne définition de ce qu'on devait entendre par le blocus, plaider énergiquement en faveur de la liberté du commerce, et conseiller aux nouvelles républiques de n'accorder aucun privilège exclusif à aucune nation. On voit que les concitoyens de Washington n'oublient jamais leurs intérêts (1).

L'idée émise par Bolivar en 1822, adoptée par le

(1) Consulter l'histoire de la révolution de Colombie, par D. Juan Manuel Restrepo.

Pérou, la République de Colombie, l'Etat de Buénos-Ayres, le Mexique, en 1823, fortement appuyée et conseillée par le « Libérateur », en 1824, n'avait reçu qu'une réalisation très incomplète au congrès de Panama, en 1826. Nous la voyons reparaître en 1831, en 1838, en 1839, en 1840, mais sans aboutir à des résultats plus positifs.

Efforts faits par le gouvernement du Mexique, en vue d'une réunion du congrès américain.

C'est au gouvernement mexicain qu'appartient l'honneur, pendant cette période, des efforts tentés pour effectuer la réunion du congrès américain. Ainsi, le 13 mars 1831, le gouvernement du Mexique invite les autres républiques à se concerter et à fixer un lieu pour la réunion de ce congrès, soit à Tacubaya, soit à Panama, soit à Lima. Huit ans s'écoulent depuis cette invitation, et la grande idée reste en perspective. Le 18 décembre 1838, le ministre du Mexique à Lima adresse par ordre de son gouvernement un appel au gouvernement du Vénézuéla : il l'invite à s'associer au projet de réunir un congrès américain ; il lui rappelle les termes de la circulaire de 1831. Le but à atteindre est, dit-il, l'union et l'alliance étroite des sociétés nouvelles pour leur défense, en cas d'invasion étrangère ; la médiation amicale des neutres, pour supprimer tous les différends qui pourraient survenir entre plusieurs de ces républiques sœurs ; un code de droit public qui établisse leurs obligations mutuelles et leurs convenances internationales.... Mais, à cette époque, il entrait dans la politique du gouvernement du Vénézuéla de ne contracter aucune alliance, de ne prendre part à aucune ligue.

Notons, en passant, l'idée de « la médiation amicale des neutres, pour supprimer les différends qui pourraient survenir entre les républiques sœurs ». Beaucoup plus tard, en 1856, et en Europe, dans la séance du 14 avril du congrès de Paris, M. le comte de Clarendon devait reproduire une proposition semblable, et le congrès adoptant cette proposition devait émettre le vœu que les États entre lesquels s'élèverait un dissentiment sérieux, avant d'en appeler aux armes, eussent recours, autant que les circonstances l'admettraient, aux bons offices d'une Puissance amie.

Le 6 août 1839, nouvelle invitation du Mexique au gouvernement du Vénézuéla ; réitération de l'appel précédent.

Le 2 avril 1840, le ministre mexicain des relations extérieures appelle l'attention du gouvernement du Vénézuéla sur l'urgence de réunir un congrès américain. Il ajoute que les réponses parvenues au Mexique des républiques sœurs sont toutes favorables au grand projet qu'il s'agit de réaliser. Un seul point reste à déterminer : c'est le choix du lieu où la réunion devra s'effectuer. Le gouvernement du Vénézuéla est prié de se mettre d'accord avec les autres, afin de fixer le lieu le plus convenable pour la réunion des plénipotentiaires. Plusieurs gouvernements américains avaient en effet répondu. Celui de la Nouvelle-Grenade avait surtout adhéré avec enthousiasme à l'idée de réunir un congrès américain, et avait désigné Tacubaya pour l'installation de l'assemblée, avec faculté de se transporter sur un autre point, si la même assemblée le jugeait opportun.

Ici encore l'histoire de la « grande idée » va s'arrêter, mais, cette fois-ci, pour sept ans.

Congrès américain tenu à Lima, en 1847 et 1848.

Nous sommes à Lima, le samedi 11 décembre 1847, dans la demeure de M. D. Manuel Ferreiros, chargé de représenter le Pérou à la réunion du congrès américain qui doit avoir lieu le même jour. Cinq républiques seulement ont nommé des plénipotentiaires : le Pérou, la Bolivie, le Chili, l'Équateur et la Nouvelle-Grenade. La première séance est consacrée à l'échange des pouvoirs. On arrête quelques mesures préalables d'ordre intérieur : ainsi, l'on détermine l'ordre dans lequel les républiques seront nommées dans les délibérations, l'ordre dans lequel seront données les signatures des plénipotentiaires ; on convient de confier la direction des séances à chaque plénipotentiaire, à tour de rôle, pour une semaine, du lundi au dimanche. On désigne un secrétaire général qui est choisi parmi les secrétaires des plénipotentiaires, et doit être assisté par ces derniers ; on arrête que les séances prochaines auront lieu au domicile du plénipotentiaire du Chili.

La seconde séance est tenue le 16 décembre. Les plénipotentiaires adoptent à l'unanimité une proposition tendant à ce que les points qui ne seront pas approuvés unanimement par le congrès soient réservés pour former des traités ou des articles additionnels entre les républiques qui seront tombées d'accord. Le plénipotentiaire de la Nouvelle-Grenade, de concert avec celui du Chili et de la Bolivie, présente un projet de traité de confédération en 23 articles ; le plénipotentiaire du Pérou propose les bases qui, selon lui, devraient être adoptées pour la rédaction des traités à conclure. Les plénipotentiaires décident que le projet du représentant de la Nouvelle-Grenade servira de texte pour la discussion, étant déjà rédigé dans la forme de traité, mais qu'on prendra en considération les bases proposées par le plénipotentiaire du Pérou, pour les modifications à apporter au texte. Ces différentes dispositions prises, le congrès commence la discussion du traité de confédération entre les Républiques du Pérou, de Boli vie, du Chili, de l'Équateur et de la Nouvelle-Grenade.

Le traité en question occupa les séances des 17 au 23 décembre 1847 ; il fut signé par les plénipotentiaires dans la séance du 8 février 1848. Bien qu'il soit resté à l'état de lettre morte, il est intéressant d'en résumer les dispositions.

Traité du 8 février 1848.

Dans un préambule placé sous l'invocation de la « très-sainte Trinité », les parties contractantes exposent que les peuples du continent américain, qui, pendant trois siècles, avaient souffert une dure oppression comme colonies espagnoles, sont parvenus à reconquérir leurs droits, en triomphant dans une lutte longue et sanglante, et que s'étant constitués en républiques indépendantes, avec des institutions libérales et de grands éléments de richesse et de prospérité, ils ont ouvert leur commerce à toutes les nations. Cependant, malgré les espérances heureuses et fondées qu'autorise l'avenir de ces peuples, ils sont faibles comme l'ont été dans leur origine toutes les nations, exposées à souffrir, dans leur jeunesse, des atteintes à leur indépendance, à leur dignité et à leurs intérêts, ou à voir troubler leurs relations réciproques de paix et d'amitié.

Dans une situation semblable, rien n'est plus naturel et nécessaire pour les républiques hispano-américaines, que de sortir de l'état d'isolement où elles se sont trouvées, et de concerter des moyens efficaces pour resserrer étroitement leur union, pour défendre leur indépendance, leur souveraineté, leurs institutions, leur dignité et leurs intérêts, et pour régler toujours par des voies pacifiques et amicales les différends qui pourraient s'élever entre elles. Liées par les liens de l'origine, par l'idiôme, la religion et les mœurs, par leur position géographique, par la cause commune qu'elles ont défendue, par l'analogie de leurs institutions, et surtout par leurs besoins communs et par leurs intérêts réciproques, elles ne peuvent se considérer autrement que comme des parties d'une même nation, qui doivent mettre en commun leurs forces et leurs ressources pour repousser tous les obstacles qui s'opposent à la destinée que leur offrent la nature et la civilisation.

Stipulation de confédération. — Alliance défensive.

Les Républiques du Pérou, de Bolivie, du Chili, de l'Équateur et de la Nouvelle-Grenade, déclarent donc s'unir, se liguer et se confédérer pour défendre la souveraineté et l'indépendance de toutes et de chacune ; pour maintenir l'intégrité de leurs territoires respectifs ; pour assurer leur droit de propriété, de domaine et de souveraineté sur ces territoires ; pour empêcher qu'on ne commette sur aucune d'elles impunément des offenses ou des outrages immérités. Elles se prêteront secours à cet effet avec leurs forces terrestres et maritimes, et avec tous autres moyens de défense dont elles pourront disposer de la manière et dans les limites stipulées dans le traité (Art. 1).

Le « casus fœderis ».

Les six premiers articles sont consacrés à l'alliance défensive qui existera entre les cinq républiques. L'objectif de cette alliance est, quoique le traité ne le dise pas, l'Europe dont se défie l'Amérique. Ce qu'on appelle dans le langage du droit des gens le « *casus fœderis* », c'est-à-dire le cas de l'alliance, le cas où il faudra agir pour donner l'assistance convenue, aura lieu dans les quatre circonstances suivantes : 1° quand une nation étrangère aura occupé ou tenté d'occuper une portion quelconque du territoire compris dans les limites de l'une des républiques confédérées ; 2° quand un gouvernement étranger interviendra ou prétendra intervenir par la force, pour altérer les institutions de quelqu'une ou de quelques-unes des républiques confédérées ; 3° quand une ou quelques-unes de ces républiques auront reçu d'un gouvernement étranger, ou de quelqu'un de ses agents, un outrage ou une offense grave, soit directement, soit dans la personne de quelqu'un de ses agents diplomatiques, et n'aura pas obtenu la réparation due, après l'avoir sollicitée ; 4° quand des aventuriers, soit par leurs propres moyens, soit protégés par quelque gouvernement étranger, auront envahi ou tenté d'envahir avec des troupes étrangères le territoire d'une ou de quelques-unes des républiques confédérées, pour intervenir dans les affaires politiques du pays, ou pour y fonder des colonies ou autres établissements, au préjudice de l'indépendance, de la souveraineté ou du domaine de ces républiques (Art. 2). Dans ces différents cas, la république offensée, qui aura demandé satisfaction et qui ne l'aura pas obtenue, s'adressera au congrès des plénipotentiaires des républiques confédérées ; il lui présentera sa plainte et la justifiera. Le congrès examinera. S'il juge la plainte fondée, il fera connaître son jugement aux gouvernements de toutes les républiques confédérées, pour que chacun demande de son côté la réparation due. Si la réparation est refusée, le congrès déclarera l'existence du « *casus fœderis* » et communiquera cette déclaration aux gouvernements des républiques confédérées, afin que chacun d'eux se mette en mesure de contribuer à l'action commune, suivant ses forces et ses moyens (Art. 3). Que si le congrès ne trouve pas la plainte juste, il invitera les gouvernements des républiques confédérées à interposer leurs bons offices pour arriver à un arrangement pacifique ; et si la république qui a eu tort ne transige point, les autres républiques resteront neutres dans la lutte (Art. 4). Dans le cas d'invasion soudaine du territoire d'une des républiques confédérées, si cette invasion est jugée injuste et comme constituant un péril commun, au gré des gouvernements confédérés, les secours pourront être expédiés immédiatement, sans attendre qu'ils aient été décrétés par le congrès (Art. 5). Dès que le « *casus fœderis* » aura été déclaré et que les gouvernements en auront reçu la communication, toutes les républiques confédérées seront considérées comme étant en état de guerre contre la Puissance étrangère ; il y aura, en conséquence, rupture de toutes les relations quelconques avec cette Puissance ; le commerce sera arrêté ;

les citoyens ou sujets de la nation ennemie se trouvant sur le territoire des républiques confédérées devront en sortir dans un délai limité, etc. (Art. 6). Le Pérou devait observer plus tard des principes plus conformes au droit des gens moderne et aux pratiques des peuples policés.

Proposition du plénipotentiaire de Bolivie.

Le plénipotentiaire de Bolivie avait proposé d'ajouter une cinquième circonstance à celles qui devaient donner ouverture au « *casus fœderis* » : celle d'une révolution venant contrarier le gouvernement constitutionnellement reconnu de l'une des républiques confédérées. Dans ce cas, le congrès des plénipotentiaires devait pouvoir, suivant lui, prendre les mesures qu'il croirait opportunes, pour « arrêter le cancer » et protéger le gouvernement légitime contre les attaques des révoltés. Pour comprendre l'intérêt de cette proposition, il suffit de se rappeler que le pouvoir exécutif, en Bolivie, était entre les mains du général Ballivian, depuis 1843, et que l'administration de ce Président fut une des plus agitées de l'Amérique. Le plénipotentiaire bolivien plaidait donc « *pro domo suâ* ». Mais le congrès eut la sagesse de rejeter cette proposition, en considérant que toute intervention étrangère dans les affaires intérieures d'un État est toujours odieuse ; que loin de fortifier les gouvernements, elle détruit leur autorité, parce qu'elle montre qu'ils ne sont pas appuyés sur la volonté de la nation ; qu'il sera toujours périlleux et très-souvent funeste pour les institutions et pour la liberté de tout État, de permettre à un pouvoir étranger quelconque une intervention dans les questions relatives à la légitimité des gouvernements propres, et qui ne peuvent être décidées que par la nation elle-même.

En revanche, le congrès commit une erreur en matière de droit international. Se préoccupant des conséquences des hostilités ouvertes contre la Puissance étrangère, il supprima une phrase du projet primitif, dans laquelle les traités conclus avec cette Puissance devraient être déclarés rompus, et il justifia cette suppression, demandée par le plénipotentiaire du Pérou, en disant que dans le cas de guerre les traités étaient rompus *de plein droit*, que c'était *une conséquence de la guerre* reconnue par le droit des gens, et qu'il n'y avait pas à présenter comme stipulé dans un traité ce qui existait en vertu *d'un principe universel*. Cette doctrine était beaucoup trop absolue, car on enseigne que la guerre ne fait pas nécessairement cesser tous les traités antérieurs, et que les parties en guerre n'ont le droit de les rompre qu'autant que le but légitime de la guerre l'exige. Tout ce que l'on peut concéder c'est qu'il y a au moins doute sur cette question, qui n'en est pas une quant aux traités transitoires.

Limite des territoires.

Relativement aux limites des territoires, le traité déclarait que les républiques confédérées avaient un droit parfait à la conservation de leur limites, telles qu'elles existaient à l'époque de leur émancipation de l'Espagne, pour les vice-royautés respectives, les capitaineries générales ou les présidences, entre lesquelles l'Amérique espagnole était divisée. La démarcation devait être faite, dans le cas où ce serait nécessaire, par des commissaires nommés par les gouvernements des Républiques intéressées, en prenant pour base les lignes des eaux, le *thalweg* des rivières, — c'est-à-dire le chemin suivi par les bateaux qui descendent le courant, — ou d'autres lignes naturelles, autant que les localités le permettraient. Dans le cas de difficultés survenant à propos de la démarcation, le différend serait soumis à la décision arbitrale de l'une des républiques confédérées, ou d'une nation amie, ou du congrès des plénipotentiaires (Art. 17).

La médiation préalable et l'arbitrage international.

Les articles 9, 10, 11, formulaient des dispositions bien remarquables : il y était question des bons offices que les républiques confédérées s'engageaient à interposer pour aplanir toutes les difficultés qui pourraient surgir entre elles. Les républiques confédérées, — était-il dit, dans l'article 9, — dans le but de conserver entre elles une paix inaltérable, adoptant le principe que conseillent le droit naturel et la civilisation du siècle, établissent que : quelles que soient les questions, quels que soient les différends qui s'élèvent entre elles, ils seront réglés toujours par les voies pacifiques, la confédération se chargeant de faire réparer toute offense, tout dommage que l'une ou l'autre des dites républiques commettrait ou causerait au préjudice des autres républiques de la Confédération. Dans le cas où un différend surgirait, les gouvernements des républiques intéressées commenceraient par négocier entre eux. S'ils n'aboutissaient point à un arrangement, les gouvernements des autres républiques confédérées interposeraient leurs bons offices, et s'efforceraient de ramener les relations amicales entre les deux adversaires. Si cette tentative de médiation n'avait pas de résultat, ou si les parties adverses ne convenaient point de soumettre le différend à l'arbitrage d'un gouvernement choisi par elles-mêmes, alors le congrès des plénipotentiaires interviendrait, il examinerait les prétentions de chacune des parties, il déciderait de quel côté serait la justice. Quant à la sanction de ces dispositions, elle se trouverait dans la suspension des devoirs imposés par la Confédération envers la république qui aurait commencé les hostilités sans se soumettre aux mesures conciliatrices, ou qui aurait refusé d'obéir aux décisions du congrès ; le tout, sans préjudice des autres moyens à employer pour faire respecter et accomplir les décisions prises par le congrès, et pour faire sentir à la république récalcitrante les conséquences de son infidélité.

Le principe de non-intervention.

Le traité consacrait toutefois, au profit de chacune des républiques confédérées, le droit entier qu'elle avait à son indépendance et à sa souveraineté ; il interdisait de la manière la plus formelle toute intervention dans les affaires intérieures des républiques faisant partie de la Confédération (Art. 12). L'article 13 prohibait les agissements, armements, préparatifs quelconques ayant un but hostile contre les autres républiques confédérées, ou pouvant troubler leur paix et leur tranquillité intérieures.

L'extradition.

L'article 14 contenait une clause relative à l'extradition, et interdisait d'extrader les individus qui s'étaient rendus coupables de crimes politiques. Ces hôtes quelquefois dangereux pourraient cependant être expulsés ou internés, suivant les cas.

Forces militaires de la Confédération.

Dans les articles 15, 16 et 17, il était question des forces militaires de la Confédération. Ces forces devraient être sous les ordres du chef suprême de la république sur le territoire de laquelle elles se réuniraient. Chargées d'une mission de défense commune, les troupes auraient le passage libre sur le territoire de toutes les républiques confédérées.

Attributions du congrès des plénipotentiaires.

L'existence, la constitution, les attributions du congrès, étaient établies et définies dans les articles 18, 19, 20, 21, 22. Le congrès des plénipotentiaires y était envisagé comme médiateur ou arbitre dans les affaires concernant les relations des républiques confédérées et comme représentant de la Confédération. Il était chargé de l'interprétation des traités et conventions des républiques confédérées entre elles, conclus par le congrès même ; il devait proposer aux gouvernements de ces républiques, dans les grands conflits qui pourraient s'élever, les mesures qui lui paraîtraient les plus opportunes, et que les plénipotentiaires n'auraient pas pu prendre par le moyen des traités ; il avait mission de négocier avec les gouvernements des Puissances qui le reconnaîtraient comme représentant de la Confédération les traités que les gouvernements de toutes les républiques confédérées jugeraient convenable de conclure sur des bases uniformes pour elles toutes, sauf ratification par les gouvernements des républiques intéressées. Le congrès des plénipotentiaires était aussi autorisé à accepter ou à refuser les satisfactions dues à la Confédération pour injures faites à telle ou telle des républiques confédérées et déclarées communes à toutes ; il pouvait suspendre les hostilités, dans le cas de guerre entre les républiques confédérées et une autre Puissance, jusqu'à la conclusion des traités définitifs de paix.

Il était stipulé, dans l'article 23, que ce traité de Confédération serait communiqué aux gouvernements des États américains qui n'avaient pas concouru à sa discussion et à sa conclusion ; que ces gouvernements seraient engagés à lui donner leur adhésion ; et que ceux des États dont le gouvernement aurait adhéré au traité, seraient incorporés dans la Confédération.

Sort du traité de Confédération.

Tel fut le premier résultat du congrès américain de 1847-1848. Ce résultat ne reçut pas l'étincelle de vie, car le traité de Confédération que nous venons d'analyser ne fut pas ratifié. J'ignore si l'application des clauses de ce traité aurait empêché beaucoup de maux et prévenu beaucoup de périls, mais je ne puis refuser de rendre hommage aux excellentes intentions théoriques qui ont inspiré les négociateurs. L'idée de ce congrès périodique, qui remplirait le rôle de juge, d'appréciateur des offenses, de redresseur des injures et des torts ; qui examinerait les prétentions des États confédérés, et qui rendrait des décisions, je dirais presque des arrêts, auxquels les républiques faisant partie de la Confédération seraient tenues de se conformer, sous peine de s'exposer à des mesures coërcitives, est une idée très-intéressante, très-politique même, en se plaçant au point de vue absolu, mais qui devait se briser contre beaucoup d'obstacles. Ce n'est pas vingt-cinq ans après une émancipation difficile à conquérir, qu'il faut conseiller à des États jeunes et devenus indépendants le retour à l'unité, sous quelque forme qu'on la présente. Les républiques américaines écloses de la glorieuse guerre de l'indépendance avaient besoin, avant tout, de s'affirmer comme souveraines, et non de se paralyser comme confédérées. Leur isolement, j'en conviens, devait devenir pour elles une source de périls et de maux ; mais il en est des peuples comme des hommes : il faut plaindre ceux qui n'ont jamais lutté, qui n'ont jamais souffert. La lutte est l'école de l'expérience ; la souffrance est l'épreuve des esprits et des cœurs. L'Europe, elle-même, n'a-t-elle pas combattu, pendant des siècles, de longs et durs combats, avant d'arriver à ce degré de maturité qui caractérise sa civilisation ? Loin de maudire ses tempêtes civiques, l'Amérique latine doit les bénir, parce que c'est au milieu de leurs périls et de leurs désordres qu'elle fait l'apprentissage de la vie politique, et qu'elle prépare son avenir.

Il fallait s'attendre à ce que le traité de Confédération fût attaqué, même au sein du congrès des plénipotentiaires.

Opposition faite à certaines dispositions du traité par le plénipotentiaire du Pérou.

C'est le représentant du Pérou qui lui a porté les premiers coups. Il a critiqué la dénomination de congrès donnée à la réunion des plénipotentiaires ; il a combattu la disposition qui rendait périodiques les réunions de cette assemblée ; il a demandé que son autorité et que ses attributions fussent réduites. Le plénipotentiaire du Pérou voulait en effet que la réunion des représentants des républiques confédérées portât le nom d'*assemblée*, afin de ne donner aucun motif de croire que cette réunion exerçât des fonctions analogues à celles des congrès législatifs et assumât quelques-unes de leurs attributions. Il proposait d'éliminer du traité toutes les dispositions établissant la réunion périodique du congrès des plénipotentiaires, car il pensait qu'il était plus convenable que ces derniers se réunissent en assemblée extraordinaire, chaque fois que l'exigeraient les affaires et les intérêts de la Confédération, au jugement des gouvernements des républiques confédérées. Il voulait enfin que l'autorité et les fonctions du congrès fussent limitées autant que possible, et qu'on laissât, par conséquent, plus libre et plus dégagée l'action des gouvernements desdites républiques, pour concerter, décréter et réaliser directement les actes, décisions et mesures qui appartiennent à l'exercice du pouvoir suprême et sont inséparables de la souveraineté des nations.

Réponses des plénipotentiaires des autres républiques.

A ces critiques et observations, les plénipotentiaires des autres républiques répondaient, que, bien que la réunion des plénipotentiaires fût une *assemblée*, ils croyaient plus convenable de lui conserver le nom de *congrès*, parce que c'était celui par lequel on désignait partout les réunions de plénipotentiaires ; parce que cette dénomination avait déjà été acceptée par les gouvernements qui, en général, avaient appelé cette réunion *congrès* et non *assemblée* ; parce que, enfin, dans le traité même, on voyait bien que les attributions et facultés de ce congrès étaient entièrement distinctes de celles des congrès législatifs de ces républiques. En ce qui concernait la périodicité des réunions du congrès, ils la jugeaient indispensable pour donner de l'efficacité et de la force morale à la Confédération, surtout dans les commencements. Ils ajoutaient que, si les gouvernements croyaient qu'il pût ne pas convenir d'établir ou de maintenir cette réunion périodique, ils se mettraient d'accord pour négocier une stipulation contraire. Quant à la proposition de restreindre autant que possible l'autorité et les fonctions du congrès des plénipotentiaires, ils étaient d'avis que la Confédération n'aurait absolument aucune consistance, si on supprimait l'unique centre qui pût être établi pour rendre effectives les stipulations sur lesquelles elle se fondait. Les plénipotentiaires des autres républiques démontraient que, d'après le traité dont il s'agissait, le congrès ne devait intervenir dans les affaires internationales des républiques, que lorsqu'il n'y aurait pas d'autre moyen d'arriver à un arrangement, et sans contrarier en rien les constitutions respectives. Ils rappelaient que l'expérience avait prouvé, que, même dans les cas où les gouvernements des différentes républiques avaient été le plus d'accord pour agir avec ensemble, ils n'avaient jamais pu concerter une mesure prompte et efficace : d'où la nécessité d'un centre d'accord et d'action, pour procéder avec promptitude et efficacité. Le plénipotentiaire de la Nouvelle Grenade observait que la faculté donnée au congrès des plénipotentiaires de déclarer quand existait le « *casus fœderis* », était indispensable pour que les républiques confédérées pussent opérer avec accord, car, s'il en était autrement, chaque république ne pourrait pas connaître en temps opportun les déterminations des autres, et ces déterminations elles-mêmes ne pourraient avoir l'uniformité qui est nécessaire pour rendre la confédération effective.

A l'objection du représentant du Pérou, que donner au congrès des plénipotentiaires la faculté de déclarer le « *casus fœderis* » c'était établir dans ledit congrès une nouvelle souveraineté, un nouveau pouvoir non reconnu par les constitutions des États confédérés, et que c'était priver ces États d'un droit auquel ils ne pouvaient renoncer, à cette objection le plénipotentiaire de la Nouvelle-Grenade répondait que, bien que les constitutions des républiques confédérées exigeassent, pour la déclaration de guerre, l'approbation des congrès nationaux, il n'y avait pas là de contradiction avec la faculté donnée au congrès des plénipotentiaires de déclarer l'existence du « *casus fœderis* », puisqu'il n'y avait autre chose, dans cette déclaration, que le fait de déterminer si le cas prévu par le traité était ou n'était pas le cas qui se présentait. Une fois cette détermination communiquée aux gouvernements, ces derniers déclareraient la guerre, chacun selon les lois constitutionnelles de son pays. En quoi donc la souveraineté des États se trouverait-elle atteinte et altérée? On comprend, du reste, que si les républiques confédérées ne devaient pas se soumettre aux décisions prises dans l'intérêt commun, sur l'existence du « *casus fœderis* », la Confédération ne pourrait avoir aucun effet, puisqu'il serait permis ainsi à chaque république de se dégager de ses engagements, dans n'importe quel cas, par sa propre et unique volonté.

Le plénipotentiaire du Chili faisait remarquer, de son côté, qu'on ne devait pas considérer dans le congrès des plénipotentiaires un corps indépendant et séparé des républiques confédérées, puisqu'il était composé des représentants des gouvernements de ces républiques, lesquels représentants ne devraient procéder que conformément aux instructions de ces mêmes gouvernements. L'utilité de la Confédération ne consisterait, d'ailleurs, principalement que dans l'effet moral produit sur les autres nations, par la considération que les républiques confédérées pourraient, à un moment donné, agir avec promptitude et ensemble. Or, cet effet disparaîtrait, si l'on s'apercevait de la difficulté, et même de l'impossibilité d'arriver avec célérité à un accord, et d'agir rapidement de concert, dans l'opportunité.

Ces observations étaient très sages, ces arguments étaient très fondés ; les plénipotentiaires de Bolivie et de l'Équateur les appuyaient ; le représentant du Pérou avait même consenti, sinon à se laisser convaincre, du moins à ne pas persévérer dans son opposition, afin qu'on ne reprochât pas à son pays d'avoir refusé de participer à un acte qui pouvait être fécond en résultats « grandioses », non-seulement pour les États confédérés, mais pour le reste de l'Amérique. Il avait, toutefois, dit la pensée secrète des gouvernements américains, et, ce qui le prouve, c'est que le traité de Confédération, signé le 8 février 1848, n'a jamais été mis en vigueur.

Jugement porté sur le traité de Confédération.

Cela ne doit pas empêcher de rendre hommage à ceux qui l'ont élaboré. Ses auteurs ont proclamé la toute-puissance de l'harmonie et de l'union ; ils ont consacré l'idée humanitaire de la médiation préalable s'efforçant de ramener la paix et d'écarter la guerre ; ils ont voulu introduire dans le droit des gens américain l'arbitrage international et substituer ainsi aux brutalités du champ de bataille l'impartiale majesté d'une juridiction ; ils ont déclaré qu'il ne doit pas y avoir d'extradition pour les crimes politiques.... Leur œuvre a pu ne pas aboutir, mais elle a été généreuse et noble dans ses principes. Comme telle, elle mérite l'estime de tous les amis du progrès.

Les autres traités issus du congrès américain de 1847-1848 n'ont pas été inférieurs, comme vues libérales et larges, au traité de Confédération.

Le traité de commerce du 8 février 1848.

Le traité de Confédération sorti des délibérations du congrès de Lima, de 1847-1848, avait consacré l'idée humanitaire de la médiation préalable et de l'arbitrage international ; il avait déclaré qu'il ne peut y avoir d'extradition pour les crimes politiques : le traité de commerce et de navigation dont s'occupa le congrès, dans les séances des 28 et 30 décembre 1847, et qui fut également signé par les plénipotentiaires, le 8 février 1848, formula des principes non moins larges, libéraux et humains.

Liberté de faire le commerce, etc.

Dans un article 1er, il établit au profit des nationaux des républiques contractantes l'égalité de droit la plus absolue, en ce qui concernait : la fréquentation des côtes, l'entrée sur le territoire, le commerce de toutes espèces de productions, marchandises, articles manufacturés ; la résidence dans le pays ; la faculté d'y acquérir des propriétés, d'y disposer de ces propriétés par actes entre vifs ou par testament, d'exercer toute sorte d'industrie, art ou profession ; le droit de gérer eux-mêmes leurs propres affaires, au mieux de leurs intérêts, de recourir aux tribunaux du pays, etc., etc. L'article 2 ouvrait le territoire des républiques confédérées à tous individus d'autres nations qui viendraient y trafiquer et s'y établir, en se soumettant aux lois du pays. Tant qu'ils séjourneraient dans le pays comme « *transeuntes* », ils seraient exempts de la milice, des charges personnelles, des contributions extraordinaires ; du moment où ils seraient « *domiciliados* », ils seraient soumis aux mêmes charges et aux mêmes contributions que les naturels, sauf les stipulations contraires qui se trouveraient dans les traités.

Navigation des fleuves.

Il était question dans l'article 8 de la navigation des fleuves séparant les territoires de deux ou plusieurs républiques confédérées, ou traversant les territoires de ces républiques. Dans le cas d'un fleuve navigable séparant les territoires de deux républiques, la navigation devait être libre et commune pour l'une et pour l'autre. Dans le cas de fleuves traversant les territoires, la navigation serait libre dans toute l'étendue de ces fleuves, pour les républiques dont les territoires seraient traversés.

Des principes plus larges ont prévalu depuis. La liberté absolue de la navigation des fleuves a été proclamée au Pérou par un décret du colonel Balta, président constitutionnel de la République du Pérou, du 17 décembre 1868. Il est dit dans le préambule de ce décret, que le développement et l'agrandissement d'un pays ne peuvent s'obtenir sans la liberté, l'immigration étrangère et la prestation de toutes les facilités nécessaires au commerce du monde. Il est dit aussi que l'un des moyens pour obtenir ces fins est d'ouvrir la navigation des fleuves à tous les navires étrangers, quelle que soit leur nationalité. En conséquence, le décret déclara la navigation de tous les fleuves de la République ouverte aux vaisseaux marchands de tous les peuples. Un décret analogue avait été rendu par le gouvernement du Brésil, le 7 décembre 1866. Quant aux règlements pour la navigation de ces fleuves, ils ont été faits par le gouvernement brésilien, mais ils ne le sont pas encore par le gouvernement du Pérou.

Dans l'article 9, les républiques confédérées prévoyant le cas où une guerre pourrait les diviser, renonçaient à l'emploi des corsaires, et déclaraient la course supprimée entre elles.

Principes de droit maritime.

Comme principes de droit maritime en toute guerre internationale, le traité de commerce et de navigation déclarait libres les propriétés même des ennemis couvertes du pavillon neutre, à moins que ce ne fussent des articles de contrebande de guerre. Il ne reconnaissait les sièges et les blocus comme obligatoires qu'autant qu'ils seraient effectifs, c'est-à-dire soutenus par les forces d'un belligérant capables d'empêcher l'entrée des neutres. Il proclamait illicites le sac, le pillage des villes et places ennemies, même prises d'assaut. Il abolissait pour toujours le trafic d'esclaves, et considérait comme pirates ceux qui se livreraient à ce trafic.

Reproches adressés au traité de commerce et de navigation.

On a reproché aux négociateurs de ce projet de traité de commerce et de navigation de ne s'être pas avancés aussi loin qu'ils auraient pu le faire. Il est certain que respecter la propriété ennemie sous pavillon neutre, c'était quelque chose; mais ils pouvaient faire davantage, en prescrivant de respecter la propriété neutre sur bâtiments ennemis. Or, les numéros 4, 5 et 7 de l'article 11, portaient que les vaisseaux des nations, des citoyens, des sujets ennemis, seraient confiscables, ainsi que les propriétés s'y trouvant et appartenant à des nations, des citoyens ou des sujets ennemis; qu'on devrait considérer comme propriétés ennemies, *même quand ils appartiendraient à des nationaux du pays ou à des neutres*, les produits des biens immeubles du territoire ennemi, les effets et marchandises de maisons et établissements de commerce existant en territoire ennemi, les effets et articles de commerce avec le territoire ennemi appartenant à des individus domiciliés sur le même territoire, et les bâtiments naviguant avec passeport ou pavillon de l'ennemi.

Le plénipotentiaire du Chili avait demandé que la navigation des fleuves intérieurs, dans les républiques confédérées, fût libre et commune pour *toutes* ces républiques; mais les plénipotentiaires du Pérou et de la Nouvelle-Grenade s'y étaient opposés, en alléguant qu'une semblable concession ne serait pas sans quelques périls, comme pouvant porter une grave atteinte au domaine territorial de chaque république; et le congrès s'en était tenu à la disposition incomplète qui déclarait la navigation libre seulement pour les républiques riveraines du fleuve ou traversées par lui.

Dans le premier projet du traité, il était stipulé que

les nationaux des république confédérées seraient considérés comme nationaux des unes ou des autres, pour tous les effets légaux, sans autre condition que celle de présenter une demande écrite au suprême gouvernement de l'État où ils voudraient s'établir et de manifester leur volonté d'obtenir la naturalisation dans le pays. Mais cette clause, que le plénipotentiaire de la Nouvelle-Grenade appuyait comme tendant à resserrer l'union et la fraternité entre les habitants des différentes républiques confédérées, avait été rejetée, sur les observations des plénipotentiaires du Chili et du Pérou, sous le prétexte qu'elle n'était pas conforme aux dispositions constitutionnelles de leurs pays respectifs sur la naturalisation, et qu'elle blesserait la susceptibilité du sentiment public, qui, dans quelques-unes des républiques confédérées, s'opposait à l'immixtion des étrangers dans les affaires politiques du pays.

Jugement porté sur ce traité.

Si l'on tient compte des aspirations constantes des partisans de l'union latino-américaine, le traité de commerce et de navigation élaboré par le congrès de 1847-1848 était loin de réaliser cet idéal. Il aurait dû proclamer l'inviolabilité complète du commerce maritime en temps de guerre et le respect de la propriété individuelle, même appartenant aux sujets de l'État ennemi; abolir complètement les blocus; supprimer sans aucune exception l'usage des passeports; traiter et considérer tous les citoyens des républiques confédérées comme les nationaux d'un même État, les enfants d'une patrie commune; créer l'unité de législation, de poids et mesures, de monnaies, etc; déclarer entièrement libre la navigation des fleuves intérieurs, au profit de toutes les nations, et non pas seulement à l'avantage des républiques confédérées baignées ou traversées par les fleuves; établir que les gouvernements ne sont pas responsables des dommages causés aux particuliers par les factions; régler enfin la question des réclamations diplomatiques, et substituer, d'après des règles uniformes, à l'intervention de la diplomatie les recours réguliers aux tribunaux du pays. Le traité de commerce et de navigation n'a évidemment pas rempli ce vaste et beau programme, qui, d'ailleurs, attendra longtemps encore sa réalisation, et ne l'obtiendra peut-être jamais ; mais ce qu'il a fait eût été suffisant pour faciliter le développement des bons résultats qu'on pouvait espérer du traité de Confédération. Malheureusement, le traité de commerce eut le sort de ce dernier, et resta, lui aussi, à l'état de lettre morte. Il y avait toutefois dans ce traité une disposition bien singulière, et qui mérite une critique sévère, c'est celle des numéros 8 et 9 de l'article 11, ainsi conçus : « La guerre termine l'exécution des conventions existantes entre citoyens ou sujets des deux nations belligérantes, à moins que ces conventions ne soient susceptibles d'être suspendues ; dans ce cas, suspendues pendant la guerre, elles revivent au rétablissement de la paix. Les conventions conclues pendant la guerre entre individus des deux nations belligérantes, sans la permission expresse de leur gouvernement, sont absolument nulles, quand même elles auraient été conclues par l'entremise d'un tiers ». Cette disposition était en effet en contradiction flagrante avec le principe suivant lequel les guerres se font de gouvernement à gouvernement, d'État à Etat, et non de particulier à particulier. Les guerres ne peuvent évidemment pas délier les individus de leurs engagements consentis avec liberté et bonne foi.

La convention consulaire du 8 février 1848.

Le congrès de 1847-1848 élabora aussi une convention consulaire, destinée à fixer d'une manière expresse et permanente les fonctions des consuls, leurs prérogatives et leurs devoirs, afin que ces fonctionnaires pussent vaquer avec une entière sécurité à l'accomplissement de leur mission, et que toutes difficultés, toutes questions à cet égard pussent être évitées désormais. Cette convention consulaire déterminait et caractérisait les attributions des consuls, qu'elle définissait : « des agents chargés de protéger les droits et intérêts commerciaux de leur nation, et de protéger leurs compatriotes dans les différends où ils pourraient se trouver engagés ». Elle déclarait que les républiques contractantes ne reconnaissaient point dans les consuls un caractère diplomatique ; que, par cela même, ils ne devaient pas jouir des immunités accordées aux agents publics accrédités avec ce caractère ; mais que, pour qu'ils eussent la faculté d'exercer librement leurs fonctions, ils jouiraient de certaines prérogatives que la convention détaillait. Les devoirs des consuls étaient énumérés et précisés. La convention consulaire devait être communiquée aux États américains qui n'avaient pas concouru à sa négociation, et ils devaient être invités à y adhérer. Cette convention ne fut approuvée que par l'Assemblée Nationale de la Nouvelle-Grenade.

La convention postale du 8 février 1848.

Enfin, le 8 février 1848, les plénipotentiaires du congrès, désirant donner aux mutuelles relations politiques et commerciales des républiques qu'ils représentaient le plus de facilités possible, par le moyen des communications et de la correspondance, et contribuer ainsi à resserrer et à assurer leur amitié, leur union et leur confédération, signèrent une convention postale peu libérale, qui établissait la franchise pour la correspondance officielle, pour les feuilles périodiques, mais non pour les livres et pour les brochures, et établissait une taxe encore trop élevée pour la correspondance épistolaire. Cette convention postale ne fut jamais ratifiée et par conséquent appliquée.

Fin du congrès de 1847-1848.

Après cette élaboration de deux traités et de deux conventions, le congrès de 1847-1848 touchait à sa fin.

Le 8 février 1848, après la signature des exemplaires, les plénipotentiaires convinrent d'abord que le gouvernement de Bolivie demanderait l'adhésion de la République du Vénézuéla; le Chili, celle des États de la Plata; l'Équateur, celle des États de Centre-Amérique; la Nouvelle-Grenade celle du Mexique; le Pérou, celle du Brésil et des États-Unis d'Amérique. La présentation des traités et conventions aux gouvernements de ces différents États devait être faite par l'intermédiaire des agents diplomatiques des républiques chargées de demander l'adhésion. Mais, sur des observations du plénipotentiaire du Chili, tirées de l'état politique de la Bolivie et du Mexique, on décida que ce serait la République de la Nouvelle-Grenade qui demanderait l'adhésion de la République du Vénézuéla, et qu'on attendrait un moment plus opportun pour présenter les traités et les conventions au Mexique et aux États-Unis d'Amérique. La dernière séance du congrès eut lieu le 1er mars 1848. Ainsi se termina cette nouvelle et consciencieuse tentative faite par cinq gouvernements de l'Amérique espagnole pour réaliser la pensée de Bolivar; tentative qui, comme les autres, resta infructueuse, parce qu'elle n'a abouti qu'à des projets. Mais ces projets, nous l'avons vu, sauf quelques taches et quelques inexactitudes, font le plus grand honneur aux excellents esprits qui les ont élaborés.

Le traité continental du 15 septembre 1856.

L'idée de l'union latino-américaine va dormir pendant huit ans encore, de 1848 à 1856. Dans cette dernière année, il faut enregistrer un nouveau traité conclu à Santiago, le 15 septembre 1856, entre le Pérou, le Chili et l'Équateur. C'est un traité d'union entre ces trois Républiques, destiné « à cimenter sur des bases solides l'union qui existe entre elles comme membres de la grande famille américaine; à resserrer les relations entre les peuples et les citoyens de chacune d'elles, et à supprimer les entraves et restrictions qui pourraient les embarrasser ». Cette union avait pour objet de développer le progrès moral et matériel de toutes les républiques et de chacune d'elles, de donner une impulsion plus grande à leur prospérité et à leur agrandissement, ainsi que de nouvelles garanties à leur indépendance, à leur nationalité et à l'intégrité de leurs territoires. Le traité du 15 septembre 1856 porte le nom de *traité continental*. Il se compose de 26 articles. Comme le *traité de Confédération* de 1847, il devait être communiqué aux gouvernements des républiques contractantes, aux autres États hispano-américains et au Brésil, avec invitation de s'incorporer dans l'union. L'incorporation devait s'effectuer au moyen d'un traité spécial conclu avec n'importe laquelle des républiques unies. Le gouvernement péruvien s'était chargé de solliciter cette adhésion des autres gouvernements de l'Amérique.

Critique du traité continental par le ministre des relations extérieures de la République Argentine, M. D. Rufino Elizalde.

L'analyse du *traité continental* a été faite, sous la forme d'une critique assez juste, dans une note fort intéressante de M. D. Rufino Elizalde, ministre des relations extérieures de la République Argentine. Dans cette note, datée de Buénos-Ayres, le 10 novembre 1862, M. Elizalde commençait par attaquer de front l'idée dominante qui jusqu'alors avait inspiré les différents projets d'unions et de ligues : la crainte d'une entreprise de l'Europe contre l'Amérique indépendante. Suivant lui, — et il avait bien raison, — cette menace n'existait pas ; c'était un fantôme inventé à plaisir, une épée de Damoclès chimérique à laquelle il fallait renoncer pour rentrer dans la réalité.

Le gouvernement argentin, disait-il, n'a pas de motifs pour admettre l'existence de cette menace, et ne croit pas, d'ailleurs, que les moyens proposés seraient suffisants pour conjurer le péril, s'il existait réellement.

L'Amérique indépendante est une entité politique qui n'existe point par des combinaisons diplomatiques. L'Amérique, contenant des nations indépendantes avec des besoins et des moyens de gouvernement qui leur sont propres, ne formera jamais une seule entité politique. La nature et les faits l'ont divisée et les efforts de la diplomatie sont stériles pour contrarier l'existence de ces nationalités, avec toutes les conséquences forcées qui dérivent d'elles. Quelle serait d'ailleurs la menace qui péserait sur l'Amérique? Au nom de qui et de quoi cette ligue européenne tant redoutée se formerait-elle contre l'Amérique? Au nom des intérêts matériels et commerciaux de l'Europe? Mais ces intérêts sont en harmonie avec ceux des nations américaines, et il n'y a pas un pouvoir humain qui soit capable de créer un antagonisme qui n'aurait pas sa raison d'être. Au nom de la monarchie contre la république? Mais la démocratie a jeté de si profondes racines en Amérique, les bienfaits des institutions républicaines sont si évidents, la force de ces institutions est si grande, qu'elles défieraient toutes les attaques de leurs ennemis. Au reste, en Europe, la monarchie absolue n'est-elle pas obligée de s'incliner, de nos jours, devant la démocratie? Les monarques de droit divin ne cèdent-ils pas le trône aux monarques élus par le vote populaire? La monarchie en Europe ne pourrait pas s'armer pour détruire la démocratie en Amérique, sans briser les éléments qui forment aujourd'hui la base du pouvoir chez presque toutes les nations européennes.

Ici, M. Elizalde faisait un bel éloge de l'Europe et des services qu'elle avait rendus à la République Argentine. Quand cette république s'est trouvée en guerre avec ses voisins, c'est toujours par la médiation d'une Puissance européenne que la paix a été rétablie: les Puissances européennes lui ont toujours rendu les services les plus signalés; l'action de l'Europe dans la République Argentine a toujours été protectrice et civilisatrice. C'est de l'Europe qu'elle reçoit les capitaux qui alimentent son industrie; avec l'Europe elle échange continuellement ses produits ; la République Argentine est, par conséquent, identifiée autant que possible avec l'Europe. Devant de pareils antécédents et de semblables éléments comment admettre que la sécurité américaine soit exposée au moindre péril ? Car les autres Républiques de l'Amérique sont dans la même situation que la République Argentine. Il n'y a donc pas un élément européen antagoniste d'un élément américain : bien au contraire, on peut assurer qu'il existe plus de liens, plus d'intérêts, plus d'harmonie entre les républiques américaines et certaines nations européennes, qu'entre ces républiques elles-mêmes.

Après cette profession de principes frappée au coin de la justice et de la vérité, M. Elizalde prenait corps à corps le *traité continental*, et démontrait que les moyens proposés pour conjurer le péril supposé étaient absolument insuffisants. Il attaquait ensuite les articles du traité, en se plaçant sous différents autres points de vue. Les uns, suivant lui, étaient en opposition directe avec les règles constitutionnelles de certaines républiques ; les autres contenaient des restrictions à la souveraineté nationale des États. Parmi ces derniers, il plaçait l'article 10 qui abolissait la course entre les républiques contractantes ; l'article 13 qui interdisait à ces républiques de céder, d'aliéner, sous aucune forme, au bénéfice d'un État ou d'un gouvernement étranger, aucune partie quelconque de son territoire, ni de permettre, dans les limites de ce territoire, l'établissement d'une nationalité étrangère.

Certains articles, suivant lui, étaient inutiles, parce qu'ils contenaient des points régis par le droit des gens public et par le droit international privé. Ainsi, par exemple, l'article 5 disposait que les actes passés sur le territoire des parties contractantes, que les sentences prononcées par leurs tribunaux, que les preuves faites dans les formes établies par leurs lois, produiraient sur les territoires des unes et des autres les mêmes effets que les actes passés sur le territoire de chacune, que les jugements rendus par les tribunaux de chacune, que les preuves faites conformément aux lois particulières de chacune. M. Elizalde pensait que ce simple article exigerait tout un code pour ses développements, et il rappelait que plusieurs États, le Pérou entre autres, avaient réduit sa disposition aux seules matières civiles. Chaque État restreignant cet article ou l'étendant pour l'ajuster à sa législation propre, il s'en suivait que ce n'était point une disposition qui dût faire partie d'un traité commun.

L'article 11 stipulait que les agents diplomatiques et consulaires de chacune des parties contractantes étendraient sur les citoyens ou naturels de toutes les autres, dans les ports ou dans les lieux de leur résidence où il n'y aurait pas d'agent diplomatique ou consulaire de ces citoyens ou naturels, la même protection que si c'étaient leurs nationaux. M. Elizalde faisait remarquer que c'était là un service que toutes les nations se rendent mutuellement, avec l'assentiment des gouvernements locaux, sans qu'il soit besoin d'un traité pour cela.

Aux termes de l'article 12, les républiques contractantes s'engageaient à fixer d'une manière précise, et conformément aux principes du droit international, les privilèges, exemptions et attributions de leurs fonctionnaires diplomatiques et consulaires, et à adopter ces règles dans leurs relations avec les autres États. M. Elizalde rejetait également cette disposition comme inutile; car, disait-il, les privilèges et exemptions des agents diplomatiques sont déterminés avec précision par les principes du droit international universel. Les attributions des agents diplomatiques et consulaires, autant qu'elles se rapportent à leur service vis-à-vis de leur gouvernement, sont la matière de la législation spéciale de leur pays. En ce qui concerne l'autorité publique du pays de leur résidence, elles ont été depuis longtemps réglées par le droit public des nations; ces points paraissent, d'ailleurs, devoir être plutôt l'objet des traités de commerce et de navigation.

Le ministre des relations extérieures de la République Argentine signalait comme non nécessaires les articles 14, 15, 16 et 17. Aux termes de ces articles, chacun des États contractants s'engageait à respecter l'indépendance des autres ; les expéditions dirigées contre les uns ou les autres des États contractants, avec des forces terrestres ou maritimes procédant de l'étranger mais n'appartenant pas à un gouvernement reconnu de fait ou de droit, devaient être considérées comme des entreprises de pirates, repoussées comme telles, et le traitement réservé aux pirates devait être appliqué à leurs auteurs ; toutes les parties contractantes s'engageaient à porter secours à la république attaquée, sur l'appel qu'elle leur adresserait, à repousser l'agression, à capturer les agresseurs, à leur refuser tout asile, à n'accorder aucun emploi, aucuns appointements, aucune distinction aux individus qui auraient figuré comme chefs dans ces expéditions; etc. A quoi bon ces clauses, disait M. Elizalde? Elles ne sont point nécessaires, et encore beaucoup moins entre des peuples frères. Toute nation est obligée de respecter l'indépendance des autres. Le droit d'asile est réglé d'une manière qui n'admet aucun doute quant à son application. Il en est de même quant aux actes qui constituent la piraterie. Comment s'expliquer la clause qui interdit de confier des emplois, d'allouer des appointements, de conférer des distinctions à des pirates. L'article 18 portait que la violation de quelqu'une des dispositions du traité par un ou plusieurs citoyens de l'un des États contractants n'altérerait pas la bonne harmonie entre les États liés par le contrat violé, mais que la responsabilité pèserait seulement sur les auteurs de cette violation. M. Elizalde observait que jamais la violation d'un traité par un citoyen d'un des États contractants n'a pu peser sur le gouvernement qui ne protège pas l'infracteur. Il y avait donc inutilité, suivant lui, à stipuler ce qui est un principe de droit universel. L'article 19 voulait que dans les cas où quelques différends s'élèveraient entre les parties contractantes, la république qui se croirait offensée s'abstînt d'ouvrir les hostilités ou de commettre des actes de représailles, sans avoir auparavant présenté sa plainte, l'avoir justifiée et avoir exigé justice ou satisfaction. M. Elizalde estimait qu'entre peuples qui cherchent à établir entre eux des liens d'union, stipuler qu'il ne se feront point la guerre sans exiger préalablement une explication ou une réparation, c'était faire une clause de ce que la raison et le respect de la moralité publique imposent naturellement et nécessairement.

Suivant lui, le *traité continental* contenait des dispositions sur des matières qui ne pouvaient être l'objet de conventions internationales : l'instruction primaire, par exemple, les connaissances utiles, que les parties contractantes s'engageaient, par l'article 7, à étendre, à développer, à propager sur leurs territoires respectifs, en adoptant de concert les mesures propres à cette fin ; le système uniforme de monnaies, de poids et mesures, de tarifs douaniers, que les gouvernements des républiques contractantes s'engageaient à établir entre elles, au moyen de pactes particuliers. Ce sont là, disait M. Elizalde, des mesures très-louables, que chaque État doit prendre par soi-même, en majeure partie, et dont quelques unes dépendent, d'ailleurs, de circonstances spéciales qui rendent impossibles une législation internationale uniforme. Aussi le Pérou avait-il, en ce qui le concernait, modifié l'article 9, quant à l'égalisation des tarifs douaniers, parce qu'il comprenait que l'action d'un État pour se créer des revenus ne peut être limitée par des traités.

Les articles 20, 21, 22 avaient disposé que chacune des parties contractantes nommerait un plénipotentiaire, et que ces plénipotentiaires réunis en congrès représenteraient tous les États de l'union pour les objets du traité ; le congrès se réunirait dans les capitales des États contractants, à tour de rôle. Il entrait dans ses attributions d'offrir sa médiation dans les cas de différends survenus entre les États contractants, et cette médiation ne devait pas pouvoir être refusée ; mais il lui était interdit de prendre comme matière de ses délibérations des discordes intestines, les agitations intérieures des divers États de l'union, ni de se concerter pour influer sur ces mouvements par aucun genre de mesures. Suivant M. Elizalde, ce congrès serait complétement stérile. Les gouvernements américains disposés à fortifier entre eux leur union, devaient, pensait-il, employer les moyens que leur donnait leur action libre, pour faire passer dans leur législation propre les lois les plus favorables aux autres États ; quant aux traités qu'ils seraient dans le cas de conclure, il n'était pas besoin d'établir un congrès de plénipotentiaires, dont le seul effet serait de paralyser et même de supprimer la libre action des gouvernements américains.

En résumé, le gouvernement argentin, dont M. Elizalde se disait l'interprète, était d'avis que parmi les principes fondamentaux et les clauses d'ordre secondaire contenus dans le *traité continental*, il y en avait de contraires au principe de souveraineté de nation indépendante que chaque république américaine avait adopté comme base de son gouvernement ; que les avantages réciproques stipulés entre les parties contractantes ne reposaient pas sur la base équitable d'une complète égalité ; que les droits civils concédés réciproquement aux citoyens de chaque État, se trouvaient consignés dans les lois particulières de chacun de ces États, et qu'il n'était point nécessaire de formuler en traités ce qui, étant matière de loi, faisait partie du droit international privé de presque tout le monde, avec de rares exceptions sur de seuls points de détail ; que les grands principes relatifs aux agents diplomatiques, à la navigation, au commerce, aux droits des neutres, etc., etc., étaient acceptés par le consentement universel et formaient partie du code international du monde civilisé ; que les avantages que les républiques américaines pourraient s'accorder par voie de privilège ou d'exception, étaient limités par les traités que chacune d'elles avait conclus; que l'abandon de quelques droits qui sont la défense du faible contre le fort aurait pour effet d'affaiblir l'union américaine, beaucoup plutôt que de la fortifier; que le petit nombre de stipulations d'intérêt pratique qui résulteraient de tout cela ne devait pas donner lieu à un traité continental, ni à une négociation collective; enfin, que si la République Argentine adhérait à un traité de cette nature, elle désirerait y voir consignées certaines règles qui sont de vrai intérêt américain et qui auraient pour objet: les voies terrestres de communication d'usage commun, la navigation des fleuves intérieurs, la propriété des inventions et des œuvres littéraires, le patronat, la liberté des cultes et autres points de même ordre; enfin, et principalement, qu'elle voudrait voir consacrer le principe de la « citoyenneté naturelle », qui, selon M. Elizalde, est la base de l'avenir et de la sécurité du présent, pour les États américains. La note du ministre des relations extérieures de la République Argentine se terminait par des protestations de sentiments fraternels et sympathiques pour les gouvernements du Pérou et des autres républiques américaines; mais c'était un refus d'adhérer, commenté, expliqué, développé, par une critique à fond. Peu de temps après, dans une nouvelle note, le même ministre cherchait à rectifier certaines de ses affirmations un peu trop absolues, et s'en tenait à cette phrase vague: « Le gouvernement argentin, fidèle aux traditions du peuple qu'il représente, suit la politique qu'ont suivie les grands hommes qui ont fondé les institutions démocratiques en Amérique, après avoir assuré son indépendance ». Il persistait à conseiller d'abandonner l'idée d'un congrès américain, impossible et inutile, et de contracter de préférence des traités d'alliance pour la défense et la sécurité communes.

Appréciation du traité continental.

Quoique M. Elizalde ait mis en relief, avec beaucoup

de justesse d'appréciation, les points faibles du *traité continental*, pour être équitable il faut reconnaître que ce traité était, sous certains rapports, plus complet et plus libéral que le traité de Confédération de 1847. Il établissait des bases suffisamment larges pour l'échange des produits entre les divers États; il accordait aux publications par le moyen de la presse, s'échangeant d'un État à l'autre, des franchises plus amples; il déclarait libre la marchandise neutre à bord des navires ennemis, à l'exception de la contrebande de guerre; il proclamait l'action commune des gouvernements pour la diffusion de l'enseignement primaire et des connaissances utiles; il indiquait la nécessité d'adopter un système uniforme de monnaies, de poids et mesures, de tarifs douaniers. Au fond, c'était l'idée des traités et conventions de 1847, étendue, élargie, développée dans un sens plus libéral, en 1856. Ce n'était pas encore l'idéal rêvé par les fervents de l'union latino-américaine. Il laissait de côté la question de la nationalité des fils d'étrangers dans les républiques du nouveau-monde; il ne parlait pas des réclamations étrangères non fondées sur le droit des gens; il ne proclamait point le principe sentimental que tous les américains sont citoyens d'une patrie commune; il n'énonçait point le principe du respect de la propriété privée dans les guerres maritimes. Tout cela constituait des lacunes aux yeux des enthousiastes d'unité; mais on n'arrive pas du premier coup aux progrès qui seront peut-être le lot de l'avenir. Les clauses du *traité continental* étaient un pas fait en avant, depuis le congrès de 1847.

On a reproché au *traité continental* d'avoir été inspiré par un esprit hostile contre les États-Unis d'Amérique; mais ceux qui lui ont fait ce reproche oubliaient, sans doute, que l'époque de ce traité fut celle des expéditions de flibustiers de l'Amérique du nord dans l'Amérique centrale. Le véritable côté faible du traité de 1856 était l'insuffisance de ses dispositions, en ce qui concernait le but même de la négociation : l'union, la ligue, l'action commune. Qu'on lise attentivement ce traité, on y trouvera beaucoup de détails sur des points secondaires,et très-peu d'articles sur le lien qui doit relier les différents États contractants. Le traité de Confédération de 1847 avait tout sacrifié à l'action commune, au « *casus fœderis* » et à ses suites ; il avait constitué un congrès robuste de plénipotentiaires ; il avait établi un système d'alliance défensive énergique. Le *traité continental* passe légèrement sur ce point indispensable, sans lequel il n'y a pas de ligue, pas d'union. Son congrès de plénipotentiaires est, pour ainsi dire, sans attributions. On ne sent point là l'unité,mais la diversité, et, par conséquent, la faiblesse. Aussi, quand M. Elizalde accusait les négociateurs d'avoir fait une œuvre qui supprimait les différents États américains, les diverses entités, sa critique allait-elle au-delà de ce qui était. Il ne s'agissait pas, dans le traité, de créer une entité unique, mais de réunir par des liens plus ou moins étroits les entités différentes, dans un but de défense commune. Telle était la vraie mission des négociateurs, et qu'ils n'ont pas remplie. Un autre grave défaut de la négociation de 1856, a été de soumettre le *traité continental* à l'approbation de chacun des gouvernements intéressés, qui a pu y introduire, à sa guise, différentes modifications. C'est ainsi que le Pérou ne l'a ratifié qu'en altérant ce qui avait été décidé sur l'uniformité de la législation douanière. Il en est résulté une grande incertitude qui a nécessairement empêché bien des adhésions. En somme, les protestations d'enthousiasme ne manquèrent pas ; plusieurs républiques déclarèrent qu'elles étaient disposées et prêtes à entrer dans une ligue permanente, mais l'opinion générale fut que le *traité continental* était insuffisant ; on se retrancha derrière cette insuffisance, tout en répétant qu'il était urgent et d'importance vitale de réaliser la ligue américaine.

Conférences de 1857.

Le *traité continental* avait marqué l'année 1856. Depuis cette époque, jusqu'en 1866, l'idée de l'union américaine ne cessa pas de préoccuper les esprits.

En 1857, plusieurs républiques, alarmées de plus en plus par les expéditions réitérées de Walker, reviennent à la pensée de réunir un congrès américain. Sur l'invitation du ministre de Guatémala à Washington, les agents diplomatiques des différentes républiques de l'Amérique accrédités dans la capitale de l'Union, ouvrent des conférences et y discutent les mesures les plus propres à réaliser la pensée de Bolivar. Mais cet effort nouveau n'aboutit à aucun résultat pratique. N'importe ; l'idée continue son chemin, agite les esprits, remue les âmes.

L'union des républiques de l'Amérique centrale.

Le 14 avril 1859, un traité d'amitié et d'alliance est conclu entre les Républiques de Guatémala et de Salvador. Le 24 avril de la même année, des conférences s'ouvrent à Rivas. Le président de Nicaragua et ses ministres, le président de Costa-Rica et son ministre des relations extérieures, l'agent diplomatique du Salvador auprès des gouvernements de Costa-Rica et de Nicaragua y prennent part. Le 30 avril, un traité de limites se conclut entre Nicaragua et Costa-Rica ; puis vient un traité de paix, d'amitié et de commerce ; enfin un autre traité auquel participe le plénipotentiaire du Salvador, et dans lequel sont énoncés les principes qui devront être adoptés pour l'union centro-américaine, avec les bases de l'alliance défensive entre les trois républiques. Ce traité devait être proposé à l'approbation des Républiques de Guatémala et de Honduras. Grande fut la sensation dans toute l'Amérique centrale : il n'y était plus question que de l'union, que de la reconstitution de la nationalité centro-américaine. L'Europe elle-même s'intéressa à cet événement. Dans une proclamation enthousiaste, le président de Nicaragua s'écria : « Unissons-nous ; formons des cinq républiques une seule république, comme c'était auparavant, comme il convient que ce soit, pour que nous apparaissions plus grands, plus forts, plus réfléchis (*considerados*) » ! Il parla en termes amers de la politique dissolvante, « de cette politique fausse que le sentiment général maudit, et qui n'est que la politique d'un localisme mal entendu ». On put croire dans ce moment que la fusion des cinq républiques de l'Amérique du centre en un seul État était sur le point de se réaliser. Il n'en fut rien cependant, malgré les enthousiastes conseils du général Martinez, le chaleureux président de Nicaragua. Les cinq républiques restèrent livrées à leurs intérêts isolés, au gré de mesquines rivalités. Guatémala continua de subir le pouvoir dictatorial de Raphaël Carrera, nommé président perpétuel ; Nicaragua demeura la proie d'un marasme politique compliqué d'une terrible crise financière ; Costa-Rica fit une révolution, renversa son président, en nomma un autre et se donna une constitution nouvelle ; Honduras resta tranquille ; la république de Salvador assista au coup de main heureux du général Gérardo Barrios. Des efforts, des négociations, du patriotique et généreux mouvement de 1859, que resta-t-il ? Des aspirations non réalisées, et de belles phrases à enregistrer.

Circulaire du 11 janvier 1864, de M. D. Juan Antonio Ribeyro.

Le 11 janvier 1864, M. D. Juan Antonio Ribeyro, ministre des relations extérieures du Pérou, adressa aux gouvernements des républiques américaines une circulaire très importante, dans laquelle il les invitait à nommer des plénipotentiaires en vue d'un congrès qui se réunirait, soit à Lima, soit dans quelque autre ville, au choix de la majorité des gouvernements. Il exposait dans cette circulaire que les résultats de l'émancipation et que l'existence du système démocratique deviendraient avec le temps moins fructueux qu'ils devraient l'être, si l'union ne venait point affirmer les institutions, et si la solidarité des vues, des intérêts, des forces, n'imprimaient point au continent américain une physionomie particulière, en faisant respecter davantage les droits acquis au prix de tant d'actions héroïques accomplies dans la guerre sainte de l'indépendance. Il vantait le principe qui conduisait le Pérou à travailler dans le sens de l'union américaine, « principe de civilisation, de justice, de progrès et de bien-être commun». Il faisait voir qu'il ne s'agissait plus, comme dans d'autres occasions passées, de réunir des mandataires pour concerter des mesures préjudiciables aux peuples, des alliances purement personnelles et de nature transitoire. La question était « de former des pactes qui assureraient l'existence des naissantes nationalités américaines, qui resserreraient entre elles les liens d'une amitié cordiale, faciliteraient et dirigeraient leurs communications commerciales, et qui, sans s'écarter des principes universellement admis du droit public, serviraient à remplir les hautes fins d'une politique particulière visant à obtenir par les moyens conciliateurs et pacifiques la stabilité de la justice...». J'avoue que ce langage était un peu trop métaphysique, mais l'intention était excellente. M. Ribeyro devenait, du reste, plus précis, lorsqu'il déclarait que les États américains devaient se rapprocher, cultiver entre eux les liens de la fraternité, s'associer au moyen de stipulations licites et de convenances réciproques, non pour éloigner de leur sol l'importation des principes et de l'industrie de nations plus avancées en civilisation, non pour restreindre le commerce, ni pour ériger en système des préventions vulgaires et d'égoïstes rivalités contre des gouvernements et des peuples qui, quoique n'étant pas américains, ont des droits aux sympathies, à la bienveillance et à l'amitié loyale de l'Amérique ; mais pour se faire respecter, pour empêcher les bouleversements qui discréditent tant les républiques américaines, pour faciliter l'échange des produits de leurs territoires, pour aider aux développements de la morale sociale et pour faire échouer les projets de domination, s'il en existait. Enfin M. Ribeyro devenait tout à fait net et précis, lorsqu'il énumérait les attributions du congrès qu'il proposait de réunir. Ce congrès devait : 1° déclarer que les peuples américains représentés à cette assemblée, forment une seule famille liée par les mêmes principes, et que leurs intérêts identiques leur créent l'obligation de défendre leur indépendance, leurs droits autonomiques et leur existence nationale ; sans cependant que cette déclaration de vues communes puisse porter atteinte à la liberté intérieure de chaque État ;... 2° conclure une convention internationale pour faciliter la correspondance épistolaire, en réalisant le double bienfait de tarifs peu élevés et d'un respect pour le secret des lettres poussé «jusqu'au fanatisme» ;... 3° obliger les gouvernements, en échange des avantages qui résulteraient pour eux de l'union établie, à se fournir réciproquement tous les renseignements statistiques pouvant donner une idée complète de leur richesse, de leur population, des moyens naturels et artificiels qu'ils possèdent pour se défendre en commun, pour se développer, soit individuellement, soit collectivement, et pour former un ensemble homogène qui serve de garantie à la paix générale, tout en faisant respecter les institutions fondamentales ;... 4° prendre toutes les mesures et accepter tous les principes conduisant à la solution de toutes les questions relatives aux limites, lesquelles questions sont, dans presque tous les États américains, des causes de querelles internationales, d'animosités et même de guerres, aussi funestes à l'honneur qu'à la prospérité des nations ;... 5° abolir irrévocablement la guerre, en lui substituant l'arbitrage comme unique moyen de règlement des différends et des malentendus entre quelques-unes des républiques sud-américaines ;... 6° éloigner tous les prétextes qui servent de base pour trahir la cause américaine..... etc.

Appréciation de cette circulaire.

Dans ce programme de ce que devait faire le congrès il y avait une large part donnée à la rhétorique et à l'illusion, mais il y avait aussi plusieurs vues pratiques d'un intérêt majeur. Tout ce qui concernait l'échange des renseignements statistiques et la délimitation était excellent ; la substitution de l'arbitrage à la guerre était une pensée généreuse, un pressentiment de progrès, qui, nous l'avons vu, hantait depuis longtemps les esprits en Amérique ; les vues relatives à la correspondance épistolaire étaient dignes d'un administrateur possédant de saines notions économiques et doué de probité.

Réponse du Chili.

Toutes les républiques latino-américaines approuvèrent, comme cela devait être, cette nouvelle démarche du Pérou, qui persistait d'une manière si louable à réaliser l'idée formulée autrefois par Bolivar. Dans sa réponse du 18 février 1864, le gouvernement du Chili n'oublia pas de rappeler que depuis longtemps, que de tout temps même, il avait eu la pensée de l'union latino-américaine ; mais il émit la crainte que si le congrès s'ouvrait sans la présence des plénipotentiaires de toutes les républiques, ses résultats ne fussent vains. Il exprima, du reste, le vœu que les États-Unis d'Amérique et que l'empire du Brésil fussent invités à se faire représenter au congrès. Enfin, il prit la précaution de déclarer par avance qu'il applaudissait à tout ce qui avait été dit au sujet de la délimitation, mais que, pour ce qui concernait le Chili, les deux questions de limites dans lesquelles il se trouvait engagé et intéressé étaient soumises à des conditions entièrement exceptionnelles, ce qui, conséquemment, écarterait, à leur égard, toutes les mesures que pourrait prendre le congrès américain.

Réponse de la Bolivie.

Dans sa réponse, datée du 26 février, le gouvernement bolivien ajouta quelques articles au programme formulé par M. Ribeyro. Il demanda qu'on s'occupât de la navigation des fleuves américains, en appliquant le fécond principe de la liberté de leurs eaux, non-seulement pour les nations riveraines co-propriétaires de leurs courants, mais pour tous les navires marchands du monde auxquels elles voudraient transmettre l'usage de ce droit. Le gouvernement bolivien pensait en effet qu'un congrès continental seul pourrait vaincre les difficultés et les résistances qui s'opposaient à la jouissance de ces moyens d'usage innocent et de commune utilité pour les pays que forment les vastes vallées de l'Amazone et du Rio de la Plata. Le gouvernement de Bolivie souhaitait aussi que le congrès arrêtât des règles uniformes pour l'exercice des professions libérales dans tous les États américains ; qu'il resserrât davantage les liens de la sociabilité américaine, en uniformisant le régime légal et en adoptant le principe que ce qui est légal et authentique dans un État doit être également réputé légal et authentique dans les autres États ; qu'il s'occupât de l'uniformité des monnaies, des poids et mesures ; etc. Il demandait surtout une déclaration aux termes de laquelle on ne devrait dans aucun cas admettre des réclamations diplomatiques pour des lésions de droits privés, avant que les parties intéressées n'aient procédé par les voies judiciaires, et à moins que justice leur ait été refusée, ou qu'on ait prononcé contre elles une sentence notoirement injuste ; car, disait-il, les étrangers ne peuvent raisonnablement pas prétendre avoir dans un pays plus de droits que les nationaux. La réponse du gouvernement bolivien contenait certains passages qui méritent d'être rappelés, parce qu'ils sont pleins de sagesse et de bons sens. Parlant de l'Europe, il disait que l'Amérique ne pourrait, dans aucune des phases de son existence, méconnaître la robuste civilisation que l'Europe lui a transmise. A propos des formes diverses de gouvernement, il montrait que la monarchie et que la république ont toujours coexisté en paix et en harmonie, tant en Europe qu'en Amérique ; que la liberté peut florir sous l'un ou l'autre de ces gouvernements ; et que, peut-être même, on jouit sur une plus large échelle de ce bien inappréciable dans la monarchique Angleterre, que dans la première des républiques démocratiques américaines.

Réponse du gouvernement colombien.

Le gouvernement colombien avait aussi son programme à présenter au congrès. Il voulait qu'on s'occupât des droits des citoyens ou sujets des républiques américaines se trouvant sur le territoire des unes et des autres, soit comme « *transeuntes* », soit comme « *domiciliados* ». Sur ce point, il recommandait le principe de la responsabilité propre, consistant en ce que l'individu qui quitterait son pays s'exposerait à toutes les conséquences de son établissement ou de son passage dans un territoire autre que celui de sa patrie. Il proposait de déterminer des règles à observer pour la reconnaissance diplomatique régulière des nouveaux gouvernements issus des luttes des partis dans chaque pays, ou de la pression étrangère. Il demandait que toute question internationale fût soumise à l'arbitrage d'une autre Puissance quelconque, américaine ou européenne, afin d'éloigner autant que possible l'odieux recours à la guerre. Il faisait entrer dans l'énumération des matières qui devraient occuper le congrès, la fixation de règles précises et libérales sur l'établissement de communications larges et faciles entre les peuples et les citoyens de tous les pays représentés au congrès ; l'abolition des passeports ; la libre navigation des eaux et des fleuves intérieurs ; l'adoption de principes généraux pour le commerce et l'industrie ; etc, etc. Le gouvernement colombien ne tenait point à ce que tous les États de l'Amérique espagnole concourussent au congrès dès ses premières séances, mais il voulait que le congrès américain se composât de plénipotentiaires des républiques américaines d'origine espagnole exclusivement.

Ouverture des travaux du congrès de Lima.

Enfin, le congrès de Lima inaugura ses séances publiques le 15 novembre 1864, avec une très-grande pompe, dans la maison connue sous le nom de Torre-Tagle, en présence du conseil des ministres du Pérou, du corps diplomatique et consulaire étranger, des tribunaux de justice, des corporations civiles et militaires. Les républiques américaines qui avaient envoyé des plénipotentiaires étaient: la Bolivie, le Chili, l'Équateur, les États-Unis de Colombie, le Guatémala, la république Argentine, le Vénézuéla. Le plénipotentiaire du Pérou était M. D. José G. Paz-Soldan. M. Calderon, comme ministre des relations extérieures, et M. Paz-Soldan, comme président du congrès, prononcèrent des allocutions.

Résultat des travaux du Congrès de Lima, de 1864.

S'il faut en croire le mémoire de M. T. Pachéco, du 15 février 1867, au Congrès constituant de la République du Pérou, les résultats du congrès américain de 1864 furent nuls. Au moment de la révolution qui renversa le général Pezet, aucun des États qui avaient participé au congrès américain n'avait approuvé et ratifié les traités conclus par cette assemblée. Bien plus, l'expérience avait montré combien étaient insuffisantes les clauses de ces stipulations, au point de vue de la déclaration du « *casus fœderis* ». Il y avait eu en effet des États qui avaient concouru au congrès de Lima, et qui cependant avaient déclaré leur neutralité dans la guerre de l'Espagne contre les républiques du Pacifique ; il y en avait eu, même, qui avaient manifesté expressément que les assurances données par le gouvernement espagnol que son intention n'était point d'attenter à la souveraineté et à l'indépendance de ces républiques, leur paraissaient suffisantes pour écarter toute crainte et pour conseiller une politique [illegible]dente de prévoyance. D'où provenait cette diversité d'attitudes ? Du défaut capital qui existait dans le traité d'union et d'alliance défensive élaboré par le congrès de 1864.

Il était stipulé, dans l'article 1er, que les hautes parties contractantes s'unissaient et se liguaient en vue de pourvoir à leur sécurité extérieure, de resserrer leurs relations, d'assurer la paix entre elles et d'avancer leurs intérêts communs ; qu'elles se garantissaient mutuellement leur indépendance, leur souveraineté, l'intégrité de leurs territoires respectifs ; qu'elles s'obligeaient, dans les termes du traité, à se défendre contre toute agression ayant pour objet de priver quelqu'une d'elles des droits y exprimés, que l'agression vînt de la part d'une Puissance étrangère ou de l'une des Puissances liées par le traité, ou de forces étrangères n'obéissant pas à un gouvernement reconnu. Pour donner plus de fixité à ces principes, il était stipulé, dans l'article 2, que l'alliance produirait ses effets quand il y aurait violation des droits exprimés, et spécialement dans les cas d'offense consistant : 1° en actes ayant pour but de priver quelqu'une des nations contractantes d'une partie de son territoire, avec l'intention de se l'approprier ou de le céder à une autre Puissance ; 2° en actes ayant pour objet de renverser ou de modifier la forme de gouvernement, la constitution politique ou les lois que l'une des parties contractantes se serait données dans l'exercice de sa souveraineté, ou d'altérer violemment son régime intérieur, etc. ; 3° en actes dont le but serait de soumettre l'une des parties contractantes à un protectorat quelconque, de vendre, de céder son territoire en tout ou en partie, d'établir sur l'une d'elles une supériorité, une prééminence ayant pour effet de porter atteinte à l'exercice ample et complet de sa souveraineté et de son indépendance. Mais M. T. Pachéco démontrait que les agressions contre lesquelles les États contractants se prémunissaient par le moyen de l'alliance, pouvaient ne pas prendre les formes que le congrès leur avait assignées ; il faisait observer que l'agresseur ne décou-

jamais le véritable but qu'il se propose ; que les circonstances peuvent trahir quelquefois ce but, mais que le plus souvent il échappe à la pénétration la plus perspicace, et que, par conséquent, la tendance d'une agression n'est connue qu'alors que l'attaque a été consommée. Or, il vaut toujours mieux, et il est plus facile, de prévenir le mal que d'y remédier. Et c'est ce que n'avait pas fait le congrès américain de 1864. Arrivant à la question de déterminer en quoi devait consister l'agression, pour qu'il y eût lieu de déclarer le « *casus fœderis* », il s'était borné à dire, dans l'article 3 du traité d'union et d'alliance défensive, que les alliés décideraient, chacun de son côté et pour sa part, si l'offense faite à l'un d'entre eux se trouvait comprise dans l'un des cas prévus par les articles 1 et 2. Ainsi, c'était le jugement particulier de chaque État isolé qui devait décider de la nature d'un fait concernant l'alliance de tous, et l'État dont le jugement n'aurait pas été conforme à celui des autres, n'aurait plus été obligé de faire partie de l'alliance. M. T. Pachéco concluait de ce défaut saillant, que l'union et l'alliance, telles qu'elles avaient été formulées dans le traité du congrès américain, étaient destinées à rester comme des principes incontestables en théorie, mais d'une réalisation pratique difficile, sinon impossible. Le ministre des affaires extérieures du Pérou avait raison, et les événements l'ont prouvé.

Nouvelles tentatives en 1867. — Congrès américain de jurisconsultes, de 1877.

Pour donner plus de précision aux résolutions du congrès de Lima, le gouvernement péruvien décida de convoquer, pour le mois d'avril 1867, un nouveau congrès. Le gouvernement colombien seconda cette idée, convoqua les autres États américains et les invita à nommer des plénipotentiaires. Des réponses favorables furent faites. En attendant, le gouvernement du Pérou pensa à réunir une conférence de plénipotentiaires des républiques du Pacifique, pour confirmer et perpétuer leur alliance, et pour l'établir sur les intérêts moraux et matériels des États alliés; mais il n'obtint pas les résultats qu'il avait en vue, et la grande idée de Bolivar attend encore aujourd'hui sa réalisation. Elle ne l'obtiendra que le jour où les peuples d'Amérique seront bien convaincus que les véritables alliances ne sont pas celles qui sont formulées sur du papier, en termes plus ou moins pompeux, mais celles qui reposent sur un patriotisme intelligent et absolument désintéressé.

Le « congrès américain de jurisconsultes » réuni à Lima depuis 1877, et qui s'occupe d'uniformiser autant que possible les différentes législations civiles, commerciales, criminelles, des divers États de l'Amérique espagnole, fera-t-il pour le droit ce que les autres congrès politiques n'ont pas réussi à faire pour les relations internationales des républiques américaines? Nulle part en Amérique, et à Lima moins que partout ailleurs, on ne croit aux résultats pratiques des travaux de ce congrès. On répète volontiers, dans les occasions officielles, que les États républicains de l'Amérique du sud sont des frères, mais on ne se dissimule point que ce sont le plus généralement des frères ennemis. Trop de nuages obscurcissent d'ailleurs le ciel politique de ces républiques, qui possèdent dans leur sein tant d'éléments de richesses et de prospérité, pour qu'on puisse espérer de longtemps voir s'éclaircir leur horizon aux lueurs d'un droit commun à tous ces États.

Retour à la question de l'objet des conférences et des congrès.

Revenant à la question de l'objet des conférences et des congrès, aux matières qui s'y traitent, à la tenue de ces assemblées, à la manière d'y négocier, à la rédaction des actes internationaux, etc., nous rappellerons qu'au moment où nous sommes entrés dans la digression précédente à propos du caractère des congrès dans le monde moderne, nous vénions de dire que de nos jours on se réunit en congrès, non-seulement pour terminer des guerres par une pacification générale, mais encore pour s'occuper des moyens à prendre afin de compléter et d'affermir une paix précédemment conclue, d'en développer les résultats, de prévenir les dangers futurs, et pour concerter des mesures à arrêter en commun sur des affaires d'un intérêt général.

Les congrès généraux.

M. Bluntschli remarque que l'institution de congrès internationaux où se rencontreraient les chefs ou les représentants diplomatiques des États pour y délibérer en commun, est encore dans la première période de son développement et présente de nombreuses défectuosités. La proposition faite, en 1863, par l'empereur Napoléon III, d'un congrès général des États européens, est restée jusqu'à présent sans résultat. Mais l'idée des congrès, dit avec raison cet auteur, a d'autant mieux pour elle l'avenir, que l'humanité tend davantage à se servir des moyens pacifiques pour protéger les intérêts communs de tous les peuples (1).

Lettre de l'empereur Napoléon III, du 4 novembre 1863.

Napoléon III avait écrit, le 4 novembre 1863, aux souverains de l'Europe : « Toutes les fois que de pro-

(1) Bluntschli, *Le droit international codifié*, 2me édition française, 1874, n° 108, r., p. 106, 107. — « On peut, dit Pinheiro-Ferreira, partager tous les congrès en deux classes, dont les uns, après de longs et violents débats, ont fini par ne rien conclure ; les autres, regardant les petits États comme matière taillable, les pays comme des fermes appartenant à leurs gouvernements respectifs, et les peuples comme du vil bétail, se sont arrangés de manière à se partager les États par acres et par têtes selon leurs convenances ». Voir Vattel, *Droit des gens*, édition annotée par Pradier-Fodéré, t, II, p. 308, note 1.

fondes secousses ont ébranlé les bases et déplacé les limites des États, il est survenu des transactions solennelles pour coordonner les éléments nouveaux et consacrer, en les révisant, les transformations accomplies. Tel a été l'objet du traité de Westphalie, au dix-septième siècle, et des négociations de Vienne, en 1815. C'est sur ce dernier fondement que repose aujourd'hui l'édifice politique de l'Europe, et cependant il s'écroule de toutes parts. Si l'on considère attentivement la situation des divers pays, il est impossible de ne pas reconnaître que, presque sur tous les points, les traités de Vienne sont détruits, modifiés, méconnus ou menacés. De là des devoirs sans règle, des droits sans titre et des prétentions sans frein. Péril d'autant plus redoutable, que les perfectionnements amenés par la civilisation qui a lié les peuples entre eux par la solidarité des intérêts matériels, rendraient la guerre plus destructive encore. C'est là un sujet de graves méditations... Je viens donc vous proposer de régler le présent et d'assurer l'avenir dans un congrès (1) ». Malheureusement, la pensée de Napoléon III excita les défiances de toute l'Europe ; les Puissances européennes craignirent de voir les congrès servir à accroître la suprématie française, déjà si invariablement établie sur le monde, dans l'ordre moral. Le congrès européen proposé par l'empereur Napoléon III

(1) Notons, pour mémoire, que déjà l'abbé de Saint-Pierre avait proposé, en 1715, un Sénat européen, auquel seize États de l'Europe eussent été représentés par des sénateurs. Kant proposa plus tard un congrès permanent des États. Un professeur à Edimbourg, M. J. Lorimer, a proposé, à son tour, des congrès annuels qui se réuniraient en Belgique ou en Suisse : les États enverraient chacun deux députés, dont un seul aurait droit de vote ; l'importance des États et de leur vote serait établie d'après le chiffre de la population, le revenu et le mouvement commercial des États. Notons aussi l'idée de M. Esquirou de Parieu, qui recommanderait une commission internationale dont les membres seraient nommés par les gouvernements, et qui se réunirait périodiquement. Voir le n° 108 de l'ouvrage de Bluntschli, déjà cité, p. 107.

demeura à l'état de projet. Mais, si les congrès généraux de l'Europe, et bien mieux encore ceux du monde entier, ne sont pas encore entrés dans la pratique des États, les congrès partiels sont devenus, à notre époque, un mode de plus en plus usité de réunions diplomatiques pour traiter d'affaires d'un intérêt majeur pour les nations.

CHAPITRE XV.

Réunion, tenue et travaux des congrès et des conférences. — Conventions préliminaires. — Pluralité des plénipotentiaires. — Premières opérations du congrès ou de la conférence. — La présidence du congrès ou de la conférence. — — Le ministre des affaires étrangères peut-il faire régulièrement partie des négociateurs? — Faut-il qu'il y ait parité de rang entre les plénipotentiaires ? — Discussion. — Délibérations. — Protocole. — Acte final. — Langue dont se servent les États dans les négociations. — Les traités, les conventions. — Forme des traités et des conventions. — De quoi ces actes internationaux se composent-ils, quant à la forme ? — Le préambule. — La désignation des plénipotentiaires. — La justification de la qualité pour négocier. — Les stipulations qui forment le corps du traité et en fixent la durée. — Les articles. — Articles principaux. — Articles accessoires. — Articles connexes. — Articles non-connexes. — Articles généraux. — Articles particuliers. — Articles séparés. — Articles secrets. — Les réserves. — Finale et autres énonciations dont se composent les traités et conventions. — La signature et l'alternat. — La ratification. — L'adhésion et l'accession aux traités. — Publication des traités et conventions. — Conditions essentielles des traités publics. — Le consentement. — Une cause licite. — La capacité. — Exécution des traités. — Effets des traités. — Sanction des traités. — Interprétation des traités. — Quels sont les pouvoirs compétents pour l'interprétation des traités ? — Conciliation des traités. — Fin des traités. — Confirmation ; prorogation ; renouvellement ; dénonciation; modification des traités. — Déclarations. — Les traités secrets. — Significations diverses du mot *protocole*. — Les *bons offices*. — La *médiation*. — L'*arbitrage*. — La correspondance du ministère des affaires étrangères. — La politesse épistolaire. — L'*inscription*. — Le *traitement*. — La *courtoisie*. — La *souscription*. — La *date*. — La *réclame*. — La *suscription*. — Le style diplomatique. — Quelles sont les diverses sortes d'écrits diplomatiques? — Les *lettres*. — Les *dépêches*. — Les *offices*. — Les *notes*. — Notes confidentielles. — Notes verbales. — Notes *ad referendum*. — Les *protocoles*. — Les *memorandum*. — Les *manifestes*. — Les *conclusum*. — Les *ultimatum*. — Les *bulles*. — Les *encycliques*. — Les *brefs*. — La chancellerie et les chanceliers.

Réunion, tenue et travaux des congrès et des conférences. — Conventions préliminaires.

Il appartient à toute Puissance de provoquer la réunion d'un congrès ou d'une conférence, d'en préparer et d'en fixer par des négociations et des conventions préliminaires le but, le lieu et les formes. L'initiative peut donc être prise par tout gouvernement. Quand la proposition est acceptée, les Puissances qui doivent participer se mettent d'accord, au moyen de l'échange de notes diplomatiques, sur l'objet des délibérations qui seront prises par leurs représentants. Il est essentiel en effet, pour qu'un congrès ou une conférence puisse avoir lieu, que les parties soient d'accord sur les principes dirigeants des négociations : il faut donc qu'il existe une entente générale préalable entre les Puissances sur les questions à débattre et sur la manière de les résoudre. Les exemples ne sont pas rares de congrès qui n'ont pu se réunir, faute d'avoir trouvé un terrain favorable à une transaction des intérêts opposés (1).

Il arrive parfois qu'on établit quelques articles préli-

(1) C'est par exemple ce qui a empêché de se réunir le congrès qui devait régler les affaires d'Italie, à la fin de 1859.

minaires, à l'égard desquels on exclut toute discussion ultérieure ; mais cela n'a spécialement lieu, d'ordinaire, que lorsqu'il s'agit de mettre un terme à une guerre (1). Ainsi un belligérant peut subordonner son adhésion à ce que le traité de paix soit discuté en un congrès ou en une conférence, à la condition que les bases de ce traité seront établies, et que ces bases, par exemple, pourront consister en une cession territoriale, une indemnité de guerre, ou tous autres sacrifices semblables. Le choix du lieu de la réunion du congrès a assez d'importance pour être pris en considération, et faire l'objet de dispositions préliminaires ; il en est de même de la question de savoir si on admettra au congrès ou à la conférence des tierces Puissances, et lesquelles. On pourra aussi s'occuper dans des conventions préliminaires du cérémonial qui sera suivi ; de la manière dont les affaires seront traitées au congrès ou à la conférence ; du local où les réunions auront lieu ; de la neutralité du lieu du congrès ou de la conférence ; de la sûreté et de l'inviolabilité personnelle des plénipotentiaires, s'il n'y a point d'armistice général ; de la sûreté et de l'inviolabilité des personnes attachées aux plénipotentiaires et des courriers ; etc., etc. Mais quelquefois aussi ces arrangements préalables ne sont pas l'objet de *conventions préliminaires* et *séparées* :

(1) Les *préliminaires de paix* sont des conventions qui précèdent le traité définitif. Leur objet est de régler d'abord le différend qui a conduit les belligérants à la guerre. Lorsque le traité préliminaire a été signé et ratifié, il est dès lors obligatoire, et les Puissances intéressées n'ont plus qu'à négocier le traité définitif dans un lieu choisi à cette fin, et qui est ordinairement une ville d'un pays neutre. On rencontre généralement dans les *préliminaires* une clause d'armistice et une clause d'amnistie. L'*armistice* entraîne la cessation des hostilités, des contributions de guerre et même parfois l'échange ou la restitution des prisonniers ; l'*amnistie* entraîne l'absolution pleine et entière, en faveur des personnes compromises à l'occasion des événements de la guerre, dans les territoires des parties belligérantes. Les articles préliminaires dont il s'agit dans le texte n'ont rien de commun avec les *préliminaires de paix*.

on les met en discussion dans les premières séances du congrès réuni (1).

Il a été dit que l'admission de tierces Puissances peut être l'objet d'une discussion préalable ou d'une convention préliminaire. Souvent des difficultés s'élèvent à cet égard : c'est ce qui a eu lieu, par exemple, au con-

(1) Les dépêches et protocoles suivants, relatifs à la question de la protection diplomatique et consulaire au Maroc, et concernant la réunion et les travaux de la conférence de Madrid, en 1880, indiquent d'une manière assez précise la procédure ordinairement observée à l'occasion de ces assemblées diplomatiques. On y voit naître le projet de la réunion pour régler la question qui sera soumise aux débats; puis viennent : l'adhésion des gouvernements au projet; la définition du caractère de la conférence; la fixation de la date de l'ouverture des travaux ; la notification du nom des plénipotentiaires; les instructions données à ces derniers ; la liste des représentants délégués; l'envoi des pleins pouvoirs ; les protocoles de la première et de la dernière séance; les détails relatifs à l'échange des ratifications; etc.

Voici ces documents :

I.

L'amiral JAURÈS, ambassadeur de la République française, à Madrid,

à M. DE FREYCINET, ministre des affaires étrangères.

Madrid, le 10 février 1880.

Monsieur le ministre, dans l'entretien que j'ai eu aujourd'hui avec lui, le Président du Conseil m'a demandé si la France n'était pas disposée à accepter la proposition faite par Sir John Hay, représentant de l'Angleterre au Maroc, de réunir dans l'une des capitales de l'Europe où le gouvernement marocain pût se faire représenter, et de préférence à Madrid, une commission de représentants des Puissances intéressées pour examiner et régler la question des protections. M. Canovas a ajouté que, quant à lui, il était favorable à cette conférence, qui pourrait amener une entente, et qu'il désirerait savoir si Votre Excellence ne serait pas dans les mêmes sentiments. J'ai répondu au Président du Conseil qu'aucune communication ne m'avait été faite par le département à ce sujet, mais que je prierais Votre Excellence de me faire connaître les vues du gouvernement de la République.

Veuillez agréer, etc,

JAURÈS.

grès de Westphalie, en 1648 ; au congrès de Bréda, en 1747 ; à celui de Rastadt, en 1797, pour l'admission des envoyés russes et suédois. Au congrès de Lunéville,

II.

M. DE FREYCINET, ministre des affaires étrangères,

à l'amiral JAURÈS, ambassadeur de la République française à Madrid.

Paris, le 4 mars 1880.

Monsieur l'amiral, dans un entretien que vous avez eu avec lui, le 10 février, M. Canovas del Castillo vous a demandé si la France serait disposée à accepter le projet du ministre d'Angleterre à Tanger de réunir à Madrid des délégués des diverses Puissances pour arriver au règlement de la question des protections accordées aux sujets marocains.

La proposition dont l'initiative revient à Sir John Drummond Hay a déjà été soumise à mon prédécesseur par le ministre d'Angleterre à Paris au mois d'octobre dernier. M. Waddington a répondu que le gouvernement de la République n'avait point d'objection à élever contre la procédure suggérée par le cabinet de Londres, et qu'il prendrait part à la conférence proposée, dans le cas où les autres gouvernements intéressés accepteraient de s'y faire représenter également. Je vous prie de donner connaissance de cette réponse au cabinet espagnol.

Agréez, etc.

C. DE FREYCINET.

III.

Le vicomte DE BRESSON, chargé d'affaires de la République française à Madrid,

à M. DE FREYCINET, ministre des affaires étrangères.

Madrid, le 10 mars 1880.

Monsieur le ministre, conformément aux instructions contenues dans votre dépêche en date du 4 de ce mois, je me suis empressé de donner connaissance à M. Canovas del Castillo de la réponse que Votre Excellence a chargé l'amiral Jaurès de transmettre au gouvernement espagnol, au sujet de la réunion, à Madrid, d'une conférence qui serait appelée à examiner la question des protections au Maroc.

Le Président du Conseil m'a chargé de remercier Votre Excellence de cette communication, et m'a dit que maintenant qu'il s'était officieusement assuré de l'adhésion des Puissances, il ne tarderait pas à leur envoyer des invitations officielles. Il a ajouté qu'il avait l'intention de proposer aux différents cabinets étrangers de ne pas se faire représenter à la conférence par leurs ministres ou agents à Tanger, qui arriveraient peut-être à Madrid

en 1801, au congrès d'Amiens, en 1801 et 1802, il ne fut pas admis de ministres de Puissances tierces.

Pinheiro-Ferreira fait, au sujet du lieu où le congrès

avec une opinion toute faite, tandis qu'à ses yeux il y aurait avantage à soumettre les questions qu'on se propose d'examiner à des esprits dégagés de toute idée préconçue.

Veuillez agréer, etc.

BRESSON.

IV.

M. DE FREYCINET, ministre des affaires étrangères,

à l'amiral JAURÈS, ambassadeur de la République française à Madrid.

Paris, le 19 mars 1880.

Monsieur l'amiral, vous m'avez annoncé le 10 de ce mois que M. Canovas del Castillo, en invitant officiellement les Puissances à la conférence chargée d'étudier la question des protections au Maroc, se proposerait de demander aux cabinets intéressés de ne pas se faire représenter par leurs ministres ou agents accrédités près la cour de Fez. Nous sommes disposés, en ce qui nous concerne, à tenir compte du désir que le Président du Conseil vous a manifesté ; notre intention est en effet d'accréditer à Madrid un commissaire spécial étranger jusqu'à ce jour à la question des protections, et qui examinera sans parti pris les différents points soumis à la conférence.

Agréez, etc.

C. DE FREYCINET.

V.

L'amiral JAURÈS, ambassadeur de la République française à Madrid,

à M. DE FREYCINET, ministre des affaires étrangères.

Madrid, le 10 avril 1880.

Monsieur le ministre, aucune date n'est encore indiquée pour la réunion de la conférence relative aux affaires du Maroc. Il y a quelques jours, M. Canovas del Castillo m'avait dit qu'en présence du mouvement électoral qui vient de se produire en Angleterre, et en prévision du changement de politique qui allait en être la conséquence, le gouvernement espagnol devait attendre de connaître les vues du nouveau cabinet de Londres, l'initiative pour la réunion d'une conférence ayant été prise par le gouvernement britannique.

Avant-hier, le ministre d'État, avec lequel j'ai eu à ce sujet un assez long entretien, m'a redit également que, si l'Espagne avait accepté que la conférence eût lieu à Madrid, et si elle s'était char-

ou les conférences devront tenir leurs séances, les recommandations suivantes : le premier objet à déterminer, dit-il, dans les cas où il s'agit de la réunion d'un

gée de faire des convocations en temps utile, elle devait cependant attendre que l'Angleterre lui indiquât qu'elle s'était mise d'accord avec les autres Puissances ; car, à l'heure actuelle, a ajouté M. de Elduayen, il n'est pas encore décidé si la conférence ne se composera que des représentants des Puissances réellement intéressées, ou si toutes les grandes Puissances y prendront part.

Il y a donc un temps d'arrêt, et pour peu que ce temps d'arrêt se prolongeât, il se pourrait bien aussi que la conférence fût renvoyée au mois d'octobre ou de novembre, car elle pourrait difficilement entreprendre et poursuivre ses travaux pendant l'été. M. de Elduayen m'a ensuite annoncé que l'Angleterre, l'Allemagne, l'Italie, la Belgique, le Portugal, les États-Unis, etc., en un mot toutes les Puissances intéressées, à l'exception de la France, avaient déjà désigné pour les représenter à la conférence leurs représentants à Madrid. N'ayant rien reçu d'officiel relativement aux intentions de Votre Excellence, je n'ai pu indiquer au ministre d'État quel serait le représentant du Gouvernement de la République française.

JAURÈS.

VI.

L'amiral JAURÈS, ambassadeur de la République française à Madrid, à M. DE FREYCINET, ministre des affaires étrangères.

Madrid, le 15 avril 1880.

Monsieur le ministre, le ministre d'État m'a annoncé aujourd'hui que la réunion de la conférence relative aux protections irrégulières au Maroc était fixée au 15 mai, et que le gouvernement espagnol avait convié douze Puissances à s'y faire représenter.

JAURÈS.

VII.

M. DE FREYCINET, ministre des affaires étrangères, à l'amiral JAURÈS, ambassadeur de la République française à Madrid.

Paris, le 21 avril 1880.

Monsieur l'amiral, j'ai l'honneur de vous envoyer ci-joint copie d'une dépêche de M. Elduayen dont le marquis de Molins m'a donné communication, et par laquelle le gouvernement du roi Alphonse XII invite officiellement le gouvernement de la République française à la conférence qui se réunira à Madrid le 15 du mois de mai prochain, pour examiner la question des protections au Maroc.

congrès ou d'une conférence, est le lieu du rassemblement, dont le choix ne saurait être indifférent, surtout lorsque le congrès ou la conférence, de-

Vous avez déjà fait connaître au cabinet espagnol que la France était disposée à prendre part à la conférence proposée, dans le cas où les autres Puissances intéressées accepteraient d'y envoyer leurs représentants. L'assentiment des différentes cours paraissant aujourd'hui assuré, d'après les indications contenues dans la dépêche de M. de Elduayen, le gouvernement de la République vous a désigné comme son commissaire spécial. En notifiant notre acceptation au ministre d'État, je vous prie de lui faire part de ce choix, qui répondra, je n'en doute pas, aux intentions du cabinet de Madrid.

La correspondance que j'ai à plusieurs reprises échangée avec votre ambassade au sujet de la question des protections vous a déjà permis d'apprécier dans quel esprit nous étions décidés à en étudier le nouveau règlement, et vous voudrez bien vous y référer en attendant l'arrivée des instructions spéciales que j'aurai occasion de vous adresser.

Agréez, etc.

C. DE FREYCINET.

ANNEXE A LA DÉPÊCHE DU 21 AVRIL 1880.

DÉPÊCHE ADRESSÉE PAR M. DE ELDUAYEN AU MARQUIS DE MOLINS, AMBASSADEUR D'ESPAGNE A PARIS, ET COMMUNIQUÉE A M. DE FREYCINET, MINISTRE DES AFFAIRES ÉTRANGÈRES, LE 14 AVRIL 1880.

Madrid, le 10 avril 1880.

Excellence, vous connaissez déjà, par mes dépêches précédentes, les démarches faites par le représentant de la Grande-Bretagne à Madrid, dûment autorisé par son gouvernement, pour arriver à une entente avec les cabinets de l'Europe et de l'Amérique au sujet du droit de protection que les légations ainsi que les consulats étrangers exercent au Maroc.

Le cabinet de Londres, jugeant que rien ne pouvait être plus efficace pour raffermir l'autorité du sultan, dont le maintien dans toute sa force et dans toute son étendue lui paraît de jour en jour plus nécessaire, qu'une intelligence commune au sujet de cette intéressante question, et ayant pu apprécier le peu de succès des conférences qui avaient eu lieu à Tanger entre les agents diplomatiques et consulaires accrédités auprès du souverain du Maroc, pour traiter et pour résoudre la question des protégés, proposait à M. le duc de Tétuan, ministre des affaires étrangères, par l'entremise du représentant de Sa Majesté britannique à la cour de Sa Majesté le roi, la réunion d'une conférence spéciale composée des délégués des Puissances

vant se réunir pendant la guerre, ne peuvent avoir lieu qu'en dedans des lignes d'opération des armées ennemies. En tout cas, il faudra choisir l'endroit qui

intéressées dans la résolution de cette importante affaire, ajoutant que Madrid lui paraissait l'endroit le plus convenable pour l'assemblée des négociateurs. Le gouvernement du roi, guidé par le même sentiment et par des considérations semblables, n'hésita pas à s'associer à la pensée exprimée par le cabinet de Londres, dont le but était que cette question des protégés, et tout ce qui s'y rattache d'une façon intime et pour ainsi dire nécessaire, fît l'objet d'une négociation spéciale hors du Maroc, et, en même temps qu'il déclarait sa conformité, M. le duc de Tétuan ajoutait au nom du cabinet, dont il était un des membres, que l'Espagne serait heureuse d'accueillir dans sa capitale les délégués des Puissances étrangères qui s'y rendraient pour prendre part aux travaux de la nouvelle conférence.

Depuis lors le gouvernement du roi a reçu de M. le ministre plénipotentiaire de Sa Majesté britannique à Madrid et des représentants de l'Espagne à l'étranger plusieurs dépêches officielles, d'après lesquelles il a pu se convaincre que la proposition du gouvernement anglais avait été favorablement accueillie dans les différentes cours où ils ont l'honneur de représenter Sa Majesté le roi, au point qu'il croit le moment arrivé de s'adresser directement aux différents gouvernements intéressés dans la question, afin qu'ils puissent, si tel est leur désir, désigner le délégué qui devra les représenter dans la conférence prochaine.

Ce simple exposé des faits doit suffire à mon avis pour que le gouvernement français puisse apprécier le véritable objet et l'étendue réelle de cette même conférence ; cependant, il me paraît utile de vous signaler une considération importante que le gouvernement du roi ne doit point passer sous silence : son désir que les résultats avantageux qu'on se propose d'obtenir soient conformes aux souhaits qui ont inspiré la réunion des Délégués.

Les négociations qui ont eu lieu à Tanger n'ayant pas réussi, je pense qu'il conviendrait au dernier point qu'aucun des représentants accrédités aujourd'hui au Maroc ne prît part à la nouvelle conférence. Sur se sujet les cabinets de Londres et de Madrid sont parfaitement d'accord. Tous les deux sont persuadés qu'il importe avant tout que les personnes désignées maintenant pour résoudre la question en litige soient libres de toute préoccupation issue de leurs impressions individuelles, afin de pouvoir obtenir plus aisément des résultats favorables aux intérêts communs, et qui soient d'accord avec la lettre et l'esprit des traités actuellement en vigueur entre l'empereur du Maroc et les Puissances chrétiennes.

paraîtra le plus convenable à la liberté des délibérations, et qui sera placé de manière que chaque ministre puisse recevoir dans le plus court délai possible

Le gouvernement du roi s'est occupé aussi, comme de raison, de l'époque à laquelle devrait avoir lieu la conférence, et tenant compte de la saison ainsi que de l'avantage général qui résulterait de pouvoir obtenir le plus tôt possible l'accord si vivement désiré, il propose que la réunion des délégués ait lieu le 15 du mois de mai prochain.

Veuillez le faire savoir à M. le ministre des affaires étrangères auquel vous donnerez lecture et laisserez copie de cette dépêche, priant Son Excellence de vouloir bien vous dire si elle est d'accord avec nos propositions, et, en ce cas, de désigner le délégué qui sera chargé de la représenter.

Agréez, etc.

Y. DE ELDUAYEN.

VIII

L'amiral JAURÈS, ambassadeur de la République française à Madrid,

à M. DE FREYCINET, ministre des affaires étrangères.

Madrid, le 26 avril 1880.

Monsieur le ministre, j'ai reçu la dépêche par laquelle Votre Excellence me fait l'honneur de m'annoncer que le gouvernement de la République a accepté l'invitation officielle, que lui a transmise le marquis de Molins, de prendre part à la conférence qui se réunira à Madrid, le 15 mai prochain, pour examiner la question des protections au Maroc.

Je remercie Votre Excellence, et je la prie également de remercier en mon nom le Président de la République d'avoir bien voulu me désigner comme commissaire spécial pour représenter la France à cette conférence. J'ai porté cette nouvelle à la connaissance du ministre d'État, en même temps que je lui ai notifié notre acceptation.

Dans l'accomplisssement de la nouvelle mission qui m'est confiée, je ne manquerai pas de m'inspirer des principes contenus dans les précédentes dépêches échangées entre cette ambassade et le ministre des affaires étrangères sur la question des protections, en attendant les instructions spéciales dont Votre Excellence m'annonce le prochain envoi.

Veuillez agréer, etc.

JAURÈS.

IX.

L'amiral JAURÈS, ambassadeur de la République française à Madrid,

les ordres de son gouvernement. « Si le lieu est placé en dedans des lignes d'opération des armées, il faudra le déclarer, ainsi que les environs dans un rayon donné,

à M. DE FREYCINET, ministre des affaires étrangères.

Madrid, le 10 mai 1880.

Les Puissances qui ont accepté avec la France de prendre part à la conférence qui va s'ouvrir à Madrid pour régler la question des protections au Maroc, y seront représentées ainsi qu'il suit :

Allemagne : le comte de SOLMS ;
Angleterre : M. SACKVILLE-WEST ;
Autriche-Hongrie : le comte LUDOLF ;
Belgique : M. ANSPACH ;
Brésil : (le délégué de cette Puissance n'est pas encore désigné, mais ce sera très-probablement son représentant à Madrid, M. LOPEZ-GAMA) ;
Danemarck : M. SACKVILLE-WEST (qui représente déjà l'Angleterre) ;
Espagne : M. CANOVAS DEL CASTILLO ;
États-Unis : le général FAIRCHILD ;
Italie : le comte GREPPI ;
Maroc : Ci MOHAMMED BARGACH ;
Pays-Bas : M. DE HELDEWIER ;
Portugal : le comte DE CASAL-RIBEIRO ;
Suède et Norwège : M. AKERMAN.

La Russie a répondu qu'elle n'avait pas assez de temps devant elle, avant l'ouverture de la conférence, pour étudier la question des protections au Maroc, sur laquelle elle n'était que très-imparfaitement éclairée, n'ayant pas de représentant à Tanger, mais qu'elle était reconnaissante au gouvernement royal de l'invitation qu'elle avait reçue ; qu'elle priait qu'on lui fît connaître les résultats de la conférence, résultats sur lesquels elle communiquerait au gouvernement espagnol son avis impartial.

JAURÈS.

X.

M. DE FREYCINET, ministre des affaires étrangères,
à l'amiral JAURÈS, ambassadeur de la République française à Madrid.

Paris, le 11 mai 1880.

Monsieur l'amiral, les extraits de la correspondance du ministre de la République à Tanger, que j'ai eu, à plusieurs reprises, l'occasion de vous communiquer, vous ont déjà permis d'apprécier l'esprit qui a constamment animé la France dans

en état de neutralité, afin qu'aucune des Puissances belligérantes ne se permette d'en faire approcher des forces qui puissent influencer les débats du congrès. Il

l'examen de la question portée aujourd'hui devant la conférence de Madrid.

La protection que les Puissances européennes accordent à certains indigènes dans l'empire chérifien repose sur un système de droit conventionnel, qui est traditionnellement admis comme pouvant seul assurer aux étrangers en pays musulman les moyens nécessaires pour entrer en rapports avec les populations locales. Nous ne faisons point difficulté de reconnaître qu'une application abusive de ce système a pu exciter quelquefois de justes susceptibilités chez le souverain territorial, à la juridiction de qui un nombre excessif d'individus se trouvaient soustraits. Des Puissances ont multiplié outre mesure, et sans l'excuse de motifs légitimes, le nombre de leurs protégés : il en est résulté dans la pratique des récriminations et des conflits qui ont amené un état de malaise incontestable.

La France, pour sa part, n'a jamais suivi au Maroc une ligne de conduite pouvant donner prise à de semblables objections. Ses droits sont fondés sur un traité solennel conclu en 1767, et dont l'article 11 est ainsi conçu : « Ceux qui seront au service des consuls, secrétaires, interprètes et courtiers ou autres, tant au service des consuls que *des marchands*, ne seront point empêchés dans leurs fonctions, et ceux du pays seront libres de toute imposition et charge personnelle. » L'application du principe posé dans cet article a été, le 19 août 1863, l'objet d'un règlement dont je joins le texte au présent envoi.

Nous sommes donc nantis de titres dont l'authenticité et la force ne peuvent donner lieu à aucune discussion. Le droit que nous tenons des traités a toujours été exercé par nous avec modération et réserve, et la limitation qu'il impose à l'autorité du souverain territorial est rendue manifestement nécessaire par l'état des mœurs et de la législation indigènes. Les tristes incidents dont la ville de Fez a été récemment le théâtre ne permettent pas de se faire illusion sur ce point. Aussi, dégageant le droit de protection des abus qui ont permis d'en dénaturer le caractère, devons-nous continuer à le considérer comme la conséquence d'une situation générale, et non comme une cause de faiblesse pour le gouvernement chérifien. Nous attachons trop de prix au maintien d'un ordre de choses régulier chez les voisins de notre frontière africaine, pour ne pas espérer que cette appréciation sera partagée par les Puissances intéressées comme nous à l'indépendance du Maroc.

Malgré les efforts qui ont été faits depuis quelque temps pour

est du devoir autant que de l'intérêt des gouvernements qui se sont accordés à tenir un congrès, d'inviter à y prendre part toutes les Puissances dont les intérêts se

combattre le principe même sur lequel est fondé le régime des protections, les conférences spéciales tenues entre les représentants des Puissances à Tanger ont démontré, nous le croyons, l'inopportunité absolue et les dangers pratiques d'une réforme aussi radicale que le serait l'abolition de ce régime. Le gouvernement marocain, par l'organe de son ministre, Ci Mohammed Bargach, avait saisi les Puissances d'un projet destiné à supprimer en réalité les protections. Les objections que nous avons opposées à cette proposition, et qui conservent aujourd'hui encore toute leur valeur, se trouvent consignées dans une note remise par mon prédécesseur à M. de Vernouillet, en janvier 1878, et dont j'ai l'honneur de vous envoyer la copie ci-annexée.

Elles ont été pour la plupart reconnues légitimes par les représentants des autres cabinets à Tanger, car ils ont donné leur assentiment à presque tous les amendements formulés par nous en regard des articles demandés par Ci Bargach. Vous vous en convaincrez à la lecture du résumé des procès-verbaux des conférences de Tanger, dont je vous transmets un exemplaire, et qui doit former pour vous l'élément essentiel d'information, comme préliminaire des travaux de la réunion nouvelle convoquée à Madrid.

Je vous adresse également copie d'un rapport par lequel M. de Vernouillet a rendu compte de la discussion soulevée au sujet des censaux. Cette question spéciale constitue, vous le savez, le principal intérêt pour nous dans le débat relatif aux protections. Les conditions particulières de notre trafic avec le Maroc nécessitent la continuation des privilèges de ces courtiers indigènes chargés par nos négociants d'aller chercher, souvent à de très longues distances des ports, les laines qui fournissent la presque totalité de l'exportation française. On ne saurait se passer de l'intermédiaire des censaux sur les marchés de l'intérieur, où, loin de la surveillance exercée dans les villes de la côte, les violences sont plus fréquentes et la répression plus difficile. En acceptant, par l'arrangement de 1863, de limiter le nombre des courtiers indigènes à deux par comptoir, peut-être avons-nous déjà trop cédé, au dire de nos négociants ; leurs plaintes seraient fondées, si nous ne leur assurions pas la liberté du choix de leurs agents et une sécurité indispensable pour leurs transactions. La suppression de ces privilèges, si elle ne ruinait pas entièrement notre commerce avec l'intérieur du pays, serait à coup sûr la source de difficultés que les autorités chérifiennes ont tout intérêt à ne pas voir se produire.

Nous admettons d'ailleurs que les censaux, comme les autres

trouvent nécessairement compris dans les articles qui doivent être l'objet de la discussion.... ». Les congrès étant appelés à régler des intérêts très-divers et

protégés, soient, en tant que propriétaires, soumis au payement des taxes agricoles ; mais, en retour de notre consentement à ces impositions, nous demandons au Maroc la reconnaissance formelle du droit de posséder pour les étrangers. Il y a une corrélation évidente entre ces deux idées, et si notre réclamation devait être repoussée, nous nous verrions obligés de nous en tenir aux termes de la convention de 1863 en ce qui concerne l'exemption de toute taxe pour nos protégés.

Nous ne pouvons, en tout cas, accepter ni la demande n° 15 de Ci Bargach, ni les dispositions que le ministre d'Angleterre y avait substituées. Vous aurez donc à vous tenir en garde contre les propositions analogues qui pourraient se produire, et vous devrez vous retrancher derrière la nécessité de prendre les instructions de votre gouvernement, toutes les fois qu'au sein de la conférence qui va s'ouvrir le débat serait porté sur des points demeurés en dehors de l'accord préalablement formé à Tanger entre les représentants de toutes les Puissances. Je me réserve de vous adresser mes directions spéciales concernant ces points particuliers, en réponse aux rapports que vous voudrez bien me faire parvenir.

Agréez, etc.

C. DE FREYCINET.

XI.

M. DE FREYCINET, ministre des affaires étrangères,
à l'Amiral JAURÈS, ambassadeur de la République française, à Madrid.

Paris, le 12 mai 1880.

Monsieur l'amiral, j'ai présenté à la signature de M. le président de la République la commission destinée à établir vis-à-vis de vos collègues les pouvoirs dont vous êtes revêtu comme délégué du gouvernement de la République à la conférence spéciale chargée de régler l'exercice du droit de protection dont les Puissances étrangères sont en possession au Maroc, et j'ai l'honneur de vous envoyer ce document.

Agréez, etc.

C. DE FREYCINET.

Annexe à la dépêche du ministre des affaires étrangères en date du 12 *mai* 1880.

PLEINS POUVOIRS ENVOYÉS AU VICE-AMIRAL JAURÈS POUR PRENDRE PART A LA CONFÉRENCE RÉUNIE A L'EFFET DE RÉGLER LE DROIT DE PROTECTION AU MAROC.

JULES GRÉVY, président de la République française, à tous ceux, etc., etc.

très-complexes, les principes du droit international, les convenances les plus élémentaires de la justice entre les États, la parfaite égalité qui existe entre eux, exi-

Une conférence spéciale devant se réunir à Madrid pour régler l'exercice du droit de protection dont les Puissances étrangères sont en possession au Maroc, et le gouvernement de Sa Majesté le roi d'Espagne nous ayant invité à y prendre part; à ces causes, nous confiant entièrement en la capacité, prudence et expérience de M. le vice-amiral Jaurès, Sénateur, Ambassadeur de la République française à Madrid, Commandeur de l'Ordre national de la Légion d'honneur, etc., nous l'avons délégué pour représenter le gouvernement de la République française à ladite conférence, et, par les présentes, lui conférons tout pouvoir et mandement à l'effet de prendre telles mesures qui seront jugées de nature à amener le résultat que nous nous proposons; promettant de faire exécuter tout ce que ledit plénipotentiaire aura stipulé et signé au nom du gouvernement français, sans permettre qu'il y soit contrevenu directement ou indirectement pour quelque cause et de quelque manière que ce soit.

En foi de quoi nous avons fait apposer à ces présentes le sceau de la République.

Fait à Paris, le 12 mai 1880.

XII.

L'amiral JAURÈS, ambassadeur de la République française à Madrid,

à M. DE FREYCINET, ministre des affaires étrangères.

Madrid, le 15 mai 1880.

Une réunion des membres de la conférence a eu lieu aujourd'hui; mais plusieurs d'entre eux n'ayant pas encore reçu leurs pouvoirs, la séance d'ouverture a été remise au mercredi 19 mai.

Le ministre d'Allemagne est venu me voir hier pour me dire qu'il avait reçu l'ordre du prince de Bismarck de conformer son attitude sur la mienne.

JAURÈS.

XIII.

L'amiral JAURÈS, ambassadeur de la République française à Madrid,

à M. DE FREYCINET, ministre des affaires étrangères.

Madrid, le 16 mai 1880.

Monsieur le ministre, une réunion préparatoire des membres

gent impérieusement en effet que tout État intéressé dans la négociation, quelle que puisse être son importance relative, y soit représenté par ses fondés de pou-

de la conférence a eu lieu hier, samedi, à l'hôtel de la présidence du conseil. Les délégués des Puissances qui ont accepté de prendre part à la conférence se trouvaient tous réunis ; mais les représentants de l'Angleterre, des États-Unis, du Maroc, des Pays-Bas et du Portugal étaient seuls munis de leurs pleins pouvoirs. Les autres délégués ont déclaré attendre les leurs d'un jour à l'autre, à l'exception du ministre du Brésil, qui a dit n'avoir pas encore reçu la réponse de son gouvernement à l'invitation de l'Espagne.

Il a été alors convenu que la séance d'ouverture de la conférence n'aurait lieu que le mercredi 19 mai. D'ici là tous les plénipotentiaires auront très probablement reçu leurs pleins-pouvoirs. S'il en était autrement, il a été admis, pour ne pas perdre de temps, qu'on considérerait l'avis donné par les Puissances au gouvernement royal de leur acceptation et de la désignation de leur représentant à la conférence comme suffisant pour permettre à ceux-ci d'y siéger, sous cette réserve toutefois qu'aucune décision ne pourra être prise avant que tous les plénipotentiaires aient reçu leurs pleins pouvoirs.

Quelques questions de détail ont ensuite été réglées, telle que la décision que, dans la conférence, il serait fait usage de la langue française et que toutes les pièces seraient écrites en cette langue ; que les plénipotentiaires prendraient rang dans l'ordre alphabétique, et que le président serait nommé mercredi prochain. Il a été également admis que les représentants de la France et de l'Italie pourront être assistés par les interprètes de la langue arabe que leurs gouvernements ont mis à leur disposition.

Veuillez agréer, etc.

JAURÈS.

XIV.

L'amiral JAURÈS, ambassadeur de la République française à Madrid,

à M. DE FREYCINET, ministre des affaires étrangères.

Madrid, le 23 mai 1880.

Monsieur le ministre, j'ai l'honneur de vous transmettre ci-joint le protocole de la séance d'ouverture de la conférence de Madrid. J'ai également l'honneur de transmettre à Votre Excellence les nouvelles demandes de Ci Mohammed Bargach, dont je vous ai fait connaître les points importants, etc., etc.

voir et prenne part aux délibérations. Malheureusement, il faut le reconnaître, cette règle fondamentale n'a presque jamais été observée dans les congrès. Au

XV.

PROTOCOLE N° 1.

Séance du 19 *mai* 1880.

Les plénipotentiaires réunis à Madrid sur l'invitation qui leur a été adressée par le gouvernement espagnol, afin de traiter certaines questions relatives au droit de protection que les légations et les consulats étrangers exercent au Maroc, ainsi que d'autres s'y rattachant, ont tenu leur première conférence aujourd'hui 19 mai 1880.

Etaient présents :

Pour l'Allemagne : Son Exc. M. le comte DE SOLMS SONNEWALDE, envoyé extraordinaire et ministre plénipotentiaire à Madrid ;

Pour l'Autriche-Hongrie : Son Exc. M. le comte LUDOLF, envoyé extraordinaire et ministre plénipotentiaire à Madrid ;

Pour la Belgique : Son Exc. M. ANSPACH, envoyé extraordinaire et ministre plénipotentiaire à Madrid ;

Pour les États-Unis d'Amérique : Son Exc. le général FAIRCHILD, envoyé extraordinaire et ministre plénipotentiaire à Madrid ;

Pour l'Espagne : Son Exc. M. CANOVAS DEL CASTILLO, président du Conseil des ministres ;

Pour la France, Son Exc. M. l'amiral JAURÈS, ambassadeur à Madrid ;

Pour la Grande-Bretagne (et le Danemarck) : Son Exc. M. SACKVILLE WEST, envoyé extraordinaire et ministre plénipotentiaire à Madrid ;

Pour l'Italie : Son Exc. M. le comte GREPPI, envoyé extraordinaire et ministre plénipotentiaire à Madrid ;

Pour le Maroc : CI MOHAMMED BARGACH, ministre des affaires étrangères et ambassadeur extraordinaire ;

Pour les Pays-Bas : Son Exc. M. de HELDEWIER, ministre résident à Madrid ;

Pour le Portugal : Son Exc. M. le comte DE CASAL RIBEIRO, envoyé extraordinaire et ministre plénipotentiaire à Madrid ;

Pour la Suède et la Norwège : Son Exc. M. AKERMAN, ministre résident à Madrid.

Les plénipotentiaires entrent en séance à une heure et demie.

Son Exc. M. le ministre d'Allemagne prend la parole en ces termes :

congrès de Vienne de 1814-1815, au congrès de Paris de 1856, au congrès de Berlin de 1878, les États qui portent le titre de grandes Puissances se sont at-

« MESSIEURS,

« Je vous prie de m'accorder la parole en raison de l'ordre alphabétique. Il nous reste, pour nous constituer en conférence, à procéder à l'élection d'un président. L'Espagne nous ayant offert l'hospitalité et ayant en même temps délégué l'éminent homme d'État que nous avons l'honneur d'avoir parmi nous, je suis certain de votre approbation unanime en vous proposant de confier la présidence des travaux de la conférence à Son Exc. M. Canovas del Castillo ».

Cette proposition ayant été acceptée à l'unanimité, M. le plénipotentiaire d'Espagne occupe la présidence et dit :

« MESSIEURS,

« J'accepte avec une profonde reconnaissance l'honneur que vous venez de me faire en me conférant la présidence de cette importante réunion ; mais ce n'est qu'avec votre concours intelligent qu'il me sera possible d'accomplir ma tâche. Comptez donc sur toute ma bonne volonté, et permettez-moi de compter à mon tour sur votre bienveillance et même sur votre indulgence ».

M. le président propose ensuite comme secrétaires de la conférence MM. Figuera, ministre plénipotentiaire, faisant fonction de sous-directeur au ministère d'Etat, et Muro, chargé d'affaires, directeur des archives au ministère ; et comme adjoints aux secrétaires, MM. Villa-Urrutia, secrétaire de légation, et Osma, attaché.

Sur l'acceptation de MM. les plénipotentiaires, les membres du bureau sont présentés à la conférence.

Les pièces et documents relatifs à la conférence de Tanger sont déposés au bureau.

Le président invite les plénipotentiaires à présenter leurs pouvoirs.

M. Canovas del Castillo lit le discours suivant :

« MESSIEURS,

« Avant de commencer nos travaux, je suis heureux de vous témoigner, au nom du cabinet de Madrid, les sentiments de la plus sincère gratitude pour le bienveillant accueil que les gouvernements si dignement représentés par vous ont fait à l'invitation que nous leur avons adressée, d'accord avec le gouvernement de Sa Majesté Britannique.

« Toutes les Puissances qui se trouvent en relations diplomatiques et commerciales avec l'empire du Maroc sont également

tribué le droit de régler la condition et le sort d'États secondaires, sans admettre à leurs délibérations les représentants de ces derniers. On se souvient des diffi-

intéressées à ce que leurs représentants et leurs sujets jouissent, dans ce pays, de la sécurité et des garanties spéciales qui seules peuvent assurer, aux uns, l'exercice de leurs hautes fonctions, aux autres, le libre développement de leurs intérêts légitimes.

« Un autre lien encore doit unir, à mon avis, ces mêmes Puissances : le désir de concilier avec la reconnaissance de leurs droits établis par des stipulations solennelles les nécessités d'ordre intérieur qui s'imposent à tout gouvernement, et le ferme propos de faciliter à celui du Maroc les progrès qui lui permettront, par la réforme graduelle de l'état social du pays, de devenir lui-même le premier protecteur des personnes et des intérêts que sauvegardent les traités existants.

« C'est à ce double point de vue, messieurs, qu'il nous faudra, je pense, envisager les propositions que doit soumettre à la conférence notre collègue M. le plénipotentiaire du Maroc, ministre des affaires étrangères de Sa Majesté Chérifienne.

« Ces propositions seront vraisemblablement analogues à celles qu'il présentait à la délibération des représentants réunis à Tanger dans les premiers mois de l'année dernière ; et vous n'ignorez pas qu'elles furent à cette époque l'objet d'une discussion complète, qui ne put toutefois amener l'entente sur certains points d'une importance incontestable.

« Ce précédent ne saurait nous décourager ; car, l'accord sur nombre d'autres points se trouvant constaté, il nous est permis de croire que l'examen impartial et approfondi que nous reprenons en ce moment aboutira sûrement à la solution équitable de la totalité des questions débattues.

« Il n'est point douteux que la modération et la sincérité dont s'inspirera certainement la sagesse de notre collègue Ci Mohammed Bargach seront appréciées par les plénipotentiaires des Puissances ici représentées, et que chacun d'entre nous sera disposé à consentir à telles modifications du régime actuel qui seraient reconnues compatibles avec les droits acquis et les intérêts considérables qu'il faut laisser à l'abri de toute atteinte. Dès lors nous sommes bien fondés à espérer que nos labeurs ne seront pas perdus, et que votre conférence, messieurs, si hautement autorisée, ne se sera pas réunie en vain.

« Quant à moi, rien ne me coûtera pour contribuer à la réalisation de cet espoir, convaincu, comme je le suis, que l'entente des Puissances et leur communauté de vues dans ces questions constitueront la plus puissante des influences pour hâter le développement du commerce et assurer les progrès de la civilisa-

cultés qui ont été opposées à la participation de la Sardaigne au congrès de Paris de 1856, malgré le droit qu'avait la Sardaigne d'y prendre part, difficultés qui

tion dans ces intéressantes contrées de l'Afrique septentrionale, régies depuis tant de siècles par les souverains du Maroc ».

Répondant à une question du président, le plénipotentiaire du Maroc déclare que le texte qui a été distribué des demandes présentées par lui à la conférence de Tanger est exact et authentique.

« Le plénipotentiaire d'Autriche demande s'il existe des documents autres que le résumé de cette conférence dont les plénipotentiaires ont reçu communication.

Le président répond affirmativement, ajoutant que les autres pièces déposées au bureau, qui comprennent toutes celles que possède le gouvernement espagnol, seront imprimées et distribuées à MM. les plénipotentiaires.

Le président propose ensuite d'entendre les observations générales qu'aurait à présenter le plénipotentiaire du Maroc.

Ci Mohammed Bargach exprime l'espoir qu'il trouvera auprès des plénipotentiaires réunis à Madrid le même esprit d'équité qu'il a constaté dans ses relations comme ministre des affaires étrangères avec les représentants des mêmes Puissances au Maroc.

Il annonce qu'il proposera quelques modifications aux demandes présentées par lui à la réunion de Tanger, qui lui sont suggérées par les résultats de cette conférence.

Ci Mohammed Bargach ajoute que son but sera en général de faire cesser les abus de la protection, pour arriver à s'en tenir exclusivement, en tout et pour tout, au texte des traités.

Les plénipotentiaires estimant qu'il importe à la régularité de la discussion de connaître le texte exact des modifications annoncées, la conférence s'ajourne pour permettre au plénipotentiaire du Maroc de faire savoir par écrit l'ensemble de ses nouvelles observations.

La séance est levée à 2 heures et demie.

Signé : Comte SOLMS.
Comte LUDOLF.
ED. ANSPACH.
A. CANOVAS DEL CASTILLO.
LUCIUS FAIRCHILD.
JAURÈS.
L. S. SACKVILLE WEST.
GREPPI.
MOHAMMED BARGACH.
M. DE HELDEWIER.

ont, du reste, été vaincues. Le dernier congrès de Berlin, en 1878, a offert d'autres exemples d'exclusion peu équitable.

Ces différents points préalables étant arrêtés, les

Comte DE CASAL RIBEYRO.
H. AKERMAN.

Il n'y a pas à entrer ici dans les détails des négociations et discussions de la conférence ; il n'y a pas à analyser les instructions supplémentaires et spéciales successivement demandées par le plénipotentiaire français et adressées par le ministre des affaires étrangères de France, non plus que les différentes propositions et contre-propositions qui ont été faites. Un instant on a pu croire que les séances de la conférence seraient suspendues. Voici les pièces relatives à cet incident.

XVI.

L'amiral JAURÈS, ambassadeur de la République française à Madrid,

à M. DE FREYCINET, ministre des affaires étrangères.

Madrid, le 13 juin 1880.

Monsieur le ministre, à l'ouverture de la séance d'hier, le plénipotentiaire du Maroc a lu une réfutation des observations que j'avais présentées dans la séance du 6 juin, et après avoir repoussé l'article 2 des propositions de l'Autriche-Hongrie, article qui était présenté par le comte Ludolf conjointement avec le plénipotentiaire d'Italie, Ci Mohammed Bargach a proposé d'y substituer un article qui autorise les négociants à prendre des censaux dans les ports et dans les villes de l'intérieur, mais qui interdit de les prendre parmi les habitants de la campagne.

Cette proposition n'ayant pas été accueillie par la conférence, et Ci Mohammed Bargach ayant, malgré les sollicitations du plénipotentiaire d'Autriche-Hongrie, refusé formellement la concession qui lui était demandée, le plénipotentiaire de Belgique a constaté que les travaux de la conférence se trouvaient par suite arrêtés.

Ci Mohammed Bargach a lu alors une déclaration que Votre Excellence trouvera dans le procès-verbal de la séance.

Je me suis contenté de répondre que ce n'était pas seulement de mes déclarations antérieures qu'il s'agissait et dont il fallait parler, puisque c'était l'article 2 des propositions de l'Autriche-Hongrie et de l'Italie que Ci Mohammed Bargach venait de refuser d'admettre.

Puissances qui doivent prendre part au congrès ou à la conférence envoient leurs plénipotentiaires.

Pluralité des plénipotentiaires.

Il est inutile de rappeler que ces derniers jouissent de tous les droits, privilèges, prérogatives et immuni-

M. Canovas del Castillo ayant proposé à la conférence de s'ajourner sans date fixe, afin que les plénipotentiaires pussent, dans des entretiens particuliers, rechercher s'il n'y aurait pas possibilité d'arriver à une entente, la séance a été levée.

Il est malheureusement bien peu probable que l'espérance de M. Canovas del Castillo puisse se réaliser, car Ci Mohammed Bargach a déclaré, à plusieurs reprises, que ses instructions lui interdisaient formellement d'accepter qu'on pût prendre des censaux dans l'intérieur. Or, Votre Excellence m'ayant fait connaître sa volonté de ne pas admettre une limitation de notre liberté pour le choix des censaux, je ne vois pas d'accord possible sur ce point entre nous et le Maroc.

Ci Mohammed Bargach a demandé, ainsi que Votre Excellence le verra à la fin de l'annexe n° 2 au procès-verbal, que, laissant de côté les articles 14, 15 et 16 des anciennes propositions de Tanger, la conférence voulût bien poursuivre la discussion des autres demandes, à partir de la 17°. Cela me paraît inadmissible, car la question des censaux forme un ensemble qui ne peut être scindé.

Quant à la demande n° 19, si le plénipotentiaire du Maroc obtenait qu'on l'examinât, je pense que je devrais répondre que pour les questions qui touchent à la naturalisation, le gouvernement marocain devra s'entendre diplomatiquement avec le gouvernement français. Les lois sur la naturalisation n'étant pas les mêmes dans tous les pays, il est difficile que la conférence puisse fixer une règle.

Avant de terminer cette dépêche, je prierai Votre Excellence de me faire connaître si, alors même que l'entente ne pourrait s'établir sur la question des censaux, je devrais, au cas où cela serait proposé, admettre que les articles 1 à 13 déjà votés, et qui se rapportent aux protégés de la première catégorie de notre convention de 1863, fussent mis en vigueur. Ne serait-il pas préférable de rester dans le *statu quo* ?

Veuillez agréer, etc.

JAURÈS.

tés des ministres publics en mission permanente ou extraordinaire. Comme, en général, on ne convoque un congrès que pour des questions d'une grande im-

XVII.

M. de Freycinet, ministre des affaires étrangères,
à l'amiral Jaurès, ambassadeur de la République française à Madrid.

Paris, le 14 juin 1880.

Nous regrettons assurément beaucoup la suspension des séances de la conférence, et je vous prie de faire tout ce que vous pourrez pour qu'on comprenne bien autour de vous que, si cette réunion doit être définitivement interrompue, la responsabilité n'en incombe pas à la France. Nous sommes disposés à toutes les concessions compatibles avec le maintien de nos intérêts légitimes, et nous avons donné des preuves de notre esprit de modération en adhérant à certaines limitations des droits formels que nous tenions des traités ; mais il nous est impossible de souscrire à l'interdiction pour nos commerçants de choisir leurs censaux dans les campagnes à l'intérieur du pays, car ce serait accepter que le Maroc fût virtuellement fermé à notre commerce national.

C. de Freycinet.

XVIII.

L'amiral Jaurès, ambassadeur de la République française à Madrid,
à M. de Freycinet, ministre des affaires étrangères.

Madrid, le 16 juin 1880.

Ci Bargach est venu me voir pour demander la continuation de la conférence ; il voudrait qu'on passât sous silence les articles 14, 15 et 16 relatifs aux censaux et qu'on discutât l'article 17 et les suivants. Il ne peut, dit-il, nous accorder ouvertement le droit de prendre des censaux dans les campagnes, parce que ses instructions le lui interdisent absolument ; mais il admettrait qu'ils restassent tacitement dans la situation où ils sont aujourd'hui. J'ai répondu que le maintien tacite du *statu quo* me paraissait dangereux, et que si nous n'établissions pas ouvertement tous nos droits, on pourrait plus tard prétendre que nous avions renoncé à ceux qui n'auraient pas été mentionnés ; qu'il faudrait au moins, de toute nécessité, et pour éviter l'équivoque, rédiger un article qui affirmât le maintien des privilèges que nous tenons des traités et de notre convention. Ci Bargach a admis mon observation, et voici la déclaration que j'ai rédigée et qu'il acceptera : « Il n'est rien changé à la situation des censaux, telle qu'elle a été établie par les traités et par la conven-

portance, chaque État choisit pour s'y faire représenter ses négociateurs les plus habiles, des fonctionnaires du rang le plus élevé. Il a soin, de plus, que

tion de 1863 ». Votre Excellence jugera si nos droits resteraient ainsi sauvegardés et si nous pouvons reprendre sur cette base les négociations.

JAURÈS.

L'amiral JAURÈS, ambassadeur de la République française à Madrid,

à M. DE FREYCINET, ministre des affaires étrangères.

Madrid, le 16 juin 1880.

Monsieur le ministre, j'ai l'honneur de vous rendre compte de la visite que m'a faite hier Ci Mohammed Bargach, accompagné de Si Kerin Bricha, ministre adjoint. Les premiers mots du plénipotentiaire marocain ont été pour me dire qu'il venait se confier à moi, et me demander de le tirer de la pénible situation dans laquelle il se trouve. Je lui ai répondu qu'il aurait dû prévoir cette situation, que la France n'a pas deux langages, et que ce que M. de Vernouillet avait dit à Tanger il devait bien penser que je le répèterais ici. Ci Mohammed Bargach m'ayant parlé de l'amitié du Maroc pour la France, je l'ai assuré que nos sentiments n'étaient pas moins sincères, que nous en avions donné la preuve en supprimant toutes les protections irrégulières et en consentant à la limitation du nombre des protégés ; que nous étions disposés à aller plus loin aujourd'hui, en consentant, sous certaines conditions, au payement de différentes taxes, afin de fournir des ressources au sultan, mais que nous demander de renoncer à prendre des censaux dans les campagnes, c'était, comme je l'ai déjà dit, vouloir la ruine de notre commerce, et, par conséquent, nous demander l'impossible.

Ayant repris encore une fois l'exposé de ses plaintes contre les censaux, et mis par moi en demeure de citer des faits à l'appui de son dire, Ci Bargach a avoué que ce n'était pas des agents employés par les négociants français qu'il avait le plus à se plaindre, que nous observions fidèlement la convention de 1863 et particulièrement la clause qui porte que la qualité de négociant n'est reconnue qu'à celui qui fait en gros le commerce d'importation et d'exportation ; mais que tout le monde n'agissait pas ainsi, que des gens qui n'avaient aucun commerce sérieux prenaient des censaux et que des abus de toute sorte en résultaient.

Prenant acte de l'aveu qu'on n'avait pas de reproche fondé à nous adresser, j'ai répondu qu'il était d'autant plus injuste de nous demander le sacrifice de nos intérêts les plus légitimes.

ses représentants soient doués des qualités et munis des connaissances nécessaires pour réussir, et comme il arrive rarement que ces qualités et que ces connais-

Ci Bargach m'a alors demandé la continuation des conférences, en laissant de côté les articles 14, 15 et 16. « Mais cependant, lui ai-je dit, il faut bien régler la situation des censaux ». « Nous laisserons alors les choses en l'état », a-t-il ajouté. « A « mes yeux, lui ai-je répliqué, lorsqu'une question grave est « soulevée, j'estime qu'il y a toujours intérêt à la résoudre net- « tement ; mais, pour accepter ce que vous proposez et pour « éviter toute équivoque, il faudrait au moins affirmer par un ar- « ticle que nous continuerons à jouir, pour les censaux, des pri- « vilèges qui nous sont reconnus par les traités et par la con- « vention de 1863 ; et en réalité entre un tel article et l'énoncia- « tion du droit de prendre des censaux dans les campagnes et « de les couvrir de la protection il n'y aurait aucune différence ». Comme il en trouvait cependant une à son point de vue, Ci Mohammed Bargach m'a prié de transmettre sa demande à Votre Excellence, ce que j'ai fait aussitôt.

Veuillez agréer, etc.

JAURÈS.

XIX.

M. DE FREYCINET, ministre des affaires étrangères, à l'amiral JAURÈS, ambassadeur de la République française à Madrid.

Paris, le 16 juin 1880.

Une déclaration formelle portant que rien ne sera changé à la situation des censaux, telle qu'elle a été établie par les traités et par la convention de 1863, nous paraîtrait satisfaisante. Cette déclaration confirmerait l'autorité des actes qu'elle viserait et garantirait les droits de notre commerce, ce qui est le point essentiel auquel nous devons nous attacher.

C. DE FREYCINET.

XX.

L'amiral JAURÈS, ambassadeur de la République française à Madrid, à M. DE FREYCINET, ministre des affaires étrangères.

Madrid, le 19 juin 1880.

La question des censaux a été réglée par l'article que je vous ai soumis, et qui a reçu votre approbation. Cet article a pris le numéro 14, etc., etc.

JAURÈS.

sances soient le partage d'un seul homme, on compose l'ambassade d'autant de personnes qu'il est nécessaire pour obtenir une représentation complète.

XXI

L'amiral JAURÈS, ambassadeur de la République française à Madrid,
à M. DE FREYCINET, ministre des affaires étrangères.

Madrid, le 1er juillet 1880.

Monsieur le ministre, ainsi que j'ai eu l'honneur de l'annoncer à Votre Excellence, la conférence a terminé ses travaux, car l'acceptation par l'Italie de la mise en vigueur immédiate de la convention, bien qu'encore réservée, ne fait aucun doute, et demain ou après-demain, au plus tard, la signature aura lieu.

Les résultats obtenus satisferont, je l'espère, Votre Excellence, surtout après les difficultés des premières séances, dans lesquelles il semblait que la conférence n'eût pour but que de faire disparaître notre convention de 1863. Désormais, cette convention fait partie intégrante de la convention de Madrid, et aucune atteinte ne peut lui être portée.

Nous avons conservé à la famille Ben-Chimol un privilège qui l'honore, et qui est la récompense de ses anciens et loyaux services.

Nous avons acquis le droit d'avoir des consuls dans les villes de l'intérieur le jour où nous le jugerons utile.

Les transactions de notre commerce sont restées assurées par le maintien du droit de prendre des agents commerciaux dans les campagnes aussi bien que dans les villes.

Le droit de propriété au Maroc a été formellement reconnu pour tous les étrangers.

La situation des naturalisés a été équitablement réglée.

Non-seulement nous conservons nos anciens protégés, mais nous avons acquis, en outre, dans une mesure suffisante, le droit d'accorder la protection pour services signalés rendus à la France.

Enfin, notre droit au traitement de la nation la plus favorisée a été affirmé.

Veuillez agréer, etc.

JAURÈS.

XXII.

PROTOCOLE N° 16.

Séance du 3 juillet 1880 (dernière séance de la conférence).

Étaient présents :

MM. les plénipotentiaires d'Allemagne, d'Autriche-Hongrie, de

L'un aura le talent de gagner les hommes, des manières insinuantes, un grand nom, l'habitude des grandes réceptions ; l'autre possèdera les connaissances

Belgique, d'Espagne, des États-Unis d'Amérique, de France, de la Grande-Bretagne et du Danemarck, d'Italie, du Maroc, des Pays-Bas, du Portugal et de Suède et Norwège.

La seizième et dernière séance de la conférence est ouverte à onze heures.

Le président invite les plénipotentiaires à vouloir bien procéder à la signature de la convention.

M. le plénipotentiaire d'Allemagne prend la parole en ces termes :

« Au moment de nous séparer, nous avons encore à remplir un devoir, et je dois ajouter un devoir des plus agréables.

« La conférence a été menée à bonne fin, et si nous avons pu remplir notre tâche, nous devons cet heureux résultat principalement à l'esprit d'impartialité et de conciliation avec lequel notre honorable président a dirigé nos travaux.

« Je sais combien ce sentiment est partagé par tous les représentants réunis en conférence, et je peux donc me permettre de m'en faire l'interprète, en exprimant à S. Exc. M. Canovas del Castillo nos remerciements et notre entière gratitude ».

Le plénipotentiaire du Maroc demande à s'associer d'une façon toute spéciale, et comme représentant de la partie la plus intéressée, au vote de remerciements qui vient d'être adopté.

M. Canovas del Castillo répond :

« C'est moi, messieurs, qui ai à vous adresser des remerciements pour le bienveillant concours que vous avez bien voulu me prêter pendant toute la durée de nos travaux. Sans lui, il m'eût été impossible de remplir ma tâche. Croyez, messieurs, à ma reconnaissance, et permettez-moi d'espérer en même temps que vous garderez toujours un bon souvenir de nos discussions si loyales et si amicales ».

La conférence procède à la signature des treize exemplaires de la convention.

Les plénipotentiaires signent également l'adresse à S. M. le Sultan du Maroc, qui a été adoptée dans la séance du 26 juin.

Le président reprend la parole en ces termes :

« Messieurs, les travaux de la conférence sont terminés.

« Mon dernier devoir serait de remercier le secrétariat, au nom de la conférence, pour le zèle et l'intelligence dont il a fait preuve, en étendant également nos remerciements à messieurs les interprètes.

« Permettez-moi pourtant de dire quelques mots encore sur la conférence elle-même. Les difficultés de toute nature qui ont

en histoire et en droit international qui servent d'appui aux raisonnements ; le troisième sera un rédacteur habile, et ainsi de suite. Il est d'autant plus nécessaire

provoqué notre réunion ne seront pas, sans doute, aplanies tout à coup par nos résolutions. Mais, en acceptant pour règle générale le principe de non-rétroactivité, nous avons compté avec le temps, et lui avons laissé une part dans l'amélioration des circonstances actuelles.

« Nous avons fixé des limites à tous les droits reconnus, pour remédier aux inconvénients et aux abus possibles de l'arbitraire.

« Nous avons admis en matière d'impôt, et pour d'autres questions encore, des solutions qui augmenteront considérablement les ressources du sultan du Maroc, et qui contribueront à fortifier de plus en plus son autorité dans toute l'étendue de son vaste empire.

« Nous avons, enfin, appelé sérieusement son attention, au nom des Puissances que nous représentons, sur les nécessités religieuses et civiles de ses sujets, en vue d'obtenir de l'exercice de son autorité vigoureuse et raffermie des améliorations dans des questions qui touchent de près à l'humanité et à la civilisation. On nous devra la justice de reconnaître, plus spécialement sur ce dernier point, que, si nous n'avons pas, dès à présent, tout réalisé, nous avons du moins fait tout ce que les circonstances rendaient possible ».

Le procès-verbal ayant été rédigé et approuvé séance tenante, les plénipotentiaires se séparent à midi.

Signé : Comte SOLMS.
Comte LUDOLF,
ED. ANSPACH.
A. CANOVAS DEL CASTILLO.
LUCIUS FAIRCHILD.
JAURÈS.
L. S. SACKVILLE WEST.
GREPPI.
MOHAMMED BARGACH.
M. DE HELDEWIER.
Comte DE CASAL RIBEYRO.
H. AKERMAN.

XXIII.

Le marquis de MOLINS, ambassadeur d'Espagne à Paris,
à M. BARTHÉLEMY-SAINT-HILAIRE, ministre des affaires étrangères.

Paris, le 22 septembre 1880.

Monsieur le ministre, aux termes de l'article 18 de la conven-

de pourvoir à tout, et même à l'imprévu, que des questions ardues peuvent surgir subitement, que les problèmes à résoudre sont multiples, et que le temps en

tion signée à Madrid le 3 juillet dernier, qui est venue régler l'exercice du droit de protection dans les États du sultan du Maroc, les ratifications de cet acte international devaient être échangées à Tanger dans le plus bref délai possible.

Ce texte toutefois est muet en ce qui concerne la forme des instruments et le mode qui serait adopté pour leur échange.

Le gouvernement du roi mon Auguste souverain estime que, Sa Majesté le sultan ayant donné son approbation à la convention signée en son nom par Ci Mohammed Bargach, le moment serait peut-être venu d'examiner ces questions de forme, afin d'arrêter d'un commun accord et de proposer au gouvernement marocain une procédure conforme aux usages diplomatiques européens.

Le nombre des Puissances signataires, les délais qui en résulteraient pour l'échange des diverses ratifications, et les difficultés matérielles que pourrait rencontrer le gouvernement marocain pour l'expédition de l'acte en tant d'exemplaires, paraissent conseiller l'adoption, d'accord avec les précédents récents, de la forme la plus simple, qui sanctionnerait la présentation à Tanger, et le dépôt entre les mains du gouvernement marocain, d'un seul exemplaire original par chaque Puissance.

Les représentants diplomatiques réunis à Tanger constateraient la bonne et dûe forme de ces ratifications par un procès-verbal dressé et signé en commun, en nombre d'exemplaires authentiques égal au nombre des Puissances représentées.

Le gouvernement espagnol pense que s'il pouvait y avoir, dans l'espèce, quelque inconvénient à laisser au gouvernement chérifien la garde de l'acte de ratification par le Maroc lui-même, il serait possible, d'autre part, d'y obvier en décidant que ce document original serait joint aux protocoles des conférences, et déposé aux archives du ministère des affaires étrangères à Madrid. Cette disposition paraîtrait d'autant plus naturelle, que la convention du 3 juillet a été, par la nature même de son objet, et au fond, sinon par la forme, un règlement consenti d'une part par le Maroc, et de l'autre par les autres Puissances cosignataires.

Il importerait enfin que la ratification marocaine fût signée par Sa Majesté Muley-Hassan et revêtue de son sceau chérifien. Nous croyons savoir en effet que Sa Majesté a autorisé son ministre Ci-Mohammed Bargach à ratifier en son nom la convention négociée par lui à Madrid.

Le gouvernement espagnol ne croit pas qu'il soit possible de reconnaître à la signature d'un fonctionnaire, d'ordre quelque

dehors des séances se passe à préparer un terrain favorable pour les discussions à venir. La pluralité des plénipotentiaires est donc la règle.

élevé qu'il puisse être, la même valeur qu'à celle du souverain ou chef d'État, et estime, en outre, qu'il ne saurait y avoir lieu à se départir, dans le cas particulier du Maroc, d'un usage invariable. Le cabinet de Madrid a l'honneur de proposer, par conséquent, aux Puissances cosignataires de la convention, d'insister auprès du gouvernement chérifien pour que Sa Majesté le sultan Muley-Hassan signifie personnellement sa ratification dans les formes de chancellerie seules usitées en pareil cas.

Telles sont, monsieur le ministre, les observations qui ont paru réunir l'adhésion de la plupart des représentants accrédités à Madrid, et que j'ai mission de soumettre à la haute appréciation de Votre Excellence, en la priant de vouloir bien me faire connaître si les vues du gouvernement de la République concordent, sur ces divers points, avec celles du cabinet de Madrid.

Veuillez agréer, etc.

Marquis DE MOLINS.

Annexe à la dépêche du marquis de Molins en date du 22 septembre 1880.

NOTE.

Le gouvernement espagnol, estimant qu'il y aurait lieu d'examiner les questions de forme se rattachant à la ratification de la convention signée à Madrid le 3 juillet dernier pour le règlement du droit de protection au Maroc, suggère :

1° Que les actes de ratification soient présentés à Tanger en un seul exemplaire original par Puissance, et reconnus en bonne forme au moyen d'un procès-verbal dressé et signé en commun par tous les représentants ;

2° Que l'exemplaire original marocain soit joint aux protocoles des conférences déposés aux archives du ministre des affaires étrangères à Madrid.

Les gouvernements insisteraient pour que ce document fût revêtu de la signature personnelle de Sa Majesté le sultan Muley-Hassan.

Paris, le... septembre 1880.

XXIV

M. BARTHÉLEMY SAINT-HILAIRE, ministre des affaires étrangères, au marquis DE MOLINS, ambassadeur d'Espagne à Paris.

Paris, le 30 septembre 1880.

Monsieur le marquis, j'ai pris connaissance de la note que

Premières opérations du congrès ou de la conférence.

Lorsque les plénipotentiaires sont assemblés dans le lieu du congrès ou de la conférence, et qu'après les premières visites d'usage on est convenu du temps et du local où se tiendront les réunions, la première chose que les plénipotentiaires aient à faire est d'*échanger* leurs pleins pouvoirs, c'est-à-dire de s'assurer par l'examen de leurs pleins pouvoirs qu'ils ont qualité pour engager leur gouvernement. Ce n'est que lorsqu'ils on obtenu toute garantie à cet égard que les négociateurs peuvent naturellement entrer dans la discussion des affaires qu'ils ont à traiter.

On détermine ensuite, — en supposant que ces points n'aient pas été déjà l'objet de dispositions préliminaires, — la manière de délibérer, les points et détails de cérémonial, le rang et la préséance.

Les questions relatives au cérémonial, au rang, à la préséance et aux visites d'étiquette, qui ont donné lieu

vous avez bien voulu me communiquer, ainsi que de la dépêche que vous m'avez fait l'honneur de m'adresser, au sujet de la forme que votre gouvernement propose de suivre pour procéder à l'échange des ratifications sur la convention signée à Madrid, et relative au règlement des droits de protection au Maroc.

Je m'empresse de vous faire connaître que la chancellerie française adopte entièrement les propositions de la chancellerie espagnole à cet égard.

D'une part, un seul instrument de ratification sera présenté par chaque Puissance à Tanger ; je dois même vous annoncer que j'ai déjà transmis les exemplaires français à la légation de la République au Maroc.

D'autre part, la ratification marocaine devra être signée par le sultan et remise au gouvernement espagnol, qui la joindra aux protocoles de la conférence de Madrid.

Des instructions conformes à cette note ont été envoyées à notre chargé d'affaires au Maroc.

Agréez, etc.

B. SAINT-HILAIRE.

autrefois à de si longues discussions, sont aujourd'hui bien simplifiées. Déjà même, au siècle dernier, on avait parfois essayé de prévenir ces disputes frivoles, peu dignes de graves assemblées. Ainsi, lors des congrès d'Utrecht (1713) et d'Aix-la-Chapelle (1748), on était convenu par un accord préliminaire qu'on n'observerait pendant le cours de la négociation aucun cérémonial et que les plénipotentiaires s'assembleraient sans aucune distinction de rang. Au congrès de Berlin de 1878 les plénipotentiaires ont pris place autour d'une table en fer à cheval qui occupait le milieu de la grande salle dite « salle des conférences», d'après l'alphabet français, dans l'ordre suivant : Allemagne, Autriche, France, Grande-Bretagne, Italie, Russie, Turquie. La place des rédacteurs du protocole était marquée aux deux extrémités inférieures de la table, en face du président. La présidence du congrès ayant été donnée au premier plénipotentiaire prussien, ce dernier a pris possession du fauteuil, a remercié l'assemblée de l'honneur qu'elle lui faisait en l'appelant à diriger ses travaux, puis a proposé de constituer le bureau en nommant les personnes qu'il a désignées pour remplir les fonctions de secrétaire général du congrès, de secrétaire chargé des travaux du protocole, de secrétaires-adjoints, d'archiviste. L'assemblée a adhéré à ces nominations ; le président a introduit ensuite les secrétaires et les a présentés au congrès ; ces derniers ont pris place aux sièges indiqués ; puis le congrès étant ainsi constitué, le président a pris la parole et a résumé dans un discours concis l'historique de la question soumise au congrès. Il a exposé en termes généraux les circonstances qui ont rendu le congrès nécessaire, il a rappelé les précédents qui autorisaient cette manière de procéder, et il a exprimé le vif désir de voir aboutir l'œuvre diplomatique. Après avoir réglé quelques questions de procédure et avoir demandé le secret des délibérations du congrès à toutes les personnes présentes, le président a demandé s'il n'y aurait pas lieu pour les membres du congrès de ne pas siéger pendant deux ou trois jours, avant de commencer leurs travaux, afin qu'ils pussent conférer entre eux et entrer en de plus intimes relations. Le congrès a adopté cet avis et s'est ajourné au lundi suivant.

Le cérémonial officiel adopté (honneurs militaires et réceptions) a été celui du congrès tenu à Vienne en 1814, et dont le prince de Metternich a été l'organisateur.

La présidence du congrès.

D'après un usage déjà ancien la présidence des séances et la direction des délibérations revient au ministre des relations extérieures ou au premier représentant du pays où se tient le congrès ou la conférence (1).

C'est ainsi que le comte Buol et que le comte Walewski, ministres des affaires étrangères d'Autriche et de France, ont eu la présidence des conférences de Vienne, en 1855, et du congrès de Paris, en 1856. Les ministres des affaires étrangères d'Angleterre, de France et de la Porte Ottomane ont été présidents des conférences postérieures qui se sont tenues à Londres, à Paris et à Constantinople. Le prince de Bismarck a présidé le congrès de Berlin de 1878 (2).

(1) Il en a cependant été autrement au Congrès de Lima de 1847.

(2) M. de Bismarck était universellement désigné pour la présidence du congrès de Berlin. Le comte Andrassy a pris l'initiative de la *proposition*, bien moins pour se conformer à un usage que pour reconnaître les services rendus par le chancelier. « Messieurs, a-t-il dit, j'ai l'honneur de vous proposer de conférer à S. A. le prince de Bismarck la présidence des travaux du congrès. Ce sera, non-seulement consacrer les précédents, mais rendre hommage au souverain qui accorde en ce moment une gracieuse hospitalité aux représentants de l'Europe. Je ne doute pas un instant de l'assentiment unanime que rencontrera cette proposition. Les éminentes qualités personnelles du prince, sa haute sagesse, nous sont une garantie de la meilleure direction

Quelquefois cependant cet honneur est réservé à un plénipotentiaire élu, ou à un plénipotentiaire médiateur. Lorsque les négociations doivent être conduites sous la médiation d'une Puissance neutre la présidence écheoit en effet au ministre médiateur.

Le droit de présider ne donne du reste d'autre privilège que celui de diriger les débats, car dans la signature des protocoles on procède dans l'ordre préalablement convenu, ou, à défaut de convention préalable, par ordre alphabétique.

Le ministre des affaires étrangères peut-il faire régulièrement partie des négociateurs ?

Ici se présente la question purement théorique de savoir si le ministre des affaires étrangères peut régulièrement figurer parmi les négociateurs ? Pourquoi ne le pourrait-il pas ? N'est-il pas à la tête du corps diplomatique de son pays ? Chargé de diriger la politique extérieure de son gouvernement, il est essentiellement dans son rôle quand il négocie.

Aussi, en général, lorsqu'un traité se négocie dans la capitale avec un plénipotentiaire étranger, le ministre des relations extérieures est-il négociateur, et même dans les congrès c'est ordinairement, dans la pratique moderne, le ministre des affaires étrangères qui est envoyé comme premier plénipotentiaire de son pays ; quelquefois aussi c'est le chef du cabinet.

Ainsi, au congrès de Berlin de 1878, on remarquait parmi les plénipotentiaires le marquis de Salisbury, secrétaire d'État pour les affaires étrangères du Royaume-Uni d'Angleterre et d'Irlande ; le comte Andrassy, ministre des affaires étrangères d'Autriche-Hongrie ; M. Waddington, ministre des affaires étrangères de France ; le comte Corti, ministre des affaires étran-

à imprimer à nos travaux..... ». Tous les membres ont adhéré à la proposition de conférer la présidence du congrès au prince de Bismarck.

gères d'Italie. Les premiers plénipotentiaires de la Russie, de l'Angleterre, de la Turquie, ont été le prince Gortchakoff, chancelier de l'Empire, le comte de Beaconsfield, premier lord de la Trésorerie, Sadyq-Pacha, ancien premier ministre.

En France, lorsqu'une négociation se conclut à Paris en dehors d'un congrès, il n'est pas admis qu'un membre du cabinet autre que le ministre des relations extérieures soit chargé de négocier et de conclure le traité. Cependant le soin de négocier peut être confié à un personnage important, mais toujours choisi en dehors du conseil des ministres. Pour les conventions postales, on abandonne ordinairement le privilège de les négocier au directeur général des Postes. En Angleterre, c'est le ministre des affaires étrangères qui est chargé de négocier les traités qui se font à Londres. Si l'acte international concerne spécialement un autre département ministériel, comme les conventions commerciales par exemple, les conventions postales, les chefs de ces départements sont nommés plénipotentiaires conjointement avec le ministre des affaires étrangères. A Berlin, c'est le ministre que la négociation concerne spécialement qui est constitué plénipotentiaire, soit seul, soit conjointement avec le ministre des affaires étrangères, ou qui fait nommer plénipotentiaire un haut fonctionnaire de son département ministériel, seul ou conjointement avec un haut fonctionnaire des affaires étrangères. En Hollande, pour les traités qui se concluent à La Haye, c'est le ministre des affaires étrangères qui est chargé de la négociation, seul ou conjointement avec d'autres plénipotentiaires néerlandais. En mai 1863, par exemple, trois plénipotentiaires hollandais signèrent les traités relatifs au péage de l'Escaut, la convention de commerce et de navigation et le traité réglant le régime des prises d'eau à la Meuse. Le ministre des affaires étrangères figurait parmi les plénipotentiaires. Les pleins pouvoirs lui étaient communs avec les deux autres, mais ils n'étaient contresignés par aucun ministre.

Au reste, lorsque le ministre des affaires étrangères négocie, il n'a pas besoin de pleins pouvoirs. Lorsqu'il négocie avec un autre plénipotentiaire de son pays qui lui est adjoint, ce dernier reçoit des pleins pouvoirs qui portent : « *conjointement avec notre ministre des affaires étrangères* ».

Il va de soi que, sans aucune exception, c'est le ministre des affaires étrangères qui contresigne les pleins pouvoirs et les ratifications. Lorsque le ministre des affaires étrangères n'est pas plénipotentiaire, il lui est rendu compte de la négociation, et la minute du traité lui est soumise avant d'être signée. Après la signature, cette pièce est déposée aux archives des affaires étrangères.

Faut-il qu'il y ait parité de rang entre les plénipotentiaires ?

Autant que possible il est bon qu'il y ait parité de rang entre les plénipotentiaires : cela donne nécessairement de l'aisance dans la discussion et égalise l'autorité morale. Toutefois l'absence de parité ne confère aucune supériorité au plénipotentiaire le plus élevé en grade : la personne des négociateurs disparaît ; ils représentent tous des souverains égaux en droit et en dignité.

Discussions. — Délibérations. — Protocole. — Acte final.

Lorsque le terrain des délibérations a été bien déterminé, lorsque tout ce qui est de forme a été réglé, les plénipotentiaires entrent en discussion ; ils proposent, ils débattent, ils transigent, en un mot ils négocient.

La méthode suivie par les congrès dans les travaux n'est pas uniforme et dépend du caractère plus ou moins général de la réunion, du nombre des États représentés, ainsi que de leurs rapports réciproques. M. Jules Grenier a fait remarquer que le congrès de Paris, en 1856, n'embrassait pas dans le cercle des décisions qu'il avait à prendre l'ensemble de la politique européenne, comme le congrès de Vienne: aussi n'a-t-il pas suivi la même marche. Au congrès de Paris, sept États seulement se trouvaient représentés, et le nombre des questions à résoudre était limité. On n'a donc pas eu à subdiviser les matières entre divers comités se bornant à faire un rapport à l'assemblée des grandes Puissances. A Vienne, l'Europe entière était réunie, et tout était à refaire. Pour faciliter l'expédition des affaires, le travail fut réparti entre une multitude de commissions spéciales, qui portaient leur préavis à la connaissance des grandes Puissances. Celles-ci accordaient ou refusaient leur assentiment. Le plus souvent la décision était prise d'avance, à la suite d'un échange préalable de notes. Ce mode d'agir n'était rien moins que favorable à l'influence et à l'indépendance des États moyens ou petits (1). Aussi la doctrine le condamne-t-elle. Faisant allusion à l'abus qui consiste dans l'usage introduit de ne se réunir en séances générales que pour enregistrer en quelque sorte ce que les plénipotentiaires des grandes Puissances jugent à propos de communiquer au congrès, l'auteur du *Guide diplomatique* recommande aux plénipotentiaires des Puissances petites ou moyennes, dont les intérêts pourraient être ainsi lésés, de protester formellement contre ces procédés arbitraires, et de désavouer d'avance toutes les conséquences possibles de mesures ainsi prises où les intérêts de leurs commettants pourraient se trouver engagés. « A défaut de protestation publique, dit-il, leur silence pourrait être plus tard interprété comme un consentement tacite donné à des actes qui, *rapportés* en séances prétendues générales, et signés par les membres présents, seraient considérés comme obligatoires pour tous les États représentés au congrès (1) ».

(1) *Dictionnaire général de la politique*, par Maurice Block, V° *Congrès*, t. Ier, p. 485.

Chacun des gouvernements représentés au congrès a l'initiative des propositions à faire ; ce sont les circonstances qui déterminent l'exercice de cette initiative. Les plénipotentiaires conviennent entre eux si les objets qui doivent être mis en délibération seront présentés ou proposés par le plénipotentiaire président, ou médiateur, ou si ce sera à tour de rôle que chaque ministre portera la parole. L'usage s'est établi aujourd'hui que chaque plénipotentiaire propose lui-même tout ce qui a rapport aux affaires et aux intérêts particuliers de l'État qu'il représente. Les propositions se font par écrit, car il faut bien une base fixe sur laquelle s'établisse la discussion ; toutefois la nature et le but des congrès, le terme même de conférences, indiquent suffisamment que la négociation ne doit pas consister en un échange de notes et de mémoires, mais qu'il faut négocier de bouche.

Il est inutile de dire que les discussions doivent être libres ; que chacun des États qui participent au congrès a des droits absolument égaux, et que, par conséquent, la position de tous doit être égale, quant aux délibérations qui s'y prennent : ce n'est là qu'un corollaire de l'égalité juridique des États.

Les plénipotentiaires tiennent leur gouvernement au courant de la marche et des progrès des délibérations, et grâce au télégraphe ils peuvent être, de nos jours, en communication continuelle avec leur mandant. Nous avons déjà observé que la télégraphie électrique tend à modifier de plus en plus les anciens usages et à restreindre les pleins pouvoirs des agents diplomatiques, puisque chaque compte-rendu peut être suivi instantanément de directions nouvelles. En général, quand un gouvernement a accrédité plusieurs plénipotentiaires, ils communiquent collectivement avec leur mandant, à moins que des divergences de vues trop tranchées ne les obligent à rédiger individuellement

(1) *Le Guide diplomatique*, chap. VIII, § 55, édit. de 1866, t. Ier, p. 184.

leurs dépêches, pour que la responsabilité soit personnelle.

Il résulte de l'indépendance réciproque des États que la loi de la majorité, ordinairement applicable aux assemblées délibérantes, ne l'est pas dans les congrès, excepté quand il s'agit de régler des intérêts accessoires et des questions secondaires en vertu de principes précédemment convenus et arrêtés. Ainsi on ne décide point par pluralité de voix : il faut qu'il y ait accord parfait pour toutes les décisions à prendre ; l'unanimité est donc la règle, car chaque État étant souverain et libre dans ses déterminations, on ne saurait lui imposer contre son gré celles d'autrui.

La minorité n'étant pas obligée de se soumettre aux décisions de la majorité, dans les questions de premier ordre, chacun des membres du congrès a par conséquent le droit d'opposer un *veto* individuel absolu, au nom de son gouvernement et de l'État qu'il représente. Mais ce *veto* n'empêche pas les autres plénipotentiaires de continuer leurs délibérations. C'est ce qui a eu lieu par exemple au congrès de Vienne, où le plénipotentiaire espagnol a refusé de consentir à souscrire l'acte final de ce congrès, lequel fut promulgué au nom de tous les autres États. De même, au congrès de Vérone, le représentant de l'Angleterre a persisté à désapprouver le principe d'intervention. Les dissidents peuvent ou récuser purement et simplement le vote, et se retirer, ou protester avec plus ou moins de force contre la décision (1).

Lorsqu'un congrès s'est réuni en vue d'une paix à conclure, et qu'après s'être mis d'accord sur les points

(1) Le plénipotentiaire espagnol, bien qu'il eût pris part à toutes les délibérations sur les affaires générales de l'Europe, refusa en effet de signer le traité du 9 juin 1815. Les motifs de son refus ont été exposés dans une note du 5 juin, dont voici quelques extraits :

« Le soussigné, ambassadeur extraordinaire et plénipotentiaire de S. M. le roi d'Espagne au Congrès de Vienne, a cru s'apercevoir qu'il ne serait pas fait mention dans le protocole des

essentiels il reste cependant quelques détails sur lesquels on espère s'arranger, on peut se voir engagé à signer un traité préliminaire de paix. Ce traité préliminaire conclu, les plénipotentiaires continuent à négocier pour le traité définitif, soit dans le même endroit, soit dans un autre, choisi à cette fin. Mais il peut arriver aussi que les négociations échouent, que tout espoir de s'arranger disparaisse : dans ce cas les plénipotentiaires sont rappelés ou invités à quitter le lieu du congrès. C'est ainsi qu'on a vu se séparer sans succès le congrès de Cambrai, en 1725 ; celui de Soissons, en 1729 ; de Bréda, en 1747 ; de Focsani, en 1772 ; de Bucharest, en 1773 ; de Lille, en 1797 ; de Rastadt, en 1799 ; de Gand et de Châtillon, en 1814 ; etc.

Pour en revenir à la négociation dans les congrès ou dans les conférences, rappelons, avec le baron Ch. de

conférences de celle qui a eu lieu hier au soir........ Et comme il est de la plus grande conséquence qu'il reste, soit dans les protocoles, soit dans les archives diplomatiques, quelque aperçu de ce que le soussigné a exposé hier verbalement, il a l'honneur de le répéter par écrit.

« Il a dit que tout ce qu'il peut faire par égard pour les Puissances dont les plénipotentiaires se trouvaient réunis hier au soir, est de référer à sa cour pour le traité dont on lui donna communication, et qu'en attendant il ne peut le signer : 1° parce que .... etc., etc... 3° parce qu'il n'y a dans le très-grand nombre d'articles dont le traité est composé, qu'un très-petit nombre dont on ait fait le rapport dans les conférences des plénipotentiaires des huit Puissances qui signèrent le traité de Paris ; et comme tous ces plénipotentiaires sont égaux entre eux, et que les Puissances qu'ils représentent sont également indépendantes, on ne saurait point accorder à l'un d'eux le droit de discuter et d'arrêter, et aux autres celui seulement de signer ou de refuser leur signature, sans un oubli manifeste des formes les plus essentielles, sans la plus criante violation de tous les principes, et sans l'introduction d'un nouveau droit des gens que les Puissances de l'Europe ne pourront admettre sans renoncer de fait à leur indépendance, et qui, quand même il fût admis généralement, ne le sera jamais au-delà des Pyrénées.

« Le soussigné prie S. A. le prince de Metternich, en sa qualité de président du congrès, de donner connaissance de cette note à MM. les autres plénipotentiaires, et de la faire insérer au protocole des conférences.......».

Martens et Meisel, qu'il est d'usage dans toute réunion de plénipotentiaires, pour mettre de l'ordre et de la suite dans la marche des discussions, pour en conserver la trace et pour en fixer le résultat, de dresser, à la fin de chaque séance, un procès-verbal de ce qui s'y est passé et des affaires qui y ont été traitées et réglées. Depuis le congrès de Vienne on désigne ce procès-verbal par le nom de *protocole*, mot qui a du reste une autre signification. Ce procès-verbal ou *protocole* est signé, suivant l'ordre convenu, par tous les plénipotentiaires, et par le ministre médiateur, si, dans le cas d'une conciliation à effectuer entre deux ou plusieurs Puissances, les conférences sont ouvertes sous la médiation d'une Puissance tierce librement acceptée par les autres. Dans chacune des séances on fait la lecture du procès-verbal ou protocole de la séance précédente, et l'on a soin de mentionner s'il a été adopté sans réclamation, en indiquant les plénipotentiaires présents à la réunion. Vient ensuite le résumé substantiel et précis des points importants qui ont fait l'objet de la discussion ; ce résumé se termine par l'exposé exact des résultats obtenus et des résolutions arrêtées. Le procès-verbal ou protocole porte sa date en tête ; les signatures ne s'apposent entre les plénipotentiaires qu'après qu'il a été lu à haute voix et reconnu strictement exact. La rédaction de cet acte doit être sobre, nette et précise ; une simplicité correcte y doit tenir lieu de tout ornement. Aucun fait principal, aucune observation importante ne doivent y être omis ; mais le procès-verbal dépasserait les bornes en lesquelles il doit être maintenu, s'il y était donné place aux digressions et aux redites de la discussion orale. Lorsque, à la fin de la séance, aucune décision n'a été prise, le procès-verbal ou protocole se borne à reproduire la physionomie des débats, à indiquer les *opinions* émises.

Meisel résume ainsi les énonciations que doivent contenir les protocoles des séances des congrès ou conférences : « On met, dit-il, en tête du protocole, la date de la séance, après quoi on fait suivre un rapport substantiel de la discussion et l'on conclut par un résumé exact des résultats et des résolutions qui ont été prises. Quoiqu'il soit du devoir du protocolant de n'omettre aucun fait principal ou accessoire de la discussion, il transgresserait cependant les bornes du procès-verbal et le surchargerait de minuties, s'il y faisait une relation circonstantielle de tous les détails, de toutes les occurrences des débats. Il doit poursuivre le fil des discussions, sans s'arrêter aux redites et aux diffusions du discours des interlocuteurs, et rattacher à cet effet les observations faites de part et d'autre aux points principaux de la négociation, en élaguant toute phrase oiseuse.

« Ce sont les qualités logiques du style, la clarté et l'ordre, que l'on requiert dans les protocoles ; c'est de la jutesse des expressions, de la facilité et du naturel des phrases que résulte l'élévation de la diction de ces écrits.

« On commence ordinairement le protocole d'une première séance de congrès ou de comité quelconque en faisant mention de l'échange ou de la reconnaissance des pleins pouvoirs ; dans les protocoles des séances suivantes on note communément, que, lecture ayant été faite du procès-verbal précédent, il a été adopté par les signataires »(1).

(1) Meisel, *Cours de style diplomatique*, t. II, p. 544.

On a vu plus haut, p. 388 et 397 les protocoles de la conférence de Madrid en 1880. Le cadre d'un protocole de séance de congrès ou de conférence peut donc être tracé de la manière suivante :

PROTOCOLE N°...

« *Séance du....*

« *Étaient présents* :
« *MM. les plénipotentiaires de....*
« *La séance est ouverte à....*
« *Le procès-verbal de la dernière séance est lu et approuvé.* »
Puis, suivant les cas, par exemple :
« *Lecture est donnée des déclarations additionnelles présen-*

On appelle spécialement *opinion* ou *vote*, dans le langage diplomatique, un écrit succinct par lequel un plénipotentiaire formule et motive son suffrage, au nom de son commettant. Il peut arriver en effet, dans

tées par M. le plénipotentiaire de... »

(Lesquelles sont jointes comme annexe numérotée au protocole).

« *Le plénipotentiaire de... constate que...*

« *Le plénipotentiaire de..., en présence de ces observations, déclare que....*

« *Le président demande à présenter quelques observations.....*

« *Le plénipotentiaire de..., répond que....*

« *Le plénipotentiaire de... répète que... Il rappelle les paroles de....*

« *Le plénipotentiaire de... insiste sur ce point que...*

« *Le plénipotentiaire de... déclare adhérer à....*

« *Le plénipotentiaire de.... demande si...*

« *Le plénipotentiaire de..., maintient sa demande de...*

« *La conférence s'ajourne jusqu'au lendemain ...*

« *La séance est levée à....*

« *Signatures : ......* ».

Lorsque la négociation a lieu entre les plénipotentiaires de deux États par exemple, le protocole peut aussi se dresser ainsi :

PROTOCOLE N°...

Conférence du...

« *Étaient présents, du côté de la France : M... et M...; du côté de l'Italie : M... et M....*

« *Assistaient à la séance, en qualité de secrétaires, pour la rédaction française du protocole : M....; pour la rédaction italienne : M....*

« *Il est donné lecture du protocole de la conférence du... Les rédactions française et italienne sont approuvées, sauf quelques modifications arrêtées d'un commun accord.*

« *Les plénipotentiaires italiens annoncent qu'ils sont en mesure de fournir au nom de leur gouvernement des réponses précises à quelques-unes des questions posées au nom de la France, dans la conférence du...*

« *Ils les formulent de la manière suivante....*

« *Les plénipotentiaires français offrent de remettre à leurs collègues la formule à laquelle on semble disposé à s'arrêter en France.*

« *Diverses observations sont échangées sur la teneur de...*

« *Dans l'incertitude où les plénipotentiaires respectifs se trouvent encore, quant à la marche à suivre pour... il est convenu*

la discussion des affaires traitées, que l'un ou plusieurs des négociateurs croient utile de motiver par écrit leur opinion, soit dans le but de ramener à un même avis le sentiment des autres plénipotentiaires, soit afin qu'il existe dans les archives un témoignage des observations faites par chaque membre, d'une manière

d'ajourner la discussion de fond et de forme.

« Conformément à leurs instructions, les plénipotentiaires français signalent à leurs collègues la nécessité de.... Ils font remarquer que....

« Les plénipotentiaires italiens répondent que.... Ils ajoutent que....

« Les plénipotentiaires français répliquent que, dans la pensée de leur gouvernement ... A cette occasion, les mêmes plénipotentiaires demandent à leurs collègues quelle suite a été donnée à....

« Les plénipotentiaires italiens se réservent de revenir ultérieurement sur cette question, lorsqu'ils auront pu en référer à leur gouvernement....

« Du côté de l'Italie, on rappelle la demande introduite au sujet de....

« Les plénipotentiaires français confirment l'assurance officielle qu'ils ont déjà donnée à ce sujet ; ils annoncent que....

« Les plénipotentiaires italiens sont priés par leurs collègues de vouloir bien en référer à Rome, afin que les instructions nécessaires soient adressées.

« La rédaction italienne pour l'article relatif à...... ayant été produite, les plénipotentiaires français font remarquer que... Ils préféreraient la première rédaction.

« Les plénipotentiaires italiens annoncent qu'ils ne peuvent accepter de changement pour cette dernière partie de leur projet d'article, et ne souscrivent éventuellement qu'à une modification du premier alinéa. Leurs collègues sont obligés d'en écrire de nouveau à Paris.

« Les plénipotentiaires français, par ordre de leur gouvernement, rappellent les notes verbales par lesquelles ils avaient signalé à leurs co-négociateurs diverses questions spéciales, telles que celles de....

« Quant au dernier point, les plénipotentiaires italiens annoncent que le gouvernement français est déjà informé des ordres donnés aux autorités compétentes de se prêter à la réalisation du désir exprimé.... Pour les autres affaires, ils ont ajourné leur réponse..... Ils vont prendre des informations à ce sujet.

« La séance est levée à....

« Signatures...... »

plus complète que ne le comporte le procès-verbal. Ils remettent alors à leurs collègues une note signée, qui reste jointe au procès-verbal ou protocole de la séance. C'est cette note qui est nommée *vote* ou *opinion.* Comme le *vote* est le résultat de discussions préalables épuisées, il faut s'abstenir de l'énoncer avec trop de détails, et s'attacher uniquement à donner une déclaration claire et concise de son suffrage et des raisons décisives sur lesquelles il est basé (1).

« Le *vote*, dit Meisel, est un court mémoire, par lequel un plénipotentiaire déclare, au nom de son souverain constituant, son avis ou son opinion sur un objet soumis aux discussions d'un comité ou congrès au sein duquel il siège. Le but de ces écrits leur fait souvent donner le simple titre *d'opinions.*

« Ils sont conçus sans introduction, sans conclusion et sans autre forme de courtoisie, tels que les notes verbales et les *memorandum.* Le ministre y parle ordinairement de soi à la première personne, et les signe en y apposant la date ; il n'y aura cependant aucun inconvénient à ce qu'il s'y nomme à la troisième personne. Souvent aussi les votes sont émis au nom même du constituant, et en ce cas le plénipotentiaire n'y fait aucune mention de sa personne.

« Le texte du vote se composera d'une courte exposition de l'état de la question dont il s'agit et d'une déclaration claire et concise de l'opinion qu'on adopte, de même que des raisons sur lesquelles elle se fonde. Le vote cependant n'étant de sa nature qu'un résumé des déductions qui l'auront nécessairement précédé, on doit se garder de donner trop d'étendue à l'exposition des arguments, et d'embrouiller la résolution de la question en compliquant les phrases. D'ailleurs le style de ces écrits est le même que celui des mémoires en général » (2).

(1) *Le Guide diplomatique,* chap. VIII, § 54 du t. Ier, p. 181 et suiv. ; chap. V du t. II, 2me partie, p. 297 et suiv., 310 et suiv.

(2) Meisel. *Cours de style diplomatique,* t. II, p. 529.

Les plénipotentiaires envoient régulièrement à leur gouvernement une copie des procès-verbaux ou protocoles, avec leurs dépêches.

Les diverses négociations séparées traitées dans le congrès amènent souvent la conclusion d'autant de conventions particulières qu'il y avait de points en discussion. Pour unir ces divers traités dans une transaction générale, les plénipotentiaires dressent un acte sommaire, résultat définitif des résolutions partielles arrêtées, qu'on appelle *acte final*. On y insère ordinairement un article particulier par lequel on déclare que les traités séparés dont se compose la teneur de l'instrument général, et qui lui sont annexés, auront la même valeur que s'ils avaient été textuellement insérés (1).

(1) Voici l'acte final du congrès de Vienne :

Au nom de la très-sainte et inviolable Trinité.

Les Puissances qui ont signé le traité conclu à Paris le 30 mai 1814, s'étant réunies à Vienne, en conformité de l'article 32 de cet acte, avec les princes et États leurs alliés, pour compléter les dispositions dudit traité, et pour y ajouter les arrangements rendus nécessaires par l'état dans lequel l'Europe était restée à la suite de la dernière guerre, désirant comprendre dans une transaction commune les différents résultats de leurs négociations, afin de les revêtir de leurs ratifications réciproques, ont autorisé leurs plénipotentiaires à réunir dans un instrument général les dispositions d'un intérêt majeur et permanent, et à joindre à cet acte, comme parties intégrantes des arrangements du congrès, les traités, conventions, déclarations, règlements et autres actes particuliers, tels qu'ils se trouvent cités dans le présent traité. Et ayant les susdites Puissances nommé plénipotentiaires au congrès, savoir : . . . .

Art. 1. etc. etc. etc.

. . . .

Art. 117. Les règlements particuliers relatifs à la navigation du Rhin, du Necker, du Mein, de la Moselle, de la Meuse et de l'Escaut, tels qu'ils se trouvent joints au présent acte, auront la même force et valeur que s'ils avaient été textuellement insérés.

Art. 118. Les traités, conventions, déclarations, règlements et autres actes particuliers qui se trouvent annexés au présent acte, et nommément :

1. Le traité entre la Russie et l'Autriche, du 21 avril-3 mai 1815 ;
2. Le traité entre la Russie et la Prusse, du 21 avril-3 mai 1815 ;

M. Thiers rappelle que dans les usages de la diplomatie anglaise les négociations sont doubles : il y a une négociation officielle et apparente, et une négo-

3. Le traité additionnel relatif à Cracovie, entre l'Autriche, la Prusse et la Russie, du 21 avril-3 mai 1815 ;

4. Le traité entre la Prusse et la Saxe, du 18 mai 1815 ;

5. La déclaration du roi de Saxe sur les droits de la maison de Schoenbourg, du 18 mai 1815 ;

6. Le traité entre la Prusse et le Hanovre, du 29 mai 1815 ;

7. La convention entre la Prusse et le grand-duc de Saxe-Weimar, du 1er juin 1815 ;

8. La convention entre la Prusse et les duc et prince de Nassau, du 31 mai 1815 ;

9. L'acte sur la constitution fédérative de l'Allemagne, du 8 juin 1815 ;

10. Le traité entre le roi des Pays-Bas et la Prusse, l'Angleterre, l'Autriche et la Russie, du 31 mai 1815 ;

11. La déclaration des Puissances sur les affaires de la Confédération Helvétique, du 20 mars, et l'acte d'accession de la diète du 27 mai 1815 ;

12. Le protocole du 29 mars 1815, sur les cessions faites par le roi de Sardaigne au canton de Genève ;

13. Le traité entre le roi de Sardaigne, l'Autriche, l'Angleterre, la Russie et la France, du 20 mai 1815 ;

14. L'acte intitulé : Conditions qui doivent servir de bases à la réunion des États de Gênes à ceux de Sa Majesté Sarde ;

15. La déclaration des Puissances sur l'abolition de la traite des nègres, du 8 février 1815 ;

16. Les règlements pour la libre navigation des rivières ;

17. Les règlements sur le rang entre les agents diplomatiques, sont considérés comme parties intégrantes des arrangements du congrès, et auront partout la même force et valeur que s'ils étaient insérés mot à mot dans le traité général.

Art. 119. Toutes les Puissances qui ont été réunies au congrès, ainsi que les princes et les villes libres qui ont concouru aux arrangements consignés ou aux actes confirmés dans ce traité général, sont invités à y accéder.

Art. 120. La langue française ayant été exclusivement employée dans toutes les copies du présent traité, il est reconnu par les Puissances qui ont concouru à cet acte que l'emploi de cette langue ne tirera point à conséquence pour l'avenir ; de sorte que chaque Puissance se réserve d'adopter dans les négociations et conventions futures la langue dont elle s'est servie jusqu'ici dans ses relations diplomatiques, sans que le traité actuel puisse être cité comme exemple contraire aux usages établis.

Art. 121. Le présent traité sera ratifié et les ratifications seront

ciation secrète et réelle. « Cet usage, dit-il, est forcé dans un gouvernement représentatif. Dans la négociation officielle on dit ce qui peut être répété dans les Chambres, et l'on réserve pour la négociation secrète ce qui ne peut être publié. Dans le cas surtout où le ministère est divisé sur la question de la paix, on communique des conférences secrètes à la partie du ministère qui autorise et dirige la négociation (1) ». Cette pratique, si elle existe, peut être très-prudente, mais elle ne tourne pas à la gloire du régime représentatif ; dans tous les cas, elle est peu franche vis-à-vis du parlement, et peu loyale vis-à-vis des membres dissidents du cabinet.

Notons en passant que lorsque les négociations se font, non dans des conférences, mais par écrit, par l'entremise d'un médiateur, chacun des gouvernements belligérants adresse ses projets et propositions en forme de notes au plénipotentiaire de la Puissance médiatrice, qui les communique à la partie adverse et transmet de même, et dans la même forme, la réponse à ces projets et propositions.

Langue dont se servent les États dans les négociations.

En vertu du principe de l'égalité des États, chaque souverain, chaque gouvernement, est en droit de se servir exclusivement et de demander qu'on se serve avec lui d'une langue déterminée quelconque, soit celle de son pays, soit celle d'un pays étranger, dans ses rela-

échangées dans l'espace de six mois, par la cour de Portugal dans un an, ou plus tôt si faire se peut.

Il sera déposé à Vienne, aux archives de Cour et d'État de S. M. I. et R. Apostolique, un exemplaire de ce traité général, pour servir dans le cas où l'une ou l'autre des cours de l'Europe pourrait juger convenable de consulter le texte original de cette pièce.

En foi de quoi les plénipotentiaires respectifs ont signé ce traité et y ont apposé le cachet de leurs armes.

Fait à Vienne, le 9 juin de l'an de grâce 1815.

(Suivent les signatures dans l'ordre alphabétique des cours.)

(1) Thiers, *Histoire de la Révolution française*, livre XXXVI.

tions avec les autres États, soit par écrit, soit verbales. Ordinairement, lorsque les pays ayant des idiômes différents les gouvernements ne peuvent s'accorder sur l'usage d'une langue, chacun d'eux se sert dans ses expéditions de sa propre langue, ou d'une langue quelconque, en ajoutant ou non une traduction dans la langue de l'autre gouvernement, ou dans une tierce-langue.

Les usages des cours et gouvernements ont du reste beaucoup varié à cet égard. Ainsi, les anciens États Généraux des Provinces-Unies des Pays-Bas, communiquaient avec les ministres des gouvernements étrangers en langue hollandaise, en ajoutant une traduction française. Au congrès de paix de Rastadt (1797-1799), la députation de l'Empire germanique et l'ambassade de France s'écrivirent chacune dans sa propre langue, sans joindre une traduction. Il en fut de même à l'assemblée de la députation de l'Empire germanique, à Ratisbonne, en 1802 et 1803. A la diète de l'Empire germanique, les ministres des Puissances étrangères ajoutaient des traductions latines à leurs pouvoirs, notes, mémoires, etc., lorsque ceux-ci étaient conçus dans la langue de leur pays. Au congrès de Vienne (1814-1815), les plénipotentiaires se servirent ordinairement de la langue française. Le traité de paix de Vienne, de 1738, a été rédigé en latin et en français; le traité de Belgrade, de 1739, en turc et en latin. Le traité de paix entre la Russie et la Turquie, de 1774, a été rédigé en trois langues: l'exemplaire russe, en russe et italien; l'exemplaire turc, en turc et italien. Le Danemarck, les États-Unis d'Amérique, les États de l'Amérique espagnole, la France, la Grande-Bretagne, la Suède, emploient le plus souvent, on pourrait même dire toujours, dans leurs traités, la langue de leur pays: les expéditions des exemplaires se font donc en plusieurs langues.

Il a été dit que souvent on convient d'une tierce-langue. Cette tierce-langue a été, jusqu'au dix-huitième siècle, ordinairement le latin. Ainsi, les anciens traités de

Nimègue, de Ryswick, d'Utrecht, de Bade, de Vienne, un exemplaire de celui de Belgrade (1739), le traité de la quadruple alliance de Londres (1718), ont été rédigés en latin. Aujourd'hui, c'est seulement la cour du pape qui se sert constamment de cette langue dans ses bulles et autres actes publics. Depuis Louis XIV, la langue française étant devenue, grâce aux chefs-d'œuvre de sa littérature, comme un idiôme universel et la langue officielle des cours et cabinets, elle a remplacé le latin dans les négociations diplomatiques et dans la rédaction des traités. Ainsi, les traités allemands de Breslau et de Berlin, en 1742, de Dresde, en 1745, de Hubertsbourg, en 1763, de Teschen, en 1779, ont été rédigés en français.

M. Heffter fait remarquer que jamais le français n'a été adopté comme langue officielle entre les États, ni en vertu d'une loi internationale, ni en vertu d'un de ces usages qui reposent sur une nécessité interne. Il est certain qu'il n'y a pas de loi internationale qui ait disposé, en forme d'article, que le français serait la langue des États ; il est certain aussi qu'il n'y a pas, à cet égard, un usage assez universellement observé pour qu'on puisse y voir une coutume adoptée par tous les États. Mais ce que M. Heffter ne peut contester, c'est que la langue française a prévalu, depuis Louis XIV, dans les relations diplomatiques officielles de tous les peuples ; que c'est à elle qu'on recourt toujours, lorsqu'on ne possède pas l'idiôme du pays ; que c'est la langue-tierce par excellence ; que presque tout le monde la parle ; enfin, que c'est la langue qui a prévalu même pour les relations des États d'Allemagne entre eux, bien que la Confédération germanique ait décidé, à Francfort, le 12 juillet 1817, qu'elle ne se servirait dans ses rapports avec les autres Puissances que de la langue allemande, en y ajoutant une traduction latine ou française, et à charge de réciprocité.

Ce qu'il y a de vrai, cependant, c'est que dans plusieurs traités rédigés en français les Puissances contractantes ont fait insérer un article séparé, pour déclarer que cette langue a été employée sans tirer à conséquence. C'est ce qui a eu lieu dans le traité de Rastadt, de 1714, dans celui d'Aix-la-Chapelle, de 1748, dans le traité d'alliance entre la France et l'Autriche, de 1756, dans l'acte final du congrès de Vienne, de 1815. L'article 120 de cet acte final est ainsi conçu : « La langue française ayant été employée dans toutes « les copies du présent traité, il est reconnu par les « Puissances qui ont concouru à cet acte que l'emploi « de cette langue ne tirera point à conséquence pour « l'avenir ; de sorte que chaque Puissance se réserve « d'adopter dans les négociations et conventions fu- « tures la langue dont elle s'est servie jusqu'ici dans « ses relations diplomatiques, sans que le traité actuel « puisse être cité comme exemple contraire aux usages « établis. »

En fait, pour ce qui est des actes diplomatiques, chaque État écrit dans sa propre langue, et traduit l'acte dans la langue du pays au gouvernement de qui il est adressé. Telle est la pratique ordinaire. On ne donne ainsi la préférence à aucune langue, comme le prétendait l'Espagne vers la fin du quinzième siècle, quand, se prévalant de sa prépondérance politique, elle voulait que la langue espagnole fût la seule préférée pour les actes diplomatiques. Les ministres des Puissances étrangères ne doivent employer *officiellement* que leur propre langue dans les relations d'étiquette ou d'affaires *officielles* avec les gouvernements près desquels ils sont envoyés, mais en joignant des traductions à leurs communications. C'est ainsi que le ministre Canning ordonnait à tous les agents diplomatiques de la Grande-Bretagne résidant à l'étranger de se servir exclusivement de la langue anglaise dans les communications officielles. Plus tard, M. de Bismarck en a fait autant pour la langue allemande. Cependant, en dehors des communications et des relations strictement officielles, la courtoisie demande que le ministre ou que le négociateur se serve de l'idiôme du pays où il remplit sa mission. Voilà pourquoi l'on doit compter les langues étrangères parmi les connaissances que doivent posséder les aspirants à la carrière diplomatique (1).

(1) Voici comment, en 1872, j'exposais, dans le *Courrier diplomatique*, la question de la langue employée par la diplomatie. Cette citation reproduit en partie ce que j'ai dit dans le texte, mais avec quelques autres détails.

« Plusieurs journaux allemands, — la *Spenersche Zeitung*, entre autres, — ont rappelé, ces jours-ci, que le prince de Bismarck a supprimé l'usage de la langue française dans les communications diplomatiques. La chancellerie fédérale aurait, d'après eux, adopté à cet égard la règle de conduite suivante : communications en *langue allemande*, avec les nations étrangères qui écrivent en leur propre langue; communications en *langue française*, avec les États autres que la France, qui se servent du français au lieu de leur langue propre vis-à-vis de l'Allemagne; communications en *langue latine*, avec le Saint-Siège et avec les autres Puissances qui emploient le latin.

« Il ne saurait être indifférent de jeter, à ce propos, un rapide regard sur la pratique des nations européennes en cette matière.

« Le principe qui domine tout, c'est que le droit d'*égalité* des États s'étend aussi sur la langue qu'emploient leurs gouvernements dans leurs relations diplomatiques. Chaque État souverain est, par conséquent, en droit de se servir exclusivement, et de demander qu'on se serve avec lui d'une langue quelconque par lui déterminée, soit de celle de son pays, soit d'une langue étrangère; et les autres États ont également le droit de ne point obtempérer à ce désir.

« Il est naturel qu'entre les Puissances qui n'ont pas la même langue chacune considère comme un avantage qu'on se serve de la sienne; mais aucune n'a, dans la règle, un droit à cette prérogative. Il en résulte que, lorsque plusieurs États ont des idiômes différents, et que leurs gouvernements ne peuvent s'accorder sur l'emploi d'une même langue, chacun d'entre eux puise dans l'égalité naturelle de toutes les nations le droit de se servir pour ses expéditions et communications de son propre idiôme, ou d'un autre quelconque, en ajoutant ou non une traduction dans la langue de l'autre gouvernement ou dans une langue tierce. On rédige alors plusieurs originaux des traités dans différents idiômes.

« C'est ainsi qu'à la diète de l'Empire germanique les ministres des Puissances étrangères ajoutaient des traductions latines à leurs notes, pouvoirs et mémoires, lorsque ceux-ci étaient conçus dans la langue de leur pays. Les États Généraux des Provinces-Unies des Pays-Bas communiquaient avec les ministres des gou-

La Porte ottomane correspond avec les cours européennes en langue turque ; elle ne regardait même

vernements étrangers en langue hollandaise, en ajoutant une traduction française. Mais, au congrès de paix de Rastadt (en 1797-1799), la députation de l'Empire germanique et l'ambassade de France s'écrivirent chacune dans sa propre langue, sans joindre une traduction. On procéda de la même manière à l'assemblée de la députation de l'Empire germanique à Ratisbonne, en 1802 et 1803. Le traité de paix de Vienne, de 1738, est conçu en latin et en français, celui de Belgrade, de 1739, en turc et latin. Le traité de paix entre la Russie et la Turquie, de 1774, est conçu en trois langues, le russe, l'italien et le turc. La diète germanique avait arrêté, dans son protocole du 12 juin 1817, qu'elle ne se servirait dans ses relations extérieures que de la langue allemande, mais en ajoutant une traduction latine ou française là où l'on serait disposé à rendre la pareille.

« Il est toutefois intéressant de remarquer que la langue française a été souvent employée par les États de l'Allemagne, même pour leurs relations entre eux.

« La confection de plusieurs instruments originaux en idiômes différents, lorsque chaque Puissance intéressée persiste à employer sa langue propre pour les relations habituelles et pour la rédaction des traités, ralentit nécessairement les négociations, les rend plus difficiles, et enlève à la lettre des conventions la clarté et la précision qui sont si désirables dans les contrats internationaux. Aussi, pour éviter cet inconvénient, les Etats ont-ils volontiers adopté, dans le passé, une langue tierce.

« On s'est servi de la langue latine jusqu'au XVIIIme siècle. C'est en latin qu'ont été rédigés les traités de Nimègue, Ryswick, d'Utrecht, la quadruple alliance de Londres, etc. Vers la fin du XVme siècle, la prépondérance politique de l'Espagne avait fait un instant adopter la langue de ce pays pour toutes les correspondances politiques. Grâce aux chefs-d'œuvre de sa littérature, la langue française a obtenu, depuis Louis XIV, une certaine universalité dans les cours et dans les négociations diplomatiques. Constatons néanmoins que souvent, dans les temps modernes, l'orsqu'on a rédigé un traité uniquement en français, on a pris le soin de prévenir par une clause de protestation les conséquences désavantageuses qu'on pourrait en tirer dans l'avenir.

« En somme, il n'y a dans cette matière aucune règle précise commune à toutes les nations, si ce n'est le principe qui autorise chaque État à faire usage de sa prope langue dans les actes diplomatiques. Il y a, de plus, le vœu que toutes les Puissances parviennent à s'entendre sur le choix d'un idiôme unique applicable aux relations de la politique internationale. Les riva-

autrefois comme obligatoires pour elle, que les traités rédigés en langue turque-arabe. Ordinairement ses communications étaient accompagnées d'une traduction latine; de nos jours, elle joint le plus souvent au texte une traduction en langue française.

Les mêmes règles s'appliquent aux communications verbales qui se font dans les occasions solennelles, par exemple aux discours prononcés dans les audiences publiques. Le ministre étranger tient, ou du moins peut tenir, son discours dans sa propre langue ; un interprète est chargé de le traduire. Le chef de l'État répond dans la sienne. Mais, répétons-le, il n'y a pas de règle absolue et universelle à cet égard; il n'y a pas de langue généralement adoptée pour les communications diplomatiques. Elles se font d'après les usages suivis par les États dont les représentants échangent des communications.

Les Traités ; les Conventions.

Les congrès, les conférences, aboutissent en général à des *traités*.

Les *traités* sont des conventions qui se font de nation à nation, par l'entremise de négociateurs qui représentent les parties contractantes.

Dans le langage du droit civil on définit la convention: l'accord de deux ou plusieurs volontés sur une même chose. Les *traités* sont donc des conventions. Cependant on dit: des *traités* de paix, d'amitié, de commerce et de navigation ; des *conventions* postales, télégraphiques, d'extradition. Le mot *convention* a

lités des gouvernements et des peuples s'opposeront longtemps encore à la réalisation de ce souhait. C'est pour cela que le latin, — langue morte, — était admirablement propre, par sa neutralité, à jouer le rôle d'idiôme commun, sans compter sa précision qui en fait la langue scientifique par excellence.

« Mais, qui s'aviserait d'imposer aujourd'hui aux diplomates l'obligation de négocier dans la langue de Cicéron » ? (*Courrier diplomatique* du 31 janvier 1872.)

donc une autre signification ? On distingue donc entre *traités* et *conventions* ?

Dans la langue du droit des gens le mot *convention* n'a pas en réalité une autre signification que le mot *traité* : on emploie indifféremment ces deux termes dans la pratique pour définir les contrats entre les États. Cependant, si les *traités* et les *conventions* sont la forme la plus solennelle des transactions internationales, et si l'on peut employer indifféremment l'un et l'autre mot, il n'en est pas moins vrai qu'il existe une différence entre eux, quant à la chose qu'ils désignent. En quoi cette différence consiste-t-elle ?

On a dit qu'en principe c'est la durée de l'acte qui fixe la dénomination : le *traité* serait *perpétuel*, la *convention* serait *temporaire*. Ce n'est pas complétement exact, car, si les *traités* proprement dits sont perpétuels dans leurs termes, ils expirent naturellement dans certains cas, et souvent la durée est formellement limitée ; d'un autre côté, rien n'empêche que les *conventions* ne portent sur des affaires déterminées et transitoires, qui s'accomplissent par un acte unique et se consomment dans leur exécution une fois pour toutes, ce qui les rend perpétuelles de leur nature.

On a dit aussi que le mot de *traité* désigne un contrat solennel qui a pour objet les intérêts principaux des États, tandis que le terme de *convention* indique un contrat moins solennel qui a pour objet des intérêts moins graves : en réalité les *conventions* ne seraient que des *traités* de moindre importance. Cette définition est très vague, mais se rapproche davantage de la vérité.

Ce qui me paraît distinguer le *traité* de la *convention*, ce n'est pas la durée indéterminée ou déterminée, c'est l'objet. Le *traité* est plus général, il s'occupe d'un certain nombre d'intérêts, il règle beaucoup plus de questions différentes, il embrasse un grand nombre de sujets. La *convention* règle plutôt des points spéciaux concernant les intérêts réciproques de deux ou plusieurs États, elle n'a en vue que des intérêts particuliers. Prenons par exemple la collection des traités du Pérou publiée, en 1876, par l'ordre du gouvernement péruvien ; il y a onze *traités* d'amitié, de commerce et de navigation, un *traité* de paix et d'amitié, vingt-sept *conventions*. Dans les traités il est pourvu à une grande variété d'intérêts ; il y est question par exemple : de la liberté des transactions commerciales à l'intérieur ; de la liberté d'exportation et d'importation ; de l'exemption réciproque d'arrêt, embargo ou expropriation pour aucun motif public ou privé ; de la condition des étrangers dans les pays respectifs ; des immunités à accorder aux agents diplomatiques ; de toutes les questions qui se présentent en matière de droit maritime ; de la liberté de conscience ; de la protection pour les personnes et les propriétés ; de la jouissance réciproque des droits civils ; de toutes les questions dont on s'occupe en matière de droit international privé ; de toutes celles qui concernent le droit constitutionnel et les relations politiques des États contractants ; etc. Quant aux *conventions*, elles n'ont trait qu'à des points spéciaux, qu'à des intérêts particuliers : ce sont des conventions postales, consulaires, fluviales, d'échange de territoires ; des conventions sur les droits des neutres en mer, sur la nomination d'une commission chinoise, sur le boraz et les droits différentiels du guano ; une convention métrique ; etc (1).

On peut aussi dire que les *traités* ont pour objet la création de relations permanentes entre deux ou plusieurs États, en vue d'un but déterminé : comme les traités de paix, d'alliance, d'amitié, de navigation, etc., tandis que les *conventions* sont les accords par lesquels deux ou plusieurs États règleraient seulement certains intérêts politiques et particuliers : par exemple les conventions postales, télégraphiques, de transit par les chemins de fer, les conventions d'extradition ; mais

(1) L'exposition et l'étude des matières contenues dans ces traités et conventions ont trouvé leur place dans la partie du cours consacrée à l'histoire des traités du Pérou. Elles n'appartiennent pas à la partie du cours concernant le droit diplomatique.

l'usage a prévalu de dire aussi : les *traités* d'extradition. Dans tous les cas, les règles applicables aux *traités* doivent être appliquées aux *conventions*.

Sans descendre dans le détail des classifications diverses des traités (1), et en ne considérant ces contrats

(1) Les esprits qui se plaisent à multiplier les distinctions, les divisions et les subdivisions, distinguent diverses sortes de traités, selon le point de vue auquel ils se placent, c'est-à-dire suivant qu'ils les considèrent au point de vue de leur portée, de leur objet, de leur nature. Mais ces classifications sont de peu d'utilité pratique. C'est ainsi par exemple qu'on distingue : les traités qui ont simplement trait à des choses auxquelles on était déjà tenu par le droit naturel, et sur lesquelles on traite afin de se procurer un droit parfait, tandis qu'on n'avait sur ces choses qu'un droit imparfait. Les traités par lesquels on s'engage à quelque chose de plus, c'est-à-dire à des choses auxquelles on n'était pas tenu par la loi naturelle. Les traités *constitutifs*, qui ont pour objet la constitution d'un droit réel sur la chose d'autrui, ou la constitution d'une obligation de donner, de faire ou de ne pas faire. Les traités *réglementaires*, dont l'objet est de régler la conduite politique de plusieurs États, soit entre eux, soit envers d'autres, dans un intérêt commun ou individuel, d'une manière générale ou dans des cas déterminés. Les traités d'*association*, qui ont pour but de fixer un plan d'après lequel les contractants contribueront à la réalisation d'un certain but politique, par des moyens, soit égaux, soit inégaux. Les distinctions les plus simples et les plus pratiques sont celles qui classent les traités en : *traités préliminaires*, qui sont ou des « *pacta de contrahendo* », ou des accords n'établissant qu'un état provisoire, et les *traités définitifs*, qui sont *principaux* ou *accessoires*; les *traités éventuels*, dont l'exécution dépend de quelque événement qu'on présume devoir arriver tôt ou tard, et sans la réalisation duquel ils sont considérés comme nuls ; les *traités purs et simples* et les *traités conditionnels*, c'est-à-dire sous conditions suspensives ou résolutoires, expresses ou tacites ; les *traités égaux*, où l'on se promet de part et d'autre des choses égales ou équivalentes, et les *traités inégaux*; les *traités personnels*, qui se rapportent exclusivement aux personnes des contractants, tels que les traités d'alliance de familles, les traités de garantie de la possession d'un trône à un souverain et à sa famille, lesquels traités expirent avec ceux qui les ont contractés, et les *traités réels*, qui sont attachés au corps de l'État, et subsistent autant que l'État, si l'on n'a pas marqué le temps de leur durée. L'appréciation et l'explication de ces classifications, l'analyse de ces diverses espèces de traités appartiennent à l'enseignement du droit international public.

internationaux que sous le point de vue de leur objet, on divise les traités en *traités généraux* et *traités spéciaux*, *traités politiques* et *traités économiques*.

Les *traités généraux* embrassent toutes les relations ou tout un groupe de relations générales entre les États; les *traités spéciaux* ne concernent qu'un objet déterminé des relations internationales. Les *traités politiques* ont pour objet de régler les rapports de gouvernement entre les États ; les *traités économiques* déterminent les rapports de production et d'échange. Les traités d'alliance sont des *traités généraux* plus particulièrement *politiques* ; les traités de commerce sont des *traités généraux* plus particulièrement *économiques* (1). Les traités ou conventions d'extradition sont des *traités spéciaux* complètement *politiques* ; les conventions postales sont des *traités spéciaux* qui sont surtout *économiques* (2).

Forme des traités et des conventions. — De quoi ces actes internationaux se composent-ils, quant à la forme ?

Sous le point de vue de la forme, on remarque dans les traités et conventions :

(1) Ce n'est guères qu'après la paix de Nimègue, en 1678, que les traités de commerce et de navigation se sont séparés des traités politiques. Au reste, il arrive fréquemment que dans des traités qui ne sont pas des traités de commerce il se rencontre des clauses relatives aux intérêts commerciaux. Les traités politiques et les traités de commerce sont les deux catégories les plus importantes des contrats internationaux. Ce sont les relations de plus en plus compliquées des peuples modernes qui ont donné naissance à ces conventions particulières de diverses espèces, telles que les conventions relatives à la traite des noirs, à la propriété littéraire ou industrielle, les conventions postales, télégraphiques, monétaires, les conventions relatives aux chemins de fer, à l'exécution des jugements étrangers, etc., etc.

(2) Ici nous nous conformons à l'usage, qui prend comme synonymes les mots *traités* et *conventions*, ou qui considère les *conventions* comme n'étant que des *traités* moins solennels.

1° Un préambule;

2° La désignation des plénipotentiaires;

3° La justification de leur qualité pour négocier;

4° Les stipulations qui forment le corps du traité et en fixent la durée;

5° La finale, constatant le concours des volontés des plénipotentiaires sur l'ensemble des dispositions arrêtées;

6° L'indication du lieu où l'acte est conclu, de la date et du nombre d'expéditions originales qui ont été dressées;

7° La signature et le sceau des négociateurs.

Le Préambule.

Ce qu'on appelle *préambule* d'un *traité* ou d'une *convention*, est la partie de l'acte international dans laquelle est énoncé le motif de la négociation. C'est comme l'exorde, comme l'avant-propos du *traité* ou de la *convention*. Il est placé au début. Dans les *traités* il est précédé d'une invocation à Dieu, conçue dans des termes divers (1), soit: « *Au nom de Dieu, auteur et législateur de l'Univers* », comme dans le traité du 9 mars 1861 entre la France et le Pérou; soit: « *Au nom de la très-sainte et indivisible Trinité* », comme dans le traité du 16 mai 1874 entre le Pérou et la Russie; soit seulement: « *Au nom de la très-sainte Trinité* », comme dans le traité du 26 mars 1853 entre le Pérou et le Portugal.

L'invocation ne se trouve pas en général dans les *conventions*; ce qui pourrait, à la rigueur, établir une sorte de différence entre les *conventions* et les *traités*. Mais cependant il n'y a rien d'absolu sur ce point. En effet, la convention de navigation fluviale du 23 octobre 1851, et la convention fluviale du 22 octobre 1858,

(1) Le traité de Berlin du 13 juillet 1878 est placé sous l'invocation: « *Au nom du Dieu tout puissant* ».

conclues entre le Pérou et le Brésil, sont placées sous l'invocation de la « *très-sainte et très-indivisible Trinité* ». D'autre part, les *traités* du Pérou avec la Belgique, par exemple, avec la Bolivie (en 1863), la Colombie, les États-Unis d'Amérique, la République Argentine, la Grande-Bretagne, etc., ne sont placés sous aucune invocation.

Le traité d'adhésion à l'alliance offensive entre le Chili et le Pérou, conclu par les Républiques de Bolivie et du Chili, le 19 mars 1866, fut placé sous l'invocation du « *Dieu tout puissant* ». Le pacte fondamental de la confédération Péru-Bolivienne, signé à Tacna le 1er mars 1837, fut conclu « *au nom de Dieu triple et un* ». Le traité de paix et de commerce entre la Bolivie et le Pérou, conclu à Sucre le 10 octobre 1848, est fait simplement « *au nom de Dieu* ». Il résulte de ces exemples que la formule de l'invocation n'est pas uniforme, et que l'usage même de l'invocation n'est ni universel, ni absolu. Dans mes *Éléments de droit public et d'économie politique* (1) et dans mes *Principes généraux de droit, de politique et de législation* (2), j'ai montré combien il est naturel et légitime que les représentants des États civilisés, obéissant au sentiment intime de la faiblesse humaine, de quelque nom pompeux qu'elle se décore, placent leurs délibérations et leurs traités sous l'invocation de la divinité, qui fait la prospérité et la grandeur des nations. Pour les peuples, comme pour les individus, rien ne peut être grand, ni durer, sans l'idée de Dieu.

Placé ou non placé sous une invocation, le préambule énonce donc le motif de la négociation (3). Voici

(1) Pradier-Fodéré, *Eléments de droit public et d'économie politique*, édition de 1865, p. 190 et suiv.

(2) Pradier-Fodéré, *Principes généraux de droit, de politique et de législation*, édition de 1869, p. 570.

(3) Le préambule du traité de Berlin de 1878 est ainsi conçu : « Les Puissances parties au traité, désirant régler, dans une pensée d'ordre européen, conformément aux stipulations du traité de Paris du 30 mars 1856, les questions soulevées en Orient par

par exemple le préambule du traité d'amitié, de commerce et de navigation conclu à Lima, le 9 mars 1861, entre la France et la République du Pérou, traité qui a été dénoncé le 5 octobre 1876, et par conséquent a cessé ses effets le 5 octobre 1877 : *S. Exc. le président de la République du Pérou et S. M. l'empereur des Français, animés du désir de fortifier les liens d'amitié, de régulariser, maintenir et étendre les relations commerciales et maritimes qui existent heureusement et sont déjà établies entre les deux nations, ont résolu de conclure un traité d'amitié, de commerce et de navigation, qui les établît sur des bases solides de justice et de convenance réciproque* ».

La désignation des plénipotentiaires.

Puis vient la désignation des plénipotentiaires : « *A cet effet, ils ont conféré leurs pleins pouvoirs : S. Exc. le président de la République du Pérou, au ministre des relations extérieures, Dr. D. José Fabio Melgar; et S. M. l'Empereur des Français, à M. Prosper Edmond de Lesseps, officier de l'Ordre impérial de la Légion d'honneur, commandeur de l'Ordre de Saint-Grégoire-le-grand et des Chevaliers de Jérusalem, officier de l'Ordre de Léopold de Belgique, son consul général et chargé d'affaires auprès du gouvernement de la République du Pérou* ».

Dans la désignation des plénipotentiaires, le nom du plénipotentiaire est précédé du titre nobiliaire et du grade militaire, s'il y a lieu ; il est suivi de l'énumération des ordres de chevalerie dont le plénipotentiaire est décoré, en plaçant en tête l'ordre national, puis les divers ordres étrangers, suivant le rang d'élévation des grades. A grade égal, on cite en premier lieu l'ordre

les événements des dernières années et par la guerre dont le traité préliminaire de San-Stephano a marqué le terme, ont été unanimement d'avis que la réunion d'un congrès offrirait le meilleur moyen de faciliter leur entente.....».

du souverain avec lequel on négocie. Vient en dernier lieu la qualité diplomatique dont le plénipotentiaire est revêtu.

Il ne faut pas croire cependant qu'on n'indique que les titres nobiliaires, que les grades militaires et que les ordres de chevalerie, nationaux ou étrangers : on énonce également d'autres qualifications. Ainsi, par exemple, dans le traité du 14 août 1874 entre le Pérou et la Belgique, il est exprimé que le président du Pérou nomme pour son plénipotentiaire : « *Le Dr D. Pedro-Galvez, doyen de la Faculté de Jurisprudence et professeur de droit civil en l'Illustre Université de San-Marcos de Lima, décoré de la médaille de codificateur par le Congrès péruvien, envoyé extraordinaire et ministre plénipotentiaire à Paris, Londres et Lisbonne, etc., etc.* ».

La justification de la qualité pour négocier.

Après la désignation des plénipotentiaires vient la justification de leur qualité pour négocier, c'est-à-dire la mention qu'ils ont échangé et examiné leurs pouvoirs. Cette justification est habituellement ainsi formulée : « *Lesquels, après avoir échangé leurs pleins pouvoirs, et les avoir trouvés en bonne et due forme, sont convenus des articles suivants* ».

Il a été dit en effet qu'avant de procéder à la négociation les plénipotentiaires ont dû s'assurer, par l'examen de leurs pleins-pouvoirs, qu'ils avaient qualité pour engager leur gouvernement et leur pays.

Les stipulations qui forment le corps du traité et en fixent la durée.

Les stipulations qui constituent le traité suivent la justification de la qualité pour négocier. Elles sont formulées en articles numérotés. Les deux derniers articles fixent la durée du traité et le délai dans lequel les ratifications seront échangées. La formule est ordinairement ainsi : « *Le présent traité sera en vigueur pendant... ans, à compter du jour de l'échange des ratifications....* ». Et : « *Le présent traité sera ratifié par les gouvernements des deux États contractants, et les ratifications en seront échangées à....., dans un délai de...., ou avant si faire se peut* ».

On adopte habituellement la rédaction des clauses par articles numérotés. La clarté et la précision sont les qualités nécessaires, indispensables, de cette rédaction. Les négociateurs doivent toutefois éviter une trop grande concision, et savoir donner à la lettre du contrat tout le développement que le sujet exige. Ils doivent surtout arrêter leur attention sur la portée des termes employés, et, dans le cas où un doute se présenterait à leur esprit, demander les explications nécessaires; enfin, on ne doit pas prendre les mots dans un sens inusité, sans en avertir. Il est de la plus haute importance que les négociateurs connaissent parfaitement la langue dans laquelle ils ont à rédiger les traités, leur ignorance pouvant donner lieu à beaucoup d'équivoques et de difficultés. Lorsque le traité n'est pas rédigé dans une langue commune, on en fait une traduction, et chaque partie signe les deux exemplaires. Le choix d'une langue commune dans un traité n'oblige d'ailleurs pas pour l'avenir, et souvent même, quand ce choix a eu lieu, les Puissances contractantes, ainsi que nous l'avons vu, font insérer un article séparé pour déclarer que ce choix ne tire pas à conséquence.

Les articles. — Articles principaux. — Articles accessoires. — Articles connexes. — Articles non connexes.

Lorsqu'un traité est composé de plusieurs articles, il faut distinguer les articles *principaux* de ceux qui ne sont qu'*accessoires* ; les articles qui se trouvent en liaison par leur contenu, articles *connexes*, de ceux entre lesquels il n'y a point de tels rapports, *non con-*

nexes. Tous les articles principaux, qu'ils soient connexes ou non, quant au contenu, sont dans une liaison générale en vertu de laquelle chacun de ces articles a pour condition l'accomplissement des autres, et ne peut être considéré comme un traité séparé, à moins de supposer qu'on l'ait expressément signé comme tel. Si tous les articles *principaux* ont cette liaison entre eux et ne forment qu'un seul traité, c'est parce que tel article qui n'a aucun rapport avec un autre n'a peut-être été introduit dans le traité que par compensation pour celui-là.

Lorsque les articles principaux tombent, les articles accessoires tombent avec eux, quoiqu'il y ait des cas où la politique empêche de s'en écarter ; mais la rupture d'articles accessoires ne fait pas tomber les articles principaux, et n'autorise pas même sur le champ à les rompre.

Articles généraux. — Articles particuliers.

On distingue aussi les articles *généraux*, qu'on retrouve dans tous les traités, et les articles *particuliers*, qui sont propres spécialement à tel traité. Ainsi par exemple l'article sur les ratifications, sur le temps et le lieu de leur échange, est un article général.

Articles séparés.

Les articles séparés ou supplémentaires sont des articles annexés comme suppléments ou appendices ; ils sont ajoutés aux articles formant le corps du traité. Ils ont ordinairement pour objet, par exemple, les conditions mêmes du traité, ou son exécution ; quelquefois ils renferment une clause salvatoire concernant les titres qu'on a pris ou la langue dont on s'est servi, pour empêcher que ce qui a été accordé cette fois ne tire à conséquence. Comme tous les articles d'un traité forment un ensemble tellement lié qu'on ne saurait résilier l'un de ces articles sans porter à tous les autres une atteinte plus ou moins grave, on déclare habituellement que les articles séparés doivent être considérés comme s'ils étaient insérés dans le traité même et s'ils en faisaient partie. Cette déclaration a pour but d'établir entre eux et les autres articles l'étroite solidarité qui existe entre tous les articles du même traité.

Cette clause est ainsi conçue : « *Les articles ci-dessus auront même force et valeur que s'ils étaient inscrits mot à mot dans le traité dont ils font partie, et les plénipotentiaires respectifs les ont signés et y ont apposé leurs sceaux et leurs cachets* ».

Quelquefois les dispositions supplémentaires se présentent sous la forme d'*articles additionnels*, de *conventions additionnelles* ou de *protocoles de clôture*.

Voici, par exemple, la formule d'un article additionnel : « *Le gouvernement de.... et le gouvernement de.... reconnaissant l'utilité de mieux préciser le sens et de compléter les dispositions des articles.... de la convention conclue le... entre..., sont convenus de ce qui suit :* » (Ici l'article). « *Le présent article additionnel aura la même force, valeur et durée que s'il était inséré mot pour mot dans la convention précitée de.., à laquelle il sert de commentaire. Fait à...* »

Une convention additionnelle peut se présenter sous la formule suivante : « *S. M. L'empereur de... S. M. la reine de... voulant régler d'une manière définitive l'exécution du traité de.... conclu... à... le... entre... ont nommé à cet effet pour plénipotentiaires, savoir... Lesquels, après s'être communiqué leurs pleins pouvoirs respectifs trouvés en bonne et due forme, ont dressé les annexes suivantes au susdit traité...* ». (Ici les annexes...) « *Les précédentes annexes, qui auront la même force et valeur que si elles étaient insérées au traité de... du..., seront ratifiées, et les ratifications en seront échangées à... dans le délai de..., ou plus tôt si faire se peut. En foi de quoi, etc.* »

Le *protocole de clôture* se compose habituellement

de déclarations : « *Au moment de procéder à la signature de la convention de... arrêtée entre eux à la date de..., les plénipotentiaires soussignés ont fait les déclarations suivantes :* » (Ici les déclarations numérotées.) « *Le présent protocole, qui sera considéré de part et d'autre comme approuvé et sanctionné, sans autre ratification spéciale, par le seul fait de l'échange des ratifications de la convention de... à laquelle il se rapporte, a été dressé en... à... le...* ».

Les articles séparés peuvent être *publics* ou *secrets.*

Articles secrets.

Il peut être nécessaire quelquefois de tenir *secrètes* certaines dispositions d'un traité, c'est-à-dire de convenir que la publication ou l'exécution de ces dispositions devront être retardées pendant un certain temps ; à l'expiration de ce délai elles deviennent *patentes.* Ce sont les articles *secrets:* on les nomme aussi *réserves.*

Les réserves.

Les *réserves* sont donc des dispositions arrêtées par les États contractants, outre le traité destiné à devenir public, et qu'ils conviennent de tenir secrètes. Ces dispositions ont la même valeur que si elles étaient insérées dans le texte même du traité. Généralement il en est fait mention dans le procès-verbal d'échange des ratifications.

On donne toutefois aussi le nom de *réserves* à des articles dans lesquels les parties contractantes se réservent respectivement le droit de prendre séparément des arrangements particuliers de toute nature, sur des points déterminés.

Finale et autres énonciations dont se composent les traités et conventions.

Les traités et conventions se terminent par une disposition finale constatant le concours des volontés des plénipotentiaires sur l'ensemble des articles convenus; par l'indication du lieu où l'acte a été conclu, de la date, du nombre des expéditions originales qui en ont été dressées; et par la signature et l'apposition du sceau des négociateurs. Voici en général la formule: « *En foi de quoi, les plénipotentiaires des hautes parties contractantes ont signé le présent traité et y ont apposé leurs sceaux et leurs cachets, etc... Fait en double* (ou en triple, ou en quadruple, etc.,) *à..., le... jour du mois de..., de l'an... Signatures* ».

La signature et l'alternat.

Il a déjà été question de l'alternat. On sait que c'est le droit d'occuper à son tour la place d'honneur; que c'est l'ordre qui est suivi, dans les actes diplomatiques, relativement au rang dans lequel sont nommés les chefs des États qui sont parties contractantes et leurs plénipotentiaires, et relativement à la place de la signature de ces derniers. Répétons que, lors de la signature des traités ou conventions, les plénipotentiaires font expédier autant d'originaux qu'il y a de parties contractantes. Chaque souverain est nommé le premier en tête, et, autant que la rédaction le permet, dans le corps même de l'exemplaire qui doit lui rester; son plénipotentiaire ou commissaire est nommé le premier dans l'indication des plénipotentiaires qui suit le préambule, et signe à la première place dans ce même exemplaire (1). Les autres souverains sont généralement cités dans l'ordre alphabétique de

(1) Voici comment, dans le traité de Berlin de 1878, ont été rédigées la justification de la qualité pour négocier, la finale, etc., et quel a été l'ordre dans lequel on a signé :

leurs États; quelquefois cependant l'ordre a été désigné par le sort. Au congrès de Lima de 1847 on a suivi l'ordre alphabétique pour la citation des noms des cinq républiques qui s'y étaient fait représenter; quant à l'ordre des signatures, c'est le sort qui a décidé. L'ordre suivi dans les instruments originaux doit être maintenu dans les actes de ratification et dans les procès-verbaux d'échange de ces ratifications. Il a été dit aussi que la première place, pour la signature, est sur la première ligne, si les négociateurs signent l'un au dessous de l'autre ; à la droite du papier, c'est-à-dire à la gauche de celui qui signe, si les plénipotentiaires signent sur une seule ligne; enfin, que chaque chef d'État a le droit d'être nommé le premier dans l'instrument d'un traité qui lui est destiné, et que son plénipotentiaire a le droit d'occuper la première place dans l'indication des négociateurs qui figurent en tête du traité, et pour la signature de l'instrument où son souverain occupe le premier rang. Répétons encore que, pour prévenir les difficultés qui peuvent surgir à l'occasion de la signature des traités, les États modernes ont résolu de se placer sur un terrain neutre, en adoptant pour l'ordre à suivre dans les signatures un mode étranger à

« Lesquels (plénipotentiaires), suivant la proposition de la cour d'Autriche-Hongrie et sur l'invitation de la cour d'Allemagne, se sont réunis à Berlin, munis de pleins pouvoirs qui ont été trouvés en bonne et due forme. L'accord s'étant heureusement établi entre eux, ils sont convenus des stipulations suivantes.... ». — « Art. 63. Le traité de Paris du 30 mars 1856, ainsi que le traité de Londres du 13 mars 1871, sont maintenus dans toutes celles de leurs dispositions qui ne sont pas abrogées ou modifiées par les stipulations qui précèdent ». — « Art. 64. Le présent traité sera ratifié et les ratifications en seront échangées à Berlin, dans un délai de trois semaines, ou plus tôt si faire se peut ». — « En foi de quoi, les plénipotentiaires respectifs l'ont signé et y ont apposé le sceau de leurs armes. Fait à Berlin, le treizième jour du mois de juillet 1868 ». Suivent les signatures dans l'ordre alphabétique, ainsi qu'il suit : Allemagne, Autriche, France, Grande-Bretagne, Italie, Russie, Turquie. Sur l'exemplaire français, les signatures des plénipotentiaires de la République française figurent en tête.

toute idée de préséance, et que par le règlement fait au congrès de Vienne de 1814-1815, il a été stipulé que dans les traités entre plusieurs Puissances les signatures se suivraient par ordre alphabétique, d'après la lettre initiale du nom de chaque Puissance. Par application de cette décision aux actes des trois grands congrès européens de ce siècle, — les congrès de Vienne, de Paris et de Berlin, — les signatures ont été apposées suivant cet ordre.

La ratification.

La *ratification* est l'acte par lequel le pouvoir souverain déclare qu'il accepte le traité. Elle a lieu suivant les formes propres à la constitution de chaque État. En général, l'acte de ratification consiste en un écrit signé par le chef de l'État et scellé de son sceau, par lequel il approuve le contenu du traité conclu en son nom par le plénipotentiaire négociateur, et promet de l'exécuter de bonne foi dans tous ses points. La plupart des constitutions des États modernes confèrent au chef de l'État le droit de conclure, de négocier et même de ratifier les traités, mais elles ajoutent que ces traités, ou au moins certains d'entre eux qui sont déterminés par la constitution, ne seront exécutoires qu'après avoir été approuvés par le pouvoir législatif (1).

(1) Aux termes de la loi constitutionnelle du 16 juillet 1875, sur les pouvoirs publics, le président de la République française négocie et *ratifie* les traités. Il en donne connaissance aux Chambres, aussitôt que l'intérêt et la sûreté de l'État le permettent. Les traités de paix, de commerce, les traités qui engagent les finances de l'État, ceux qui sont relatifs à l'état des personnes et au droit de propriété des Français à l'étranger, ne sont définitifs qu'après avoir été votés par les deux Chambres. Nulle cession, nul échange, nulle adjonction de territoire ne peut avoir lieu qu'en vertu d'une loi (*Art.* 8). Le président de la République promulgue les lois (*Art.* 7). — Au Pérou, le plénipotentiaire est nommé par le président de la république, après avoir pris le vote *consultatif* du conseil des ministres. Le décret de nomination et les pleins pouvoirs sont préparés par le chef de la

Les traités, les conventions, sont donc soumis à la ratification : ce qui constitue une dérogation au droit commun, d'après lequel les actes faits par un mandataire dans les limites de son mandat n'ont pas besoin d'être ratifiés par le mandant ; mais la nécessité de donner au négociateur des pouvoirs étendus a rendu nécessaire la réserve d'une ratification particulière, afin de ne pas exposer l'État aux préjudices souvent irréparables qui pourraient résulter d'une inadvertance des négociateurs.

Il est d'usage de réserver expressément la ratification par une clause spéciale insérée dans les traités ; toutefois la réserve de la ratification peut résulter des circonstances dans lesquelles les traités ont été conclus. La tendance est même aujourd'hui de présumer que la ratification a été réservée, dans les cas où elle ne l'aurait pas été expressément, les États modernes considérant les ratifications et leur échange comme un complément nécessaire pour la validité des traités.

Les traités déterminent, en général, le délai dans lequel ils devront être ratifiés, le lieu et le délai dans lesquels les ratifications devront être échangées. Pour l'échange, on prépare autant d'exemplaires de ratification qu'il y a de Puissances contractantes. Dans toutes les ratifications du chef de l'État, la première place appartient à son pays ; ces ratifications sont échangées con-

section diplomatique du ministère des relations extérieures. Le projet général qui sera la base des négociations a été étudié, suivant la nature du traité, par la section diplomatique ou par la section des consulats, chancellerie et comptabilité. Le ministre du commerce concourt aussi à l'instruction préparatoire pour les traités de commerce. Les instructions sont données par le ministre des relations extérieures au négociateur. Elles sont préparées par la section diplomatique. C'est le président de la république qui dirige les négociations ; il consulte le conseil des ministres ; c'est le président de la république qui conclut les traités, en y insérant la condition expresse qu'ils seront soumis au Congrès. Le Congrès approuve ou désapprouve ; le président de la république promulgue et fait exécuter. L' « *oficial* » archiviste classe et conserve séparément les protocoles et les traités.

tre les ratifications des chefs des États avec lesquels le traité a été conclu. L'échange est constaté par un procès-verbal dressé en autant d'expéditions qu'il y a eu de parties au contrat. Quelquefois, outre la constatation de l'échange des ratifications, on insère dans le procès-verbal l'époque de la mise en vigueur du traité ; d'autres fois on y insère une réserve, une interprétation ; d'autres fois aussi on dresse un procès-verbal spécial pour fixer le point de départ de la mise à exécution (1).

(1) La clause relative à la ratification peut être ainsi conçue : « *Le présent traité sera soumis à l'assentiment des Chambres législatives de... et à celui des Chambres législatives de... Les ratifications en seront échangées.... le plus tôt que faire se pourra et le traité entrera immédiatement en vigueur. En foi de quoi... etc* ».

La formule d'une ratification par un chef d'État monarchique peut être conçue ainsi : « *Nous ayant pour agréable la convention qui précède, l'approuvons, ratifions, et confirmons, promettant de la faire exécuter et observer selon sa forme et teneur, sans permettre qu'il y soit contrevenu en aucune sorte et manière que ce soit. En foi de quoi...* ».

Ou bien : « *Ayant vu et examiné la convention... conclue le... entre... et... par notre plénipotentiaire muni de pleins-pouvoirs spéciaux avec le plénipotentiaire également muni de pleins-pouvoirs en bonne et due forme de la part de..., convention dont la teneur suit :* (texte de la convention in-extenso) *Nous ayant pour agréable la convention qui précède en toutes et chacune des dispositions qu'elle renferme, déclarons, tant pour nous que pour nos héritiers et successeurs, qu'elle est approuvée, acceptée, ratifiée et confirmée, et, par ces présentes signées de notre main, nous l'approuvons, acceptons, ratifions et confirmons, promettant en foi et parole de roi de l'observer et de la faire observer inviolablement, sans jamais y contrevenir, ni permettre qu'il y soit contrevenu pour quelque cause ou quelque prétexte que ce soit. En foi de quoi, nous avons signé les présentes lettres de ratification et y avons fait apposer notre sceau royal... etc...* ».

Dans les pays gouvernés démocratiquement et soumis à une constitution républicaine, le président de la République ratifie quelquefois en ces termes : « *Le Congrès national ayant approuvé la convention ci-dessus, le..., faisant usage des facultés que la constitution de la République me concède, je viens l'accepter, l'approuver et la ratifier, en la tenant comme loi de l'État, et en engageant pour son observation l'honneur national.*

Il peut arriver que l'échange des ratifications soit retardé par un motif indépendant de la volonté des parties : dans le cas par exemple où la législature n'a pu examiner en temps utile un acte que la constitution soumet à son approbation. Dans ce cas, le terme fixé par le traité pour l'échange des ratifications est d'ordinaire reculé par correspondance. Quelquefois cependant un acte spécial, dressé en forme de procès-verbal, proroge simplement le délai, ou en assigne un nouveau(1). On appelle *ratifications incomplètes*, celles qui ont lieu avant que le pouvoir législatif ait approuvé les traités, lorsque les chefs d'États croient pouvoir passer outre et ratifier avant cette approbation.

Voici, à titre d'exemple, la formule du procès-verbal dressé à Lima, le 28 décembre 1861, pour l'échange des ratifications du traité de commerce et de naviga-

En foi de quoi je signe la présente ratification, scellée des armes de la République et contresignée par le ministre d'État au département des relations extérieures, à... le...».

Ou bien encore : « *L'Assemblée nationale a adopté, le président de la République promulgue la loi dont la teneur suit : Art... l'Assemblée nationale ratifie le traité* (ou la convention, ou les préliminaires, etc.,) *dont le texte est ci-annexé, et qui a été signé à... le... par..., et autorise le président de la République à échanger les ratifications. Délibéré à...* ».

Voici un modèle de procès-verbal d'échange des ratifications : «*Les soussignés s'étant réunis pour procéder à l'échange des ratifications de... et de... sur le traité* (ou la convention) *de... conclu le... entre... et..., les instruments de ces ratifications ont été produits, et ayant été trouvés exacts et concordants, l'échange en a été opéré. En foi de quoi, les soussignés ont dressé le présent procès-verbal qu'ils ont signé en... expéditions et revêtu de leurs cachets. Fait à... le...* ».

(1) « *Les soussignés, dûment autorisés par le président de la République Française, S. M. le roi des Belges, S. M. la reine du Royaume-Uni de Grande-Bretagne et d'Irlande, et S. M. le roi des Pays-Bas, ayant constaté que la convention du..... sur..... ne pourra être ratifiée dans le délai fixé à l'article...., ni mise à exécution à la date indiquée aux articles... sont convenus de ce qui suit : 1° Le délai fixé pour l'échange des ratifications de la convention du.... est prorogé de deux mois. — 2° La date du.... est substituée à celle du..... dans les articles..... de la dite convention. Fait à...., en quadruple original, le..... Signatures* ».

tion conclu le 9 mars 1861 entre la France et le Pérou : « *Le 28*[me] *jour du mois de décembre* 1861, *M. le D*[r] *D. José Fabio Melgar, ministre des finances et du commerce, et M. Edmond de Lesseps, chargé d'affaires et consul général de l'Empire français, se réunirent au ministère des relations extérieures, dans le but de procéder à l'échange des ratifications par S. Exc. le président de la République du Pérou et S. M. l'empereur des Français, du traité d'amitié, de commerce et de navigation conclu le* 9 *mars de cette année. Les deux plénipotentiaires ayant exhibé leurs pleins-pouvoirs respectifs et lu les instruments originaux de ces ratifications, qu'ils trouvèrent exacts et en bonne et due forme, procédèrent à leur échange. Il a été convenu que le dernier paragraphe de l'article* 37 *sera entendu dans ce sens :.....etc.....etc..... En foi de quoi les soussignés ont dressé le présent procès-verbal, et y ont apposé leurs cachets respectifs. Fait en double, à Lima, le* 28me *jour du mois de décembre de l'an de grâce* 1861 ». Les signatures sur la même ligne : « *E. de Lesseps, José Fabio Melgar* » pour l'exemplaire français ; « *José Fabio Melgar, E. de Lesseps* », pour l'exemplaire péruvien. Sur l'exemplaire français, l'empereur des Français et son plénipotentiaire sont nommés les premiers.

Les traités ne deviennent exécutoires entre les États contractants qu'après avoir été ratifiés. Tant que la ratification n'a pas eu lieu, quoique signés par les négociateurs ils ne sont qu'une promesse solennelle d'engagement. Les États peuvent accepter cette promesse ou la repousser ; ils ne sauraient la modifier : il faut qu'ils l'acceptent ou qu'ils la repoussent tout entière, car y faire un changement quelconque serait rouvrir les négociations. On peut citer comme exemples de traités qui n'ont pas été ratifiés : la convention formée à La Haye entre l'Autriche, l'Angleterre, la Prusse et les Provinces-Unies des Pays-Bas, le 10 décembre 1790 ; le pacte de soumission passé le 2 septembre 1796 entre la ville libre et impériale de Nuremberg et la

Prusse ; le traité de paix entre la Russie et la France, du 20 juillet 1806 ; le traité conclu entre l'Autriche et la Bavière, du 25 juillet 1815 ; le traité conclu en 1819 entre les États-Unis et l'Espagne ; le traité du 20 décembre 1841 sur le droit de visite, et que la France refusa de ratifier ; etc.

L'adhésion et l'accession aux traités.

Il y a certains traités qui tirent de leur caractère général une importance supérieure à l'intérêt même des contractants, et dès lors les États qui n'y ont pas eu de part directe, qui ne les ont pas signés, peuvent non seulement les couvrir de leur approbation, mais encore vouloir y participer d'une manière directe, « *ex post-facto* ».

Lorsqu'il en est ainsi, et que les États contractants se sont mis d'accord à cet effet avec les États qui n'ont pas signé le traité, ces derniers, suivant les circonstances, déclarent, soit qu'ils *adhèrent* à certaines clauses ou à toutes les clauses, soit qu'ils *accèdent* au traité.

L'*adhésion* marque un degré de plus que l'approbation, mais elle ne constitue pas par elle-même un engagement défini : pour que la déclaration d'adhésion produise des obligations et des droits, il faut que les États adhérents déterminent explicitement le caractère et la portée de leur adhésion (1).

L'effet de l'*accession* est de placer l'État qui accède

(1) Voici des formules de déclaration d'adhésion : « *Le soussigné, ministre des affaires étrangères du royaume de..... déclare par les présentes que le gouvernement royal de..... adhère au..... conclu à..... le...., entre..... et portant que* (lieu et date)».

Ou bien : « *Attendu que..... en conséquence, le soussigné ministre des affaires étrangères, après avoir pris les ordres de S. M. le roi..... déclare que le gouvernement royal de... donne son adhésion à.... En foi de quoi, la présente déclaration ministérielle a été délivrée.....* (Lieu et date) ».

Ou bien encore : *Le ministre des affaires étrangères de.... soussigné, déclare par ces présentes, au nom du gouvernement de..... adhérer à.....* (Lieu et date)».

au traité dans les mêmes conditions que les États qui l'ont négocié. Elle a lieu, tantôt par un échange de ratifications entre tous les États signataires et tous les États qui accèdent, tantôt par une déclaration officielle faite à tous les États signataires ou à l'un de ces États chargé de recevoir les accessions des États qui n'ont pas signé le traité (1). Les auteurs du *Précis du Droit des gens* font remarquer que l'*accession* aux traités est entrée à ce point dans la coutume des États, qu'il n'est presque pas de traité d'un intérêt général qui ne contienne une clause particulière déterminant les formes et les conditions dans lesquelles tels États que l'on désigne, ou tous les États en général, seront invités à accéder au traité, ou admis à le faire (2).

Publication des traités et conventions.

L'échange des ratifications étant opéré, les traités et conventions sont insérés au journal officiel par les soins du ministre des affaires étrangères. Quand l'acte international a dû être approuvé par les Chambres législatives, il est précédé, dans le journal officiel, de la loi qui a donné l'approbation.

Conditions essentielles des traités publics.

Les principes qui régissent les conventions internationales sont, en général, les mêmes qui s'appliquent

(1) « *S. M. le roi de .... voulant donner à Leurs M..... toutes les preuves de l'amitié et de la confiance qui sont en son pouvoir, a autorisé le soussigné pour donner en son nom acte de cette accession. En conséquence, le soussigné.... ministre des affaires étrangères, déclare que S. M.... accède par le présent acte à...., et s'engage notamment à se concerter, lorsque besoin sera, avec... pour procéder conformément à.....*

« *Le présent acte d'accession sera ratifié aussitôt après la remise de l'acte d'acceptation, et l'échange des ratifications aura lieu à..... « Date..... Signatures* ».

(2) *Précis du droit des gens*, par Th. Funck-Brentano et Albert Sorel, p. 120.

aux conventions privées. Les conditions essentielles des traités publics sont donc : le *consentement*, une *cause licite*, la *capacité*.

Le consentement.

Le *consentement* doit être *déclaré*, *libre* et *mutuel*.

Il doit être *déclaré*, et en effet toutes les négociations qui précèdent la déclaration ne sont que des pourparlers qui n'ont rien d'obligatoire. Il doit être *libre* : l'erreur, la fraude et la violence produisent dans les traités publics les mêmes effets que dans les contrats privés ; cependant, comme il n'y a pas de juge qui puisse prononcer entre les nations, on est convenu de considérer la force employée de nation à nation comme non injuste quant aux effets externes, et l'on ne peut se dédire d'un traité sous prétexte que la supériorité de la force a contraint de le signer. Quant à la lésion, elle ne saurait vicier les traités. Comment déterminerait-on le degré de lésion nécessaire pour la résiliation d'un traité ? Qui prononcerait sur l'existence d'une telle lésion ? Il appartient à chaque partie contractante de peser d'avance les avantages et les désavantages qui résultent d'un traité ; d'autant plus qu'il n'est pas contraire à la loi naturelle de se faire promettre plus d'avantages qu'on n'en accorde. Le consentement enfin doit être *mutuel*, c'est-à-dire que l'engagement doit concourir avec l'acceptation. Cette acceptation peut être donnée dans la forme d'un instrument commun signé par les parties, ou par une déclaration suivant l'engagement ou inférée d'une déclaration précédente. Il faut de plus que le consentement *mutuel* porte *sur le même objet* ; de simples sollicitations non suivies d'acceptation ne confèrent aucun droit. Tant que les négociations ou les arrangements préliminaires continuent encore, un traité n'a pas d'existence légale, fût-on d'accord sur certains points, à moins cependant qu'on ne convienne de se regarder mutuellement comme engagés par les points arrêtés.

Le fait par une des parties d'adopter dans la pratique des règles de conduite proposées par l'autre constitue bien ce qu'on appelle une *convention présumée*, mais il n'en résulte aucun engagement permanent entre les parties.

Une cause licite.

L'obligation sur cause illicite ne peut avoir aucun effet (1). Cette règle est commune aux contrats du droit civil et à ceux du droit des gens. Il faut donc, pour que le traité soit valable, qu'il y ait possibilité, non-seulement physique, mais *morale*, de l'engagement contracté. Ne seraient pas valables, par conséquent, les traités qui blesseraient l'ordre moral : par exemple les stipulations relatives à l'établissement de l'esclavage, à l'exclusion de tel ou tel État des rapports internationaux nécessaires à la satisfaction de ses besoins physiques et moraux, au mépris des engagements pris vis-à-vis des tiers ; ou qui tendraient à l'abandon d'un droit naturel essentiel : par exemple les clauses portant renonciation complète à l'indépendance.

La capacité.

C'est dans les lois fondamentales de chaque État qu'il faut voir qu'elle est la puissance capable de contracter validement au nom de l'État. Le droit de conclure des traités est certainement un des attributs de la souveraineté ; mais la souveraineté, suivant la forme gouvernementale des États contractants, ne réside point toujours en la même place. Dans les régimes de pouvoir absolu, elle est l'apanage exclusif du chef de l'État, qui en use sans autres limites que celles de sa propre volonté ; dans les pays régis par les gouvernements parlementaires, la souveraineté appartient à la nation, qui la délègue, tantôt directement, tantôt indi-

(1) Code civil français, art. 1131.

rectement à un corps délibérant ou à un mandataire électif, ou à un chef héréditaire (1).

Exécution des traités.

Les traités internationaux légalement stipulés, ratifiés, reçus et publiés, deviennent des *lois* de l'État (2). Ils sont obligatoires *pour les parties contractantes*, c'est-à-dire pour les États qui les ont conclus, aussitôt après la ratification, et même à partir de la signature des traités, car les ratifications ont un effet rétroactif ; mais, dans les cas où ils devront être aussi exécutés par les *particuliers*, ils ne pourront avoir force de loi et être opposés aux citoyens qu'à la condition d'avoir été promulgués et publiés. Du moment qu'un traité entraîne après lui des défenses ou des prescriptions pour les particuliers, il est une *loi* à leur égard, et il faut donc lui appliquer les mêmes principes (3) : les lois sont exécutoires en vertu de la promulgation qui en est faite ; elles seront exécutées du moment où la promulgation *en pourra être connue* (4).

« L'exécution des traités, — disait M. Dupin, en 1839, dans une affaire portée devant la Cour de cassation de France, — est dévolue, non pas à une seule autorité,

(1) Voir, dans le *Journal du droit international privé et de la jurisprudence comparée*, un article de M. Ed. Clunet intitulé : « *Du défaut de validité de plusieurs traités diplomatiques conclus par la France avec les Puissances étrangères*, VIIme année, 1880, p. 5.

(2) Les traités légalement stipulés, ratifiés, reçus, publiés, deviennent des *lois* : il a été jugé qu'une amnistie stipulée dans un traité de paix est obligatoire pour les tribunaux, un tel traité émanant essentiellement de la puissance souveraine. C. cr., 18 février 1807, Dalloz, *Jurisprudence générale*, v° *Amnistie*, n° 36, et *Code pénal annoté*, p. 180, n° 44.

(3) La Cour de cassation française a jugé qu'un traité, même ratifié, qui n'a pas été promulgué en France, n'a pu légalement devenir la base d'une poursuite judiciaire. C. cr. 28 nov. 1834, Dalloz, *Jurisprudence générale*, V° *Crimes contre la sûreté de l'État*, n° 28, et V° *Traité international*, n° 134.

(4) Code civil français, art. 1er.

mais à toutes, dans l'ordre de leur compétence. L'exécution appartient à la diplomatie, quand un traité principal exige des conventions accessoires : par exemple pour la Belgique, dans le Traité des vingt-quatre articles, qui a nécessité tant de conférences et de protocoles subséquents. L'exécution peut être confiée à l'armée, si on ne peut l'obtenir autrement : vous en avez un exemple dans le siège et la prise d'Anvers; l'expropriation a lieu *manu militari*. L'exécution sera politique, s'il s'agit d'un traité d'alliance, d'un acte de médiation ; elle pourra exiger le concours de l'administration, si les actes sont de son ressort : ainsi, par exemple, la convention postale conclue récemment avec l'Angleterre sera exécutée par la direction des postes françaises. Il faut bien admettre enfin que l'autorité judiciaire aura sa part d'attributions dans l'exécution des traités, si, à leur occasion, il s'élève des contestations privées qui soient de sa compétence, telles que des questions de propriété, de famille, de succession ou autres de ce genre (1) ».

On recommande de procéder avec modération dans l'exécution des traités : on accordera tous délais convenables, afin que la partie obligée subisse le moins de préjudice possible. En général, l'exécution doit être précédée d'une mise en demeure ; en cas de retard ou de non-exécution, la partie qui n'aurait pas exécuté serait alors tenue à des dommages-intérêts. Cependant, quand il s'agit de prestations à termes fixes il n'y a pas lieu à sommation préalable, et les dommages-intérêts peuvent courir sans cette condition.

Effets des traités.

Les traités transforment les obligations imparfaites en obligations parfaites, car l'accomplissement de

(1) Conclusions de M. le procureur général Dupin, dans l'affaire Richmond. Voir Dalloz, *Jurisprudence générale*, V° *Traité international*, n° 131.

leurs clauses est de droit strict (1); ils confèrent à chaque partie contractante le droit d'exiger de la partie adverse l'accomplissement des engagements, ou de l'y contraindre par la force, et le droit de contraindre les étrangers à ne pas la troubler dans la jouissance des avantages et autres résultats acquis par les traités. Ce sont des contrats de bonne foi : ils obligent non-seulement à tout ce qui est stipulé expressément, mais aussi à ce qui convient le mieux à la matière du contrat et à la commune intention des parties. « Les rois, — disait Richelieu, — doivent bien prendre garde aux traités qu'ils font; mais, lorsqu'ils sont faits, ils doivent les observer avec religion. Je sais bien que beaucoup de politiques enseignent le contraire; mais, sans considérer ce que la foi chrétienne peut nous fournir contre ces maximes, je soutiens que puisque la perte de l'honneur est plus que celle de la vie, un grand prince doit plutôt hasarder sa personne et même la perte de son État que de manquer à sa parole, qu'il ne peut violer sans perdre sa réputation, par conséquent sa plus grande force de souverain (2) ».

Richelieu parlait pour les républiques comme pour les princes.

Il peut cependant se présenter des cas où l'on soit fondé à refuser l'exécution : lorsque, par exemple, il survient une impossibilité durable, bien que relative ; quand il est survenu depuis la conclusion du traité un changement de circonstances qui ne permettrait plus à l'État obligé de maintenir sa position politique antérieure, et le placerait, vis-à-vis des autres, dans une infériorité qui n'existait pas lors de la conclusion du traité, et qui n'était pas dans les intentions des parties; quand l'évènement qui aurait déterminé l'engagement ne se serait pas réalisé : une alliance de

(1) Certains traités toutefois portent sur des obligations déjà parfaites; d'autres imposent des obligations qui n'étaient pas même imparfaites.

(2) *Testament politique* de Richelieu, IIme part. chap. VI.

famille, par exemple, qui serait la condition tacite et absolue d'une alliance politique.

En général, les traités ne peuvent produire d'effets qu'entre les parties ; ils ne peuvent ni profiter, ni nuire aux tiers (1). Dans le cas où une tierce Puissance croirait éprouver par suite d'un traité un préjudice direct ou indirect, elle pourrait prendre des mesures conservatoires et réserver provisoirement ses droits par une protestation. Les tierces Puissances interviennent quelquefois entre les parties contractantes, soit *bénévolement*, par les bons offices et la médiation, soit *formellement*, en donnant leur adhésion à un traité précédemment conclu. Cette adhésion peut être donnée, soit spontanément, soit sur l'invitation des parties (2).

Sanction des traités.

La guerre est la seule sanction positive pour l'observation des traités, mais c'est une sanction très-insuffisante, car celui qui rompt les traités est ordinairement celui qui est le plus fort. D'autres moyens ont été employés dans le passé pour assurer le maintien des traités. Les plus usités de nos jours sont la *garantie*, la *caution*, le *gage*.

La *garantie* est une espèce de traité par lequel une Puissance promet assistance et secours à une autre, au cas où elle en aurait besoin pour forcer un contractant à remplir son engagement. Elle peut s'appliquer à la possession ou aux limites du territoire, à la souveraineté, à la constitution, au droit de succession etc., mais elle ne peut aller jusqu'à violer le droit des tiers. Le garant n'intervient que lorsqu'il en est requis par les parties ; il a le droit alors d'examiner si le cas de garantie existe, car il ne doit secours à la par-

(1) Code civil français, art. 1165.

(2) Ces matières appartiennent à l'enseignement du droit international public.

tie lésée que si elle est impuissante à se défendre elle-même, et il ne doit que le secours stipulé. La *garantie* peut être l'objet d'une convention spéciale, ou d'articles annexés au traité principal; quelquefois elle est stipulée par une Puissance tierce qui n'est pas partie au traité ; quelquefois aussi par l'une ou plusieurs des parties contractantes ; souvent les parties contractantes se déclarent réciproquement garantes des arrangements pris par toutes. La durée de la garantie est la même que celle des traités.

La *caution* est l'engagement que prend une tierce Puissance de remplir une promesse : par exemple de payer une dette à défaut de la partie principale.

Le *gage*, c'est la sûreté réelle, effective, consistant dans la remise, par la partie qui promet à la partie qui stipule, d'un dépôt qui garantisse, soit le payement d'une somme, soit l'exécution d'une clause. Si le dépôt est de choses mobilières, c'est le gage proprement dit ; si c'est d'un immeuble, si c'est par exemple une ville, une province, qui sont affectées à la sûreté de la créance, c'est l'hypothèque, et ces immeubles, ces villes, ces provinces, sont dits *en engagement* : ce qui ne donne pas droit de souveraineté sur le territoire engagé.

Quant au *serment*, aujourd'hui tombé en désuétude, et qui n'a pas toujours été d'ailleurs une garantie suffisante, il a longtemps été employé comme moyen d'assurer l'exécution des traités. La confirmation par serment des parties contractantes a été adoptée au traité de Madrid, en 1526, entre François Ier et Charles-Quint; à la paix de Cambrai, en 1529 ; à la paix de Cateau-Cambrésis, en 1559 ; à la fameuse paix de Munster, entre l'Espagne et les provinces hollandaises révoltées, en 1648 ; à la paix des Pyrénées, en 1659 ; à la paix d'Aix-la-Chapelle entre la France et l'Espagne, en 1668 ; à la paix de Ryswick, en 1697. L'exemple le plus moderne est l'alliance formée entre la France et la Suisse, en 1777, et confirmée solennellement par le serment des parties contractantes dans la cathédrale de Soleure.

Quel que soit le respect que les États et leurs gouvernements professent pour la parole donnée sous la foi du serment, tout le monde conviendra que la garantie la plus efficace, — et c'est aussi de nos jours la seule habituelle, — consiste dans la retenue d'une place de guerre ou d'une forteresse, ou l'occupation d'un territoire, jusqu'à l'accomplissement du traité.

L'interprétation des traités.

L'interprétation des traités est l'un des points les plus délicats de la jurisprudence internationale. Le principe qui domine cette question est que les traités doivent s'interpréter suivant les règles du droit sur l'interprétation des conventions entre particuliers (1). Ainsi, en matière de traités internationaux, comme en matière de contrats de droit civil, on doit rechercher dans les conventions quelle a été la commune intention des parties contractantes, plutôt que de s'arrêter au sens littéral des termes (2). Lorsqu'une clause est susceptible de deux sens, on doit plutôt l'entendre dans celui avec lequel elle peut avoir quelque effet, que dans le sens avec lequel elle n'en pourrait produire aucun (3). Les termes susceptibles de deux sens doivent être pris dans le sens qui convient le plus à la matière du contrat (4). Ce qui est ambigu s'interprète par ce qui est d'usage (5) ; on suppléera même dans le traité les clauses qui sont d'usage, quoiqu'elles n'y soient pas exprimées (6). Comme les traités internationaux s'apprécient surtout par leurs effets réels et non pas seulement par leurs formes ou par la lettre de leur texte, lorsqu'il se trouve une clause obscure et ambigue on

(1) C. Cass. ch. civ. 24 juin 1839. Voir Dalloz, *Jurisprudence générale*, V° *Traité international*, n° 156.
(2) Code civil français, art. 1156.
(3) Id. art. 1157.
(4) Id. art. 1158.
(5) Id. art. 1159.
(6) Id. art. 1160.

s'attache d'ailleurs à l'interprétation que les parties ont faite elles-mêmes de l'acte par la manière dont elles l'ont exécuté.

Toutes les clauses s'interprètent les unes par les autres, en donnant à chacune le sens qui résulte de l'acte entier (1). Cette règle de droit civil est particulièrement applicable en matière de traités et conventions, tous les articles d'un même traité formant un tout indivisible, un seul et même acte, dont toutes les parties sont solidaires. Ainsi, l'on ne prendra pas chaque clause en elle-même sans rechercher le rapport qu'elle peut avoir avec les autres, car toutes les parties de l'acte doivent être d'accord entre elles, à moins qu'il ne soit constant que dans les dernières clauses on a voulu changer quelque chose aux précédentes ; on n'interprètera pas chaque expression isolément, mais on la mettra en rapport avec le reste du discours. Dans le doute, la clause s'interprète contre celui qui a stipulé, et en faveur de celui qui a contracté l'obligation (2), à moins que celui qui s'est obligé ne se soit pas expliqué clairement, avec intention. Quelque généraux que soient les termes dans lesquels une clause est conçue, elle ne comprend que les choses sur lesquelles il paraît que les parties se sont proposé de contracter (3). Lorsqu'on a exprimé un cas pour l'explication de l'obligation, on n'est pas censé avoir voulu par là restreindre l'étendue que l'engagement reçoit de droit aux cas non exprimés (4). Enfin, les traités et conventions doivent être entendus dans un sens qui concorde avec l'ordre public établi chez les peuples contractants, et particulièrement avec leurs maximes de droit public et leur ordre de juridiction (5).

On distingue dans les traités et conventions, comme

(1) Id. art. 1161.
(2) Id. art. 1162.
(3) Id. art. 1163.
(4) Id. art. 1164.
(5) C. Cass. ch. req. 17 mars 1830. V. Dalloz, *Jurisprudence générale*, V° *Traité international*, n° 149.

dans les contrats entre particuliers, l'interprétation *extensive*, qui étend une disposition à des cas semblables non compris dans la signification des termes, et l'interprétation *restrictive*, qui excepte d'une disposition un cas particulier, quoiqu'il soit compris dans cette même signification. La première s'applique aux choses *favorables*, la seconde aux choses *odieuses*. Dans ces différents cas il faut plutôt suivre l'esprit du traité que la lettre, et consulter l'équité plutôt que le droit strict. Mais il est évident que cette latitude d'interprétation n'est laissée qu'autant que la pensée de l'acte n'est pas claire ; car même une chose favorable doit être prise dans un sens étroit, et une chose odieuse dans le sens large, lorsqu'il est évident que les contractants l'ont voulu ainsi.

Quels sont les Pouvoirs compétents pour l'interprétation des traités ?

Dans le domaine de quelles autorités faut-il placer l'interprétation des traités ? Plusieurs systèmes sont en présence. Suivant les uns, l'interprétation appartiendrait au gouvernement ; suivant les autres, à l'autorité judiciaire. Ceux qui l'attribuent au gouvernement raisonnent ainsi : les traités diplomatiques, quels qu'ils soient et quel qu'en soit l'objet, procèdent en principe du droit de souveraineté ; l'exercice du droit de souveraineté est entre les mains du gouvernement : le gouvernement a donc seul qualité pour déterminer le sens des articles douteux. En vain dira-t-on que les traités présentent, à l'égard des nationaux de chacun des pays, un caractère essentiellement législatif : ils ne sont de nation à nation qu'un simple contrat synallagmatique. Il est donc manifeste qu'aucune des nations n'a le droit d'interpréter à son gré les conditions obscures du contrat, ou d'en déléguer l'examen à ses tribunaux, pas plus qu'il n'est loisible à la partie qui a consenti une convention synallagmatique d'interpréter elle-même, ou de faire interpréter par un mandataire à son choix, les clauses obscures ou ambigues que contiendrait cette convention. L'interprétation en cas de difficulté ne peut résulter que d'un accord réciproque des deux gouvernements ; il ne peut y avoir à cet égard aucune espèce de délégation du droit de souveraineté (1).

Ceux qui attribuent aux tribunaux l'interprétation des traités, disent que le traité devenu définitif et promulgué constitue une loi pour les nationaux de chacun des pays entre lesquels il est intervenu. Or, si l'interprétation des lois appartient en théorie au législateur qui les a établies, le pouvoir législatif a dévolu ce droit au pouvoir judiciaire, administratif ou civil, selon que la loi elle-même est d'ordre administratif ou civil (2).

Dans un troisième système, on distingue s'il s'agit de cas où l'ordre public ou le droit des gens sont intéressés, et s'il s'agit de matières soumises par le droit des gens à la juridiction locale, telles que celles par exemple qui concernent les biens et leur transmission. Dans la première hypothèse les tribunaux ne seraient pas compétents : leur intervention constituerait un empiètement sur le droit de souveraineté de la nation avec laquelle le traité a été conclu. Dans la seconde, l'autorité administrative ou judiciaire serait compétente. C'est ainsi que plusieurs arrêts ont jugé que les tribunaux sont compétents pour interpréter les traités, toutes les fois que les contestations qui donnent lieu à cette interprétation ont pour but des intérêts privés (3).

(1) C'est en se fondant à peu près sur ces considérations, qu'un arrêt a décidé que l'interprétation des traités dont le sens est obscur ou ambigu est de la compétence exclusive de l'autorité administrative. C. Cass. ch. req. 24 juil. 1861, Dalloz, *Recueil périodique*, 1861, 1, 342, 344.

(2) C. Cass. ch. req. 11 août 1841, Dalloz, *Jurisprudence générale*, V° *Traité international*, n°. 156.

(3) C. Cass. ch. civ. 24 juin 1839, Dalloz, *Jurisprudence générale*, V° *Traité international*, n°. 156. — C. Cass. ch. req. 6 janvier 1873, Dalloz, *Recueil périodique*, 1873, 1, 116, et 119. — C. Cass. ch. cr. 27 juil. 1877, *Id.*, 1878, 1, 137 et 139. — Cons. d'État, 12 déc. 1868, *Id.* 1869, 3, 59.

Tel est le système qui semble prévaloir. La règle adoptée par la jurisprudence française paraît être que, si les traités régulièrement promulgués en France ont force de loi et doivent à ce titre être appliqués par l'autorité judiciaire, il n'appartient aux tribunaux de les interpréter que dans le cas où cette interprétation se rapporte à des intérêts privés dont le règlement est soumis à leur appréciation. Mais pour tout ce qui a trait à des questions d'ordre public concernant des mesures de protection stipulées par les souverainetés contractantes en faveur de leurs nationaux respectifs, les traités étant des actes de gouvernement à gouvernement ne peuvent être interprétés que par les gouvernements eux-mêmes. Ainsi donc, toutes les questions qui peuvent s'élever à la suite d'un traité ou d'une convention, toutes les contestations qui peuvent en découler, sont du ressort de l'autorité judiciaire, de l'autorité administrative ou du gouvernement, selon que le caractère de la question et la nature de la contestation sont judiciaires, administratifs ou politiques.

Conciliation des traités.

Les traités n'obligeant pas les États qui y sont demeurés étrangers, ne sauraient par conséquent contredire les engagements que les contractants ont conclus avec d'autres Puissances : d'où la nécessité de tenir compte de ces engagements dans la rédaction des traités. Il en est de même quant aux traités conclus précédemment entre les États contractants : s'il ne les abroge pas directement, le traité nouveau ne peut les infirmer. Mais que décider en cas de conflit de traités, c'est-à-dire de traités en opposition les uns avec les autres ? Le conflit existe-t-il entre deux traités avec un même État ? Le traité le plus récent l'emporte. Existe-t-il entre des traités avec des États différents ? C'est le traité le plus ancien qui l'emporte, car on ne peut conclure avec une nation des traités qui rendraient impossible l'exécution de ceux qui subsistent avec une autre.

Fin des traités.

Les traités finissent par la *dissolution* ou par la *rupture*. La *dissolution* est la fin naturelle ; la *rupture* est la fin violente, illicite.

Les traités se *dissolvent*, s'éteignent : 1° par l'exécution complète, lorsqu'ils ont pour objet des actes qui s'accomplissent d'une seule fois, et à ce propos il convient de remarquer qu'un traité transitoire ne communique point ce caractère à toutes les clauses qu'il contient ; — 2° par l'accomplissement d'une condition résolutoire ; — 3° par l'expiration du terme prescrit ; — 4° par la renonciation expresse de la partie intéressée ; — 5° par la résiliation mutuelle des deux parties, à moins qu'elle ne puisse être empêchée par un tiers ; — 6° par l'anéantissement complet de la chose qui forme l'objet du traité ; — 7° par le décès de la personne intéressée ou obligée, sans que personne succède de plein droit. Il faut ajouter que bien que les traités soient qualifiés de perpétuels et que les États ne les aient ni dénoncés, ni modifiés, ni abrogés, ils finissent avec les causes qui les ont produits. Ils n'expriment en effet que les rapports qui existent, au moment où ils sont négociés, entre les forces morales et matérielles des États qui les concluent.

Les traités se *rompent* par l'infidélité de l'un des contractants : la violation du traité, la violation même d'un seul article par l'un des États contractants, entraîne pour l'autre partie le droit de rompre de son côté. Toutefois, lorsqu'un gouvernement manque aux stipulations convenues et qu'il refuse toute réparation aux demandes qui lui sont faites, le gouvernement lésé à le droit de suspendre provisoirement l'exécution du traité, avant d'en venir à la rupture. Il dépend uniquement des contractants d'apprécier l'importance des infractions faites aux traités qu'ils ont conclus, de décider si elles portent sur des clauses accessoires qui peuvent être abrogées ou modifiées sans altérer l'ensemble des stipulations, ou si elles portent sur des clauses essentielles dont la violation implique celle du traité. C'est avant tout une question de politique. Souvent il faut savoir céder une partie de son droit pour conserver le reste.

Confirmation. — Prorogation. — Renouvellement. — Dénonciation. — Modification des traités.

Confirmer des traités, c'est déclarer par une clause introduite dans un traité nouveau qu'on reconnaît les traités antérieurs, qu'on promet de les observer. Cela a lieu, lorsqu'on est dans le doute si certains traités subsistent encore, ou lorsqu'on craint que la validité en soit contestée. Un monarque, à son avènement, un gouvernement nouveau sorti d'une révolution, peuvent avoir à confirmer certains de leurs traités ou tous leurs traités antérieurs : c'est une sorte de novation des engagements contractés au nom de l'État par les gouvernements précédents.

La *prorogation* est l'acte spécial par lequel les États liés entre eux par un traité temporaire, et satisfaits de ce traité, en assurent le renouvellement dans les mêmes conditions, *avant son expiration*.

Le *renouvellement* est la continuation convenue expressément ou tacitement d'un traité conclu pour un temps déterminé et expiré. Les traités contiennent en général une clause de renouvellement, qui se présente sous différentes formes : tantôt il est convenu que le traité se renouvellera comme par tacite reconduction, si les contractants, dans un certain délai, ne manifestent point le désir qu'il soit abrogé ; tantôt il faut une déclaration spéciale, et c'est cette déclaration spéciale qui est la *prorogation*. Quant au renouvellement tacite, qui consiste dans la continuation de fait de l'exécution du traité, sans clause de renouvellement, par tacite reconduction, elle ne doit pas aisément se présumer : il faut des actes formels et réciproques pour bien établir la présomption.

La *dénonciation* est l'acte par lequel un État, conformément à une des clauses du traité qui l'oblige vis-à-vis d'un autre et qui lui en donne le droit, annonce à l'État qui a contracté avec lui son intention de faire cesser ce traité. La dénonciation d'un traité accomplie par l'un des contractants sans le consentement de l'autre équivaudrait à une violation du traité.

Les traités peuvent être *modifiés* par des articles additionnels, par une convention spéciale, ou par une déclaration d'interprétation.

Déclarations.

Les *déclarations* sont les actes officiels par lesquels des États constatent qu'ils se sont entendus sur certains faits généraux ou sur certains principes, et par lesquels ils déterminent la conduite qu'ils ont respectivement décidé de suivre dans les cas prévus par ces déclarations. Elles peuvent être signées par les souverains des États entre lesquels la négociation avait eu lieu, mais cela n'arrive que rarement. La plupart des déclarations sont signées par les agents diplomatiques qui ont conduit la négociation : dans ce cas, elles doivent être sanctionnées et promulguées par le souverain dans les formes consacrées par la constitution de l'État. On donne également le nom de *déclarations* à d'autres documents dans le langage diplomatique. Ainsi, l'on appelle de ce nom des *mémoires* qu'un gouvernement adresse ou fait adresser au public par l'intermédiaire de ses agents diplomatiques à l'étranger, ou qu'il fait remettre aux différents cabinets, et dont le but est de réfuter des bruits mal fondés, de justifier des mesures déjà prises ou à prendre, ou d'instruire le public de démarches faites ou à faire. Lorsque ces pièces sont adressées à une Puissance en particulier, et qu'elles portent certaines obligations, elles sont ordinairement suivies de *contre-déclarations*. Quelquefois aussi le mot *déclaration* est employé comme synonyme de *manifeste*, d'*exposé de motifs de conduite*, de *protestation* (1).

(1) Les *déclarations* ne sont pas toujours des mémoires destinés à réfuter des bruits mal fondés, à justifier des mesures déjà prises ou à prendre, ou bien à instruire le public des démarches faites ou à faire ; elles ne sont pas non plus toujours des notes écrites à la troisième personne, adressées par les agents diplomatiques, signées par eux, et auxquelles il est répondu par des contre-notes ou contre-déclarations. Elles revêtent quelquefois la forme et prennent le caractère d'engagements synallagmatiques, et, dans ce dernier cas, l'engagement se forme au moyen, soit d'une déclaration collective, soit de déclarations réciproques échangées et réunies dans un protocole rédigé et signé par des agents diplomatiques au nom de leur gouvernement. « Il y a des déclarations, dit Meisel, qui portent l'engagement de certaines obligations, et qui, adressées à une Puissance en particulier, sont ordinairement suivies d'une contre-déclaration de sa part. Elles appartiennent moins aux mémoires qu'aux conventions et aux traités ». Meisel ajoute que les déclarations ne portent pas d'adresse ; elles ne sont pas renfermées sous un sceau, formalité réservée aux lettres. Lorsque les déclarations sont destinées à créer un engagement, et qu'on procède par voie de déclarations réciproques échangées et réunies dans un protocole, ce protocole énonce l'engagement contracté, la convention formée, et exprime que c'est en conséquence de la déclaration et de la contre-déclaration échangées, avec la date de l'échange et celle du protocole. Quant aux déclarations collectives formant engagement, elles peuvent être par exemple conçues suivant la formule suivante : « *Le gouvernement de..., et le gouvernement de..., désirant..., déclarent que... Les stipulations contenues dans la présente déclaration seront en vigueur jusqu'en.... En foi de quoi les soussignés, dûment autorisés, ont dressé la présente déclaration, qu'ils ont revêtue du cachet de leurs armes. Fait en double* (ou en triple, etc.), *à.... le.... Signatures* ». — Une pareille déclaration doit être sanctionnée et promulguée.

Quelques fois une déclaration est dressée unilatéralement, pour consacrer l'acceptation que fait un gouvernement, au nom d'autres Puissances contractantes, d'une accession ou d'une adhésion faites par un autre gouvernement à une convention par exemple.

On voit donc qu'en diplomatie le mot *déclaration* a beaucoup de significations. Les gouvernements emploient quelquefois la forme d'une déclaration collective pour convenir de certaines mesures d'intérêt commun, pour faciliter l'exécution de certaines clauses de conventions ou de traités antérieurs, ou pour

On peut citer comme exemple, de *déclarations* celle des Puissances alliées sur la rupture des conférences ouvertes au congrès de Châtillon-sur-Seine, en 1814 ; la déclaration de l'empereur de Russie, lors de l'entrée des alliés à Paris, le 31 mars de la même année, signée par l'Empereur Alexandre 1er et contresignée par le comte de Nesselrode ; la déclaration française du 29 mars 1854 relative aux neutres ; la déclaration du congrès de Paris, du 16 avril 1856, sur le droit maritime, signée par les plénipotentiaires qui ont conclu le traité de Paris du 30 mars de la même année.

Les traités secrets.

Lorsque la publication ou l'exécution d'un traité doit être retardée pendant quelque temps, on dit que ce traité est *secret*. Les traités secrets sont donc des traités *non publics*, gardés en portefeuille. Leurs effets se bornent aux gouvernements qui les ont signés ; ils ne s'étendent pas aux citoyens, pour qui ils sont inconnus.

donner une interprétation d'un article d'un traité, pour assurer certains avantages, certaines facilités aux nationaux de leurs pays respectifs, etc. On peut citer comme exemples de ces sortes de déclarations : la déclaration échangée à Londres le 5 novembre 1872, entre la France et la Grande-Bretagne, concernant l'immigration de travailleurs indiens dans les colonies françaises ; la déclaration échangée à Paris, le 8 novembre de la même année, entre la France et l'Italie, relativement aux déserteurs de la marine militaire ; la déclaration signée à Rio de Janeiro, le 12 avril 1876, entre la France et le Brésil, et relative à la protection des marques de fabriques, etc. Ces déclarations sont presque invariablement ainsi conçues : « *Le gouvernement de... et le gouvernement de..., ayant résolu d'un commun accord de...* (ou *voulant fixer de concert l'interprétation qui doit être donnée à l'article... ;* ou *voulant faciliter... ;* ou *voulant fixer le sens ;* ou *désirant assurer une complète et efficace protection à...*, etc.), *sont convenus de ce qui suit..... En foi de quoi, les soussignés, dûment autorisés par leurs gouvernements respectifs, ont signé la présente déclaration et y ont apposé le cachet de leurs armes. Fait en double* (ou en triple, etc.) *expédition à.... le.... Signatures.* — ». Ces déclarations sont sanctionnées et promulguées.

L'État, qui connait le traité secret, qui s'est engagé à le respecter, doit l'exécuter comme s'il était public (1). C'est habituellement par un article additionnel que le traité est rendu secret. Cet article additionnel peut être ainsi conçu : « *Le présent traité..... entre.... sera conservé secret, tant que les deux hautes parties contractantes, d'un commun accord, n'auront pas jugé nécessaire de le publier* ».

Significations diverses du mot protocole.

Le mot *protocole*, qui a été employé plusieurs fois en parlant des congrès et des conférences, a différentes significations. Nous avons vu qu'un usage assez récent l'a adopté pour désigner les procès-verbaux des conférences et des congrès; mais il désigne aussi le *régistre* où l'on inscrit les délibérations de ces assemblées internationales, et souvent les *délibérations* elles-mêmes. Enfin, comme cela a été dit déjà, l'on donne également le nom de *protocole* à l'ensemble des formes à observer dans la correspondance du ministère des relations extérieures et dans la rédaction des actes diplomatiques, tels que traités, pleins-pouvoirs, ratifications, etc. ; ainsi qu'à la manière dont les chefs d'États traitent dans leurs lettres les personnes auxquelles ils s'adressent ; etc. (2).

(1) Ces différentes questions sur les traités appartiennent toutes à l'enseignement du droit international public.

(2) Le *protocole de chancellerie* est la règle du cérémonial à observer dans les pièces diplomatiques : il énonce les *titres* et les *qualifications* à donner aux États, à leurs chefs et à leurs ministres ; il règle la *mesure des honneurs* et le *rang* auxquels ils ont droit ; il indique les *formes* et la *courtoisie* d'usage dans les diverses compositions. L'observation a déjà été faite que cet ensemble de détails qui semblent puérils est moins insignifiant qu'il ne parait, si on l'envisage comme moyen de subordination et de discipline dans la hiérarchie des pouvoirs, et comme moyen de prévenir des appréciations défavorables qui pourraient nuire à la considération due aux personnes et aux relations cordiales des États. Voir *Le Guide diplomatique*, édit. de 1866, t. II, 2me partie, chap. I, p. 10.—Ce n'estpas par une puérile superstition d'étiquette que les traditions internationales ont

En France, le *bureau du protocole*, au ministère des affaires étrangères, comprend, ainsi que nous l'avons vu, tout ce qui est relatif à l'expédition des traités et conventions, aux pleins-pouvoirs, commissions, provisions; aux *exequatur*; aux ratifications; aux lettres de notifications, de créance, de rappel et de recréance; au cérémonial; aux privilèges, immunités et franchises diplomatiques; aux décorations; etc. On peut dire, d'une manière générale, que le *protocole* du ministère des relations extérieures comprend la rédaction des traités et des actes qui s'y rapportent; la correspondance officielle du chef de l'État; la préparation des lettres de créance et de rappel, etc (1). Il n'y a pas à revenir sur ces détails.

Les bons offices.

Les *bons offices*, la *médiation* et le *compromis*, se rapportent aux négociations bénévoles ou à l'amiable, matière qui appartient au domaine du droit international public.

Les négociations bénévoles ou à l'amiable peuvent avoir lieu, soit entre les Puissances seules entre lesquelles un différend s'est élevé, soit avec le concours d'une tierce Puissance.

L'intervention de cette tierce Puissance peut se produire de différentes manières :

1° Elle interpose simplement ses *bons offices* pour amener à un accommodement;

2° Elle est choisie par les deux parties pour leur servir de *médiateur*, c'est-à-dire pour faire à l'une et à

maintenu la rigueur des formes diplomatiques. Ces formes constituent une garantie de modération et de prudence; elles préviennent les susceptibilités que feraient naître des contacts directs; elles obligent à une salutaire lenteur; elles laissent après elles des traces précieuses, qui rendent impossibles l'exagération et l'erreur. Leur observation est donc un devoir étroit pour les hommes d'État, leur violation une faute et un danger. Jules Favre, *Gouvernement de la Défense nationale*, t, 1. p. 26.

(1) T. 1. p. 209 et suiv.

l'autre des propositions impartiales d'accommodement, sauf le droit de chacune d'accepter ces propositions ou de les rejeter ;

3° Elle est choisie en qualité de *juge compromissoire*, *d'arbitre*, pour prononcer une sentence puisée dans les principes du droit, et obligatoire pour les deux parties (1).

Les *bons offices* sont les démarches, les actes au moyen desquels une tierce Puissance essaye d'ouvrir la voie aux négociations des parties intéressées, ou de renouer ces négociations, quand elles sont interrompues. Ils peuvent être offerts spontanément ou accordés à la suite d'une demande directe ; ils peuvent aussi résulter d'engagements souscrits à titre éventuel. En général, ils n'emportent aucune responsabilité, à moins d'une stipulation expresse. La Puissance qui prête ses bons offices fait usage de son autorité et de son influence morales, en donnant de bienveillants conseils pour apaiser les ressentiments, pour amener la concorde ; elle propose des moyens pour arriver à une transaction, afin d'empêcher de prendre les armes, ou d'obtenir qu'on les dépose.

Les notes échangées pour l'interposition des bons offices doivent être rédigées avec une très-grande prudence, avec beaucoup de modération, afin de montrer qu'on n'agit que par bienveillance, par amitié, sans aucune arrière-pensée d'intérêt propre et particulier. Le grand soin du rédacteur doit être d'éviter d'éveiller les susceptibilités. Le secret le plus absolu doit être gardé ; la démarche ne doit pas être ébruitée. L'initiative de la publication des documents diplomatiques relatifs à l'interposition des bons offices doit être laissée au gouvernement auquel les conseils sont adressés.

(1) Voir : Bielefeld, *Institutions politiques*, t. II, chap. VIII, § 17 ; — G. F. de Martens, *Précis du droit des gens moderne de l'Europe*, § 176, édition de 1864, annotée par M. Ch. Vergé, t. II, p. 19.

La médiation.

Les *bons offices* se transforment en *médiation*, lorsqu'une Puissance amie ne se borne pas à donner des conseils, mais que, d'accord avec les parties, elle participe d'une manière régulière aux négociations ouvertes, jusqu'à leur conclusion ou à leur rupture. Les négociations ne peuvent avoir lieu qu'en la présence du médiateur. Il donne son avis sur les propositions faites par l'une ou l'autre des parties ; il repousse celles qui lui paraissent injustes ; il suggère les propositions qu'il croit opportunes et équitables. Son devoir est d'être absolument impartial ; mais il ne peut obliger les parties à accepter son opinion. Vattel a défini les devoirs du médiateur : « Cette fonction, dit-il, exige autant de droiture que de prudence et de dextérité. Le médiateur doit garder une exacte impartialité ; il doit adoucir les reproches, calmer les ressentiments, rapprocher les esprits. Son devoir est bien de favoriser le bon droit, de faire rendre à chacun ce qui lui appartient, mais il ne doit point insister scrupuleusement sur une justice rigoureuse. Il est conciliateur, et non pas juge : sa vocation est de procurer la paix, et il doit porter celui qui a le droit de son côté à relâcher quelque chose, s'il est nécessaire, dans la vue d'un si grand bien » (1). La médiation ne peut être que pacifique, puisqu'elle a pour but essentiel et principal de prévenir les mésintelligences, ou de ramener la bonne harmonie, quand il y a désaccord. Le médiateur n'a ni le pouvoir, ni l'obligation de garantir l'exécution du traité à la négociation duquel il a pris part, à moins qu'il n'en ait pris expressément la garantie. Son rôle cesse avec la conclusion du traité, ou par la rupture des négociations provoquées par l'une ou l'autre des parties intéressées. Une partie peut admettre les bons offices d'une Puissance neutre et cependant rejeter la médiation de

(1) Vattel, *Le droit des gens*, édition annotée par Pradier-Fodéré, t. II, p. 304.

celle-ci ; il peut arriver même qu'après avoir choisi un médiateur les parties négocient entre elles directement. Le médiateur ne peut élever des réclamations que s'il a été trompé par les parties, ou si elles lui ont caché le résultat de négociations directement entamées.

Cette intervention officieuse qui cherche à empêcher l'effusion du sang n'est pas chose nouvelle. Elle s'est produite dans plusieurs circonstances remarquables, à des époques déjà fort reculées ; au commencement de notre siècle elle a reçu d'importantes applications en Europe ; nous l'avons vue entrer dans les idées des fauteurs de la ligue latino-américaine, dès les premières années de l'indépendance de l'Amérique espagnole. Dans des temps plus rapprochés de nous elle a trouvé une consécration dans l'article 8 du traité de Paris de 1856, dont la disposition était conçue en ces termes : « S'il survenait entre la Sublime-Porte et l'une ou plusieurs autres des Puissances signataires un dissentiment qui menaçât le maintien de leurs relations, la Sublime-Porte et chacune de ces Puissances, avant de recourir à l'emploi de la force, mettront les autres parties contractantes en mesure de prévenir cette extrémité par leur action médiatrice ». Cette clause n'était obligatoire que pour les Puissances signataires du traité de Paris. Profitant des bonnes dispositions des représentants des grandes Puissances, la *Société des amis de la paix* de Londres résolut de faire une démarche auprès des plénipotentiaires réunis, afin d'amener la proclamation d'une règle générale applicable à tous les peuples. Les délégués, Henri Richard et Joseph Sturge, vinrent prier le représentant de l'Angleterre de faire insérer dans le traité une clause en faveur de la solution amiable des difficultés survenues entre nations. Cédant à ces sollicitations, M. le comte de Clarendon fit la proposition qui est mentionnée dans le protocole de la conférence du 16 avril 1856, et dont voici les termes :

« M. le comte de Clarendon ayant demandé la per-

« mission de présenter au congrès une proposition qui « lui semble devoir être favorablement accueillie, dit « que les calamités de la guerre sont encore trop pré-« sentes à tous les esprits, pour qu'il n'y ait pas lieu de « rechercher tous les moyens qui seraient de nature à « en prévenir le retour ; qu'il a été inséré à l'article 8 « du traité de Paris une stipulation qui recommande « de recourir à l'action médiatrice d'un État ami avant « d'en appeler à la force, en cas de dissentiment entre « la Porte et l'une ou plusieurs des autres Puissances « signataires.

« M. le Plénipotentiaire de la Grande-Bretagne « pense que cette heureuse innovation pourrait rece-« voir une application plus générale et devenir ainsi « une barrière à des conflits, qui souvent n'éclatent que « parce qu'il n'est pas toujours possible de s'expliquer « et de s'entendre. Il propose donc de se concerter sur « une résolution propre à assurer dans l'avenir au « maintien de la paix cette chance de durée, sans tou-« tefois porter atteinte à l'indépendance des gouverne-« ments ».

Le comte Walewski, représentant de la France, déclara s'associer à l'insertion d'un vœu dans le protocole, « qui, répondant pleinement aux tendances de no-« tre époque, n'entraverait d'aucune façon la liberté « d'action des gouvernements ».

Après une discussion à laquelle prirent part les représentants de la Prusse, de la Russie et de l'Italie, les plénipotentiaires n'hésitèrent pas à exprimer, au nom de leurs gouvernements, « le vœu que les États en-« tre lesquels s'élèverait un dissentiment sérieux, avant « d'en appeler aux armes, eussent recours, en tant « que les circonstances l'admettraient, aux bons offi-« ces d'une Puissance amie. MM. les Plénipotentiaires « espèrent que les gouvernements non représentés « au congrès s'associeront à la pensée qui a inspiré « le vœu consigné au présent protocole ».

Près de quarante États adhérèrent à cette déclaration, ce qui n'empêcha pas, en 1864, la Prusse et l'Autriche alliées de se précipiter sur le Danemarck trop faible pour résister, et de lui enlever les duchés de Schleswig, de Holstein et de Lauenbourg, sous les yeux des nations neutres qui restèrent spectatrices indifférentes de cette spoliation. En 1867, toutefois, la théorie formulée dans le protocole de 1856 termina par la conférence de Londres la question du Luxembourg. En 1869, elle mit un terme au différend entre la Turquie et la Grèce, au sujet de l'île de Candie. La conférence de Paris, réunie dans ce but et présidée par M. de la Valette, représentant de la France, adopta un protocole ainsi conçu : « Les plénipotentiaires faisant appel aux « mêmes sentiments de conciliation et de paix qui « animent les cours dont ils sont les représentants, « expriment l'espoir que les deux gouvernements « n'hésitent pas à renouer leurs rapports et à effacer « ainsi, dans l'intérêt commun de leurs sujets, toute « trace du dissentiment qui a motivé la réunion de la « conférence ». La Turquie adhéra à cette déclaration, que la Grèce finit par accepter non sans avoir protesté.

Avant la séparation de la conférence, M. de la Valette a insisté sur l'importance du résultat obtenu ; il a exprimé l'espoir que l'exemple donné par la conférence ne serait pas perdu, et que l'œuvre pacifique accomplie en vertu et dans l'esprit du protocole de 1856, restera comme un précédent qui sera de plus en plus invoqué dans les dissentiments qu'une délibération commune peut aplanir.

C'est encore aujourd'hui sous la forme d'une médiation que l'Europe a cherché à prévenir une guerre imminente entre la Grèce et la Turquie (1).

(1) Les Puissances désignées par l'article 24 du traité de Berlin pour exercer la médiation entre la Turquie et la Grèce, ayant décidé que leurs représentants se réuniraient à cet effet, à Berlin, en conférence, la première séance de cette assemblée a eu lieu le 16 juin 1880, à deux heures, en l'hôtel du ministère impérial des affaires étrangères.

Etaient présents : pour l'Allemagne, le prince de Hohenlohe-

L'arbitrage.

L'arbitrage est l'acte par lequel deux ou plusieurs États, après avoir vainement essayé de résoudre par des négociations directes un conflit d'intérêts ou de prétentions, s'entendent pour demander à un arbitre

Schillingsfürst, ambassadeur de l'empereur d'Allemagne, roi de Prusse, à Paris, faisant fonctions de secrétaire d'État au département des affaires étrangères ; et, pour les autres Puissances, leurs ambassadeurs près l'empereur d'Allemagne, à savoir : pour l'Autriche-Hongrie, le comte Széchényi ; pour la France, le comte de Saint-Vallier ; pour la Grande-Bretagne, lord Odo Russel ; pour l'Italie, le comte de Launay ; pour la Russie, M. de Sabourow, lesquels, après s'être communiqué leurs pleins-pouvoirs respectifs, trouvés en bonne et due forme, ont décerné, sur la proposition de M. le comte Széchényi, la présidence au prince de Hohenlohe-Schillingsfürst, qui l'a acceptée, et a remercié ses collègues de ce témoignage de confiance.

Sur la proposition de M. l'ambassadeur d'Italie, la conférence a adressé à l'empereur d'Allemagne, roi de Prusse, ses hommages les plus respectueux. Elle a désiré en même temps faire parvenir l'expression de ses sentiments de bon souvenir à l'ancien président du congrès, le prince de Bismarck.

Le secrétariat a été confié à M. Busch, conseiller intime de légation au ministère des affaires étrangères d'Allemagne, et à M. le comte de Moüy, ministre plénipotentiaire de France.

La conférence se trouvant ainsi constituée, le prince de Hohenlohe a résumé les faits qui ont amené la réunion des représentants des Puissances. Il a rappelé les prévisions du congrès de Berlin en vue d'un nouveau tracé de frontières entre la Turquie et la Grèce, les négociations directes infructueusement suivies à Prévésa et à Constantinople par la Sublime Porte et le cabinet d'Athènes, et la nécessité où se sont trouvées dès lors les Puissances d'en venir à la médiation stipulée par l'article 24 du traité de Berlin. Le prince de Hohenlohe a constaté l'accord des cabinets pour établir le caractère et la portée de la tâche qui leur incombait et qui consistait, suivant les termes mêmes de la dernière proposition du gouvernement britannique, « à déterminer, à la majorité des voix et avec l'assistance d'officiers techniques, la ligne de frontière qu'il convenait d'adopter ». Il a invité ensuite ses collègues à entrer en délibération...

qu'ils désignent en commun de trancher leur différend (1).

Il implique un désir formel d'entente pacifique ; il contient en lui même un premier élément d'entente, qui est le choix de l'arbitre (2).

L'arbitrage diffère de la *médiation*, en ce que le médiateur a pour mission de préparer un arrangement, tandis que l'arbitre remplit les fonctions d'un véritable juge. Le but de la médiation est de concilier les intérêts divergents et de suggérer les bases d'une entente amiable, mais en laissant aux parties directement en cause toute liberté pour se rallier ou non à la transaction proposée. Dès que le compromis est lié, au contraire, les parties doivent se soumettre à la sentence de l'arbitre : elles s'y sont engagées, et la foi des traités doit être gardée.

Le *compromis* et l'*arbitrage* sont deux termes synonymes.

On entend en effet par *compromis*, dans le langage

(1) Funck-Brentano et Albert Sorel, *Précis du droit des gens*, édition de 1877, p. 458.

(2) On peut dire que toute administration de la justice a son origine dans l'arbitrage, et que toute législation, en se développant, retourne en grande partie aux tribunaux arbitraux auxquels les Français et les Allemands ont donné le nom de tribunaux de paix. Le droit civil des Romains connaissait l'arbitrage ; les anciens Grecs, avec leurs nombreuses cités et confédérations, unies par une communauté de langage, de religion et de civilisation, connaissaient l'arbitrage, sinon *entre nations*, du moins *entre États*, sous la forme de commissions temporaires désignées par les cités en litige, et au jugement desquelles ces dernières juraient de se soumettre. Mais cet arbitrage international qui consiste dans le choix d'une Puissance souveraine par deux ou plusieurs Puissances contendantes également souveraines ou par des gouvernements agissant au nom de nations entières, avec mission de rendre un jugement auquel se soumettront loyalement deux ou plusieurs Puissances souveraines, ce genre d'arbitrage appartient aux temps modernes et est considéré comme un des traits qui caractérisent le mieux les progrès de la civilisation. Voir la lettre de M. Liébert sur l'arbitrage international, publiée dans la *Revue de droit international et de législation comparée*, t. II, 1870, p. 480 et suiv.

juridique, la convention par laquelle des parties soumettent à des arbitres les contestations qui les divisent. Ce mot exprime l'idée d'une stipulation, d'un engagement, qui ont lieu de la part de plusieurs personnes simultanément : « *compromittere est simùl promittere stare sententiæ arbitri* ». Un compromis, c'est-à-dire une convention préliminaire fixant les limites des pouvoirs des arbitres est donc nécessaire en matière d'arbitrage volontaire ; aussi lit-on dans un arrêt de la Cour de cassation française, qu'en matière d'arbitrage sur compromis, « le compromis est la seule chose essentielle à consulter, pour décider si les arbitres ont prononcé sans pouvoir ou compétemment » (1).

Le compromis est *général*, s'il y est dit qu'on s'en rapporte à des arbitres pour terminer toutes les affaires en controverse ; il est *particulier* ou *spécial*, s'il ne porte que sur un seul objet, ou s'il n'existe qu'une controverse, quoiqu'il soit conçu d'une manière générale.

Il diffère de la *transaction*, en ce que, dans le compromis les parties s'en remettent à des arbitres, tandis que dans la transaction elles sont leurs propres juges. La transaction met fin à la contestation ; le compromis se borne à poser aux arbitres les points qu'ils auront à décider.

Le compromis est un véritable contrat ; il en produit les effets ; il est soumis aux règles des contrats en général ; il est assujetti aux conditions générales des obligations. Comme tel, il exige donc le consentement, la capacité de s'obliger, une cause licite ; il doit être exempt de violence, de dol ou d'erreur. L'annulation du compromis qui serait entaché d'un de ces vices entraînerait l'annulation de la sentence arbitrale.

Les arbitres n'étant pas des juges, n'ayant aucun caractère public, il est nécessaire que le compromis

(1) C. ch. des r., 18 janvier 1842, affaire Mauny. V. Dalloz, *Jurisprudence générale*, V° *Arbitrage*, 471.

leur donne un titre ; d'où la règle suivante formulée par Pothier : « L'acte de compromis doit contenir les noms des arbitres, l'objet des contestations sur lesquelles les parties s'en rapportent à leurs décisions, et le temps dans lequel ils doivent juger » (1).

La précision des termes dans l'indication de l'objet du litige est indispensable ; les contestations exprimées dans le compromis sont les seules qu'il soit permis aux arbitres de juger. Déjà les jurisconsultes romains disaient : « *arbiter nil extrà compromissum facere potest* » (2). Tout autre différend qui ne serait pas exprimé au compromis, ou qui viendrait à naître entre les parties, est donc étranger pour les arbitres ; de même, si ces derniers prononçaient sur des objets étrangers au compromis, leur sentence serait nulle. Toutefois, les arbitres peuvent connaître des accessoires, des dépendances naturelles de l'objet du litige indiqué dans le compromis, et de tous les incidents qui sont tellement liés à la cause, qu'en omettant de les juger il arriverait que les parties seraient toujours divisées par le même différend sur lequel elles avaient compromis ; mais il vaut incontestablement mieux que les conclusions des parties viennent compléter le compromis. Quant à l'accessoire, il est nécessaire qu'il soit de telle nature qu'il fasse en quelque sorte partie intégrante de la chose mise en arbitrage, pour qu'il doive être réputé compris dans la convention compromissoire ; et dans le cas où il n'aurait pas un caractère aussi marqué, on regarderait plus facilement comme compris dans cette convention l'accessoire né depuis qu'elle a été formée, que celui qui l'aurait précédée, parce qu'on présumerait que ce dernier aurait été l'objet des prévisions expresses des parties, s'il avait été dans leur intention de le faire entrer dans la mission des arbitres.

(1) Pothier, *Traité de la procédure civile*, 2e part., ch. IV, art. 2.

(2) *Digeste*, *De receptis*, liv. IV, tit. 8, l. 32, § 15 et 21.

Les parties peuvent convenir de tel nombre d'arbitres qu'elles jugent à propos : il est néanmoins nécessaire qu'elles les prennent en nombre impair, pour éviter les difficultés et les lenteurs de la nomination d'un tiers arbitre.

Il y a nécessité que les arbitres aient accepté la mission qui leur est départie, pour qu'ils soient tenus de la remplir. Ici se place une opinion très-juste d'Ulpien : on est censé avoir accepté le compromis, quand on s'est chargé de remplir la fonction de juge, et qu'on s'est engagé à terminer par un jugement le différend élevé entre les parties... Mais, si on ne s'était mêlé de l'affaire que pour voir si on pourrait engager les parties à recevoir l'avis qu'on veut leur donner, ou à souffrir que la contestation soit terminée par le crédit qu'on a sur elles, on n'est pas censé avoir accepté ce compromis » (1). Ce n'est plus en effet de l'arbitrage : cela semble incliner vers la médiation.

Du principe que le compromis est un contrat il suit, en droit : 1° qu'il oblige ceux qui l'ont consenti ; 2° qu'il ne peut être révoqué par une partie sans l'assentiment de l'autre, pendant le délai du compromis ; 3° que les parties peuvent y renoncer d'un commun accord.

Le compromis est indivisible, c'est-à-dire que toutes ses parties se tiennent, et que dès que la nullité existe pour l'une de ces parties, elle doit s'étendre à toutes les autres.

Le compromis finit : 1° par le décès ou l'empêchement de l'arbitre, ou d'un des arbitres, s'il n'y a clause, pour ce dernier cas, qu'il sera passé outre ; 2° par l'expiration du délai stipulé ; 3° par le partage, s'il n'y a pas eu de tiers-arbitre nommé, dans le cas où les parties ont désigné deux ou plusieurs arbitres en nombre pair ; 4° par l'extinction de l'obligation que les

(1) *Digeste*, *De receptis*, liv. IV, tit. 8, l. 13, § 2.

parties ont mise en arbitrage ; 5° par la perte de la chose objet de la compromission.

C'est un principe déjà enseigné par la loi romaine, que les fonctions d'arbitre sont libres et qu'il dépend de chacun de les refuser ; mais, dès l'instant que l'arbitre a commencé à procéder, il s'est formé entre lui et les parties un quasi-contrat qui lui interdit de refuser. L'arbitre peut toutefois renoncer à la fonction qu'il a acceptée, en se fondant sur des causes légitimes : c'est ce qu'on appelle le *déport*, qu'il ne faut pas confondre avec l'*empêchement*. Le *déport* est en effet la démission qu'un arbitre donne de ses fonctions ; l'*empêchement* est toute cause qui empêche un arbitre de remplir la mission qu'il a acceptée, et pour laquelle il pourrait être récusé. *L'empêchement* tient particulièrement aux circonstances fortuites et indépendantes de la volonté de l'arbitre, tandis que le *déport* semble résulter d'une détermination de l'arbitre de ne point remplir ses fonctions, abstraction faite de la légitimité du motif qui l'a porté à prendre ce parti, détermination qu'il prend soin de faire connaître aux parties.

Ces principes et règles de l'arbitrage en matière de droit privé sont également applicables en droit international.

Les États peuvent prendre pour arbitres de leurs contestations qui bon leur semble : ils ont la faculté de choisir, soit un souverain neutre, un empereur, un roi, un président de république, soit un jurisconsulte (ce qui est rare), soit un tribunal d'une nation désintéressée dans le débat, les professeurs d'une Université, etc. Chaque État nomme un ou plusieurs arbitres ; quelquefois le tribunal arbitral comprend les représentants des deux pays qui sont en désaccord et les délégués de plusieurs États neutres ; pour diriger les discussions et pour obtenir une majorité, on admet quelquefois aussi un sur-arbitre qui est désigné, soit par les deux arbitres, soit par une Puissance neutre. D'après l'article 1er du traité de Washington, du 8 mai 1871, les réclamations connues sous le nom de «*réclamations de l'Alabama* » devaient être déférées à un tribunal d'arbitrage composé de cinq arbitres nommés, un par le président des États-Unis, un par la reine d'Angleterre, un par le roi d'Italie, un par le président de la Confédération suisse, un par l'empereur du Brésil. Les arbitres devaient se réunir à Genève ; ils s'y sont réunis en effet, ils ont commencé leurs travaux le 15 décembre 1871, et ils ont rendu leur sentence le 14 septembre 1872 (1).

Jusqu'à ce jour les monarques ou des présidents de républiques ont été presque exclusivement choisis comme arbitres. M. Liéber y trouve non sans quelque raison plusieurs inconvénients : il peut arriver que les parties ne réussissent point à s'entendre sur le choix d'un monarque ou d'un gouvernement qui leur agrée à toutes deux ; de plus, quand on choisit un monarque ou un président de république, le seul personnage publiquement connu comme juge est précisément le seul qui, dans le cours ordinaire des choses, ne s'occupe pas lui-même de la question en litige, qui ne peut le faire, et de qui personne n'attend qu'il le fasse (2).

Lorsqu'une difficulté internationale est déférée à un monarque, ou même au suprême représentant d'une république, c'est-à-dire, aujourd'hui, au chef du pouvoir exécutif, quelle est en effet la marche suivie ? L'affaire est renvoyée au ministre de la justice, ou à quelque haut fonctionnaire du même ordre ; celui-ci charge un conseiller, ou un autre employé, parfois une commission, de lui présenter un rapport qu'il soumet à l'arbitre nominal. Ceux qui réellement décident demeurent inconnus, ou du moins ils n'assument ni ne sentent aucune responsabilité publique et finale. Dans bien des cas de cette espèce il y a un grave danger et une sérieuse inconséquence à soumettre les plus hautes questions de droit et d'équité à un pouvoir exécu-

(1) Voir, sur ces réclamations et sur l'arbitrage, *La Question de l'Alabama et le droit des gens*, par Pradier-Fodéré (1872).

(2) *Loc. cit.*

tif, et non à une autorité renommée pour sa science juridique et directement responsable. Combien plus aisé serait l'acquiescement à la sentence, combien plus digne de communautés civilisées, combien plus respectable sous tous les rapports, serait un tribunal choisi parmi des jurisconsultes, à qui leurs vastes connaissances et leur fidélité inébranlable à la justice et à la vérité juridique auraient valu une réputation universelle.

Pour éviter toute difficulté, pour ôter tout prétexte à la mauvaise foi, il faut déterminer exactement dans le compromis le sujet de la contestation (1), les pré-

(1) Voici le protocole dressé à Lisbonne, le 25 septembre 1872, entre la Grande-Bretagne et le Portugal, au sujet de l'arbitrage déféré au président de la République française, dans le différend relatif à la possession de certains territoires sur la côte orientale d'Afrique.

« Le gouvernement de S. M. B. réclamant certains territoires qui ont appartenu précédemment aux rois de Fenèbe et de Mapoato, sur la côté Est de l'Afrique, y compris les îles d'Inyack et d'Éléphant; et le gouvernement de S. M. T. F. réclamant une portion des mêmes territoires jusqu'à la hauteur de 26° 30; les deux Parties étant d'autre part animées de dispositions amicales, et aucune d'elles n'ayant le désir de s'approprier un territoire qui pourrait justement appartenir à l'autre, elles ont consenti à déférer leurs réclamations respectives à l'arbitrage d'une troisième Puissance dans laquelle l'une et l'autre ont pleine confiance.

« A cet effet, elles se sont accordées pour s'en rapporter au président de la République française, et il est devenu en conséquence nécessaire de fixer des conditions et arrangements précis, en vue d'obtenir promptement l'examen et le règlement satisfaisant des réclamations en question.

« Les soussignés, William Daria, chargé d'affaires de S. M. B. près la cour de Lisbonne, et le conseiller Joao de Andrade Corvo, ministre secrétaire d'État de S. M. T. F. étant dûment autorisés par leurs gouvernements respectifs, sont tombés d'accord sur ce qui suit :

« 1° Les réclamations respectives du gouvernement de S. M. B. et du gouvernement de S. M. T. F. sur le territoire et les îles susmentionnés, seront soumises à l'arbitrage et à la décision du président de la République française, dont la décision à ce sujet sera définitive et sans appel.

« 2° La décision du président de la République française, soit

tentions respectives et opposées, les demandes de l'un et les oppositions de l'autre. Voilà ce qui est soumis

qu'elle soit entièrement favorable à la réclamation de l'une ou de l'autre des deux Parties, soit qu'elle se présente sous la forme d'une solution équitable de la difficulté, sera accueillie comme absolument définitive et concluante ; plein effet lui sera donné sans aucune objection, échappatoire, ni délai. La décision sera donnée par écrit et datée ; elle sera libellée dans telle forme qu'il plaira au président. Elle sera remise aux ambassadeurs, ministres et autres agents publics de la Grande-Bretagne et du Portugal qui seront à Paris, et elle sera considérée comme ayant son effet à partir du jour à la date duquel elle aura été remise.

« 3° Un exposé écrit ou imprimé des réclamations des deux Parties, avec les preuves à l'appui, sera soumis au président dans les douze mois, à partir de la date du présent protocole, et une copie de cet exposé, avec les preuves à l'appui, sera communiquée par chacune des Parties à l'autre, par l'entremise de leurs ambassadeurs ou ministres respectifs à Paris.

« Dès que ces communications auront eu lieu, chacune des Parties aura la faculté de rédiger et de placer sous les yeux du Président un second et définitif exposé, si elle le juge convenable, en réponse à l'exposé de l'autre présenté comme il a été dit ci-dessus. Cet exposé définitif sera soumis à l'arbitre et communiqué aux Parties entre elles, de la même manière qu'il a été statué plus haut pour chaque partie, dans les douze mois qui suivront la remise du premier exposé de l'affaire entre les mains de l'arbitre.

» 4° Si, dans le cas soumis à l'arbitre, l'une ou l'autre Partie se réfère ou fait allusion à quelque rapport ou document qui soit dans sa possession exclusive, sans en annexer une copie, cette Partie sera obligée, si l'autre juge convenable de le réclamer, de lui fournir une copie de ces documents.

« Si l'arbitre désire de plus amples éclaircissements ou preuves relativement à un point quelconque contenu dans les exposés qui lui ont été soumis, il aura le droit de les réclamer de chacune des Parties, et il sera libre d'appeler près de lui un agent ou conseil de chaque Partie pour tels objets qu'il jugera prêter à discussion, et cela au temps et de la manière qu'il jugera convenable.

« 5° Les ambassadeurs respectifs, ministres ou autres agents publics de la Grande-Bretagne et du Portugal, à Paris, seront considérés comme les agents de leurs gouvernements respectifs pour suivre leur cause auprès de l'arbitre, qui sera prié d'adresser toutes ses communications et de donner tous ses avis à ces ambassadeurs, ministres ou autres agents publics, dont les actes

aux arbitres, ce sur quoi l'on promet de s'en tenir à leur jugement.

pourront lier leurs gouvernements respectifs vis-à-vis de l'arbitre sur cette matière.

« 6° Il sera loisible à l'arbitre de procéder à cet arbitrage et à tout ce qui en dépend, quand et comme il le jugera convenable, soit en personne, soit par une ou plusieurs personnes désignées par lui à cet effet, soit à huis-clos, soit en public, soit en la présence, soit en l'absence de l'un ou l'autre des deux agents, et soit de vive voix, soit par discussion écrite ou autrement.

« 7° L'arbitre, s'il le veut, choisira un secrétaire, agent ou employé, pour tout ce qui concerne les affaires de l'arbitrage proposé, en lui donnant les appointements et indemnités qu'il jugera convenables. A ces dépenses, ainsi qu'à toutes autres qui peuvent se rattacher à l'arbitrage, il sera pourvu ainsi qu'il va être stipulé.

« 8° L'arbitre sera prié de donner, avec sa décision, un compte de tous les frais et dépenses qui lui auront été occasionnés par cette affaire. Cette somme sera ensuite répartie en deux parts égales, qui seront remboursées par chacune des deux Parties.

« 9° L'arbitre sera prié de donner sa décision par écrit aussitôt qu'il le pourra, après que les deux Parties lui auront remis en entier l'exposé de leur affaire, et il devra en faire délivrer une copie à chacun desdits agents.

« Si l'arbitre ne pouvait décider entièrement en faveur de l'une des deux réclamations, il sera prié de donner telle décision qui, selon lui, offrirait une solution équitable de la difficulté.

« S'il refusait de prononcer aucune décision, tous les préliminaires qui auraient eu lieu, en vertu du présent accord, seront de fait nuls et non avenus, et les gouvernements anglais et portugais pourront agir et procéder, à tous égards, comme si la demande du présent arbitrage n'avait jamais eu lieu.

« Fait à Lisbonne, le 25 septembre 1872.

« W. DARIA. JOAO DE ANDRADE CORVO. »

Le président de la République française a rendu sa sentence arbitrale entre la Grande-Bretagne et le Portugal, le 24 juillet 1875. Cette sentence est ainsi conçue :

« Nous, Marie-Edme-Patrice-Maurice de Mac-Mahon, duc de Magenta, maréchal de France, président de la République française,

« Statuant en vertu des pouvoirs qui ont été conférés au président de la République française, aux termes du protocole signé à Lisbonne le 25 septembre 1872, par lequel le gouvernement de S. M. la reine de la Grande-Bretagne et d'Irlande et celui de S. M. le roi de Portugal sont convenus de déférer au président de

Si la sentence demeure dans ces bornes précises il faut s'y soumettre : la sentence arbitrale a pour les parties les effets d'une transaction régulière. Toutefois, si par une sentence manifestement injuste, contraire à la raison, les arbitres s'étaient eux-mêmes dépouillés de leur qualité, leur jugement ne mériterait aucune attention ; on ne s'y est soumis que pour des questions douteuses. Vattel suppose le cas où des arbitres, pour réparation de quelques offenses, condamneraient un État souverain à se rendre sujet de l'offensé : aucun homme censé dira-t-il que cet État doit s'y soumettre ? Mais si l'injustice est de petite conséquence, il recommande de la souffrir pour le bien de la paix ; et si elle n'est pas absolument évidente, on doit la supporter comme un mal auquel on a bien voulu s'exposer (1).

la République française, pour être réglé par lui définitivement et sans appel, le litige qui est pendant entre eux depuis l'année 1823, au sujet de la possession des territoires de Tembe et de Maputo, et des îles d'Inyack et des Éléphants, situés sur la baie de Delagoa ou Lourenço-Marques, à la côte orientale d'Afrique ;

« Vu les mémoires remis à l'arbitre par les représentants des deux Parties, le 15 septembre 1873, et les contre-mémoires également remis par eux les 14 et 15 septembre 1874 ;

« Vu les lettres de S. Exc. M. l'ambassadeur d'Angleterre et de M. le ministre de Portugal à Paris, en date du 8 février 1875 ;

« La commission instituée le 10 mars 1873 à l'effet d'étudier les pièces et documents respectivement produits nous ayant fait part du résultat de son examen ;

« Attendu que le litige tel que l'objet en a été déterminé par les mémoires présentés à l'arbitre, et en dernier lieu par les lettres ci-dessus citées des représentants à Paris des deux Parties, porte sur le droit aux territoires suivants, savoir :

(*Ici l'indication des territoires*) ;

« Attendu que.... etc.... etc....

« Par ces motifs :

« Nous avons jugé et décidé que les prétentions du gouvernement de S. M. Très-Fidèle sur les territoires de Tembe et de Maputo, sur la presqu'île d'Inyack et des Éléphants, sont dûment prouvées et établies.

« Versailles, le 24 juillet 1875.

« Maréchal DE MAC-MAHON,
duc de Magenta. »

(1) Vattel, *Le Droit des Gens*, édition annotée par Pradier-

Meisel recommande que le style des décisions arbitrales soit clair, dénué de toute phrase superflue et de toute tournure de rhétorique qui n'aurait point trait aux choses mêmes. Plus on s'astreindra à rendre clairement le sens du jugement arbitral, et mieux on satisfera au but de l'acte.

La correspondance du ministère des relations extérieures.

Il a été déjà dit que les rapports officiels du ministre des relations extérieures ont lieu : avec les membres des corps diplomatique et consulaire du pays et de l'étranger ; avec les chefs d'États et leurs ministres des affaires étrangères ; avec le chef de l'État, ses ministres, les fonctionnaires de tous rangs ; enfin avec de simples particuliers. Il a été observé de même que les formes de cette correspondance ont pour base les rapports de supériorité, d'égalité, d'infériorité, et que l'étude de ces formes est de la plus haute importance pour un diplomate. Voici, à cet égard, quelques principes généraux qu'il est utile de retenir, non seulement dans les relations de la carrière diplomatique, mais encore dans tous les usages de la vie privée, sous peine d'encourir le reproche de manque d'éducation.

La politesse épistolaire.

Il est élémentaire que toute lettre demande une réponse et qu'il faut mesurer les formes de la réponse à la condition des personnes auxquelles on écrit. Vis-à-vis d'un supérieur, par exemple, un cérémonial respectueux est de rigueur ; il convient d'écrire sur papier de grand format. Vis-à-vis d'un égal, la familiarité ne doit jamais descendre au-dessous des convenances ; on n'est jamais dispensé d'être poli, même envers un inférieur.

Fodéré, t. II, p. 305. — Meisel, *Cours de Style diplomatique*, édition citée, t. II, p. 602.

Une des formes de la politesse est d'écrire le plus lisiblement possible, sur des lignes régulières et convenablement espacées. La formule finale doit se détacher du corps de la lettre.

Pour exprimer la considération dans la forme de la correspondance épistolaire il faut avoir égard aux points suivants : l'*inscription*; le *traitement* ; la *courtoisie* ; la *souscription* ; la *date* ; la *réclame* ; la *suscription*.

L'inscription.

L'*incription* sert à désigner le titre de la personne à laquelle on écrit, si elle en a un, comme : *Sire*, *Monseigneur*, *Monsieur le ministre, Monsieur le comte*, etc., et tout simplement : *Monsieur*, s'il n'y a aucune qualité à y ajouter. Elle se met *en vedette*, c'est-à-dire détachée du corps de la lettre ; *en ligne*, c'est-à-dire en commençant la première ligne ; *dans la ligne*, c'est-à-dire placée après quelques mots commençant la lettre. L'*inscription en vedette* est la seule forme respectueuse. Elle a toujours lieu ainsi dans la correspondance ordinaire. Lorsqu'un chef d'État écrit à d'autres chefs d'États, l'*inscription* est *toujours* en ligne ; quand il écrit à des princes non-souverains ou à des personnages importants, l'*inscription* est *souvent* dans la ligne.

Le *traitement* consiste à donner à celui à qui l'on écrit la qualité qui convient à son rang, à sa naissance, à sa dignité. Ainsi, on donne la *sainteté* au pape, la *majesté* aux empereurs et aux rois (1), l'*al-*

(1) L'empereur d'Allemagne refusait au roi de France, même encore à l'époque de Louis XIV, le titre de *majesté*. « La morgue impériale est telle, — dit Saint-Simon, — qu'elle refuse encore la *majesté* au roi, dans les lettres qu'on appelle de chancellerie, c'est-à-dire qui commencent par les titres *très-haut*, etc....., et sont contresignées. La morgue française n'en veut point recevoir sans *majesté*, de sorte que ces sortes de lettres sont bannies entre eux, et qu'ils s'écrivent toujours l'un à l'autre de leur

tesse impériale, l'*altesse royale*, l'*altesse sérénissime*, l'*altesse* simple, l'*excellence*, la *seigneurie excellentissime*, la *seigneurie illustrissime*, la *grandeur*, l'*éminence*, suivant la dignité des personnages auxquels on s'adresse. La qualification d'*éminence* est attribuée aux cardinaux depuis Richelieu. Le prince de Condé s'étant trouvé à Rome avait pris, à l'exemple des princes italiens, le titre d'*altesse*. Le cardinal de Richelieu, qui, comme cardinal, n'avait alors que celui d'*illustrissime*, ne voulut pas subir de supériorité et inventa le titre d'*éminence*. Richelieu, tout puissant en France, s'y fit recevoir avec ce titre, qui fut adopté par tous les cardinaux et reconnu par toute l'Europe (1).

La courtoisie.

Dans le langage spécial, en matière de convenances épistolaires, on appelle *courtoisie* le compliment qui se met à la fin des lettres et qui contient l'expression des assurances de respect, de considération, d'attachement, de reconnaissance, etc., etc. Il n'y a pas de formule absolue sur ce point : tout dépend du sentiment qui anime le signataire de la lettre et du nombre plus ou moins grand de qualificatifs et de substantifs qu'il possède dans son vocabulaire épistolaire pour exprimer ses impressions.

La souscription.

La *souscription* est la signature. Quand elle est placée au dessous de la formule : « *Votre très-humble et très-obéissant serviteur* », on dit qu'on a écrit *en dépêche*. Quand elle est placée au-dessous de la formule

main, avec la *majesté* réciproque et une égalité en tout parfaite.....». *Mémoires complets et authentiques du duc de Saint-Simon*, édition de 1853, chap. LXVII, t. IV, p. 107.

(1) *Mémoires manuscrits* de Wynants, cités par M. Désiré de Garcia de la Véga, dans son *Guide pratique des agents politiques*, 1867, p. 163.

par exemple : « *Veuillez agréer l'assurance de ma considération respectueuse* », ou d'une autre formule analogue, on dit qu'on a écrit *en billet*.

La *souscription en dépêche* a lieu dans les circonstances d'apparat, ou lorsqu'on écrit à des personnages auxquels il n'est pas permis par les convenances hiérarchiques et sociales de s'adresser autrement. La *souscription en billet* a lieu dans la correspondance courante. On dit encore qu'on écrit *en billet*, lorsqu'on adresse un simple avis, sans signature, à la troisième personne.

La date.

La *date* est l'énonciation qui marque le temps et le lieu où la lettre a été écrite. On peut la placer au haut de la page, ou à la fin de la lettre, vis-à-vis de la signature. Placée à la fin, elle indique plus d'égards et de déférence. Dans les correspondances ordinaires on place ordinairement la date au haut de la première page, pour faciliter l'examen et le classement des papiers.

La réclame.

On appelle *réclame* l'indication, placée au bas de la première page, du nom et de la qualité de la personne à laquelle on écrit. Cette indication a pour but de faire éviter les méprises dans les expéditions. Comme dans les billets sans signature et à la troisième personne le nom de la personne à qui l'on écrit se trouve placé dans le corps du billet, on n'a pas besoin d'y mettre de réclame.

La suscription.

La *suscription* est l'adresse : elle consiste dans la reproduction de la *réclame* sur l'enveloppe de la lettre ; elle doit être conforme, pour les titres et qualités, aux qualités et titres exprimés dans la *réclame*.

Le style diplomatique.

L'observation de toutes ces règles, de toutes ces nuances, de toutes ces formes, relatives en général aux rapports de titres et de rang existant entre les États souverains, fait essentiellement partie du style diplomatique. Ces règles sont d'ailleurs rarement négligées sans que la négligence, lorsqu'elle n'est pas immédiatement et suffisamment excusée, ne soit relevée par la partie adverse, du moins comme faute de chancellerie. Les fautes sont relevées, par exemple dans une lettre expresse écrite à cette fin, dans un *post-scriptum*, dans une note de chancellerie, par une protestation, au moyen d'un refus ou d'un retardement de réponse, ou bien en réciproquant la faute, en renvoyant la lettre, etc. Mais le style diplomatique ne consiste pas seulement dans l'emploi opportun des formules appropriées : le style, c'est la manière de composer, la manière d'écrire, on pourrait presque dire que c'est la manière de penser : dans tous les cas, c'est la manière d'exprimer sa pensée. Le style tient donc du fond et de la forme.

Des esprits portés à la causticité ont fait du style diplomatique une description malveillante. Presque tous les documents émanés des chancelleries, disent-ils, sont des œuvres qu'on ne saurait étudier avec trop d'attention. Chaque mot a un double et même un triple sens : un pour le gros public, un autre pour les habiles, et un autre encore pour la Puissance à qui l'on s'adresse particulièrement. On dit que l'on veut et l'on fait entendre que l'on ne veut pas ; on dit que l'on fera et l'on ajoute que l'on ne fera pas ; on a l'air de s'engager et l'on ne s'engage pas ; on n'a pas l'air de s'engager et l'on s'engage. Il y a une sorte de génie de rédaction qui consiste à laisser égarer, comme par hasard, une expression qui renverse complètement le sens général d'un document et forme comme un point lumineux dans les ténèbres. On dirait que c'est la même main qui fait toutes les écritures officielles des cabinets. Il y règne une ordonnance savante. Les phrases sont pleines, les cadences harmonieuses et les chutes parfaitement réussies. On a raturé vingt fois avant de rencontrer l'expression, mais elle est complètement évasive. Ces recherches de forme, ce talent d'exposition, ce relief d'argumentation, cette subtilité de logique, ces réticences calculées, ces équivoques cauteleuses, ces allusions lointaines, ces sous-entendus fallacieux, ces insinuations voilées, ces épigrammes sérieuses, sont les armes élégantes et légères dont on se sert dans les passes à la plume, avant-coureurs des jeux sanglants de la guerre. Sous le déguisement de ces figures de langage, on se dit une foule de choses qui n'y paraissent point; on se mesure, on se menace, on se raille sur un ton de parfaite courtoisie. Comme tout porte sur des détails imperceptibles de rédaction, on épie les moindres nuances; l'écart de forme le plus léger, le changement d'une tournure, une différence sur la manière de se saluer entre deux souverains, prennent des proportions énormes et présagent de gros événements.

Cette critique est de pure fantaisie. Ceux qui la font n'ont pas consulté les bons modèles. « Toute composition en matière politique, dit excellemment le baron Ch. de Martens, renferme des points principaux et des matières secondaires. Pour les exposer ou les développer selon leur importance, il faut savoir placer chaque chose dans son vrai jour, et ordonner les matières de telle sorte que les transitions ne soient point forcées et que les arguments, se fortifiant l'un l'autre dans une gradation naturelle, complètent la conviction; enfin, on doit soutenir l'attention en sachant se restreindre et conclure. En un mot, bien dire dans l'ordre convenable tout ce qui doit être dit, et rien au-delà, tel est le grand art du diplomate. On ne saurait trop recommander aux rédacteurs d'actes et offices diplomatiques, d'unir à la précision des idées la propriété des termes et la concision du style. Les circonlocutions, les épithètes oiseuses, les expressions ambitieuses ou recherchées, les longues périodes, les hors-d'œuvre, les lieux communs, sont plus particulièrement mal venus dans les écrits de ce genre, où tout, étant grave et important, doit marcher simplement et directement au but (1) ».

(1) Les relations des États ou des souverains entre eux, dit l'auteur du *Guide diplomatique*, donnent lieu à une multitude de communications écrites, soit qu'elles aient pour objet des droits ou des obligations réciproques, soit des affaires d'intérêt, d'amitié ou de parenté, soit des questions de simples procédés. Ces communications sont assujetties à un *cérémonial* plus ou moins déterminé par leur objet et par les personnes dont elles émanent, ou celles auxquelles elles s'adressent. Le style consacré à ces relations extérieures entre les Puissances se nomme indifféremment *style diplomatique*, *style de cour*, *style de chancellerie*. Quoique les écrits en matière politique soient par leur nature susceptibles d'une infinité de nuances, ils sont cependant soumis à certaines règles de diction déterminées par les convenances et par l'usage. Moins que tout autre écrit, un acte diplomatique ne doit offrir rien de vague, ni de hasardé dans sa composition, mais, au contraire, aller au but par la voie directe; les idées doivent en être justes, la marche ferme et rapide, la diction correcte, les expressions claires, naturelles et précises. Il faut qu'on y trouve ce tact des convenances qui sait toujours approprier le ton et le style aux circonstances et aux personnes, de manière à n'être jamais au-dessus ni au-dessous du sujet traité. En diplomatie, il ne suffit pas d'être compris : il faut encore s'exprimer avec une netteté telle que la mauvaise foi, ni la chicane, ne puissent dénaturer, ni, à l'aide de l'équivoque, fausser le sens d'un mot ou d'une phrase, pour lui donner une interprétation forcée. Cette recherche scrupuleuse de la clarté doit même s'étendre jusqu'à la ponctuation : on a vu plus d'une fois le sens d'un article important dépendre de la place d'une virgule, et des contestations fâcheuses naître d'une circonstance en apparence puérile, mais en réalité très-sérieuse. Il faut, d'ailleurs, avant toute chose, se bien pénétrer de son sujet, n'y laisser aucun point obscur, et le considérer sous toutes ses faces, afin d'en saisir tous les éléments. La clarté dans l'ordre des idées se répand d'elle-même sur l'expression de la pensée, soit par le choix des termes, soit par leur enchaînement. La concision doit être l'une des premières qualités de l'écrivain diplomatique. Dans tous les écrits destinés à établir ou à renverser des points de droit ou des prétentions quelconques, les citations sont admises ; mais il faut, en évitant l'apparence d'une recherche ridicule d'érudition, ne les choisir qu'exactes et

De son côté, M. Heffter s'exprime ainsi : « S'il est vrai, comme l'a dit un éminent écrivain (1), que le style est l'homme, dont il réfléchit les idées, le style dans lequel s'exprime l'État doit emprunter quelque chose à son caractère élevé. Le ministre chargé de parler au nom de l'État doit faire abstraction de sa propre individualité et choisir les formes qui font le mieux ressortir la position indépendante de l'État représenté et la dignité de son souverain. Donc, le style diplomatique doit se maintenir à une certaine hauteur, sans toutefois prétendre au langage des dieux, sans cesser d'être celui des hommes. Il doit être marqué au coin de la précision dans les termes, de l'ordre dans l'exposé des faits ; il doit éviter les expressions basses et communes. La logique et la clarté, voilà les qualités essentielles d'un style qui n'est ni celui du métaphysicien, ni celui de l'orateur ». M. Heffter ajoute : « L'importance qui s'attache à toute espèce de compositions diplomatiques, tant à cause du respect que les parties se doivent personnellement, que de la gravité du sujet, leur impose l'obligation de les rédiger avec une attention toute particulière, ne fussent-elles destinées qu'à remplir un simple besoin du cérémonial... » (2).

Enfin, M. de Flassan remarque que le style diplomatique, « à quelque sujet qu'il s'applique, ne doit pas être celui de l'académicien, mais celui d'un penseur froid, revêtant d'une expression pure et exacte une lo-

les employer avec sobriété. Lorsqu'il s'agit de réfuter des faits, des principes ou des maximes, on ne saurait mieux faire que de les combattre par d'autres maximes plus généralement admises, et par des principes ou des faits opposés. Les rédacteurs d'actes diplomatiques doivent savoir se résigner à supprimer dans ces écrits les circonlocutions, les longues périodes, les lieux communs et les mots spirituels, qui seraient applaudis dans les salons, mais feraient tort à la gravité des communications officielles. V. *Le Guide diplomatique*, édit. de 1866, t. II, 1re partie, p. 1 et suiv.

(1) M. de Buffon, dans son discours sur le style.

(2) Heffter, *Le droit international de l'Europe*, traduit en français par Jules Bergson, nº 236, édition de 1874, p. 444.

gique non interrompue. La chaleur qui fait presque toujours le succès de l'éloquence doit en être exclue » (1).

Meisel a fait précéder son *Cours de style diplomatique* de recommandations qui s'adressent surtout aux débutants dans la carrière de la diplomatie. Les écrits diplomatiques, dit-il, doivent être considérés sous un double point de vue : 1° sous celui de leur contenu ou de la matière dont ils traitent ; 2° sous celui de la manière dont ils sont rédigés. En ce qui concerne le premier de ces objets, il est inutile d'observer que sans la connaissance des matières à traiter l'étude du style serait, sinon impossible, au moins entièrement vaine. Ce n'est qu'après avoir fait une étude assidue des différentes branches des sciences politiques que l'on doit se croire assez bien préparé pour s'appliquer aux principes du style diplomatique. Mais, quant à l'habitude du style des affaires, quant à la connaissance de la manière dont on rédige les différents écrits publics, on ne peut l'acquérir que par l'étude théorique des principes, par la lecture des meilleurs modèles et par la pratique.

Les principes applicables aux écrits politiques forment la théorie du style diplomatique. A l'étude des principes il faut joindre la lecture des ouvrages politiques qui ont paru, soit peu de temps avant le traité de Westphalie, soit depuis ce traité, jusqu'à nos jours. Comme on y trouve l'histoire des négociations les plus importantes, avec les actes et les documents authentiques qui y sont relatifs, ces écrits peuvent également servir de guides pour la manière de traiter les affaires, et pour le style dans lequel elles doivent être présentées. Les écrits périodiques, journaux et gazettes politiques, recueillant suivant l'ordre du temps les pièces officielles les plus intéressantes, offrent encore une lecture fort instructive pour cet objet. Enfin, les

(1) De Flassan, *Discours préliminaire à l'histoire de la diplomatie française.*

aspirants aux emplois de la diplomatie qui obtiendront l'accès aux dépôts des cabinets des affaires étrangères, y trouveront des secours précieux et abondants pour tous les genres d'écrits diplomatiques. Mais pour joindre à l'étude de la théorie l'application des principes qu'elle enseigne, et pour se préparer à la pratique des affaires, il sera nécessaire d'exercer son style même. A cet effet, on emploiera avec succès les deux méthodes, soit de compositions sur des sujets donnés dans tous les genres d'écrits se rapportant à la diplomatie, en les comparant ensuite à des originaux du même genre, soit de traductions de pièces officielles publiées dans une autre langue (1).

Quelles sont les diverses sortes d'écrits diplomatiques?

Il y a différentes sortes d'écrits diplomatiques; on peut citer: les *lettres*, les *dépêches*, les *offices*, les *notes*, les *notes verbales*, les *notes « ad referendum, »* les *protocoles*, les *memorandum*, les *manifestes*, les *conclusum*, les *ultimatum*, etc., etc (2).

(1) Meisel, *Cours de style diplomatique*, Introduction.

(2) La correspondance diplomatique, dit l'auteur du *Guide diplomatique*, embrasse les communications officielles de toute nature que les cabinets échangent entre eux par l'intermédiaire de leurs agents au dehors, ou que ces agents entretiennent eux-mêmes, soit avec leurs collègues dans les différentes cours, soit avec le gouvernement dont ils sont l'organe. Tout ce qui intéresse le service de l'État dans sa politique étrangère et ses relations internationales, tous les renseignements utiles aux intérêts moraux ou matériels du pays qu'ils représentent, est ou doit être l'objet incessant de leur sollicitude, et donner lieu de leur part à des communications exactes et fréquentes. Les pièces diplomatiques, qui sont l'expression écrite de ces communications, et dont la forme diffère selon leur importance et leur nature, demeurent, ou confidentielles et secrètes, toutes les fois que le secret est possible et que leur divulgation pourrait nuire au bien des affaires ; ou sont destinées à une publicité plus ou moins complète, selon que les cabinets ont intérêt à y recourir, ou qu'ils se croient dans l'impossibilité de s'y soustraire, par suite du droit qu'ont les assemblées délibérantes, dans les gouvernements représentatifs, de demander le dépôt des actes et

Les lettres.

Il a déjà été question, à propos des lettres que s'adressent les souverains, des *lettres de conseil, de chancellerie, de cérémonie*; des *lettres de cabinet*, rédigées dans une forme et un style moins solennels que les *lettres de conseil*, expédiées sous un petit couvert, en y appliquant le sceau moyen ou le petit sceau de l'État; des *lettres autographes*, dépourvues de tout cérémonial quant aux titres et d'un style plus familier.

En fait de correspondance diplomatique, on désigne par *lettre* toute communication écrite peu importante ou d'un intérêt particulier. Les demandes de renseigne-

offices diplomatiques dont la connaissance peut leur servir à contrôler la politique ministérielle. La prévision de la production possible des correspondances diplomatiques à la tribune des Chambres législatives, met l'agent dans la nécessité de se précautionner contre cette publicité. Il se voit obligé, d'une part, de borner ses rapports à l'exposé exact mais succinct des faits, sans les accompagner de commentaires et de réflexions dont la divulgation pourrait nuire à sa position et à son crédit à la cour où il réside ; d'autre part, d'entretenir avec le ministre des affaires étrangères une correspondance plus intime (en dehors de la série de ses dépêches officielles). C'est dans ces lettres confidentielles uniquement qu'il peut se livrer avec plus d'abandon,et souvent avec utilité, à des raisonnements sur l'état actuel des affaires, à des opinions conjecturales sur leur dénouement. Le ministre des affaires étrangères, de son côté, est obligé, par le même motif, d'avoir recours au même système, et d'entretenir avec ses agents une correspondance confidentielle en dehors de la correspondance officielle. Les principes de rédaction de la plupart des pièces de la correspondance officielle échappent à une analyse rigoureuse ; quant au style en général, il ne saurait être trop simple et naturel, trop clair et précis, trop souple et facile. La lecture des rares modèles en ce genre, le tact, le bon goût, la fréquentation d'une société polie, enseigneront au diplomate, mieux qu'aucuns préceptes, l'art de dire bien et juste tout ce qu'il importe de dire, de parler et de diversifier la langue des affaires, sans que la recherche laborieuse des mots traverse l'effort de la pensée. V. *Le Guide diplomatique*, édition de 1866, t. II, 2me part., p. 1 et suiv.

ments, par exemple, se font par *lettres*. La correspondance des consuls ne consiste qu'en *lettres* (1).

Les dépêches.

Le mot *dépêche* est un terme exclusivement diplomatique : il désigne proprement la correspondance diplomatique importante d'un gouvernement à ses agents à l'étranger. Il s'applique aux instructions, aux ordres, aux rapports d'un gouvernement à ses agents, ou de ceux-ci à leurs chefs.

Les communications d'un gouvernement aux agents étrangers accrédités près de lui, de ceux-ci à ce gouvernement, ou de ces agents entre eux, ne sont pas des *dépêches*.

On peut citer aux futurs diplomates du Pérou, comme modèles de *dépêches* précises, complètes, exactes, celles de M. D. Pedro Galvez, ministre plénipotentiaire de la République du Pérou près du Saint-Siège, à propos de la négociation relative à l'archevêché de Lima, en 1872 (2). En France, où l'on trouve en tout les meilleurs modèles, on citera toujours comme le type le plus complet du style diplomatique les dépêches de M. Drouyn de Lhuys, ministre des affaires étrangères du second empire.

(1) C'est par des *lettres* et par des *notes* que les agents diplomatiques suivent les affaires qui leur sont confiées ; qu'ils développent des principes ou protestent contre l'application de principes opposés ; qu'ils justifient une mesure prise ou appuient une opinion avancée. C'est par des *lettres* qu'ils réclament des audiences ou des passeports ; qu'ils font part, soit au gouvernement auprès duquel ils résident, soit à leurs collègues, des évènements heureux ou malheureux qu'ils ont reçu l'ordre ou qu'ils jugent convenable de leur communiquer, et qu'à la fin de leur mission ils prennent congé du souverain, s'ils sont absents de sa résidence au moment de leur rappel. Mais c'est par des *notes* qu'ils traitent les affaires importantes.

(2) Ces dépêches sont dans le journal « *El Peruano* », bulletin officiel du samedi 18 janvier 1873, p. 33 et suiv.

Les offices.

On donne, dans le langage diplomatique, le nom d'*office* à toute communication sur des matières d'intérêt général. C'est un terme très-employé surtout dans le vocabulaire politique des États américains. Le plus généralement, en Amérique, les *offices* émanent des différents secrétaires d'État, et ont pour objet d'accompagner, d'expliquer, de commenter, des décrets, mesures, dispositions quelconques, provenant du gouvernement. Sous ce point de vue il y a dans la *Collection de lois, décrets, ordonnances et règlements* d'Oviédo, un très-grand nombre d'*offices* qui n'ont aucun rapport avec les matières diplomatiques. Cependant il y a aussi des *offices* qui émanent de ministres publics étrangers : par exemple, un *office* du 30 juin 1853, dans lequel le ministre du Chili proposait un arrangement amical au gouvernement du Pérou pour terminer les différends existant entre le Pérou et la Bolivie ; un *office* du 14 février 1854, du chargé d'affaires de S. M. britannique au ministre des relations extérieures du Pérou, sur la navigation des Amazones ; un *office* des ministres plénipotentiaires du Chili et de la Nouvelle-Grenade, du 11 juillet 1859, offrant leur médiation dans la question entre l'Équateur et le Pérou, etc., etc.

Au reste, il faut savoir qu'en général dans la langue de la diplomatie, les nuances entre les *lettres*, les *dépêches* et les *offices* sont très-peu observées ; que ces différents écrits se confondent; qu'on se sert indistinctement de ces trois mots pour éviter des répétitions. Le cardinal d'Ossat, dans sa correspondance, emploie indifféremment les mots *lettre*, *dépêche* ; quant au mot *office*, il est employé pour désigner plus spécialement des *lettres* ou des *dépêches*. Meisel donne le mot *office* comme synonyme de *note*. Suivant lui, l'*office* serait la *note officielle*. « Les *notes* sont ou *officielles*, dit-il, ou simplement *confidentielles*, ce qui ne change rien à leurs formes. Les *notes officielles* expriment ordinairement que le ministre public *est chargé*, qu'il *a ordre*, ou qu'il *est autorisé* par sa cour, par son gouvernement, de faire l'exposition que contient sa note. Ce sont ces *notes officielles*, auxquelles on donne quelquefois plus particulièrement le nom d'*offices* » (1).

Les écrits de nature diverse et de plus ou moins d'importance que les agents diplomatiques peuvent avoir à rédiger, sont la suite de leurs rapports avec le gouvernement auprès duquel ils sont accrédités. Ces écrits sont destinés, par exemple, à accompagner la remise ou l'échange de pièces officielles, à préparer les voies aux démarches obligées ou convenues, à constater le dépôt ou le transport de documents, à formuler des réclamations ou des plaintes, à demander des explications catégoriques, à exiger des satisfactions. Ce sont des demandes d'audience, afin de remettre des lettres de leur souverain au chef de l'État auprès duquel ils sont accrédités ; des réponses à des lettres circulaires émanées du ministre des affaires étrangères du pays où il résident ; des notifications de départ ; des réclamations quelquefois collectives, par exemple contre des infractions au cérémonial ; des demandes de satisfaction, à l'occasion par exemple de violation des privilèges et immunités diplomatiques ; des protestations ; des lettres et notes d'envoi et des accusés de réception. Les *lettres* ne diffèrent des *notes* que par la forme plus libre et toute épistolaire. Le rédacteur y parle à la première personne ; la date et le lieu d'où elles sont écrites se placent en tête de l'écrit, que termine, selon le rang du destinataire, la formule de courtoisie d'usage, suivie de la signature. Dans les *notes*, le signataire parle généralement à la troisième personne. La formule consacrée : « *Le soussigné...* »

(1) Meisel, *Cours de style diplomatique*, édition citée, t. II, p. 178.

placée en tête de l'écrit, y est suivie de l'énonciation du caractère public de l'auteur de la note. Ce dernier s'y déclare, par exemple, *chargé* par son souverain, ou par le cabinet qu'il représente, de *transmettre* telle communication, ou *autorisé à faire part* de telle réponse ou de telles mesures. Il termine en *saisissant cette occasion de renouveler* au destinataire *les assurances de sa haute considération*, etc. La date se place au bas de l'écrit, au dessus de la signature.

Les notes. — Notes confidentielles. — Notes verbales. — Notes « ad referendum ».

Il y a différentes sortes de *notes* : les *notes* proprement dites, ou *notes écrites*, les *notes confidentielles*, les *notes verbales*, les *notes « ad referendum,* » etc.

Les *notes confidentielles* sont des écrits destinés à rester secrets, et qui, à côté de l'exposé exact et succinct des faits figurant dans la correspondance officielle, font connaître d'une manière plus complète l'état des affaires et les probabilités de leur solution.— Les *notes verbales* sont des notes non signées, et souvent adressées à la suite d'une conversation, en vue de la résumer et de la préciser. Il arrive quelquefois que des réponses qui pourraient être données verbalement sont consignées par écrit, et remises de la main à la main sous forme de *note*. Cela a lieu lorsqu'on a intérêt à fixer des faits et à préciser des déclarations dans la réponse. Ainsi, par exemple, le 13 octobre 1875, à Buénos-Ayres, le ministre des relations extérieures de la République Argentine invita l'envoyé diplomatique du Pérou à une entrevue, et lui fit connaître qu'il avait à lui transmettre la réponse de son gouvernement au sujet de l'insinuation de bons offices qui avait été faite dans une note antérieure adressée par la légation péruvienne au gouvernement argentin. Puis, après avoir formulé verbalement cette réponse, il la remit écrite à l'agent diplomatique péruvien. Il s'agissait de l'offre de bons offices faite par le gouvernement du Pérou, pour arriver à mettre un terme au différend qui divisait depuis si longtemps le Chili et la République Argentine, au sujet des limites. L'offre a été acceptée, pour le cas où les deux républiques n'arriveraient pas à un arrangement amiable (1).

Les *notes « ad referendum »* sont des dépêches qu'un agent diplomatique expédie à son gouvernement, pour lui demander des instructions nouvelles, lorsque les négociations l'entraînent hors de la limite de ses pouvoirs. Lorsque en effet des agents diplomatiques sont mis en demeure de répondre sur un point qui n'était pas compris dans leurs instructions, ils demandent à en référer à leurs supérieurs. Ils prennent également « *ad referendum* » toute proposition qui dépasse les limites prévues pour la négociation. Lorsqu'un agent diplomatique reçoit des propositions qui ne sont pas dans le sens de ses instructions, mais qu'il juge utile d'accueillir, il les accepte provisoirement, sauf la ratification de la part de son gouvernement, sous l'espoir d'approbation, « *sub spe rati* ».

Meisel observe que le texte des *notes* variant naturellement selon la diversité des objets qu'elles traitent leur ton doit avoir des nuances qu'il serait impossible de réduire à des règles fixes. Il sera ou affectueux et persuasif, ou purement historique pour l'exposition du fait, ou sérieux, concluant, et même peut-être repréhensif ; mais les qualités principales des *notes* seront cependant toujours la cohérence et la netteté de l'ordre dans les matières. Les réponses aux *notes* sont ordinairement conçues en la même forme, et c'est ainsi qu'il s'établit souvent une correspondance suivie en notes (2).

(1) Cette réponse écrite a été publiée dans les *documents* qui se trouvent à la suite du mémoire du ministre des relations extérieures au Congrès ordinaire de 1876, p. 39.

(2) Meisel, *Cours de style diplomatique*, édition citée, t. II. p. 179.

Les protocoles.

Il a déjà été dit plusieurs fois que les *protocoles* sont les procès-verbaux des séances tenues par des diplomates réunis en congrès ou en conférences, et qu'ils servent à fixer d'une manière définitive les points déjà convenus, sans lier toutefois les gouvernements représentés.

Les mémoires et les memorandum.

On appelle *mémoire* ou *memorandum* une note signée ou non signée, mais le plus souvent non signée, dans laquelle un gouvernement expose ses prétentions, ses griefs. Il contient l'exposé sommaire de l'état d'une question et la justification de la position prise par un gouvernement, ou des actes qui en sont émanés et auxquels on se réfère. Par sa nature le *mémoire* ou *memorandum* demande une rédaction précise et exacte ; il doit soutenir l'attention, en sachant restreindre et conclure ; il doit dire dans l'ordre convenable, avec une logique non interrompue, ce qui doit être dit, et rien au-delà ; on doit y éviter les circonlocutions, les épithètes oiseuses, les mots ambitieux ou recherchés, car des expressions mal choisies peuvent amener des froissements, des complications, en blessant des Puissances dans leur dignité ou dans leurs intérêts.

Le *memorandum* a été aussi défini avec plus de subtilité un *mémoire confidentiel* et *dénué de caractère officiel*. Voici, du reste, l'analyse de ce que Meisel dit des *mémoires* et des *memorandum*, qui sont deux termes synonymes ne désignant, en réalité, qu'une variété des notes.

Les envoyés auprès des cours étrangères, dit-il, traitent ordinairement par des mémoires les négociations et les affaires dont ils sont chargés. Ils adoptent du moins cette marche pour l'essentiel des affaires et renvoyent à des conférences verbales l'exposition des détails.

Cependant il arrive quelquefois que les chefs d'États auprès desquels ils résident demandent un exposé par écrit de ce qu'ils ont allégué de bouche. Ces mémoires ont une forme et un cérémonial particulier. La forme la plus ordinaire pour les mémoires adressés aux souverains est celle où le ministre parle de lui à la troisième et au souverain à la seconde personne. Il y a dans ces mémoires une inscription courte et respectueuse. Quoique le corps du mémoire n'ait pas une introduction en forme, il commence ordinairement par l'énoncé des ordres que le ministre a reçu de sa cour. Les formules usitées sont très-nombreuses et peuvent être variées : « *Le soussigné ambassadeur, envoyé*, etc. *de Sa Majesté le roi*, etc. *ayant reçu ordre...* » — « *Le soussigné a ordre... — est chargé des ordres les plus précis... — se trouve obligé... — a cru qu'il était de son devoir de représenter...* » — « *Sa Majesté le roi*, etc. *a ordonné au soussigné...* » — « *Le soussigné ayant rendu compte à sa cour...* » *etc.*, *etc.*

Après cette espèce de début vient l'exposition du fait, qui doit être en termes simples et convenables à un récit, sans parties superflues et sans compliments. S'il s'agit de présenter les motifs qui ont déterminé une résolution, il faut les présenter sous le point de vue favorable et de la manière la plus propre à justifier la résolution prise. S'il s'agit au contraire d'amener le souverain étranger à une résolution prompte et favorable, il faut recourir à tous les moyens de persuasion, les exposer avec clarté et énergie et les accompagner de quelques insinuations obligeantes et bien assorties aux motifs qu'on a allégués. Quel que soit l'ordre dans lequel on dispose les différentes parties du mémoire, il faut le faire de manière que ces parties soient bien liées, que les motifs et les moyens de persuasion se trouvent dans le corps même du mémoire et qu'ils soient fondés sur la nature du fait. Ce serait en vain que l'on débiterait les phrases les plus recherchées et qu'on ornerait son style avec soin, si les observations que l'on fait et les arguments, si les idées que l'on propose, n'étaient liés entre eux par l'ordre logique, duquel seul naît la persuasion, et qui seul peut rendre les conclusions convaincantes. Au reste, c'est aux lumières et à l'habileté du ministre à démêler les moyens les plus favorables à son but, et l'emploi qu'il doit en faire.

Le ministre a-t-il ordre de témoigner le mécontentement de son gouvernement, ou de faire à celui auprès duquel il réside des communications d'une nature peu agréable, la prudence lui interdit de se laisser emporter à des plaintes offensantes, injurieuses ou exagérées. Sans doute, il ne doit ni compromettre son maître, ni avilir sa dignité par un langage faible et timide ; mais il ne doit pas non plus aigrir les esprits. Il est prudent de laisser toujours entrevoir l'espérance d'un rapprochement entre les deux cours, et le regret avec lequel on s'est vu contraint de recourir à des mesures de rigueur. Si le contenu du mémoire est de nature à exiger une réponse ou une détermination, le ministre la demande d'une manière pressante mais respectueuse. Le cérémonial exige que les expressions soient constamment conformes au rang et à la dignité des deux États et à celle du ministre. Il déclare, il représente, prie et demande, toujours respectueusement. S'il appuie sur les motifs d'intérêt et sur l'esprit des traités, sur l'honneur, sur la justice, etc., il adoucira ses expressions en ajoutant que ces considérations n'ont point échappé aux lumières, à la pénétration, etc.; en un mot il évitera de mettre l'amour-propre contre lui.

La conclusion se fait ordinairement sans vœux, sans recommandation et sans aucune des formules obligeantes en usage dans les lettres. Cependant comme quelques cours terminent les écrits adressés aux ministres étrangers par certaines expressions de bienveillance et de protection, le ministre doit prévenir ces civilités, ou y répondre en termes respectueux placés dans la conclusion.

Quelquefois les ministres terminent leurs mémoires par des compliments de courtoisie et par quelques expressions de zèle et de respect au nom des souverains. Cet usage a plus particulièrement lieu dans les mémoires adressés aux républiques.

Dans les mémoires ordinaires il n'y a aucune courtoisie. Les ministres souscrivent leur nom immédiatement sous le corps du mémoire, en plaçant la date ou dans la dernière ligne, ou à côté, ou au-dessous du nom.

Quoique cette forme de mémoire soit la plus usitée, il y en a cependant où le ministre parle de lui dans la troisième et du souverain dans la même personne. Cependant cette forme est plutôt suivie dans les mémoires que les envoyés adressent aux membres du conseil, aux secrétaires d'État, à des collèges entiers, etc. Dans ces mémoires il n'y a ni inscription, ni conclusion, ni souscription.

Les mémoires en forme de lettres ne sont pas fort communs. On les adopte cependant, lorsque le sujet serait de nature à pouvoir être exposé de bouche ; mais alors ce n'est plus à vrai dire un mémoire, c'est une lettre, c'est tout autre écrit de la correspondance diplomatique. Ces mémoires ont dans ce cas une inscription et une souscription, mais dans le corps de l'écrit on se borne à un simple exposé du sujet sans aucune des formalités superflues. Quant aux formes irrégulières ou mêlées des mémoires, dont on n'use que rarement, elles diffèrent si peu essentiellement de celles dont nous venons de parler, que ces changements aussi insignifiants qu'arbitraires ne sauraient amener aucune différence dans les principes.

Le cérémonial des titres dans les mémoires diffère peu de celui qu'on observe dans la correspondance. Les ministres donnent aux souverains et aux républiques les titres qui appartiennent à leur dignité et que l'usage diplomatique réclame. Dans les mémoires où l'on parle aux souverains à la seconde personne, on doit éviter la répétition trop fréquente des mêmes titres et s'exprimer quelquefois, soit par le pronom *Vous*, soit par le pronom possessif de la seconde personne accompagné d'une épithète, comme *Votre Majesté*.

Dans les mémoires adressés aux souverains en troisième personne, on doit rappeler leurs titres distinctifs, toutes les fois qu'il pourrait y avoir une équivoque, par exemple : « *le soussigné a ordre de représenter à S. M. Britannique*, » etc.

L'envoyé désigne de même son souverain par ses titres distinctifs, la première fois qu'il fait mention de lui dans son mémoire.

Dans la suite du mémoire il se contentera de dire : *le roi son maître*, ou *le roi*, ou simplement *son maître*, ou *Sa Majesté* ; *la Reine*, *sa Souveraine*.

Enfin, les ministres expriment une fois leur propre nom et leur caractère dans le mémoire qu'ils présentent, par exemple : « *le soussigné...., ambassadeur*, ou *envoyé ordinaire*, ou *extraordinaire*, ou *ministre plénipotentiaire*, *a reçu de sa cour l'ordre*, etc. ».

Souvent ils se contentent de dire : « *le soussigné....*, *ministre de....*, » « l'*ambassadeur*, l'*envoyé*, l'*envoyé de....* ». Dans la suite du mémoire ils se bornent à dire : « *le soussigné*, » ou « *ledit ministre* ».

Quelquefois il arrive que les ministres de différentes cours sont appelés à faire conjointement une représentation au nom de leurs souverains respectifs. Dans ce cas ils peuvent procéder de deux manières. Suivant la première, chacun d'eux fait ses représentations à part, en s'y référant aux mémoires qui doivent être présentés par les autres ministres. Suivant l'autre manière de procéder, tous les ministres, en se conformant au rang de leurs souverains respectifs, se réunissent pour dresser un mémoire commun, qu'ils signent tous et dans lequel ils parlent au nom de tous.

Un envoyé peut être dans le cas d'adresser un mémoire à plusieurs individus, comme à tous les membres d'un ministère, aux agents avec lesquels il est chargé de négocier, à des diètes, collèges, corps de magistrature, etc. Ces sortes de mémoires portent ordinairement la rubrique de *pro memoriâ*. Ces écrits ne doivent contenir que le simple exposé des points ou articles qui font l'objet de la négociation, et comme on est libre de s'y affranchir de toute formalité, ils sont ordinairement sans inscription et sans conclusion. On trouve cependant dans l'histoire de la diplomatie des exemples où ces formalités sont respectées.

On distingue encore, ajoute Meisel, une espèce de mémoires entièrement confidentiels, dénués de caractère officiel, auxquels on donne communément le titre de *memorandum*. Ils sont aux *mémoires* ce que sont les *notes verbales* aux *notes* en général ; ils ne contiennent que l'exposition historique des faits ou la déduction logique que l'on offre, sans introduction ni conclusion (1). Réduit à cette proportion le *memorandum* serait un aide-mémoire pour le négociateur ; mais, je le répète, cette nuance me semble subtile entre le *mémoire* et le *memorandum*; ce sont deux mots synonymes qui désignent une variété des notes.

Les manifestes.

Un *manifeste* est une sorte de proclamation qui, de plus que le *memorandum*, renferme des déclarations de principes, et est adressée, non seulement à l'État avec lequel on est en contestation, mais aux Puissances neutres et à l'opinion publique que l'on prend pour juges.

Les *manifestes*, dit Meisel, sont des écrits publics, par lesquels un prince, un État, un parti, rend raison de sa conduite en quelque affaire d'importance, justifie ses entreprises, expose ses griefs au moment de déclarer la guerre à un autre ; en un mot, ce sont des apologies qu'on fait de ses prétentions et de ses démarches. Suivant les principes du droit des gens et l'usage suivi entre les nations policées, ces manifestes sont indispensables, surtout dans le cas d'une déclaration de guerre

(1) Meisel, *Cours de style diplomatique*, édition citée, t. II, p. 221 et suiv.

à une autre Puissance. Cette dernière ne manque pas de les réfuter par un *contre-manifeste*, de sorte qu'une guerre de plume précède ou accompagne ordinairement les hostilités.

Pour celui qui connaît l'influence de l'opinion sur les événements, rien n'est plus naturel que l'importance que les hommes d'État attachent à ce genre d'écrits. L'ambition même, quoique armée de la force, a rarement cru pouvoir dédaigner l'opinion publique, et à défaut de motifs réels elle s'efforce d'en trouver de spécieux pour colorer et légitimer ses usurpations. Souvent aussi on a vu l'esprit public ranimé par des manifestes éloquents, et des peuples désunis et découragés, être enflammés de cet enthousiasme national qui seul peut produire de grandes choses.

En composant ces écrits on ne doit pas perdre de vue leur double but d'assurer un parti à la cause qu'on défend et de justifier ses démarches. Il est donc très essentiel de ne confier leur rédaction qu'à des écrivains habiles, également versés dans la science du droit des gens et dans les intérêts compliqués de la politique. Quoique les manifestes semblent devoir être par leur nature des expositions purement juridiques, destinées à établir un droit, on évite cependant de les charger de ces lieux communs scientifiques, qu'on suppose connus de tout le monde, et qui paraîtraient moins déplacés dans une déduction. L'érudition et les subtilités juridiques n'y sont plus admises ; l'essentiel est de ne se montrer armé que pour une cause légitime, de rejeter sur son adversaire le tort d'une injuste aggression et la responsabilité des malheurs qui en seront la suite. De nos jours on préfère avec raison s'appuyer de motifs politiques. La balance de l'Europe et la religion ont souvent prêté sujet aux arguments dans les querelles des souverains. Dorénavant il ne faut espérer de gagner la conviction, l'approbation et l'enthousiasme des nations, qu'en leur montrant pour but la sûreté et le repos des États, la liberté du corps politique, en un mot, le bien des peuples. Tout autre ressort, quoique habilement conduit, loin de produire l'énergie nécessaire restera sans effet.

Le ton qui convient à ces écrits dépend trop des circonstances, et ces circonstances elles mêmes présentent trop de diversité, pour qu'il soit possible de soumettre à des règles invariables le style qui leur est propre. Cependant on peut établir comme principe général que les meilleurs manifestes sont ceux qui sont écrits avec précision, rapidité, énergie, et qui surtout portent l'empreinte de la bonne foi et de la loyauté. Un ton vague, incertain ou timide, pourrait jeter des doutes sur la justice de la cause, ou inspirer le découragement. Un ton arrogant révolterait l'opinion, doublerait les forces du parti contraire en l'animant du ressentiment de l'insulte, éloignerait les moyens de conciliation et rendrait les revers plus humiliants. Les termes injurieux, les épithètes grossières, les basses railleries, peuvent bien être l'éloquence de la populace, mais le public éclairé demande une dignité noble et ferme, puisqu'on agite les grands intérêts des peuples, que des souverains parlent et que l'opinion va les juger.

Les manifestes peuvent se rapprocher dans leurs formes extérieures, soit des déductions, soit des lettres patentes. Dans le premier cas, ils ne portent en tête ni titre, ni introduction, mais on y débute immédiatement par l'exposé des motifs. La conclusion est aussi sans formalité, ni signature, et on ne fait mention des souverains qu'en troisième personne. Dans le second cas, les manifestes portent une courte inscription et une conclusion conforme à celle qui est usitée dans les lettres patentes.

Les manifestes paraissent quelquefois sous le titre de déductions, d'exposés, de déclarations, etc., mais ces différences dans les titres n'en indiquent aucune dans la nature de ces écrits (1).

(1) Meisel, *Cours de style diplomatique*, édition citée, t. I. p. 201 et suiv.

Les conclusum.

On désigne par *conclusum* une note signée qui résume des débats, pose des conclusions, résume même les demandes de la Puissance qui le signifie. Il admet la discussion, et il est souvent un point de départ pour les négociations.

Les ultimatum.

Enfin un *ultimatum* est un écrit qui formule des prétentions dont on est résolu à ne point se départir. C'est une proposition imposée comme dernière et irrévocable condition à un arrangement entre deux ou plusieurs États, le résultat définitif d'une négociation entamée et non suivie d'effet sur un objet en litige. Après le rejet d'un *ultimatum* il est rare de ne pas voir éclater la guerre, à moins que quelques Puissances médiatrices n'interviennent pour modifier dans un sens pacifique ce dernier mot mal accueilli.

Les bulles. — Les encycliques. — Les brefs.

Rappelons que les *bulles*, les *encycliques*, les *brefs*, sont des écrits émanés du Saint-Siège. Les *bulles* traitent des affaires de la plus haute importance ; la majesté du souverain pontife s'y déploie en expressions particulièrement relevées. Elles sont écrites sur parchemin, en lettres gothiques, sont scellées en plomb et signées par le pape. Elles se datent de l'année de l'*Incarnation de N. S.* et indiquent, en finissant, l'année du pontificat. Les *bulles* sont en général dénommées d'après les premiers mots de l'introduction. — Les *encycliques*, ainsi qu'il a été dit déjà, sont les lettres que le pape adresse au monde chrétien tout entier : elles règlent des points de dogme, de morale, de discipline;

elles traitent des questions qui intéressent toute la catholicité ; elles ont un titre, se datent et finissent comme les *bulles*.—Quant aux *brefs*, ce sont des lettres pontificales relatives à une question secondaire ou personnelle ; ils se datent du jour de la *Nativité de N. S. J. C.*, portent le nom du pape, et se terminent par cette formule : « *Donné à Rome, à Saint-Pierre, sous l'anneau du Pêcheur* ». Les *brefs* sont scellés en cire rouge et signés par le secrétaire des *brefs*.

La chancellerie et les chanceliers.

Tous ces différents écrits font partie de ce qu'on nomme les actes ou écrits de *chancellerie*. Mais que faut-il au juste entendre par le mot de *chancellerie?* C'est un terme dont la signification est très-vague. Dans son sens le plus commun, le plus vulgaire, par conséquent dans sa véritable signification, la *chancellerie* est le lieu où l'on scelle du sceau de l'État les actes pour lesquels est requise cette formalité. On désigne aussi par ce nom les bureaux, l'administration, que dirige un chancelier.

Dans l'ancienne Rome, et plus particulièrement dans l'empire romain des derniers siècles avant l'invasion des barbares, on donnait le nom de « *cancellarii* » aux secrétaires de l'empereur, parce que, lorsque celui-ci rendait la justice, ces secrétaires se plaçaient derrière les barreaux, « *cancelli* », dans l'enceinte qui séparait l'empereur du public. En France, le titre de chancelier a toujours été commun à plusieurs hauts emplois. Le plus éminent était le *Chancelier de France*, président du Conseil d'État et interprète des volontés du roi près le parlement. En Angleterre, il y a le lord *Chancelier de l'Échiquier*, ou président de la cour de justice chargée d'administrer les revenus de la couronne et de juger tous les cas litigieux nés de la perception des impôts. La dignité et le titre de *Chancelier* existent dans l'empire austro-hongrois, dans l'empire d'Allemagne, et sont portés par le premier ministre de ces grandes monarchies. Mais en matière de droit diplomatique il faut beaucoup rabattre des pompes de ce titre. Un *chancelier*, en diplomatie, est tout simplement, nous l'avons vu, un employé qui est chargé de la partie administrative et contentieuse des légations et des consulats, du dépôt et de l'expédition de tous les actes ministériels de la légation ou du consulat, des passeports, des actes de l'état civil des nationaux établis ou voyageant dans les pays étrangers où resident le ministre public ou le consul. En un mot, loin d'être un haut fonctionnaire de l'État, un chancelier, en diplomatie, est un comptable qui remplit en même temps les fonctions de notaire, de greffier et d'huissier.

Les chanceliers, ainsi que nous l'avons dit, font partie de la suite des ministres publics ; ils comptent parmi les personnes employées pour le service de la légation ; ils jouissent comme tels des immunités diplomatiques.

Au Pérou, la chancellerie n'est pas, à vrai dire, une institution, un service public permanent et général. L'article 21 du règlement consulaire du 22 juin 1876 porte en effet que les consuls *pourront proposer* au ministre des relations extérieures la nomination d'un chancelier avec appointements, pour les aider dans l'exercice de leurs fonctions, lorsque l'importance de ces fonctions l'exigera. Le chancelier pourra être autorisé par le consul pour écrire les offices consulaires, garder les sceaux, diriger ou exécuter les travaux de secrétariat, accompagner les capitaines de navires dans les bureaux des douanes et autres bureaux, faire des traductions légales et des citations, et remplacer le consul en cas d'absence ou de mort, quand il n'y a pas dans le lieu de sa résidence un vice-consul désigné pour le remplacer. L'article 22 ajoute que les consuls sont responsables pour les fautes ou omissions faites ou commises par leur chancelier. Les chanceliers sont donc plutôt des agents du consul ou du chef de poste que des fonctionnaires publics. Remarquons toutefois qu'ils peuvent remplacer le consul dans ses attributions consulaires. Ils ne pourraient évidemment pas remplacer le chef de poste dans l'exercice d'attributions de l'ordre diplomatique.

En résumé, et en nous plaçant au point de vue le plus général, la chancellerie a pour attributions, dans les légations : la transmission des actes judiciaires et des commissions rogatoires ; les légalisations et délivrances des passeports ; l'instruction des réclamations relatives à des matières d'intérêt privé; la correspondance sur les renseignements de toute nature qui ne rentrent pas dans les attributions des autres branches de service ; l'état civil des nationaux à l'étranger ; les successions ouvertes au profit des nationaux en pays étrangers ; etc., etc. Les questions qui peuvent s'élever à cet égard appartiennent plus particulièrement à la matière des consulats et à la branche du droit des gens qu'on appelle le droit international privé.

CHAPITRE XVI.

Comment les missions diplomatiques prennent fin. — Expiration du terme fixé pour la durée de la mission. — Fin de l'affaire ou de la négociation qui formait le but de la mission. — Rappel du ministre public. — Rappel sans cause de mésintelligence. — Exemple tiré de l'histoire diplomatique du Pérou. — Présents offerts au ministre rappelé. — Rappel pour cause de mésintelligence. — Décès du ministre public. — Apposition des scellés. — Succession du ministre public. — Droits de la famille du ministre public décédé. — Décès du constituant du ministre public. — Décès du souverain auprès duquel le ministre public était accrédité. — Observation relative aux chargés d'affaires. — Mort morale du constituant ou du souverain auprès duquel le ministre public était accrédité. — Démission du ministre public. — Révocation des agents diplomatiques. — Suppression des missions. — Décret de Ramon Castilla, du 9 janvier 1855. — Décret péruvien du 13 février 1877. — Décision ministérielle du 10 février de la même année. — Déclaration expresse ou tacite du ministre, portant que sa mission doit être regardée comme terminée. — Renvoi du ministre public. — Cas de changement survenu dans la classe et le rang diplomatiques du ministre public. — Suspension des fonctions diplomatiques. — Effets de la suspension et de la fin des missions diplomatiques. — Les agents et commissaires. — Célébrités diplomatiques. — Antiquité. — Bas-Empire. — Souverains diplomates. — Guillaume III d'Angleterre. — Catherine II et Marie-Thérèse. — L'empereur Joseph II. — Frédéric II de Prusse. — Napoléon Ier. — Diplomates italiens. — Diplomates anglais. — Diplomates autrichiens. — Diplomates prussiens. — Diplomates russes, danois, suédois, hollandais. — Diplomates espagnols et portugais. — Hommes d'État et diplomates américains. — Les mémoires.

Comment les missions diplomatiques prennent fin.

Les missions diplomatiques cessent: 1° par l'*expiration du terme*, si un terme a été fixé pour la durée de la mission; 2° par la *fin de l'affaire* ou de *la négociation* qui formait le but de la mission; 3° par le *rappel* du ministre public; 4° par le *décès du ministre public*; 5° par le *décès du constituant*; 6° par le *décès du souverain auprès duquel le ministre était accrédité*; 7° par la *mort morale du constituant* ou *du souverain auprès duquel le ministre était accrédité*; 8° par la *démission acceptée* du ministre public; 9° par la *déclaration expresse* ou *tacite* du ministre, portant que sa mission doit être regardée comme terminée; 10° par le *renvoi* du ministre public.

Expiration du terme fixé pour la durée de la mission.

La cessation de la mission diplomatique par l'*expiration du terme fixé* pour la durée de cette mission est un effet qui n'a pas besoin de commentaire. La mission d'un agent diplomatique envoyé comme plénipotentiaire à un congrès cesse par la fin de ce congrès; la mission d'un agent diplomatique constitué seulement *ad intérim* cesse par le retour du ministre ordinaire à son poste. Dans ces cas, un rappel formel n'est pas nécessaire : ainsi les chargés d'affaires temporairement nommés, qui rentrent dans la classe des secrétaires d'ambassade ou de légation lors du retour de leur ministre, n'ont besoin ni de lettres de créance, ni de lettres de rappel, pour remplir ou pour cesser leurs fonctions intérimaires.

Autrefois la République de Venise n'envoyait ses agents diplomatiques que pour deux ans, mais sans en faire mention dans les lettres de créance; cependant il était rare qu'entre le jour de leur départ de Venise et celui de leur départ de la cour où ils étaient accrédités, il ne se passât pas trois années. Lorsque le temps assigné par les arrêtés du Sénat était près d'expirer, l'ambassadeur vénitien avait presque toujours soin de le rappeler dans l'une de ses dépêches, afin de hâter l'élection de son successeur (1).

Fin de l'affaire ou de la négociation qui formait le but de la mission.

Il est évident que lorsque la mission a un objet spécial, elle est terminée par la réalisation de cet objet. Il s'agit ici de missions dont le but serait des affaires n'ayant d'après leur nature qu'un objet passager: par exemple des missions de cérémonie, une mission de félicitation à l'occasion d'une élection, d'un couronnement, une mission de condoléance, une négociation de paix, etc.

Rappel du ministre public.

Lorsqu'un ministre public est accrédité auprès d'un gouvernement pour un temps *indéterminé*, sa mission cesse d'habitude à la suite d'un *rappel*. Tout gouvernement peut en tout temps rappeler librement ses envoyés.

Nous avons dit qu'on nomme *lettre de rappel* la lettre par laquelle le chef de l'État qui a accrédité un envoyé diplomatique fait connaître au chef de l'État près duquel cet agent était accrédité que la mission qui lui avait été confiée vient de cesser.

Le rappel n'a d'effet pour l'État auprès duquel l'agent diplomatique avait été accrédité, que lorsque ce rappel lui a été officiellement notifié. La notification du rappel fait cesser les effets des lettres de créance.

La *lettre de rappel* est envoyée au ministre public : 1° lorsque le but de la mission est rempli, ou qu'on perd

(1) *Les archives de Venise; Histoire de la chancellerie secrète*, par Armand Baschet, 1870, p. 298 et 306.

l'espoir de l'atteindre; 2° pour des motifs particuliers indépendants des relations entre les deux États; 3° pour cause de mésintelligence, soit que l'État auprès duquel le ministre public réside ait demandé son rappel, soit que son gouvernement se plaigne d'une lésion du droit des gens, ou se serve de rétorsion, soit que les différends survenus menacent d'une rupture.

Rappelons que la forme de la *lettre de rappel* est la même que celle des *lettres de créance*; rappelons aussi que, si le rappel n'a pour motif qu'un changement de destination ou une promotion, la notification énonce ce motif: on y ajoute l'assurance que cette détermination ne préjudicie en rien aux sentiments d'amitié et de bon vouloir existants, et le désir que ces sentiments subsistent entre les deux pays. Le ministre public est chargé d'en réitérer l'expression de vive voix dans son audience de congé. Rappelons enfin que, si, au contraire, une gestion inintelligente ou toute autre cause de non-satisfaction a donné lieu au rappel, le gouvernement dont l'envoyé tenait ses pouvoirs ne consigne point dans la lettre qui les lui retire les raisons réelles de sa décision: des considérations politiques ou des ménagements personnels la lui font motiver plutôt sur la mauvaise santé de son agent, ou sur des affaires de famille qui nécessitent son départ. Le style des *lettres de rappel* varie, d'ailleurs, selon les circonstances et la nature des rapports qui existent entre les deux gouvernements; mais elles doivent toujours être, même dans le cas de rappel pour cause de mésintelligence, empreintes de modération (1).

Rappel sans cause de mésintelligence.

Lorsqu'un ministre public vient à être rappelé sans qu'il existe des raisons de mésintelligence entre les

(1) *Le Guide diplomatique*, édition de 1866, t. II, 1re partie, p. 240, 241.

deux États, il est d'usage qu'il remplisse à peu près les mêmes formalités que celles qui ont été observées lors de son arrivée. Les ministres publics de première et de seconde classe, quelquefois aussi les ministres résidents, remettent au chef de l'État, dans une audience de congé, publique ou privée, mais le plus ordinairement privée, leurs lettres de rappel, en tenant un discours qui termine leur mission. Dans ce discours ils énoncent le motif qui a donné lieu au rappel, et ils réitèrent, selon la situation des affaires, les assurances que ce rappel ne change rien aux dispositions amicales du chef d'État qui les a accrédités ; ils renouvellent l'expression de leur reconnaissance pour les marques de bienveillance dont ils ont été l'objet pendant leur mission ; ils expriment le désir que ces bontés se reportent sur leur successeur. Si les ministres publics rappelés n'ont pu réussir dans l'objet de leur mission, ils expriment le regret qu'en éprouve leur souverain et qu'ils en ressentent eux-mêmes, et ils affirment que les bonnes dispositions de leur gouvernement n'en seront point pour cela altérées. Ils reçoivent ensuite du chef de l'État auprès duquel ils étaient accrédités, en échange de leurs lettres de rappel, des *lettres de recréance* adressées au souverain de leur État et constatant que leur mission est terminée. L'audience solennelle de congé et les lettres de recréance ne sont toutefois pas nécessaires pour faire cesser les effets des lettres de créance. Quant aux lettres de rappel, elles sont *obligées*, quand l'objet de la mission est accompli ou manqué, et quand le départ du ministre a lieu pour des motifs étrangers au maintien des relations amicales entre les deux pays. Dans le cas où la mission a pris fin pour cause de mésintelligence, ce sont les circonstances particulières qui décident s'il y aura envoi d'une lettre de rappel, si le ministre public doit partir sans attendre cette lettre, s'il devra demander une audience de congé et si elle pourra lui être accordée.

A son audience de congé, le ministre public peut présenter son successeur, s'il y est autorisé ; mais lorsque l'agent diplomatique partant n'est remplacé qu'*ad interim* par un chargé d'affaires, la présentation n'est faite ordinairement qu'au ministre des affaires étrangères.

Lorsque le ministre public ne quitte le pays où il est accrédité que momentanément et en vertu d'un congé, il n'y a pas lieu à une audience officielle; il ne présente qu'au ministre des affaires étrangères l'agent diplomatique qui le remplacera *ad interim.*

Quand, après avoir remis sa lettre de rappel et après avoir reçu la lettre de recréance, il parvient au ministre public des ordres de son gouvernement qui lui prescrivent de rester, une nouvelle lettre de créance est ordinairement jugée nécessaire.

Il vient d'être dit que dans son audience de congé le ministre public rappelé peut présenter son successeur, s'il se trouve sur les lieux. En effet, si un ambassadeur, un envoyé extraordinaire, un ministre plénipotentiaire, est immédiatement remplacé par un successeur revêtu du même caractère, son audience de congé a lieu habituellement le même jour et en même temps que l'audience publique du successeur ; ils sont introduits en même temps, celui qui se retire donnant la droite à son successeur.

Dans certaines cours, le ministre des relations extérieures et le grand-maréchal de la cour n'assistent pas d'ordinaire aux simples audiences de congé.

Quand un agent diplomatique est éloigné de son poste au moment où il est rappelé, ses lettres de rappel sont adressées par les courriers ordinaires ou remises par son successeur. Il peut arriver même, que, si l'agent rappelé est un envoyé extraordinaire qui a mené à fin une négociation spéciale, sa lettre de rappel soit remise par l'envoyé diplomatique ordinaire de son pays.

Il est d'usage, dans le cas où le ministre public est éloigné de son poste au moment où il est rappelé, qu'il écrive de son côté, suivant le grade dont il est revêtu, au chef de l'État auprès duquel il a été accrédité, ou à son ministre des affaires étrangères, pour prendre congé, et qu'il manifeste par écrit la reconnaissance dont il est plus ou moins pénétré pour les marques de bonté dont il a été honoré pendant son séjour. Le plus généralement il est fait mention de cette éventualité dans les lettres de rappel. Le chef de l'État qui rappelle demande alors pour son agent diplomatique la permission d'exprimer ses sentiments par écrit.

Quelquefois l'agent diplomatique rappelé et non présent écrit deux lettres : l'une au chef de l'État, l'autre au ministre des affaires étrangères.

Exemple tiré de l'histoire diplomatique du Pérou.

Il y a dans l'histoire diplomatique du Pérou un exemple intéressant qui se rapporte à quelques-uns des détails qui viennent d'être donnés. On trouve dans les documents relatifs à la mission de M. D. José-Antonio Garcia-y-Garcia près du gouvernement de Bolivie, en 1870, une note du 18 juin dans laquelle cet envoyé extraordinaire et ministre plénipotentiaire du Pérou, en mission spéciale près du gouvernement bolivien, fait connaître qu'ayant rempli l'objet de sa mission spéciale, il sollicite une audience privée du président de la République de Bolivie, pour prendre congé de lui, en ajoutant que sa lettre de rappel sera présentée en temps opportun par le chargé d'affaires du Pérou à La Paz. M. D. José-Antonio Garcia-y-Garcia expliquait son départ rapide en se fondant sur des devoirs publics d'un autre ordre qui le rappelaient avec urgence dans sa patrie. Il exprimait du reste dans sa lettre les sentiments de la plus vive reconnaissance pour l'excellent accueil qu'il avait reçu. Le 20 juin, le ministre des relations extérieures de Bolivie lui fit savoir que le président de la République le recevrait le jour même en audience privée. On trouve, à la même date du 20 juin 1870, la lettre de recréance adressée au président constitutionnel de la République du Pérou par M. le général D. Mariano Melgarejo, président provisoire de la République de Bolivie. Cette lettre contient les plus grands éloges au sujet des qualités distinguées de l'envoyé péruvien, de ses sentiments américains et de son talent (1).

Présents offerts au ministre rappelé.

La lettre de recréance est souvent accompagnée de l'envoi de présents, ou plutôt, selon les usages de nos jours, de l'envoi de décorations. Il n'y a cependant rien d'obligatoire: ce n'est qu'une question de pure convenance.

L'usage des présents n'existe presque plus aujourd'hui pour la diplomatie, mais autrefois, en Europe, il était sans cesse mis en pratique. A moins qu'un ambassadeur n'eût personnellement mécontenté le souverain, ou qu'il ne dût quitter la cour dans des conditions de cessation de rapports avec son propre gouvernement, il recevait ordinairement, dans les quelques jours qui suivaient son audience de congé, une marque de la munificence du prince (2).

Ainsi, lorsqu'un ambassadeur étranger quittait Paris par exemple, il était d'usage que le roi de France lui envoyât un présent, soit en nature, soit en argent, témoignage courtois d'estime et de regret. Celui qui re-

(1) Ces documents sont publiés dans le journal officiel « *El Peruano* » du 19 juillet 1870, p. 609.

(2) Les ambassadeurs qui plaisent ne sont pas toujours ceux qui servent le mieux leur patrie. Athènes surtout en fit plus d'une fois l'expérience. Si elle eut souvent à récompenser par des cadeaux et des honneurs les services des négociateurs accrédités par elle auprès des autres États, souvent aussi elle eut à punir parmi ces fonctionnaires des prévaricateurs et des traîtres. Entre autres prescriptions sévères, on sait par Démosthènes que la loi (probablement une loi de Solon, comme la plupart de celles que citent les orateurs) interdisait, sous peine de mort, de recevoir des présents, et que ce n'était pas là une vaine menace; on sait qu'elle punissait de mort l'usurpation seule du titre d'ambassadeur. En cas d'infraction, il y avait contre le coupable des poursuites spéciales, et même, dans un de ses plans de république imaginaire, Platon a voulu prévoir et réprimer les fautes des ministres publics.

cevait cette rémunération ne s'en considérait pourtant pas comme définitivement possesseur; à son retour dans sa patrie, il priait son souverain de vouloir bien la lui abandonner pour l'indemniser des labeurs et des dépenses de son ambassade. L'ambassadeur de Venise, Jean Correro, termine ainsi l'exposé de sa mission diplomatique devant le Sénat vénitien : « Après avoir pris congé de la cour, j'ai reçu de Sa Majesté très chrétienne, le soir, à mon hôtel, cette chaîne d'or que je dépose à vos pieds. Si Votre Seigneurie et ces très-illustres seigneurs daignent m'en faire présent, je reconnaîtrai l'avoir due, non pas à mon mérite, mais uniquement à votre libéralité, car ces fatigantes fonctions ne peuvent avoir d'autre mérite, je le sais bien, que celui d'acquitter une ancienne dette et d'en créer une nouvelle ».

Quand l'envoyé de la République vénitienne était rappelé par son gouvernement, le roi de France, lors de son audience de congé, lui offrait l'épée qu'il portait à son côté, le faisait chevalier de son ordre en lui donnant l'accolade, et lui envoyait son portrait enrichi de diamants. La coutume était de donner au nonce, à son départ, un buffet garni de vaisselle plate évalué à 10,000 livres ; si le prélat avait été investi de la dignité cardinalice pendant sa nonciature, le présent devait représenter une valeur de 5 à 8,000 écus (1). La Suède envoyait aux représentants de la France à Stockholm des aiguières et des bassins de cuivre en si grand nombre, que la valeur du présent montait parfois au prix de 100,000 livres ; les princes d'Italie, dont les ressources étaient moins considérables, envoyaient aux ambassadeurs des brocarts d'or, des draps de soie et d'argent, des guipures et des gants parfumés ; le pape mettait à la disposition des diplomates catholiques des

(1) Sous l'ancienne monarchie française, on avait coutume de faire aux nonces cardinaux, à leur départ, un présent de 18,000 livres de vaisselle d'argent. Voir les *Mémoires complets et authentiques du duc de Saint-Simon*, édition de 1853, t. IV, chap. LXIX, p. 211.

objets d'art ou de piété. En Russie et en Turquie, les souverains réclamaient la propriété des présents faits à leurs envoyés.

Dans des temps beaucoup plus voisins de nos époques contemporaines, de nos jours même, on a donné des tabatières d'or enrichies de diamants, des portraits du souverain ou de la souveraine, des objets d'art; mais aujourd'hui l'usage général est de conférer une décoration au ministre public dont la mission a cessé. Le degré dans l'ordre de chevalerie que l'on confère varie avec la classe du ministre public; quelquefois même on se guide d'après le degré des autres ordres de chevalerie que le diplomate peut posséder. Lorsque le chef de la mission est nommé grand-officier ou commandeur, il est rare que les employés de la suite ne recoivent pas les degrés inférieurs, et que de simples attachés dont les services ont été fort contestables et dont le mérite est nul ne soient pas nommés chevaliers. C'est ce qui fait que les décorations recueillies dans la carrière diplomatique n'ont aucune signification sérieuse, et n'attestent aucune supériorité quelconque dans les diplomates qui les portent; c'est ce qui déprécie aussi beaucoup dans l'opinion publique ces distinctions honorifiques, qui ne devraient être la récompense que de mérites réels.

Pinheiro-Ferreira fait, au sujet de l'usage des présents aux ministres publics rappelés, les réflexions suivantes qui ne manquent pas de justesse : « L'idée de présents obligés présente quelque chose de si fort incompatible avec la dignité et l'indépendance d'un envoyé à une cour étrangère, qu'on a raison d'être surpris qu'un pareil usage ait pu surmonter les répugnances qu'il a dû nécessairement réveiller dans l'esprit d'un grand nombre d'hommes d'un caractère élevé qui ont été dans la nécessité de s'y soumettre. Il n'y a que le bon sens du républicanisme américain qui ait su défendre à ses envoyés d'accepter des présents, en épargnant à ceux des Puissances européennes accrédités auprès du gouvernement de l'Union l'humiliation de devoir en accepter à leur tour (1) ».

Ajoutons cependant que, même dans les pays où l'usage des présents diplomatiques serait le plus en faveur, les envoyés ne peuvent, sans l'autorisation de leur gouvernement, accepter des présents et des décorations de l'État auprès duquel ils sont accrédités. C'est là une règle généralement établie et suivie, tant dans les États européens que dans les républiques américaines qui n'ont pas encore imité l'austère réserve des États-Unis d'Amérique. Au Pérou, les décorations ne peuvent être acceptées d'un gouvernement étranger, par les fonctionnaires publics, qu'en vertu d'une loi du Congrès.

Rappel pour cause de mésintelligence.

Lorsque le ministre public est rappelé pour cause de mésintelligence, il vient d'être dit que les circonstances décident si on enverra une lettre de rappel, si l'agent diplomatique demandera et obtiendra une audience de congé, si les présents ordinaires seront offerts et acceptés. En cas de mésintelligence survenue entre les États, les agents diplomatiques reçoivent en effet quelquefois l'ordre de partir sans présenter de lettres de rappel, sans recevoir de lettres de recréance et sans prendre congé.

Décès du ministre public.

Si c'est la mort du ministre public dans le pays où il a été envoyé qui termine la mission, le privilège diplomatique dont jouissait le défunt de son vivant autorise la famille à faire transporter le corps embaumé dans sa patrie, ou ailleurs, où les lois permettent son

(1) Note sur le n° 240 du *Précis du droit des gens moderne de l'Europe* de G. F. de Martens, 1864, édition annotée par M. Ch. Vergé, t. II, p. 164.

inhumation. Dans ce cas, ainsi que cela a été dit précédemment, il est d'usage d'exempter des frais mortuaires de transport la dépouille mortelle du ministre sur le territoire que le convoi doit traverser. Nous avons déjà observé qu'il n'existe aucun cérémonial particulier relativement à la sépulture des agents diplomatiques ; on peut demander pour eux une sépulture décente, mais la pompe funèbre et l'inhumation dans le cimetière dépendant des principes de la religion et des lois du pays, on n'est pas en droit de les exiger. Dans le fait, de grands honneurs sont rendus à la dépouille mortelle du ministre, et les funérailles ont toujours lieu avec pompe.

Apposition des scellés.

Lorsqu'un ministre public vient à mourir dans le pays où il a résidé, il faut, avant tout, avoir soin d'apposer les scellés sur ses papiers officiels, et aussi, s'il en est besoin, sur ses effets personnels. L'apposition des scellés dans cette circonstance est un acte qui appartient exclusivement à la juridiction de l'État représenté par le ministre défunt. Il importe en effet que tout ce qui touche aux intérêts de cet État soit mis en sûreté et à l'abri d'une indiscrétion. C'est donc au secrétaire d'ambassade ou de légation de la même Puissance à faire procéder à l'apposition des scellés et à faire dresser un inventaire des biens meubles et immeubles de la succession. A défaut d'un secrétaire de légation, un ministre d'un gouvernement ami, d'une cour alliée, fait procéder à ces actes. A Rome, le cardinal-protecteur était autrefois chargé de remplir ces fonctions. C'est seulement en cas de nécessité, et lorsqu'aucun envoyé étranger ne peut vaquer à cette opération, que l'apposition des scellés aura lieu par les soins des autorités du pays où le défunt était en mission. Mais ces autorités doivent s'abstenir d'examiner les papiers de l'envoyé, et se borner à les mettre en sûreté. Le gouvernement auprès duquel le ministre résidait est donc le dernier qui puisse s'attribuer le droit de procéder à l'apposition des scellés ; il ne doit accomplir cette opération et pourvoir à la sûreté des archives que dans un cas d'urgence et de nécessité extrême, avec tous les ménagements dus aux intérêts des Puissances amies ou alliées.

Pinheiro-Ferreira fait même observer que toutes les fois qu'il ne se trouvera pas sur les lieux quelqu'un à cet effet, expressément ou tacitement autorisé par le gouvernement du ministre décédé, tel que le secrétaire de légation, quelque attaché, ou, ce qui est rare, un autre ministre de la même cour, du même pays, aucun étranger, pas même l'envoyé d'une Puissance amie, ne devra se charger d'apposer tout seul les scellés de sa mission. Les autorités locales, dit-il, devront concourir avec ces ministres ; et même il serait convenable qu'on réglât à l'avance les formalités de cette procédure, qui doit être conduite avec la plus grande solennité, afin d'écarter tous les soupçons qui pourraient planer sur un acte auquel on ne peut donner trop de publicité (1).

Pinheiro Ferreira se montre ici beaucoup plus exigeant que la plupart des autres auteurs.

Succession du ministre public.

La succession du ministre public décédé doit être considérée comme ouverte dans le pays qui l'a envoyé : c'est donc d'après les lois de son pays que doivent être jugés le droit de succéder *ab intestat*, la validité du testament du ministre, etc., etc. Les biens meubles dépendant de la succession restent libres, pour les héritiers, de droits de mutation et d'autres charges. Le partage de la succession est exclusivement régi par les lois de la patrie du défunt ; mais il est per-

(1) Note de Pinheiro-Ferreira, sur le n° 243 du *Précis du droit des gens moderne de l'Europe* de G. F. de Martens, édition annotée par M. Ch. Vergé, 1864, t. II, p. 167.

mis aux créanciers dans le pays du décès d'y faire valoir tous leurs droits. Quant aux biens fonds, aux biens immobiliers, comme ils sont toujours assujettis aux lois du pays où il se trouvent, la succession dans ceux de ces biens que le ministre public possédait dans le pays de sa résidence doit se régir d'après les lois de ce pays (1).

Les agents diplomatiques ont la garde des pièces relatives aux affaires dont ils sont chargés ; mais ces pièces ne sont entre leurs mains qu'un dépôt qu'ils doivent remettre au gouvernement, seul propriétaire des papiers d'État. En France, une ordonnance royale des 18 août 1833-13 mars 1834 a prescrit des dispositions propres à garantir la conservation et la réintégration des papiers diplomatiques. Cette ordonnance a été rendue sur un rapport de M. de Broglie, ministre des affaires étrangères. Les papiers diplomatiques, — était-il dit dans ce rapport, — sont placés sous la garde du gouvernement à titre de propriété publique. Les traités, les conventions, les mémoires sur des intérêts de politique extérieure, les correspondances officielles et confidentielles entre le ministre des affaires étrangères et ses divers agents, ne peuvent appartenir qu'à l'État. Ces pièces constatent les droits du pays vis-à-vis des gouvernements étrangers ; elles retracent toute la suite des négociations terminées ou qui se poursuivent encore ; elles renferment enfin des documents sur les relations des États étrangers entre eux. Aussi la législation, d'accord avec l'intérêt général, a rendu le gouvernement dépositaire exclusif de ces papiers diplomatiques, et seul juge de l'opportunité de leur publication : les décrets du 27 janvier et du 20 février 1809, ainsi que l'article 939 du code de procédure civile, ont établi ce droit du gouvernement, et les tribunaux l'ont consacré par leurs décisions. C'est en vertu de ces dispositions spéciales que le département des affaires étrangères a toujours réclamé les

(1) Merlin, *Répertoire*, V° *Ministre public*, p. 255.

pièces diplomatiques restées entre les mains de ses agents à l'issue de leurs missions. Ces fonctionnaires ne sont point possesseurs personnels, mais seulement dépositaires momentanés, des diverses pièces qu'ils écrivent ou qu'ils reçoivent à raison du caractère public dont ils sont revêtus : leur mission terminée, ils perdent tous droits sur le dépôt qui leur était confié par l'État (1).

Le ministre des affaires étrangères réclame des héritiers, à la mort des anciens fonctionnaires de son département, les pièces qui, appartenant à l'État, n'ont point encore été rendues au dépôt des archives. L'ordonnance a eu pour objet de substituer certaines précautions à des recherches qui peuvent blesser les familles, et qui, dans beaucoup de cas, sont infructueuses. Voici comment s'exprimait à cet égard l'auteur du rapport : « La première de ces précautions me paraît être la remise officielle faite par l'agent diplomatique, au moment où ses fonctions cessent, de toutes les pièces qu'il a écrites ou reçues pendant qu'il était en exercice. Pour que cette remise puisse s'effectuer d'une manière facile et sûre, il doit être tenu au ministère, ainsi que dans chaque résidence politique, un registre sur lequel toutes les pièces seront inscrites dans l'ordre de leur envoi et de leur arrivée. C'est d'après ce registre que s'opérera leur vérification et leur remise, dont il sera dressé procès-verbal pour décharger l'agent de toute responsabilité postérieure. Afin de prévenir la négligence dans l'accomplissement de ces formalités par la certitude du contrôle, une copie de ce procès-verbal sera transmise au ministère des affaires étrangères. Mais ces mesures, préservatrices à l'égard des papiers originaux, ne sauraient s'étendre aux copies que les agents peuvent en prendre : ici toute

(1) Un arrêté du Directoire exécutif, en date du 26 vendémiaire an VII (17 octobre 1798), a déclaré les agents diplomatiques français responsables des articles imprimés qui auraient été rédigés d'après leur correspondance privée sur des objets politiques.

surveillance est superflue, et toute vérification impossible. Le gouvernement, aussi intéressé à conserver les secrets de l'État qu'à ne point se dessaisir des pièces qui les renferment, doit compter sur la discrétion de ceux auxquels ils ont été confiés et placer sa garantie dans leur honneur. Il le fera en obtenant d'eux la déclaration qu'ils ne gardent aucun papier appartenant à l'État, et qu'ils s'engagent à ne publier et à ne laisser publier aucune copie et aucun extrait des documents diplomatiques qui ont été à leur disposition, sans en avoir obtenu l'autorisation préalable ».

En parlant de la direction des archives du ministère des affaires étrangères de France nous avons indiqué les mesures prises pour assurer la conservation des papiers d'État (1). Les articles 10 à 15 du règlement général du 6 avril 1880 sont ainsi conçus :

Art. 10. — Conformément aux principes consacrés par les dispositions édictées à diverses époques, notamment l'arrêt rendu en Conseil d'État le 23 septembre 1628, l'ordre royal du 12 mars 1740, le décret du 20 février 1809 et l'ordonnance du 18 août 1833, tout ambassadeur ou autre agent diplomatique ou consulaire, sera tenu, à l'expiration de ses fonctions, de laisser dans les archives de l'ambassade, de la légation ou du consulat, et de remettre à son successeur, les correspondances et les autres documents concernant les négociations ou affaires quelconques qu'il aura eu à traiter pendant la durée de sa mission.

Les ministres secrétaires d'État au département des affaires étrangères seront tenus à la même obligation chacun en ce qui le concerne.

Les agents chargés d'une mission spéciale et temporaire remettront les correspondances ou autres documents relatifs à leur mission au dépôt des archives des affaires étrangères.

Art. 11. — En vue d'assurer autant que possible

(1) Voir au tome I, p. 215 et suiv.

l'exacte observation de la disposition qui précède, chaque ambassadeur ou agent diplomatique ou consulaire nouvellement nommé devra être informé, avant de se rendre à son poste, de l'obligation où il sera, au terme de ses fonctions, d'opérer la remise des papiers relatifs aux affaires qu'il a eu à traiter, de déclarer qu'il ne garde aucune pièce originale, et de s'engager, dans le cas où il aurait pris des copies, à n'en rien publier sans y être autorisé, ainsi que le prescrit l'ordonnance du 18 août 1833.

Immédiatement après la promulgation du présent règlement, une circulaire sera adressée aux agents diplomatiques ou consulaires actuellement en fonctions pour leur rappeler les prescriptions de la même ordonnance.

Art. 12. — Après le décès de l'un des fonctionnaires désignés dans les dispositions qui précèdent, les papiers intéressant le service de l'État, tels que les copies de dépêches ou autres pièces qui se trouveraient dans sa succession, soit qu'il ait négligé d'en opérer la remise, soit qu'il ait cru devoir ne pas s'en dessaisir à cause de leur caractère strictement et personnellement confidentiel, seront restitués par ses héritiers au ministère des affaires étrangères et déposés dans un local spécial placé sous la garde immédiate du directeur.

Art. 13. – Le ministre des affaires étrangères aura recours, suivant les circonstances qu'il se réserve d'apprécier, soit à un appel amiable adressé aux héritiers de l'agent décédé, soit à l'apposition des scellés, pour effectuer le retour aux archives des papiers laissés par cet agent et appartenant à l'État.

Art. 14. — Dans tous les cas où, en dehors de l'initiative du département des affaires étrangères, les scellés auront été apposés après le décès d'un agent diplomatique ou consulaire, des mesures seront prises pour que la levée des scellés n'ait lieu qu'en présence d'un ou deux délégués de la direction des archives. Ces délégués seront munis d'un ordre du ministre leur donnant mission d'assister à la vérification des papiers dépendant de la succession, et de réclamer ceux qui devront être remis au département des affaires étrangères.

Art. 15. — Pour faciliter et assurer la mise à exécution des mesures prescrites par l'article précédent, il sera pourvu, au moyen d'une entente entre les administrations compétentes, à ce que les autorités administratives ou judiciaires informent sans délai le ministère des affaires étrangères du décès de tout agent diplomatique ou consulaire, ainsi que de l'apposition des scellés qui aurait eu lieu à son domicile.

Bien qu'à la rigueur la mort de l'agent diplomatique, en terminant la mission, fasse cesser toutes les prérogatives dont il jouissait, à l'exception de la libre sortie de ses biens en exemption de tous droits, il est d'usage de conserver encore pour quelque temps à la veuve du ministre, à ses enfants et aux domestiques qu'elle garde à son service, les immunités dont elle jouissait du vivant de son époux. Cependant tout État est en droit de lui fixer un terme, passé lequel elle sera assujettie aux lois, aux tribunaux et à tous les genres d'impôts. Ces personnes peuvent bien entendu renoncer à cette prolongation d'immunité, en rentrant immédiatement dans la vie privée.

Décès du constituant du ministre public.

Le décès du constituant du ministre public, c'est-à-dire du prince qui l'a accrédité, met-il fin à la mission diplomatique ? Oui ; mais dans le cas seulement où la mission avait pour objet des affaires purement personnelles. Et en effet, la mort du chef d'État qui a nommé l'envoyé ne doit pas faire nécessairement cesser l'effet des lettres de créance, car la souveraineté subsiste lors même que la personne du chef d'État vient à changer ; c'est du souverain que l'envoyé tient ses pouvoirs, et non du prince comme individu. Cependant, en fait, l'usage reçu en Europe exige que le ministre présente de nouveaux pouvoirs, après le décès du prince qui l'a accrédité. Il peut arriver cependant que la lettre de notification écrite par le successeur de ce dernier au chef d'État auprès duquel le ministre public était accrédité exprime ce renouvellement, et rende superflue la présentation d'un nouveau titre. La question ne peut se présenter lorsque le ministre est accrédité par un gouvernement républicain.

Décès du souverain auprès duquel le ministre public était accrédité.

Lorsque le souverain auprès duquel l'agent diplomatique était personnellement accrédité vient à mourir, il est d'usage d'adresser à son successeur de nouvelles lettres de créance. Mais, ainsi que le fait observer M. Bluntschli, comme l'État et la souveraineté restent les mêmes, il n'y a pas, en droit, de motif pour annuler les anciennes lettres de créance. L'usage diplomatique exige cependant la remise de nouvelles lettres, sans doute, comme nous l'avons dit, pour fournir aux envoyés et à leurs gouvernements l'occasion d'inaugurer solennellement leurs relations avec le nouveau prince. Cet usage n'existe pas à l'égard des gouvernements nouveaux dans les républiques (1).

Observation relative aux chargés d'affaires.

Les fonctions des simples chargés d'affaires, dont les pouvoirs découlent directement du caractère officiel du ministre des affaires étrangères qui les a accrédités, ne cessent point par le décès de ce dernier. De même, la nomination d'un nouveau ministre des affaires étrangères dans le pays de la résidence n'exerce aucune influence sur la validité des lettres de créance adressées au ministre des affaires étrangères seulement, comme cela a lieu pour les chargés d'affaires.

(1) Bluntschli, *Le droit international codifié*, n° 231, r., édition française, 1874, p. 152, 153.

Mort morale du constituant ou du souverain auprès duquel le ministre public était accrédité.

Il faut comprendre dans les cas de *mort morale* du constituant ou du souverain auprès duquel le ministre public était accrédité : le cas où l'un des deux États est dissous ; le cas où il a perdu sa souveraineté ; le cas d'abdication volontaire ou forcée de l'un des deux souverains, etc. En ce qui concerne l'abdication *volontaire*, il y a les mêmes observations à faire que pour le cas de décès. Quant à l'abdication *forcée*, ce sujet amène à la question de révolution, dont il a été déjà parlé dans une autre partie de ce cours.

Lorsque le souverain qui a nommé l'envoyé vient à être déposé à la suite d'une révolution intérieure, ou renversé à la suite d'autres évènements, en sorte que le successeur au trône ne soit pas désigné par la constitution, l'usage veut que, dans ces cas, il soit remis à l'envoyé de nouvelles lettres de créance, attendu que l'État étranger peut mettre en doute la validité des anciennes lettres. Mais le gouvernement nouveau peut se borner à confirmer par une simple notification les anciennes lettres de créance de l'envoyé. Or, si l'autre État s'en contente, rien ne s'oppose, en droit international, à cet arrangement.

Quand le souverain de l'État où le ministre public est en mission vient à être dépossédé du pouvoir par une révolution, nous avons déjà vu que la question des lettres de créance se lie à celle de reconnaissance de l'ordre de choses nouvellement établi. Lorsque l'État de qui l'agent diplomatique tient ses pouvoirs reconnait le nouveau gouvernement, nous savons qu'il suffit de confirmer les anciennes lettres de créance, ou même d'entrer en relations d'affaires avec le gouvernement nouveau, pour que les lettres de créance conservent leur validité. Citons encore à ce propos l'opinion de Pinheiro-Ferreira : « Tout changement dans la forme du gouvernement ne met pas au néant les lettres de créance en vertu desquelles le ministre se trouve accrédité. Le mandat ne devient caduc que du moment que la personne qui l'a dûment conféré le retranche, cesse d'exister, ou cesse d'avoir elle-même le pouvoir en vertu duquel elle l'avait conféré. Ce n'est que lorsque le changement survenu dans la forme du gouvernement retire au chef de l'État l'autorité de conférer des pleins pouvoirs aux agents diplomatiques, que ceux-ci ont besoin de recevoir de nouvelles lettres de créance de la part de l'autorité qui, d'après la réforme dans les constitutions de l'État, sera compétente pour les accréditer à l'avenir. Mais aussi longtemps que le chef suprême du pouvoir exécutif, quoique d'ailleurs plus restreint dans ses autres attributions, conserve celle de nommer aux places diplomatiques, les lettres de créance par lesquelles il a accrédité son ministre n'ont rien perdu de leur valeur, car l'autorité en vertu de laquelle il a pu les accorder est la même dont par supposition il continue d'être investi (1) ».

Démission du ministre public.

Pour que la démission donnée de ses fonctions par le ministre public fasse cesser sa mission, il faut qu'elle ait été acceptée par son souverain. Le ministre public dont la démission a été acceptée par son gouvernement peut continuer ses fonctions jusqu'à l'arrivée de son successeur, ou remettre la direction de la légation à un agent *ad interim*, comme il a été dit déjà.

Révocation des agents diplomatiques. — Décret de Castilla, du 9 janvier 1855.

Au cas de *démission* l'on peut assimiler celui de *révocation*, laquelle révocation peut résulter implicite-

(1) Voir l'édition du *Précis du droit des gens public de l'Europe*, annotée par M. Ch. Vergé, 1864, t. II, p. 162, 163.

ment de la nomination du ministre public à d'autres fonctions incompatibles avec les précédentes. Il existe dans l'histoire diplomatique du Pérou un exemple singulier de révocation en bloc. Par un décret du 9 janvier 1855, le général Ramon Castilla, considérant que tous les agents diplomatiques et consulaires de la République accrédités actuellement à l'étranger avaient été placés sans consulter les économies du trésor, ni les avantages que la nation doit retirer de leurs services, déclara que tous ces agents cesseraient leurs fonctions dès le jour où ledit décret arriverait à leur connaissance. Le décret ajoutait que ces agents diplomatiques devraient venir rendre compte, dans un délai variant suivant les distances, de l'exercice de leurs attributions ordinaires et des commissions administratives de fonds publics qui leur auraient été confiées à n'importe quel titre, ou pour n'importe quel objet (1).

Suppression des missions. — Décret du 13 février 1877. — Décision ministérielle du 10 février de la même année.

Enfin les missions peuvent prendre fin par leur suppression. C'est ce qui a eu lieu, au Pérou, en 1877. Le gouvernement péruvien désirant faire les économies possibles dans toutes les branches de l'administration, et jugeant que pour le moment le maintien de certaines légations n'était pas nécessaire, a supprimé les missions auprès du Saint-Siège, des gouvernements d'Angleterre, de France, de Belgique, de Portugal, d'Allemagne et des États-Unis d'Amérique. Depuis, le gouvernement du Pérou a rétabli d'abord une mission extraordinaire à Londres, et a nommé ensuite un ministre extraordinaire et plénipotentiaire, mais *ad honorem*, auprès du gouvernement français; enfin, il est revenu plus tard au régime des missions perma-

(1) *Collection* d'Oviédo, t. VII, p. 16, 17.

nentes et payées. On peut citer comme exemple plus récent encore la suppression par le gouvernement belge de sa mission auprès du Saint-Siège.

Déclaration expresse ou tacite du ministre, portant que sa mission doit être regardée comme terminée.

Une mission peut encore prendre fin par le départ du ministre public sans lettre de rappel. Cela peut arriver quand il a été porté gravement atteinte aux droits ou à l'honneur du pays de l'agent diplomatique. Ce dernier peut alors, sans attendre son rappel, demander ses passeports et rompre ainsi les relations diplomatiques entre les deux États (1). Refuser ce droit à un ministre public serait exposer la nation qu'il représente aux offenses les plus grandes et même à des dangers. Il n'est pas besoin de dire qu'une semblable détermination ne doit pas être prise légèrement par un agent diplomatique, et qu'elle ne peut se justifier que dans les cas exceptionnels où l'honneur de son pays se trouve véritablement atteint et compromis.

Le départ sans rappel peut avoir lieu également pour des obstacles importants survenus dans le cours des négociations.

Renvoi du ministre public.

Dans toutes les missions il peut y avoir des cas où le gouvernement d'un État oblige un ministre étranger de partir sans attendre son rappel, soit à cause d'un mécontentement personnel contre le ministre, soit par rétorsion, ou pour d'autres raisons d'État, en faisant savoir au ministre qu'il pourra prendre congé, ou en lui fixant un terme pour quitter la résidence et le ter-

(1) Rappelons qu'en principe, faute de lettre de rappel, un agent diplomatique accrédité auprès d'un gouvernement étranger ne peut quitter son poste sans une permission de son souverain.

ritoire, ou enfin en le faisant escorter jusqu'aux frontières. Les exemples ne manquent pas dans l'histoire d'agents diplomatiques qui ont été l'objet de ces mesures. On peut citer le marquis de Bedmar, ambassadeur d'Espagne, que la République de Venise fit conduire sous escorte jusqu'aux frontières, en 1645 ; le ministre de France à Londres, M. de Bas, renvoyé d'Angleterre, en 1645, parce qu'il avait été accusé de tremper dans une conspiration contre Cromwell ; le prince de Cellamare, ambassadeur d'Espagne en France, convaincu de conspiration contre le régent, en 1718, arrêté à Paris, incarcéré à Blois et conduit sous escorte jusqu'aux Pyrénées ; le nonce du pape à Lisbonne, expulsé de cette capitale et du Portugal, en 1761 ; le ministre de Russie à la cour de Stockholm, obligé de quitter la Suède, en 1788 ; en 1793, le ministre de France à Londres renvoyé de la Grande-Bretagne, après la mort de Louis XVI ; en 1848, le renvoi du ministre d'Angleterre par le gouvernement espagnol ; etc.

Au cas de renvoi on peut assimiler celui où le gouvernement auprès duquel le ministre public est accrédité refuserait de recevoir ce ministre et de traiter avec lui.

Le droit pour un gouvernement de demander le rappel d'un ministre public, de le renvoyer ou de ne pas l'agréer, n'est pas contestable, mais doit être renfermé dans de justes bornes. Il faut évidemment des motifs graves pour justifier ces mesures extrêmes. Des explications précises sont toujours nécessaires ; elles sont ordinairement données par voie officieuse et indirecte : on applique les formalités relatives à l'agréation. Le renvoi qui n'a pas été provoqué par la propre conduite du ministre public, le renvoi qui a lieu pour motifs insuffisants, est de nature à provoquer des mesures de rétorsion et à justifier une demande en réparation, s'il est accompagné de procédés blessants envers le ministre étranger. C'est ainsi que, par représailles du renvoi du ministre de Russie par la cour de Stockholm, en 1788, la cour de Russie fit signifier au ministre de Suède à Saint-Pétersbourg l'ordre de quitter l'empire.

Cas de changement survenu dans la classe et le rang diplomatiques du ministre public.

Il a été déjà dit que dans le cours d'une mission un ministre est élevé quelquefois à une classe supérieure, notamment à celle d'ambassadeur, ne fût-ce que pour quelque temps ou pour une affaire particulière. Quelquefois aussi un ministre ordinaire est nommé ministre extraordinaire, un ministre de cérémonie est nommé ministre d'affaires, et, à l'inverse, un ambassadeur est nommé ministre de second rang. Dans ces différents cas, le ministre public présente ordinairement dans une même audience des lettres de rappel et de nouvelles lettres de créance.

Cet usage ne reposant sur aucun principe de droit, rien n'empêche le gouvernement auprès duquel le ministre public est accrédité, de se contenter d'une simple notification de cette modification apportée à la classe et au rang de l'envoyé.

Suspension des missions diplomatiques.

Il peut survenir des événements par lesquels les fonctions d'un ministre public ne soient que *suspendues* : c'est ce qui peut avoir lieu en cas de mésintelligence entre les deux États, lorsque cette mésintelligence n'est pas suivie de rupture des relations diplomatiques ; dans le cas d'évènements importants survenus pendant le cours de la mission, qui en rendent la continuation problématique, ou qui peuvent donner de la probabilité à certaines modifications ultérieures dans les relations entre les deux États : comme, par exemple, en présence d'une révolution survenue dans l'un des deux pays et dont l'issue est encore incertaine ; dans le cas où des causes personnelles empêchent temporairement l'envoyé de remplir ses fonctions, et où une représentation intérimaire n'est pas possible etc, etc.

La suspension des fonctions du ministre public et la suspension de la mission n'entraînent pas pour l'agent diplomatique la perte des prérogatives attachées à son caractère public; le seul effet de la suspension est d'interrompre les relations d'État à État; la validité des lettres de créance est seulement considérée comme suspendue dans l'intervalle.

Lorsque la suspension est motivée par d'autres causes que des raisons personnelles à l'agent diplomatique, il est d'usage qu'elle soit dénoncée par l'une ou par l'autre partie.

Quand, à la suite d'une déclaration de guerre, un agent diplomatique est rappelé de son poste, et qu'après la cessation de la guerre il y est renvoyé, doit-on dire, ou que ses fonctions ont été seulement *suspendues dans l'intervalle*, ou qu'elles ont *cessé* d'abord et qu'elles ont été ensuite *reprises*? Heffter enseigne que les fonctions de l'agent diplomatique *cessent* par suite d'une guerre entre deux États, mais qu'elles ne sont que *suspendues* en cas de mésintelligence, lorsqu'elle n'est pas suivie de l'ouverture d'hostilités (1). Cette question a été différemment résolue, en 1869, par les tribunaux autrichiens, dans les circonstances suivantes. Un agent diplomatique avait, le 1er mai 1865, loué une maison « pour la durée de sa mission ». A la suite de la déclaration de guerre entre la Prusse et l'Autriche, en 1866, cet agent diplomatique fut rappelé dans son pays. Après le rétablissement de la paix, il revint à son poste, à Vienne, et se réinstalla dans son ancienne habitation. Le propriétaire soutint que le rappel de son locataire avait mis fin à sa mission diplomatique et par conséquent à son bail. L'agent prétendit que la guerre n'avait que suspendu, qu'interrompu sa mission, mais n'y avait pas mis fin. Le tribunal de première instance déclara que le bail

(1) Heffter, *Droit international de l'Europe*, § 223, p. 422.

subsistait toujours ; la cour d'appel décida que le bail avait pris fin, en se fondant sur ce que, d'après les principes du droit des gens, la déclaration de guerre met fin à la mission des agents diplomatiques accrédités auprès des Puissances belligérantes. L'agent diplomatique avait, d'ailleurs, présenté de nouvelles lettres de créance après la guerre. La Cour suprême a au contraire admis, conformément à la décision de première instance, que le rappel de l'agent diplomatique n'avait pas mis fin à son bail. Elle s'est appuyée principalement sur les motifs suivants : la clause litigieuse doit être interprétée en ce sens que le bail devait durer aussi longtemps que la mission diplomatique du locataire. Le terme de la mission qui devait entraîner la cessation du bail était un terme définitif. Ce terme n'est pas arrivé. L'éloignement de l'agent diplomatique de Vienne avait eu pour cause, non pas son rappel, mais l'interruption des relations entre les États belligérants causée par la guerre. La mission diplomatique du locataire n'aurait pu être considérée comme réellement terminée, que si, après la guerre, il avait été remplacé. On ne doit pas induire de la délivrance de nouvelles lettres de créance que la mission diplomatique du locataire avait cessé. Ces lettres ne sont qu'une constatation solennelle de la reprise des relations entre deux États (1).

Effets de la supression et de la fin des missions diplomatiques.

Que l'inviolabité du ministre public doive être garantie aussi bien au départ qu'à l'arrivée, c'est une règle qui est, de nos jours, devenue un axiôme de droit international. Le caractère public de l'agent diplomatique ne cesse tout d'un coup ni par la suspension, ni par la fin de sa mission. Qu'autrefois, qu'au milieu des mœurs grossières du moyen-âge, l'usage existât, en

(1) *Journal du droit international privé*, etc. 1876, t. III, p. 44.

cas de mésintelligence ou de rupture survenues entre deux gouvernements, de se livrer à des actes de violence envers les envoyés diplomatiques réciproques : ce sont là des pratiques que désavouerait la civilisation moderne. La personne du ministre étranger est inviolable, même chez l'ennemi ; les gouvernements doivent, en toutes circonstances, même en cas de déclaration de guerre, veiller à ce que l'envoyé qui s'éloigne puisse en toute sécurité quitter leur territoire, écarter de lui tous les dangers qui pourraient le menacer, le protéger contre la fermentation des esprits dans le pays, et, s'il le faut, lui fournir une escorte militaire.

L'envoyé, de son côté, doit quitter le territoire sans retard et aussitôt que les circonstances le lui permettent. Il est naturel que s'il voulait rester dans le pays où il remplissait précédemment les fonctions diplomatiques, il deviendrait simple particulier, et que, dès lors, il n'aurait plus le droit d'exiger une protection spéciale.

Sous aucun prétexte, dit Heffter, il n'est permis de retenir un ministre étranger, ni les personnes de sa suite, ni les choses qui lui appartiennent sur le territoire où il réside (1). Tant que le terme fixé pour son départ n'est pas expiré, aucun acte de souveraineté ou de juridiction n'est admissible à son égard, pas plus que pendant la durée de l'exercice de ses fonctions. On ne peut former contre lui aucune demande en justice, ni pratiquer une saisie-arrêt ou une contrainte quelconque. Le gouvernement près duquel le ministre est accrédité ne peut donc pourvoir aux intérêts de ses sujets et à leurs réclamations contre lui et sa suite, que par des voies indirectes. Ainsi, par exemple, après avoir fait annoncer dans les journaux le prochain départ du ministre, il pourra intercéder auprès de lui d'une manière officieuse en faveur des créanciers dont les réclamations ont été liquidées, sans que

(1) Heffter ajoute : « *Si ce n'est par voie de rétorsion* ; » mais c'est une concession dangereuse.

toutefois il puisse refuser de lui délivrer ses passeports. Il n'y a que les immeubles particuliers du ministre qui demeurent soumis à la juridiction du territoire où ils sont situés. A l'égard des meubles qui sont soumis au droit de revendication de la part d'un national, il sera permis de prendre certaines mesures conservatoires par voie administrative, pourvu qu'elles ne portent point atteinte à l'inviolabilité personnelle du ministre (1). Il y a, nous l'avons vu, des auteurs qui revendiquent des droits plus étendus en faveur de la juridiction territoriale. J'inclinerais volontiers vers cette manière de voir, mais avec la limite qui vient d'être indiquée : éviter toujours tout ce qui pourrait atteindre l'inviolabilité de la personne de l'agent diplomatique, sa dignité comme ministre et le secret de ses papiers.

Il nous reste, pour avoir parcouru toutes les matières qui composent un cours de droit diplomatique, à rappeler ce qui a été dit sur les *agents* et *commissaires*, et à citer quelques noms qui ont marqué dans l'histoire de la diplomatie.

Les agents et commissaires.

Il y a peu de chose à dire des *agents* et des *commissaires*. On désigne ainsi, comme il a été observé déjà, des personnes chargées par leur gouvernement de missions de diverses natures, qui peuvent être réparties dans les groupes suivants :

1° Les simples agents chargés d'affaires particulières ou privées d'un État ou d'un souverain, et dépourvus de fonctions politiques : des agents, par exemple, chargés de conclure un emprunt ayant un caractère privé, d'acheter des vivres, de commander des armes à des fabriques étrangères. La commission de ces individus est étrangère au droit international. Il n'est question pour eux ni de mission diplomatique, ni d'immunités diplomatiques.

(1) Heffter, *Le droit international de l'Europe*, traduction française de Jules Bergson, 1873, n° 226, p. 425.

2° Les agents secrets envoyés à l'étranger pour quelque affaire d'intérêt politique, mais sans leur donner le caractère formel de ministres publics. Le gouvernement étranger connaît leur présence sur son territoire, mais leur mission ne lui a pas été officiellement notifiée : des agents, par exemple, chargés de se procurer certains renseignements par des voies régulières quoique secrètes, de faire des communications extraordinaires à un gouvernement étranger et d'en recevoir à leur tour. On peut même ranger dans cette catégorie les individus envoyés pour étudier les institutions d'un pays étranger et présenter à leur gouvernement un rapport sur ces institutions. Il n'y a pas davantage ici de commission relevant du droit international, il n'y a pas de mission diplomatique, pas de cérémonial diplomatique, pas d'immunités diplomatiques.

3° Les agents et commissaires revêtus de pouvoirs publics, envoyés dans un pays étranger auprès de son gouvernement avec des mandats formels, mais sans titre officiel, sans caractère diplomatique : des personnes, par exemple, envoyées en vue de l'organisation de nouvelles relations postales ou télégraphiques, pour participer à des conférences monétaires ou scientifiques, pour s'occuper d'unir des chemins de fer, de relier des canaux, de percer des tunnels, d'organiser des expositions internationales, industrielles ou artistiques ; des commissaires chargés de surveiller des intérêts fiscaux, ou de régler des limites, ou d'arranger des liquidations, etc., etc. Comme ces agents et commissaires ont une mission à remplir au nom de leur gouvernement auprès d'un État étranger, ils sont placés sous la protection spéciale du droit international ; mais il n'ont pas droit aux immunités diplomatiques et, notamment, ils ne sont pas affranchis de la juridiction de l'État étranger, à moins que ce dernier ne leur ait accordé par faveur spéciale cette immunité.

Diplomates célèbres.

Ne quittons point la société diplomatique, le monde des diplomates, sans citer les noms de quelques uns des hommes qui ont marqué le plus dans l'histoire de la diplomatie.

Ce travail a déjà été fait en abrégé par M. Heffter, sous le titre de « *Caractères diplomatiques* », dans son ouvrage sur le *Droit international de l'Europe* (1); il l'a été aussi par M. Ch. Calvo, dans son traité sur le *Droit international théorique et pratique* (2). J'ai déjà eu l'occasion de citer l'ouvrage de M. Capefigue, intitulé : « *Les diplomates européens* », et celui de M. Ch. Vergé ayant pour titre : « *Diplomates et Publicistes* ». Renvoyons à ces nomenclatures sommaires et à ces notices, en y ajoutant quelques détails utiles à connaître.

Antiquité. — Bas-Empire.

On me dispensera de remonter à l'antiquité et au Bas-Empire. Je n'évoquerai pas la mémoire de Philippe II, roi de Macédoine, qui, déjà trois-cent-quatre-vingt-trois ans avant l'ère chrétienne, pensait et disait « qu'aucune place n'est imprenable, quand on peut y faire pénétrer un mulet chargé d'or ». Ce prince macédonien joignait l'astuce au courage ; il a la réputation d'avoir été le plus profond politique et l'un des hommes les plus corrompus de l'antiquité. En regard de Philippe je pourrais placer le grand Démosthènes, qui, pendant plus de vingt ans, tint le peuple Athénien au courant des actes et des pensées du roi de Macédoine, signala chacun de ses progrès, indiqua comment la république devait s'opposer à ses envahissements, régla les alliances d'Athènes, dirigea les négociations, souvent s'en chargea lui-même (3). Je pourrais citer aussi

(1) N° 229, édition française de 1873, p. 430 et suiv.

(2) N° 395, édition française de 1880, t. I, p. 458 et suiv.

(3) Voir Georges Perrot, *Essais sur le droit public de la république athénienne*, 1867, p. 69 et suiv.

Polybe, cet ami du second Scipion l'Africain, qui fut chargé par les Romains de diverses missions en Grèce, sa patrie, en faveur de laquelle il réussit plus d'une fois à adoucir le vainqueur (1). Dans la Grèce antique, dans l'ancienne Rome, les généraux étaient, en même temps que de grands hommes de guerre, d'habiles diplomates, et quelques-uns même ne se contentaient pas de remplir fidèlement leurs missions, soit guerrières, soit politiques : ils en écrivaient encore le récit (2). Sous le Bas-Empire, Priscus, envoyé par Théodose près d'Attila, a laissé un ouvrage assez détaillé sur sa mission et son voyage. On possède, en outre, le récit d'une ambassade de Petrus Magister, sous Justinien, auprès de Chosroës. Mais cette relation de Petrus est incomplète ; elle ne nous est parvenue que par fragments. Ces extraits heureusement choisis par le rhéteur Ménandre sont fort intéressants pour l'histoire.

Souverains diplomates.

Dans les époques de l'histoire moderne où les chefs d'États ont pris plus particulièrement part à la direction des affaires étrangères de leur pays, ils ont en général déployé les plus précieuses qualités des diplomates. On cite l'empereur Charles-Quint ; Elisabeth et Guillaume III, d'Angleterre ; les rois de France Henri IV, Louis XIV et Louis XV ; les empereurs Napoléon Ier et Napoléon III ; les rois Charles-Emmanuel II, de Savoie, et Frédéric II, de Prusse ; l'impératrice Catherine de Russie ; l'impératrice Marie-Thérèse et l'empereur Joseph II d'Autriche, etc.

(1) Voir Pradier-Fodéré, *Les questions modernes chez les anciens*, étude sur Polybe, 1872. Gand, Imp. Doosselaère.

(2) Voir Egger, *Etudes historiques sur les traités publics chez les Grecs et chez les Romains*. 1866. — Weiske, *Considérations sur les ambassadeurs des Romains*, 1834.

Guillaume III, d'Angleterre.

Guillaume III est surtout cité comme le plus grand politique du XVIIe siècle. Voltaire dit en parlant de lui : « Le prince d'Orange, plus ambitieux que Louis XIV, avait conçu des projets vastes qui pouvaient paraître chimériques dans un stathouder de Hollande, mais qu'il justifia par son habileté et par son courage. Il voulait abaisser le roi de France et détrôner le roi d'Angleterre.... ». Le jugement que Voltaire porte sur ce prince mérite d'être cité : « Il laissa la réputation d'un grand politique, quoiqu'il n'eût point été populaire ; et d'un général à craindre, quoiqu'il eût perdu beaucoup de batailles. Toujours mesuré dans sa conduite, et jamais vif que dans un jour de combat, il ne régna paisiblement en Angleterre que parce qu'il ne voulut pas y être absolu. Il savait toutes les langues de l'Europe, et n'en parlait aucune avec agrément, ayant beaucoup plus de réflexion dans l'esprit que d'imagination. Son caractère était en tout l'opposé de Louis XIV : sombre, retiré, sévère, sec, silencieux, autant que Louis était affable. Il haïssait les femmes autant que Louis les aimait. Louis faisait la guerre en roi, et Guillaume en soldat...; aussi fier que Louis XIV, mais de cette fierté triste et mélancolique qui rebute plus qu'elle n'impose. Si les beaux-arts fleurirent en France par le soin de son roi, ils furent négligés en Angleterre, où l'on ne connut plus qu'une politique dure et inquiète, conforme au génie du prince.

« Ceux qui estiment plus le mérite d'avoir défendu sa patrie, et l'avantage d'avoir acquis un royaume sans aucun droit de la nature, de s'y être maintenu sans être aimé, d'avoir gouverné souverainement la Hollande sans la subjuguer, d'avoir été l'âme et le chef de la moitié de l'Europe, d'avoir eu les ressources d'un général et la valeur d'un soldat, de n'avoir jamais persécuté personne pour la religion, d'avoir méprisé toutes les superstitions des hommes, d'avoir été simple et modeste dans ses mœurs : ceux-là sans doute donneront le nom de grand à Guillaume plutôt qu'à Louis. Ceux qui sont plus touchés des plaisirs et de l'éclat d'une cour brillante, de la magnificence, de la protection donnée aux arts, du zèle pour le bien public, de la passion pour la gloire, du talent de régner ; qui sont plus frappés de cette hauteur avec laquelle des ministres et des généraux ont ajouté des provinces à la France sur un ordre de leur roi ; qui s'étonnent davantage d'avoir vu un seul État résister à tant de Puissances ; ceux qui estiment plus un roi de France qui sait donner l'Espagne à son petit-fils, qu'un gendre qui détrône son beau-père, enfin ceux qui admirent davantage le protecteur que le persécuteur du roi Jacques : ceux-là donneront à Louis XIV la préférence » (1).

Catherine II et Marie-Thérèse.

Si l'on écrivait une histoire complète de la diplomatie et des diplomates, il faudrait donner une place à l'impératrice Catherine II de Russie et à Marie-Thérèse d'Autriche.

Catherine II était allemande, princesse d'Anhalth-Zerbst ; elle s'attacha, dans les commencements, à faire oublier son origine. Elle flatta l'orgueil moscovite en affectant de respecter les habitudes de ses sujets, et se servit des étrangers, mais sans se laisser dominer par eux. Elle joignit à des vices monstrueux beaucoup d'activité, de vigueur et de pénétration. Elle acheva la création de Pierre-le-Grand, et fit de l'empire russe une Puissance de premier ordre. On l'a qualifiée de « *Catherine-la-Grande*, » mais on l'a appelée aussi « *la Messaline du Nord* ». Femme remarquable, en bien comme en mal, elle flattait la civilisation occidentale dans ses principaux représentants ; elle entretenait une correspondance avec Voltaire, avec les encyclopédistes, et invitait d'Alembert et Diderot à rési-

(1) Voltaire, *Siècle de Louis XIV*, chap. xv et chap. xviii.

der près d'elle ; elle réunissait solennellement les députés de toutes ses provinces pour leur faire écrire une constitution de l'empire qui ne s'écrivit jamais ; elle laissait agiter l'abolition du servage, qui ne fut pas aboli ; elle appelait les étrangers en Russie, mais laissait bien peu de russes visiter les pays étrangers. Un jour que le gouverneur de Moscou se plaignait devant elle que les écoles restassent vides, elle lui répondit : « Mon cher prince, ne vous plaignez pas de ce que les russes n'ont pas le désir de s'instruire ; si j'institue des écoles, ce n'est pas pour nous, c'est pour l'Europe où il faut maintenir notre rang dans l'opinion. Mais du jour où nos paysans voudraient s'éclairer, ni vous ni moi nous ne resterions à nos places » (1).

L'impératrice Marie-Thérèse a une tout autre physionomie. C'est une grande et intéressante figure que celle de cette impératrice-reine ! Son œuvre politique, d'un accomplissement difficile, a été de créer avec des éléments divers et épars le faisceau désormais constitué de la monarchie autrichienne. Ce qui caractérise surtout Marie-Thérèse, c'est qu'elle a eu un noble et profond sentiment des devoirs qu'impose la souveraineté, dans un temps où d'autres monarques ne songeaient qu'aux droits exorbitants que le pouvoir suprême leur permettait d'usurper. Elle a, de plus, apporté à l'exécution de ces devoirs de grandes qualités personnelles, un esprit vraiment politique, de la suite et de l'énergie, un grand dévouement au travail, un caractère sérieux qui semblait n'être plus de cette génération. On observe dans sa correspondance confidentielle une sincérité rare, soit lorsqu'elle s'ouvre au comte de Mercy-Argenteau des chagrins qu'elle ressent de sa diversité de vues avec Joseph II, soit quand elle laisse voir quel combat se livre en elle, à propos du partage de la Pologne, entre sa conscience morale

(1) Voir E. Jauffret, *Catherine II et son règne*, 1860.

et sa crainte intéressée de laisser perdre l'occasion d'un agrandissement matériel (1).

L'empereur Joseph II.

Son fils, l'empereur Joseph II, fut un prince libéral, qui eut le tort de ne consulter ni l'esprit de son temps, ni celui de sa nation, dans l'œuvre de réformes qui discrédita son règne. Lors de son voyage en France, en 1777, on admira beaucoup sa simplicité; mais ce qu'il y eut dans cette attitude d'habileté et de mise en scène, Joseph II l'a dit lui-même dans une lettre très-spirituelle à son frère Léopold, datée de Lyon, 11 juillet. « Vous valez mieux que moi, — lui écrivait-il, — mais je suis plus charlatan, et, dans ce pays-ci, il faut l'être... Voilà ce qui a excité un enthousiasme qui vraiment m'embarrasse. Dans toute la tournée des provinces, je n'ai été à aucun spectacle, à aucun amusement; j'ai tâché de me cacher au lieu de me faire voir. J'ai parlé dans chaque endroit aux gens les plus instruits, et cela pendant des heures, mais seulement à trois ou quatre par endroit; ceux-là je les ai fait parler, je suis entré dans leur sens, je les ai satisfaits; ils l'ont raconté, tout le monde aurait voulu m'entendre parler, et ne le pouvant pas, j'ai passé pour un oracle sans l'être: car la rareté est une chose bien précieuse. Enfin demain je pars pour Genève, et je quitte très-content ce royaume, mais sans regret, car j'en avais assez de mon rôle, et je crois que l'on est assez content de moi. J'y ai vu et observé des choses fort intéressantes, et j'ai trouvé une bonne volonté de me parler des choses les plus secrètes qui m'a servi et étonné, mais dont je me garderai bien de découvrir les auteurs...» (2).
Quelle que fût la finesse de Joseph II, elle n'avait

(1) Introduction de la *Correspondance secrète entre Marie-Thérèse et le comte de Mercy-Argenteau*, édition 1874, t. Ier, p. XVII.

(2) A. d'Arneth, *Marie-Thérèse et Joseph II*, p. 148, 149.

pas échappé à la pénétration d'un prince français, le comte de Provence (1), depuis devenu Louis XVIII. Le comte de Provence écrivait en effet au roi de Suède Gustave III : « L'empereur Joseph II est fort cajolant, grand faiseur de protestations et de serments d'amitié; mais, à l'examiner de près, ses protestations et son air ouvert cachent le désir de faire ce qui s'appelle tirer les vers du nez, et de dissimuler ses sentiments propres. Mais il est maladroit, car, avec un peu d'encens, dont il est fort friand, loin d'être pénétré par lui on le pénétre facilement. Il pousse l'indiscrétion en ce cas jusqu'à l'excès. Ses connaissances sont très-superficielles.... » (2).

Frédéric II, de Prusse.

Dans une histoire de la diplomatie et des diplomates il y aurait aussi une place à donner au roi Frédéric II, de Prusse, à ce roi « sceptique et railleur, chef couronné des philosophes du XVIIIe siècle, contempteur de tout ce qu'il y a de plus respectable au monde, se moquant de ses amis mêmes, prédestiné en quelque sorte pour braver, insulter, humilier l'orgueil de la maison d'Autriche et du vieil ordre de choses qu'elle représentait, osant, au sein de l'Europe bien assise, où les places étaient si difficiles à changer, entreprendre de créer une Puissance nouvelle, ayant eu l'honneur d'y réussir en luttant à lui seul contre tout le continent, et après avoir fait vingt ans la guerre,

(1) Un biographe contemporain a ainsi défini le caractère du comte de Provence, devenu plus tard Louis XVIII : « Prince remarquable par la finesse et la lucidité de son intelligence, et par ce sentiment du caractère royal qui l'avait soutenu et grandi dans ses longues épreuves, Louis XVIII conciliait à un haut degré deux dispositions assez diverses : l'orgueil inné de son titre et de ses prérogatives, avec un besoin dominant de quiétude et de bien-être, qui le prédisposait naturellement à subir le joug du favoritisme. Boullée, *Biographies contemporaines*, 1863, t. I, p. 120.

(2) A Geffroy, *Gustave III et la cour de France*, t. II, p. 390.

maintenant par la politique la plus profonde la paix du continent, jusqu'à partager audacieusement la Pologne sans être obligé de tirer un coup de canon.... » (1).

Napoléon Ier.

M. Thiers, à qui je viens d'emprunter ce portrait de Frédéric II, a soutenu que Napoléon Ier ne fut pas un politique, parce que « l'intempérance fut le trait essentiel de sa carrière ». Voici du reste comment s'est exprimé l'éminent historien ; c'est une page dont la lecture n'est pas déplacée dans la chaire d'une Faculté des Sciences politiques :

« Si la politique n'était qu'esprit, certes rien ne lui eût manqué pour surpasser les hommes d'État les plus raffinés. Mais la politique est caractère encore plus qu'esprit, et c'est par là que Napoléon pèche. Ah ! lorsque jeune encore, n'ayant pas soumis le monde, il est obligé et résigné à compter avec les obstacles, il se montre aussi rusé, aussi fin, aussi patient qu'aucun autre. Descendant, en 1796, en Italie avec une faible armée, ayant à s'attacher les populations, il protège les prêtres, ménage les princes, quoiqu'en puissent dire les républicains de Paris. Transporté en Orient, ayant à craindre l'antipathie mulsumane, il cherche à s'attirer les scheiks arabes, leur fait espérer sa conversion, quoiqu'en puissent dire les dévôts de Paris, et réussit ainsi à se les attacher complètement. Plus tard, occupé à une œuvre bien différente, celle du Concordat, il s'applique, par un prodigieux mélange d'adresse et d'énergie, à vaincre les préjugés de Rome, et, ce qui les vaut bien, les préjugés des philosophes. Tout ce qu'il lui fallut en cette occasion de finesse, d'art, de constance, de force, nous l'avons exposé ailleurs, et de manière à prouver que rien ne lui manqua en fait de génie politique. Mais il n'était pas le maître alors, il se contenait ! Devenu tout puissant, il ne se contint

(1) Thiers, *Histoire du Consulat et de l'Empire*, livre LXII.

plus, et du politique il ne lui resta que la moindre partie, l'esprit : le caractère avait disparu.

« Pourtant ajoutons pour son excuse, que, si la politique est quelque part hors de saison, c'est dans une révolution. Qui dit politique, dit respect et lent développement du passé ; qui dit révolution, au contraire, dit rupture complète et brusque avec le passé. La vraie politique en effet, c'est l'œuvre des générations se transmettant un dessein, marchant à son accomplissement avec suite, patience, modestie s'il le faut, ne faisant vers le but qu'un pas, deux au plus dans un siècle, et jamais n'aspirant à y arriver d'un bond : c'est l'œuvre de Henri IV projetant, après avoir contenu les partis, d'abaisser les maisons d'Espagne et d'Autriche unies par le sang et l'ambition, transmettant ce grand dessein à Richelieu, qui le transmet à Mazarin, qui le transmet à Louis XIV, lequel le poursuit, jusqu'à ce qu'en plaçant à tout risque son petit-fils sur le trône d'Espagne, il sépare à jamais l'Espagne de l'Autriche; c'est, en Prusse, l'œuvre du grand électeur commençant l'importance militaire de sa nation, suivi d'abord de l'électeur Frédéric III qui prend la couronne, puis de Frédéric-Guillaume Ier, qui, pour soutenir le nouveau titre de sa famille, s'applique à créer une armée et un trésor, enfin de Frédéric-le-Grand, qui, le moment de la crise venu, ajoutant l'audace à la longueur des desseins, fonde après un duel de vingt ans avec l'Europe la grandeur de la Prusse, et fait d'un petit électorat l'une des plus importantes monarchies du continent.

« Il ne faut donc pas s'étonner si Napoléon, despote et révolutionnaire à la fois, ne fut point un politique, car, s'il se montra un moment politique admirable en réconciliant la France avec l'Eglise, avec l'Europe, avec elle-même, bientôt en s'emportant contre l'Angleterre, en rompant la paix d'Amiens, en projetant la monarchie universelle après Austerlitz, en entreprenant la guerre d'Espagne qu'il alla essayer de terminer à Moscou, en refusant la paix de Prague, il fut pis qu'un mauvais politique..... Mais, il faut le reconnaître, ce n'était pas lui seul, c'était la Révolution française qui délirait en lui, en son vaste génie » (1).

Admettons que cette appréciation de la seconde partie de la carrière de Napoléon Ier soit absolument exacte, il reste encore assez de titres à cet émule des Alexandre-le-Grand, des César et des Charlemagne, pour occuper un piédestal dans la galerie des grands politiques et des grands diplomates. Avoir « réconcilié la France avec l'Eglise, avec l'Europe, avec elle-même...»! Quel politique, quel diplomate peuvent se vanter d'avoir rempli un rôle plus imposant, plus magnifique et plus brillant ?

Diplomates italiens.

Je pourrais citer encore d'autres princes qui ont été d'habiles diplomates : le roi Léopold 1er de Belgique, par exemple, mais je ne trace qu'une esquisse. La liste des hommes d'État, des politiques, qui ont été les grandes autorités de la diplomatie, est nombreuse et brillante ; chaque pays se glorifie d'y compter des célébrités.

En Italie, — le berceau de la diplomatie, — ce sont : Dante, Pétrarque, Boccace, Giucciardini, Machiavel ; dans nos temps contemporains, c'est surtout le comte de Cavour (2). C'est l'Italie qui a donné le cardinal Albéroni à l'Espagne et le cardinal de Mazarin à la France.

(1) *Id.*, livre LXII.

(2) Le comte de Cavour a été un véritable homme d'État, invariable dans ses desseins, souple et patient dans leur exécution, calme dans le succès, ferme dans les revers, se servant des passions mêmes qu'il paraissait servir, tournant tout ce qu'il rencontrait sur sa route, hommes et choses, vers le but unique qu'il poursuivait : l'affranchissement de l'Italie, et dominant par la force de la raison la fougue de son tempérament et le légitime sentiment de sa valeur. Ce grand ministre italien était toutefois un de ces politiques pour qui les hommes ne sont que des instruments dont on use à volonté.

« Je ne saurais vous dire, écrivait le général de La Marmora, avec quelle cruauté, avec quel dédain, Cavour traitait les

Diplomates français.

En France, sous Henri IV, on cite : le duc de Sully ; Philippe de Mornay, surnommé *le pape des huguenots* ; le chancelier Bruslart de Sillery ; le cardinal Arnaud d'Ossat. Sous Louis XIII : le maréchal de Bassompierre ; le comte d'Estrades ; mais surtout le cardinal de Richelieu, et son confident le père Joseph du Tremblay. Le règne de Louis XIV compte Mazarin (1);

hommes dont il croyait n'avoir plus rien à attendre, ou ceux qui lui semblaient devenus inutiles à ses desseins. Je n'ai connu personne plus passionné dans ses affections et plus prompt à l'enthousiasme. Il s'engouait des gens avec une singulière facilité, il les portait aux nues, prônait leur éloge devant tous ; puis, un beau jour, capricieux comme un enfant, il les renversait brutalement du piédestal qu'il leur avait élevé lui-même. Ironie, mépris, outrages même, rien n'était épargné par lui aux hommes qu'il exaltait encore la veille, et dont il s'imaginait aujourd'hui avoir à se plaindre. Il semblait vouloir se venger de s'être mépris sur leur valeur, et leur faire expier de les avoir trop appréciés un instant....»... *Journal d'un diplomate en Italie*, par Henri d'Ideville. — *Le comte de Cavour jugé par le général De La Marmora*, p. 230, 231.

(1) « La justice de l'histoire a commencé pour Mazarin, a dit M. V. Cousin. On reconnaît que cet étranger ... a été le digne héritier de Richelieu ; que, comme lui, il a porté au plus haut point la passion du nom français, et poursuivi avec des moyens différents, mais avec un succès pareil, les deux mêmes objets, à savoir, la suprématie de l'autorité royale et l'agrandissement du territoire. Inférieur à Richelieu pour tout ce qui regarde l'administration intérieure du royaume, il l'a égalé dans la conduite des affaires militaires et des affaires diplomatiques. Si son esprit était moins élevé et moins vaste, il n'était ni moins pénétrant, ni moins ferme, et le cœur peut-être plus résolu ». V. Cousin, *Journal des savants*, août 1854. — « Ce qui dominait chez Mazarin, c'est le bon sens, dit M. Wolowski. Il joignait à une conception rapide un jugement net, sûr, une infatigable puissance d'attention et une volonté persévérante. Un rare mélange de vigueur et de souplesse marquait ses actes d'un caractère de mesure parfaite ; son esprit hardi et délié était plein de séduction, sinon de fierté ; fécond en expédients, il ne désespérait jamais du triomphe de la raison. Au lieu de persécuter ses ennemis à outrance, il préférait les gagner ou les adoucir. L'insinuant Mazarin savait plier, et

Abel Servien, qui prit part, avec le comte d'Avaux, à la paix de Westphalie ; le marquis de Louvois, sur la mémoire duquel les incendies du Palatinat ont imprimé une tache ineffaçable ; le marquis de Torcy, neveu du grand Colbert, qui contribua à l'heureuse conclusion du traité d'Utrecht, en 1713. Sous Louis XV et sous les règnes et régimes suivants, jusqu'à nos époques con-

même se retirer, mais pour revenir. Personne n'avait plus d'esprit que lui, mais il possédait plus de solidité et de prévoyance que les autres. Venu du pays de Machiavel, aucun scrupule ne l'arrêtait, quand il fallait s'accommoder aux circonstances, et il saisissait les fils des intrigues les mieux ourdies. On lui a refusé le génie qui crée ; personne ne lui contestera l'habileté qui exécute. Grâce à une persévérance efficace et à une action impassible, il accomplit les plans de Richelieu. Jamais ministre ne souleva autant de colères et d'injures ; il parvint à calmer les unes et à lasser les autres. Invulnérable aux blessures de l'amour-propre, il laissait dire et chanter, tolérait les épigrammes et les pamphlets, et connaissait trop bien le prix de la flatterie pour se laisser séduire. Il oubliait volontiers, se vengeait rarement, n'étant ni cruel, ni impitoyable ; s'il n'avait pas la bonté, il n'était pas entraîné par la haine. Dans sa fierté, Richelieu aimait le péril et l'affrontait avec une certaine aisance ; Mazarin s'attachait surtout à l'écarter. Il cédait, non par faiblesse, mais par tactique ; à la frivolité des passions il opposait la constance des vues ; aux impulsions généreuses mais imprévoyantes, le calcul, dans un pays où personne ne savait calculer. Positif dans ses tendances comme dans ses goûts, il préférait les avantages solides de l'autorité aux enivrements de l'état extérieur ; il avait le culte de l'utile et la religion du succès. Son plus fidèle allié, c'était le temps. « Le temps et moi », aimait-il à répéter, et il savait en user. Au lieu de tout écraser, comme son altier prédécesseur, il s'y prit d'une façon plus douce et plus sûre. Voyant qu'il avait affaire non pas à des principes, mais à des intérêts, il entreprit de les gagner. Il négocia avec d'illustres mécontents et les acquit l'un après l'autre, en leur donnant à peu près ce qu'ils demandaient, mais sans rien céder des droits de la royauté ». Wolowski, *Etude sur Mazarin, fragment d'une histoire des relations commerciales entre la France et l'Angleterre*. Compte-Rendu des travaux de l'Académie des Sciences Morales et Politiques, 26e année, vme série, t. XII (82 de la collection) 1867, p. 59 et suiv. Voir aussi l'introduction du livre de M. Mignet intitulé : *Négociations relatives à la succession d'Espagne*, sous Louis XIV.

temporaines, nous trouvons : le comte de Vergennes, qui déploya les talents d'un négociateur aux congrès de Hanovre et de Manheim, conclut l'alliance de 1777 avec les cantons suisses, et celle de 1778 avec les colonies américaines insurgées contre l'Angleterre, signa la paix de Teschen, en 1779, et celle de Versailles, en 1783 ; le duc de Choiseul, qui signa le *pacte de famille*, où l'alliance de tous les princes de la maison de Bourbon contre l'Angleterre, réunit la Corse à la France, en 1768, et s'opposa aux projets ambitieux de la Russie sur la Pologne ; le prince de Talleyrand-Périgord (1),

(1) Noble et grave, la physionomie du prince de Talleyrand-Périgord était d'un calme imposant que rien n'altérait. On n'a point à reprocher à sa mémoire des méchancetés inutiles. Ses mœurs étaient douces, son accueil et ses entretiens pleins d'attrait. Sous une apparence négligée, souvent même insouciante, sa repartie était vive, mordante, et sa parole à la fois profonde, saillante et concise. Il savait, en homme supérieur, se contenter de juger, de diriger, se servant de chacun selon son talent. Au dessus du subalterne amour-propre des petits succès, tout ce qu'il pouvait faire faire aux autres, il dédaignait de le faire lui-même. Observateur toujours impassible, quelle que fût la tempête, les hommes et les événements les plus redoutables, il les domina, parce qu'il savait à la fois s'y soumettre, se les approprier et se dominer lui-même ; dans le présent voyant de loin l'avenir, et s'y préparant ; sachant démêler, dans chaque affaire, le point capital, dans chaque époque l'homme important, s'y attacher, s'en détacher à propos, et si bien associer à l'intérêt de son ambition celui des peuples, qu'on ignore encore qui, d'eux ou de lui, il voulut servir ; du reste, pour toute conscience politique, le succès ; s'imposant comme le ministre obligé des grandes fortunes naissantes ; fidèle ensuite au bonheur, à l'habileté, et n'acceptant de chaque position que les avantages ; plus habile à se taire, à attendre, à se laisser écarter par le flot du pouvoir qu'il sentait décroître, pour se poser de façon à être ressaisi et porté plus loin et plus haut par le flot qui allait suivre. Quant à sa vie publique, actions bonnes, actions mauvaises, tout dans cet homme a porté un certain cachet d'élévation. Orgueil de naissance, qualités, passions, vices même, tout ce qui dans les autres les domine, n'a semblé être en lui que des moyens aux ordres de sa supériorité. C'est ainsi que, méprisant le mépris, et mettant hors de portée du vulgaire, avec un cynisme imposant, ses intrigues pécuniaires et politiques, il a su leur donner un air de grandeur, et, autant que possible, il a tout jus-

qui négocia les traités de Lunéville, d'Amiens, de Presbourg, de Tilsit, assista au congrès de Vienne de 1814-1815, signa, en 1834, le traité de la quadruple alliance, et assista aux conférences qui terminèrent les querelles de la Belgique et de la Hollande ; Maret, duc de Bassano ; Champagny, duc de Cadore, qui négocia le mariage de Napoléon 1er avec Marie-Louise ; le vicomte de Châteaubriand, l'un des plénipotentiaires du congrès de Vérone ; le comte Molé, M. Guizot, le duc de Broglie, M. Drouyn de Luys (1), M. de Thouvenel, etc., etc.

tifié par la réussite. Jusqu'à 84 ans, ce caractère suivi s'est montré aussi tranquille et impassible dans l'adversité que dans le bonheur, aussi calme et calculé dans la souffrance, et jusque dans les dernières angoisses de la mort, que dans la plénitude de sa vie la plus heureuse. Jamais rôle ne fut soutenu avec une persévérance plus ferme. De même qu'à vivre, habile à mourir ; jusqu'à son dernier souffle, il a su intéresser à sa renommée tous pouvoirs, celui du clergé même qu'il avait le plus offensé. Voilà comment, grâce aux nécessités de ces temps, où il sut se rendre si nécessaire, et à la démoralisation générale, suite de tous les bouleversements, il est parvenu à se placer et à se maintenir si haut dans le siècle, à y être un personnage à part, dont chaque mot parut un trait de génie, chaque jugement un oracle, à qui la règle morale de chacun semblait être inapplicable, et dont la foule des ambitieux garde encore le souvenir, comme du favori le plus constant de cette inconstante divinité qui a tant d'adorateurs, que jusque-là nul autant que lui n'avait su fixer, et qu'on appelle la fortune. *Histoire et Mémoires*, par le général comte de Ségur, membre de l'Académie française. Edit. Firmin Didot, 1873, t. VII, p. 137 et suiv.

(1) M. Drouyn de Lhuys est, de nos jours, en France, le plus complet modèle du diplomate de carrière. Il a parcouru tous les grades de la diplomatie, et a mis la main à toutes les grandes affaires de son temps. Voici, à titre d'enseignement, quelques extraits d'une étude que j'ai publiée, en 1871, sur ce diplomate-homme d'État.

M. Drouyn de Lhuys est entré dans la carrière diplomatique à la fin de 1830.

Attaché à l'ambassade de Madrid, il se forma à l'école de M. le comte de Rayneval, qui, trois ans plus tard, lui confiait une mission auprès de M. le duc de Broglie, alors ministre des affaires étrangères, en lui donnant pour introduction un billet contenant ces simples mots : « Je ne vous adresse pas aujourd'hui de dépêches, parce que je vous envoie M. Drouyn de Lhuys

Diplomates anglais.

Les noms de la diplomatie anglaise ne sont pas moins illustres. Ce sont : William Temple, qui négocia le

qui connait mieux que personne les hommes et les choses de ce pays ».

Ce même ambassadeur avait dit dans une lettre précédente : « Au milieu de ces nombreuses et importantes affaires, je n'ai aucun secrétaire... Je ne sais comment j'aurais pu m'en tirer, sans l'aide de M. Drouyn de Lhuys, que j'ai près de moi comme attaché. C'est un jeune homme rempli de talent et d'instruction : ce qui n'a pas empêché de lui faire plusieurs passe-droits. Il serait temps de reconnaître son zèle et son mérite en le nommant définitivement ».

Le ministre tint compte de ce témoignage. En 1833, M. Drouyn de Lhuys, encore simple attaché, fut néanmoins accrédité par M. le duc de Broglie, en qualité de chargé d'affaires, à la cour de La Haye. Il contribua, par sa prudence et son caractère conciliant, à l'aplanissement des difficultés de tout genre qui compliquaient la question belge, ainsi qu'au rétablissement des bonnes relations entre les deux gouvernements et entre les deux peuples ; succès d'autant plus méritoire que les ruines de la citadelle d'Anvers étaient pour ainsi dire encore fumantes. Quoi qu'il fût alors le plus jeune des chefs de mission, il jouissait à la cour des Pays-Bas, dans le corps diplomatique et parmi les hommes d'Etat de cette nation, les Fagel, les Verstolk, les Falk, les Zuylen, d'une considération dont la trace n'est pas encore effacée.

Rappelé à Madrid, en 1836, par de graves événements, il y retrouva M. le comte de Rayneval, dont il eut bientôt à regretter la mort, pendant l'insurrection de la Granja. Chargé d'affaires, à plusieurs reprises, et à des époques mémorables, jusqu'à l'année 1840, sous les ministères de M. Thiers, de M. le comte Molé et du maréchal Soult, il contracta des liens d'amitié durable avec les principaux personnages qui ont occupé la scène politique dans la Péninsule. Une parfaite connaissance de la langue, des mœurs, des événements contemporains, des intérêts et des tendances des divers partis, faisait de l'éminent élève de M. de Rayneval l'agent en quelque sorte indispensable de la diplomatie française en Espagne, pendant cette période si constamment agitée. Pour faire face à ces brusques changements de scène, il fallait un coup d'œil sûr, un jugement prompt et un caractère ferme.

En 1840, M. Drouyn de Lhuys fut placé par M. Thiers à la tête

traité de la triple alliance formée, en 1668, contre la France, entre l'Angleterre, les États-Généraux des

de l'une des directions du département des affaires étrangères, où il marqua son passage par la préparation de plusieurs traités de commerce et d'utiles réglements pour déterminer les rapports entre le corps consulaire et la marine.

Il entra à la Chambre, comme député de Seine-et-Marne, en 1842, et fut destitué de ses fonctions administratives par M. Guizot, en 1845, pour son vote contre l'indemnité Pritchard. Dans le premier cabinet formé par Louis-Napoléon, après son élection à la présidence, et composé de MM. Odilon Barrot, Passy, de Falloux, de Malleville, de Tracy, etc., il fut appelé au département des affaires étrangères, si difficile à diriger au milieu des complications européennes. L'insurrection de la Sicile, la guerre entre l'Autriche et le Piémont, l'intervention de la Russie en Hongrie et dans les Principautés Danubiennes, la question danoise, la révolution romaine et l'expédition de Civita-Vecchia, marquèrent cette époque tourmentée, et provoquèrent des interpellations qui amenèrent plusieurs fois le ministre à la tribune, où il affrontait résolûment les violentes tempêtes de la Montagne. Nommé, en juillet 1849, ambassadeur à Londres, il eut successivement à présenter sous son véritable jour la conduite de la France en Italie, à combattre les prétentions de la Russie dans l'affaire des Hongrois et des Polonais réfugiés à Constantinople, à suivre les négociations relatives à la succession au trône de Danemarck et à protéger le royaume de Grèce contre les ressentiments de lord Palmerston, à l'occasion des réclamations de Pacifico. Pendant son ambassade il acquit à Londres une véritable popularité, par la verve et l'à-propos des allocutions que sa parfaite connaissance de la langue lui permettait de faire en anglais, dans les nombreux meetings auxquels il était invité.

Revenu en France, il reprit ses fonctions législatives; puis il entra, le 10 janvier 1851, dans le cabinet qui dut se retirer, peu de jours après, devant une manifestation de la majorité, à propos de la destitution du général Changarnier. Rappelé au ministère en juillet 1852, après la retraite de M. Turgot, il eut d'abord à rétablir les bons rapports entre la France et la Belgique, à conclure plusieurs traités de commerce, à préparer et à conduire à bonne fin la reconnaissance de l'empire, et à régler l'affaire des Lieux Saints qu'il trouva engagée par ses prédécesseurs. Le conflit qui éclata bientôt entre la Russie et la Porte donna lieu à cette longue série de négociations qui s'ouvrirent avec les divers cabinets de l'Europe, avant et pendant la guerre d'Orient. C'est sous son ministère, je pourrais dire sous sa dictée, que furent conclus les traités d'alliance avec l'Angleterre, la Turquie le Piémont, l'Autriche, la convention relative au traitement du

Pays-Bas et la Suède, eut grande part au traité d'Aix-la-Chapelle de 1668, aux négociations de Nimègue de

pavillon neutre pendant la guerre, convention par laquelle le cabinet de Londres accepta les principes de notre droit maritime, qu'il contestait depuis plus d'un siècle, enfin les divers actes qui détachèrent de la politique russe les grandes Puissances de l'Allemagne. Les principales pièces de ces négociations ont été publiées. Il est superflu de rappeler ici l'effet que produisit, en France et en Europe, le sincère et noble langage de notre chancellerie. Nous devons dire en passant que, même à une époque où le système politique n'en prescrivait pas l'obligation, M. Drouyn de Lhuys exposait au grand jour, par de fréquentes et larges publications, tous les documents propres à éclairer le pays sur les affaires extérieures. Ceux qui voudront connaître plus en détails les transactions auxquelles donna lieu la question des neutres, pourront consulter le mémoire que ce ministre présenta, le 4 avril 1868, à l'Académie des Sciences morales et politiques.

Au mois de mars 1855, au plus fort de la guerre de Crimée, M. Drouyn de Lhuys se rendit lui-même à Vienne, pour prendre part, comme premier plénipotentiaire de France, à une conférence à laquelle assistaient les plénipotentiaires d'Autriche, d'Angleterre, de Turquie et de Russie, et qui devait rechercher les moyens de rétablir la paix. Les procès-verbaux de cette conférence, publiés par les journaux de Vienne et par le *Moniteur*, attestent le rôle prépondérant que le ministre de France y avait joué. C'est principalement sous son influence que les plénipotentiaires s'étaient mis d'accord sur les conditions d'un traité de paix qui devait être soumis à la sanction de leurs gouvernements respectifs.

Revenu en toute hâte à Paris, M. Drouyn de Lhuys fut d'abord autorisé à croire que l'empereur acceptait ce traité, et il envoya dans ce sens des instructions à notre ambassadeur à Londres. Mais Napoléon III changea bientôt d'opinion, et déclara à lord Cowley qu'il adoptait l'avis de ceux des ministres anglais qui voulaient la rupture des négociations.

Le ministre des affaires étrangères remit alors sa démission à l'empereur et y persista, malgré les vives instances qui furent faites auprès de lui pour l'engager à la retirer. Les principales dispositions de ce traité furent textuellement reproduites dans les quatre propositions présentées à la Russie après la prise de Sébastopol, et devinrent la base du traité qui fut signé par le congrès de Paris. Si l'on eût alors écouté M. Drouyn de Lhuys, la paix, signée deux ans plus tôt, aurait donc été à peu près la même; on aurait épargné la perte de plusieurs milliards et de quatre ou cinq cent mille hommes, dont cinquante ou soixante mille Français. De plus, cette combinaison particulièrement ap-

1674 à 1678, et laissa la mémoire d'un diplomate unissant le talent à la loyauté ; le comte de Bolingbroke,

prouvée par la cour de Vienne, nous assurait l'alliance active de l'Autriche, dans le cas où le projet eût été repoussé par le cabinet de Saint-Pétersbourg.

Le 16 octobre 1862, M. Drouyn de Lhuys fut appelé dans le conseil. Il trouva une situation compromise et embarassée sur plusieurs points : en Italie, les tendances unitaires surexcitées plutôt que satisfaites par la reconnaissance officielle des annexions piémontaises ; — à Rome, les débris du pouvoir temporel mal garantis par notre occupation précaire ; — au Mexique, une guerre déjà commencée, les troupes françaises essuyant un échec devant les murs de Puebla, et la perspective d'une lutte à engager contre les États-Unis pour donner un trône au prince Maximilien, envers lequel l'empereur Napoléon III avait pris des engagements sous le précédent ministère ; — au Nord, le royaume de Danemarck menacé par toutes les convoitises germaniques, et la Pologne devenue le théâtre d'une opiniâtre et formidable insurrection ; — enfin, les aspirations ambitieuses de la Prusse tendant à l'absorption de toute l'Allemagne.

Nous n'entreprendrons point la tâche de suivre pas à pas le ministre français dans cette longue carrière. Nous rappellerons seulement les principes et les considérations qui ont dirigé sa conduite dans chacune de ces graves conjonctures, d'après les documents diplomatiques publiés par le gouvernement, et que nous complétons par nos informations personnelles.

Dominé par les faits accomplis, il devait loyalement accepter la situation que les événements antérieurs avaient faite à l'Italie. Mais il pensait qu'il était contraire aux intérêts de la France d'étendre encore les limites de cet État aux dépens du territoire pontifical, dont la tranquille possession par le Saint-Père lui semblait une condition d'indépendance pour l'Eglise catholique. Les déclarations solennelles maintes fois répétées par l'empereur et son gouvernement, en faisaient, d'ailleurs, pour la France une question d'honneur.

Quant au Mexique, M. Drouyn de Lhuys n'avait aucune illusion sur le succès d'une entreprise qu'il avait déclarée, non-seulement difficile, mais impossible. Après l'échec subi par nos troupes à Puebla, il avait conseillé à l'empereur de rappeler le corps expéditionnaire, dès que l'honneur de nos armes aurait été rétabli par la prise de Mexico, et que des gages nous auraient été donnés pour le recouvrement de nos créances. Sa constante préoccupation fut d'éviter le danger de compliquer cette fatale expédition d'un conflit avec les États-Unis. L'histoire apprendra que la France doit à la prudence de ce ministre l'avantage de

qui conclut la paix d'Utrecht, en 1713 ; les deux Pitt, le vicomte Castlereagh, lord Canning, son adversaire po-

n'avoir pas eu, comme l'Angleterre, à liquider, après la guerre, les menaçantes réclamations du cabinet de Washington.

Le gouvernement français, sous le ministère de M. Drouyn de Lhuys, a mis au service de la cause du Danemarck toutes les armes que fournit l'arsenal de la diplomatie, comme on peut s'en convaincre en parcourant les documents qui ont été publiés. Devait-il seul entreprendre une guerre contre toute l'Allemagne, pour exiger le respect des traités qui étaient l'œuvre collective des grandes Puissances ? Il ne l'a point pensé, et nous ne saurions lui en faire un reproche. Nous savons bien qu'à ce sujet deux critiques lui ont été adressées. La France, a-t-on dit, pouvait facilement détourner le cabinet de Vienne d'une ligue où il n'entrait qu'à contre-cœur ; la France a refusé l'offre que lui faisait l'Angleterre d'unir ses armes aux nôtres pour défendre le Danemarck contre une injuste agression. — Ces deux assertions sont dénuées de fondement. Voici la vérité : l'Autriche, assurément, avait le plus grand intérêt à ne point s'associer à une entreprise dont le programme impliquait la consécration du principe des nationalités, la violation des traités et la chance de la conquête d'un territoire qui, par sa situation topographique, devait nécessairement rester à la Prusse, sa rivale. Ces considérations étaient d'une telle évidence, que le ministre français n'a pu manquer de les signaler à l'attention de la chancellerie de Vienne, avec l'insistance la plus énergique. Cette chancellerie n'en méconnaissait pas la justesse ; mais, craignant de compromettre la position de l'Autriche en Allemagne, elle n'osa pas repousser le funeste pacte que lui proposait la cour de Berlin.

Quant à la Grande-Bretagne, malgré les allégations contraires de ses journaux et de ses revues, elle n'a jamais énoncé la proposition dont nous venons de parler. Pressé par le cabinet de Londres de faire dans les mers du Nord une démonstration armée, le gouvernement français a répondu : « Un grand État ne doit pas se livrer à des manifestations de ce genre, sans être prêt à y joindre des actes. Dans le cas où la guerre viendrait à éclater, l'Angleterre ne compte-t-elle ne prendre à sa charge qu'un concours maritime ? Ce rôle serait facile : il se bornerait à capturer quelques navires de commerce, à bombarder quelques ports et à vendre quelques prises, tandis que la France porterait tout le poids d'une guerre continentale sur la vaste étendue de sa frontière. Nous voudrions, avant d'examiner si nous devons aller plus loin, savoir quelles sont, à cet égard, les résolutions du cabinet britannique ». La réponse à cette question n'est jamais arrivée.

Une situation analogue, à certains égards, se présentait en

litique, qui souilla son administration comme ministre des affaires étrangères par l'inique bombardement de

Pologne. Là aussi, la force des choses, un événement que la France n'avait point provoqué, avaient fait surgir une question de droit public européen. L'insurrection de Pologne ramenait l'attention des cabinets sur la manière dont la cour de Saint-Pétersbourg avait exécuté les conventions diplomatiques déterminant la condition des provinces polonaises rattachées à la Russie. L'Autriche et l'Angleterre s'en préoccupaient également. La France, qui respectait elle-même les traités, était autorisée à en réclamer l'observation de la part des autres Puissances. C'est ce qu'elle a fait, dans un intérêt général, de concert avec les deux autres cours, et sans prétendre s'attribuer à elle seule le droit de régler une question soumise à l'arbitrage de l'Europe.

Arrivons à l'affaire d'Allemagne, à ces funestes résolutions qui ont perdu la France, et que M. Drouyn de Lhuys a énergiquement combattues. Tout le monde sait aujourd'hui que ce ministre s'est vainement efforcé de décider l'empereur à s'opposer aux acquisitions territoriales de la Prusse. A l'époque de Sadowa, lorsque cette Puissance avait contre elle l'Autriche et la majeure partie de l'Allemagne, que ses troupes étaient engagées dans la Saxe et dans la Bohême, et que les provinces Rhénanes se trouvaient presque complétement dégarnies, il conseilla d'arrêter les conquêtes de la Prusse par une démonstration militaire et par une médiation armée. Mais, pendant que le ministre, dans ses entretiens avec le comte de Goltz, déclarait que la France ne saurait consentir à des agrandissements qui compromettraient la sûreté de sa frontière et rompraient l'équilibre européen, le souverain, dans ses conversations avec cet ambassadeur, concédait à la Prusse l'incorporation de territoires considérables. Entravé par ces engagements pris en dehors de lui, le ministre des affaires étrangères demanda que, du moins, en présence de l'énorme développement de la puissance agressive d'un redoutable voisin, la force défensive de la France fût accrue dans la mesure strictement nécessaire à sa sécurité. Ce conseil, d'abord accueilli par Napoléon III, fut ensuite rejeté, et l'on substitua à cette politique celle qui fut exposée dans la circulaire signée par M. le marquis de La Valette, circulaire approuvant tout ce qu'avait fait la Prusse et tout ce qui s'était accompli en Allemagne à son profit. C'est avec la politique qui se montrait ainsi satisfaite, que M. Drouyn de Lhuys ne se trouvait pas d'accord ; et c'est pour ne pas s'y associer qu'il quitta le ministère.

J'ai réuni dans une brochure intitulée : *Documents pour l'histoire contemporaine*, les pièces à l'appui de l'exposé que je viens de faire. Quant aux événements qui ont confirmé d'une manière si fatale les prévisions de ce ministre, ils sont écrits sur le sol de

Copenhague, et prépara l'indépendance de la Grèce; lord Palmerston, qui forma le traité de la quadruple alliance, conclu, le 15 juillet 1840, avec la Russie, l'Autriche et la Turquie, rompit, en 1846, l'entente cordiale avec la France, à propos des mariages espagnols, appuya la révolution italienne de 1849, et résista au percement de l'isthme de Suez; lord Clarendon; etc.

Diplomates autrichiens.

L'Autriche compte, avec le célèbre Trautmansdorff, le prince de Kaunitz, qui signa, en 1748, le traité d'Aix-la-Chapelle; le prince de Metternich, qui négocia, à Toeplitz, le 9 septembre 1813, l'adhésion de l'Autriche à la coalition contre la France, présida, en 1814 et 1815, le congrès de Vienne, représenta l'Autriche à la deuxième paix de Paris, en 1815, ainsi qu'aux congrès d'Aix-la-Chapelle (1818), de Carlsbad (1819), de Troppau, de Laybach (1820), de Vérone (1822), et consolida aux conférences de Prague l'alliance de l'Autriche avec la Prusse et la Russie; le prince de Schwarzenberg, le comte de Beust, M. Andrassy, etc.

Diplomates prussiens.

Parmi les célébrités de la diplomatie prussienne, il faut ranger: Frédéric Ancillon; le prince Ch. A. de Hardenberg, qui suivit, au nom du roi de Prusse, les négociations de Bâle avec la France, signa en 1814 la paix de Paris, et assista comme plénipotentiaire aux congrès d'Aix-la-Chapelle, de Carlsbad, de Vienne et de Vérone; le baron Charles Guillaume de Humboldt; M. de Bismarck, etc.

la France en caractères de feu et de sang.— Extrait de la biographie de M. Drouyn de Lhuys, que j'ai publiée dans les numéros des 20 et 27 septembre 1871 du *Courrier diplomatique*.

Diplomates russes, danois, suédois, hollandais.

Le comte de Nesselrode, qui signa, en 1814, le traité de Chaumont, négocia avec Marmont la reddition de Paris, siégea aux congrès d'Aix-la-Chapelle, de Troppau, de Laybach, de Vérone, conclut les traités d'Andrinople, en 1829, et d'Unkiar-Skélessi, en 1833, et prépara la paix de Paris, en 1856, est une des célébrités de la diplomatie russe, avec le prince Gordchakoff. Le Danemarck cite avec une juste fierté le comte de Bernstorf, qui négocia le traité de commerce de 1756 avec la Porte ottomane; la Suède a le comte d'Oxenstiern et Manderström; la Hollande s'enorgueillit de Hugues de Groot, plus connu sous le nom de Grotius. Elle peut citer encore Jérôme van Beverninck, qui représenta les États-Généraux au traité de Bréda de 1667, d'Aix-la-Chapelle de 1668 et de Nimègue, en 1678; et Olden-Barneveldt, qui eut la gloire de conclure avec l'Espagne, en 1609, le traité qui assurait l'indépendance des Provinces-Unies.

Diplomates espagnols et portugais.

Les principales illustrations de la diplomatie espagnole sont: le comte d'Olivarez; le cardinal Ximénès; don Luis de Haro, qui négocia avec la France le traité des Pyrénées, en 1659; le comte d'Aranda; le comte de Florida Blanca; le marquis de Miraflores; etc. Les principaux diplomates portugais sont le marquis de Pombal, le duc de Palmella, Pinheiro-Ferreira.

Hommes d'État et diplomates américains.

Si nous traversons l'Atlantique, nous trouvons parmi les hommes d'État et les diplomates les grandes renommées de Washington, de Franklin, de Jefferson, d'Adams, qui ont fondé l'indépendance des États-Unis d'Amérique; celles de San-Martin, de Bolivar, de Puyredon, de Bernardin Rivadavia, d'O'Higgins, de Belgrano, de Sucre, de Pourtalès, de Santa-Cruz, et de tant d'autres hommes illustres ou éminents, qui ont, soit émancipé l'Amérique espagnole, soit consolidé son indépendance (1).

L'Amérique espagnole a produit des diplomates qui ont été, en même temps, des publicistes de mérite. Je citerai André Bello, né à Caracas (Vénézuela), en 1780, mort en 1863. Bello a rempli les fonctions de secrétaire de diverses légations vénézueliennes en Europe, et a occupé un poste élevé dans la direction des relations extérieures du Chili, mais ce qui a surtout acquis une grande notoriété à son nom, particulièrement en Amérique, ce sont ses *Principes de droit des gens.* Je citerai aussi un contemporain de Bello, Joseph-Marie de Pando, né à Lima vers la fin du siècle dernier, et qui a été tour à tour ministre d'État en Espagne, ministre des relations extérieures au Pérou, membre du Congrès péruvien. Il reste de ce diplomate publiciste une œuvre posthume, sous le titre d'*Eléments du droit international*, publiée pour la première fois en 1843, et qui rend des services comme guide dans l'exercice des fonctions diplomatiques. M. Charles Calvo, ancien ministre du Paraguay en Angleterre et en France, a attaché son nom à une œuvre devenue classique dans la science du droit des gens, son traité du *Droit international théorique et pratique*, et a raconté une négociation délicate à laquelle il a pris part, dans un ouvrage intitulé : *Une page de droit international, ou l'Amérique du sud devant la science du droit des gens moderne.* Mais l'une des individualités contemporaines les plus intéressantes du monde diplomatique américain-espagnol, est M. Torrès-Caïcedo, lit-

(1) Voir : Guttierez, *Le général Saint-Martin* ; Paz-Soldan, *Histoire du Pérou indépendant* ; Restrepo, *Histoire de la révolution de Colombie*, et *Collection de documents relatifs à la vie publique du Libérateur de la Colombie et du Pérou, Simon Bolivar* ; Mitre, *Histoire de Belgrano* ; Pereira de Silva, *Les hommes illustres.*

térateur et diplomate, publiciste et homme d'État, actuellement ministre plénipotentiaire de la République du Salvador accrédité auprès du gouvernement français, et, depuis 1875, accrédité également en qualité d'envoyé extraordinaire et ministre plénipotentiaire auprès des gouvernements des Pays-Bas, d'Italie, de la Grande-Bretagne, d'Espagne et de l'empire allemand (1).

(1) J'ai écrit, en 1872, pour le *Courrier diplomatique*, une notice sur ce diplomate américain, qui représente si bien en Europe l'Amérique latine. En voici quelques extraits.

José-Maria Torrès-Caïcedo est né le 30 mai 1830 à Bogotà, capitale de la Nouvelle-Grenade, aujourd'hui des États-Unis de Colombie. Son père, don Julian de Torrès y Pena, était un mathématicien très-renommé, doublé d'un jurisconsulte et d'un poëte. Orphelin de bonne heure, et pauvre, le jeune Torrès-Caïcedo dut travailler le dur labeur des jeunes hommes d'intelligence qui croient à l'avenir, et l'avenir lui a souri. Fils d'un savant, il ne voulut pas déroger et s'appliqua avec ardeur à l'étude. Les années de sa première jeunesse furent pénibles, mais encouragées par de brillants succès. De solides études classiques, couronnées par une lecture approfondie des philosophes anciens et modernes, le préparèrent à la science juridique. Il obtint successivement les deux doctorats en droit civil et en droit canon. L'éclat avec lequel il soutint ses thèses lui valut, au sortir des examens solennels, un témoignage public de satisfaction de la part de plusieurs membres du corps diplomatique de Bogotà. C'est ainsi que la diplomatie, qui devait plus tard remplir sa vie, vint le saluer sur le seuil de sa carrière. Torrès-Caïcedo entra, dès 1847, dans la politique par la brèche du journalisme. Il fit ses premières armes de polémiste dans trois journaux qui se publiaient à Bogotà: *El Progresso*, *El Dia*, *La Civilisacion*. La bannière qu'il avait choisie était celle de la liberté légale. Dès ses premiers pas dans l'arène politique, il s'affirma comme un conservateur libéral, également opposé au gouvernement personnel et à la démagogie. C'était être peu soucieux de ses intérêts et s'offrir de gaieté de cœur aux coups des partis extrêmes. Les vengeances de ses adversaires ne tardèrent point à l'atteindre : l'imprimerie de son journal fut mise à sac : c'était la ruine. Bientôt ses jours furent même mis en danger ; frappé d'une balle, il dut quitter momentanément le théâtre de cette lutte passionnée, où la défense des principes d'ordre et de liberté semblait le dévouer à la mort. Torrès-Caïcedo s'embarqua pour l'Europe, vint en France, à Paris, et y subit, pour l'extraction de la balle dont ses ennemis politiques avaient récompensé son

Le vicomte de l'Uruguay, le vicomte du Parana, le baron de Pénédo, sont cités parmi les diplomates du

patriotisme, plusieurs opérations qui aboutirent après deux années de cruelles souffrances.

Tant de courage dans la lutte, un amour si vif de la liberté tempéré par une raison si droite, ne devaient point rester méconnus. Il en est de l'Amérique espagnole comme de l'Europe latine: les tempêtes politiques y sont suivies de périodes d'apaisement, et, lorsque le tourbillon des exagérés a passé, les partis modérés redressent la barque et la ramènent au port en prenant le gouvernail. Si Torrès-Caïcedo eût consenti à retourner dans sa patrie, il eût certainement figuré parmi les meilleurs de ces pilotes; mais il s'était créé des relations intellectuelles en Europe, et il préféra servir son pays en le faisant conaître et aimer sur l'ancien continent.

Nommé successivement député suppléant au Congrès grenadin, en 1858, intendant des finances des États de Bolivar et de Magdalena, la même année, et secrétaire d'une mission extraordinaire à Washington, il refusa ces postes honorables et s'en tint provisoirement au titre de secrétaire de légation à Paris et à Londres, qui lui avait été conféré par le gouvernement de son pays, en 1857, poste qu'il déclina ensuite.

Sur la fin de 1858, il devient agent confidentiel du gouvernement de la République de Vénézuéla; en 1859, il est nommé chargé d'affaires de la même république en France et aux Pays-Bas; il conserve cette mission jusqu'en 1864. Après une retraite volontaire de très-peu de temps, on le retrouve ministre plénipotentiaire des États-Unis de Colombie à Paris et à Londres. Il est actuellement ministre plénipotentiaire de la république du Salvador en France, grand officier de la Légion d'honneur, membre correspondant de l'Institut (Académie des sciences morales et politiques).

Ces variations dans sa carrière diplomatique ne doivent pas surprendre : elles tiennent à la mobilité des gouvernements et des institutions dans l'Amérique espagnole, mobilité qui provient elle-même du travail de formation intérieure dont ces jeunes républiques sont agitées. Depuis la guerre glorieuse de leur indépendance, les États américains espagnols se sont élancés à la poursuite d'un idéal politique qu'ils sont loin d'avoir atteint encore. Ils se sont tour à tour groupés et séparés, combattus et recherchés. Passionnés pour la liberté, mais divisés sur les moyens de la fonder, ils l'ont quelquefois demandée à l'idée révolutionnaire, quelquefois au respect des droits acquis et des lois. J'ai dit que Torrès-Caïcedo appartenait au parti conservateur libéral : c'est ce qui explique ses migrations diplomatiques. Ennemi des exagérations démagogiques et des dictatures, il n'a

Brésil, de cet heureux empire qui, placé sous le sceptre d'un grand prince, semble s'être mis auprès des répu-

voulu servir que les intérêts de la liberté ; il n'a accepté de missions politiques que lorsqu'elles lui ont été offertes par des gouvernements honnêtes et modérés, se retirant fièrement devant toutes les tyrannies et demeurant toujours fidèle à son drapeau. En représentant près des gouvernements de l'Europe le Vénézuéla, la Colombie, le Salvador, Torrès-Caïcedo pouvait changer de république, mais il n'en restait pas moins Américain.

Les luttes politiques où il s'était trouvé engagé comme publiciste liaient du reste sa conscience et son honneur. Lorsqu'en 1864, au moment de sa démission de chargé d'affaires du Vénézuéla, le gouvernement qui avait succédé à l'administration sage, libérale et patriarcale de l'illustre général Paëz fit auprès de lui les plus vives instances pour le retenir à son service, il repoussa énergiquement toutes les offres qui lui furent faites, ne voulant pas, disait-il, représenter une idée et des hommes qu'il avait combattus. Il ne consentit qu'à une chose : à exercer les fonctions de sa mission jusqu'à l'arrivée de son successeur, et à faciliter à ce dernier ses premières relations avec le gouvernement français. Lorsqu'en 1870 le gouvernement de la Colombie passa en d'autres mains, Torrès-Caïcedo envoya sa démission au pouvoir nouveau. Cette démission ne fut point acceptée ; des dépêches réitérées le pressèrent de rester à son poste. Torrès persista. La correspondance fut longue entre le ministre qui tenait à se démettre et le gouvernement qui ne voulait point renoncer à ses services. Le conflit se termina par une transaction : Torrès-Caïcedo conserverait son titre et ses fonctions, mais provisoirement, jusqu'à l'expiration d'un délai déterminé, et à la condition expressément imposée par lui que ses appointements seraient affectés à des fondations utiles en Colombie, à l'instruction publique par exemple ; ses frais de déplacement et de chancellerie lui seraient seuls payés par la république. L'offre était de celles que les gouvernements acceptent ordinairement ; le pacte fut conclu, et Torrès-Caïcedo continua à défendre les intérêts colombiens en France, en Angleterre et en Belgique. Il le fit avec dévouement, avec abnégation. Sur ces entrefaites survint la guerre franco-allemande. Cette épouvantable tempête menaçait d'entraîner les habitants étrangers dans ses raffales sanglantes. Le ministre colombien étendit une protection efficace sur tous ses nationaux. Sans cesse occupé de pourvoir à leur sécurité dans l'intérieur de Paris, pendant la première période du siége, puis, lorsqu'il fallut s'éloigner, les réunissant, les emmenant lui-même à travers les lignes prussiennes, allant de France en Angleterre, d'Angleterre en Belgique, retournant en France, présent partout où l'appelaient les intérêts de son gouvernement et de

bliques de l'Amérique espagnole afin de leur montrer ce qu'un gouvernement, même monarchique, peut pour

ses compatriotes, il s'acquitta de ses devoirs de mandataire au-delà même de ce que pouvait attendre le mandant le plus exigeant. Lorsque l'insurrection du 18 mars éclata à Paris, la défense de ses nationaux contre la Commune parisienne et la protection de quelques-uns d'entre eux vis-à-vis du gouvernement légal lui imposèrent de nouvelles et délicates démarches. Il eut, dans ces circonstances douloureuses, la joie de sauver par son intercession la vie à deux Colombiens.

Torrès-Caïcedo a fondé sa réputation d'écrivain sur des ouvrages qui ont été favorablement accueillis dans les deux mondes. Ses *Essais biographiques et de critique littéraire sur les principaux publicistes, poëtes et littérateurs hispano-américains* sont comme une révélation de l'Amérique latine à l'Europe. On ne connaissait point, sur notre ancien continent, Salvador Sanfuentès, Heredia, Joaquin de Olmedo, Espinosa de Rendon, Eusebio Caro, José de Irisarri, Lozano, Bartolomé Mitre, Manuel de Navarrete, Fernandez Madrid, Baralt, Lastarria, Calcano, Echeverria, Garcia de Quevedo, Prieto, F. Varela, Florencio Balcarce, Cuenca, Arboleda, Maitin, Marmol, Matta, Cuenca, Gomez, Valdez, Lillo, Gana, et tant d'autres notabilités littéraires de l'Amérique du sud. Il a convié le public européen à l'étude de leurs œuvres et à l'appréciation de leur talent. Le livre intitulé *Les principes de 1789 en Amérique*, les *Études sur le gouvernement anglais et sur l'influence anglo-saxone*, ont un autre caractère. Ici le littérateur s'efface et l'homme politique apparaît. Les principaux problèmes du droit public et de la science sociale modernes sont analysés et discutés avec sagacité dans ces ouvrages. Torrès-Caïcedo aborde ces sujets délicats avec indépendance et sincérité. Il apporte dans son argumentation la précision d'un esprit pénétrant et initié par la méditation autant que par l'expérience à la science des faits humains. S'il trouve des expressions chaleureuses pour approuver les aspirations larges, les réformes intelligentes, les progrès sérieux, il ne ménage point la sévérité de ses jugements pour les écarts des réformateurs intempérants. Partisan décidé de la liberté, sous toutes ses formes, il combat à outrance les exagérations de la démagogie, dans l'intérêt même de la liberté. Défenseur convaincu de la république fondée sur l'ordre et sur la justice, il fait une guerre acharnée au despotisme césarien et à la tyrannie démagogique.

Torrès-Caïcedo ne s'en est pas tenu du reste à des travaux théoriques en matière de droit public interne et externe. Non-seulement il a publié des dissertations instructives sur les ques-

le bonheur d'un peuple, lorsque ce peuple a pour chef un prince d'un vaste esprit, et qu'il est régi par de sages institutions.

tions de politique intérieure de toutes les républiques américaines; non seulement il a défendu de sa plume la Colombie, le Vénézuéla, le Mexique, la République Argentine, le Chili, le Pérou, etc., chaque fois qu'une question extérieure s'est présentée; mais, en France, en Angleterre, en Hollande, il a soutenu comme diplomate, avec beaucoup de vigueur, les intérêts des pays dont les gouvernements l'ont accrédité en Europe. C'est ainsi qu'il lui a été donné de traiter pratiquement les questions les plus importantes : celles, par exemple, sur le principe des nationalités, sur le droit d'asile, et tant d'autres.

Le principe de la non-responsabilité des gouvernements légitimes quant aux dommages causés aux étrangers dans les troubles politiques par les factions, c'est Torrès-Caïcedo qui le premier l'a posé, en lui donnant une formule scientifique, en analysant les doctrines et en résumant les précédents diplomatiques à cet égard. Ses travaux sur cette question datent de 1858. Il a fait plus que de formuler scientifiquement ce principe: il l'a fait consacrer par le traité conclu, en 1863, entre l'Italie et le Vénézuéla. Il y a dans son livre sur l'*Union latino-américaine*, publié à Paris en 1864, un long et lumineux mémoire de lui sur cette importante question, que les Puissances de l'Europe ont trop souvent résolue au préjudice des États faibles du nouveau monde. L'antériorité des études de Torrès-Caïcedo sur ce point de droit international ne saurait être sérieusement contestée. Il est juste aussi de ne pas lui refuser le bénéfice de l'antériorité pour l'histoire détaillée du projet de congrès général américain connu sous le nom de *Congrès de Panama*. Parmi les nombreuses affaires qu'il a traitées, je citerai aussi celle du canal colombien. Il résulte des notes échangées entre lui et lord Stanley, lord Clarendon, le marquis de Lavalette, sur cette affaire, ainsi que du mémoire qu'il a présenté à cette occasion à l'empereur Napoléon III, que Torrès-Caïcedo s'est préoccupé exclusivement, dans cette question, de faire prévaloir les grands principes du commerce libre, de la solidarité internationale des intérêts. Il a voulu que le canal fût avant toute chose un instrument de paix, un véhicule de richesse et de concorde pour toutes les nations, et non un monopole entre les mains de quelques-unes. Pour imprimer à l'œuvre un caractère d'internationalité absolue, comme pour sauvegarder l'existence de la Colombie, il a demandé la double garantie de la neutralité de l'isthme et de la souveraineté de la Colombie sur l'isthme lui-même et sur le canal. Ses notes à cet égard et son mémoire ont été très-remarqués dans le monde diplomatique. C'est encore Torrès-Caïcedo qui a entrepris l'établissement

Les Mémoires.

Cette brève nomenclature suffira pour donner une idée de l'intérêt qu'aurait une histoire de la diplomatie écrite sur la vie et sur les œuvres des diplomates : ce serait une véritable histoire universelle, embrassant toutes les époques de l'existence politique des États. Cette nomenclature, dans laquelle je m'en suis tenu à quelques noms choisis parmi les plus marquants, suffira du moins pour montrer combien dans tous les temps il y a eu d'hommes d'élite qui ont consacré avec éclat leur vie à la carrière diplomatique, la plus brillante, la plus belle de toutes, quand on en fait un sacerdoce patriotique

Un certain nombre de ces diplomates ont laissé des *Mémoires* dont la lecture serait une excellente école de diplomatie. Combien ne serait-il pas profitable de lire, par exemple : *Les Négociations en Hollande* du comte d'Avaux, de 1679 à 1688 ; les *Mémoires* du même, touchant les négociations du traité de paix fait à Munster, en 1648 (paix de Westphalie) ; les *Mémoires* du maréchal de Bassompierre, ses ambassades en Espagne, en 1621, en Suisse, en 1625, en Angleterre, en 1626 ; les *Mémoires sur la paix de Vervins*, de Bellièvre

des relations officielles entre la Colombie et l'Espagne, en se basant sur le principe de l'indépendance des deux nations. En 1868, de concert avec le général Guttierrez, président de la Colombie, il a aplani avec le gouvernement de Madrid un différend très-délicat. Depuis que j'ai écrit cette notice, il n'y a pas eu un acte important de la vie internationale de l'Amérique espagnole, dans ses relations avec l'Europe, auquel il n'ait pris part. En 1873, M. Torrès Caïcedo a été présenté comme candidat à la présidence de la République de Colombie par le parti conservateur libéral; en 1878, il a été élu par acclamation président du syndicat américain pour l'Exposition Universelle. La carrière de ce diplomate américain peut être proposée comme exemple d'une vie dévouée à l'accomplissement scrupuleux des devoirs professionnels, ennoblie par le culte des travaux de l'esprit, et couronnée par les plus légitimes succès.

et Sillery; les *Lettres et correspondances* de lord Bolingbroke; les *Mémoires du comte de Brienne*, de 1613 à 1661; la *Correspondance générale* du libérateur Bolivar, publiée à New-York; les *Mémoires du cardinal de Bernis*, suivis de sa correspondance; les *Mémoires et négociations* du chevalier de Carleton, ambassadeur de Jacques Ier, roi d'Angleterre; les *Mémoires et négociations* du vicomte de Castlereagh; les *Lettres, Mémoires et négociations* du chevalier Eon de Beaumont; les *Ambassades et négociations* du comte d'Estrades, en Italie, Angleterre et Hollande, de 1637 à 1662; les *Lettres, Mémoires et négociations* du marquis de Feuquières; les *Mémoires de Frédéric II, roi de Prusse;* les *Mémoires et lettres inédites* du chevalier de Gentz; les *Mémoires de Gourville*, de 1643 à 1698; les *Mémoires du maréchal de Grammont;* les *Mémoires et correspondance* de Jefferson; les *Mémoires et correspondance politique* du roi Joseph Ier, publiés par M. Ducasse; la *Correspondance secrète inédite de Louis XV sur la politique étrangère, avec le comte de Broglie;* la *Correspondance diplomatique* de Joseph de Maistre; les *Lettres* du cardinal de Mazarin; les *Ambassades et négociations* du cardinal Davy du Perron, de 1590 à 1618; les *Mémoires du marquis de Pomponne;* les *Mémoires* du maréchal duc de Richelieu; les *Mémoires* de Torcy, pour servir à l'histoire des négociations, depuis le traité de paix de Ryswick jusqu'à la paix d'Utrecht; les *Lettres et négociations*, par Jean de Witt. J'ai déjà recommandé, dans la première partie de ce cours, plusieurs autres publications de ce genre, telles que les *Négociations* du président Jeannin, les *Mémoires* du prince de Metternich, de M. Guizot, etc. Il faut que les candidats à la carrière diplomatique ne perdent pas de vue qu'il n'y a pas de meilleure source où ils puissent puiser les connaissances qui leur sont nécessaires dans les divers emplois de la diplomatie, que la lecture des *Mémoires*, qui font apparaître les personnages historiques dans les détails des événements auxquels ils ont participé. Cette lecture sert à mieux faire comprendre le récit coordonné des faits politiques qui constituent l'histoire, qu'on a si heureusement définie: « le produit combiné de l'action de la Providence divine et de la liberté humaine ».

FIN DU COURS DE DROIT DIPLOMATIQUE.

APPENDICE

LOIS, DÉCRETS ET ORDONNANCES,

RELATIFS AU PERSONNEL DIPLOMATIQUE FRANÇAIS.

(1880) (1)

Organisation actuelle des divers services de l'administration centrale du Ministère des affaires étrangères.

RAPPORT AU PRÉSIDENT DE LA RÉPUBLIQUE.

Paris, 23 janvier 1880.

Monsieur le Président,

Un examen attentif de l'organisation et du fonctionnement des divers services qui composent l'administration centrale du Ministère des affaires étrangères m'a amené à conclure que cette administration était susceptible d'utiles modifications.

En premier lieu, le service du personnel n'est point constitué d'une façon distincte. Actuellement, chaque direction traite elle-même les questions de personnes aussi bien que les questions d'affaires. Il suit de là qu'entre diverses catégories d'agents, dont les attributions se touchent cependant par plusieurs points et dont il faut plutôt amener le rapprochement que la séparation, il règne un isolement véritable qui est, en même temps, un obstacle au passage éventuel d'un service dans un autre. Je crois qu'il y a tout à gagner à centraliser le personnel tant intérieur qu'extérieur, et à le

(1) Cet appendice ne prendra les lois, décrets et ordonnances qu'à partir de l'année 1880. Les dispositions antérieures sont analysées dans le corps de l'ouvrage.

placer dans les attributions d'un chef unique. Celui-ci, n'ayant qu'un seul objet en vue, pourra plus aisément s'inspirer de la pensée du ministre, et, sans affaiblir l'action des directeurs spéciaux, faire pénétrer, aux divers degrés de la hiérarchie, l'esprit d'unité et de solidarité qui doit animer tous les collaborateurs d'une œuvre commune. Je propose donc la création d'une direction du personnel.

En second lieu, le service du contentieux, si important au Ministère des affaires étrangères, ne me paraît pas organisé avec une indépendance et une force suffisantes. Il forme actuellement une annexe de la direction des affaires politiques. En sorte que, traitant à la fois les questions politiques et les questions commerciales, il n'est pas placé de la même manière au regard des unes et des autres.

A mon sens, le service du contentieux est un service *sui generis*, qui doit fonctionner à part, et qui, tout en faisant un échange perpétuel d'informations et de lumières avec les administrations qui l'environnent, doit fournir ses consultations avec une entière indépendance, sans recevoir les instructions exclusives d'un service déterminé. Il me paraît donc opportun d'ériger le contentieux en une direction séparée.

Enfin, je remarque que le bureau de la chancellerie, qui s'occupe principalement de la liquidation des successions et des réclamations entre particuliers, est englobé dans la direction des archives. Selon moi, la plus grande partie de ses attributions doit être transportée au service du contentieux. De même, une partie des attributions actuelles de la comptabilité revient tout naturellement au service du personnel. Dès lors, les services de la comptabilité et des archives ne me paraissent plus assez étendus pour former des directions distinctes. Je propose, tout en leur laissant leur autonomie, de les grouper sous la main d'un même directeur.

Je passe sous silence quelques améliorations secondaires que je crois également bon d'introduire. Ainsi il me semble préférable d'adopter les mêmes subdivisions géographiques pour les sous-directions, soit politiques, soit commerciales. Il me semble, en même temps, possible de réduire le nombre de ces subdivisions à deux au lieu de trois, puisque les directions vont se trouver désormais soulagées des affaires du personnel.

Je me suis assuré, d'ailleurs, que l'ensemble de ces remaniements n'entraînera pas d'accroissement de dépenses, les créations compensant les réductions, au point de vue budgétaire.

Si vous adoptez ma manière de voir, je vous prie, Monsieur le Président, de vouloir bien revêtir de votre signature le projet de décret annexé au présent rapport.

Agréez, Monsieur le Président, l'expression de mon respectueux dévouement.

Le président du conseil, ministre des affaires étrangères,

C. DE FREYCINET.

DÉCRET DU 23 JANVIER 1880.

Le Président de la République française,

Vu les décrets des 26 décembre 1869 et 1er février 1877, relatifs à l'organisation de l'administration centrale du ministère des affaires étrangères ;

Sur le rapport du président du Conseil, ministre des affaires étrangères,

DÉCRÈTE :

Art. 1er. — L'administration centrale du ministère des affaires étrangères comprend, indépendamment du cabinet et du secrétariat du ministre et du service du protocole, cinq directions, savoir :

La direction du personnel, la direction des affaires politiques, la direction des affaires commerciales, la direction du contentieux politique et commercial, la direction des archives et de la comptabilité.

Art. 2. — La direction des affaires politiques se compose de deux sous-directions, déterminées par les divisions géographiques, sous la dénomination de sous-direction du Nord et de sous-direction du Midi.

Art. 3. — La direction des affaires commerciales forme deux sous-directions du Nord et du Midi, ayant les mêmes délimitations géographiques que les précédentes.

Elle comprend, en outre, une troisième sous-direction dite « des chancelleries diplomatiques et consulaires ».

Art. 4. — La direction du contentieux politique et commercial se compose de deux sous-directions dites « du contentieux de droit public » et « du contentieux de droit privé ».

Art. 5. — La direction des archives et de la comptabilité est divisée en deux sous-directions distinctes, chacun des deux sous-directeurs ayant la responsabilité immédiate du service qui lui est confié, sous le contrôle du directeur.

Art. 6. — Le directeur des affaires politiques recevra chaque jour le résumé analytique des correspondances commerciales et contentieuses.

Art. 7. — En attendant que le comité des services extérieurs soit reconstitué sur de nouvelles bases, le directeur du personnel en fera partie de droit.

Art. 8. — Les divisions intérieures et les attributions de chaque service seront réglées par arrêtés ministériels.

Art. 9. — Le présent décret sera exécutoire dans toutes ses dispositions à dater du 1er février prochain.

JULES GRÉVY.

Par le Président de la République :

Le président du Conseil, ministre des affaires étrangères,

C. DE FREYCINET.

Attributions des divers services et constitution des cadres de l'administration centrale.

RAPPORT AU MINISTRE

Paris, le 31 janvier 1880.

Monsieur le Ministre,

J'ai l'honneur de soumettre à votre signature deux projets d'arrêtés conformes à vos instructions et destinés à régler les attributions et à reconstituer les cadres des différents services de l'administration centrale du Ministère des affaires étrangères, en exécution de l'article 8 du décret du 28 janvier 1880.

En ce qui concerne les attributions, il s'agit simplement de les répartir d'après les nouvelles divisions intérieures.

Le travail de reconstitution des cadres présente plus de difficultés.

Au moment où vous avez été appelé au Ministère des affaires étrangères, l'administration centrale comprenait :

5 directeurs, 1 chef de division, 10 sous-directeurs, 1 sous-chef de division, 10 chefs de bureau, 4 sous-chefs de bureau, 26 rédacteurs, 1 secrétaire-archiviste, 10 commis principaux, 43 attachés payés, 1 expéditionnaire, sans compter 4 élèves-consuls et un certain nombre de commis de chancellerie qui étaient employés à titre auxiliaire dans les bureaux, tout en étant payés sur les crédits de l'extérieur.

Le défaut de cette organisation était l'importance donnée aux emplois supérieurs en même temps que l'insuffisance des grades intermédiaires.

Ainsi, pour 26 rédacteurs qui, dans l'administration centrale du Ministère des affaires étrangères, remplissent l'emploi de chefs de bureau, et pour 43 attachés payés, il n'y a que 10 commis principaux, au grave préjudice de la surveillance intérieure, comme des véritables attributions des rédacteurs, dont le temps ne doit pas être absorbé par la distribution et le contrôle du travail matériel.

Il vous a paru essentiel de diviser d'une manière plus méthodique et plus rationnelle les sous-directions en sections ou bureaux, ayant leurs attributions et leur responsabilité propres. A la tête de chaque bureau serait placé, soit un chef, soit un rédacteur faisant fonctions de chef, et qui serait lui-même doublé d'un commis principal faisant fonctions de sous-chef. Pour donner plus d'autorité aux rédacteurs et commis principaux, qui ne se distinguent guère des attachés payés, dans l'état actuel, que par la dénomination qu'ils portent, vous avez décidé que les premiers auraient au moins 4,000 fr. de traitement et les seconds 3,000 fr., tandis que les attachés payés seraient uniformément rémunérés à 2,000 fr.

En outre, je m'occupe de préparer, suivant vos instructions, un tableau d'équivalence des grades à l'intérieur et à l'extérieur, conforme à l'esprit de cette réorganisation.

Les changements apportés par le décret du 23 janvier 1880, dans le nombre des directions et sous-directions, n'ont entraîné aucun accroissement de dépenses ; ils ont même permis de fixer à 10,000 fr. le traitement minimum des sous-directeurs et d'en porter quelques-uns à 12,000 fr.

La création d'un certain nombre d'emplois de commis

principaux et leur rémunération à 3,000 fr. au moins, ainsi que l'augmentation des appointements des rédacteurs, constitueront, au contraire, une charge assez sensible. Pour l'atténuer, je vous propose la suppression de quelques emplois d'une utilité contestable, ceux de chefs de bureau de la statistique et des publications diplomatiques à la direction des affaires politiques, par exemple.

Mais il me paraît impossible d'arriver à une réorganisation complétement satisfaisante, sans demander au Parlement une augmentation de 40 à 50,000 fr., sur le chapitre 1er du budget (*Traitement du personnel de l'administration centrale*) qui s'élève à 689,200 fr. Ce ne serait, du reste, qu'une augmentation apparente, car, dans la situation présente, à ce crédit de 689,200 fr. il convient d'ajouter la rémunération des fonctionnaires de l'administration intérieure rétribués, soit sur fonds spéciaux, soit sur le chapitre III (*Traitement des agents politiques et consulaires*).

Si l'on tient compte de cet accroissement irrégulier des ressources consacrées à l'administration centrale, on constate que les dépenses nécessitées par les réformes projetées ne dépasseraient pas celles de l'organisation actuelle.

Les cadres nouveaux comprendraient :

5 directeurs, 10 sous-directeurs, 7 chefs de bureau, 5 sous-chefs de bureau, 22 rédacteurs, 1 secrétaire-archiviste, 23 commis principaux, 45 attachés payés, 3 expéditionnaires.

Il y aurait donc en moins :

1 chef de division, 1 sous-chef de division, 3 chefs de bureau, 4 rédacteurs.

Et en plus :

1 sous-chef de bureau, 13 commis principaux, 2 expéditionnaires.

Le nombre des attachés payés restera le même que par le passé, mais ils seront répartis proportionnellement aux besoins des divers services. La direction des affaires commerciales, qui n'en a aucun en ce moment, en aura six pour sa part.

Je me réserve d'ailleurs de faire, avec votre assentiment, l'essai, dans le service que vous avez bien voulu me confier, de quelques expéditionnaires, et d'étudier s'il ne conviendrait pas d'imprimer au Ministère des affaires étrangères, comme au Foreign Office, les pièces et documents qui doivent être reproduits en plusieurs exemplaires. On arriverait ainsi à réduire dans une notable proportion le travail matériel des bureaux, et, par suite, le nombre des attachés payés ou surnuméraires.

Le Directeur du personnel,

JULES HERBETTE.

ARRÊTÉ DU 1er FÉVRIER 1880.

Le président du Conseil, ministre des affaires étrangères,
Vu l'article 8 du décret du 23 janvier 1880 ;
Sur la proposition du Directeur du personnel,

ARRÊTE :

Art. 1er. — Les attributions des différents services de l'administration centrale du Ministère des affaires étrangères sont réglées ainsi qu'il suit :

CABINET DU MINISTRE ET DU SECRÉTARIAT.

L'ouverture des dépêches ; la correspondance personnelle du ministre ; les audiences ; les travaux réservés ; la presse ; le chiffre ; le départ et l'arrivée de la correspondance et des courriers ; les traductions et la correspondance télegraphique ; la garde du matériel et le contrôle du service intérieur du Ministère, etc.

SERVICE DU PROTOCOLE.

Le cérémonial ; questions d'étiquette et de préséance ; le protocole du président de la République et du ministre des affaires étrangères. La réception des ambassadeurs et des membres du corps diplomatique étranger.

Les audiences diplomatiques.

Les présentations des étrangers.

La correspondance relative aux privilèges, immunités et franchises diplomatiques n'ayant pas un caractère contentieux.

Les propositions et nominations des étrangers dans l'ordre de la Légion d'honneur.

L'envoi des décorations étrangères, les demandes d'autorisations pour accepter et porter ces décorations ; la préparation et l'expédition des lettres de notification, des lettres de créance, des lettres de rappel et de recréance ; l'expédition des traités, conventions, déclarations et arrangements; l'expédition des ratifications et des décrets de publication de ces actes ; l'expédition des pleins-pouvoirs, commissions et provisions ; l'admission des consuls étrangers en France et dans les colonies françaises.

DIRECTION DU PERSONNEL.

Les nominations, mutations, promotions, admissions à la retraite et mises en non-activité du personnel, tant intérieur qu'extérieur.

Les conseils, comités et commissions permanentes.

Les congés, la désignation des intérimaires ; la fixation des traitements, les allocations extraordinaires, gratifications, pensions et secours aux anciens agents ou à leurs familles.

DIRECTION DES AFFAIRES POLITIQUES.

La direction des travaux politiques ; la présidence du comité des services extérieurs ; les allocations et secours ayant un caractère politique.

1° *Sous-direction du Nord.* — La correspondance et les travaux politiques concernant l'Allemagne, l'Autriche-Hongrie, la Belgique, le Danemarck, la Grande-Bretagne et les possessions anglaises dans les différentes parties du monde, les Pays-Bas et les colonies néerlandaises, la Russie, la Suède et Norwège, la Suisse et l'Amérique du Nord.

2° *Sous-direction du Midi.* — La correspondance et les travaux concernant l'Espagne, l'Italie, le Saint-Siège, le Portugal, les possessions espagnoles et portugaises, la Grèce, le Monténegro, la Roumanie, la Serbie, la Turquie, la Tunisie, le Maroc et les autres États d'Afrique, la Perse, l'Indo-Chine, la Chine, le Japon, le Centre-Amérique et l'Amérique du Sud.

DIRECTION DES AFFAIRES COMMERCIALES.

La négociation des traités de commerce et de navigation, des conventions consulaires, des arrangements internationaux relatifs aux chemins de fer, aux communications postales et télégraphiques, aux monnaies, des conventions pour la garantie de la propriété des œuvres d'esprit et d'art, des dessins et marques de fabrique ; la correspondance avec les agents diplomatiques et consulaires et avec les divers départements ministériels sur les questions relatives à l'application de ces traités et conventions, et, en général, sur les matières intéressant le commerce français en pays étranger, sur les affaires administratives n'ayant pas un caractère politique ou contentieux et sur toutes les questions se rattachant à l'exercice des fonctions consulaires.

1° *Sous-direction du Nord.* — La correspondance et les travaux concernant l'Allemagne, l'Autriche-Hongrie, la Belgique, le Danemarck, la Grande-Bretagne et les possessions anglaises dans les différentes parties du monde, les Pays-Bas et les colonies néerlandaises, la Russie, la Suède et Norwège, la Suisse et l'Amérique du Nord.

2° *Sous-direction du Midi.* — La correspondance et les travaux concernant l'Espagne, l'Italie, le Portugal, les possessions espagnoles et portugaises, la Grèce, le Monténegro, la Roumanie, la Serbie, la Turquie, la Tunisie, le Maroc et les autres États d'Afrique, la Perse, l'Indo-Chine, la Chine, le Japon, le Centre-Amérique et l'Amérique du Sud.

3° *Sous-direction des chancelleries diplomatiques et consulaires.* — La préparation du tarif des chancelleries et le contrôle relatif à son application ; les passeports, légalisations et visas ; le dépôt à l'étranger des marques de fabrique françaises ; les rapatriements ; l'application de la loi militaire à l'étranger ; la conservation et la délivrance des actes dressés dans les chancelleries diplomatiques et consulaires, etc.

DIRECTION DU CONTENTIEUX POLITIQUE ET COMMERCIAL.

1° *Sous-direction du contentieux de droit public international.* — Les questions de droit public international en matière politique, financière, commerciale et maritime ; les affaires contentieuses qui, à ce titre, doivent être appréciées d'après les dispositions des actes diplomatiques et celles qui résultent des réclamations d'étrangers contre le gouvernement français, et des Français, soit contre les gouvernements étrangers, soit contre le département des affaires étrangères ; les actes et décisions qui sont l'objet d'un recours devant la juridiction administrative ou devant les tribunaux ordinaires ; les privilèges et immunités diplomatiques et consulaires ayant un caractère contentieux ; les traités d'extradition et les questions qui s'y rattachent ; les rapatriements d'aliénés et d'indigents donnant lieu à des difficultés contentieuses ; les prises maritimes, la piraterie, la traite et les affaires qui en dépendent ; les questions de nationalité soulevées par l'application de la loi militaire aux Français résidant à l'étranger ; les actes internationaux relatifs aux secours à apporter aux militaires blessés sur les champs de bataille, à la neutralisation des hôpitaux et ambulances militaires ; la correspondance et l'envoi des documents relatifs aux étrangers expulsés de France et aux Français recherchés à l'étranger ; les rapports avec le comité de législation étrangère au Ministère de la justice.

1er *Bureau.* — La correspondance et les travaux concernant l'Allemagne, l'Autriche-Hongrie, la Belgique, le Danemarck, la Grande-Bretagne, les Pays-Bas, la Russie, la Suède et Norwège, les possessions anglaises et néerlandaises, la Suisse et l'Amérique du Nord.

2e *Bureau.* — La correspondance et les travaux concernant l'Espagne, l'Italie, le Portugal, les possessions espagnoles et portugaises, la Grèce, le Monténegro, la Roumanie, la Serbie, la Turquie, la Tunisie, le Maroc et les autres États d'Afrique, la Perse, l'Indo-Chine, la Chine, le Japon, le Centre-Amérique et l'Amérique du Sud.

2° *Sous-direction du contentieux de droit privé.* — 1er *Bureau.* — L'état civil des Français à l'étranger et des étrangers en France ; le contrôle des registres de l'état civil tenus par nos agents.

La correspondance relative à l'état civil ; la délivrance ou le visa des actes d'état civil ; les actes judiciaires français et étrangers ; le recouvrement des successions françaises et des créances contre particuliers à l'étranger.

2° *Bureau.* — La correspondance générale ; les renseignements ; les affaires diverses ; les questions de droit international privé ; les commissions rogatoires.

DIRECTION DES ARCHIVES ET DE LA COMPTABILITÉ.

1° *Sous-direction des archives.* — Le dépôt des correspondances et documents diplomatiques, des traités et conventions ; le classement des correspondances ; la rédaction des notes et mémoires ainsi que des tables analytiques pour le service du département ; la recherche des renseignements pour tout autre service public et privé ; le dépôt des plans et documents relatifs aux limites du territoire ; la collection des cartes géographiques pour l'usage du Ministère.

2° *Sous-direction de la comptabilité.* — Les relations avec les différents services pour la préparation, chacun en ce qui le concerne, du budget et des projets de loi portant ouverture de crédits supplémentaires et extraordinaires.

La rédaction du budget, des exposés de motifs pour l'ouverture de crédits supplémentaires et extraordinaires et du compte définitif des dépenses du Ministère.

La liquidation ; l'ordonnancement ; l'émission des mandats sur le Trésor ; l'exécution, au point de vue financier, de toutes les décisions relatives au personnel ; le payement des dépenses du personnel de l'administration centrale ; la tenue des écritures en partie double et des livres et registres prescrits par les ordonnances et règlements spéciaux ; la comptabilité des exercices clos et périmés.

Le service de l'agent comptable des chancelleries diplomatiques et consulaires ; les bâtiments appartenant à la France en pays étrangers.

Les relations avec la Cour des comptes, le Ministère des finances et les départements ministériels pour lesquels les agents font des avances à l'étranger ; la correspondance relative aux divers services indiqués ci-dessus.

Art. 2. — Toute communication administrative émanant d'un service portera, outre l'indication de la direction, celle de la sous-direction et du bureau où l'affaire est traitée.

Art. 3. — Le Directeur du personnel est chargé de l'exécution du présent arrêté.

C. de FREYCINET.

ARRÊTÉ DU 1er FÉVRIER 1880

Le Président du Conseil, Ministre des affaires étrangères,

Vu l'article 8 du décret du 23 janvier 1880 ;

Sur la proposition du Directeur du personnel,

Arrête :

Article premier. — Les cadres des différents services de l'administration centrale du Ministère des affaires étrangères seront reconstitués sur les bases suivantes :

CABINET DU MINISTRE ET SECRÉTARIAT.

1 chef ; 1 sous-chef.

Cabinet. — 2 rédacteurs ; 1 commis principal ; 3 attachés payés ; 4 attachés.

Service de la presse. — 1 chef de bureau ; 1 sous-chef de bureau ; 1 attaché payé ; 2 attachés ; 2 traducteurs.

Bureau du chiffre. — 1 chef ; 1 sous-chef ; 1 commis principal ; 3 attachés payés.

Bureau du départ et de l'arrivée des correspondances et des courriers. — 1 chef ; 1 sous-chef ; 1 commis principal.

Bureau des traducteurs. — 1 chef ; 1 sous-chef ; 1 commis principal.

Matériel. — 1 inspecteur ; 1 commis ; 1 typographe.

SERVICE DU PROTOCOLE.

1 chef faisant fonctions de directeur ; 1 sous-chef ; 1 commis principal ; un attaché payé ; 2 attachés.

DIRECTION DU PERSONNEL.

1 directeur ; 1 chef de bureau ; 1 rédacteur faisant fonctions de sous-chef ; 1 commis principal ; 3 attachés payés ; 2 expéditionnaires.

DIRECTION DES AFFAIRES POLITIQUES.

1 directeur.

Bureau d'ordre. — Un rédacteur faisant fonctions de chef de bureau ; un commis principal faisant fonctions de sous-chef ; 3 attachés payés ; 2 attachés.

Sous-direction du Nord. — 1 sous-directeur.

1er *Bureau.* — 1 rédacteur faisant fonctions de chef ; 1 commis principal faisant fonctions de sous-chef ; 2 attachés payés ; 4 attachés.

2e *Bureau.* — 1 rédacteur faisant fonctions de chef ; 1 commis principal faisant fonctions de sous-chef ; 2 attachés payés ; 4 attachés.

Sous-direction du Midi. — 1 sous-directeur.

1er *Bureau.* — 1 rédacteur faisant fonctions de chef ; 1 commis principal faisant fonctions de sous-chef ; 2 attachés payés ; 4 attachés.

2e *Bureau.* — 1 rédacteur faisant fonctions de chef ; 1 commis principal faisant fonctions de sous-chef ; 2 attachés payés ; 4 attachés.

DIRECTION DES AFFAIRES COMMERCIALES.

1 directeur ; 1 secrétaire-archiviste.

Sous-direction du Nord. — 1 sous-directeur.

1er *Bureau.* — 1 rédacteur faisant fonctions de chef ; 1 commis principal faisant fonctions de sous-chef ; 1 attaché payé ; 3 attachés.

2e *Bureau.* — 1 rédacteur faisant fonctions de chef ; 1 commis principal faisant fonctions de sous-chef ; 1 attaché payé ; 3 attachés.

Sous-direction du Midi. — 1 sous-directeur.

1er *Bureau.* — 1 rédacteur faisant fonctions de chef ; 1 commis principal faisant fonctions de sous-chef ; 1 attaché payé ; 3 attachés.

2e *Bureau.* — 1 rédacteur faisant fonctions de chef ; 1 commis principal faisant fonctions de sous-chef ; 1 attaché payé ; 3 attachés.

Sous-direction des chancelleries diplomatiques et consulaires. — 1 sous-directeur.

1er *Bureau.*—1 rédacteur faisant fonctions de chef ; 1 commis principal faisant fonctions de sous-chef ; 1 attaché payé ; 2 attachés.

2e *Bureau.* — 1 rédacteur faisant fonctions de chef ; 1 commis principal faisant fonctions de sous-chef ; 1 attaché payé ; 1 attaché.

DIRECTION DU CONTENTIEUX POLITIQUE ET COMMERCIAL.

1 directeur.

Sous-direction du contentieux de droit public international. — 1 sous-directeur.

1er *Bureau.* — 1 rédacteur faisant fonctions de chef ; 1 commis principal faisant fonctions de sous-chef ; 1 attaché payé ; 3 attachés.

2e *Bureau.* — 1 rédacteur faisant fonctions de chef ; 1 commis principal faisant fonctions de sous-chef ; 1 attaché payé ; 3 attachés.

Sous-direction du contentieux de droit privé. — 1 sous-directeur.

1er *Bureau.* — 1 rédacteur faisant fonctions de chef ; 1 commis principal faisant fonctions de sous-chef ; 1 attaché payé ; 1 attaché.

2e *Bureau.* — 1 rédacteur faisant fonctions de chef ; 1 commis principal faisant fonctions de sous-chef ; 1 attaché payé ; 1 attaché.

DIRECTION DES ARCHIVES ET DE LA COMPTABILITÉ.

1 directeur.

Sous-direction des archives. — 1 sous-directeur.

Bureau. — 1 rédacteur faisant fonctions de chef ; 1 commis principal faisant fonctions de sous-chef ; 3 attachés payés ; 3 attachés.

1 bibliothécaire ; 1 géographe.

Sous-direction de la comptabilité. — 1 sous-directeur.

1er *Bureau.* — 1 chef ; 1 rédacteur faisant fonctions de sous-chef ; 1 commis principal liquidateur, 7 attachés payés.

2e *Bureau.* — 1 chef, agent comptable ; 1 rédacteur faisant fonctions de sous-chef ; 1 commis principal ; 3 attachés payés ; 1 expéditionnaire.

Art. 2. — Le Directeur du personnel est chargé de l'exécution du présent arrêté.

Fait à Paris, le 1er février 1880, (1).

RAPPORT AU PRÉSIDENT DE LA RÉPUBLIQUE FRANÇAISE

Paris, le 18 septembre 1880.

Monsieur le Président,

Depuis le commencement du mois d'août, les fonctions du directeur des archives et de la comptabilité au Ministère des affaires étrangères sont remplies par le directeur des affaires politiques, pour les archives, et par le directeur du personnel, pour la comptabilité. L'épreuve de cette orga-

(1) Par décret du 9 octobre 1880, l'emploi de directeur du personnel et de la comptabilité au Ministère des affaires étrangères est supprimé. Le service du personnel et la direction de la comptabilité seront placés sous l'autorité directe du Sous-Secrétaire d'État au département des affaires étrangères, le poste de Sous-Secrétaire d'État venant d'être rétabli dans ce ministère. Par arrêté du ministre des affaires étrangères du 10 octobre de la même année, le personnel et la comptabilité, la direction des affaires commerciales, la direction du contentieux politique et commercial, sont placés dans les attributions du Sous-Secrétaire d'État.

nisation provisoire a donné de bons résultats. D'une part, il existe une affinité naturelle entre la direction des affaires politiques et le service des archives, dont l'attribution principale consiste dans la conservation et l'analyse de la correspondance diplomatique et dans la rédaction de mémoires destinés à éclairer les incidents de la politique contemporaine par l'étude des documents du passé. D'autre part, presque toutes les questions de comptabilité se rapportent, plus ou moins directement, à l'exécution des mesures prises par la direction du personnel.

Je crois, en conséquence, devoir vous proposer de rattacher définitivement les archives à la direction des affaires politiques et la comptabilité à la direction du personnel ; les chefs de ces deux services spéciaux conserveraient la responsabilité propre dont ils ont été investis par l'article 5 du décret du 23 janvier 1880, et ils porteraient respectivement à l'avenir les titres de conservateur des archives et de chef de la division de la comptabilité, mieux appropriés à leur nouvelle situation que celui de sous-directeur.

J'ai l'honneur de soumettre ci-joint à votre signature un décret dans ce sens.

C. de Freycinet.

Le Président de la République française,

Décrète :

Art. 1er. — L'emploi de directeur des archives et de la comptabilité au Ministère des affaires étrangères est et demeure supprimé.

Art. 2. — La sous-direction des archives est rattachée à la direction des affaires politiques, qui prendra la dénomination de direction des affaires politiques et des archives ; le sous-directeur chargé de ce service portera le titre de conservateur des archives.

La comptablité formera une division spéciale de la direction du personnel, qui prendra la dénomination de direction du personnel et de la comptabilité.

Art. 3. — Le conservateur des archives et le chef de la division de la comptabilité exerceront leurs attributions dans les conditions déterminées par l'article 5 du décret du 23 janvier 1880, sous le contrôle respectif du directeur des affaires politiques et des archives, et du directeur du personnel et de la comptabilité.

Art. 4. — Le président du Conseil, ministre des affaires étrangères, est chargé de l'exécution du présent décret.

Fait à Paris, le 18 septembre 1880.

JULES GRÉVY.

Comité des services extérieurs et administratifs.

RAPPORT AU PRÉSIDENT DE LA RÉPUBLIQUE FRANCAISE.

Paris, le 20 avril 1880.

Monsieur le Président,

Par un décret en date du 23 janvier 1880, vous avez provisoirement modifié la composition du Comité des services extérieurs, qui avait été institué par décret du 1er février 1877.

Le moment me paraît venu de reconstituer ce Comité de manière à le mettre en harmonie avec la nouvelle organisation de l'administration centrale. Je vous propose, en conséquence, de ne plus limiter ses attributions à l'examen des questions intéressant les services extérieurs, mais d'étendre sa compétence à toutes les affaires administratives qui lui seraient déférées par le ministre. A cet effet, je serais d'avis d'y admettre les cinq directeurs.

Le président de ce « Comité des services extérieurs et administratifs » serait désigné chaque année par arrêté ministériel.

Si vous approuvez cette manière de voir, je vous serai très-obligé de vouloir bien revêtir de votre signature le projet de décret ci-annexé.

Je vous prie d'agréer, Monsieur le Président, l'assurance de mon profond respect.

C. DE FREYCINET.

DÉCRET DU 20 AVRIL 1880.

Le Président de la République française,

Sur la proposition du ministre des affaires étrangères, président du Conseil.

Vu le décret du 1er février 1877, qui a institué au Ministère des affaires étrangères un Comité des services extérieurs ;

Vu le décret du 23 janvier 1880 qui a modifié provisoirement la composition de ce Comité, sous réserve d'une réorganisation ultérieure ;

Décrète :

Article premier. — Le Comité des services extérieurs portera désormais le nom de « Comité des services extérieurs et administratifs », et comprendra dans sa composition tous les directeurs du département des affaires étrangères.

Un secrétaire ayant voix consultative pourra lui être adjoint par arrêté ministériel.

Art. 2. — Le président du Comité est désigné chaque année par le ministre.

Art. 3. — Le Comité se réunit au moins une fois par semaine ; il est tenu procès-verbal de ses délibérations.

Art. 4. — Il délibère sur toutes les affaires qui sont déférées à son examen par le ministre, et sur celles dont il est saisi par les directeurs eux-mêmes, afin d'assurer un complet accord entre tous les services du département.

Art. 5. — Le ministre des affaires étrangères est chargé de l'exécution du présent décret.

Jules GRÉVY.

Par le Président de la République,

Le président du Conseil, ministre des affaires étrangères.

C. de FREYCINET.

Comité consultatif du contentieux.

RAPPORT AU PRÉSIDENT DE LA RÉPUBLIQUE FRANÇAISE.

Paris, le 26 avril 1880.

Monsieur le Président,

Le Comité consultatif du contentieux près le département des affaires étrangères a été réorganisé par le décret du 1er février 1877, mais il n'a jamais été convoqué depuis lors. Loin de vouloir continuer ces errements, je désirerais que ce Comité se réunît au moins une fois par mois, pour statuer sur toutes les affaires contentieuses d'une certaine importance.

Dans ce but, il me paraît essentiel de porter le nombre des membres de ce Comité de cinq à douze, pour assurer la régularité de ses séances, et de faire une part égale, tant aux représentants du Parlement, du Conseil d'État et de la Cour de cassation, qu'à ceux du Ministère des affaires étrangères. Telle est, en résumé, l'économie du projet de décret que j'ai l'honneur de soumettre à votre signature, en même temps que la composition du nouveau comité.

Je vous prie d'agréer, Monsieur le Président, l'assurance de mon profond respect.

Le ministre des affaires étrangères,

C. DE FREYCINET.

DÉCRET DU 26 AVRIL 1880.

Le Président de la République française.

Sur la proposition du ministre des affaires étrangères, président du Conseil ;

Vu le décret du 1er février 1877, qui a reconstitué près du Ministère des affaires étrangères un Comité du contentieux ;

Décrète :

Article premier. — Le Comité consultatif du contentieux près le département des affaires étrangères, sera composé, à l'avenir, de douze membres, savoir :

Deux sénateurs, deux députés, un conseiller d'État, un conseiller à la Cour de cassation, un ministre plénipotentiaire, un consul général, le directeur des affaires politiques, le directeur du contentieux politique et commercial, les sous-directeurs du droit public et du droit privé à la direction du contentieux politique et commercial.

Art. 2. — Le Comité consultatif du contentieux se réunira une fois au moins par mois et donnera son avis sur les affaires contentieuses et les questions de jurisprudence qui lui seront déférées par le ministre des affaires étrangères, ou par le directeur du contentieux politique et commercial ; il sera tenu procès-verbal de ses délibérations.

Art. 3. — Les fonctions de secrétaires seront remplies par un rédacteur de la sous-direction du droit public et un rédacteur de la sous-direction du droit privé à la direction du contentieux politique et commercial.

Art. 4. — Le président du Conseil, ministre des affaires étrangères, est chargé de l'exécution du présent décret.

Fait à Paris, le 26 avril 1880.

JULES GRÉVY.

Par le Président de la République.

Le Président du Conseil, ministre des affaires étrangères,

C. DE FREYCINET.

Assimilations et équivalences des grades de l'administration centrale et de la carrière extérieure. — Dispositions concernant les secrétaires d'ambassade de deuxième classe et les élèves-consuls.

RAPPORT AU PRÉSIDENT DE LA RÉPUBLIQUE FRANÇAISE.

Paris, le 21 février 1880.

Monsieur le Président,

La nouvelle organisation intérieure du Ministère des affaires étrangères que vous avez bien voulu sanctionner par décret du 23 janvier dernier, rend nécessaires certaines modifications dans le mode de constitution des cadres de la carrière extérieure. Il convient en effet de régler les conditions dans lesquelles le personnel de la direction du contentieux politique et commercial, qui a cessé de faire partie de la direction politique, continuera de contribuer au recrutement normal des services extérieurs. Il convient aussi de déterminer l'équivalence du grade de commis principal qui tient une place importante dans la réorganisation de l'administration centrale, équivalence que le décret du 1er février 1877 a omis d'établir.

En ce qui touche d'abord le contentieux politique et commercial, il y a lieu, selon moi, de faire une distinction entre la sous-direction du droit public et celle du droit privé. Par la nature même de leurs attributions respectives et des questions qu'elles traitent, la première a une affinité naturelle avec le service politique, et la seconde avec le service consulaire. Il me semblerait donc rationnel de comprendre le personnel de l'une dans les cadres de la carrière diplomatique et le personnel de l'autre dans les cadres de la carrière consulaire, à la condition, bien entendu, que les agents dont il s'agit aient subi les examens institués par le décret du 1er février 1877, ou bien qu'à cette même date ils aient eu le grade d'attaché payé.

Quant aux commis principaux, il faut remarquer que, dans la nouvelle organisation intérieure, ils remplissent l'emploi de sous-chefs de bureau et occupent une situation intermédiaire entre les rédacteurs, consuls ou secrétaires de 2e classe, et les attachés payés, élèves-consuls ou secrétaires de 3e classe. Il est donc opportun de leur assigner une place correspondante dans la hiérarchie diplomatique et consulaire, afin de faciliter les mutations de l'intérieur à l'extérieur.

Pour ce qui est de la carrière consulaire, la solution est simple : il suffit de compléter l'article 5 du décret de février 1877 et d'assimiler les rédacteurs aux consuls de 1re classe et les commis principaux aux consuls de 2e classe.

Il n'existe pas, au contraire, deux catégories de secrétaires de 2e classe ; mais il n'y aurait sans doute aucun inconvénient à établir une ligne de démarcation qui partagerait en deux parties le tableau d'avancement des agents de ce grade. Dans la première section seraient compris les rédacteurs, et dans la seconde les commis principaux, de sorte que les diverses équivalences de grade seraient réglées de la manière suivante :

1° Les sous-directeurs, les consuls généraux, les secrétaires de 1re classe ;

2° Les chefs de bureau et rédacteurs, les consuls de 1re classe, la première moitié de la liste des secrétaires d'ambassade de 2e classe ;

3° Les commis principaux, les consuls de 2e classe, la seconde moitié de la liste des secrétaires de 2e classe ;

4° Les attachés payés, les élèves-consuls, les secrétaires d'ambassade de 3e classe.

Il serait opportun de profiter de cette occasion pour changer la dénomination des élèves-consuls. Ces agents ne sont plus, comme leur qualification actuelle l'indiquerait, de simples stagiaires. Ils sont, à l'étranger, les auxiliaires, les substituts du consul général, titulaire du poste auquel ils sont attachés, et qui leur délègue souvent une partie de ses fonctions. En Orient, par exemple, ils président généralement le tribunal consulaire. Leur titre d'*élèves* nuit à leur autorité. Il semblerait, à première vue, convenable de les désigner sous le nom de vice-consuls, mais il serait à craindre que cette qualification ne donnât lieu à quelque confusion, à cause de la dénomination d'agent vice-consul qui appartient déjà à une autre catégorie d'agents.

Je crois que le titre le plus approprié à la nature des fonctions et au rôle des élèves-consuls serait celui de *consuls suppléants*.

Enfin, pour encourager les fonctionnaires de tous les services de l'administration centrale à se présenter aux examens, il y aurait lieu de les inscrire, selon les épreuves qu'ils auront subies, et en tenant compte de l'équivalence des grades, à la suite des cadres dont je vous propose la reconstitution sur la base du décret de 1877, modifié d'après les observations qui précèdent.

Les trois projets de décret ci-annexés répondent aux vues que je viens d'avoir l'honneur de vous proposer ; s'ils obtiennent votre approbation, je vous prierai de vouloir bien les revêtir de votre signature.

Je vous prie d'agréer, Monsieur le Président, l'assurance de mon profond respect.

C. de Freycinet.

DÉCRET DU 21 FÉVRIER 1880.

Le Président de la République française,
Vu l'ordonnance du 1er mars 1833 et le décret du 18 août 1856;
Sur le rapport du président du Conseil, ministre des affaires étrangères,

Décrète :

Article premier. — La seconde classe des secrétaires d'ambassade est subdivisée en deux sections.
Art. 2. — La première section comprend les douze secrétaires d'ambassade de 2e classe composant la première partie du tableau d'avancement de leur grade.
Art. 3. — Le présent décret sera exécutoire à partir du 1er mars prochain.
Art. 4. — Le Président du Conseil, ministre des affaires étrangères, est chargé de l'exécution du présent décret.

JULES GRÉVY.

Par le président de la République :

Le président du Conseil, ministre des affaires étrangères,

C. DE FREYCINET.

DÉCRET DU 21 FÉVRIER 1880.

Le Président de la République française,
Vu l'ordonnance du 15 décembre 1815, le règlement du 11 juin 1816, et les ordonnances des 20 août 1836 et 26 avril 1845 :
Sur le rapport du président du Conseil, ministre des affaires étrangères,

Décrète :

Article premier. — La dénomination d'élève-consul est remplacée par celle de consul suppléant.
Art. 2. — Le présent décret sera exécutoire à partir du 1er mars prochain.

Art. 3. — Le président du Conseil, ministre des affaires étrangères, est chargé de l'exécution du présent décret.

JULES GRÉVY.

Par le Président de la République :

Le président du Conseil, ministre des affaires étrangères.

C. DE FREYCINET.

DÉCRET DU 21 FÉVRIER 1880.

Le Président de la République française,

Vu les articles 5 et 6 du décret du 1er février 1877, relatifs à l'équivalence des grades entre les divers fonctionnaires ou agents du Ministère des affaires étrangères (service intérieur et extérieur) et l'article 4 de l'ordonnance du 26 avril 1845 :

Sur le rapport du président du Conseil, ministre des affaires étrangères,

Décrète :

Article premier. — Les fonctionnaires de l'administration centrale, les agents du service diplomatique et ceux du service consulaire sont classés, d'après l'équivalence des grades, dans l'ordre suivant :

1° Les sous-directeurs au département, les consuls généraux, les secrétaires de 1re classe ;

2° Les chefs de bureau et rédacteurs au département, les consuls de 1re classe, les secrétaires de 2e classe (1re section ;

3° Les sous-chefs de bureau et commis principaux au département, les consuls de 2e classe, les secrétaires d'ambassade de 2e classe (2e section) ;

4° Les attachés payés au département ayant subi l'examen diplomatique ou consulaire, les consuls suppléants, les secrétaires d'ambassade de 3e classe.

Art. 2. 1° Le cadre des secrétaires d'ambassade de 1re classe comprend les sous-directeurs de la direction des affaires politiques et le sous-directeur du droit public à la direction du contentieux politique et commercial ;

2° La première section du cadre des secrétaires de 2e classe comprend les rédacteurs à la direction des affaires politiques et à la sous-direction du droit public de la direction du contentieux politique et commercial ;

3° La seconde section du cadre des secrétaires de 1e classe comprend les commis principaux de la direction des affaires politiques et de la sous-direction du droit public à la direction du contentieux politique et commercial ;

4° Le cadre des secrétaires de 3e classe comprend les attachés payés à la direction des affaires politiques et à la sous-direction du droit public de la direction du contentieux politique et commercial, qui ont subi l'examen prescrit par le décret du 1er février 1877 ;

5° Le cadre des consuls généraux comprend les sous-directeurs à la direction des affaires commerciales et le sous-directeur du droit privé à la direction du contentieux politique et commercial.

6° Le cadre des consuls de 1re classe comprend les rédacteurs à la direction des affaires commerciales et à la sous-direction du droit privé de la direction du contentieux politique et commercial ;

7° Le cadre des consuls de 2e classe comprend les commis principaux à la direction des affaires commerciales et à la sous-direction du droit privé de la direction du contentieux politique et commercial ;

8° Le cadre des consuls suppléants comprend les attachés payés à la direction des affaires commerciales et les attachés payés à la sous-direction du droit privé, qui ont subi l'examen consulaire prescrit par le décret du 1er février 1877, ou qui avaient déjà un traitement à cette date.

Art. 3. — Les fonctionnaires de l'administration centrale du Ministère des affaires étrangères non compris dans les catégories précédentes, qui auront subi l'examen diplomatique ou consulaire, seront inscrits hors cadres sur le tableau des agents de leur grade d'après les équivalences déterminées ci-dessus.

JULES GRÉVY.

Par le Président de la République :

Le président du Conseil, ministre des affaires étrangères,

C. DE FREYCINET.

Positions diverses des agents et fonctionnaires du Ministère des affaires étrangères.

RAPPORT AU PRÉSIDENT DE LA RÉPUBLIQUE FRANÇAISE

Paris, le 24 avril 1880.

Monsieur le Président,

Les dispositions relatives aux diverses situations dans lesquelles peuvent se trouver les agents du Ministère des affaires étrangères, sont éparses dans une série d'ordonnances et de décrets au milieu desquels il est difficile de se reconnaître. Les règles concernant l'inactivité seules ont été réunies dans le décret du 27 février 1877. Mais ce décret lui-même a besoin d'être remanié dans son ensemble. En effet, il ne tient pas compte, dans la fixation du traitement de disponibilité attribué aux consuls généraux et aux secrétaires d'ambassade de 1re classe, de l'équivalence établie entre ces deux grades par le décret du 1er février 1877; il doit, en outre, être mis en harmonie avec le décret du 21 février 1880, qui a créé de nouvelles assimilations entre divers emplois du Ministère des affaires étrangères. Enfin, à raison du roulement qui doit devenir de plus en plus fréquent entre le personnel des services intérieurs et extérieurs, il me semble équitable d'admettre dorénavant les fonctionnaires de l'administration centrale au bénéfice de la disponibilité avec ou sans traitement.

Dans l'état de choses actuel, entre la mise en disponibilité sans traitement et la révocation il n'existe aucune mesure disciplinaire qui permette de réprimer certains écarts de conduite d'une gravité relative. Je serais d'avis de combler cette lacune au moyen du *retrait d'emploi*, dont l'effet serait de priver temporairement le fonctionnaire de tout traitement ou indemnité quelconque.

Quant à la révocation des agents en activité, en disponibilité ou en retrait d'emploi, je propose qu'elle ne puisse plus être prononcée qu'après avis motivé du Comité des services extérieurs et administratifs, réorganisé par le décret du 20 avril 1880. Les intéressés trouveront dans cette procédure une garantie nouvelle de la maturité des décisions prises à leur égard.

Si vous approuvez les vues que je viens d'avoir l'honneur de vous exposer, je vous prie de vouloir bien revêtir de votre signature le projet de décret ci-annexé.

Agréez, Monsieur le Président, l'assurance de mon profond respect.

Le président du Conseil,
ministre des affaires étrangères,

C. de FREYCINET.

DÉCRET DU 24 AVRIL 1880.

Le Président de la République française,

Sur la proposition du ministre des affaires étrangères, président du Conseil,

Vu l'ordonnance royale du 22 mai 1833, et le décret présidentiel du 27 février 1877,

Décrète :

Article premier. — Les positions diverses des agents et fonctionnaires du département des affaires étrangères seront dorénavant les suivantes :

L'activité ;

La disponibilité ;

Le retrait d'emploi.

Art. 2. — L'activité comprendra : 1° les agents et fonctionnaires qui occupent un poste ou un emploi déterminé ; 2° les agents et fonctionnaires chargés d'une mission ou de travaux particuliers.

Les uns et les autres pourront être, soit à leur poste, soit en mission, soit en congé, soit en permission, soit appelés par ordre, soit retenus par ordre ou pour cause de maladie dûment constatée.

Art. 3. — § 1er. Les agents et fonctionnaires du Ministère des affaires étrangères pourront être mis en disponibilité, par décret ou par arrêté, selon le mode de leur nomination, pour un laps de temps égal à la durée de leurs services effectifs, jusqu'à concurrence de dix années.

§ 2. — Ceux qui comptent plus de dix années d'activité de services avec appointements soumis à retenue dans le département des affaires étrangères pourront obtenir, en vertu d'un arrêté ministériel, un traitement de disponibilité, mais seulement pour cause, soit de maladie entraînant une longue incapacité de travail, soit de suppression permanente ou momentanée de leur emploi.

§ 3. — Le traitement de disponibilité pourra être suspendu ou supprimé par arrêté ministériel. Sa durée sera au maximum de trois ans pour les agents ayant plus de dix et moins de quinze années de services rétribués ; elle sera au maximum de cinq ans pour ceux ayant quinze ans de services rétribués et au-delà.

Dans la supputation des services d'un agent, ceux qui ont été rendus hors d'Europe compteront pour moitié en sus de leur durée effective.

§ 4.— Le temps de la disponibilité avec traitement comptera pour la retraite.

§ 5. — Le traitement de disponibilité ne pourra être cumulé, ni avec un traitement quelconque payé par le Trésor, ni avec une pension imputée sur les fonds de l'État, si ce n'est avec une pension de retraite militaire.

§ 6. — Il ne pourra excéder la moitié du dernier traitement d'activité des agents et fonctionnaires à qui il sera accordé, ni les maximums ci-après indiqués :

Pour les ambassadeurs, les ministres plénipotentiaires de 1re classe et les directeurs du Ministère des affaires étrangères, 8,000 fr.;

Pour les ministres plénipotentiaires de 2e classe, 6,000 fr.;

Pour les consuls généraux, secrétaires d'ambassade de 1re classe, les premiers secrétaires-interprètes du gouvernement pour les langues orientales vivantes, le premier drogman de l'ambassade de France à Constantinople et les sous-directeurs, 4,000 fr.;

Pour les consuls de 1re classe, les secrétaires d'ambassade de 2e classe (1re section), les secrétaires-interprètes du gouvernement pour les langues orientales, le secrétaire-interprète de l'ambassade à Constantinople, les chefs de bureau et rédacteurs, 3,000 fr.

Pour les consuls de 2e classe, les secrétaires d'ambassade de 2e classe (2e section), les premiers interprètes des légations de France en Chine et au Japon, les seconds drogmans de l'ambassade de France à Constantinople et les premiers drogmans, les sous-chefs de bureau et commis principaux, 2,400 fr.

Pour les consuls suppléants, les secrétaires d'ambassade de 3e classe, les attachés payés, les agents vice-consuls, les chanceliers de 1re et de 2e classe, et tous les autres agents et fonctionnaires rétribués du Ministère des affaires étrangères, 2,000 fr.

Art. 4. — Le retrait d'emploi est prononcé par décret ou par arrêté, selon le cas, comme mesure disciplinaire. Les agents qui en sont l'objet ne touchent ni traitement, ni indemnité quelconque. La durée du retrait d'emploi ne peut excéder deux ans.

Art. 5. — La sortie des cadres a lieu :

Par l'expiration du délai à la disponibilité, stipulé au § 1er de l'article 3, sans que l'agent ait été rappelé à l'activité;

Par la démission;

Par l'admission à la retraite;

Par la révocation.

Art. 6. — Les agents et fonctionnaires démissionnaires ne peuvent quitter leur poste ou leur emploi qu'après que leur démission a été régulièrement acceptée.

Art. 7. — La révocation des agents en activité, en disponibilité ou en retrait d'emploi est prononcée par décret ou par arrêté, selon le cas. Elle doit être précédée d'un avis motivé du Comité des services extérieurs et administratifs, réorganisé par décret en date du 20 avril 1880, qui entendra les explications des intéressés, s'il le juge opportun.

La sortie des cadres, à l'expiration du délai de disponibilité, est constatée par décret ou par arrêté, selon le cas. Elle est de droit sans avertissement préalable à l'agent.

Art. 8. — Sont abrogées toutes les dispositions contraires au présent décret, qui entrera en vigueur le 1er mai prochain, et règlera, à partir de cette date, la position de tous les agents et fonctionnaires du Ministère des affaires étrangères, sans toutefois modifier le quantum des traitements d'inactivité précédemment concédés.

Art. 9. — Le président du Conseil, ministre des affaires étrangères, est chargé de l'exécution du présent décret.

JULES GRÉVY.

Par le Président de la République :

Le président du Conseil, ministre des affaires étrangères.

C. DE FREYCINET.

Frais d'établissement.

RAPPORT AU PRÉSIDENT DE LA RÉPUBLIQUE FRANÇAISE

Paris, le 30 avril 1880.

Monsieur le Président,

Un décret en date du 9 avril 1870 a fixé le régime et la quotité des frais d'établissement qui sont alloués aux titulaires des postes diplomatiqnes et consulaires. En principe, les indemnités de cette nature sont intégralement payées avant le départ des agents pour la destination qui leur est assignée, sauf à n'être définitivement acquises que par trente-sixièmes, c'est-à-dire en trois ans.

Cette règle a été modifiée par un décret du 20 septembre 1873 à l'égard des chefs de missions choisis en dehors de la carrière et qui semblent ne devoir en faire partie que transitoirement. Au lieu de recevoir en bloc la totalité de leurs frais d'établissement, les agents de cette catégorie ne peuvent prétendre à en toucher le montant qu'en trois fois, un tiers au moment de leur départ, un deuxième tiers après une année de résidence dans le même poste et le dernier tiers au commencement de la troisième année.

Il est vrai que ces acomptes leur sont définitivement acquis, même en cas de démission ou de destitution, tandis que, dans les mêmes circonstances, les agents de carrière sont tenus à restitution ; mais cet avantage est largement compensé par l'obligation qui leur est imposée de faire de leurs propres deniers l'avance, souvent onéreuse, des deux tiers de leurs frais d'établissement.

Il me paraît équitable de laisser aux agents choisis en dehors de la carrière la faculté de faire régler l'indemnité dont il s'agit, soit dans les conditions du décret du 9 avril 1870, soit dans celles qui ont été dictées par le décret du 20 septembre 1873.

Je serais, en outre, d'avis de profiter de cette occasion pour régler la position, au point de vue de l'acquisition des frais d'établissement, des agents mis en retrait d'emploi.

Enfin, dans l'état actuel, les agents mis en disponibilité avec le traitement ou la retraite continuant à acquérir leurs frais d'établissement, il peut arriver que le Trésor se trouve forcé d'allouer, coup sur coup, plusieurs indemnités intégrales pour le même poste.

Afin d'obvier à cet inconvénient dans la mesure des intérêts légitimes, je vous propose de décider que la restitution de la portion de l'indemnité non acquise sera exigée, jusqu'à concurrence de dix-huit trente-sixièmes, des agents mis *sur leur demande* en disponibilité avec traitement ou à la retraite.

Si vous partagez cette manière de voir, je vous prie de vouloir bien apposer votre signature sur le projet de décret ci-annexé.

Je vous prie d'agréer, Monsieur le Président, l'assurance de mon profond respect.

Le président du Conseil,
ministre des affaires étrangères,

C. DE FREYCINET.

DÉCRET DU 30 AVRIL 1880.

Le Président de la République française,

Vu les décrets du 9 avril 1870, 1er juin et 20 septembre 1873;

Sur la proposition du président du Conseil, ministre des affaires étrangères,

Décrète :

Article premier. — Les chefs de postes diplomatiques et consulaires choisis en dehors de la carrière, auront la faculté de faire régler leur indemnité pour frais d'établissement, soit dans les conditions prévues par le décret du 9 avril 1870, soit dans celles du décret du 20 septembre 1873.

Art. 2. — Les agents mis en retrait d'emploi seront tenus de restituer au Trésor la partie non acquise de leurs frais d'établissement.

Art. 3. — Les chefs de postes diplomatiques ou consulaires mis sur leur demande en disponibilité avec traitement ou à la retraite, avant d'avoir acquis la totalité de leurs frais d'établissement, reverseront la portion non acquise jusqu'à concurrence de dix-huit trente-sixièmes.

Le bénéfice de cette dernière mesure ne profitera pas aux agents mis en disponibilité sans traitement ; ils devront reverser la totalité des trente-sixièmes non acquis.

Art. 4. — Toutes dispositions contraires au présent décret sont abrogées.

Art. 5. — Le ministre des affaires étrangères est chargé de l'exécution du présent décret.

JULES GRÉVY.

Par le Président de la République :

Le président du Conseil,
ministre des affaires étrangères,

C. DE FREYCINET.

Conditions de l'admission dans la carrière diplomatique et consulaire et dans l'administration centrale.

NOTE DU 1er MARS 1880.

Pour être nommé attaché surnuméraire dans l'un des services du Ministère des affaires étrangères, il faut être licencié en droit, ès-lettres ou ès-sciences (décrets de 1869 et 1877), ou bien avoir été officier des armées de terre ou de mer, ingénieur des ponts et chaussées ou des mines (décret de 1877); il faut, de plus, savoir deux langues vivantes pour être admis à la direction des affaires politiques, à la direction des affaires commerciales et à la direction du contentieux politique et commercial.

Les aspirants diplomatiques ou consulaires peuvent être *autorisés* à participer aux travaux de l'administration centrale, des ambassades, légations ou consulats, sans remplir les conditions ci-dessus spécifiées; mais ce stage préliminaire ne modifie en rien à leur profit les règles prescrites pour leur admission définitive.

Pour être nommé *attaché payé* à la direction des affaires politiques, à la direction des affaires commerciales et à la direction du contentieux politique et commercial, consul suppléant ou secrétaire d'ambassade de 3e classe, il faut avoir préalablement passé l'examen diplomatique ou consulaire.

Cette condition n'est pas nécessaire pour être nommé attaché payé au cabinet du ministre et secrétariat, au protocole, à la direction du personnel et à la direction des archives et de la comptabilité ; mais elle est indispensable pour les fonctionnaires de ces divers services qui veulent être inscrits *hors cadres*, selon l'équivalence de leur grade, sur les listes des carrières diplomatique ou consulaire.

ARRÊTÉ DU 27 FÉVRIER 1880.

Le président du Conseil, ministre des affaires étrangères,

Sur la proposition du Directeur du personnel,

Arrête :

Article premier. — Toute demande d'emploi dans l'administration centrale ou dans les services extérieurs du Ministère des affaires étrangères doit être formulée par écrit et être accompagnée des documents et renseignements dont l'énumération suit :

1° Documents :

Acte de naissance du candidat ;

Certificat de sa situation au point de vue du service militaire ;

Pièce indiquant dans quel lycée, collége ou autre établissement secondaire il a fait ses études ;

Ses diplômes ou brevets d'écoles spéciales,

2° Renseignements :

Langues étrangères que parle le postulant;

Stage qu'il aurait fait dans une administration publique ou privée, chez un officier ministériel ou dans le commerce;

Position de sa famille ;

Références et recommandations.

Art. 2. — Les diplômes et certificats d'études ou de stage seront restitués aux intéressés après enregistrement.

Art. 3. — Le Directeur du personnel est chargé de l'exécution du présent arrêté.

C. DE FREYCINET.

RAPPORT AU PRÉSIDENT DE LA RÉPUBLIQUE FRANÇAISE

SUR L'INSTITUTION DE CONCOURS POUR L'ADMISSION DANS LES SERVICES DU MINISTÈRE DES AFFAIRES ÉTRANGÈRES

Paris, le 10 juillet 1880.

Monsieur le Président,

Aux termes des articles 5 et 7 du décret du 1er février 1877, nul ne peut être nommé secrétaire d'ambassade de 3e classe, consul suppléant ou attaché payé dans les directions politiques et commerciales du Ministère des affaires étrangères, s'il n'a subi un examen dont un programme distinct a été réglé par le décret du 10 juillet 1877, pour les carrières diplomatique et consulaire. Cet examen ne peut être passé qu'au bout de deux années, dont une au moins de séjour à l'étranger, en ce qui concerne les attachés diplomatiques.

L'expérience a démontré les inconvénients de cette organisation. D'une part, l'impossibilité d'entrer au Ministère des affaires étrangères par la voie du concours en détourne nombre de jeunes gens de mérite qui ne disposent ni d'influences, ni de recommandations ; d'autre part, l'obligation de passer un an à l'étranger sans traitement et même sans indemnité de frais de voyage écarte de la diplomatie ceux qui n'ont pas de fortune ; enfin, l'examen n'étant pas placé à l'entrée de la carrière, présente, en réalité, peu de garanties, par suite des scrupules qui empêchent d'éliminer tel attaché insuffisant, après un surnumérariat de plusieurs années.

Il semble, dès lors, urgent de substituer à cet examen un concours d'admission, analogue à celui qui assure, dans d'excellentes conditions, le recrutement de l'auditorat au Conseil d'État. Il est vrai que, vu la situation actuelle de nos crédits budgétaires, ce concours ne donnerait pas encore droit à un traitement immédiat, mais le surnumérariat qui, aujourd'hui, atteint parfois cinq années, ne serait plus que de trois ans, et pourrait, au gré des intéressés, être tout entier accompli à Paris, ce qui en allègerait sensiblement les charges pour les jeunes gens dont les ressources sont médiocres.

Quant au programme du concours, je voudrais qu'il ne

nécessitât pas une préparation en quelque sorte artificielle et mécanique. Ce n'est pas la mémoire des aspirants diplomatiques et consulaires qu'il s'agirait d'éprouver, mais leur aptitude à exposer des idées générales et des vues d'ensemble sur les questions qui forment la base des connaissances essentielles dans l'ordre politique et administratif : l'histoire des traités et la géographie politique et commerciale seraient les seules matières spéciales et pour ainsi dire professionnelles à insérer dans le programme. Quant aux langues vivantes, elles n'ont pas encore pris assez de place dans notre enseignement national pour qu'il soit possible de leur attribuer, dès l'entrée au Ministère des affaires étrangères, toute l'importance qu'elles comportent : mais il me paraît indispensable d'en exiger une connaissance très-approfondie dans l'examen de classement qui marquera la fin du stage triennal.

Fortifier notre représentation à l'étranger en appelant à y participer la jeunesse studieuse de nos écoles, lui donner une constitution plus démocratique en rendant les carrières diplomatique et consulaire plus accessibles au talent, sans conditions de fortune ou d'origine, tel est l'objet du nouveau règlement que j'ai l'honneur de soumettre à votre signature. J'ajoute que le bon accueil fait par la Chambre des députés à nos demandes de crédit, pour supprimer, dès 1881, les attachés non payés de nos ambassades et légations, est un gage du concours que nous trouverons dans cette voie auprès du Parlement.

Je vous prie d'agréer, monsieur le Président, l'assurance de mon profond respect.

Le président du Conseil, ministre des affaires étrangères,

C. DE FREYCINET.

Le Président de la République française,

Sur le rapport du ministre des affaires étrangères, président du Conseil,

Décrète :

TITRE Ier.

Du concours à l'entrée du surnumérariat au Ministère des affaires étrangères.

Art. 1er. — Un concours sera ouvert, au mois de janvier

de chaque année, pour l'admission dans les carrières diplomatique et consulaire.

Art. 2. — Les jeunes gens qui auront été reçus à ce concours opteront, selon leur rang et avec l'agrément du ministre, pour la carrière diplomatique ou la carrière consulaire, mais ils ne seront, en aucun cas, tenus d'accepter un poste à l'étranger avant la fin de leur surnumérariat, qui sera de trois années.

A l'issue de ce stage qu'ils accompliront, soit à la direction des affaires politiques et au contentieux du droit public, soit à la direction des affaires commerciales et au contentieux du droit privé, suivant qu'ils se destinent à la diplomatie ou aux consultats, ils subiront un examen de classement et seront nommés, selon leur rang, soit à l'intérieur, attachés payés dans leurs directions respectives, soit à l'extérieur, secrétaires d'ambassade de 3e classe ou consuls suppléants.

Art. 3. — Le ministre des affaires étrangères pourra autoriser un certain nombre de jeunes gens qui se préparent au concours à participer temporairement aux travaux de l'administration centrale et des ambassades, légations et consulats, sans que cette décision modifie à leur égard les conditions de leur admission définitive dans les carrières diplomatique et consulaire.

TITRE II.

CHAPITRE Ier. — *Annonce du concours et formation de la liste des candidats*

Art. 4. — Le ministre des affaires étrangères indiquera, au mois de novembre de chaque année, par arrêté, le nombre des places à mettre au concours, et déterminera la date des épreuves.

Art. 5. — L'arrêté du ministre des affaires étrangères sera inséré au *Journal officiel* avec le texte des articles 7, 8, 10 et 14 du présent décret, et adressé immédiatement aux préfets des départements, ainsi qu'aux recteurs des académies.

Art. 6. — Le délai entre l'insertion de l'arrêté au *Journal officiel* et le jour fixé pour l'ouverture des épreuves sera de deux mois.

Art 7. — Les aspirants se présenteront à la direction du personnel du Ministère des affaires étrangères, dans les trente jours à partir de l'insertion de l'arrêté au *Journal officiel*; ils déposeront leur acte de naissance, ainsi que les pièces justificatives énoncées dans l'article suivant.

Art. 8. — Nul ne pourra se faire inscrire en vue du concours :

1° S'il n'est Français jouissant de ses droits ;

2° S'il a, au 1er janvier de l'année du concours, moins de vingt et un ans et plus de vingt-cinq ans ;

3° S'il ne produit, soit un diplôme de licencié en droit, ès-sciences ou ès-lettres, soit un diplôme de l'École des Chartes, soit un certificat attestant qu'il a satisfait aux examens de sortie de l'Ecole normale supérieure, de l'Ecole polythechnique, de l'Ecole nationale des mines, de l'Ecole nationale des ponts et chaussées, de l'Ecole centrale des arts et manufactures, de l'Ecole forestière, de l'Ecole spéciale militaire ou de l'Ecole navale, soit un brevet d'officier dans l'armée active de terre et de mer.

Art. 9. — La liste des inscriptions sera close par la direction du personnel cinq jours après l'expiration du délai fixé par l'article 7.

Art. 10. — La liste des candidats qui seront admis à concourir sera dressée et arrêtée définitivement par le ministre, cinq jours au moins avant l'ouverture du concours ; elle sera déposée à la direction du personnel, où toute personne pourra en prendre communication.

CHAPITRE II. — *Organisation du jury du concours.*

Art. 11. — Le jury du concours se composera du directeur du personnel faisant fonctions de président et de quatre membres désignés par le ministre ; deux des juges devront être choisis en dehors de la carrière.

Le président du jury aura la direction et la police du concours, il aura voix prépondérante en cas de partage.

Art. 12. — Le nombre des juges présents jusqu'à la fin des épreuves ne pourra être moins de trois.

Art. 13. — Il sera dressé procès-verbal de chaque séance, et le procès-verbal sera signé par chacun des juges.

CHAPITRE III. — *Matières des épreuves.*

Art. 14. — Les épreuves du concours porteront :

1° Sur l'organisation constitutionnelle, judiciaire et administrative de la France et des pays étrangers ;

2° Sur les principes généraux du droit international public et privé ;

3° Sur le droit commercial et le droit maritime ;

4° Sur l'histoire des traités depuis le congrès de Westphalie jusqu'au congrès de Berlin, et la géographie politique et commerciale ;

5° Sur les éléments de l'économie politique ;

6° Sur la langue anglaise ou la langue allemande.

CHAPITRE IV. — *Nature et mode des épreuves.*

Art. 15. — Il y aura une épreuve préparatoire et des épreuves définitives.

Art. 16. — L'épreuve préparatoire consistera en une composition par écrit sur un sujet relatif à l'une des matières énoncées dans l'article 14.

Art 17. — Le sujet de composition, commun à tous les candidats, sera tiré au sort entre trois sujets qui auront été choisis, séante tenante, par le jury, et mis sous enveloppe cachetée.

Le tirage au sort sera fait par le président en présence des candidats.

Art. 18. — Tous les candidats seront immédiatement renfermés, de manière à n'avoir aucune communication avec le dehors.

La surveillance sera confiée à l'un des juges, désigné par le président du jury.

Les candidats ne pourront s'entr'aider dans leur travail, ni se servir de livres ou de notes manuscrites.

Le temps accordé pour la composition sera de six heures.

Art. 19. — Les compositions seront faites sur un papier délivré aux candidats, et en tête duquel ils inscriront leurs nom et prénoms.

Lors du dépôt de la composition sur le bureau, le juge surveillant placera en tête un numéro d'ordre qui sera répété sur le manuscrit.

Les têtes des compositions seront détachées à l'instant, et réunies sous une enveloppe cachetée, laquelle ne sera ouverte qu'après l'examen et le jugement.

Art. 20. — La liste des candidats admis aux épreuves définitives sera dressée par ordre alphabétique, elle sera déposée à la direction du personnel, où les concurrents pourront en prendre communication.

Art. 21. — Les épreuves définitives consisteront en une épreuve écrite et une épreuve orale.

Art. 22. — Pour l'épreuve par écrit, les concurrents feront une composition sur un sujet tiré au sort par le président du jury, ainsi qu'il a été dit à l'article 17.

Ce sujet, commun à tous les candidats, pourra porter sur les diverses matières indiquées dans les cinq premiers paragraphes de l'article 14.

Les candidats devront rédiger leur travail dans les conditions fixées par l'article 18.

Ils ne devront avoir à leur disposition ni livres, ni notes.

Art. 23. — Après la remise des compositions, il sera procédé, en séance publique, à l'épreuve orale.

Art. 24. — L'épreuve orale portera sur toutes les matières indiquées en l'article 14 ci-dessus. L'examen sur les langues vivantes consistera en la lecture et la traduction d'un texte imprimé.

Art. 25. — Dans l'épreuve orale, l'ordre à suivre entre les candidats sera indiqué par un tirage au sort.

CHAPITRE V. — *Jugement.*

Art. 26. Lorsque les épreuves seront terminées, le président prononcera la clôture du concours, et le jury procédera immédiatement et en séance secrète à la délibération.

Art. 27. — Si, d'après le résultat du concours, le jury estime qu'il n'y a pas lieu à nomination, ou qu'il n'y a pas lieu de pourvoir à toutes les places vacantes, il en sera fait déclaration en séance publique.

Art. 28. — La liste des nominations sera dressée par ordre de mérite.

Art. 29. — Le jury pourra faire procéder à une nouvelle épreuve orale entre les candidats qui seront placés sur le même rang.

Art. 30. — Le jugement sera rendu sans désemparer, et le résultat du concours proclamé en séance publique.

Extrait du procès-verbal signé du président et de tous les juges sera transmis immédiatement au ministre des affaires étrangères.

TITRE III.

De l'examen de classement.

CHAPITRE Ier. — *Matières de l'examen.*

Art. 31. — L'examen de classement placé à l'issue du stage triennal portera : pour les attachés diplomatiques, sur les langues allemande et anglaise et l'histoire diplomatique contemporaine, et pour les attachés consulaires, sur les langues anglaise et espagnole ou allemande, la géographie commerciale et la législation douanière de la France et des pays étrangers.

Art. 32. — Il se composera d'épreuves écrites et d'épreuves orales sur les diverses matières indiquées dans l'article précédent.

Art. 33. — Les épreuves sur les langues vivantes comprendront : à l'écrit, une version et un thème sans dictionnaire ; et à l'oral : 1° la lecture à haute voix et la traduction d'un document manuscrit ; 2° l'analyse immédiate d'un document lu au candidat.

Art. 34. — Il sera tenu compte dans le classement des attachés du zèle et des aptitudes dont ils auront fait preuve pendant leur stage, des langues vivantes supplémentaires qu'ils parleraient, ainsi que des diplômes dont ils seraient munis indépendamment de celui de licencié en droit.

CHAPITRE II. — *Organisation du jury d'examen.*

Art. 35. — Le jury d'examen sera présidé par le directeur du personnel et composé, sur la désignation du ministre, d'un sous-directeur et d'examinateurs spéciaux pour les langues vivantes.

CHAPITRE III — *Du classement.*

Art. 36. — Une fois les épreuves terminées, le jury d'examen statuera en se conformant aux règles prescrites par les articles 26, 29 et 30 du présent décret.

Art. 37. — Si, après avoir classé les attachés par ordre de mérite, le jury estimait qu'un ou plusieurs d'entre eux n'eût pas atteint une moyenne suffisante, il en informerait le ministre des affaires étrangères. Ces attachés seraient ajournés à l'examen de l'année suivante, et prévenus qu'ils seraient frappés d'exclusion définitive, s'ils ne subissaient pas avce succès cette nouvelle épreuve.

TITRE IV.

Dispositions transitoires.

Art. 38. — La limite d'âge fixée par l'article 8 ne sera pas applicable, pour les deux premiers concours, aux agents et fonctionnaires qui font partie du personnel du Ministère des affaires étrangères à la date du présent décret.

Ils seront également dispensés de l'épreuve préparatoire mentionnée aux articles 15 et 16.

Art. 39. — Ceux d'entre eux qui auront été reçus au concours pourront, lorsqu'ils auront trois années de services, être nommés attachés payés, secrétaires d'ambassade de 3e classe ou consuls suppléants, pourvu qu'ils aient préalablement justifié devant un jury spécial de la connaissance des matières comprises dans l'examen de classement.

Art. 40. — Le ministre des affaires étrangères est chargé de l'exécution du présent décret, qui sera inséré au *Bulletin des lois*.

Fait à Paris, le 10 juillet 1880.

JULES GRÉVY.

Par le Président de la République :

Le président du Conseil, ministre des affaires étrangères,

DE FREYCINET.

Mode de nomination.

RAPPORT AU PRÉSIDENT DE LA RÉPUBLIQUE FRANÇAISE.

Paris, le 18 septembre 1880.

Monsieur le Président,

D'après les règlements et usages en vigueur, tous les agents rétribués des services extérieurs du Ministère des affaires étrangères, à l'exception des commis de chancellerie et drogmans auxiliaires, sont, non-seulement nommés à un grade, mais encore promus d'une classe à une autre du même grade et changés de résidence par décrets.

On conçoit que les nominations et promotions à un grade, ainsi que la désignation des chefs de postes diplomatiques et consulaires, aient lieu par décrets. Mais, quand il s'agit de simples avancements de classe ou de mutations d'agents n'ayant à aucun degré le caractère représentatif, il me paraîtrait à la fois plus rationnel et plus conforme aux nécessités administratives de statuer par arrêtés ministériels. Cette règle subirait, toutefois, des exceptions en ce qui touche les promotions de classe : 1° des ministres plénipotentiaires, à raison du rang élevé qu'ils occupent dans la hiérarchie ; 2° des secrétaires d'ambassade, dont chaque classe constitue, en réalité, un grade distinct.

Telle est la règle que consacrerait le projet de décret ci-annexé que j'ai l'honneur de présenter à votre signature.

C. DE FREYCINET.

Le Président de la République française,

Décrète :

Article premier. — Sont nommés par décrets du président de la République, sur la proposition du ministre des affaires étrangères, les ambassadeurs, les directeurs au Ministère des affaires étrangères, les ministres plénipotentiaires, les chargés d'affaires, les secrétaires d'ambassade, les consuls généraux, consuls, consuls suppléants et vices-consuls, les drogmans, les interprètes, les drogmans adjoints, les interprètes adjoints, les chanceliers, ainsi que l'agent comptable du Ministère des affaires étrangères.

Art. 2. — Sont nommés par arrêtés ministériels, tous les autres agents et fonctionnaires du département des affaires étrangéres, sauf ceux dont la désignation appartient, en vertu des règlements en vigueur, aux chefs de postes diplomatiques et consulaires.

Art. 3. — Les avancements de classe ont lieu par décrets pour les ministres plénipotentiaires et les secrétaires d'ambassade, et par arrêtés ministériels pour tous les autres agents. Le passage de la 2e à la 1re section de la seconde classe des secrétaires d'ambassade fera également l'objet d'arrêtés ministériels.

Art. 4. — Les changements de poste ne seront dorénavant effectués par décrets qu'en ce qui concerne les ambassadeurs, ministres plénipotentiaires, chargés d'affaires, consuls généraux, consuls et vice-consuls.

Art. 5. — Le président du Conseil, ministre des affaires étrangères, est chargé de l'exécution du présent décret.

Fait à Paris, le 18 septembre 1880.

Jules GRÉVY.

Qualification des agents diplomatiques.

Paris, le 19 avril 1880.

Monsieur le Président,

Le protocole usité, depuis le 4 septembre 1870, dans les décrets de nomination de nos agents diplomatiques à l'étranger n'est pas conforme aux anciens réglements. Ces agents sont qualifiés : ambassadeur, ministre plénipotentiaire ou envoyé extraordinaire *de France*, tandis qu'ils devraient, conformément à la règle constamment suivie avant 1870, s'appeler : ambassadeur, ministre plénipotentiaire ou envoyé extraordinaire de la *République française*.

Il est à remarquer en effet que les agents diplomatiques ont un caractère *représentatif* qui leur confère des droits de préséance exceptionnels. Ils représentent le Gouvernement qui les a envoyés ; dans les États monarchiques, l'ambassadeur représente la personne même du souverain. C'est pourquoi les agents diplomatiques des différentes monarchies européennes s'intitulent : ambassadeur ou ministre de Sa Majesté impériale ou royale. En France, sous les divers régimes qui se sont succédés, les agents se sont appelés, selon les cas : ambassadeur ou ministre du Roi, de l'Empereur, de la République. Si cette tradition a été interrompue à partir de 1870, c'est sans doute à cause du caractère contesté qu'avait alors la forme du Gouvernement. Ce motif ayant disparu, il convient de rentrer dans la règle et de reprendre la qualification normale.

Afin d'établir de l'uniformité dans le protocole de notre représentation à l'étranger, je vous propose de décider que les agents actuellement en fonctions modifieront leur titre, et remplaceront la qualification d'ambassadeur ou ministre de France, par celle d'ambassadeur ou ministre de la République française.

Les observations qui précèdent ne s'appliquent point aux agents consulaires, qui n'ont pas le même caractère représentatif. Ces agents sont chargés des intérêts des nationaux et portent le nom du pays qui les envoie. Il n'y a donc aucun motif de changer la désignation de consul de France qui a été employée sous tous les régimes.

Si vous approuvez cette manière de voir, je vous prie, Monsieur le Président, de vouloir bien revêtir de votre signature le présent rapport, ce qui me permettra de donner les instructions conformes à nos agents.

Agréez, Monsieur le Président, les assurances de mon respectueux dévouement.

C. DE FREYCINET.

Approuvé.

Le Président de la République,

JULES GRÉVY.

Dispositions relatives aux cachets, timbres, écussons, des postes diplomatiques et consulaires.

Arrêté du 30 avril 1880.

Art. 1er. — Les cachets et timbres des ambassades, légations et consulats français, à l'étranger, seront gravés à l'effigie de la République, d'après le modèle officiel du grand sceau de l'État.

Art. 2. — Les écussons nationaux placés au-dessus de la porte de l'hôtel des ambassades, légations ou consulats, reproduiront également la figure de la République, d'après le sceau officiel, avec l'exergue « République Française ».

Fait à Paris, le 30 avril 1880.

C. DE FREYCINET.

Costumes des agents diplomatiques et consulaires.

Art. 1er. — Les dispositions des ordonnances et règlements de 1830 et 1833, relatives aux costumes officiels des agents diplomatiques et des agents consulaires sont maintenues, en ce qui concerne les dessins, applications et dimensions des broderies.

Art. 2. — Les boutons dorés du gilet et de l'habit seront désormais timbrés des faisceaux républicains, entourés de branches d'olivier.

Ces faisceaux seront reproduits sur l'écusson de la garde de l'épée.

Fait à Paris, le 30 avril 1880.

C. de FREYCINET.

Ordonnancement et payement des traitements. — Décret du 14 août 1880, sur l'ordonnancement et le payements des traitements des agents diplomatiques et consulaires.

Le Président de la République française,

Sur la proposition des ministres des affaires étrangères, de la marine et des finances,

Décrète :

TITRE 1er.

PAYEMENT PAR TRAITES.

Art. 1er. — Le département des affaires étrangères paye les traitements et rembourse les dépenses de service des agents diplomatiques et consulaires au moyen d'ordonnances de payement individuelles ou collectives. Les extraits d'ordonnances peuvent être accompagnés de traites sur le caissier-payeur central.

Art. 2. — La délivrance des extraits d'ordonnances qui ne sont pas accompagnés de traites, a lieu d'après les règles tracées par le décret sur la comptabilité publique du 31 mai

1862. Ils sont émis en faveur des agents qui ont désigné à Paris un fondé de pouvoirs autre que l'agent comptable des chancelleries diplomatiques et consulaires.

Art. 3. — La délivrance des extraits d'ordonnances accompagnés de traites est réglée par les dispositions contenues dans les articles 4 et suivants du présent décret. Ils sont émis en faveur des agents qui ont choisi pour mandataire auprès du Trésor l'agent comptable des chancelleries diplomatiques et consulaires.

Art. 4. — Les agents qui désirent être payés au moyen de traites doivent donner à l'agent comptable une procuration l'autorisant à toucher le montant des ordonnances délivrées en leur faveur et à en donner quittance. Cette procuration reste déposée au Trésor.

Art. 5. — Les sommes à payer aux agents qui ont donné leur procuration à l'agent comptable font, en fin de mois, l'objet d'ordonnances collectives établies par chapitres du budget, auxquelles sont annexés des états nominatifs des ayants-droit.

Art. 6. — L'agent comptable présente au Trésor, en même temps que les ordonnances, des traites émises par le ministre des affaires étrangères sur le caissier-payeur central.

Art. 7. — Ces traites sont à dix jours de vue et à l'ordre de chacun des agents diplomatiques et consulaires qui y ont droit.

Art. 8. — Autant que possible, il n'est délivré mensuellement qu'une seule traite au nom de chaque agent, pour toutes les sommes qui peuvent lui être dues par le département des affaires étrangères. A cet effet, les états nominatifs dont il a été parlé à l'article 5 sont récapitulés sur un bordereau qui fait connaître le détail et le montant des sommes ordonnancées en faveur de chaque agent, ainsi que le total de la traite émise à son ordre.

Art. 9. — Les traites émises par le ministre des affaires étrangères n'engagent le Trésor qu'autant qu'elles ont été acceptées par le caissier-payeur central et visées au contrôle.

Art. 10. — L'acceptation des traites tirées par le ministre des affaires étrangères n'a lieu qu'après que l'ordonnance collective et l'état nominatif y annexé ont été présentés au visa du conservateur des oppositions, et reconnus susceptibles d'être admis en dépenses.

Après cette acceptation et ce visa, elles sont rendues à l'agent comptable, qui acquitte, en les recevant, les extraits d'ordonnances dont il a été parlé à l'article 5 et les états nominatifs qui y sont annexés.

Art. 11. — Elles sont ensuite envoyées aux ayants-droits par le ministre des affaires étrangères, et, autant que possible, sous pli chargé ou recommandé. Elles sont émises par *première* et *seconde*, lorsque cette précaution est nécessitée par l'éloignement ou les usages des pays où elles doivent être négociées.

Art. 12. — La négociation en est faite par les agents qui en sont porteurs, au mieux de leurs intérêts.

Art. 13. — Toutefois, les traites représentant le traitement des commis de chancellerie peuvent être présentées à la caisse du poste diplomatique ou consulaire, et payées par elle, après avoir été acquittées, si les ressources disponibles le permettent.

Elles sont transmises comme pièces justificatives à l'appui du compte trimestriel dont il sera parlé ci-après (Art. 43).

Le payement d'une traite ne peut être fractionné.

Art. 14. — Aucune autre traite ne peut être payée sur l'encaisse des chancelleries, à moins d'une autorisation spéciale du département des affaires étrangères.

TITRE II.

ORDONNANCEMENT DES TRAITEMENTS.

Art. 15. — Les traitements des agents politiques et consulaires, ceux des chanceliers et du personnel rétribué directement sur les fonds du budget général, sont liquidés d'office et par mois à terme échu.

Art. 16. — Lorsque les droits d'un agent ne sont pas suffisamment établis, la liquidation de son traitement peut être ajournée et opérée ultérieurement sur ordonnance individuelle.

Art. 17. — Lorsqu'un agent a touché tout ou partie d'un douzième auquel il n'avait pas droit, la rectification s'opère, soit au moyen d'un reversement en espèces au Trésor, soit par une reprise sur le traitement d'un des mois suivants.

Art. 18. — Pour mettre le département des affaires étrangères en mesure d'opérer les rectifications indiquées à l'article précédent, tout chef de poste, titulaire ou intérimaire, est tenu de lui adresser, dans les cinq derniers jours de chaque trimestre, par lettre spéciale et sous le timbre de la direction de la comptabilité, un état du personnel de son poste, relatant les mouvements et mutations qui ont eu lieu depuis le commencement du trimestre. Il doit, en outre, donner avis, aussitôt le fait accompli, de l'arrivée et du départ des divers agents composant le personnel de la mission.

TITRE III.

CHANCELIERS DES POSTES DIPLOMATIQUES ET CONSULAIRES.

Art. 19. — L'agent comptable des chancelleries diplomatiques et consulaires, placé sous l'autorité administrative du chef de la direction de la comptabilité, et justiciable de la Cour des comptes, centralise les opérations des chanceliers et des agents vice-consuls, et en forme le compte général à soumettre au jugement de la Cour. Comme tous les comptables directs du Trésor, il est responsable, sauf recours contre qui de droit, de la gestion financière des chanceliers et agents vice-consuls, et se trouve placé sous le contrôle de la direction générale de la comptabilité publique. Il est également soumis aux vérifications de l'inspection générale des finances.

Art. 20. — Les chanceliers des postes diplomatiques et consulaires sont responsables, envers l'agent comptable des chancelleries, des deniers publics dont ils sont chargés d'effectuer la perception. Ils sont placés sous le contrôle immédiat des chefs de mission et des consuls, qui, à raison de ce contrôle, sont administrativement responsables. Les chefs de mission diplomatique peuvent déléguer, sous leur responsabilité, le contrôle de leur chancellerie à l'un des secrétaires placés sous leurs ordres, à condition de donner avis de cette délégation au ministre des affaires étrangères.

Art. 21. — Les chanceliers sont assujettis à un cautionnement, lorsque la moyenne des recettes du poste (recettes de toute nature), effectuées pendant les cinq dernières années, dépasse 5,000 francs.

Ce cautionnement est fixé par le ministre des finances, sur la proposition du ministre des affaires étrangères (direction de la comptabilité). Il est du dixième de la moyenne des recettes du poste, établie comme il est dit plus haut. Toutefois, lorsque la recette moyenne dépasse le chiffre de 50,000 fr., le cautionnement est augmenté de 1,000 fr. pour chaque fraction de 50,000 fr. et au-dessous. Dans le calcul des cautionnements, il n'est pas tenu compte des coupures de recettes qui ne correspondent pas à une fraction de cautionnement de 100 francs. Les cautionnements des chanceliers sont inscrits au Trésor sans affectation de résidence.

Art. 22. — Le cautionnement reste invariable pendant la durée des fonctions du même comptable. Il est revisé en cas de nomination d'un nouveau chancelier. Il est réalisé en numéraire à Paris, et les arrérages en sont annuellement payés par la caisse centrale du Trésor, sur la production de l'extrait d'inscription. Les agents qui ont constitué comme mandataire l'agent comptable des chancelleries diplomatiques et consulaires peuvent déposer entre ses mains leurs extraits d'inscription. Les arrérages qui leur sont dus sont ajoutés en fin d'année au montant de la traite qui leur est adressée. Aucun des chanceliers assujettis au versement d'un cautionnement ne peut être installé, ni entrer en exercice, qu'après avoir justifié de ce versement vis-à-vis du Ministère des affaires étrangères. En cas d'absence du chancelier titulaire, le cautionnement versé par ce comptable ne répond pas des faits de la gestion intérimaire du chancelier substitué.

Art. 23. — Les émoluments des chanceliers se composent: 1° d'un traitement fixe ; 2° des remises calculées en fin d'année à raison de 5 pour 100 sur le montant des droits de chancellerie perçus par eux.

Les traitements fixes et les remises proportionnelles constituent l'ensemble des émoluments sur lesquels sont exercées les retenues affectées au service des pensions civiles, en exécution de l'article 19 du décret du 9 novembre 1853.

TITRE IV.

DES RECETTES ET DES DÉPENSES DES POSTES DIPLOMATIQUES ET CONSULAIRES.

Art. 24. — Les recettes des postes diplomatiques et consulaires se composent :

1° Des recettes budgétaires ;

2° Des recettes de trésorerie ;

3° Des dépôts effectués en numéraire ;

4° Des recettes provenant des naufrages.

Art. 25. — Les recettes budgétaires comprennent les droits perçus dans les chancelleries conformément aux tarifs en vigueur, et les recettes diverses telles que les bénéfices de change, les loyers, les prix de vente de meubles ou d'immeubles, etc.

Les recettes de trésorerie comprennent les recouvrements pour divers correspondants administratifs et les traites encaissées à titre d'avances, comme il sera dit à l'article 72 ci-après.

Les dépôts en numéraire sont effectués conformément à l'ordonnance du 24 octobre 1833.

Les recettes provenant des naufrages se composent du profit de la vente des débris, agrés et apparaux sauvés, ainsi que des marchandises qu'il y aurait inconvénient à conserver en magasin. Elles sont effectuées conformément à l'ordonnance du 29 octobre 1833.

Art. 26. — Les chanceliers tiennent, pour les perceptions qu'ils effectuent :

1° Un registre de quittances à souche pour les recettes budgétaires et les recettes de trésorerie ;

2° Un livre de détail des mêmes recettes ;

3° Un registre de quittances à souche pour les dépôts en numéraire ;

4° Un registre de quittances à souche pour les recettes provenant des naufrages.

Les registres de quittances à souches et les livres de recettes sont conformes aux modèles arrêtés par le Ministère des affaires étrangères (direction de la comptabilité), de concert avec le ministre des finances. Ils doivent être cotés et paraphés par chaque chef de poste.

Art. 27. — Chaque perception budgétaire ou de trésorerie est inscrite sur le livre de recettes, par ordre de date et de numéro, avec le paragraphe de l'article du tarif qui l'autorise, l'énoncé sommaire de l'acte qui y donne lieu, et les noms et qualité du requérant. Elle entraîne la délivrance d'une quittance détachée du registre à souche. Il est, en outre, fait mention, sur les minutes et sur chaque expédition des actes, du montant du droit acquitté, du paragraphe de l'article du tarif qui l'autorise, ainsi que du numéro sous lequel la perception est inscrite sur le registre à souche et sur le livre de recettes.

Art. 28.— Les chefs de poste peuvent autoriser, sous leur responsabilité personnelle et pour les cas déterminés par le tarif ou par les instructions du ministre des affaires étrangères (direction des affaires commerciales), la délivrance gratis, ou avec réduction de droits, de divers actes émanant de leur chancellerie. Les autorisations doivent être remises par écrit aux chanceliers ; elles sont nominatives et motivées.

Art. 29. — Les actes que les chanceliers ont été autorisés à délivrer gratis sont inscrits sur le livre de recettes à leur ordre de date, mais dans une partie distincte de ce livre. Une série spéciale de numéros d'ordre leur est consacrée. Mention est faite sur le livre de recettes des motifs donnés dans l'autorisation.

Ces actes ne sont pas inscrits sur le registre à souche.

Art. 30. — Les remboursements de droits indûment perçus dans les chancelleries diplomatiques et consulaires sont effectués, soit par suite de jugements, soit en vertu de décisions spéciales du ministre des affaires étrangères, soit sur arrêts de la Cour des comptes. Ils sont imputés sur le crédit ouvert au budget du Ministère des finances pour les remboursements sur produits indirects et divers. Les rapports de liquidation et les pièces justificatives à l'appui sont adressés au ministre des finances (direction générale de la comptabilité publique), qui délivre sur la caisse centrale du Trésor, au nom de l'agent comptable des chancelleries diplomatiques et consulaires, une ordonnance de remboursement, à charge par ce dernier de rapporter ultérieurement la quittance de l'ayant-droit. Le montant de cette ordonnance est transmis, en une traite sur le Trésor, au chancelier du poste où le payement matériel doit être effectué.

Art. 31. — Les reversements en recette que les chanceliers peuvent être mis en demeure d'opérer s'effectuent en vertu d'ordres émanant de la direction de la comptabilité. Les sommes reversées par suite de ces ordres figurent dans les écritures des comptables à la date de leur encaissement effectif.

Art. 32. — Les dépenses des postes diplomatiques et consulaires se composent :

1° Des dépenses budgétaires ;

2° Des dépenses de trésorerie ;

3° Des remboursements de dépôts en numéraire ;

4° Des dépenses concernant les naufrages.

Art. 33. — Les dépenses budgétaires comprennent les frais de service et de chancellerie et les pertes sur le change.

Les dépenses de trésorerie comprennent les payements de traites pour le compte du Ministère des affaires étrangères, aux termes des articles 13 et 14 du présent décret; les envois de fonds en traites à l'ordre du caissier-payeur central (Art. 51, 63 et suivants), et les avances pour divers correspondants administratifs (Art. 49 et suivants). Les remboursements de dépôts sont effectués conformément à l'ordonnance du 24 octobre 1833 et aux dispositions du présent décret. Les dépenses concernant les naufrages comprennent les frais énoncés dans l'ordonnance du 29 octobre 1833.

Art. 34. — Les frais de service et de chancellerie sont liquidés par l'administration centrale (direction de la comptabilité), sur états spéciaux transmis par les postes diplomatiques et consulaires. Ces états sont appuyés des pièces justificatives prescrites par le règlement de comptabilité du Ministère des affaires étrangères. Les payements de traites pour le compte du Ministère des affaires étrangères sont appuyés des traites acquittées par les parties prenantes. Les avances pour le compte des ministères et des correspondants administratifs sont justifiées par les quittances des parties prenantes et les pièces des dépenses dressées dans la forme prescrite par les règlements de comptabilité des divers ministères.

Art. 35. — Les chanceliers tiennent pour les dépenses qu'ils effectuent :

1° Un livre de détail des dépenses budgétaires et de trésorerie ;

2° Un registre de remboursement des dépôts en numéraire ;

3° Un registre des payements concernant les naufrages.

Art. 36. — Les dépenses de toute nature sont inscrites à leur date sur les livres mentionnés à l'article précédent. Les modèles de ces livres sont arrêtés par le ministre des affaires étrangères, de concert avec le ministre des finances ; ils doivent être côtés et paraphés par chaque chef de poste.

Art. 37. — Les fonds provenant des recettes budgétaires et de trésorerie effectués dans les postes diplomatiques ou consulaires sont affectés au payement des frais de service et de chancellerie. Les fonds provenant des dépôts sont réservés pour l'acquittement des remboursements. Les fonds provenant des naufrages sont employés comme il est dit à l'article 58.

Art. 38. — Tout chef de poste est tenu, le premier jour de chaque trimestre, d'indiquer, d'après le cours moyen du trimestre précédent, un change fixe auquel s'effectueront les recettes et les dépenses de sa chancellerie pendant toute la durée du trimestre. Le cours moyen dont il vient d'être parlé est celui du papier à vue ou du papier court sur Paris. Il est justifié par un certificat signé de deux banquiers, courtiers et négociants, et joint aux pièces fournies à l'appui du compte trimestriel.

Art. 39. — Le change fixé pour les opérations de la chancellerie est inscrit sur un tableau affiché dans le bureau, de manière à pouvoir être consulté par les intéressés.

Toutefois, dans le cas où le change éprouverait, dans le cours d'un trimestre, une variation importante, le chef de poste est autorisé à modifier le change fixé au commencement du trimestre, sauf à en justifier par un certificat de change, et à en rendre compte lors de l'envoi de son compte trimestriel.

Art. 40. — Sont dispensés de l'obligation de fournir le certificat de change prescrit par l'article 38, les postes dont les recettes et les dépenses s'effectuent à un change fixé par une décision ministérielle.

Art. 41. — Les chanceliers se conforment aux dispositions de l'ordonnance du 24 octobre 1833, pour les dépôts de sommes d'argent, valeurs, marchandises et effets mobiliers effectués dans les chancelleries.

Ils en demeurent comptables sous le contrôle des chefs de mission et des consuls.

Les dépôts en numéraire sont inscrits au journal à souche spécial mentionné à l'article 26. Les remboursements figurent sur le registre prescrit à l'article 35.

Quont aux dépôts en valeurs, marchandises et effets mobiliers, l'entrée et la sortie en sont constatées sur un carnet d'ordre, avec indication de la valeur estimative des objets déposés.

Art. 42. — Les chefs de mission et les consuls vérifient la caisse de la chancellerie, ainsi que les livres et les écritures, toutes les fois qu'ils le jugent utile. Ils s'assurent également de l'existence des objets déposés d'après le carnet susmentionné. Cette vérification est obligatoire au dernier jour de chaque trimestre.

Les livres et les écritures sont arrêtés à la même époque par le chef de poste, qui dresse un procès-verbal constatant la situation de la caisse et celle des écritures.

Art. 43. — Dans les cinq premiers jours de chaque trimestre, les chanceliers établissent un compte des opérations effectuées par eux pendant le trimestre précédent.

Ce compte indique :

1° Le change fixe auquel ces opérations ont été faites.

2° L'excédent de recettes existant au commencement du trimestre, en francs, et sa conversion en monnaie étrangère ;

3° Les recettes et dépenses budgétaires et de trésorerie effectuées dans le cours du trimestre, en monnaie étrangère et en francs ;

4° L'excédent des recettes sur les dépenses ou des dépenses sur les recettes au dernier jour du trimestre.

Les comptes trimestriels comprennent, en outre, dans des cadres distincts :

1° Un résumé des entrées et des sorties des dépôts en numéraire, ainsi que l'indication de la valeur estimative des dépôts en valeur, marchandises et effets mobiliers non retirés à la fin du trimestre ; 2° un résumé des recettes et des dépenses concernant les naufrages.

Les recettes et les dépenses budgétaires et de trésorerie y sont détaillées par articles, suivant les divisions ci-après, savoir :

RECETTES.

Recettes budgétaires. — Produit des actes de chancellerie ; recettes diverses, y compris les bénéfices sur le change.

Recettes de trésorerie. — Recouvrements pour divers correspondants administratifs ; traites encaissées à titre d'avances.

DÉPENSES.

Dépenses budgétaires. — Frais de service et de chancellerie ; perte sur le change.

Dépenses de trésorerie. — Envois de fonds en traites à l'ordre du caissier-payeur central du Trésor ; payement de traites pour le compte du ministère des affaires étrangères ; avances pour divers correspondants administratifs

Art. 44. — Les bénéfices de change sont considérés comme reversements de fonds sur dépenses du Ministère des affaires étrangères, et, comme tels, ils peuvent être repris à son crédit en exécution de l'article 45 du décret du 31 mai 1862.

Art. 45. — Les comptes trimestriels sont dressés en triple

expédition. Ils sont certifiés véritables par les chanceliers, visés et vérifiés par les chefs de mission ou les consuls. L'une des expéditions demeure déposée dans les archives de la mission diplomatique ou du consulat. Les deux autres expéditions sont adressées au Ministère des affaires étrangères (direction de la comptabilité), avec le procès-verbal de vérification de la caisse et des écritures dressé par le chef de poste au dernier jour du trimestre, et les pièces justificatives des opérations de recette et de dépense.

La forme des comptes trimestriels, ainsi que la nature des justifications à produire, sont déterminées par les instructions données par le ministre des affaires étrangères (direction de la comptabilité), de concert avec le ministre des finances. Les autorisations en vertu desquelles les chanceliers auraient délivré certains actes gratis, ou avec réduction de droits, sont comprises dans les justifications envoyées à la direction de la comptabilité.

Art. 46. — A chaque mutation de chancelier titulaire ou substitué, le chef de poste vérifie la caisse du comptable sortant, clôt et arrête les registres. Il dresse procès-verbal de cette double opération. Ce procès-verbal est immédiatement transmis au Ministère des affaires étrangères (direction de la comptabilité).

Art. 47. — Chaque chancelier n'étant comptable que des actes de sa gestion personnelle, doit, en cas de mutation, rendre compte séparément des faits qui le concernent ; en conséquence, il est établi autant de comptes qu'il s'est succédé de chanceliers titulaires ou substitués dans le cours d'un même trimestre.

Art. 48. — Pour obtenir la restitution de leur cautionnement, les chanceliers ou leurs ayants-droit doivent produire un certificat de quitus délivré par l'agent comptable des chancelleries diplomatiques et consulaires, et visé, tant par le directeur de la comptabilité au Ministère des affaires étrangères, que par le directeur général de la comptabilité publique au Ministère des finances.

TITRE V.

RECETTES ET DÉPENSES POUR COMPTE DE DIVERS CORRESPONDANTS ADMINISTRATIFS.

Art. 49. — Les recettes et les dépenses faites pour le compte d'autres ministères et de divers correspondants administratifs sont traitées comme recettes et dépenses de services et inscrites sur le compte trimestriel.

Art. 50. — Les recettes effectuées à l'étranger pour le compte d'autres départements ministériels et de divers correspondants administratifs sont mises à leur disposition par le Ministère des affaires étrangères, au moyen d'un payement de trésorerie.

Art. 51. — Dans le cas où une recette excèderait sensiblement les besoins du poste où elle est effectuée, le montant devrait en être transmis intégralement au département des affaires étrangères, au moyen d'une traite à l'ordre du caissier-payeur central du Trésor public et dans la forme indiquée au titre suivant (Art. 63 et suivants).

Art. 52. — Lorsque les dépenses concernant les différents départements ministériels ou administrations sont faites par des agents qui ont à Paris un fondé de pouvoirs autre que l'agent comptable des chancelleries diplomatiques et consulaires, les pièces justificatives de ces dépenses sont transmises par le département des affaires étrangères aux Ministères et administrations intéressés. Ceux ci en remboursent le montant, augmenté de la bonification de 2 p. 100 prévue par l'article 62 du présent décret : entre les mains, soit du fondé de pouvoirs de l'agent, si l'avance a été faite de ses deniers personnels, soit de l'agent comptable des chancelleries diplomatiques et consulaires, si la dépense a été payée sur l'encaisse de la chancellerie.

Art. 53. — Lorsque des dépenses sont faites par des agents qui sont payés en traites et reçoivent des avances, conformément aux dispositions contenues dans le titre VI du présent décret, les pièces justificatives sont transmises de la même manière, et le montant en est remboursé au moyen d'ordonnances au nom de l'agent comptable des chancelleries diplomatiques et consulaires.

Art. 54. — Si une dépense concernant la marine excède les ressources dont le consulat peut disposer, l'agent doit, lorsque les circonstances le permettent, demander directement au Ministère de la marine l'autorisation de faire traite sur le Trésor.

Art. 55. — Dans le cas où les dépenses ont une urgence telle qu'elles doivent être effectuées sans qu'il soit possible d'attendre une réponse du ministre de la marine, les agents peuvent s'en couvrir au moyen de traites tirées d'office, conformément à l'article 95 du décret de la comptabilité publique du 31 mai 1862.

Art. 56. — Dans le cas prévu par l'article 55, la lettre d'avis d'émission de la traite, ainsi que les pièces justificatives de la dépense, comprenant un certificat de change, doivent être adressées au ministère de la marine sans aucun retard.

Art. 57. — L'agent qui a tiré une traite pour le service de la marine n'a droit, sur les dépenses effectuées, à aucune bonification ; mais le montant de la traite doit comprendre les frais de négociation.

Art. 58. — Les dépenses concernant les naufrages sont réglées au moyen de traites tirées sur le Trésor, lorsque les recettes provenant des mêmes opérations sont insuffisantes pour les couvrir. Ces traites sont soumises à l'acceptation du ministre de la marine.

Les recettes provenant de naufrages sont transmises directement au Ministère de la marine au moyen de traites à l'ordre du trésorier général des Invalides, lorsqu'elles ne sont pas employées à acquitter les dépenses.

Les recettes et dépenses concernant les naufrages font l'objet d'une liquidation provisoire dont les résultats sont transmis directement, avec les pièces à l'appui, au Ministère de la marine.

Art. 59. — Les dépenses faites pour le compte du Ministère de la marine au moyen de l'émission de traites sont inscrites dans un tableau spécial du compte trimestriel, ainsi que les recettes provenant des naufrages.

TITRE VI.

AVANCES AUX AGENTS DIPLOMATIQUES ET CONSULAIRES.

Art. 60. — Lorsque la caisse de la chancellerie n'a pas les ressources nécessaires pour acquitter les frais de service, les frais de chancellerie et les dépenses pour le compte des différents départements ministériels, le chef de poste est tenu de suppléer de ses deniers personnels à l'insuffisance des fonds.

Art. 61. — L'excédant des dépenses sur les recettes représente l'avance dont il a le droit de réclamer le rembour sement.

Art. 62. — Les chefs de poste reçoivent, en compensation

des frais qui résultent pour eux de ces avances, une bonification de 2 p. 100 sur la somme qui leur est remboursée par le Ministère des affaires étrangères et par les autres départements ministériels.

Art. 63. — Dans le cas où les recettes excéderaient les dépenses, la différence serait, au commencement de chaque trimestre, transformée en une traite en monnaie française à l'ordre du caissier-payeur central du Trésor public.

Art. 64. — Les traites de cette nature sont adressées au Ministère des affaires étrangères (direction de la comptabilité) avec une déclaration délivrée par le chef de poste pour constater la perte ou le bénéfice résultant de la conversion des valeurs, ladite déclaration appuyée d'un certificat de change.

Art. 65. — En cas de bénéfice, le montant en est immédiatement constaté par un article spécial sur le registre à souche et sur le livre de recettes.

Art. 66. — En cas de perte, le montant en est également constaté sur le livre de détail des dépenses et il est repris sur le relevé des dépenses budgétaires.

Les chefs de poste inscrivent sur un carnet spécial l'émission successive des traites, avec indication du bénéfice ou de la perte qui en a été la conséquence.

Art. 67. — Les agents qui auront demandé et obtenu d'être payés par traites, peuvent recevoir du Ministère des affaires étrangères, dans la même forme, des avances destinées à acquitter les différentes dépenses énumérées dans l'article 33 du présent décret, autres que les remboursements de dépôts et les dépenses concernant les naufrages. Ces avances sont faites dans la forme de celles accordées pour l'exploitation des services régis par économie, conformément à l'article 94 du décret du 31 mai 1862, et sauf les dérogations spécifiées ci-après.

Art. 68. — A cet effet, le ministre des affaires étrangères est autorisé à ordonnancer, au nom de l'agent comptable des chancelleries diplomatiques et consulaires, une avance égale au quart du crédit ouvert au budget de son département pour les frais de service et de chancellerie.

Art. 69. — L'ordonnance en vertu de laquelle cette avance est faite est accompagnée d'un état nominatif des agents qui doivent y participer, et acquittée par l'agent comptable des chancelleries diplomatiques et consulaires. L'émission, l'acceptation et l'envoi des traites se font dans les formes prescrites par les articles 5 et suivants du présent décret.

Art. 70. — L'agent comptable peut obtenir des avances pendant trois trimestres consécutifs, mais l'avance relative au premier trimestre doit être justifiée dans le cours du troisième trimestre, celle du second dans le cours du quatrième, et ainsi de suite.

Art. 71. — Dès que l'agent comptable a réuni des pièces justificatives suffisantes pour couvrir le montant d'une ordonnance d'avances, il les adresse au caissier du Trésor avec un bordereau, dans la forme prescrite par les règlements, pour être annexées à ladite ordonnance. Dans le cas où les justifications produites excéderaient le montant de l'avance, l'excédant serait, comme d'usage, admis à valoir sur la justification de l'avance subséquente.

Art. 72. — Le chef de poste qui reçoit une avance en une traite à son ordre, doit en verser immédiatement l'équivalent en monnaie étrangère dans la caisse de sa chancellerie. Cet équivalent est calculé au cours du change fixé pour le trimestre. Le chancelier lui délivre une quittance à souche, et porte le montant intégral de ladite avance en monnaie étrangère et en francs dans ses écritures.

Art. 73. — Le chef de poste qui reçoit des avances n'a pas le droit à la bonification de 2 p. 100 prévue par l'article 62 du présent décret.

Art. 74. — Les agents vice-consuls n'ont pas la faculté de demander et de recevoir des avances.

TITRE VII.

AGENTS VICE-CONSULS ET AGENTS CONSULAIRES.

Art. 75. — Les agents vice-consuls rétribués directement sur le budget du Ministère des affaires étrangères sont comptables au même titre que les chanceliers des missions diplomatiques et consulaires, et demeurent soumis aux mêmes obligations en ce qui concerne les cautionnements, la perception des droits de chancellerie et des recettes de trésorerie, la comptabilité des dépôts et des naufrages, la tenue des livres et écritures, la formation des comptes trimestriels et la production des pièces comptables.

Ils sont placés sous le contrôle des chefs de mission diplomatique ou des consuls dont ils relèvent. Ils peuvent, sous leur responsabilité personnelle, et pour les cas déterminés par le tarif ou les instructions du ministre des affaires étrangères (direction des affaires commerciales), délivrer des actes gratis, ou avec réduction de droits, à charge d'en faire mention dans leurs écritures, suivant la forme indiquée par les instructions ministérielles.

Art. 76. — Ils adressent au chef de poste, en triple expédition, les comptes trimestriels destinés à la direction de la comptabilité.

Les comptes trimestriels sont appuyés d'une copie dûment certifiée du livre de recettes et d'un état constatant la situation de la caisse au dernier jour du trimestre, sans préjudice des autres pièces nécessaires pour établir la régularité des opérations.

Ils sont contrôlés par le chef de poste et revêtus de son *vu et vérifié*. Deux expéditions en sont transmises par lui, avec les pièces à l'appui, au Ministère des affaires étrangères (direction de la comptabilité); la troisième expédition reste déposée dans les archives de la mission diplomatique ou du consulat.

Art. 77. — Les vice-consuls recevant un traitement fixe sur les crédits du Ministère des affaires étrangères ont droit, comme les chanceliers, aux remises proportionnelles de 5 p. 100 sur le montant des droits de chancellerie perçus par eux, dont il est question à l'article 23. Les retenues pour le service des pensions civiles sont exercées conformément aux dispositions du même article.

Art. 78. — Dans le cas où les recettes d'un vice-consulat, dont le titulaire reçoit un traitement fixe, excèderaient ses dépenses, le solde en caisse serait converti, tous les trois mois, en une traite à l'ordre du caissier-payeur central du Trésor public, qui est envoyée directement au Ministère des affaires étrangères (direction de la comptabilité) avec les certificats constatant le bénéfice ou la perte sur le change. Les agents tiennent un carnet spécial pour l'émission de ces traites. Ils donnent immédiatement avis de chaque émission au chef de poste dans la circonscription duquel ils sont placés.

Art. 79. — En cas d'absence, de mutation, de démission ou de décès d'un vice-consul rétribué, le chef de la mission diplomatique ou le consul avise aux mesures nécessaires pour sauvegarder les intérêts du Trésor, s'il n'y a été pourvu par le ministre des affaires étrangères.

Art. 80. — Les dépenses que les vice-consuls rétribués ont été exceptionnellement autorisés à faire sont liquidées, ordonnancées et payées comme celles des chancelleries diplomatiques et consulaires.

Art. 81. — Les vice-consuls non rémunérés sur les crédits du budget du Ministère des affaires étrangères, et les agents consulaires, conservent, à titre d'honoraires ou d'indemnité de frais de bureau, les taxes qu'ils sont autorisés à percevoir. Ils sont placés sous le contrôle des chefs de poste dont ils relèvent. Ils sont soumis, en outre, aux mêmes obligations que les vice-consuls rétribués, en ce qui concerne la perception des droits de chancellerie, l'inscription de leurs recettes sur un registre spécial et la mention du payement des droits sur les actes délivrés.

Aux époques et dans les conditions déterminées par les instructions ministérielles, ils produisent le relevé des recettes qu'ils ont effectuées, en y joignant une quittance des sommes retenues par eux. Toutefois, ces opérations ne donnent lieu qu'à une vérification administrative et ne sont inscrites dans aucun des comptes et bordereaux transmis au Trésor par l'agent comptable des chancelleries diplomatiques et consulaires.

TITRE VIII.

AGENT COMPTABLE DES CHANCELLERIES DIPLOMATIQUES ET CONSULAIRES.

Art. 82. — L'agent comptable des chancelleries diplomatiques et consulaires est nommé par décret du Président de la République, sur la proposition du ministre des affaires étrangères et avec l'agrément du ministre des finances. Il est assujetti à un cautionnement de 20,000 fr., qui est réalisé en numéraire. Il prête serment devant la Cour des comptes.

Art. 83. — L'agent comptable centralise et vérifie toutes les opérations de comptabilité effectuées par les chanceliers des missions diplomatiques et consulaires et par les vice-consuls rétribués. Il décrit ces opérations dans ses écritures d'après les comptes trimestriels et suivant les formes qui seront réglées de concert entre le ministre des affaires étrangères et le ministre des finances.

Art. 84. — Les traites envoyées par les chefs de mission, les consuls et vice-consuls rétribués, comme représentant l'excédant des recettes sur les dépenses, sont transmises par l'agent comptable au caissier-payeur central. L'agent comptable se charge en recette de tous les recouvrements budgétaires et de trésorerie dont le montant est transmis en traites ou en pièces de dépenses. Il en délivre aux agents percepteurs des récepissés à talon, qui sont visés conformément à l'article 1er de la loi du 24 avril 1833. Le directeur de la comptabilité est chargé de ce visa ; il peut déléguer sa signature à l'un des employés placés sous ses ordres.

Les récepissés délivrés par l'agent comptable opèrent la libération des agents percepteurs. Les versements en traites que l'agent comptable fait au caissier central du Trésor donnent lieu à la délivrance, par ce dernier, de récepissés à talon au profit de l'agent comptable, et celui-ci les produit comme pièces de dépenses à la Cour des comptes.

Art. 85. — Tous les trois mois, l'agent comptable établit un bordereau général des opérations effectuées dans les différents postes et centralisées dans ses écritures.

Ce bordereau général est transmis au Ministère des finances (direction générale de la comptabilité publique), accompagné des comptes trimestriels des chanceliers et vice-consuls rétribués, ainsi que des pièces justificatives à l'appui.

Art. 86. L'agent comptable est, en outre, chargé d'encaisser, à Paris, le produit des légalisations opérées au Ministère des affaires étrangères. Il en délivre aux parties intéressées une quittance extraite d'un livre à souche et en verse le montant à la caisse centrale du Trésor public.

Art. 87. — Il procède de la même manière en ce qui concerne les provisions versées par des particuliers pour des actes à obtenir ou des instances à suivre à l'étranger. Après règlement, la somme formant excédant de versement est remboursée aux intéressés.

Art. 88. — Chaque année, l'agent comptable dresse le compte de sa gestion à soumettre au jugement de la Cour des comptes.

Ce compte, qui récapitule les comptes trimestriels, est affirmé, sous les peines de droit, par l'agent comptable, et visé tant par le directeur de la comptabilité que par le directeur général de la comptabilité publique.

Il présente la situation des agents percepteurs au premier jour de la gestion, les recettes et les dépenses de toute nature effectuées pendant l'année, enfin la situation des agents percepteurs au 31 décembre, avec l'indication des valeurs en caisse.

Art. 89. — Le compte de gestion de l'agent comptable,

accompagné des comptes trimestriels des agents percepteurs, est adressé au Ministère des finances (direction générale de la comptabilité publique), qui est chargé de le transmettre à la Cour des comptes avec les pièces à l'appui.

Art. 90. — L'agent comptable étant seul justiciable de la Cour des comptes, provoque les mesures nécessaires pour obtenir les justifications et compléments de justification réclamés par les arrêts de la Cour.

Dans les cas de forcement en recette ou de rejet de dépenses, il doit fournir, soit la preuve du versement au Trésor de la somme dont il a été forcé en recette ou qui a été rejetée de la dépense, soit un arrêt d'exonération rendu à son profit ou à celui de l'agent percepteur par le ministre des affaires étrangères, après imputation sur son budget de la somme faisant l'objet de l'exonération, soit enfin un arrêté de débet pris par le même ministre contre l'agent percepteur en cause ; ce dernier arrêté est appuyé de la preuve de sa notification à l'agent judiciaire du Trésor et à la direction générale de la comptabilité publique.

Art. 91. — En cas de mutation de l'agent comptable dans le courant de l'année, le compte annuel est divisé suivant la durée de la gestion des différents titulaires, et chacun d'eux rend séparément le compte des opérations retracées dans ses écritures.

Art. 92. — L'agent comptable sorti de fonctions ou ses ayants cause, pour obtenir le remboursement du cautionnement réalisé en exécution de l'article 82, doivent produire :

1° Une expédition de l'arrêt de quitus de la Cour des comptes, délivrée par le greffier en chef ;

2° Le certificat de libération définitive, délivré par le directeur général de la comptabilité publique, en exécution de l'ordonnance du 22 mai 1825.

TITRE IX.

DISPOSITIONS DIVERSES.

Art. 93. — La direction des affaires commerciales conserve dans ses attributions la correspondance administrative ressortissant au service des chancelleries, la préparation, la publication et la révision des tarifs, la rédaction et l'envoi des instructions relatives à leur mise en vigueur, à leur interprétation et à leur application.

Art. 94. — La direction de la comptabilité au Ministère

des affaires étrangères contrôle l'application des tarifs et les opérations de comptabilité effectuées dans les postes diplomatiques et consulaires. Elle a dans ses attributions les questions relatives au change de perception. Elle poursuit auprès des agents le redressement des erreurs de comptabilité et la rectification des perceptions reconnues irrégulières.

Art. 95. — Seront abrogées toutes dispositions contraires à celles contenues dans le présent décret, à partir de sa mise en vigueur, dont la date sera ultérieurement fixée.

Art. 96. — Les ministres des affaires étrangères, de la marine et des finances, sont chargés, chacun en ce qui le concerne, de l'exécution du présent décret.

Fait à Paris, le 14 août 1880.

JULES GRÉVY.

DÉCRET DU 18 SEPTEMBRE 1880 SUR LE DROGMANAT.

Le Président de la République française,

Décrète :

Art. 1er. — Le drogmanat pour les langues arabe, turque et persane, et l'interprétariat pour les langues chinoise, japonaise et siamoise et pour les langues slaves, se composeront dorénavant de drogmans adjoints et d'interprètes adjoints, de drogmans auxiliaires et d'interprètes auxiliaires.

Art. 2. — Les drogmans et interprètes seront divisés en trois classes; la classe étant attachée à la personne de l'agent indépendamment du poste où il exerce ses fonctions.

Art. 3. — La première classe comprendra cinq drogmans et trois interprètes, et la deuxième classe dix drogmans et cinq interprètes.

Seront rangés dans la troisième classe tous les autres drogmans et interprètes.

Art. 4. — Le nombre des drogmans adjoints et celui des interprètes adjoints sont fixés respectivement à cinq.

Art. 5. — Nul drogman ou interprète ne pourra être promu à une classe supérieure qu'après trois années au moins d'exercice dans la classe précédente.

Art. 6. — Nul ne pourra être nommé drogman ou interprète de troisième classe, s'il n'a été au moins trois ans attaché, en qualité de drogman adjoint ou d'interprète adjoint, à un poste diplomatique ou consulaire.

Art. 7. — Les drogmans adjoints et interprètes adjoints sont recrutés : 1° parmi les élèves drogmans et les élèves interprètes diplômés, c'est-à-dire parmi les anciens « jeunes de langues » munis du diplôme de bachelier ès-lettres et qui auront suivi avec succès les cours de l'École spéciale des langues orientales vivantes ; 2° parmi les autres élèves, français et diplômés, de la dite École ; 3° parmi les drogmans auxiliaires jouissant de la qualité de Français, ayant, après trois mois de stage, subi devant une commission spéciale un examen d'aptitude dont le programme sera fixé par arrêté ministériel.

Art. 8. — Les drogmans et interprètes, les drogmans et interprètes adjoints, âgés de vingt-cinq ans au moins, pourront être chargés des fonctions de chancelier, sans que cette désignation modifie leur situation hiérarchique.

Art. 9. — Les fonctions de drogman auxiliaire et d'interprète auxiliaire seront, autant que possible, confiées à des Français ayant satisfait à la loi militaire.

Art. 10. — Les drogmans et interprètes pourront, sans quitter la carrière du drogmanat et de l'interprétariat, obtenir le grade de consul de deuxième classe après dix ans de service, dont trois au moins comme drogmans ou interprètes de première classe, et celui de consul de première classe après cinq ans de grade de consul de deuxième classe.

Art. 11. — Les secrétaires interprètes à Paris, pour les langues orientales vivantes, et le premier drogman de l'ambassade de la République française à Constantinople, pourront être promus au grade de consul général, lorsqu'ils auront cinq années de grade de consul de première classe.

Art. 12. — Les deux brevets de secrétaire interprète institués par l'ordonnance du 3 mars 1781 et maintenus par celle du 20 août 1833 seront, à l'avenir, décernés, à titre de récompense, l'un au drogman et l'autre à l'interprète de deuxième ou de troisième classe qui se seront signalés par des travaux de linguistique ou de traduction française d'ouvrages en langues orientales vivantes.

Ces travaux seront adressés en manuscrit au ministre des affaires étrangères, pour être soumis, au commencement de chaque année, à l'examen d'une commission spéciale composée d'un secrétaire interprète à Paris, d'un professeur au Collège de France et d'un professeur à l'École spéciale des langues orientales vivantes ; tous ceux qu'elle en jugerait dignes seront publiés par les soins de l'administration.

Un prix de quinze cents francs, renouvelable d'année en année, sera attribué au drogman et à l'interprète qui auront obtenu les deux derniers brevets, jusqu'à ce qu'un autre drogman ou interprète ait mérité le brevet ou le rappel de cette distinction.

Art. 13. — Un délégué du Ministère des affaires étrangères sera chargé de la surveillance des études des « jeunes de langues » ainsi que des élèves drogmans et autres élèves interprètes.

Art. 14. — Les conditions de stage spécifiées dans les articles 5 et 6 ne sont pas exigées des drogmans et interprètes actuellement en fonctions, pour qu'ils puissent être promus à la classe supérieure à celle qui leur sera assignée conformément au présent décret.

Art. 15. — Le traitement de disponibilité sera de 2,400 fr. pour les drogmans et interprètes de première classe qui n'auraient pas droit à une allocation plus élevée, soit comme ayant été nommés premier drogman ou secrétaire interprète de l'ambassade de la République française à Constantinople antérieurement au présent décret, soit comme ayant le grade de consul de première classe.

Art. 16. — Le ministre des affaires étrangères est chargé de l'exécution du présent décret, qui sera inséré au *Bulletin des lois*.

Fait à Paris, le 18 septembre 1880

JULES GRÉVY.

TABLE DES CHAPITRES

DU TOME SECOND

CHAPITRE XI.

Droits et immunités des ministres publics. — Coup d'œil rétrospectif. — Quelles sont les prérogatives des ministres publics? — Origine et raison justificative de ces prérogatives. — L'inviolabilité. — Droit français. — Législations étrangères. — Question de l'inviolabilité appliquée aux envoyés des gouvernements étrangers près du Saint-Siège, et des envoyés du Saint-Siège près des gouvernements étrangers. — Loi péruvienne. — A quoi l'inviolabilité des ministres publics s'applique-t-elle ? — Point de départ de l'inviolabilité. — Jusques à quand dure-t-elle ? — Des représailles peuvent-elles justifier des actes de violence contre un ministre public ? — Le ministre offensé peut-il se faire droit lui-même de l'offense qu'un particulier lui aurait faite ? — Attaques par la presse. — Cas du chargé d'affaires britannique, du journal « *El Comercio* » et du journal « *La Voz del pueblo* ». — Loi française. — Sanction de l'inviolabilité. — Cas où cesse l'inviolabilité. — Position du ministre public à l'égard des tierces Puissances. — L'indépendance. — L'exterritorialité. — Base de la prérogative de l'indépendance. — Conséquences de l'indépendance. — Immunité des impôts. — Impôts que le ministre public ne paye pas. — Impôts personnels directs. — Logement des gens de guerre. — Impôts sur le capital et sur le revenu. — Décimes de guerre. — Droits de douane. — Gouvernement péruvien. — Résolution du 11 juillet 1829. —

Décret du 15 juillet 1845. — Cas de M. D.-J.-A. Garcia y Garcia, en 1868. — Correspondance entre le ministre des États-Unis d'Amérique et le ministre des relations extérieures du Pérou, en 1870, au sujet de l'exemption des droits de douane. — Résolutions du 26 juillet 1865 et du 4 juillet 1874. — Impôts que le ministre public doit payer. — Observation relative à l'immunité des impôts. — Le ministre public peut-il prétendre à ces immunités sur le territoire d'une tierce Puissance...... 1

CHAPITRE XII.

La franchise de l'hôtel. — Justification de cette immunité. — Base de cette immunité. — Limite de cette immunité. — Ne pas confondre la franchise de l'hôtel avec le droit d'asile d'autrefois. — Accord arrêté par le corps diplomatique résidant à Lima, le 19 mai 1865. — Affaire des ministres du général Pezet. — Protocole du 15 janvier 1867. — Protocole du 29 janvier 1867. — Mémorandum du 1er février 1867. — La franchise des quartiers — Franchise du mobilier. — Exemption de la juridiction de la police. — Immunité de la juridiction civile. — Ce que disent, à cet égard, les législations civiles. — L'immunité de juridiction civile est-elle absolue? — Exceptions. — 1° Actions réelles immobilières. — 2° Agent diplomatique exerçant le commerce. — 3° Cas où le ministre public se soumet par son propre fait au juge du lieu de sa résidence. — Un ministre public peut-il renoncer à l'immunité de juridiction civile? — Le ministre public sujet de l'État où il est accrédité par une Puissance étrangère jouit-il de l'immunité de la juridiction civile? — L'exemption de la juridiction s'étend-elle aux biens meubles du ministre public? — Les meubles servant au ministre public sont-ils susceptibles de revendication de la part du marchand non payé du prix, lorsque le ministre a cessé ses fonctions? — Le propriétaire d'un immeuble peut-il retenir les effets mobiliers d'un ministre public qui n'a pas satisfait aux conditions de location de l'hôtel occupé par sa légation? — L'immunité diplomatique s'oppose-t-elle à ce qu'un tribunal du pays où le ministre est accrédité commette un huissier pour notifier un jugement? — L'immunité met-elle obstacle à l'exécution de simples mesures conservatrices du droit des tiers? — Le ministre public peut-il se servir des autorités et des notaires du pays où il est accrédité? — Dans les cas exceptionnels où les agents diplomatiques pourront être assignés, comment l'exploit leur sera-t-il remis? — Des poursuites peuvent-elles être exercées contre des biens appartenant à un gouvernement étranger? — L'immunité de la juridiction civile n'existe-t-elle qu'au profit de la personne seule du ministre?.............................. 69

CHAPITRE XIII.

Immunité de la juridiction criminelle. — Exception à l'immunité de la juridiction criminelle. — Question relative au ministre étranger qui se trouve sujet de l'État où il est accrédité. — Un agent diplomatique peut-il être cité comme témoin dans un procès? — Un agent diplomatique peut-il se rendre demandeur en cause criminelle? — L'exemption de juridiction criminelle s'étend-elle aux personnes attachées à la mission, ou faisant partie de la suite du ministre? — — Affaire de l'emprunt de Costa-Rica, en 1857. — Expulsion de Bolivie de l'agent diplomatique du Pérou, en 1853. — De quoi se compose la suite d'un ministre public? — Personnes employées pour le service de la légation. — Les conseillers de légation. — Les attachés militaires. — Les attachés de légation. — Les chanceliers. — Les courriers. — Autres personnes employées dans les légations. — Membres de la famille du ministre public. — Son épouse. — Ses enfants. — Personnes attachées au ministre public pour son service personnel. — Le ministre public exerce-t-il un droit de juridiction sur les personnes de sa suite? — Juridiction volontaire. — Droit du culte privé ou domestique. — Autres immunités ou privilèges des ministres publics. — Le droit au cérémonial. — Existe-t-il vraiment une différence marquée, quant aux prérogatives, entre les ministres publics du premier rang et ceux du rang immédiatement inférieur? — Audiences diplomatiques — Distinctions honorifiques. — Titre d'Excellence. — Droit d'arborer le drapeau de son pays. — Honneurs funèbres. — Train de maison du ministre public 164

CHAPITRE XIV.

Nécessité des immunités diplomatiques au point de vue des négociations. — Les négociations. — Leur objet. — Manière de négocier. — L'art de négocier. — Qualités particulières d'un bon négociateur. — Responsabilité des négociateurs. — Opinion de M. D. Pedro Galvez, sur la responsabilité des négociateurs qui auraient été d'anciens fonctionnaires politiques. — Les Chambres ont-elles le droit d'émettre un vote de non-confiance contre les agents diplomatiques du pays ? — Emploi de la télégraphie dans les négociations diplomatiques. — Les conférences ; les congrès. — Objet des congrès et des conférences. — Caractère des congrès dans le monde moderne. — Le congrès de Panama.— Idée de la ligue latino-américaine.— Objet général que se proposaient les promoteurs de cette idée. — Bolivar. — Idée de Burke. — Pourquoi l'idée de Burke et celle plus pratique de Bolivar n'ont-elles pas réussi ?—La convention d'union, ligue et confédération, conclue le 6 juillet 1822 entre le Pérou et la République de Colombie.. — Traité du 10 juin 1823, entre la Colombie et Buénos-Ayres. — Circulaire de Bolivar, du 7 décembre 1824. — Réponse de la Colombie et du Chili. — Réunion du congrès de Panama. — Efforts faits par le gouvernement du Mexique en vue d'une réunion du congrès américain. — Congrès américain tenu à Lima, en 1847 et 1848. — Traité du 8 février 1848. — Stipulation de confédération. —

Alliance défensive. — Le « *casus fœderis* ». — Proposition du plénipotentiaire de Bolivie. — Les traités antérieurs sont-ils rompus par l'état de guerre? — Limites des territoires. — La médiation préalable et l'arbitrage international. — Le principe de non-intervention. — L'extradition. — Forces militaires de la confédération. — Attributions du congrès des plénipotentiaires. — Sort du traité de confédération. — Opposition faite à certaines dispositions du traité par le plénipotentiaire du Pérou. — Réponses des plénipotentiaires des autres républiques. — Jugement porté sur le traité de confédération. — Le traité de commerce du 8 février 1848. — Liberté de faire le commerce, etc. — Principes de droit maritime. — Reproches adressés au traité de commerce et de navigation. — Jugement porté sur ce traité. — La convention consulaire du 8 février 1848. — La convention postale du 8 février 1848. — Fin du congrès de 1847-1848. — Le traité continental du 15 septembre 1856. — Critique du traité continental par le ministre des relations extérieures de la République Argentine, M. D. Rufino Elizalde. — Appréciation du traité continental. — — Conférences de 1857. — L'union des républiques de l'Amérique centrale. — Circulaire du 11 janvier 1864, de M. D. Juan Antonio Ribeyro. — Appréciation de cette circulaire. — Réponse du Chili. — Réponse de la Bolivie. — Réponse du gouvernement colombien. — Ouverture des travaux du congrès de Lima. — Résultats des travaux du congrès de Lima de 1864. — Nouvelles tentatives en 1867. — Congrès américain de jurisconsultes de 1877. — Retour à la question de l'objet des conférences et des congrès. — Les congrès généraux. — Lettre de l'empereur Napoléon III, du 4 novembre 1863 258

CHAPITRE XV.

Réunion, tenue et travaux des congrès et des conférences. — Conventions préliminaires. — Pluralité des plénipotentiaires. — Premières opérations du congrès ou de la conférence. — La présidence du congrès ou de la conférence. — Le ministre des affaires étrangères peut-il faire régulièrement partie des négociateurs ? — Faut-il qu'il y ait parité de rang entre les plénipotentiaires ? — Discussion. — Délibérations. — Protocole. — Acte final. — Langue dont se servent les États dans les négociations. — Les traités, les conventions. — Forme des traités et des conventions. — De quoi ces actes internationaux se composent-ils, quant à la forme ? — Le préambule. — La désignation des plénipotentiaires. — La justification de la qualité pour négocier. — Les stipulations qui forment le corps du traité et en fixent la durée. — Les articles. — Articles principaux. — Articles accessoires. — Articles connexes. — Articles non-connexes. — Articles généraux. — Articles particuliers. — Articles séparés. — Articles secrets. — Les réserves. — Finale et autres énonciations dont se composent les traités et conventions. — La signature et l'alternat. — La ratification. — L'adhésion et l'accession aux traités. — Publication des traités et conventions. — Conditions essentielles des traités publics. — Le consentement. — Une cause licite. — La capacité. — Exécution des traités. — Effets des traités. — Sanction des traités. — Interprétation des traités. — Quels sont les pouvoirs compétents pour l'interprétation des traités ? — Conciliation des traités. — Fin des traités. — Confirmation ; prorogation ; renouvellement ; dénonciation ; modification des traités. — Déclarations. — Les traités secrets. — Significations diverses du mot *protocole*. — Les *bons offices*. — La *médiation*. — L'*arbitrage*. — La correspondance du ministère des affaires étrangères. — La politesse épistolaire. — L'*inscription*. — Le *traitement*. — La *courtoisie*. — La *souscription*. — La *date*. — La *réclame*. — La *suscription* — Le style diplomatique. — Quelles sont les diverses sortes d'écrits diplomatiques ? — Les *lettres*. — Les *dépêches*. — Les *offices*. — Les *notes*. — Notes confidentielles. — Notes verbales. — Notes *ad referendum*. — Les *protocoles*. — Les *memorandum*. — Les *manifestes*. — Les *conclusum*. — Les *ultimatum*. — Les *bulles*. — Les *encycliques*. — Les *brefs*. — La chancellerie et les chanceliers. 372

CHAPITRE XVI.

Comment les missions diplomatiques prennent fin. — Expiration du terme fixé pour la durée de la mission. — Fin de l'affaire ou de la négociation qui formait le but de la mission. — Rappel du ministre public. — Rappel sans cause de mésintelligence. — Exemple tiré de l'histoire diplomatique du Pérou. — Présents offerts au ministre rappelé. — Rappel pour cause de mésintelligence. — Décès du ministre public. — Apposition des scellés. — Succession du ministre public. — Droits de la famille du ministre public décédé. — Décès du constituant du ministre public. — Décès du souverain auprès duquel le ministre public était accrédité. — Observation relative aux chargés d'affaires. — Mort morale du constituant ou du souverain auprès duquel le ministre public était accrédité. — Démission du ministre public. — Révocation des agents diplomatiques. — Suppression des missions. — Décret de Ramon Castilla, du 9 janvier 1855. — Décret péruvien du 13 février 1877. — Décision ministérielle du 10 février de la même année. — Déclaration expresse ou tacite du ministre, portant que sa mission doit être regardée comme terminée. — Renvoi du ministre public. — Cas de changement survenu dans la classe et le rang diplomatique du ministre public. — Suspension des fonctions diplomatiques. — Effets de la suspension et de la fin des missions diplomatiques. — Les agents et commissaires. — Célébrités diplomatiques. — Antiquité. — Bas-Empire. — Souverains diplomates. — Guillaume III d'Angleterre. — Catherine II et Marie-Thérèse. — L'empereur Joseph II. — Frédéric II de Prusse. — Napoléon Ier. — Diplomates italiens. — Diplomates français. — Diplomates anglais. — Diplomates autrichiens. — Diplomates prussiens. — Diplomates russes, danois, suédois, hollandais. — Diplomates espagnols et portugais. — Hommes d'État et diplomates américains. — Les mémoires. 510

TABLE

DE L'APPENDICE

T. II PAGES

ORGANISATION ACTUELLE DES DIVERS SERVICES DE L'ADMINISTRATION CENTRALE DU MINISTÈRE DES AFFAIRES ÉTRANGÈRES DE FRANCE. — Rapport au président de la République française, du 23 janvier 1880. . 571

Décret du 23 janvier 1880 573

ATTRIBUTIONS DES DIVERS SERVICES ET CONSTITUTION DES CADRES DE L'ADMINISTRATION CENTRALE. — Rapport au ministre, du 31 janvier 1880 . . . 574

Arrêté du 1er février 1880, sur les attributions des différents services de l'administration centrale du Ministère des affaires étrangères. 577

Arrêté du 1er février 1880, sur les cadres des différents services de l'administration centrale du Ministère des affaires étrangères 581

Rapport au président de la République française du 18 septembre 1880, sur la direction des archives et de la comptabilité. 584

Décret conforme de la même date 585

COMITÉ DES SERVICES EXTÉRIEURS ET ADMINISTRATIFS. — Rapport au président de la République française, du 20 avril 1880 586

Décret conforme de la même date. 587

T. II PAGES

COMITÉ CONSULTATIF DU CONTENTIEUX. — Rapport au président de la République française, du 26 avril 1880 588

Décret conforme de la même date 588

ASSIMILATIONS ET ÉQUIVALENCES DES GRADES DE L'ADMINISTRATION CENTRALE ET DE LA CARRIÈRE EXTÉRIEURE. — DISPOSITIONS CONCERNANT LES SECRÉTAIRES D'AMBASSADE DE DEUXIÈME CLASSE ET LES ÉLÈVES-CONSULS. — Rapport au président de la République française, du 21 février 1880 . . . 589

Trois décrets conformes de la même date. . . 592, 593

POSITIONS DIVERSES DES AGENTS ET FONCTIONNAIRES DU MINISTÈRE DES AFFAIRES ÉTRANGÈRES. — Rapport au président de la République française, du 24 avril 1880 595

Décret conforme de la même date 596

FRAIS D'ÉTABLISSEMENT. — Rapport au président de la République française, du 30 avril 1880 599

Décret conforme de la même date. 600

CONDITIONS DE L'ADMISSION DANS LA CARRIÈRE DIPLOMATIQUE ET CONSULAIRE ET DANS L'ADMINISTRATION CENTRALE. — Note du 1er mars 1880 601

Arrêté du 27 février 1880 602

Rapport au président de la République française, sur l'institution de concours pour l'admission dans les services du Ministère des affaires étrangères, du 10 juillet 1880 603

Décret conforme de la même date 604

MODE DE NOMINATION. — Rapport au président de la République française, du 18 septembre 1880 . . 610

Décret conforme de la même date. 611

QUALIFICATION DES AGENTS DIPLOMATIQUES. — Rapport au président de la République française, du 19 avril 1880 612

T. II PAGES

Dispositions relatives aux cachets, timbres, écussons des postes diplomatiques et consulaires. — Arrêté du 30 avril 1880. 613

Costumes des agents diplomatiques et consulaires. — Arrêté du 30 avril 1880 614

Ordonnancement et payement des traitements. — Décret du 24 août 1880, sur l'ordonnancement et le payement des traitements des agents diplomatiques et consulaires. 614

Drogmanat. — Décret du 18 septembre 1880, sur le drogmanat. 633

TABLE

ALPHABÉTIQUE ET ANALYTIQUE

DES MATIÈRES CONTENUES DANS LES DEUX VOLUMES.

A

Abdication, t. I, p. 131. — Exemples, *id.*

Accession aux traités et conventions, t. II, p. 445 et suiv. — Effet de l'accession, *id.* — Formule 446, note. — L'accession est entrée dans la pratique générale des États modernes, 446.

Acteurs. Des acteurs ont été parfois choisis, chez les Grecs, pour ambassadeurs, t. I, p. 158, note 3.

Acte final. Ce qu'on entend par un acte final, t. II. p. 417. — Clause particulière qui s'y trouve ordinairement insérée, *id.* — Acte final du congrès de Vienne, 417, note 1.

Actes paroissiaux accomplis dans la chapelle du ministre public. Voir : *Culte.*

Action criminelle. Un agent diplomatique peut-il se rendre demandeur en cause criminelle ? t. II, p. 186 et suiv. — Cas où l'agent diplomatique se serait exposé à une poursuite criminelle, pendant l'exercice de ses fonctions à l'étranger, 187, note 1.

Action reconventionnelle. Un ministre public peut-il refuser de répondre à une action reconventionnelle ? t. II, p. 134 et suiv.

Actions réelles immobilières. Les actions réelles relatives aux biens immobiliers possédés par un agent diplomatique dans le pays de sa résidence tombent sous la juridiction territoriale, t. II, p. 128 et suiv.

« Actus ad omnes populos ». Voir : *Plein pouvoir.*

Adhésion aux traités et conventions, t. II, p. 445. — Effet de l'adhésion, *id.* — Formules, *id.*, note 1.

Administration centrale des affaires étrangères; son organisation. t. I, p. 205 et suiv. ; t. II, Appendice, p. 571 et suiv. — Voir : *Ministère des affaires étrangères.*

Admission des tierces Puissances dans les conférences et dans les congrès, t. II, p 375 et suiv.

« Ad referendum ». Sens de cette expression, t. I, p 370, note 2. — Voir : *Notes.*

Affaires à négocier. Comment elles s'introduisent, t. I, p. 468.

Age du ministre public, t. I, p. 339 et suiv.

Agents. Combien y a-t-il de sortes d'agents, t. II, p. 536 et suiv. — Simples agents, 536. — Agents secrets, 537. — Agents envoyés pour étudier les institutions d'un pays étranger, *id.* — Agents revêtus de pouvoirs formels, mais sans titre officiel et sans caractère diplomatique, *id.*

Agents des relations extérieures. Voir : *Ministres publics.*

Agents diplomatiques. Sont les représentants de leur propre nation, et non de celui qui les accrédite, t. I, p. 180. — Voir : *Ministres publics.*

Agents diplomatiques. Quels sont les agents diplomatiques, t. I, p. 248 et suiv. — Double qualité des agents diplomatiques, 249 et suiv. — Fonctionnaires publics et mandataires, *id.* — Voir: *Ministres publics.* — Cas où l'agent diplomatique envoyé auprès d'un gouvernement étranger est sujet de ce dernier, 252. — Voir : *Caractère international mixte.* — La création des classes distinctes d'agents diplomatiques est d'origine moderne, 264 et suiv. — Règlement de Vienne, du 19 mars 1815, sur le rang entre les agents diplomatiques,

265 et suiv. — Sur quoi la classification des agents diplomatiques est-elle basée? 267. — Protocole d'Aix-la-Chapelle, du 20 novembre 1818, 268 et suiv. — Rémunération des services diplomatiques, 320 et suiv.

Agents diplomatiques. Leurs devoirs et leurs attributions, t. I, p. 428 et suiv. — Voir : *Devoirs des agents diplomatiques ; Ministres publics.*

Agents extérieurs. Que faut-il entendre par les *agents extérieurs ?* t. I, p. 245 et suiv. — Diverses catégories d'agents extérieurs, 246 et suiv.

Agents politiques. Voir : *Ministres publics.*

Agents sans caractère public, t. I, p. 248.

Agréation. En quoi consiste l'*agréation,* t. I, p. 349 et suiv. — Définition et étymologie, 350, et même page, note 1. — Formalités de l'agréation, 350 et suiv. — Usage de Vienne, de Berlin, de Saint-Pétersbourg, usage danois, 352 et suiv. — Usage anglais, 353 — Résumé, 353 et suiv.

Aiguillon *(duc d').* Opinion du comte de Mercy-Argenteau sur ce ministre des affaires étrangères de France, t. I, p. 20. — Son mémoire sur l'immunité de juridiction des agents diplomatiques, t. II, p. 116 et suiv.

Aix-la-Chapelle. Paix d'Aix-la-Chapelle, de 1748, t. I, p. 52, en note. — Congrès d'Aix-la-Chapelle, de 1818, 53. — Protocole d'Aix-la-Chapelle, concernant les titres des souverains et des membres de leurs familles, *id.*, en note. — Protocole des conférences d'Aix-la-Chapelle, du 20 novembre 1818, au sujet des ministres résidents, t. I, p. 268 et suiv.

Alternat. Définition, t. I, p. 107. — Historique, 107 et suiv. — Usage de l'alternat, *id.* — Cet usage est aujourd'hui à peu près universel, 108. — Voir aussi, t. II, p. 438 et suiv.

Altesse. Application de cette qualification sans épithète, t. I, p. 68.

Altesse impériale. Application de cette qualification, t, I, p. 68.

Altesse royale. A qui applique-t-on cette qualification ? t I, p. 68.

Altesse sérénissime. Application de cette qualification, t. I. p. 68.

Ambassades. Les ambassades proprement dites sont devenues, de nos jours, beaucoup plus rares, t. I, p. 274.

Ambassades d'excuses. Exemple mémorable d'une ambassade d'excuses, t. I, p. 260, note 1.

Ambassades d'obédience, t. I, p. 127 et suiv.

Ambassades de révérence. Voir: *Ambassades d'obédience.*

Ambassadeurs. Étymologie de ce mot, t. I, p. 271, note 1. — Définition, 272. — Ce qu'il faut entendre par leur caractère représentatif, 272 et suiv. — Origine de la fiction de la représentation de la personne du monarque par l'ambassadeur, d'après Vattel, 272. — Principes du droit public contemporain à cet égard, 272 et suiv. — Opinion de Pinheiro-Ferreira sur l'avantage qu'il y aurait à supprimer le titre d'ambassadeur et les ambassadeurs, 273 et suiv. — Les ambassadeurs sont ordinaires ou extraordinaires, 274. — A quoi sert cette distinction? 274 et suiv. — Le droit d'envoyer des ambassadeurs n'appartient-il qu'aux Etats qui peuvent prétendre aux honneurs royaux? 279 et suiv. — Pratique généralement observée, 280.

Ambassadeurs. Réception des ambassadeurs, t. I, p. 399 et suiv. — Entrées des ambassadeurs, *id.* — Voltaire et les entrées des ambassadeurs, 401, note 1. — Réception de l'ambassadeur de France à Venise, 401. — Usage contemporain, 402 et suiv. — Points généralement observés, 403 et suiv. — Voir : *Discours d'audiences.* — Ancien cérémonial observé dans les cantons suisses, pour la réception des ambassadeurs, légats ou nonces, 405, note. — Réception dans les cours d'Orient, 405 et suiv.

Ambassadeurs. Existe-t-il une différence marquée, quant aux prérogatives, entre les ambassadeurs et les ministres extraordinaires et plénipotentiaires ? t. II, p. 236 et suiv. — Prérogatives des ambassadeurs à la cour du pape, 239. — Voir : *Audiences diplomatiques ; Distinctions honorifiques ; Titre d'Excellence.*

Ambassadeurs en mission ordinaire. Formule de la lettre de créance qui leur est remise, t. I, p. 381, note 1.

Ambassadeurs extraordinaires, t. I, p. 258, note 2.

Ambassadeurs extraordinaires. Distinction entre les ambassadeurs extraordinaires et ordinaires, t. I, p. 274. — A quoi sert cette distinction, 274 et suiv. — Sa portée, *id.*

Ambassadeurs extraordinaires. Formule de la lettre de créance qui leur est remise, t. I, p. 381, note 1.

Ambassadeurs extraordinaires et plénipotentiaires, t. I, p. 275.

Ambassadeurs ordinaires, t. I, p. 258, note 2. — Distinction entre les ambassadeurs ordinaires et extraordinaires, p. 274. — A quoi sert cette distinction, 274 et suiv. — Sa portée, *id.*

Ambassadeurs vénitiens. Leurs « *relazioni* », t. I, p. 37, en note.

Ambassadrice. Elle reçoit un traitement plus officiellement distingué que les épouses des autres ministres publics, t. II, p. 215. — Distinctions et honneurs qui lui sont attribués, *id.* — Usage de l'ancienne cour de France, quant à la présentation d'une ambassadrice qui venait de se marier, *id.* — Voir : *Culte.*

Amérique espagnole. Indication d'ouvrages sur l'Amérique espagnole, t. I, p. 33.

Amnistie (clause d'). Voir : *Préliminaires de paix.*

Ancillon (Frédéric), t. I, p. 449.

Angleterre. Organisation de l'administration centrale des affaires étrangères, t. I, p. 222. — Voir : *Ministère des affaires étrangères.*

Anniversaires, t. I, p. 134 et suiv.

« Apocrisiarii ». Ce qu'étaient les « *apocrisiarii* », t. I, p. 166.

Arbitrage. Définition, t. II, p. 471 et suiv. — En quoi il diffère de la médiation, 472. — Les mots *compromis* et *arbitrage* sont synonymes, *id.* — Voir : *Compromis.* — Une convention préliminaire fixant les limites des pouvoirs des arbitres est nécessaire, en matière d'arbitrage, 473. — Voir : *Arbitres.* — Procédure de l'arbitrage, lorsqu'une difficulté internationale est déférée à un monarque, ou à un président de république ? 477 et suiv. — Protocole dressé à Lisbonne, en 1872, entre la Grande-Bretagne et le Portugal, au sujet de l'arbitrage déféré au président de la République française, dans le différend relatif à la possession de certains territoires sur la côte orientale d'Afrique, 478, note 1. — Sentence arbitrale rendue par le président de la République française, le 24 juillet 1875, 480, en note. — Voir : *Sentence arbitrale.*

Arbitres. Les arbitres ne sont pas des juges, t. II, p. 473. — Voir : *Compromis.* — Les contestations exprimées dans le compromis sont les seules qu'il soit permis aux arbitres de juger, 474. — Les arbitres peuvent-ils connaître des accessoires, des dépendances naturelles de l'objet du litige ? *id.* — Nombre des arbitres, 475. — L'acceptation des arbitres est nécessaire, pour qu'ils soient tenus de remplir la mission qui leur est départie, *id.* — Les fonctions d'arbitre sont libres, 476. — Quand les arbitres commencent-ils à être liés, ? *id.* — Le *déport*, *id.* — *L'empêchement*, *id.* — Choix de la personne des arbitres, *id.* — Quelles personnes peuvent être choisies comme arbitres, 476 et suiv. — Convient-il de choisir pour arbitres des monarques ou des présidents de républiques ? 477.

Archiducs. Quelles personnes sont qualifiées ainsi, t I, p. 63.

Archives Archives de l'Etat, t. I, p. 215, note 1. — Archives du département des affaires étrangères. Voir : *Ministère des affaires étrangères.*

Aristote, son traité sur les ambassades, t. I, p. 158.

Argenson (d'), Ministre des affaires étrangères, sous Louis XV. Son assiduité au travail, t. I, p. 241, note 1.

Armistice (clause d'). Voir : *Préliminaires de paix.*

Arrêts de surséance, rendus autrefois par les cours de justice en faveur des ministres publics étrangers, t. II, p. 152 et suiv.

Art de négocier (l'). T. II, p. 261 et suiv. — Qualités particulières d'un bon négociateur, 265 et suiv. — Voir : *Négociations.* — « L'art de négocier, par le célèbre de Haller», 268 et suiv.

Articles. Les articles des traités et des conventions, t. II, p. 434 et suiv. — Articles *principaux* et articles *accessoires* ; articles *connexes* et articles *non-connexes, id.* — Tous les articles principaux, connexes ou non-connexes, sont liés entre eux et ne forment qu'un seul traité, 435. — Pourquoi ? *id.* — Effet de la rupture des articles principaux, *id.* — Articles *généraux* et articles *particuliers*, 435. — Articles *séparés*, 435 et suiv. — Articles additionnels, 436. — Articles secrets, 437. — Réserves, 437 et suiv.

Articles préliminaires, t. II, p. 373 et suiv.

Asile. Voir : *Droit d'asile.*

Association. Voir : *Traité d'association.*

Attachés d'ambassade ou de légation. Présentation de ces attachés, t. I. p. 246 et suiv. — Leur poste est en général purement honorifique, t. II, p. 210. — Il y aurait tout avantage à faire de ce poste une position sérieuse, *id.* — Voir : *Auditeur.* — Les attachés pourraient être considérés, sous un certain point de vue, comme les successeurs des anciens pages d'ambassade, 214.

Attachés militaires, t. I, p. 307.

Attachés militaires. Leurs attributions, t. II, p. 208 — Ne pas confondre les attachés militaires avec la suite militaire qu'on donnait autrefois aux ministres publics, 209. — Les attachés militaires participent aux immunités diplomatiques, *id.*, note 1. — Jugement du tribunal civil de la Sein , du 31 juillet 1878, *id.* — Les femmes des attachés militaires jouissent des mêmes prérogatives que leur mari, *id.*

Attaques par la presse contre un ministre public, t. II, p. 26 et suiv. — Cas du chargé d'affaires britannique, du journal « *El Comercio* » et du journal « *La Voz del pueblo* », 27. — Loi française, 27 et suiv.

Attelage à six chevaux. Voir : *Honneurs diplomatiques.*

Attentats commis contre des ministres publics. Exemples tirés de l'histoire moderne, t. II, p. 9, note 1.

Attributions des agents diplomatiques, t. 1, p. 428 et suiv. — Rôle de représentation de son gouvernement, 433 et suiv. — Exemple, 434 et suiv. — Autres exemples, 436 et suiv. — Rôle d'observation, 438. — Voir : *Corruption.* — Rapports que l'agent diplomatique accrédité à l'étranger doit envoyer à son gouvernement, 444 et suiv. — Relations constantes avec le gouvernement auprès duquel le ministre est accrédité, 447 et suiv. — Les agents diplomatiques ne doivent et ne peuvent pas excercer leurs fonctions à distance, 449 et suiv.

Audiences accordées aux ministres publics, t, I, p. 398 et suiv. — Audiences solennelles, *id.* — Voir : *Discours d'audiences.* — L'audience solennelle de réception est-elle de rigueur ? 407 et suiv. — Audiences privées, 414 et suiv. — Audiences pendant le cours de la mission, 415.

Audiences de congé, t. II. p. 512 et suiv. — Voir : *Fin des missions diplomatiques; Rappel du ministre public.*

Audience des princes du sang. Elle était imposée aux ambassadeurs par Louis XIV, t. I, p. 422, note 1. — Saint-Simon fait voir à combien de petitesses ces audiences donnaient lieu, *id.*

Audiences diplomatiques. Demande de l'audience, t. II. p. 239 et suiv. — Les ambassadeurs peuvent-ils se présenter directement à l'audience du souverain ? 240. — Peu d'importance de ce privilège, de nos jours, *id.* — Voir : *Journal officiel.*

Audiences pendant le cours de la mission, t. I, p. 415.

Audiences privées, t. I, p. 414 et suiv.

Audiences solennelles, t. I, p. 398 et suiv.

Auditeur. Le titre d'*auditeur* est le même que celui d'*attaché*, t. II, p. 214.

« **Auditores nunciaturæ** », t. II, p. 203. — Ils jouissent de l'inviolabilité et des immunités des ministres, *id.* — Ils prennent quelquefois le titre d'internonces, id. — Voir : *Internonces.*

Avènement d'un pape. Notification; réponse, t. I, p 126 et suiv. — Le cardinal camerlingue, *id.* — Les cardinaux chefs d'ordres, *id.*

B

Bagage des courriers. Voir : *Courriers.*

Baile (le). Caractère et fonctions de cet agent diplomatique vénitien, t. I, p. 163 et suiv. — Voir : *Diplomatie vénitienne.*

Baptêmes, t. I, p. 138.

Belgique. Conditions d'entrée dans la carrière diplomatique, t. I, p. 30 et suiv.

Belgique. Organisation de l'administration centrale des affaires étrangères, t. I, p. 222 et suiv. — Voir : *Ministère des affaires étrangères.*

Berlin (Congrès de). Antécédents du congrès de Berlin de 1878, t. II, p. 307, note 1. — Œuvre du congrès de Berlin caractérisée par Bluntschli, 312 et suiv.

Bibliographie. Voir : *Diplomatie ; Cérémonial public ; Commerce diplomatique.*

Biens de l'agent diplomatique. Les biens de l'agent diplomatique accrédité à l'étranger sont-ils soumis à la juridiction des tribunaux du pays où il réside ? t. II, p. 129, note 1.— Voir : *Biens meubles.*

Biens meubles. L'exemption de la juridiction s'étend-elle aux biens meubles du ministre public ? t. II, p. 143 et suiv. — Quelle distinction fait-on généralement, *id.*, et 145. — Doctrine contemporaine, 145 et suiv. — Jurisprudence des cours et tribunaux de France, 147. — Les meubles servant au ministre public sont-ils susceptibles de revendication de la part du marchand non payé du prix, lorsque le ministre a cessé ses fonctions ? 148 et suiv. — Le propriétaire d'un immeuble peut-il retenir les effets mobiliers d'un ministre public qui n'a pas satisfait aux conditions de location de l'hôtel occupé par sa légation ? 149 et suiv.

Billets de protection. Le droit d'accorder de pareils billets, dont jouissaient autrefois les ministres publics, n'existe plus de nos jours, t. II, p. 99.

Biographies. Utilité de la lecture des biographies pour les diplomates, t. I, p. 34 et suiv.— Indication de quelques ouvrages sur les biographies des diplomates, *id.*

Blason (le). Définition, t. I, p. 23. — Ouvrages sur le blason, *id.*, note 4.

Bolivar. Voir : *Idée de la ligue latino américaine.*

Bolivie. Expulsion de Bolivie de l'agent diplomatique du Pérou, en 1853, t. II, p. 197 et suiv.

Bons offices Définition, t. II, p. 466. — Comment ont-ils lieu ? *id.* — Rôle de la Puissance qui prête ses bons offices, *id.* — Rédaction des notes échangées pour l'interposition des bons offices, *id.* — Quand les bons offices se transforment-ils en médiation ? 467 — Une partie peut admettre les bons offices d'une Puissance neutre, et cependant rejeter la médiation de celle-ci, 467 et suiv.

Bon sens. Ne suffit pas, en diplomatie, pour réussir, t. I, p. 22.

Brefs. Voir : *Correspondance diplomatique.* — Définition, t. II, p. 504. — Comment ils se datent, *id.* — Leur forme, *id.*

Brésil est un empire depuis 1822, t. I, p. 55, en note. — Bonheur de cet empire, t. II, p. 564 et suiv.

Bulles. Servent de lettres de créance et de pouvoir général aux légats et aux nonces, t. I, p. 383 et suiv.

Bulles. Voir : *Correspondance diplomatique.* — Objet des bulles, t. II, p. 504. — Leur forme, *id.* — Leur date, *id.* — Comment elles sont dénommées, *id.*

Bulles d'or. Ce qu'on entendait par cette dénomination, t. I, p. 59, en note.

Bureau du contentieux. Voir : *Ministère des affaires étrangères.*

Bureau du protocole. Attributions de ce service du ministère des affaires étrangères, en France, t. I, p. 209 et suiv ; t. II, p. 465, et *Appendice*, p. 577.

Bureau du protocole. Voir : *Ministère des affaires étrangères.*

Burke. Voir : *Idée de la ligue latino-américaine.*

C

Cabinet noir, t. I, p. 462. Voir : *Secret de la poste.*

Camp du drap d'or, t. I. p. 113.

Campo-Formio. Art. 23 du traité de Campo-Formio, sur le cérémonial entre la République Française et l'Empereur, roi de Hongrie et de Bohême, t. I. p. 99, en note.

Capacité Voir : *Conditions essentielles des traités et des conventions.*

Capefigue. Son ouvrage sur *les diplomates européens*, t. I, p. 34 et suiv.

Capitation. Voir : *Impôts personnels directs.*

Caractère cérémonial des ministres publics, t. I, p. 252. — Définition, *id.* — C'est une qualité *accidentelle* des ministres publics, *id.*

Caractère de cérémonie des ministres publics. Voir : *Caractère cérémonial.*

Caractère des congrès dans le monde moderne, t. II, p. 309 et suiv.

Caractère international mixte. Cas où l'agent diplomatique envoyé auprès d'un gouvernement étranger est sujet de ce dernier, t. I. p. 252. — Les lois de plusieurs pays se prononcent contre ces rapports mixtes de leurs nationaux, p. 253.

Caractère représentatif. C'est une qualité *essentielle* des ministres publics, t. I, p. 250. — Que faut-il entendre par caractère représentatif ? 250 et suiv. — Significations diverses, *id.* — Définition, 251. — Le caractère représentatif selon le règlement de Vienne du 19 mars 1815, sur le rang entre les agents diplomatiques, 267 et suiv. — Ce qu'il faut entendre par le caractère représentatif des ambassadeurs, 272 et suiv. — Origine de la fiction de la représentation de la personne du monarque par l'ambassadeur, d'après Vattel, 272. — Principes du droit public contemporain à cet égard, 272 et suiv. — Le caractère représentatif des agents diplomatiques a été fixé dans un rapport du ministre des affaires étrangères de France, du 19 avril 1880, 275 et suiv.

Cardinal camerlingue. Voir : *Avènement d'un pape.*

Cardinaux chefs d'ordres. Voir : *Avènement d'un pape.*

Cardinaux-protecteurs, t. I, p. 249.

Carrière diplomatique. La diplomatie doit être considérée comme une carrière publique, t, I, p. 38. — C'est la longue carrière des diplomates qui crée les traditions constantes dans les cabinets, 38 et suiv. — Avantages qui en résultent dans l'intérêt des États, id. — C'est une carrière qui exige une préparation spéciale, 40. — Opinion de M. Deffaudis, *id.*

Carrière diplomatique. Voir : *Examens diplomatiques.*

Castilla (Ramon). Son décret du 31 juillet 1846, sur les conditions que devaient remplir les jeunes Péruviens qui prétendaient être nommés attachés de légation, t. I, p. 26, note 1.

Catherine II de Russie. Incident de la réception du comte de Ségur, ambassadeur de France, par cette impératrice, t. 1. p. 418 et suiv. — Son caractère, t. II, p. 541 et suiv.

Cause licite. Voir : *Conditions essentielles des traités et des conventions.*

Caution. Définition, t. II, p. 453.

Cavour (*le comte de*). Jugement porté par lui sur le baron de Talleyrand, diplomate du second empire, t. I, p. 20. — Son caractère, t. II, p. 547.

Célébrités diplomatiques. T. II, p. 538 et suiv. — Antiquité, *id.* — Bas-Empire, 539. — Temps modernes, 539 et suiv. — Voir : *Diplomates américains, anglais, autrichiens, danois, espagnols, français, hollandais, italiens, portugais, prussiens, russes, suédois ; Souverains diplomates.*

Cérémonial d'ambassade. Définition, t. I, p. 156. — Son objet, id. — Son origine et son développement, 156, 157. — Voir : *Cérémonial diplomatique ; Cérémonial public.*

Cérémonial de chancellerie. Objet de ce cérémonial, T. I, p. 5. — Voir : *Cérémonial public.*

Cérémonial de la guerre, t. I, p. 5. — Ne relève pas du droit diplomatique, *id.*

Cérémonial des cabinets. Voir : *Cérémonial des cours.*

Cérémonial des cours. Questions comprises dans ce cérémonial, t. I, p. 46 et suiv. — Voir : *Cérémonial public.*

Cérémonial des ministres publics. Voir : *Cérémonial d'ambassade ; Cérémonial diplomatique.*

Cérémonial diplomatique. Objets divers de ce cérémonial, t. I. p. 4 et suiv. — Questions comprises dans ce cérémonial, 47. — Voir : *Cérémonial d'ambassade.*

Cérémonial étranger. Voir : *Cérémonial public.* — Désigne, dans certains ouvrages, le cérémonial public, t. I, p. 5.

Cérémonial étranger. Voir : *Cérémonial des cours.*

Cérémonial maritime, t. I, p. 5. — Ne relève pas du droit diplomatique, *id.*

Cérémonial particulier des cours ou cabinets. Voir : *Cérémonial public.*

Cérémonial personnel des chefs d'États. Questions relatives à ce cérémonial, t. I, p. 115 et suiv. — Voir : *Cérémonial des cours ; Cérémonial public.*

Cérémonial politique. Voir : *Cérémonial public.* — De quoi s'occupe le cérémonial politique, t. I, p. 4. — Questions comprises dans ce cérémonial, t. I, p. 46.

Cérémonial public. Définition, t. I, p. 4. — Éléments dont il se compose, *id.* — Ses applications, 4 et suiv. — *Cérémonial politique*, 4. — *Cérémonial des Cours ; Cérémonial étranger ; Cérémonial personnel des souverains ; Cérémonial particulier des cours ou cabinets ; Étiquette des États ; Cérémonial diplomatique ou d'ambassade ; Cérémonial de chancellerie ; Protocole*, 4 et suiv — Origine du cérémonial public, 5. — Bases de ce cérémonial, *id.* — Points de cérémonial établis par des traités, *id.* — Points qui ne sont qu'arbitraires, *id.* — Conséquences de l'observation et de l'inobservation de ces différents points, 5 et suiv. — Indication de quelques ouvrages relatifs au cérémonial public, 7.

Cérémonial public. Point de départ des questions relatives à ce cérémonial, t. I, p. 42 et suiv. — Les démonstrations de bienveillance, d'amitié, d'égards entre les États, les points relatifs aux marques honorifiques, au rang, à la dignité, sont compris dans ce qu'on nomme le cérémonial 45.

Chambres législatives. Les chambres ont-elles le droit d'émettre un vote de non-confiance contre les agents diplomatiques du pays ? t. II, p. 300 et suiv.

Champagny (de). Sa lettre à M. de Beauharnais sur le rôle d'observation des agents diplomatiques accrédités à l'étranger, t. I, p. 446 et suiv.

Chancellerie. Voir : *Correspondance diplomatique.* — Significations de ce mot, t. II, p. 505. — La chancellerie au Pérou, 505 et suiv. — Attributions de la chancellerie dans les légations, 506 et suiv.

Chancelier. Historique du titre de chancelier, t. II, p. 505. — Différentes applications, *id.*

Chanceliers diplomatiques français. Leurs attributions, t. II, p. 210 et suiv. — Une chancellerie est établie auprès de chacune des missions diplomatiques françaises, même en l'absence de tout établissement consulaire, 211. — Décrets du 1er décembre 1869 et du 12 décembre 1877, *id.* — Division des chanceliers diplomatiques et consulaires en trois classes, *id.* — Rémunération des chanceliers, *id.* — Quelquefois on confère aux chanceliers diplomatiques le titre de consul honoraire de seconde classe, 211 et suiv. — Caractère de cette distinction, 212. — Les chanceliers diplomatiques n'ont aucun rang à prétendre en vertu de leur qualité, *id.*

Changement dans la forme du gouvernement. Il n'influe pas nécessairement sur le rang de l'État, t. I, p. 101 et suiv.

Changement survenu dans la classe et le rang diplomatique du ministre public, t. II, p. 532.

Chapelle. Voir : *Culte.*

Chargés d'affaires (les), t. I, p. 286 et suiv. — Le titre de *ministre chargé d'affaires* a été rarement donné, 286. — Point caractéristique de cette dernière classe de ministres publics, *id.* — Combien de sortes de chargés d'affaires, *id.* — Chargés d'affaires chefs de mission permanente, *id.* — Chargés d'affaires *par intérim*, *id.* — Les chargés d'affaires sont de véritables agents diplomatiques, 287. — Les chargés d'affaires accrédités par lettres du ministre des affaires étrangères ont-ils la préséance sur ceux qui ne remplissent qu'un service intérimaire ? 286, 291 et suiv.

Chargés d'affaires. Sont-ils porteurs d'une lettre de créance ? t. I, p. 382 et suiv. — Erreur de Heffter, 383, note 1. — Formule d'une lettre de créance de chargé d'affaires, *id.* — Rappel des chargés d'affaires, 395 et suiv. — Formule de la lettre de rappel d'un chargé d'affaires, 395, note 1.

Chargés d'affaires par intérim. Sont-ils tenus à de la représentation, lorsqu'ils remplacent le chef de poste diplomatique absent par congé ? t. II, p. 207, note 1 — Décret français du 18 août 1856, confirmé par l'article 21 du décret du 25 juin 1879, *id.*

Chargés d'affaires. Voir : *Fin des missions diplomatiques.*

Charges réelles qui grèvent les immeubles. Les ministres publics y sont soumis, t. II, p. 65. — Voir : *Impôts fonciers.*

Chasse. Les agents diplomatiques sont-ils exemptés de payer le droit de chasse dans les pays où ils sont accrédités ? t. II. p. 232 et suiv. — Cette exemption, si elle est accordée, met-elle obstacle au droit des propriétaires de permettre ou de refuser la permission de chasser sur leurs terrains ? 233.

Chateaubriand. Prévoit l'époque où les ambassadeurs seront partout remplacés par des consuls, t. II. p. 256, en note.

Chef de cabinet du ministre des affaires étrangères, t. I, p. 206. — Voir : *Ministère des affaires étrangères.*

Chef de division. Qualités que doit réunir un bon chef de division du ministère des affaires étrangères t. I. p. 239 et suiv.

Chefs d'États en voyage. Voir : *Exterritorialité des chefs d'Etats ; Réception des princes étrangers.* — Ont-ils une juridiction sur les gens de leur suite ? t. I, p. 146 et suiv. — Un souverain qui entre dans un pays étranger sans permission peut-il y être arrêté ? 149, note 1. — Opinion de Vattel sur les immunités attribuées aux souverains en voyage, 149, 150.

Chefs de section. Qualités que doit réunir un bon chef de section du ministère des affaires étrangères, t. I, p. 329 et suiv.

Chiffre. Définition, t. I, p. 372 et suiv. — En quoi peut consister cette manière secrète d'écrire, *id.* — Procédé de la *grille*, *id.* — Recommandation de ne pas écrire en chiffre sans nécessité, 373. — L'usage du chiffre est-il, de nos jours, tombé en désuétude ? *id.* — Inconvénients que présente l'usage du chiffre, 400 et suiv.

Chiffrer. Voir : *Chiffre.*

Chine. Récit de la réception des ministres étrangers par l'empereur de la Chine, le 29 juin 1873, t. I, p. 406, note 1.

Choix de la personne du ministre public, t. I, p 335 et suiv. — Nationalité du ministre, 336 et suiv. — Age du ministre, 339 et suiv. — Religion du ministre, 340 et suiv. — Condition sociale du ministre, 341 et suiv. — Sexe du ministre, 343 et suiv. — Secret des raisons qui peuvent avoir déterminé le gouvernement dans ses choix, 346 et suiv. — Voir : *Agréation.*

Cicéron. Son opinion sur l'usage des « *Legationes liberæ* », t. I, p. 246, en note. Voir : « *Legatio libera* ».

Classe des ministres publics. Par qui est déterminée la classe des ministres publics à envoyer ? t. I, p 253 et suiv.

Classes distinctes d'agents diplomatiques. Historique, t. I, p. 262 et suiv. — La création de ces classes est d'origine moderne, 264 et suiv. — Combien existe-t-il de classes de ministres publics, 269 et suiv. — Il ne devrait plus y avoir, de nos jours, qu'un seul ordre de ministres publics, 274.

Classification des agents diplomatiques. Règlement de Vienne du 19 mars 1815, t. I, p. 265 et suiv. — Sur quoi est basée cette classification, 267. — Protocole d'Aix-la-Chapelle du 20 novembre 1818, 268 et suiv. — Combien existe-t-il de classes de ministres publics ? 269 et suiv. — Il ne devrait y avoir qu'un seul ordre de ministres publics, 274. — Observation générale au sujet des quatre classes de ministres publics, 287 et suiv.

Comité consultatif du contentieux. Rapport au président de la République française, du 26 avril 1880, t. II, *Appendice,* p. 588. — Décret conforme de la même date, *id.*

Comité des services extérieurs et administratifs. Rapport au président de la République française, du 20 avril 1880, t. II, *Appendice,* p. 586. — Décret conforme de la même date, *id.*, 587.

Commerce. Agent diplomatique exerçant le commerce, t. II, p. 129 et suiv. — Est-il exempt de la juridiction locale et de la saisie? *id.* — Jugement du tribunal de commerce de la Seine, du 15 janvier 1867, affaire Tchitchérine, 131 et suiv. et 132, en note. — Arrêt de la cour d'appel de Paris, du 12 juillet 1867, 133, en note. — Conclusions de M. l'avocat général Descoutures, *id.*

Commerce diplomatique. Définition, t. I, p. 157. — De quoi il se compose, t 1, p. 6. — Questions traitées à propos du commerce diplomatique, 6 et suiv. — Indication de quelques ouvrages relatifs au commerce diplomatique, 7.

Commerce international. Voir : *Commerce diplomatique.*

Commis de chancellerie, t. II, p. 214.

Commissaires. Des sujets rebelles peuvent-ils envoyer des commissaires à leur prince? t. I, p. 184, note 1. — Les commissaires ne sont pas des ministres publics en titre, 295.

Commissaires délégués pour régler certaines affaires particulières, t. I, p. 247 et 249.

Commissaires, t. II, p. 536 et suiv. — Voir : *Agents.*

Commissaires extraordinaires, t. I, p. 247.

Commissions. Répartition du travail entre différentes commissions spéciales dans les congrès et les conférences, t. II, p. 408. — Ce mode d'agir est condamné par la doctrine, *id.*

Communications diverses que se font les chefs d'États, t. I, p. 133 et suiv. — Voir : *Anniversaires; Baptêmes; Compliments de condoléance et de félicitations ; Deuils de cours ; Échange de présents ; Mariages ; Notifications d'événements de famille ; Ordres de chevalerie.* — Forme de ces communications, 142.

Communications du ministre public avec son gouvernement, t. I, p. 453 et suiv. — Rapports ordinaires ou extraordinaires, 454 et suiv. — Dépêches, *id.*

Communications écrites. De quoi elles se composent, t. II, p. 261. — Voir : *Négociations.*

Communications orales. Ce qu'elles comprennent, t. I, p. 466.

Communications par écrit. Un ministre public doit être très-réservé dans ses communications par écrit, t. I, p. 468 et suiv.

Communications sans négociation, t. I, p. 471 et suiv. — Cas où un gouvernement, au lieu de faire parvenir à un autre cabinet, par l'intermédiaire du ministre qui lui sert d'organe, telle communication qu'il jugerait à propos de lui faire, s'adresserait pour la lui transmettre au ministre accrédité auprès de lui par cette Puissance, *id.* — En supposant qu'un gouvernement qui se fait représenter auprès du Saint-Siège veuille faire une réclamation pour une affaire touchant à l'ordre spirituel auprès du gouvernement italien, par l'intermédiaire de qui fera-t-il cette réclamation ? 472, note 1.

Compliments à des chefs d'États en voyage, se trouvant de passage dans un endroit voisin de la frontière, t. I, p. 261 et suiv.

Compliments de condoléance et félicitations, t. I, p. 134.

Compromis. Les mots *compromis* et *arbitrage* sont synonymes, t. II, p. 472. — Signification du mot *compromis* dans le langage juridique, 472 et suiv. — Une convention préliminaire fixant les limites des pouvoirs des arbitres est nécessaire en matière d'arbitrage, 473. — Le compromis *général, id.* — Le compromis *particulier* ou *spécial, id.* — En quoi le compromis diffère de la transaction, *id.* — Le compromis est un véritable contrat, id. — Conséquences, *id.* et 475. — Énonciations obligées de l'acte de compromis, 474. — La précision des termes dans l'indication de l'objet du litige est indispensable, *id.* — Voir : *Arbitres.* — Le compromis est indivisible, 475. — Comment finit le compromis, 475 et suiv.

Conciles. Ont offert autrefois un vaste champ aux disputes sur la préséance, t. I, p. 86 et suiv. — Exemples de disputes de préséance nées au milieu des conciles, *id.*, en note.

Conciliation des traités et des conventions, t. II, p. 458.

Conclave. Réunion du conclave après le décès du pape, t. I, p. 126. — Voir : *Avènement d'un pape.*

Conclusum (les). Voir : *Correspondance diplomatique.*

Concours pour l'admission dans les services du ministère des affaires étrangères de France. Rapport au président de la République française, du 10 juillet 1880, t. II, *Appendice*, p. 603. — Décret conforme de la même date, 604.

Conditions de l'admission dans la carrière diplomatique et dans l'administration centrale des affaires étrangères, en France. — Note du 1er mars 1880, t. II, *Appendice*, p. 601. — Arrêté ministériel du 27 février 1880, *id.*, 602. — Voir : *Concours pour l'admission dans les services du ministère des affaires étrangères.*

Conditions essentielles des traités et des conventions, t. II, p. 446 et suiv. — Le consentement, 447 et suiv. — Il doit être déclaré, libre et mutuel, *id.* — Une cause licite, 448. — La capacité, 448 et suiv.

Condition sociale du ministre public, t. I, p. 341 et suiv.

Confédération de l'Allemagne du Nord. Son caractère, t. I, p. 177, note 1. — Sa constitution au point de vue du droit diplomatique et de l'exercice du droit d'ambassade, *id.*

Confédération du Rhin (de 1805). Nouveaux titres que prirent plusieurs membres de cette Confédération, t. I, p. 64.

Confédération germanique. Article 3 de l'acte constitutif de cette confédération, du 8 juin 1815, relatif au rang des membres qui la composaient, t. I. p. 101, en note.

Conférences. Définition, t. II, p. 303 et suiv. — Quelle différence y a-t-il entre les conférences et les congrès ? *id.* — Différentes sortes de conférences, 306. — Objets des conférences, 306 et suiv. — Exemples de conférences où des questions européennes ont été traitées entre les plénipotentiaires des grandes Puissances, 307 et suiv. — Conférences ayant un but spécial, 309. — Réunion, tenue et travaux des conférences, 373 et suiv. — Initiative de la réunion d'une conférence, 373. — Entente préalable, *id.* — Articles et conventions préliminaires, 373, 374. — Admission de tierces Puissances, 375 et suiv. — Conférence de Madrid, en 1880; protocoles et dépêches, 375, note 1. — Détermination du lieu où la conférence doit tenir ses séances, 377 et suiv. — Recommandation de Pinheiro-Ferreira, *id.* — Tout Etat intéressé dans la négociation, quelle que puisse être son importance relative, doit être représenté à la conférence, et prendre part aux délibérations, 385 et suiv. — Cette règle fondamentale n'a presque jamais été observée dans les conférences, 388 et suiv. — Pluralité des plénipotentiaires, 393 et suiv. — Premières opérations de la conférence, 402 et suiv. — Questions relatives au cérémonial, au rang, à la préséance, aux visites d'étiquette, *id.* — La présidence de la conférence, 404 et suiv. — Le ministre des affaires étrangères peut-il faire régulièrement partie des négociateurs ? 405 et suiv. — Faut-il qu'il y ait parité de rang entre les plénipotentiaires ? 407. — Discussions, délibérations, 407 et suiv. — La méthode suivie dans les travaux n'est pas uniforme, *id.* — Division en commissions, 408. — Initiative des propositions à faire, 409. — Présentation des propositions, *id.* — Les discussions doivent être libres, *id.* — Communications des plénipotentiaires avec leur gouvernement, 409 et suiv. — La loi de la majorité n'est pas applicable dans les conférences, 410. — Exception, *id.* — *Veto* individuel et absolu, que chacun des membres d'une conférence a le droit d'opposer au nom de son gouvernement et de l'Etat qu'il représente, *id.* — Effet de ce *veto*, *id.* — Refus de signer, 410, note 1. — Cas où les négociations échouent, 411. — Protocoles, 412 et suiv. — Enonciations des protocoles, *id.* — Style des protocoles, 413. — *Opinions* ou *votes*, 414 et suiv. — Enonciations des *opinions* ou *votes*, style dans lequel ils doivent être conçus, 415 et suiv.

Conférence de Madrid. Dépêches et protocoles relatifs à la question de la protection diplomatique et consulaire au Maroc, et concernant la réunion et les travaux de la conférence de Madrid, en 1880, présentés comme exemple de la procédure ordinairement observée à l'occasion de la réunion des conférences et de la direction de leurs travaux, t. II, p. 375, note 1.

Confirmation des traités et des conventions, t. II, p. 460.

Conflits à propos des titres des souverains. Avaient leur raison d'être autrefois, t. I, p. 71 et suiv. — Moyen auquel on a recouru pour les prévenir, 71, en note. — Ces conflits deviennent, de nos jours, de plus en plus rares, 72.

Congé. Voir : *Audience de congé.* — Comment un ministre public prend congé de la cour ou du chef du gouvernement auprès desquels il a été accrédité, t. II, p. 512 et suiv.

Congrès. Quelle différence y a-t-il entre les congrès et les conférences ? t. II, p. 303 et suiv. — Définition des congrès, 304 et suiv. — La plupart des grands traités publics ont été précédés d'un congrès, 305. — Exemples, *id.* — Objets des congrès, 306 et suiv. — Exemples des divers objets que les Puissances peuvent se proposer en se réunissant en congrès, *id.* — Congrès réunis pour prendre des arrangements définitifs en vue de l'exécution d'un traité de paix précédent, 307. — Congrès réunis pour concerter des mesures propres à conjurer des dangers à venir, *id.* — Voir : *Entrevues des souverains.* — Congrès ayant un but scientifique ou législatif, 309. — Caractère des congrès dans le monde moderne, 309 et suiv. — Voir : *Congrès de Panama.* — Les congrès généraux 369. — Lettre de l'empereur Napoléon III, du 4 novembre 1863, 369 et suiv. — Réunion, tenue et travaux des congrès, 373 et suiv. — Initiative de la réunion d'un congrès, 373. — Entente préalable, *id.* — Articles et conventions préliminaires, 373, 374. — Admission de tierces Puissances, 375 et suiv. — Détermination du lieu où le congrès doit tenir ses séances, 377 et suiv. — Recommandation de Pinheiro-Ferreira, *id.* — Tout État intéressé dans la négociation, quelle que puisse être son importance relative, doit être représenté au congrès et prendre part aux délibérations, 385 et suiv. — Cette règle fondamentale n'est presque jamais observée dans les congrès, 388 et suiv. — Pluralité des plénipotentiaires, 393 et suiv. — Premières opérations du congrès, 402 et suiv. — Questions relatives au cérémonial, au rang, à la préséance, aux visites d'étiquette, *id.* — La présidence du congrès, 404 et suiv. — Le ministre des affaires étrangères peut-il faire régulièrement partie des négociateurs? 405 et suiv. — Faut-il qu'il y ait parité de rang entre les plénipotentiaires? 407. — Discussions, délibérations, 407 et suiv. — La méthode suivie dans les travaux n'est pas uniforme, *id.* — Division en commissions, 408. — Initiative des propositions à faire, 409. — Présentation des propositions, *id.* — Les discussions doivent être libres, *id.* — Communications des plénipotentiaires avec leur gouvernement, 409 et suiv. — La loi de la majorité n'est pas applicable dans les congrès, 410. — Exception, *id.* — *Veto* individuel et absolu, que chacun des membres d'un congrès a le droit d'opposer au nom de son gouvernement et de l'État qu'il représente, *id.* — Effet de ce *veto*, *id.* — Refus de signer, 410, note 1. — Cas où les négociations échouent, 411. — Congrès qui n'ont pas abouti, *id.* — *Protocoles*, 412 et suiv. — Énonciations des protocoles, *id.* — Style des protocoles, 413. — *Opinions* ou *votes*, 414 et suiv. — Énonciations des *opinions* ou *votes*; style dans lequel ils doivent être conçus, 415 et suiv. — Acte final, 417. — Usage anglais, quant aux négociations, 418 et suiv. — Critique de cet usage, 419. — Langue diplomatique, 419 et suiv.

Congrès de Berlin. Changements qu'il a opérés dans la carte politique de l'Europe orientale et de l'Asie, t. I, p. 172, note 1.

Congrès de Panama. Histoire de ce congrès, t. II, p. 313 et suiv. — Voir : *Idée de la ligue latino-américaine.*

Congrès de Vienne. Reprend la question du rang et de la hiérarchie entre les États, t. I, p. 88 et suiv. — Discussion du 9 février 1815. *id.* — Règlement du 19 mars de la même année sur le rang des agents diplomatiques, 89. — Le congrès adopte dans la signature l'ordre alphabétique, d'après la lettre initiale du nom de chaque Puissance, *id.*

Congrès généraux, t. II, p. 369.— Lettre de l'empereur Napoléon III, du 4 novembre 1863, 369 et suiv. — Voir : *Esquirou de Parieu; Kant; Lorimer ; L'abbé de Saint Pierre.*

Conseillers de légation. Leurs attributions, t. II, p 208. — Dans l'ordre hiérarchique, ils sont inférieurs aux secrétaires d'ambassade ou de légation, *id.*

Consentement. Voir : *Conditions essentielles des traités et des conventions.*

Consulats. La connaissance de ce qui est relatif aux consulats est nécessaire aux diplomates, t. I, p. 31.

Consulats généraux. Avantages du remplacement de certaines missions diplomatiques par des consulats généraux, t. II, p. 255, et note 1.

Consuls. Chargés de veiller aux intérêts du commerce, t. I, p. 247.

Consuls généraux chargés d'affaires, t. I, p. 295 et suiv.

Contrats internationaux. Voir : *Conventions ; Traités.*

Contributions municipales. Les ministres publics y sont soumis, t. II, p. 66.

Contribution personnelle et mobilière. L'exemption de cette contribution est-elle applicable aux citoyens français accrédités en France par une Puissance étrangère, et qui seraient agréés par le gouvernement français ? T. II, p. 144, en note. — Circulaire du ministre des finances, du 30 septembre 1831, *id.*

Convention. Définition, t. II, p. 425.

Conventions. On distingue entre les *traités* et les *conventions*, t. II, p. 425 et suiv. — En quoi consiste la différence entre les *conventions* et les *traités*, 426 et suiv. — Forme des conventions, 429 et suiv. — De quoi ces actes internationaux se composent-ils, quant à la forme ? *id.* — Le *préambule*, 430 et suiv. — L'invocation qui précède en général le préambule des traités se trouve-t-elle dans les conventions ? 430 et suiv. —Désignation des plénipotentiaires, 432 et suiv. — Justification de la qualité pour négocier, 433. — Stipulations qui forment le corps de la convention et en fixent la durée, 433 et suiv. — Rédaction de ces stipulations, 434. — Devoir des négociateurs, *id.* — Cas où la convention n'est pas rédigée dans une langue commune, *id.* — Les articles des conventions, 434 et suiv. — Voir : *Articles.* — Conventions additionnelles, 436. — Protocole de clôture, 436 et suiv. — Réserves, 437. — Finale et autres énonciations dont se composent les conventions, 438. — Signature et alternat, 438 et suiv. — Ratification, 440 et suiv. — Adhésion et accession aux conventions, 445 et suiv. — Publication des conventions, 446. — Conditions essentielles des conventions, 446 et suiv. — Exécution des conventions, 449 et suiv. — Effets des conventions, 450 et suiv. — Intervention des tierces Puissances dans les conventions, 452. — Intervention *bénévole* et intervention *formelle, id.* — Sanction des conventions, 452 et suiv. — Voir : *Caution; Gage ; Garantie; Guerre ; Hypothèque ; Serment.* — L'interprétation des conventions, 454 et suiv. — Conciliation des conventions, 458. — Fin des conventions, 459 et suiv. — Voir : *Dissolution des conventions ; Rupture des conventions.* — Confirmation, prorogation, renouvellement, dénonciation, modification des conventions, 460 et suiv. — Déclarations, 461 et suiv.

Convention additionnelle, t. II, p. 436.

Convention Nationale française. Décret du 27 thermidor an II, sur la manière dont le ministre plénipotentiaire des Etats-Unis d'Amérique sera introduit au sein de la Convention, t. I, p. 413, note 1. — Décret du 4 floréal an III, qui fixe le mode de réception des ambassadeurs ou envoyés des Puissances étrangères, *id.*

Conventions préliminaires, t. II, p. 373 et suiv. — Objets divers de ces conventions, 374.

Conversation académique. Voir: *Négociations.*

Conversation non officielle, t. I, p. 466. — Voir : *Négociations.*

Conversation officielle, t. I, p. 466. — Voir : *Négociations.*

Copistes, t. II, p. 214.

Co-régent. Ce qu'il faut entendre par un co-régent, t. I, p. 130. — Exemple, *id.*, note 1. — Notifications 130, 131.

Corps de la convention. Stipulations qui forment le corps de la convention, t. II, p. 433 et suiv.

Corps diplomatique. Définition, t. I, p. 202. — C'est l'image de la solidarité des Etats, *id.* — Autorité de ses déclarations, *id.* — Circonstances dans lesquelles il se produit comme individualité collective, 203. — Par qui est-il présidé ? *id.* — Réponse du corps diplomatique à la notification de la démission du ministre des affaires étrangères, 237 et suiv.

Corps du traité. Stipulations qui forment le corps du traité, t. II, p. 433 et suiv.

Correspondance diplomatique. Secret de la correspondance, t. I, p. 460 et suiv. — Voir : *Style diplomatique.*

Correspondance diplomatique, t. II, p. 482 et suiv. — La politesse épistolaire, *id.* — L'inscription, 483 et suiv. — La courtoisie, 484. — La souscription, 484 et suiv. — La date, 485. — La réclame, *id.* — La suscription, 485. — Le style diplomatique, 486 et suiv. — Ce qu'embrasse la correspondance diplomatique, 491, note 2. — Quelles sont les diverses sortes d'écrits diplomatiques ? 491 et suiv. — Les lettres, 492 et suiv. — Définition, *id.* — Objet des lettres, *id.* — Les dépêches, 493. — Ce que ce terme désigne, *id.* — Les offices, 494 et suiv. — Les notes, 496. — Les notes confidentielles, *id.* — Les notes verbales, *id.* — Les notes « *ad referendum* », 497. — Les protocoles, 498. — Les mémoires, 498 et suiv. — Les memorandum, *id.* — Les manifestes, 503. — Les conclusum, *id.* — Les ultimatum, 504. — Les bulles, les encycliques et les brefs, *id.* — La chancellerie et les chanceliers, 505 et suiv.

Correspondance du ministère des relations extérieures, t. II, p. 482. — Voir : *Correspondance diplomatique.*

Correspondance officielle des Chefs d'Etats, t. I, p. 116 et suiv. — Voir : *Lettres autographes ; Lettres closes ; Lettres de cabinet ; Lettres de chancellerie, de cérémonie ou de conseil ; Lettres patentes.* — Usage de ces différentes sortes de lettres, 120 et suiv.

Corruption. Est-il permis à un agent diplomatique accrédité à l'étranger de recourir à la corruption pour se procurer des informations et des renseignements utiles ? t. I, p. 439 et suiv.

Costa-Rica. Affaire de l'emprunt de Costa-Rica, en 1857, t. II, p. 196 et suiv.

Costume des agents diplomatiques. Arrêté du ministre des affaires étrangères de France, du 30 avril 1880, t. II, *Appendice*, p. 614.

Cour de France. Titres honorifiques dont on se servait au XVIIe siècle, en France, pour désigner les membres de la famille royale, les princes du sang et les personnages les plus importants de la cour, t. I, p. 344, note 1.

Cour du pape. Est celle qui a conservé le plus longtemps les usages primitifs, t. II, p. 239. — Prérogatives des ambassadeurs à cette cour, *id.* — L'Autriche, l'Espagne, la France et le Portugal, sont les seules Puissances qui, depuis un temps immémorial, ont eu le droit d'accréditer des agents diplomatiques auprès du Saint-Siège, ayant les prérogatives d'ambassadeurs, *id.*

Cour française. La cour française date de François Ier ; historique, t. I, p. 113, en note. — Voir : *Cour de France.*

Courriers. Ce que sont les courriers, t. II, p. 212. — Leur emploi, *id.* — Personnes employées comme courriers, *id.* — Courriers proprement dits, ou courriers de cabinet, *id.* — Courriers porteurs de dépêches, *id.* — Inviolabilité des courriers, 212 et suiv. — Privilège dont ils jouissent, *id.* — A quelle condition leur inviolabilité est subordonnée, 213. — Bagage des courriers, *id.* — Visite des douanes, *id.* — En temps de guerre, est-on autorisé à arrêter et à dépouiller le courrier de l'ennemi et de ses alliés ? *id.* — Saisie des dépêches d'un courrier, en temps de paix, 213 et suiv.

Courriers. Leur inviolabilité, t. II, p. 18.

Courriers de cabinet. Voir : *Courriers.*

Courriers porteurs de dépêches. Voir : *Courriers.*

Couronne royale. Voir : *Honneurs royaux.* — Exemples de certaines couronnes interdites à certains princes, pour des raisons d'ordre politique, t. I, p. 57, en note.

Courtoisie. Voir : *Correspondance diplomatique.*

Cousin. A qui ce titre est-il donné, entre chefs d'États ? t. I, p. 73 et suiv., en note. — A qui les rois de France le donnaient-ils encore, 74, en note.

Créquy (duc de). A été le dernier ambassadeur d'obédience envoyé par la cour de France, t. I, p. 128. — Voir : *Ambassades d'obédience.*

Croissy (de). Conduite singulière de cet envoyé diplomatique de Louis XIV à la cour transylvaine, t. II, p. 256.

Cryptographie (la). Définition, t. I, p. 23. — Ouvrages sur la cryptographie, *id.*, note 2.

Culte. Droit du culte privé ou domestique, t. II, p. 227 et suiv. — En quoi consiste ce droit, 227. — Historique, 227 et suiv. — Quand y a-t-il intérêt à demander cette prérogative ? 229 et suiv. — Ce privilège a perdu, de nos jours, une grande partie de sa valeur, 230. — Ce que comprend cette prérogative, *id.* — Actes paroissiaux célébrés dans la chapelle du ministre, 230 et suiv. — Ces actes sont-ils valables, lorsqu'ils s'appliquent à des personnes étrangères à la mission, ou à des indigènes ? *id.* — Manifestations non comprises dans le droit de tenir chapelle, 231. — Le culte religieux dans l'intérieur de l'hôtel de l'agent diplomatique cesse-t-il dès que le ministre a quitté son poste ? *id.* — Le droit de culte privé appartient-il à tous les agents diplomatiques, à quelque catégorie qu'ils appartiennent ? 231. — La famille, la suite, les domestiques du ministre public, ont le libre exercice de leur religion ou confession, à l'intérieur de l'hôtel de la légation, 231 et suiv. — L'ambassadrice peut-elle prétendre à l'exercice de son culte dans une chapelle particulière en son hôtel ? 232.

Czar. Par qui est porté le titre de Czar, t. I, p. 66 et suiv. — Historique, 67.

D

Dais. Voir : *Honneurs diplomatiques.*

« **Datarii** », t. II, p. 203. — Voir : « *Auditores nunciaturæ* ».

Date. Voir : *Correspondance diplomatique.*

Dauphin. Origine de cette dénomination, qui désignait le prince héritier de la couronne, sous l'ancienne monarchie des Bourbons de France, t. I, p. 62.

Décès du ministre public, t. II, p. 518 et suiv. — Apposition des scellés, 519 et suiv. — Succession du ministre public, 520 et suiv. — Réintégration à l'Etat des papiers diplomatiques et papiers d'État, après le décès du ministre public, 521 et suiv. — Règlement français du 6 avril 1880, 523 et suiv. — Voir : *Veuve du ministre public.*

Déchiffrer. Voir : *Chiffre.*

Déchiffreurs, t. II, p. 214.

Décimes de guerre. Les ministres publics en sont exemptés à l'étranger, t. II, p. 50.

Déclarations. Définition, t. II, p. 461. — Différentes sortes de déclarations, 461 et suiv. — Formes diverses et formules, 462, note 1. — Exemples, 463 et en note.

Décorations. T. I, p. 140.

Décorations péruviennes, t. I, p. 141, note 1.

Deffaudis. Son opinion sur la carrière diplomatique, t. I, p. 40.

Démission du ministre public, t. II, p. 528.

Dénonciation des traités et conventions, t. II, p. 461.

Dépêches. Définition, t. I, p. 454. — Comment sont expédiées les dépêches, 461 et suiv. — Le ministre des affaires étrangères peut refuser de recevoir communication d'une dépêche, à moins qu'on ne lui en laisse copie, 468.

Dépêches. Signification de ce mot, t. II, p. 493. — A quels écrits diplomatiques s'applique cette dénomination, *id.*

Déplacement. Inconvénient des déplacements fréquents des agents diplomatiques, t. II, p. 254, note 1.

Déport. Voir : *Arbitres.*

Députés. Agents envoyés par des corporations au chef de l'État, ou à des autorités constituées dans l'intérieur, ou même, dans des circonstances extraordinaires, à des chefs d'États étrangers, à des autorités étrangères, t. I, p. 247 et 249.

Députés, t. I, p. 296.

Descoutures. Conclusions de cet avocat général, dans l'affaire Tchitchérine. Voir: *Commerce.*

Désignation des plénipotentiaires, dans les traités et dans les conventions, t. II, p. 432 et suiv. — Comment se fait cette désignation, *id.*

Dettes des ministres publics. Peuvent-elles autoriser un acte de juridiction quelconque contre leur personne? t. II, p. 144, note 2. — Voir: *Biens meubles.* — Opinion de Gérard de Rayneval sur l'agent diplomatique qui a l'imprudence de prendre des engagements personnels, 153, note 1.

Deuils de cours, t. I, p. 135 et suiv.

Devoirs des agents diplomatiques, t. I, p. 428 et suiv. — Le premier devoir de tout diplomate appelé à devenir le chef d'une mission à l'étranger, 428, 429 et suiv. — Devoirs de l'agent diplomatique en pays étranger, d'après Heffter. 430. — Devoirs de déférence, de courtoisie, 430 et suiv. — Devoirs en ce qui concerne l'accomplissement proprement dit de la mission, 432 et suiv. — Devoirs généraux, 433, note 1. — Exemples, 434, 436 et suiv. — Rôle d'observation, 438 et suiv. — Voir: *Corruption.* — Rapports que les agents diplomatiques accrédités à l'étranger doivent envoyer à leur gouvernement, 444 et suiv. — L'agent diplomatique doit être exact et vrai dans tout ce qu'il écrit, 446. — Il doit avoir de la vigilance et de la prudence, 447. — Rapports constants avec le gouvernement auprès duquel le ministre est accrédité, 447 et suiv. — Le ministre public doit respecter l'indépendance et l'honneur de l'État où il réside, 448. — Quant aux affaires intéressant sa mission, le ministre public doit être impénétrable, 448 et suiv. — Les agents diplomatiques ne doivent pas exercer leurs fonctions à distance, 449 et suiv. — Mesure qu'un agent diplomatique doit mettre dans ses négociations verbales, 466 et suiv. — Un agent diplomatique doit être très-réservé dans ses communications par écrit, 468 et suiv. — Voir: *Protection des nationaux à l'étranger.*

Diète. Ce que ce mot désigne, t. I, p. 256, note 2.

Dignité. Qu'est-ce qu'une *dignité*? t. I, p. 49. — La dignité impériale, 54 et suiv. — La dignité royale, 57 et suiv. — La dignité de grand-duc, 59. — La dignité de duc, 60 et suiv. — La dignité de prince, 61 et suiv. — La dignité de margrave, 63. — La dignité de landgrave, *id.* — La dignité d'hospodar, 64 et suiv. — La dignité de sultan, 65. — La dignité de pape, 66. — La dignité de czar, 66 et suiv.

Diplomate. Définition, t. I, p. 2. — Mission du diplomate, 10. — Voir: *Melgar.* — L'office du diplomate, 15 et suiv. — Importance de son rôle, 16 et suiv. — Voir: *Qualités diplomatiques.* — Quel est le meilleur observatoire du diplomate, 19. — Le diplomate doit savoir causer, 19. — Voir: *Talleyrand*; *Metternich.* — Le diplomate doit éviter avec soin la fourberie, 20. — Il doit posséder des connaissances spéciales et être versé dans la gestion des affaires diplomatiques, 21 et suiv. — Voir: *Hauterive* (le comte d').

Diplomate. Connaissances indispensables à tout diplomate, t. I, p. 23. — Instructions adressées, en l'an VIII, par M. de Talleyrand, aux agents diplomatiques français, sur ce que tout chef de mission devait connaître, 25. — Le diplomate doit posséder les connaissances précises et avoir les aptitudes pratiques du consul, 32, en note.

Diplomates américains, t. II, p. 559 et suiv.

Diplomates autrichiens, t. II, p. 558.

Diplomates danois, t. II, p. 559.

Diplomates du XVIe siècle. Leur existence austère et leurs habitudes studieuses, t. I, p. 451 et suiv.

Diplomates espagnols, t. II, p. 559.

Diplomates français, t. II, p. 548 et suiv.

Diplomates hollandais, t. II, p. 559.

Diplomates italiens, t. II, p. 547.

Diplomates portugais, t. II, p. 559.

Diplomates prussiens, t. II, p. 558.

Diplomates russes, t. II, p. 559.

Diplomates suédois, t. II, p. 559.

Diplomatie. Définition, t. I, p. 1. — Origine de ce terme, *id.* — La diplomatie est-elle une *science* ou un *art*? 1, 2. — Significations diverses du mot *diplomatie,* 2 et suiv. — Indication de quelques ouvrages relatifs à la diplomatie, 7. — La diplomatie peut être étudiée historiquement, 7 et suiv. — Voir: *Histoire diplomatique.* — Office de la diplomatie, 10 et suiv. — L'utile est son principal objectif, 11. — Cependant, de nos jours, l'action diplomatique tend à répondre à des besoins d'un ordre plus élevé que l'utile, 12 et suiv. — Voir *Rolin-Jaequemyns.* — Opinion du vicomte de la Guéronnière sur la diplomatie contemporaine, 13 et suiv. — La diplomatie mesure son action aux nécessités de chaque jour, 15. — Voir *Mazade* (Ch. de). — La bonne foi, en diplomatie, 20. — Les procédés de la diplomatie ont des formes qu'il faut connaître dans toutes leurs variétés, 21. — Quelles sont ces formes, *id.* — Voir: *Hauterive* (le comte d'). — La diplomatie doit être apprise autrement que par la pratique, 21, 22. — Quelle est la vraie école de la diplomatie, 22. — Sciences qu'il faut étudier, pour apprendre la diplomatie, t. I, p. 23.

Diplomatie. La diplomatie considérée comme art n'était pas inconnue aux peuples de l'antiquité, mais elle n'était pas pratiquée par une classe particulière de fonctionnaires publics, t. I, p. 163, note 1. — C'est au moyen-âge, et en Italie, qu'on trouve pour la première fois la diplomatie pratiquée comme art et enseignée comme science par des diplomates proprement dits, *id.*

Diplomatie russe (la), t. I, p. 298 et suiv.

Diplomatie vénitienne (la), t. I, p. 163 et suiv. — Voir: *Bailo.*

Diplomatique. Applications diverses de cet adjectif, t. I, p. 2.

Diplomatique (la). Définition, t. I, p. 3 et 23.

Directeur. Qualités que doit réunir un bon directeur du ministère des affaires étrangères, t. I, p. 239 et suiv.

Directeur de chancellerie, t. II, p. 214.

Direction des affaires politiques. Voir: *Ministère des affaires étrangères.*

Direction des archives. Voir: *Ministère des affaires étrangères.*

Direction des archives et de la comptabilité au ministère des affaires étrangères de France. Rapport au président de la République, du 18 sept. 1880, t. II, *Appendice*, p. 584. — Décret conforme de la même date, *id.* 585.

Direction de chancellerie. Voir: *Ministère des affaires étrangères.*

Direction de comptabilité. Voir: *Ministère des affaires étrangères.*

Direction du commerce et des consulats. Voir: *Ministère des affaires étrangères.*

Direction du personnel. Voir: *Ministère des affaires étrangères.*

Directoire Exécutif. Recommandation faite, en 1798, par le Directoire Exécutif au Conseil des Cinq Cents, sur la rémunération des services diplomatiques, t. I, p. 321.

Discours d'audiences. Allocutions prononcées dans les audiences de présentation des lettres de créance, t. I, p. 404. — Ces discours sont communiqués par avance à la chancellerie du gouvernement auquel ils s'adressent, *id.* — Choses énoncées dans les discours d'audiences, 415 et suiv. — Style de ces discours, 416 et suiv. — Conseil du comte de Garden, 418.

Discrétion. Le ministre public doit être discret, t. I, p. 462 et suiv. — Mode contemporain de manquer à la discrétion, qui est un des principaux devoirs de l'agent diplomatique, *id.* — Article 353 (A) du code pénal allemand, modifié par la loi du 26 février 1876, 463, note 1.

Dissolution des traités et des conventions, t. II, p. 459. — Comment les conventions et les traités se dissolvent-ils? *id.*

Distinctions honorifiques dont les ministres publics sont l'objet dans les pays où ils sont accrédités, t. II, p. 241 et suiv. — Voir: *Droit au cérémonial; Honneurs diplomatiques.* — Règle posée par le baron Ch. de Martens, 241 et suiv. — Règle posée par Gérard de Rayneval, 242, note 1. — Voir: *Titre d'Excellence.*

Domestiques du ministre public. Jouissent-ils des privilèges et exemptions attachés à son caractère? t. II, p. 161 et suiv.; 162, note 2. — Liste officielle des domestiques des ministres étrangers à communiquer au ministère des affaires étrangères, pour les faire jouir du bénéfice de l'exemption de la juridiction civile, 162 et suiv.

Domestiques du ministre public. Jouissent-ils de l'immunité de la juridiction criminelle ? t. II, p. 188. — En jouissent-ils, lors même qu'ils seraient citoyens de l'Etat auprès duquel l'envoyé est accrédité ? 188 et suiv. — Cas où un délit ou un crime ont été commis par les domestiques d'un agent diplomatique, 189 et suiv. — Conduite que peut tenir à cet égard le ministre public, *id.* — Droit des autorités du pays, 191.

Douane. Voir : *Droits de Douane.*

Drapeau. Droit pour le ministre public d'arborer le drapeau de son pays, t. II, p. 244 et suiv. — Circonstances dans lesquelles on arbore ce drapeau, *id.*

Drogmanat. Décret du Président de la République française, du 18 septembre 1880, t II, *Appendice*, p. 633.

Drogmans, t. II, p. 214.

Droit au cérémonial. Fait aussi partie des prérogatives des ministres publics, t. II, p. 235 et suiv. — Détails que comprend ce cérémonial, *id.* — Voir : *Honneurs diplomatiques.*

Droit d'ambassade. Quelle est la pratique à peu près générale, en matière d'exercice du droit d'ambassade ? t. I, p. 288. — Voir : *Réciprocité.*

Droit d'ambassade. Définition, t. I, p. 157. — Source du droit d'ambassade, 157 et suiv. — Le droit d'ambassade dans l'antiquité, 158 et suiv. — Caractères et degrés divers de la fonction de négociateur chez les Grecs, 159, note 1 — Les anciens n'ont pas connu les légations permanentes, 159 et suiv. — Ils ont pratiqué la pluralité des négociateurs, 160. — Pourquoi cette collectivité ? 160 et suiv. — Fin de l'antiquité et Bas-Empire, 162 et suiv. — Voir : *Evêques.* — L'Italie au moyen-âge, 163, note 1. — Le droit d'ambassade chez les Vénitiens, 163 et suiv. — Voir : *Bailo.* — Temps modernes ; missions permanentes, 165 et suiv. — Fondement du droit d'ambassade, 169. — Droit d'ambassade *actif*, et droit d'ambassade *passif*, 169 et suiv. — A qui appartient le droit d'ambassade *actif*, *id.* — Les petits Etats ont-ils le droit d'ambassade *actif*, 170, et même page, note 1. — Les Etats mi-souverains et les Etats tributaires jouissent-ils de ce droit ? 170 et suiv. — Le gouvernement Egyptien jouit-il du droit d'ambassade 172. — Voir : *Moldavie ; Valachie.* — Les Etats protégés jouissent-ils de ce droit ? 172, note 2. — Le droit d'ambassade actif appartient-il à un Etat uni à d'autres par un lien fédéral ? t. I, p. 173 et suiv. — A qui, dans un Etat, appartient l'exercice du droit d'envoyer des agents diplomatiques à l'étranger ? 179 et suiv. — Un roi détrôné a-t-il le droit d'envoyer des ministres publics ? 180 et suiv. — Un usurpateur a-t-il ce droit ? 180 et suiv., 183 et suiv. — Voir : *Gouvernement de fait.* — Cas où le droit d'envoyer des ministres est douteux ou contesté, 185 et suiv. — L'exercice du droit d'ambassade actif est-il forcé ? 186. — Voir : *Représentation diplomatique.* — A qui appartient le droit d'ambassade *passif* ? 188 et suiv. — Y a-t-il obligation pour un Etat souverain de recevoir des ministres publics des autres Puissances ? 189 et suiv. — L'état de guerre influe-t-il sur le droit d'ambassade *actif* et *passif* ? 190 et suiv.

Droit d'asile. Le droit d'asile ne doit pas être confondu avec la franchise de l'hôtel, t. II, p. 77 et suiv. — Voir : *Franchise de l'hôtel.* — Définition du droit d'asile, 77. — Ce droit est aboli en Europe, 77 et 79. — La question du droit d'asile s'agite encore en Amérique, 79. — Exemple d'un débat soulevé à ce sujet, 79 et suiv. — Accord arrêté par le corps diplomatique résidant à Lima, le 19 mai 1865, *id.* — Affaire des ministres du général Pezet, 80 et suiv. — Protocole du 15 janvier 1867, 82 et suiv. — Protocole du 29 janvier 1867, 84 et suiv. — Memorandum du 1er février 1867, 86 et suiv. — Distinction à faire, à propos de la question du droit d'asile diplomatique, 91 et suiv. — Résumé et exposé de la pratique moderne, 91, 92 et suiv. — Le droit d'asile dans le Levant, 93 et suiv.

Droit de direction sur la conduite des nationaux à l'étranger. Les agents diplomatiques ont-ils un pareil droit sur leurs nationaux ? t. II, p. 226 et suiv.

Droits de douane. Les ministres publics sont-ils exemptés du paiement de ces droits ? t. II, p. 50 et suiv. — Caractère de cette exemption, 50, 51 et suiv. — Les auteurs la considèrent comme une concession de pure générosité, 51, note 1. — La pratique des Etats n'est pas uniforme à cet égard, 52. — D'où viennent ces variations, *id.* — L'abus doit faire cesser cette exemption, *id.* — L'immunité comprend-elle les marchandises prohibées, les articles de contrebande? 52 et suiv. — En matière pareille tout est relatif, 53. — Loi belge, *id.*, note 1. — Pratique moderne, 54. — Angleterre, 54 et suiv. — France, 55 et suiv. — Gouvernement péruvien. Résolution du 11 juillet 1829, 57 et suiv. — Décret du 15 juillet 1845, 58 et suiv. — Cas de M. D. J. A. Garcia-y-Garcia, en 1868, 59 et suiv. — Correspondance entre le ministre des Etats-Unis d'Amérique et le ministre des relations extérieures du Pérou, en 1870, au sujet de l'exemption des droits de douane, 60 et suiv. — Résolutions du 26 juillet 1865 et du 4 juillet 1874, 62.

Droits d'enregistrement. Les ministres publics y sont-ils soumis? t. II, p. 64.

Droit de juridiction. Le ministre public exerce-t il un droit de juridiction sur les personnes de sa suite? t. II, p. 218 et suiv. — Confusion et contradictions dans la doctrine des auteurs, 218, 219. — Heffter seul a apporté quelque clarté dans cette obscurité, 219. — Exposition de la question par Heffter, et solution qu'il donne, 219 et suiv. — Pratique moderne, 220 et suiv. — L'école italienne contemporaine refuse, avec raison, aux ministres publics un droit de juridiction sur les personnes de leur suite, 223 et suiv. — Opinion de M. Villefort, 224. — Droit de juridiction volontaire, 225 et suiv. — Voir : *Juridiction volontaire.*

Droit de légation. Voir : *Droit d'ambassade.*

Droits de mutation par décès. Les ministres publics y sont-ils soumis? t II, p. 64. — Distinction faite en France, *id.* — Droits de mutation pour ouverture de successions immobilières, 65. — Voir : *Charges réelles.*

Droits de négociations. Définition, t. I, p. 157.

Droit diplomatique. Il constitue la procédure du droit international, t. I, p. 2. — Définition, 3. — Eléments dont il se compose, 4.

Droits et immunités des ministres publics, t. II, p. 2 et suiv. — Coup d'œil rétrospectif, *id.* — Explication de deux fragments du *Digeste* de Justinien, 4. — Le Coran, 5. — Une loi hollandaise de 1651, citée par Vicquefort, *id.* — Une loi anglaise du 21 avril 1709, 6. — Exemples tirés de l'histoire moderne, 6 et suiv. — Napoléon Ier médite de supprimer par décret les privilèges des ambassadeurs, 7. — Complaisance de Merlin, *id.* — Courageuse opposition de M. d'Hauterive, 7 et suiv.

Drouyn de Lhuys. Dépêche adressée par lui à M. de Sartiges, ambassadeur de France à Rome, le 8 février 1865, au sujet de certaines démarches du nonce apostolique à Paris, t. I, p. 448.

Drouyn de Luys. Notice, t. II, p. 551, note 1.

Ducs. Le titre et la dignité de duc, t. I, p. 60 et suiv. — Origine de ce titre et de cette dignité, 60. — Historique, *id.* — Anciens duchés italiens, *id.* — Duchés allemands, *id.* — Le titre de duc, titre nobiliaire, 61.

Duchés. Les duchés de l'Europe moderne et contemporaine, t. I, p. 60 et suiv. — Ils ne jouissent pas des honneurs royaux, 60.

Durée des traités et des conventions; stipulations qui fixent la durée, t. II, p. 433 et suiv.

E

Echange des pleins-pouvoirs, t. II, p. 402.

Echange de présents, entre chefs d'Etats, t. I, p. 139 et suiv.

Echange des ratifications, t. II, p. 441 et suiv, 443 et suiv. — Cas où l'échange des ratifications est retardé, 443. — Procès-verbal d'échange des ratifications, 443 et suiv.

École libre des sciences politiques, de Paris. Objet de cette institution, t. I, p. 28.

Écrits. Ordre des places dans les écrits, t. I, p. 106 et suiv. — Quand le rang est déterminé entre États de rangs inégaux, *id.* — Quand le rang n'est pas déterminé, ou que les États intéressés sont d'un rang égal reconnu, 107 et suiv. — Voir : *Alternat.* — L'article 7 du règlement du 19 mars 1815 sur le rang des agents diplomatiques, 108 et suiv. — Comment, en résumé, se règle aujourd'hui l'ordre des places dans les écrits, 109 et suiv. — Voir : *Pêle-mêle.*

Ecrits diplomatiques. Quelles sont les diverses sortes d'écrits diplomatiques ? t. II, p. 491 et suiv. — Voir : *Correspondance diplomatique.*

Ecusson. Droit pour le ministre public de placer au dessus de la porte de son hôtel un écusson portant les armes de son souverain ou de son pays, t. II, p. 244 et suiv.

Ecussons des postes diplomatiques. Arrêté du ministre des affaires étrangères de France. du 30 avril 1880, t. II, *Appendice*, p. 613.

Education diplomatique, t. I, p. 22 et suiv. — Lectures diverses que doivent faire ceux qui se destinent à la diplomatie, 32 et suiv. — Voir : *Mémoires.*

Effets des traités et des conventions, t. II, p. 450 et suiv. — En général, ces effets ne peuvent être produits qu'entre les parties, 452. — Cas où une tierce Puissance croirait éprouver, par suite d'un traité ou d'une convention, un préjudice direct ou indirect, *id.*

Égalité des États. C'est un effet de leur indépendance, t. I, p. 42. — En quoi consiste cette égalité, 42 et suiv. — Circonstances dans lesquelles l'égalité des Etats a particulièrement l'occasion de se manifester, 44. — Règles à déduire du droit primitif d'égalité naturelle des Etats, 44. — Restrictions du principe de l'égalité, 44 et suiv. — Comment l'égalité naturelle des États souverains peut-elle être modifiée ? 45, en note.

Egalité juridique. Elle ne correspond pas toujours à l'égalité sociale, t. I, p. 79.

Egger. Ses études historiques sur les traités publics chez les Grecs et chez les Romains, t. I, p. 158, 159, 160 en notes.

Egypte. Le Gouvernement égyptien jouit-il du droit d'ambassade ? t. I. p. 172.

Electeur. Le titre et la qualité d'électeur, t. I, p. 59 et suiv. — Historique, *id.* — Temps modernes et contemporains, *id.* — Prétentions des anciens électeurs, 60.

Electeur de Brandebourg. Se couronne lui-même, en 1701, t. I, p. 57.

Electorats. Voir : *Electeurs.*

Elizalde (D. Rufino). Voir : *Idée de la ligue latino-américaine.*

Emigrés. Décret du 27 novembre 1792, par lequel la Convention déclare qu'elle ne reconnaîtra comme ministre public aucun émigré, fût-il naturalisé chez la Puissance qui l'enverrait, etc., t. I, p. 337, note.

Emissaires cachés ou secrets, t. I, p. 247.

Empereur, t. I p. 54 et suiv. — Le titre d'empereur, dans le passé, 54. — Explication du prestige qui a toujours environné le titre d'empereur, 55. — Ce titre n'a plus, de nos jours, aucune supériorité réelle sur celui de roi, 55, 56 et suiv. — Opinion de Bluntschli sur la distinction qu'il y aurait à faire entre un empire et un royaume, 56. — Critique de cette opinion, 56, 57.

Empereur. Qualifications données aux empereurs, quand on s'adresse à eux, t. I, p. 68.

Empire d'Allemagne. Exercice du droit d'ambassade, t. I, p. 177, note 1, et p. 178, suite de la note.

Empereur d'Autriche. Comment on le désigne ; son titre, t. I, p, 70.

Encycliques. Voir : *Correspondance diplomatique.* — Objet des encycliques, t. II, p. 504.

Enfants du ministre public. Ils sont, par rapport au cérémonial, traités comme des étrangers, selon le rang qu'ils occupent dans la société, t. II, p. 216. — Incident concernant la présentation de la fille de Heenskerke, ambassadeur de Hollande, à la duchesse de Bourgogne, et à Madame, sous Louis XIV, 216, note 1. — Les enfants du ministre public jouissent des immunités diplomatiques, tant qu'ils vivent avec le ministre, 216. — Voir : *Culte.*

Entrées des ambassadeurs, t. I, p. 399 et suiv.

Entrevues des souverains. Sont devenues plus fréquentes, dans nos temps contemporains, t. II, p. 308. — Peuvent-elles être assimilées à des congrès ? 308 et suiv.

Envoyés (Sans qualificatif), t. I, p. 282.

Envoyés confidentiels, t. I, p. 247.

Envoyés diplomatiques. Voir : *Ministres publics.*

Envoyés extraordinaires. Origine, signification et portée de cette qualification, t. I, p. 258, 259.

Envoyé extraordinaire et ministre plénipotentiaire. Origine et portée de cette qualification, t. I, p. 259 ; p. 282 et suiv. — Formule de la lettre de créance qui lui est remise, 382.

Envoyés ordinaires, t. I, p. 282 et suiv.

Eon de Beaumont (le chevalier), t. I, p. 247.

Epouse des attachés militaires. Voir : *Attachés militaires.*

Epouse du chef de l'Etat (l') dans les républiques, t. I, p. 422.

Epouse du ministre public. Jouit-elle des mêmes immunités que son mari ? t. II, p. 161 et suiv., et 215. — Elle ne jouit pas, en général, de droits honorifiques particuliers, 215. — Arrêt de la cour de Paris, du 21 août 1841, 215, note 1. — Voir : *Ambassadrice ; Culte.*

Equivalences des grades de l'administration centrale et de la carrière extérieure. Rapport au Président de la République française, du 21 février 1880, t. II, *Appendice*, p. 589. — Décret conforme de la même date, *id.* 593.

Esquirou de Parieu Il recommande l'institution d'une commission internationale dont les membres seraient nommés par les différents gouvernements, t. II. p. 370, note 1.

Estrade (le comte d'). Incident du comte d'Estrade et du baron de Vatteville, en 1661, t. I, p. 90 et suiv. — Conduite de cet ambassadeur de France, à propos de la démarche faite, en 1661, par le gouvernement anglais, auprès des représentants des cours étrangères à Londres, t. II, p. 102 et suiv. — Louis XIV le blâme, 103.

Etat (l'). A-t-il sur ses nationaux qui se trouvent en pays étranger le même pouvoir qu'il possède sur eux dans le territoire où il exerce sa puissance souveraine ? t. II, p. 226, note 1. — Arrêt de la Cour de cassation de France, du 10 août 1819, 227, en note. — Observations de Laurent sur cet arrêt, *id.*

Etat composé. Voir ; *Etat fédéral.*

Etat de guerre. Influe-t-il sur le droit d'ambassade *actif* et *passif* ? t. I, p. 190 et suiv.

Etat fédéral. En quoi consiste cette manière d'être d'Etats unis ensemble par un lien fédéral ? t. I, p. 174 et suiv. — Voir : *Droit d'ambassade.*

Etats-généraux des Pays-Bas. Comment les qualifiait-on ? t. I, p. 69, en note.

Etats mi-souverains. Jouissent-ils du droit d'ambassade *actif* ? t. I, p. 170 et suiv.

Etats protégés. Ces Etats jouissent-ils du droit d'ambassade ? t. I, p. 172, note 2.

Etats tributaires. Jouissent-ils du droit d'ambassade actif ? t. I, p. 170 et suiv.; 172, et même page, note 2.

Etats-Unis d'Amérique. Constitution fédérale des Etats-Unis d'Amérique, au point de vue du droit diplomatique et de l'exercice du droit d'ambassade, t. I. p 177. — Ne se font représenter que par des envoyés extraordinaires et ministres plénipotentiaires, auprès des grandes Puissances, t. I, p. 280. note 1.

Etiquette des Etats. Voir : *Cérémonial public.*

Etrangers de distinction. Présentation des étrangers de distinction, t. I, p. 426 et suiv.

Être en engagement. Voir : *Gage.*

Evêques. Dans le Bas-Empire, des évêques étaient nommés par les assemblées provinciales pour défendre les intérêts de leurs fidèles contre les Barbares, t. I, p. 162 et suiv. — Evêques devenus ambassadeurs, *id.*

Examens diplomatiques. En ce qui concerne la France, t. I, p 29. — Arrêté du 10 juillet 1877, *id.* — Pour ce qui regarde la Prusse, 29 et 30. — Les examens diplomatiques en Belgique, 30 et suiv. — Les examens diplomatiques doivent-ils être placés à l'entrée de la carrière ? 31.

Examens diplomatiques. Voir : *Concours pour l'admission dans les services du ministère des affaires étrangères.*

Excellence. Voir : *Titre d'Excellence.*

Exécution des traités et des conventions, t. II, p. 449 et suiv.

— Les conventions et traités légalement stipulés, ratifiés, reçus et publiés, deviennent des lois de l'Etat, 449. — A partir de quel moment sont-ils obligatoires pour les parties contractantes? *id.* — A quelle condition auront-ils force de loi vis-à-vis des particuliers? *id.* — A qui est dévolue l'exécution des traités, 449 et suiv. — Il faut procéder avec modération dans l'exécution, 450. — L'exécution doit-elle être précédée d'une mise en demeure? *id.* — Cas où l'on peut être fondé à refuser l'exécution, 451 et suiv.

Exemption de la juridiction civile. Voir: *Immunité de la juridiction civile.*

Exemption de la juridiction de la police. En quoi consiste cette immunité, t. II, p. 99 et suiv. — Quelle est sa portée, *id.* — Voir: *Police.* — Les agents diplomatiques sont tenus à l'observation des règlements de police ayant pour objet la sécurité et l'ordre public, 100 et suiv. — La police a-t-elle le droit d'intervenir matériellement? 101. — Réserve observée par les auteurs, *id.* — Doctrine généralement enseignée, *id.* — Critique de cette doctrine, 101 et suiv. — Démarche faite, en 1661, par le gouvernement anglais auprès des représentants des cours étrangères à Londres, 102. — Conduite du comte d'Estrade, ambassadeur de France, à cet égard, 102 et suiv. — Louis XIV blâme le comte d'Estrade, 103. — Ce qu'un gouvernement doit faire en pareil cas, *id.*

Ex-rois. Les ex-rois continuent-ils de porter le titre de roi? t. I, p. 58. — Exemples, *id.* — Cas où la question est résolue dans les traités, *id.*

Ex-rois. On leur donne aussi la *majesté*, t. I, p. 67.

Exterritorialité. Cette fiction peut-elle servir de base à l'immunité de la juridiction civile? t. II, p. 104, et note 2.

Exterritorialité des chefs d'Etats, t. I, p. 144 et suiv. — Définition de cette fiction, 144. — Les chefs d'Etats en voyage jouissent-ils de cette fiction? *id.* — Opinion de G. F. de Martens, de Klüber, de Heffter, *id.* — Opinion de Bluntschli, 145. — Quelles sont les immunités qui constituent le bénéfice de l'exterritorialité, 145 et suiv. — Exception au bénéfice de l'exterritorialité, 147 et suiv. — Les immunités reconnues aux princes à l'étranger cessent avec leur souveraineté, 148, note 1. — Opinion de Laurent, *id.* — Un président de république en voyage jouit-il de l'exterritorialité? 150. — Critique de l'exterritorialité des chefs d'Etats, 151 et suiv. — La fiction de l'exterritorialité est vigoureusement combattue par Laurent, 152 et suiv.

Exterritorialité des ministres publics. — Grotius donne pour base à l'indépendance des ministres publics la fiction de l'exterritorialité, t. II, p. 41. — En quoi consiste cette fiction, *id.* — Le principe qui fait considérer les ministres publics comme n'ayant point quitté les Etats de leur souverain était reconnu sous plusieurs rapports déjà dans l'antiquité, 41, et suiv. — L'emploi de cette fiction est à peu près abandonné de nos jours, 42.

F

Faculté des sciences politiques et administratives de l'Université de Lima. But de sa création, t. I, p. 27, en note. — Enseignement qui s'y donne, 28, en note.

Faits accomplis. Définition, t. I, p. 180, note 1. — Tendance de l'époque contemporaine à reconnaître les faits accomplis comme fondement de droits nouveaux, 180, 181 et suiv.

Falloux (M. de). Son *Histoire du pape saint Pie V*, t. I, p. 166, note 2. — Il fait justice des calomnies de Wicquefort contre le catholicisme, *id.*

Féciaux. Fonctions de ces hérauts sacrés, t. I, p. 161 et suiv.

Fédération Argentine. Constitution fédérale de la République Argentine, au point de vue du droit diplomatique et de l'exercice du droit d'ambassade, t. I, p. 176 et suiv.

Femmes. Rôle des femmes dans la diplomatie, t. I, p. 345.

File. Voir: *Voitures.*

Finale des traités et des conventions, t. II, p. 438.

Fin des missions diplomatiques. — Comment les missions diplomatiques prennent fin, t. II, p. 509 et suiv. — Expiration du terme fixé pour la durée de la mission, 509. — Fin de l'affaire ou de la négociation qui formait le but de la mission, 510.

— Rappel du ministre public, 510 et suiv. — Voir : *Lettre de rappel.* — Rappel sans cause de mésintelligence, 511 et suiv. — L'audience de congé, 512 et suiv. — Comment un ministre public prend congé de la cour ou du chef du gouvernement auprès duquel il était accrédité, 513 et suiv. — Exemple tiré de l'histoire diplomatique du Pérou, 514 et suiv. — Présents offerts au ministre rappelé, 515 et suiv. — Rappel pour cause de mésintelligence, 518. — Décès du ministre public, 518 et suiv. — Le décès du constituant du ministre met-il fin à la mission diplomatique ? 525 et suiv. — Cas de décès du souverain auprès duquel le ministre public était accrédité, 526. — Observations relatives aux chargés d'affaires, en cas de décès du ministre des affaires étrangères qui les a accrédités, ou de nomination d'un nouveau ministre des affaires étrangères, dans le pays où ils exercent leurs fonctions, 526. — Mort morale du constituant ou du souverain auprès duquel le ministre public était accrédité, 527 et suiv. — Démission du ministre public, 528. — Révocation des agents diplomatiques, 528 et suiv. — Suppression des missions diplomatiques, 529 et suiv. — Déclaration expresse ou tacite du ministre, portant que sa mission doit être regardée comme terminée, 530. — Renvoi du ministre public, 530 et suiv. — Cas de changement survenu dans la classe et le rang diplomatique du ministre public, 532. — Suspension des missions diplomatiques, 532 et suiv. — Effets de la suppression et de la fin des missions diplomatiques, 534 et suiv.

Fin des traités et des conventions, t. II, p. 459 et suiv. — Voir : *Dissolution des traités et des conventions* ; *Rupture des traités et des conventions.*

Florès (le général). Correspondance diplomatique au sujet de la présence du général Florès au Pérou, en 1855, t. I, p. 434 et suiv.

Fonctionnaires politiques. Quels sont, au Pérou, les *Fonctionnaires politiques*, t. I, p. 226, note 1.

Foreign-office. Son organisation, t. I p. 222. — Voir : *Ministère des affaires étrangères*

Fourberie. Doit être évitée avec soin par le diplomate, t. I, p. 20. — Opinion de Talleyrand, 20.

Frais d'établissement. Rapport au Président de la République française, du 30 avril 1880, t. II, *Appendice*, p. 559. — Décret conforme de la même date, *id.*, 600.

Frais extraordinaires. Note des frais extraordinaires faits par le duc de Richelieu, ambassadeur de France à Vienne, t. I, p. 441, note 1.

France. Organisation de l'administration centrale des affaires étrangères, t. I, p. 217 et suiv. — Conditions d'admission, 221, note 1. — Voir : *Ministère des affaires étrangères.*

France. Note du 1er mars 1880, sur les conditions d'admission dans les différents services du département des affaires étrangères, t. I, p. 28 et suiv.

France. Rapport du ministre des affaires étrangères, du 19 avril 1880, sur les qualifications des agents diplomatiques français, t. I, p. 275 et suiv.

France. Rémunération des services des agents diplomatiques français, t. I, p. 321 et suiv. — Lois, décrets, ordonnances et règlements, depuis le décret des 28 janvier et 4 février 1791, jusqu'aux décrets du 25 juin 1879 et du 24 avril 1880, 321, 322, 323 et suiv. — Indemnités de frais d'installation, 328 et suiv. — Décrets des 9 avril 1870, 1er juin 1872, 20 septembre 1873 et 30 avril 1880, *id.* — Rapport du ministre des affaires étrangères du 14 août 1880, et décret conforme de la même date, concernant le mode d'ordonnancement et de payement des dépenses et traitements des agents diplomatiques, 331 et suiv.

France. Question de la nationalité du ministre public, au point de vue de la loi et surtout de la pratique françaises, t. I, p. 336 et suiv. — Le décret du 26 août 1811, 336, note 1. — Discussion au sujet de ce décret, *id.* — Le gouvernement français pourrait-il choisir des ministres parmi les étrangers ? 339.

Franchise de l'hôtel. — En quoi consiste cette immunité, t. II, p. 70. — Elle a été reconnue, en France, par un arrêté de l'Assemblée Nationale, en décembre 1789, 70 et suiv. — Lettre du comte de Montmorin au président de l'Assemblée Nationale, *id.* — Déclaration de l'Assemblée, 71. — Justification de cette immunité, 71 et suiv. — Base de cette immunité, 72 et suiv. — Limite de cette immunité, 73 et suiv. — Opinions diverses des auteurs, sur la question de savoir quelles mesures devront être prises au juste, dans le cas où un agent diplomatique, ayant été dûment requis par l'autorité légitime, refusera de livrer un individu qui se sera réfugié dans son hôtel, pour se soustraire aux recherches de la justice, 74 et suiv. — Limites dans lesquelles existe, de nos jours, la franchise de l'hôtel, 76 et suiv. — Cette immunité ne doit pas être confondue avec le droit d'asile d'autrefois, 77 et suiv. — Voir : *Droit d'asile.* — La franchise de l'hôtel appliquée aux palais servant de résidence habituelle ou temporaire au souverain-pontife, depuis la loi italienne des garanties du 13 mai 1871, 78 et suiv. — La franchise de l'hôtel dans le Levant, 93 et suiv.

Franchise des quartiers. Ce qu'on appelait autrefois de ce nom, t. II, p. 94. — Définition, *id.* — Etats qui reconnaissaient cette franchise, 94 et suiv. — Querelle qui s'éleva entre Louis XIV et le pape Innocent XI, au sujet de la franchise des quartiers, 95 et suiv. — La franchise des quartiers n'existe plus de nos jours, 98 et suiv.

Franchise du mobilier. En quoi consiste cette immunité, t. II, p. 99. — Limite de cette immunité, *id.* —

Franchise postale. La franchise postale est quelquefois accordée aux ministres publics, mais par pure complaisance et courtoisie, t. II, p. 63.

Frédéric II, de Prusse, t II. p. 544 et suiv.

G

Gage. En quoi consiste ce moyen d'assurer l'exécution et le maintien des traités et des conventions, t. II, p. 453. — Gage proprement dit, *id.* — Hypothèque, *id.* — Sens de l'expression *être en engagement, id.* — Le fait de tenir une ville une province en engagement, donne-t-il droit de souveraineté sur le territoire engagé ? *id.*

Garant. Voir : *Garantie.*

Garantie. En quoi consiste ce moyen d'assurer l'exécution et le maintien des traités et conventions, t. II, p 452. — A quoi s'applique-t-elle ? *id.* — A quelle condition le garant intervient-il ? *id.* — Droit du garant, 452 et suiv. — La garantie peut être l'objet d'une convention spéciale, ou d'articles annexés au traité principal, 453. — Garantie réciproque, *id.* — Durée de la garantie, *id.*

Garde noble hongroise. Officiers de cette garde, substitués, en 1780, par la cour d'Autriche, aux courriers de cabinet. t. I, p. 28. — Objet de ce changement, *id.*

Gardien judiciaire. Un agent diplomatique étranger peut-il être constitué gardien judiciaire ? t. II, p. 144, note 2.

Généalogie. Utilité, pour un diplomate, de la connaissance des généalogies. t. I, p. 24, note 1.

Gênes L'ancienne République de Gênes n'envoyait que des ambassadeurs. t. I, p. 280, note 1.

Gens de la suite du ministre public. Dans quelle mesure jouissent-ils de l'immunité de juridiction civile ? t. II, p. 161 et suiv.

Gens de la suite du ministre public. L'immunité de la juridiction criminelle s'étend-elle aux gens de la suite du ministre public ? t. II, p. 188 et suiv.

Gentilshommes d'ambassade, t. II, p. 214. — Voir : *Maîtres de cérémonie.*

Gouvernements de fait. Tendance contemporaine à les reconnaître, t. I, p. 180, 181 et suiv. — Exemples historiques tirés de l'histoire moderne, 181, note 1. — Cas où les Puissances étrangères peuvent continuer leurs relations avec l'ancien gouvernement, sans offenser l'indépendance des nations, 184.

Gouvernement étranger. Des poursuites peuvent-elles être exercées contre des biens appartenant à un gouvernement étranger ? t. II, p. 158 et suiv.

Gouverneurs de provinces éloignées. Ont-ils le droit d'envoyer des ministres publics ? t. I, p. 178 et suiv.

Grand-duc. Le titre et la dignité de grand-duc, t. I, p. 59. — Par qui ce titre est-il porté ? *id.* et 63.

Grand-duché. Quels sont les grands duchés en Allemagne, t. I, p. 59.

Grand-maître des cérémonies. Origine de la charge de grand-maître des cérémonies, en France, t. I, p. 403, note 2.

Grand-titre (le). En quoi il consiste; exemple, t I, p. 71, en note.

Grand-vizir. Lettre dont sont porteurs pour le grand-vizir les ministres publics français envoyés en Turquie, t. I, p. 384. — Voir : *Lettres de recommandation.*

Grecs. Caractères et degrés divers de la fonction de négociateur chez les anciens Grecs, t. I, p. 159, note 1.

Grille. Voir : *Chiffre.*

Guerre. Est la seule sanction positive pour l'observation des traités et des conventions, t. II, p. 452.

Guerre civile. Notification d'événements politiques après une guerre civile, t. I, p. 133.

Guillaume II, d'Angleterre, t. II, p. 540 et suiv.

Guizot. Son opinion sur la carrière diplomatique, t. I, p. 40.

Gustave-Adolphe. Proclame l'égalité de toutes les têtes couronnées, t. I, p 88.

H

Hanovre. Ses destinées successives, t. I, p. 255, et 256, note 1.

Hauterive (le comte d'). Son opinion sur les connaissances spéciales que doit avoir le diplomate, t. I, p. 21. — Ce que doit savoir le diplomate, *id.* — La diplomatie doit être apprise autrement que par la pratique, 21, 22.

Hauterive (le comte d'). Mémoire destiné à être placé sous les yeux de Napoléon Ier, en faveur des immunités diplomatiques, t. II, p. 7 et suiv.

Hautesse. Voir : *Sultan.*

Herran. Voir : *Immunité de la juridiction civile.*

Hiérarchie internationale. Comment se règle la hiérarchie entre les nations, t, I, p. 80 et suiv. — Arguments divers proposés pour prétendre à la préséance, *id.* — Argument tiré de l'ancienneté de la conversion à la religion chrétienne, *id.* — Argument tiré des relations de protection, de fief ou de cens, *id.* — Argument tiré de la haute dignité des vassaux appartenant à l'Etat, *id.* — Argument tiré d'une culture intellectuelle et morale plus avancée, 81 et suiv. — Argument tiré de l'ancienneté de l'indépendance des Etats, 82. — Argument tiré de l'ancienneté de la famille régnante, *id.* — Argument tiré de la forme du gouvernement, *id.* et suiv. — Argument tiré du titre du chef du gouvernement, 83. — Argument tiré du chiffre de la population, *id.* et suiv. — Voir : *Pinheiro-Ferreira.* — Quelle est la vraie base d'appréciation, 85. — Existe-t-il entre les Etats une règle générale pour déterminer le rang des Etats et de leurs chefs ? *id.* et suiv. — Voir *Jules II* ; *Congrès de Vienne* ; *Rang* ; *Préséance.*

Histoire diplomatique. La diplomatie peut être étudiée historiquement, t. I, p. 7 et suiv. — Démonstration et développements, 8 et suiv. — Différentes époques historiques de la diplomatie, 9 et suiv.

Histoire politique générale. Indication d'ouvrages que doivent lire ceux qui se destinent à la diplomatie, t. I, p. 32.

Honneurs civils. Voir : *Honneurs diplomatiques.*

Honneurs diplomatiques. Fort compliqués autrefois, ils se simplifient de plus en plus de nos jours, t. II, p. 235. — Honneurs militaires et civils à rendre aux ambassadeurs dans les villes où ils passent, selon la loi française, 235, note 2. — Salut des forteresses et des navires de guerre, 236. — Dais, *id.* — Attelage à six chevaux, *id.* — Droit de traiter immédiatement avec le souverain, 237. — Observation très-juste de Pinheiro-Ferreira, à cet égard, *id.* — Prétentions des agents diplomatiques, sous Louis XIV, 238, note 2. — Voir : *Distinctions honorifiques; Droit au cérémonial, Titre d'Excellence.*

Honneurs funèbres à rendre aux agents des Puissances étrangères, t. II, p. 245 et suiv.

Honneurs militaires. Voir : *Honneurs diplomatiques.*

Honneurs royaux. Définition de cette expression, t. I, p. 47. — Elle ne doit pas éveiller une idée monarchique, *id.* — Que faut-il entendre par les *honneurs royaux,* 47, 48. — D'où vient le qualificatif de *royaux,* 48. — Tous les Etats souverains ne jouissent pas des *honneurs royaux, id.* — Etats qui jouissent des *honneurs royaux, id.* et suiv. — Prérogatives attachées ordinairement aux *honneurs royaux,* 49.

Hospodar. Quels sont les princes qui ont été désignés par ce nom ? t. Ier,

p. 64 et suiv. — Historique, *id.* — Voir : *Principautés-Unies*.

Hotman. Ses observations sur le style diplomatique, t. I, p. 456.

Hovey (*Alvin P.*). Incident relatif aux lettres de créance de cet envoyé extraordinaire et ministre plénipotentiaire des Etats-Unis d'Amérique à Lima, en 1865, t. 1er, p. 389, note 1.

Huissier. L'immunité diplomatique s'oppose-t-elle à ce qu'un tribunal du pays où le ministre public est accrédité commette un huissier pour lui notifier un jugement? t. II, p. 152 et suiv. — Dans les cas exceptionnels où les agents diplomatiques pourront être assignés, comment l'exploit leur sera-t-il remis? 156 et suiv.

Hypothèque. Voir : *Gage*.

I

Idée de la ligue latino-américaine. Objet général que se proposaient les promoteurs de cette idée, t. II, p. 313 et suiv. — Bolivar, *id.* — Idée de Burke, 315. — Pourquoi l'idée de Burke et celle plus pratique de Bolivar n'ont-elles pas réussi? 315 et suiv. — La convention d'union, ligue et confédération, conclue le 2 juillet 1822 entre le Pérou et la République de Colombie, 316 et suiv. — Traité du 10 juin 1823, entre la Colombie et Buénos-Ayres, 318. — Circulaire de Bolivar, du 7 décembre 1824, 319 et suiv. — Réponse de la Colombie et du Chili, 320 et suiv. — Réunion du congrès de Panama, 323 et suiv. — Efforts faits par le gouvernement du Mexique, en vue d'une réunion du congrès américain, 325 et suiv. — Congrès américain tenu à Lima, en 1847 et 1848, 326 et suiv. — Traité du 8 février 1848, 328. — Stipulation de confédération; alliance défensive, 329. — Le « *casus fœderis* », 329 et suiv. — Proposition du plénipotentiaire de Bolivie, 331 et suiv. — Limite des territoires, 332. — La médiation préalable et l'arbitrage international, 333 et suiv. — Le principe de non-intervention, 334. — L'extradition, *id.* — Forces militaires de la Confédération, *id.* — Attributions du congrès des plénipotentiaires, 334 et suiv. — Sort du traité de confédération, 335 et suiv. — Opposition faite à certaines dispositions du traité par le plénipotentiaire du Pérou, 336 et suiv. — Réponses des plénipotentiaires des autres républiques, 337 et suiv. — Jugement porté sur le traité de confédération, 340. — Le traité de commerce du 8 février 1848, 340 et suiv. — Liberté de faire le commerce, 341. — Navigation des fleuves, 341 et suiv. — Principes de droit maritime, 342 et suiv. — Reproches adressés au traité de commerce et de navigation, 343 et suiv. — Jugement porté sur ce traité, 344 et suiv. — La convention consulaire du 8 février 1848, 345 et suiv. — La convention postale du 8 février 1848, 346. — Fin du congrès de 1847-1848, 346 et suiv. — Le traité continental du 15 septembre 1856, 347 et suiv. — Critique du traité continental par le ministre des relations extérieures de la République Argentine, M. D. Rufino-Elizalde, 348 et suiv. — Appréciation du traité continental, 355 et suiv. — Conférences de 1857, 357 et suiv. — L'union des républiques de l'Amérique centrale, 358 et suiv. — Circulaire du 11 janvier 1864, de M. D. Juan-Antonio-Ribeyro, 359 et suiv. — Appréciation de cette circulaire, 361 et suiv. — Réponse du Chili, 362. — Réponse de la Bolivie, 362 et suiv. — Réponse du gouvernement colombien, 364. — Ouverture des travaux du congrès de Lima, 365. — Résultat des travaux du congrès de Lima de 1864, 365 et suiv. — Nouvelles tentatives en 1867, 367 et suiv. — Congrès américain de jurisconsultes de 1877, *id.*

Ideville (Henri d'). Jugement porté par lui sur le baron de Talleyrand, diplomate du second empire, t. I, p. 19.

Immatriculation des nationaux dans les chancelleries diplomatiques et consulaires, t. I, p. 491. — Voir : *Protection des nationaux à l'étranger*. — Triple but assigné à l'immatriculation, 493, note 1. — Avantages attachés à l'immatriculation, *id.* — Condition imposée aux Français pour obtenir leur immatriculation, 494, en note. — Enonciations de l'acte d'immatriculation, *id.* — Immatriculation d'office, *id.* — Radiation de l'immatriculation, *id.* — L'immatriculation d'après le règlement consulaire du Pérou, 494 et suiv.

Immixtion dans les affaires d'un

– **pays.** Le ministre public accrédité à l'étranger ne doit pas se mêler sans motif des affaires du pays où il réside, t. I, p. 448.

Immunité civile. Voir : *Immunité de la juridiction civile.*

Immunité de la juridiction civile. En quoi consiste cette immunité, t. II, p. 103 et suiv. — Quel est le fondement de cette immunité ? 104 et suiv. — Voir : *Exterritorialité.* — Opinions diverses, 104 et suiv. — Cette immunité a pour base l'indépendance dont le ministre public a besoin pour remplir complétement sa mission, *id.* — Laurent critique l'opinion qui donnerait pour base à l'immunité civile la « *sainteté* » des ambassadeurs, 106 et suiv. — Les auteurs sont à peu près unanimes pour reconnaître aux agents diplomatiques le droit de décliner la compétence des tribunaux qui rendent la justice au nom du souverain près duquel ils sont accrédités, 107. — Une pratique universelle s'est prononcée dans ce sens, *id.* — Opinion de Bynkershoëck, au sujet de cette immunité, 107, note 2. — Pinheiro-Ferreira refuse aux ministres publics l'immunité de la juridiction civile, 107 et suiv. — Opinion d'Esperson, 109 et suiv. — Moyen proposé par Vattel, 110 et suiv. — Ce moyen est critiqué par M. Ch. Vergé, 111. — Opinion mixte exposée dans la *Jurisprudence générale* de Dalloz, 111 et suiv. — La distinction enseignée dans la *Jurisprudence générale* de Dalloz se vulgarise de plus en plus dans la doctrine, 112. — Jurisprudence des tribunaux français, 113, note 1. — L'immunité de la juridiction, selon le droit romain, 114, note 1. — Fausse application de quelques textes du Digeste et du Code de Justinien, *id.* — Ce que disent à l'égard de l'immunité de juridiction les législations civiles, 114 et suiv. — Législation française, *id.* — Mémoire du duc D'Aiguillon, ministre des affaires étrangères de Louis XV, 115, 116 et suiv. — Décret de l'Assemblée Constituante du 11 décembre 1789, 121. — Décret de la Convention Nationale du 13 ventôse an II, *id.* — Observations auxquelles ce décret a donné lieu, *id.* — Interprétation qui a prévalu, 121 et suiv. — L'article 14 du code civil français, 122, note 1. — Sur quoi repose, en France, l'immunité de la juridiction civile en faveur des ministres publics, *id.* — Lois anglaises 122, et suiv. — Loi du 21 avril 1709, *id.* — Antécédents de cette loi, 123, note 1. — Voir : *Matucof.* — Dispositions de quelques autres législations, 123 et suiv. — Quelle est la règle générale du droit des gens, en ce qui concerne cette immunité de la juridiction civile ? 125. — Critique de cette immunité par Laurent, 125 et suiv. — L'immunité de la juridiction civile est-elle absolue ? 127 et suiv. — Exceptions, *id.* — Actions réelles immobilières, *id.* — Agent diplomatique exerçant le commerce, 129 et suiv. — Cas où le ministre public se soumet par son propre fait au tribunal du lieu de sa résidence, 132 et suiv. — Observations de Laurent sur les exceptions que reçoit l'immunité civile, 135, note 2. — Un ministre public peut-il renoncer à l'immunité de la juridiction civile ? 136 et suiv. — Arrêt de la cour de Paris du 21 août 1841, 137. — Le ministre public sujet de l'Etat où il est accrédité par une Puissance étrangère jouit-il de l'immunité de la juridiction civile ? 137 et suiv. — Affaire de M. Herran, 138 et suiv. — Jugement du tribunal civil de la Seine du 21 janvier 1875, *id.* — Observations de M. Demangeat sur ce jugement, 139 et suiv. — Observations de M. Laurent, et critique de l'opinion de M. Demangeat par le même, 140 et suiv. — Résumé de la question et solution qu'il faut lui donner, 142 et suiv. — L'exemption de la juridiction s'étend-elle aux biens-meubles du ministre public ? 143 et suiv. — Les dettes contractées par les agents diplomatiques peuvent-elles autoriser un acte de juridiction quelconque contre leur personne ? 144, note 2. — L'immunité diplomatique s'oppose-t-elle à ce qu'un tribunal du pays où le ministre est accrédité commette un huissier pour lui notifier un jugement ? 152 et suiv. — Met-elle obstacle à l'exécution de simples mesures conservatrices du droit des tiers ? 154. — L'immunité de la juridiction civile n'existe-t-elle qu'au profit de la personne seule du ministre ? 161 et suiv. — Voir : *Domestiques du ministre public ; Femme du ministre public ; Gens de la suite ; Secré-*

taires d'ambassade ou de légation; Secrétaires particuliers du ministre public.

Immunité de la juridiction criminelle, t. II, p. 164 et suiv. — Fondement et justification de cette immunité, 165 et suiv. — Exception à l'immunité de la juridiction criminelle, 166 et suiv. — Pratique des peuples modernes, 167. — Gradation, d'après Heffter, des mesures auxquelles peut recourir l'Etat offensé pour obtenir satisfaction, *id.* — Ces règles ne sont pas admises par tous les publicistes modernes, 167 et suiv. — Doctrines contemporaines contraires à l'immunité de la juridiction criminelle, 168 et suiv.— Doctrine des anciens auteurs, 178, note 1. — Dispositions de plusieurs législations européennes, 178 et suiv. — De nos jours, les discussions sur l'immunité des ministres publics en matière criminelle ne sont plus que simplement théoriques, 179. — Question relative au ministre étranger qui se trouve sujet de l'Etat où il est accrédité, 179 et suiv. — Immunité de la juridiction criminelle applicable aux envoyés du souverain pontife près des gouvernements étrangers, et des gouvernements étrangers près du souverain pontife, 180, note 1. — L'exemption de la juridiction criminelle s'étend-elle aux personnes attachées à la mission ou faisant partie de la suite du ministre? 188 et suiv. — L'accord n'existe ni dans la doctrine, ni dans la pratique, sur la question de la position du personnel non officiel des légations, au point de vue de l'immunité de la juridiction criminelle, 191 et suiv. — Doctrines diverses, 191 et suiv.; 195, note 1. — Quelle que soit la solution qu'on donne à la question, s'il n'appartient pas aux tribunaux du pays où le délit ou crime ont été commis de prononcer un jugement contre les prévenus, la procédure n'en doit pas moins être instruite par eux, 194 et suiv.

Immunité des impôts, t. II, p. 45 et suiv. — Sur quoi est fondée cette immunité, 45. — Impôts que le ministre public ne paye pas, 46 et suiv. — Impôts personnels directs, *id.* — Logement des gens de guerre, 47 et suiv. — Impôts sur le capital et sur le revenu, 49 et suiv. — Décimes de guerre, 50. — Droits de douane, 50 et suiv. — Impôts que le ministre public doit payer, 62 et suiv. — Impôts indirects fappant les objets de consommation, 63. — Octroi, 63, note 1. — Impôts qui ont le caractère d'une rémunération due, soit à l'Etat, soit à des particuliers ou à des municipalités, 63. — Droits exigés à l'occasion de certains actes ou de certaines transmissions, 64 et suiv. — Impôts réels ou charges réelles qui grèvent les immeubles, 65. — Observation relative à l'immunité des impôts, 66. — Résumé de la question de l'immunité des impôts, 66, note 1. — Le ministre public peut-il prétendre à ces immunités sur le territoire d'une tierce Puissance? 67 et suiv.

Immunités des ministres publics. L'étendue de ces immunités est très-souvent déterminée par les traités, t. II, p. 125, note 1. — Exemples, *id.*

Immunités diplomatiques. T. II, p. 2 et suiv. — Voir : *Droits et immunités des ministres publics; Indépendance.*

Immunités diplomatiques. Question des immunités diplomatiques appliquées, en Italie, aux envoyés du Saint-Siège. Ces immunités sont limitées à l'aller et au retour, t. II, p. 45, note 1.

Immunités diplomatiques. Exemples américains, t. II, p. 196 et suiv. — Affaire de l'emprunt de Costa-Rica, en 1857, *id.* — Expulsion de Bolivie de l'agent diplomatique du Pérou, en 1853, 197 et suiv.

Immunités diplomatiques. Nécessité des immunités diplomatiques, au point de vue des négociations, t. II, p. 259 et suiv.

Immunité locale. Voir : *Franchise de l'hôtel.*

Impositions qui grèvent l'exercice de certaines industries étrangères aux fonctions diplomatiques, t. II, p. 66. — Les ministres publics y sont soumis, *id.* — Voir : *Patentes.*

Impôts fonciers. Les ministres publics, en droit, ne sont pas exemptés de les payer, t. II, p. 65. — Ils le sont généralement en fait, *id.* — Cas où le ministre public occuperait un hôtel appartenant à son souverain, 65, note 3.

Impôts indirects frappant les objets de consommation. Quels sont ces impôts, t. II, p. 63, note 1. — Les ministres publics payent nécessairement ces impôts, 63.

Impôts personnels directs. Les ministres publics ne les payent pas, t. II, p. 46 et suiv. — Quels sont ces impôts? 46, note 1. — Pourquoi cette immunité existe-t-elle au profit des ministres publics? 46. — Dans quels cas cesse cette immunité? *id.* — Lettre adressée au préfet de la Seine, le 11 juillet 1866, par le ministre des affaires étrangères, 46, note 1. — Décision du conseil de préfecture de la Seine, du 13 août 1878, *id.* — Observations de Laurent sur l'exemption des impôts personnels attribuée aux agents diplomatiques, 46, 47.

Impôts que le ministre public doit payer, t. II, p. 62 et suiv.

Impôts qui ont le caractère d'une rémunération due, soit à l'Etat, soit à des particuliers ou à des municipalités, t. II, p. 63. — Quels sont ces impôts? *id.* — Les ministres publics ne sont pas exemptés de les payer, *id.*

Impôts sur le capital et sur le revenu, t. II, p. 49 et suiv. — Quels sont ces impôts? 49. — Les ministres publics sont exempts de ces impôts, *id.* — Caractère de cette immunité, *id.* — Cette exemption peut-elle être invoquée, en Italie, par les envoyés étrangers près le Saint-Siège, 49, 50.

Imprimerie. Droit de posséder une imprimerie pour l'usage de la légation, t. II, p. 233 et suiv. — Ce droit n'existe plus aujourd'hui pour les ministres publics, 234.

Incognito. Pourquoi les chefs d'Etats voyagent-ils parfois *incognito*? t. I, p. 74, en note. — Avantages de l'*incognito*, *id.*

Incognito (l'), t. I, p. 143.

Indépendance du ministre public, t. II, p. 39 et suiv. — C'est un droit fondamental inhérent au caractère représentatif, 39. — Définition de cette prérogative, *id.* — Citation de Montesquieu, 39, note 1. — En quoi consiste l'indépendance du ministre public, 39, 40. — L'indépendance a-t-elle pour base l'exterritorialité? 41 et suiv. — Voir : *Exterritorialité.* — Base de la prérogative de l'indépendance, 43 et suiv. — Conséquences de l'indépendance, 44 et suiv. — Voir : *Droit de culte domestique; Exemption des lois de la police; Exemption de la juridiction civile; Exemption de la juridiction criminelle; Franchise de l'hôtel; Immunité des impôts; Juridiction et surveillance du ministre à l'égard de sa suite.*

Indépendance du ministre public. L'indépendance dont le ministre public a besoin pour remplir complètement sa mission est la base de l'immunité de la juridiction civile, t. II p. 104 et suiv.

Infants. Quelles personnes reçoivent cette qualification, t. I, p. 63.

Inscription. Voir : *Correspondance diplomatique.*

Instructions. Définition, t. I, p. 357 et suiv. — Exemples d'instructions données, 358 et suiv.; 359, note 2. — Les instructions données au début de la mission sont aujourd'hui moins utiles et moins importantes qu'autrefois, 359. — Différentes sortes d'instructions, 360 et suiv. — Instructions générales ou spéciales, verbales ou écrites, secrètes ou ostensibles, *id.* — Instruction principale, 362. — Instructions accessoires ou accidentelles, 364 et suiv. — Les instructions ne doivent présenter aucune ambiguïté, 366 et suiv. — Un agent diplomatique peut-il s'écarter de ses instructions? 368 et suiv. — Incident du comte d'Aranda, ambassadeur d'Espagne, 368, note 1. — Un agent diplomatique peut-il agir sans instructions? 369 et suiv. — Les instructions doivent être aussi complètes que possible, 370. — Les instructions peuvent-elles être communiquées? 370 et suiv. — Instructions expédiées en double, 371. — Forme habituelle des instructions, 371 et suiv.

Intérimaire. La personne chargée par intérim des affaires d'une mission permanente est considérée comme un envoyé non permanent, t. I, p. 259.

Internonce d'Autriche à Constantinople, t. I, p. 284.

Internonces, t. I, p. 284. — Les internonces ont-ils le pas sur les envoyés et ministres ordinaires et extraordinaires des autres Puissances? 280 et suiv.

Interprétation des traités et des conventions, t. II, p. 454 et suiv.

— Règles d'interprétation, *id.* — L'interprétation *extensive* et l'interprétation *restrictive*, 456. — Quels sont les pouvoirs compétents pour l'interprétation des traités? 456 et suiv.

Intervention des tierces Puissances dans les traités et conventions, t. II, p. 452. — Intervention *bénévole* et intervention *formelle*, *id.* — Voir : *Arbitrage ; Bons offices ; Médiation ; Négociations bénévoles.*

Introducteur des ambassadeurs. Origine de la charge d'introducteur des ambassadeurs, en France, t. I, p. 403, note 2.

Inviolabilité. Définition, t. II, p. 11. — Portée et caractère de cette prérogative, 12. — Dispositions du droit français, à cet égard, 13 et suiv. — Législations étrangères, 15 et suiv. — Question de l'inviolabilité appliquée aux envoyés des gouvernements étrangers près le Saint-Siège et des envoyés du Saint-Siège près les gouvernements étrangers, 16 et suiv. — Loi péruvienne, 17. — A quoi l'inviolabilité des ministres publics s'applique-t-elle ? 17 et suiv. — Inviolabilité des courriers et des parlementaires, 18. — Point de départ de l'inviolabilité, 19 et suiv. — Jusqu'à quand dure-t-elle ? *id.* — Dure-t-elle, même lorsque la guerre a éclaté entre les deux Etats ? 20 et suiv. — L'inviolabilité est-elle due au ministre public, même sur le territoire de tierces Puissances ? 21. — Des représailles peuvent-elles justifier des actes de violence contre un ministre public ? 21 et suiv. — Voir : *Offense personnelle.* — Attaques par la presse, 26 et suiv. — Sanction de l'inviolabilité, 30 et suiv. — Exemples de réparations accordées pour injures ou lésions, 30, note 2. — Cas où cesse l'inviolabilité, 31 et suiv. — Position du ministre public à l'égard des tierces Puissances, 33 et suiv. — La prérogative de l'indépendance est comme le corollaire de l'inviolabilité, 40.

Invocation. L'invocation qui précède en général le préambule des traités se trouve-t-elle dans les conventions? t. II, p. 430 et suiv. — La formule de l'invocation n'est pas uniforme, 431. — L'usage de l'invocation n'est ni universel, ni absolu, *id.* — Il est naturel et légitime, *id.*

J

Jeunes de langues. Historique de cette institution, t. I, p. 311, note 1.

Joseph (le R. P. Leclerc du Tremblay), confident du cardinal de Richelieu, t. I, p. 17, et 248, note 1.

Joseph II (l'empereur), t. II, p. 545 et suiv.

Journal officiel. On y annonce les audiences officielles données par le chef de l'Etat aux ministres publics étrangers, et le sujet des lettres de notifications que le chef de l'Etat a reçues des souverains étrangers, t. II, p. 241.

Jules II. Règlement de ce pape sur le rang entre les Etats, t. I, p. 87 et suiv.

Juridiction civile. Voir : *Immunité de la juridiction civile.*

Juridiction volontaire. Quels sont les actes de juridiction volontaire que peut faire le ministre public ? t. II, p. 225 et suiv. — Article 48 du code civil français, 225. — Article 368 du code civil italien, 225 et suiv. — Deux jugements du tribunal civil de la Seine du 2 juillet 1872 et du 21 juin 1873, 225, note 1. — Observation de l'arrêtiste, *id.*

Justification de la qualité pour négocier. Dans les traités et les conventions, t. II, p. 433 et suiv.

K

Kaïnardji (traité de). Clauses de ce traité relatives au droit de représentation diplomatique des Etats mi-souverains de Moldavie et de Valachie, t. I, p. 171. — Clause concernant le droit de protection attribué à la Russie sur les populations chrétiennes de l'empire ottoman, *id.* note 1.

Kant. Il propose l'institution d'un congrès permanent des Etats, t. II, p. 370, note 1.

Kinnoul (lord). Affaire du comte de Merle et de lord Kinnoul en 1760, t. I, p. 92 et suiv.

L

La Guéronnière (le vicomte de).

Son opinion sur la diplomatie contemporaine, t. I, p. 13 et suiv.

Lamartine. Sa circulaire de 1848 aux agents diplomatiques de la République française, t. I, p. 99 et suiv.

Landgrave. Historique, t. I, p. 63. — Ce titre n'est plus porté aujourd'hui que par les princes de la maison de Hesse, *id.*

Langue diplomatique, t. II, p. 387, en note.

Langue diplomatique, t. II, p. 419 et suiv. — Cas où les traités ou conventions ne sont pas rédigés dans une langue commune, 434 et suiv.

Langues étrangères. Utilité pour un diplomate de la connaissance des langues étrangères, t. I, p. 24.

Lecture des pièces écrites, t. I, p. 466.

« Legatio libera ». Ce qu'était une « *legatio libera* » chez les anciens Romains, t. I, p. 246, en note. — Abus des « *legationes liberæ* », *id.* — Elles sont blâmées par Cicéron, *id.*

« Legatio votiva ». Ce qu'était une « *legatio votiva* » chez les anciens Romains, t. I, p. 246, en note.

Légations permanentes. Voir : *Richelieu (cardinal de)*; *Westphalie (paix de)*.

Légats (les), t. I, p. 276 et suiv. — Légats « *à latere* » ou « *de latere* », 277 et suiv. — « *Legati missi* », 277, note 1. — « *Legati nati* », *id.* — Maux causés à l'Eglise par les légations de la cour romaine, *id.* — Formalités à observer, en France, par les légats, pour l'exercice des facultés énoncées dans les bulles de légation, 278 note 1.

Légats. Sont-ils porteurs d'une lettre de créance ? t. I, p. 383 et suiv. — Voir : *Bulles*. — Réception des légats, 399 et suiv.

Légion d'honneur. Rapport du conseiller d'Etat Rœderer au Corps Législatif, le 25 floréal an X, t. I, p. 140, note 2.

Lettres (les), t. II, p. 492 et suiv. — Voir : *Correspondance diplomatique.*

Lettres autographes, t. I, p. 119 et suiv.

Lettres closes, t. I, p. 121 et suiv. — Voir : *Correspondance officielle des chefs d'Etats.*

Lettres d'adresse. Voir : *Lettres de recommandation.*

Lettres de cabinet, t. I, p. 118 et suiv. — Voir : *Correspondance officielle des chefs d'Etats.*

Lettres de cérémonie. Voir : *Lettres de chancellerie* ; *Correspondance officielle des chefs d'Etats.*

Lettres de chancellerie, t. I, p. 116 et suiv. — Voir : *Correspondance officielle des chefs d'Etats.*

Lettres de conseil. Voir : *Lettres de chancellerie* ; *Correspondance officielle des chefs d'Etats.*

Lettre de créance. Il ne faut pas confondre entre la *lettre de créance* et le *plein-pouvoir*, t. I, p. 374. — Définition de la lettre de créance, 380. — A quoi sert la lettre de créance; quel est son objet direct et essentiel ? 381 et note 1. — Formules diverses de lettres de créance, 381 et suiv., dans les notes. — Les chargés d'affaires sont-ils porteurs d'une lettre de créance ? 382 et suiv. — Formule de la lettre de créance d'un chef d'Etat monarchique à une république, 382, en note. — Formule de lettre de créance entre présidents de républiques, *id.* — Les légats et les nonces sont-ils porteurs d'une lettre de créance ? 383 et suiv. — Voir : *Bulles*. — Copie textuelle, en forme authentique, de la lettre de créance, destinée au ministre des affaires étrangères, 384. — Justification de cet usage, *id.* — Utilité de la lettre de créance, 384 et suiv. — Forme de la lettre de créance, 385. — Est-il répondu à la lettre de créance? 385. — Cas où le souverain qui a nommé et accrédité l'agent diplomatique vient à mourir ou à abdiquer, 385 et suiv. — Le changement des premiers magistrats des républiques n'emporte point le renouvellement des pouvoirs des agents de ces républiques à l'étranger, 386. — Cas où le souverain qui a nommé et accrédité l'agent diplomatique vient à être renversé par une révolution, 386 et suiv. — Cas où le souverain auprès duquel l'agent diplomatique a été accrédité vient à mourir ou à abdiquer, 387 et suiv. — Le régent du royaume, pendant la minorité du roi, a-t-il qualité pour recevoir personnellement les lettres de créance d'un agent diplomatique expressément accrédité auprès de la personne royale ? 388. — Cas où le souverain auprès duquel l'agent diplomatique était accrédité vient à être renversé par une révolution, 388 et suiv. — Cas où l'agent diplomatique est élevé en grade pendant la durée de sa mission, 389 et suiv. — Cas de nomination d'un nouveau ministre des affaires étrangères, 390. — Cas de lettres de créance provisoires, *id.* — Les lettres de créance chez les anciens Romains, 396, note 1.

Lettre de rappel. Définition, t. I, p. 391. — Enonciations ordinaires des lettres de rappel, 392 et suiv. — Formules d'une lettre de rappel, 394, note 1. — Rappel des chargés d'affaires, 395. — Formule de la lettre de rappel d'un chargé d'affaires, 395, note 1.

Lettres de recommandation. Objet de ces lettres, t. I, p. 391. — Par qui sont-elles données et à qui sont-elles adressées, *id.* — Voir : *Grand-vizir.*

Lettre de récréance. — Définition, t. I, p. 392. — Enonciation ordinaire des lettres de récréance, 392 et suiv. — Formules d'une lettre de récréance, 394, note 1.

Lettres d'Etat, accordées autrefois aux ministres publics étrangers, t. II, p. 152, note 2.

Lettres patentes, t. I, p. 121 et suiv. — Voir : *Correspondance officielle des chefs d'Etats.*

Lettres réversales. Définition, t. I, p. 51, en note. — Exemple, *id.*

Lien fédéral. Voir : *Droit d'ambassade*; *Etat fédéral; Système d'Etats confédérés.*

Ligue latino-américaine. Voir : *Idée de la ligue latino-américaine.*

Loaysa (D. José-Jorje). Son opinion sur les qualités qu'on doit réunir pour représenter dignement une nation, t. I, p. 18 et suiv. — Voir : *Qualités diplomatiques.*

«Locus regit actum». Les agents diplomatiques sont-ils tenus de suivre pour les formes des actes regardant leur personne, leur famille et leurs biens, les lois du pays où ils résident ? t. II, p. 155, note 1.

Logement des gens de guerre. Les hôtels des ministres publics étrangers sont exempts du logement des gens de guerre, t. II, p. 47 et suiv. — Pourquoi cette immunité ? *id.* — L'exemption du logement des troupes doit-elle être étendue jusqu'au payement de la contribution par laquelle les gouvernements la remplacent quelquefois ? 48. — Opinions de F. de Martens et de Pinheiro-Ferreira, *id.* — Quelle est celle de ces deux doctrines qu'il faut adopter ? *id.*

Loi des garanties, de 1871, t. I, p. 66. — Disposition de cette loi italienne, *id.* — Protestation du pape Pie IX, *id.*

Lorimer. Il propose l'institution de congrès annuels, t. II, p. 370, note 1.

Louis XIV. Sa lettre du 14 mai 1709 au marquis de Torci, t. I, p. 441 et suiv.

Louis XIV. Blâme son ambassadeur, le comte d'Estrade, au sujet de la conduite observée par lui à propos de la démarche faite, en 1661, par le gouvernement anglais auprès des représentants des cours étrangères à Londres, t. II, 103.

Louis XVIII. Evite d'accorder la préséance et la main d'honneur aux souverains alliés, t. I, p. 105, en note.

Louis XVIII. Son caractère, t. II, p 546, note 1.

Lunéville. Article 17 du traité définitif de paix conclu à Lunéville, le 9 février 1801, entre la France et l'Empire, confirmant l'article 23 du traité de Campo-Formio, t. I, p. 99, en note. — Voir : *Campo-Formio.*

M

Madrid. Voir : *Conférence de Madrid.*

Main d'honneur, t. I, p. 102 et suiv.

Maîtres de cérémonie. Remplacent chez les ambassadeurs les anciens maréchaux et gentilshommes d'ambassade, t. II, p 214.

Majesté. A qui la qualification de *majesté* est-elle donnée ? t. I, p. 67. — Historique, *id.* — La majesté n'appartient qu'à la nation, 68.

Majorité. La loi de la majorité n'est pas applicable dans les congrès et dans les conférences, t. II, p. 410. — Exception, *id.* — *Veto* individuel et absolu, que chacun des membres d'un congrès ou d'une conférence a le droit d'opposer au nom de son gouvernement et de l'Etat qu'il représente, *id.* — Effet de ce *veto*, *id.*

Malborough (le duc de). Marché que Louis XIV lui fait proposer, t. I, p. 441 et suiv.

Malfaiteur réfugié dans l'hôtel d'un ministre public. Voir : *Franchise de l'hôtel.* — Opinions diverses des auteurs, t. II, p. 74 et suiv. — Opinion que la doctrine actuelle semble avoir adoptée, 75.

Manière de vivre du ministre public, t. II, p. 249 et suiv. — Instructions d'un ambassadeur à son fils qui se destinait à la carrière des négociations, *id.*

Manifestes (les). Voir : *Correspondance diplomatique.*

Maréchaux d'ambassade, t. II, p. 214. Voir : *Maîtres de cérémonie.*

Margrave. Historique, t. I, p. 63. — C'est aujourd'hui un titre purement honorifique, *id.*

Mariages, t. I, p. 137 et suiv.

Marie-Thérèse. Son opinion sur le prince de Rohan, t. I, p. 17. — Caractère historique de cette impératrice, t. II, p. 543 et suiv.

Marselaer. Ses observations et ses conseils au sujet de la correspondance diplomatique, t. I, p. 455.

Matucof (le comte de). Incident du comte de Matucof, ambassadeur extraordinaire de Russie à Londres, t. II p. 123, note 1. — Voir : *Immunité de la juridiction civile.*

Mazade (Ch. de). Exprime la pensée que les obstacles auxquels se heurtent les aspirations progressives ne doivent pas être imputés à l'action diplomatique, t. I, p. 15.

Mazarin (le cardinal de). Son impassibilité, t. I, p. 18. — Son caractère, t. II, p. 550, note 1.

Médecin de l'ambassade ou légation. Peut-il pratiquer l'art de guérir dans l'hôtel de l'ambassade ou de la légation, bien qu'il n'ait pas de diplôme dans le pays même ? t. II, p. 233. — Peut-il pratiquer son art au domicile particulier des personnes faisant officiellement partie des missions étrangères ? *id.* — Peut-il traiter les nationaux du ministre public ? *id.*

Médiation. En quoi consiste la médiation, t. II, p. 467. — Rôle du médiateur, *id.* — Son devoir, *id.* — Quand son rôle cesse-t-il ? *id.* — Une partie peut admettre les bons offices d'une Puissance neutre et cependant rejeter la médiation de celle-ci, 467 et suiv. — Cas où un médiateur peut élever des réclamations, 468. — Historique de cette intervention officieuse, 468 et suiv. — Le protocole du 16 avril 1856, *id.* — Vœu émis par les plénipotentiaires du congrès de Paris de 1856, 469. — Suites historiques et application de la théorie formulée dans le protocole de 1856, 470. — En quoi la médiation diffère-t-elle de l'arbitrage ? 472.

Meisel. Ses conseils au sujet du style diplomatique, t. I, p. 456 et suiv.

Melgar (D. José-Fabio). Définit la mission du diplomate, t. I, p. 10 et suiv.

Membres de la famille du ministre public, t II, p. 214 et suiv. — Ils participent à plusieurs de ses prérogatives, *id.* et 216. — Ils sont, par rapport au cérémonial, traités comme des étrangers, selon le rang qu'ils occupent dans la société, 216. — Ils ne jouissent des immunités diplomatiques que tant qu'ils vivent avec le ministre public, *id.* — Voir : *Culte.*

Mémoires. Voir : *Correspondance diplomatique.*

Mémoires historiques. Utilité de la lecture des mémoires historiques pour les diplomates, t. I, p. 33 et suiv. — Indication de quelques mémoires relatifs à la politique du dix-neuvième siècle, 34. — Voir aussi t. II, p. 566 et suiv.

Mémoires sur les négociations diplomatiques, t. I, p. 35 et suiv. — Utilité de la lecture de ces mémoires pour les diplomates, 36. — Indication de quelques-unes de ces publications, 36 et suiv.

Memorandum. Voir : *Correspondance diplomatique.*

Mercy-Argenteau (le comte de). Son opinion sur le duc d'Aiguillon, t. I, p. 20.

Mercy-Argenteau (le comte de). Son opinion sur les difficultés de l'emploi de ministre des affaires étrangères, t. I, p. 239 et suiv.

Merle (le comte de). Affaire du comte

de Merle et de lord Kinnoul, en 1760, t. I, p. 92 et suiv.

Mesures conservatrices. L'immunité diplomatique met-elle obstacle à l'exécution de simples mesures conservatrices du droit des tiers ? t. II, p. 154.

Metternich (le prince de). A été le plus aimable conteur de l'Europe, t. I, p. 19.

Meubles. Voir : *Biens meubles.*

Mexique. A été deux fois constitué en empire, t. I, p. 55, en note.

Mise en demeure. Voir : *Exécution des traités et des conventions.*

Missions de cérémonie ou de courtoisie, t. I, p. 260 et suiv.

Ministère des affaires étrangères. Pourquoi un ministère des affaires étrangères ? t. I, p. 203. — Existait-il, au Bas-Empire, une institution de ce genre ? 203, note 3. — Organisation de l'administration centrale des affaires étrangères, 205 et suiv. — Le chef de cabinet du ministre, 206. — Le secrétaire général, 206 et suiv. — La direction des affaires politiques, 208 et suiv. — Le bureau du protocole, 209 et suiv. — Le bureau du contentieux, 210 et suiv. — La direction du commerce et des consulats, 212 et suiv. — Les directions de comptabilité et de chancellerie, 213 et suiv. — La direction du personnel, 214 et suiv. — La direction des archives, 215 et suiv. — Quelques exemples d'organisation de l'administration centrale des affaires étrangères, 217 et suiv. — France, *id.* — Histoire du ministère des affaires étrangères de France, 217, note 1. — Le comité des services extérieurs, 220. — Le comité consultatif du contentieux, 221. — Angleterre, 222. — Belgique, 222 et suiv. — Pérou, 223 et suiv. — Voir : *Pérou.*

Ministère des affaires étrangères. Rapport au Président de la République française, du 23 janvier 1880, t. II, *Appendice*, p. 570. — Décret du 23 janv. de la même année *id.*, 573. — Rapport au ministre des affaires étrangères de France, du 31 janv. 1880, sur les attributions des divers services et la constitution des cadres de l'administration centrale, *id.*, 574. — Arrêté ministériel du 1er février 1880, *id.*, 577 et 581. — Voir : *Comité consultatif du contentieux ; Comité des services extérieurs et administratifs ; Concours pour l'admission dans les services du ministère des affaires étrangères ; Conditions de l'admission dans la carrière diplomatique et dans l'administration centrale des affaires étrangères, en France ; Direction des archives et de la comptabilité ; Equivalences des grades de l'administration centrale et de la carrière extérieure ; Positions diverses des agents et fonctionnaires du ministère des affaires étrangères ; Sous-secrétaire d'Etat du ministère des affaires étrangères.*

Ministre. Différentes significations de ce mot, t. I, p. 201. — En matière de droit constitutionnel et de droit administratif, *id.* — Dans le langage diplomatique, *id.*

Ministre des affaires étrangères. Il est à la tête du personnel diplomatique de son pays, t. I, p. 203. — Attributions de ce ministre, 204 et suiv. — Liste des principaux ministres des affaires étrangères de France, depuis 1589 jusqu'en 1880, 217, note 1. — Installation du ministre des affaires étrangères, 233 et suiv. — Visites, 235 et suiv. — Ouverture des salons, *id.* — Dîners officiels, *id.* — *Audiences, id.* — Démission du ministre des affaires étrangères, 237. — Réponse du corps diplomatique étranger à la notification de la démission, 237 et suiv. — Correspondance du ministre des affaires étrangères, 238 et suiv.; 239, note 1. — Qualités que doit réunir un bon ministre des affaires étrangères, 239 et suiv.

Ministre des affaires étrangères. Peut-il faire régulièrement partie des négociateurs, dans un congrès ou une conférence ? t. II, p. 405 et suiv.

Ministres extraordinaires. Définitoin, t. I, p. 258. — Historique, *id.* et note 2. — Les ministres extraordinaires jouissent-ils d'une préséance sur les ministres ordinaires ? 259.

Ministres extraordinaires et plénipotentiaires. Existe-t il une différence marquée, quant aux prérogatives, entre les ministres extraordinaires et plénipotentiaires et les ambassadeurs ? t. II, p. 236 et suiv.

Ministres ordinaires. Définition, t. I, p. 258. — Historique, *id.* et note 2.

Ministres plénipotentiaires. Portée de cette qualification, t. I, p. 257 et suiv. — Voir : *Plénipotentiaire.*

Ministres publics. A qui appartient le droit d'envoyer des ministres publics, t. I, p. 169 et suiv. — Voir : *Droit d'ambassade ; Etat fédéral ; Etats mi-souverains ; Etats protégés ; Etats tributaires ; Gouverneurs de provinces éloignées ; Petits Etats ; Système d'Etats confédérés ; Vice-rois.* — A qui, dans un Etat, appartient l'exercice du droit d'envoyer des agents diplomatiques à l'étranger ? 179. — Un roi détrôné a-t-il le droit d'envoyer des ministres publics ? 180 et suiv. — Un usurpateur a-t-il ce droit ? p. 180 et suiv. ; 183 et suiv. — Voir : *Gouvernements de fait.* — Cas où le droit d'envoyer des ministres est douteux et contesté, 185 et suiv. — Voir : *Représentation diplomatique ; Réception des ministres publics.*

Ministres publics. Les ministres publics chez les anciens Romains, t. I, p. 245, note 1. — Leurs différents caractères, 246, en note.

Ministres publics. Définition, t. I, p. 201 et suiv. ; 248 et suiv. — Différentes dénominations qu'ils prennent, 201 et suiv. — Ce qui constitue le ministre public, 202. — Les ministres publics seuls sont agents diplomatiques, 248. — Que distingue-t-on dans les ministres publics ? 250 et suiv. — Leur caractère représentatif, *id.* — Leur caractère cérémonial ou de cérémonie, 252. — Ministre public sujet de l'Etat où il est accrédité par un gouvernement étranger, *id.* — Voir : *Caractère international mixte.* — Par qui est déterminé le rang du ministre public à envoyer, 253 et suiv. — Y a-t-il une règle absolue et fixe, quant au nombre de ministres à envoyer à une même Puissance ? 254 et suiv. — Sous quels points de vue les ministres publics diffèrent-ils entre eux ? 257. — Point de vue de l'étendue des pouvoirs, 257 et suiv. — Point de vue de la durée de la mission, 258 et suiv. — Ministres ordinaires, 258. — Ministres extraordinaires, *id.* — Point de vue de la nature de la mission dont les ministres sont chargés, 259 et suiv. — Point de vue de la classe à laquelle les ministres publics appartiennent, 262 et suiv. — Origine des différents ordres de ministres publics, 262 et suiv. — Combien existe-t-il de classes de ministres publics ? 269 et suiv. — Ministres publics de la première classe, 271 et suiv. — Opinion de Pinheiro-Ferreira sur l'avantage qu'il y aurait à supprimer les ministres publics de la première classe, c'est-à-dire les ambassadeurs, 273 et suiv. — Il ne devrait plus y avoir, de nos jours, qu'un seul ordre de ministres publics, 274. — Le droit d'envoyer des ministres de première classe n'appartient-il qu'aux Etats qui peuvent prétendre aux honneurs royaux ? 279 et suiv. — Pratique généralement observée, 280. — Ministres publics de la seconde classe, 281 et suiv. — Envoyés, *id.* — Ministres publics de la troisième classe, 284 et suiv. — Résidents, *id.* — Ministres publics de la quatrième classe, 286 et suiv. — Chargés d'affaires, *id.* — Observations générales au sujet des quatre classes de ministres publics, 287 et suiv. — Points de vue sous lesquels on peut considérer la question du rang des ministres publics, 288 et suiv. — Voir : *Préséance entre les ministres publics,* et *Rang entre les agents diplomatiques.*

Ministres publics. Choix des ministres publics, t. I, p. 333 et suiv. — Choix de la classe des ministres à envoyer, *id.* — Choix du nombre des ministres à envoyer ; droit de décider si l'on réunira ou non plusieurs missions dans le même ministre public, 334 et suiv. — Choix de la personne du ministre public, 335 et suiv. — Voir : *Age du ministre public ; Condition sociale du ministre public ; Nationalité du ministre public ; Religion du ministre public ; Sexe du ministre public.* — Secret des raisons qui peuvent avoir déterminé le gouvernement dans ses choix, 346 et suiv. — Refus de recevoir les ministres publics, 347 et suiv. — Voir : *Agréation.* — Pièces et documents dont les ministres publics doivent être munis ; Voir : *Chiffre ; Instructions ; Lettre de créance ; Plein-pouvoir.* — A partir de quel moment les ministres publics jouissent-ils de la protection du droit des gens ? 396 et suiv. — Est-il besoin d'un décret pour reconnaître officiellement dans leur caractère diplomatique les ministres publics étrangers ? 397, note 1. — Passeports des ministres publics, 397. — Audiences accordées aux ministres publics, 398 et suiv.

Ministres publics. Réception des ministres publics de la première classe, t. I, p. 399 et suiv. — Voir : *Ambassadeurs.* — Usage contemporain, 402 et suiv. — Points généralement observés, 403 et suiv. — Voir : *Discours d'audiences.* — Réception des agents diplomatiques dans les cours d'Orient et les Etats barbaresques, 405 et suiv. — Réception des ministres publics de la seconde classe, 409 et suiv. — Réception des ministres publics de la troisième classe, 412 et suiv. — Réception des ministres publics de la quatrième classe, 413 et suiv.

Ministres publics. Devoirs du ministre public en pays étranger, t. I, p. 430 et suiv. — Ses devoirs, en ce qui concerne l'accomplissement proprement dit de sa mission, 432 et suiv. — Attributions des ministres publics, 428 et 433. — Rôle de représentation de leur gouvernement, 433 et suiv. — Exemple, 434 et suiv. — Autres exemples, 436 et suiv. — Rôle d'observation, 438 et suiv. — Voir : *Corruption.* — Rapports que les ministres publics doivent envoyer à leur gouvernement, 444 et suiv. — Relations constantes avec le gouvernement auprès duquel le ministre public est accrédité, 447 et suiv. — Les ministres publics ne doivent et ne peuvent pas exercer leurs fonctions à distance, 449 et suiv. — Voir : *Occupations du ministre public.* — Le ministre public doit être discret, 462 et suiv. — Négociations des ministres publics, 464. — Négociations directes, 464 et suiv. — Négociations indirectes, 466. — Négociations verbales, 466 et suiv. — Négociations par écrit, *id.* — Mesure qu'un ministre public doit mettre dans ses négociations verbales, *id.* — Les communications verbales, sont recommandées par le comte de Garden, 467. — Un ministre public doit être très réservé dans ses communications par écrit, 468 et suiv. — Quoiqu'en principe ce soient les gouvernements qui négocient, il s'en faut cependant de beaucoup que le rôle du ministre public soit exclusivement passif dans la négociation, 470. — Voir : *Protection des nationaux à l'étranger.* — Droits et immunités des ministres publics, t. II, p. 2 et suiv. — Position du ministre public à l'égard des tierces Puissances, 33 et suiv. — Exemption de la juridiction de la police, 99 et suiv. — Voir : *Police.* — Immunité de la juridiction civile, 103 et suiv.

Ministres publics. Cas dans lesquels les ministres publics ne peuvent décliner la juridiction des tribunaux du pays où ils exercent leurs fonctions, t. II, p. 133 et suiv. — Peuvent-ils refuser de répondre à une demande reconventionnelle ? 134 et suiv. — Les ministres publics peuvent-ils renoncer à l'immunité de la juridiction civile ? 136 et suiv. — Arrêt de la cour de Paris du 21 août 1841, 137. — Les ministres publics, sujets de l'Etat où ils sont accrédités par une Puissance étrangère, jouissent-ils de l'immunité de la juridiction civile ? 137 et suiv. — Affaire de M. Herran, 138 et suiv. — Jugement du tribunal civil de la Seine, du 21 janvier 1875, *id.* — Observations de M. Demangeat sur ce jugement, 139 et suiv. — Observations de M. Laurent, et critique de l'opinion de M. Demangeat, par le même, 140 et suiv. — Résumé de la question et solution qu'il faut lui donner, 142 et suiv. — L'exemption de la juridiction s'étend-elle aux biens-meubles des ministres publics ? 143 et suiv. — Les dettes contractées par des ministres publics peuvent-elles autoriser un acte de juridiction quelconque contre leur personne ? 144, note 2. — Les ministres publics peuvent-ils se servir des autorités et des notaires des pays où ils sont accrédités ? 154 et suiv. — Dans les cas exceptionnels où les agents diplomatiques peuvent être assignés, comment l'exploit leur est-il remis ? t. II, p. 156 et suiv. — Immunité de la juridiction criminelle, 164 et suiv. — Question relative au ministre étranger qui se trouve sujet de l'Etat où il est accrédité, 179 et suiv. — Voir : *Immunité de la juridiction civile.* — Témoignage des ministres publics, 181 et suiv. — Un ministre public peut-il se rendre demandeur en cause criminelle ? 186

et suiv. — Cas où le ministre public se serait exposé à une poursuite criminelle, pendant l'exercice de ses fonctions, à l'étranger, 187, note 1. — Suite des ministres publics, 200 et suiv. — Arrêté du Directoire Exécutif de la République française, du 22 messidor an VII, déterminant le mode de rapports existants entre les étrangers accrédités et les autorités constituées de la République, 205, note 1. — Membres de la famille du ministre public, 214 et suiv. — Les ministres publics exercent-ils un droit de juridiction sur les personnes de leur suite ? 218 et suiv. — Voir : *Droit de juridiction.* — Les ministres publics ont-ils un droit d'action directe sur la personne de leurs nationaux à l'étranger ? 226 et suiv. — Sont-ils obligés d'appuyer de leur crédit les demandes et pétitions que forment leurs compatriotes ? 226 et suiv. — Droit du culte privé ou domestique, 227 et suiv. — Obéissance aux ministres publics, 228, en note. — Dans quelle limite est-elle due ? *id.* — Cas où un Français manquerait, en pays étranger, à un ministre public de sa nation, 229, en note. — Autres immunités ou privilèges des ministres publics, 232 et suiv. — Voir : *Chasse ; Imprimerie ; Prescription ; Voitures.* — Le droit au cérémonial, 235 et suiv. — Distinctions honorifiques, 241 et suiv. — Le titre d'Excellence, 242 et suiv. — Droit d'arborer le drapeau de son pays, 244 et suiv. — Droit de placer au-dessus de la porte de son hôtel un écusson portant les armes de son souverain ou de son pays, *id.* — Honneurs funèbres, 245 et suiv. — Train de maison du ministre public, 247 et suiv. — Manière de vivre du ministre public, 249 et suiv. — Les Chambres ont-elles le droit d'émettre un vote de non-confiance contre les ministres publics du pays ? 300 et suiv.

Ministres publics. Voir : *Fin des missions diplomatiques.* — Présents offerts au ministre public rappelé, t. II, p. 517 et suiv. — Décès du ministre public, 520 et suiv. — Apposition des scellés, 521 et suiv. — Succession du ministre public, 522 et suiv. — Voir : *Papiers d'État ; Veuve du ministre public.* — Démission du ministre public, 530. — Révocation des ministres publics, 530 et suiv. — Déclaration expresse ou tacite du ministre, portant que sa mission doit être regardée comme terminée, 532. — Renvoi du ministre public, 532 et suiv. — Cas de changement survenu dans la classe et le rang diplomatique du ministre public, 534. — Suspension des missions diplomatiques, 534 et suiv.

Ministres publics de la première classe. De quels agents diplomatiques se compose cette première classe, t. I, p. 272, et suiv. — Voir : *Ambassadeurs ; Légats ; Nonces.*

Ministres publics de la seconde classe. De quels agents diplomatiques se compose cette classe, t. I, p. 281 et suiv. — Voir : *Envoyés ; Internonces.* — Caractère des différents agents compris dans cette classe, 281, 282.

Ministres publics de la troisième classe. De quels agents diplomatiques se compose cette classe, t. I, p. 284 et suiv. — Voir : *Résidents.*

Ministres publics de la quatrième classe. De quels agents diplomatiques se compose la quatrième classe, t. I, p. 286 et suiv. — Voir : *Chargés d'affaires.*

Ministres publics d'étiquette ou de cérémonie, t. I, p. 260 et suiv. — Les personnes chargées de missions spéciales ou de courtoisie ont-elles un rang diplomatique proprement dit, à ce titre seul ? 261. — Usage généralement suivi, *id.* — Peut-on être à la fois ministre d'étiquette ou de cérémonie, et ministre négociateur ? *id.*

Ministres publics négociateurs, t. I, p. 260. — Peut-on être à la fois ministre négociateur et ministre de cérémonie ? 261.

Missions diplomatiques. Comment elles prennent fin, t. II, p. 511 et suiv. — Voir : *Fin des missions diplomatiques.*

Missions non permanentes. Portée de la distinction entre les missions non permanentes et permanentes, t. I, p. 259. — La personne chargée par intérim des affaires d'une mission permanente est considérée comme un envoyé non permanent, *id.*

Missions permanentes. Origine des missions permanentes, t. I, p. 165 et suiv. — Leur établissement a été contemporain de la création des armées permanentes, 167. — Conclusion qu'on a tirée de ce fait, *id.* — Résultats de la paix de Westphalie, quant aux missions permanentes, *id.* — Avantages des missions permanentes, 167 et suiv. — Voir : *Pachéco.*

Missions permanentes. Portée de la distinction entre les missions permanentes et les missions non permanentes, t. I, p. 259.

Mobilier. Voir : *Franchise du mobilier.*

Mode de nomination des agents rétribués des services extérieurs du ministère des affaires étrangères de France. Rapport au Président de la République française, du 18 septembre 1880, t. II, *Appendice,* 610. — Décret conforme de la même date, 611.

Modification des traités et conventions, t. II, p. 461.

Moldavie. Clauses du traité de Kaïnardji, relatives à la représentation diplomatique de la Moldavie, t. I, p. 171. — Clauses de la convention de Paris, du 19 août 1858, relatives au même objet, 171, 172. — Le traité de Berlin, 172.

Monceani. Voir : *Saint-Siège.*

Montaigne. Citation des *Essais,* à propos de l'intérêt qui s'attache à la lecture des mémoires historiques, t. I, p. 34.

Montesquieu. Citation relative à l'indépendance des ministres publics, t. II, p. 39, note 1.

Montmorin (*le comte de*). Sa lettre au président de l'Assemblée Nationale française, au sujet de l'immunité locale des agents diplomatiques étrangers, t. II, p. 70 et suiv. — Voir : *Franchise de l'hôtel.*

Moustier (de). Mémoire remis, en 1790, à cet envoyé du roi de France à Berlin, pour lui servir d'instructions, t. I, p. 360 et suiv.

Moyens de prévenir les disputes de préséance dans les rencontres personnelles, t. I, p. 110 et suiv. — Critique de ces moyens, 112.

Munster. Voir : *Westphalie.*

N

Napoléon Ier, t. II, p. 547 et suiv.

Napoléon III. Lettre de l'empereur Napoléon III, du 4 novembre 1863, t. II, p. 369 et suiv.

Nationalité du ministre public, t. I. p 336 et suiv. — Plusieurs gouvernements ont établi comme règle générale de ne pas recevoir leurs propres sujets comme ministres d'une Puissance étrangère, *id.* — La naturalisation en pays étranger est-elle de nature à modifier ce principe ? *id.* — Questions diverses relatives à la nationalité du ministre et à sa naturalisation, *id.* — Opinion des vieux auteurs sur la question de savoir s'il est indispensable que le ministre public soit sujet du souverain qui l'emploie, 338, note 2.

Négociateur. L'art de négocier, t. II, p. 261 et suiv. — Qualités particulières d'un bon négociateur, 265 et suiv. — Responsabilité des négociateurs, 293 et suiv. — Opinion de M. D. Pédro Galvez, sur la responsabilité des négociateurs qui auraient été d'anciens fonctionnaires politiques, 299 et suiv. — Les Chambres ont-elles le droit d'émettre un vote de non-confiance contre les agents diplomatiques du pays ? 300 et suiv.

Négociateurs secrets, t. I, p. 247 et suiv.

Négociations. Voir : *Congrès.*

Négociations. Nécessité des immunités diplomatiques, au point de vue des négociations, t. II, p. 259 et suiv. — Objets des négociations, 260 et suiv. — Formes diverses des négociations, *id.* — Négociations orales ; Négociations écrites, *id.* — La conversation *non-officielle* ou *académique, id.* — La conversation *officielle, id.* — De quoi se composent les communications écrites, 261. — Voir : *Art de négocier ; Négociateur.* — Emploi de la télégraphie dans les négociations diplomatiques, 302 et suiv. — Voir : *Conférences ; Congrès.*

Négociations bénévoles. Entre quelles parties peuvent-elles avoir lieu ? t. II, p. 465. — De quelles manières peut se produire l'intervention d'une tierce Puissance dans ces négociations, 465 et suiv. — Voir :

Arbitrage ; Bons offices ; Médiation.

Négociations doubles. Usage anglais rappelé par M. Thiers, t. II, p. 418 et suiv. — Critique de cet usage, 419.

Négociations du ministre public, t. I, p. 464. — Négociations directes, 464 et suiv. — Négociations indirectes, 466. — Négociations verbales, 466 et suiv. — Négociations par écrit, *id.* — Mesure qu'un ministre public doit mettre dans ses négociations verbales, *id.* — Les communications verbales sont recommandées par le comte de Garden, 467. — Comment s'introduisent les affaires à négocier, 468. — Quoique, en principe, ce soient les gouvernements seuls qui négocient, il s'en faut cependant de beaucoup que le rôle du ministre soit exclusivement passif dans la négociation, 470. — Négociations entre le ministre des affaires étrangères et le chef de mission, 471.

Nesselrode (le comte de). Notice biographique, t. I, p. 30.

Nombre des ministres publics. Y a-t-il une règle absolue et fixe, quant au nombre de ministres publics à envoyer à une même Puissance ? t. I, p. 254 et suiv. — Règles, usages et questions concernant le nombre des ministres à envoyer, *id.* — Exemples modernes d'ambassades composées de plusieurs personnes, 255, note 1. — Ce qui se pratique dans les congrès, 256.

Nonces (les), t. I, p. 276 et suiv. — Les nonces ont-ils conservé la préséance sur les autres ambassadeurs des Etats catholiques ? 279. — Doctrine des auteurs italiens, *id.* — Critique de cette doctrine, *id.*

Nonces. Sont-ils porteurs d'une lettre de créance ? t. I, p. 383 et suiv. — Voir : *Bulles.* — Les nonces remettent-ils une lettre de rappel ? 392. — Leur est-il remis des lettres de récréance ? 396. — Réception des nonces, 399 et suiv.

Notaires. Le ministre public peut-il se servir des autorités et des notaires du pays où il est accrédité ? t. II, p. 154 et suiv. — Distinction faite à cet égard, *id.*

Notes. Diverses sortes de notes diplomatiques, t. II, p. 496. — Les notes confidentielles, *id.* — Les notes verbales, *id.*

Notes « ad referendum ». Voir : *Notes.*

Notes confidentielles. Voir : *Notes.*

Note verbale. Définition, t. I, p. 467. — Leur objet, *id.* et 469.

Notification d'abdication, t. I, p. 131.

Notifications d'avénement au trône, t. I, p. 123 et suiv. — Forme ; réponse, *id.* — Exemples, 124 et suiv., en note. — Cas où la notification est faite, non par le nouveau monarque, mais par son ministre des affaires étrangères, 125.

Notification d'élection d'un président de république, t. I, p. 130.

Notification d'événements de famille, t. I, p. 135. — Forme de ces notifications, *id.*

Notification d'événements politiques après une guerre civile, t I, p. 133.

Notification de nomination d'un co-régent, t. I, p. 130 et suiv. — Voir : *Co-régent.*

Notification de reconnaissance d'un Etat, t. I, p. 132 et suiv.

Notification de réunion d'un Etat à une couronne étrangère, t. I, p. 131 et suiv.

Notifications que se font entre eux les chefs d'Etats, t. I, p. 122 et suiv. — Objets divers de ces notifications, *id.*

O

Occupations du ministre public, t. I, p. 451 et suiv. — Points de vue sous lesquels on peut considérer les occupations du ministre public, 452 et suiv. — Travail particulier du ministre public, *id.* — Communications du ministre public avec son gouvernement, 453 et suiv. — Rapports ordinaires ou extraordinaires, 454 et suiv. — Dépêches, *id.*

Octroi. Les ministres publics jouissent ils, en France, de la franchise des droits d'octroi ? t. II, p. 63, note 1.

Offense personnelle. Le ministre public offensé peut-il se faire droit lui-même de l'offense qu'un particulier lui aurait faite ? t. II, p. 25.

Offices. Définition, t. II, p. 494. — Significations de ce mot, *id.* — Ecrits diplomatiques composés sous cette dénomination, 494 et suiv.

« **Oficial » archiviste** (l'). Voir : *Pérou.*

« **Oficial de partes** » (l'). Voir : *Pérou.*

« **Oficial mayor** » (l'). Voir : *Pérou.*

« **Oficiales segundos** » (les). Voir : *Pérou.*

Opinion. Voir : *Vote.*

Ordonnancement et payement des traitements des agents diplomatiques de France. Décret du 14 août 1880, t. II, p. 614.

Ordres de chevalerie, t. I, p. 140 et suiv.

Ordres des ministres publics. Origine des différents ordres de ministres publics, t. I, p 262 et suiv. — Historique 263 et suiv. — Grande confusion qui règne à ce sujet dans les vieux auteurs, 264, note 2. — Règlement de Vienne du 19 mars 1815, 265 et suiv. — Protocole d'Aix-la-Chapelle du 20 novembre 1818, 268 et suiv. — Combien existe-t-il d'ordres de ministres publics ? 269 et suiv. — Il ne devrait plus y avoir, de nos jours, qu'un seul ordre de ministres publics, 274.

Orient. Réception des agents diplomatiques dans les cours d'Orient, t. I. p. 405 et suiv.

Osnabrück. Voir : *Westphalie.*

Outrage. Cas où un Français, en pays étranger, outragerait un ministre public de sa nation, à raison ou dans l'exercice de ses fonctions, t. II, p. 229, en note.

Oxenstiern (le chancelier). Son opinion : sur le parti honorable et sur le parti utile, t. I, p. 11. — Sur la dissimulation et la fausseté, 21.

P

Pachéco (M. T.). signale l'utilité des missions permanentes, au point de vue américain, t. I, p. 168, note 1.

Padischah. Signification de ce titre, t. I, p. 55.

Pages. Voir : *Attachés.*

Paix de Westphalie. Voir : *Missions permanentes*

Panama. Voir : *Congrès de Panama.*

Pape. Est le chef visible de l'Eglise catholique, t. I, p. 66. — Perte de son pouvoir temporel, *id.* — Voir : *Loi des garanties.* — Protestation du pape Pie IX, 66. — Qualifications qu'on donne au pape, en s'adressant à lui, 69.

Pape. A la préséance, parmi les Puissances catholiques, t. I, p. 96 et suiv. — La question du pouvoir temporel n'a aucun rapport nécessaire avec celle de la préséance accordée au souverain pontife, *id.*

Papes. N'ont plus, de nos jours, le droit de disposer de la dignité royale, t. I, p. 57.

Papiers d'État. Réintégration à l'État des papiers diplomatiques et papiers d'État, après le décès du ministre public, t. II, p. 523 et suiv. — Règlement français du 6 avril 1880, 525 et suiv.

Parité de rang. Faut-il qu'il y ait parité de rang entre les plénipotentiaires, dans les congrès et dans les conférences ? t. II, p. 407.

Par la grâce de Dieu. Explication et critique de cette formule, t. I, p. 118.

Parlementaires. Des sujets rebelles peuvent envoyer des parlementaires à leur prince, t. I, p. 184, note 1. — Les parlementaires jouissent de l'inviolabilité, 190, note 2.

Parlementaires. Leur inviolabilité, t. II, p. 18 et suiv. — L'inviolabilité doit-elle couvrir les parlementaires, même durant les guerres civiles ? 19, note 1.

Particuliers. De simples particuliers ont-ils le droit de recevoir des ministres publics ? t. I, p. 188. —

Pas. « *Avoir le pas* » ; ce qu'il faut entendre par cette locution, t. I, p. 103 et suiv.

Passeports des ministres publics étrangers, t. I, p. 397. — Décret français du 23 août 1792, 397, note 2.

Patente. Cas dans lequel un agent diplomatique étranger pourrait être soumis à payer les droits de patente, t. II, p. 46.

Paul de Foix. Mission de cet érudit auprès de différents princes italiens, au nom du duc d'Anjou et du roi de France Charles IX, t. I, p. 451 et suiv.

Payeurs, t. II, p. 214.

Pays-Bas. Arrêté du 3 novembre 1817, du roi des Pays-Bas, relatif à l'appui que les agents diplomatiques néerlandais auraient à donner aux demandes, pétitions et réclamations de leurs nationaux à l'étranger, t. I, p. 474, note 1.

Pêle-mêle. Cet expédient peut être employé pour les signatures, en le combinant avec l'alternat, t. I, p. 111, en note. — Voir : *Moyens de prévenir les disputes de préséance dans les rencontres personnelles.*

Pérou. Titre des présidents de la République du Pérou, t. I, p. 73, en note.

Pérou. Organisation de l'administration centrale des relations extérieures, t. I p. 223 et suiv. — Voir : *Ministère des affaires étrangères.* — Le règlement péruvien du 5 avril 1878, 225 et suiv. — Les deux sections du ministère des relations extérieures, 225. — L'*«Oficial mayor»*, 225 et suiv. — Les chefs de section, 226. — Attributions qui leur sont communes, 226 et suiv. — Attributions du chef de la section diplomatique, 227 et suiv. — Attributions du chef de la section des consulats, de chancellerie et comptabilité, 228 et suiv — Attributions de l' *«Oficial de partes»*, 229 et suiv. — Attributions de l' *«Oficial»* archiviste, 230. — Attributions des *« Oficiales segundos »* et des commis, 230. — Tenue intérieure du ministère des affaires étrangères du Pérou, 230 et suiv.

Pérou. Clause relative à la protection des nationaux à l'étranger, et qui se trouve dans plusieurs traités conclus entre le Pérou et d'autres pays, t. I, p. 472, note 2. — La protection diplomatique, au Pérou, 477 et suiv. — Affaire de la maison Dreyfus, 477. — Affaire Martinez, 477 et suiv. — Décret de Ramon Castilla, du 17 avril 1846, 478 et suiv. — Lettre du 4 février 1857, 479 et suiv. — Circulaire du 24 février 1857, 480 et suiv. — Article 27 du traité du 6 septembre 1870, entre le Pérou et les Etats-Unis d'Amérique, 482, note 1. — Article 9 du traité du 20 avril 1857, entre le Pérou et la République de Guatémala, *id.* — Circulaire du 25 janvier 1859, 483 et suiv. — Le sac de Callao en 1865, 485 et suiv. — Circulaire du 16 novembre 1877, 486 et suiv. — Résumé des principes du gouvernement péruvien, en matière de protection diplomatique, 489 et suiv. — Tendances des légations étrangères, 490 et suiv.

Personnel diplomatique. De quoi se compose le personnel diplomatique dans chaque pays, t. I, p. 245 et suiv.

Personnel diplomatique. Composition du personnel diplomatique dans différents pays, t. I, p. 298 et suiv. — Diplomatie russe, *id.* — Personnel diplomatique français, 299 et suiv.

Personnel diplomatique anglais, t. I, p. 308 et suiv.

Personnel diplomatique belge, t. I, p. 309.

Personnel diplomatique de différents Etats de l'Amérique espagnole : Confédération Argentine, Chili, Etats-Unis de Colombie, Equateur, etc., t. I, p. 309 et suiv.

Personnel diplomatique français t. I, p. 299 et suiv. — Rapport et ordonnance du 16 décembre 1832, 299, 300. — Rapport et ordonnance du 1er mars 1833, 301 et suiv. — Rapport adressé le 15 mars 1848 par le ministre des affaires étrangères de France au Gouvernement Provisoire, sur les titres à donner aux agents diplomatiques de la République française, 302 et suiv. — Circulaire du 31 juillet 1853, sur la coopération des attachés diplomatiques libres aux travaux de chancellerie, 304 et suiv. — Décret du 18 août 1856, relatif au nombre et à la classification des secrétaires d'ambassade, 305 et suiv. — Réduction du nombre des secrétaires de première, deuxième et troisième classes par la loi de finances de 1872, 306. — Décret du 21 février 1880, qui subdivise la seconde classe des secrétaires d'ambassade en deux sections, 306. — Règlement du mois d'avril 1860 sur les examens diplomatiques, *id.* — Décret du 17 février 1877 et arrêté du 10 juillet de la même année sur les examens diplomatiques et consulaires, *id.* — Voir : *Concours*, etc... — Positions diverses des agents et fonctionnaires du ministère des affaires étrangères, 307 et suiv. — Décret du 24 avril 1880, *id.* — Rémunération des services des agents diplomatiques, 320 et suiv.

Personnel diplomatique péruvien, t. I, p. 310 et suiv. — Décrets du 31 juillet 1846, *id.* — Loi du 9 novembre 1853, 311 et suiv. — Loi du 25 mai 1861, 313. — Mémoire de M. Pachéco, du 15 février 1867, au Congrès Constituant, 313 et suiv. — Mémoire de M. D. Juan-Manuel Polar au Congrès de 1868, 314 et suiv. — Projet de réforme présenté le 4 novembre 1868, 315 et suiv. — Décret du 13 juin 1871, 317. — Loi du 28 avril 1873, *id.* — Exemples d'envoi de missions extraordinaires, de missions temporaires, d'agents confidentiels, de commissaires, etc., tirés de l'histoire diplomatique du Pérou, 317 et suiv.

Personnes attachées au ministre public pour son service personnel, t. II, p. 216 et suiv. — Condition de ces personnes, lorsqu'elles quittent le service du ministre public, 217. — Voir : *Suite du ministre public.* — Ces personnes n'ont droit aux immunités diplomatiques qu'autant qu'elles habitent la maison du ministre public, 218. — Le ministre public exerce-t-il un droit de juridiction sur les personnes de sa suite ? 218 et suiv. — Voir : *Culte*; *Droit de juridiction.*

Personnes employées pour le service de la légation, t. II, p. 201 et suiv.

Petits États. Ont-ils le droit d'ambassade *actif* ? t. I, p. 170, et même page, note 1.

Petit titre (le). En quoi il consiste ; son usage, t. I, p. 71, en note.

Peuples. Ce sont les peuples seuls qui donnent les couronnes et qui les retirent, t. I, p. 57.

Piérola (M. de), rétablit certaines missions permanentes péruviennes, en 1880, t. I, p. 168, note 1.

Piérola (M. de). Sa réponse au commandeur Viviani, accrédité à Lima comme ministre résident par le gouvernement italien, t. I, p. 420, note 1.

Pierre-le-Grand. Réception qu'il fait aux ambassadeurs du roi d'Angleterre, t. I, p. 400, note 1.

Pinheiro-Ferreira. Démontre que c'est d'après la population des États que le rang des Puissances peut et doit être fixé, t. I, p. 83 et suiv.

Pinheiro-Ferreira. Son opinion sur l'avantage qu'il y aurait à faire disparaître des cadres diplomatiques les ministres publics de la première classe, c'est-à-dire les ambassadeurs, t. I, p. 273 et suiv.

Pinheiro-Ferreira. Son appréciation au sujet des dénominations d'*ordinaires*, d'*extraordinaires* et de *plénipotentiaires*, ajoutées aux titres d'ambassadeurs et d'envoyés, t. I, p. 283.

Places d'honneur, t. I, p. 102 et suiv.

Pleins-pouvoirs. Il ne faut pas confondre entre le *plein-pouvoir* et la *lettre de créance*, t. I, p. 374. — Définition du plein-pouvoir, *id.* — Formes du plein-pouvoir, *id.* — Plein-pouvoir donné dans la forme de lettres patentes, *id.* — Dans la forme de lettres cachetées, *id.* — Plein-pouvoir donné aux ministres publics en mission permanente, 375. — Aux ministres publics envoyés à un congrès, *id.* — Formules de pleins-pouvoirs, 375 et suiv., note 1. — Diverses sortes de pouvoirs, 376 et suiv. — Pouvoirs spéciaux ou généraux, limités ou illimités, *id.* — Les pleins-pouvoirs illimités sont les pleins-pouvoirs proprement dits, 377. — Usage de ces différentes sortes de pouvoirs, 377 et suiv. — Plein-pouvoir général désigné autrefois par la dénomination de « *Actus ad omnes populos* », 378. — Effets des actes des ministres publics accomplis dans les termes de leur pouvoir, 378 et suiv. — Pratique contemporaine, 379. — Voir : *Réserve de la ratification.* — Pluralité des pouvoirs, 380. — Voir : *Bulles.* — Le changement des premiers magistrats des républiques n'emporte point le renouvellement des pouvoirs des agents de ces républiques à l'étranger, 386.

Pleins-pouvoirs. Exemple et modèle des pleins-pouvoirs envoyés à un plénipotentiaire pour prendre part à une conférence, t. II, p. 385, en note.

Plénipotentiaire. Signification de cette qualification, t. I, p. 257 et suiv.

Pluralité de missions. Voir : *Représentation diplomatique.*

Pluralité des plénipotentiaires, dans les congrès et les conférences, t. II, p. 393 et suiv. — Dans le cas de pluralité des plénipotentiaires, comment ces derniers communiquent-ils avec leur gouvernement ? 409 et suiv.

Police. Voir : *Exemption de la juridiction de la police.* — Les agents diplomatiques sont tenus à l'observation des règlements de police ayant pour objet la sécurité et l'ordre public, t. II, p. 100. — La police a-t-elle le droit d'intervenir matériellement ? 101 et suiv. — Réserve observée par les auteurs, *id.* — Doctrine enseignée généralement, *id.* — Critique de cette doctrine, *id.*

Polignac (de). Enseignement spécial établi par ce ministre de la Restauration au ministère des affaires étrangères, pour les jeunes gens qui se destinaient à la carrière diplomatique, t. I, p. 28.

Politesse épistolaire, t. II. p. 482 et suiv. Voir : *Correspondance diplomatique.*

Population. Selon Pinheiro-Ferreira, c'est d'après la population des États que le rang des Puissances peut et doit être fixé, t. I, p. 83 et suiv.

Porte Ottomane. Que désigne-t-on ainsi ? t. I, p. 65. — Origine de ce mot, 65 et suiv. — Traité de Paris du 30 mars 1856, 66.

Positions diverses des agents et fonctionnaires du ministère des affaires étrangères. Rapport au Président de la République française, du 24 avril 1880, t. II, *Appendice*, p. 595. — Décret conforme de la même date, *id*, 596.

Position du ministre public à l'égard des tierces-Puissances, t. II, p. 33 et suiv. —Opinion de Grotius et de Bynkershoeck, 33 et 34. — De Wicquefort, 34. — De Merlin, 34, 35. — De Heffter, 35. — Citation de Vattel, 36. — Opinion de Wheaton, 36, note 1. — D'Esperson, *id.* — Résumé et solution, 38 et suiv.

« **Pour** » (le). En quoi consistait cette distinction, sous Louis XIV, t. II, p. 238, note 2. — Curieux incident raconté par le duc de Saint-Simon, *id.*

Pouvoirs. Les pouvoirs seuls ne suffisent pas pour conférer les droits et la position de ministre public, t. I, p. 202.

Pouvoirs. Voir : *Pleins-pouvoirs.*

Pouvoir temporel. La question du pouvoir temporel des papes n'a aucun rapport nécessaire avec celle de la préséance accordée au souverain pontife, t. I, p. 96 et suiv.

Prado (le général), supprime la plupart des missions permanentes péruviennes, en 1876, t. I, p. 168, note 1.

Préambule des traités et des conventions, t. II, p. 430 et suiv. — Voir : *Invocation.* — Énonciations du préambule, 431 et suiv.

Préliminaires de paix, t. II, p. 374, note 1. — Leur objet, *id.* — Leur effet, *id.* — Clauses qui s'y rencontrent généralement, *id.* — Clause d'*armistice*, *id.* — Clause d'*amnistie*, *id.*

Premières opérations des congrès ou des conférences, t. II, p. 402 et suiv. — Échange des pouvoirs, 402.— Questions relatives au cérémonial, au rang, à la préséance, aux visites d'étiquette, 402 et suiv. — La présidence du congrès ou de la conférence, 404 et suiv.

Prérogatives des ministres publics. Quelles sont ces prérogatives ? t. II, p. 9 et suiv. — D'où dérivent-elles ? 9. — Origine et raison justificative de ces prérogatives, 10 et suiv.

Prérogatives des ministres publics. Voir : *Chasse ; Imprimerie ; Prescription ; Voitures.*

Prérogatives des ministres publics. Voir : *Indépendance.*

Prérogatives diplomatiques. Voir : *Prérogatives des ministres publics.*

Prescription. La prescription court-elle pour les agents diplomatiques accrédités à l'étranger, ou contre eux ? t. II, p. 234 et suiv.

Préséance. Qu'est-ce que la préséance ? t. I, p. 77. — Fondement de la préséance, 77 et suiv. — Circonstances dans lesquelles se présentent ordinairement les questions de préséance, 77. — Cas où l'observation des préséances repose sur les traités, *id.* — Conséquences qui en résultent, *id.* — Point de vue du droit naturel, quant à la question de préséance, 78. — Règles conventionnelles sorties des délibérations des congrès de Vienne, d'Aix-la-Chapelle, de Troppau, de Vérone et de Laybach, 78, en note. — Egalité juridique et inégalité sociale, 79.

Préséance. Importance des questions relatives au rang et à la préséance, t. I, p. 89 et suiv. — Voir : *Estrade (le comte d')* ; *Kinnoul (lord)* ; *Merle (le comte de)* ; *Siéyès* ; *Vatteville (le baron de)*. — Pratique moderne, quant au rang, 96 et suiv.

Préséance entre ministres publics. Du rang des ministres publics entre eux : 1° en lieu tiers, t. I, p. 288 et suiv. — Détermination de la préséance, d'après l'article 4 du règlement de Vienne de 1815, *id.* — Règlement de la préséance, dans le cas où des agents diplomatiques déjà en fonctions remettent de nouvelles lettres de créance, à l'occasion d'un même événement, 290 et suiv. — Les chargés d'affaires accrédités par lettres du ministre des affaires étrangères ont-ils la préséance sur ceux qui ne remplissent qu'un service intérimaire ? 291 et suiv. — Résumé sur la pratique moderne en matière de rang et de préséance entre les ministres publics, 292 et suiv. — Opinion de Klüber sur les questions de rang et de préséance, 293. — Comment la préséance se règle-t-elle entre les ministres publics d'un même Etat, les uns vis-à-vis des autres ? *id.* — Du rang des ministres entre eux : 2° dans leur propre hôtel, 293 et suiv. — Du rang des ministres publics vis-à-vis de tierces personnes, 294 et suiv.

Préséance hiérarchique. Comment on l'explique et on la justifie entre les nations, t. I, p. 79 et suiv. — Elle n'enlève rien à leur égalité de droit, 80. — Comment se règle-t-elle ? 80 et suiv. — Arguments divers proposés pour prétendre la préséance, *id.* — Voir : *Hiérarchie.*

Présentation des secrétaires, des attachés de légation et des étrangers de distinction, t. I, p. 426 et suiv.

Présents offerts au ministre public rappelé, t. II, p. 517 et suiv.

Présidence des congrès ou des conférences, t. II, p. 404 et suiv.

Présidents de républiques. Leur donne-t-on l'*Excellence* ? t. I, p. 69.

Présidents de républiques. Notification d'élection d'un président, t. I, p. 130.

Prince. Applications diverses du titre de prince, selon les époques, t. I, p. 61 et suiv. — Historique, *id.* — Voir : *Princes du sang* ; *Princes héréditaires* ; *Princes-sujets.* — Le titre de prince est aussi porté comme titre nobiliaire, 63.

Princes du sang. A qui s'applique cette dénomination, t. I, p. 62.

Princes héréditaires. Ce qu'il faut entendre par cette dénomination, t. I, p. 62. — Titres particuliers qui les désignent dans quelques Etats monarchiques, *id.*

Princes-sujets. Qui désigne-t-on ainsi ? t. I, p 63.

Princesses. Portent les titres et dénominations du prince, leur époux, t. I, p. 61, en note. — Exception à cette règle, *id.*

Principautés. Les principautés de l'Europe moderne et contemporaine, t. I, p. 61. — Elles ne jouissent pas des honneurs royaux, *id.*

Principautés-Unies (aujourd'hui Roumanie). Traités qui ont déterminé les droits de ces Principautés, t. I, p. 64 et suiv. — Historique, *id.* — Elles sont aujourd'hui indépendantes, 65.

Propositions. A qui appartient l'initiative des propositions à faire dans les congrès et dans les conférences, t. II, p. 409. — Comment les propositions sont-elles présentées ? *id.*

Protection des nationaux à l'étranger, t. I, p. 472 et suiv. — Elle fait partie des fonctions du ministre public, *id.* — Cas dans lesquels elle est due, 473. — Le ministre public n'a pas à attendre les ordres de son gouvernement pour intervenir, 474. — Comment son intervention devra-t-elle se produire? *id.* — Conseils donnés par le comte de Garden aux agents diplomatiques, en ce qui touche la protection à accorder aux nationaux, 475 et suiv. — La protection par voie diplomatique ne doit pas être prématurée, 476 et suiv. — Ordonnance française du 28 novembre 1833, 490 et suiv. — A quelle condition les Français peuvent-ils réclamer la protection de leur pays à l'étranger? 490, note 1. — La protection diplomatique est-elle subordonnée au fait de l'immatriculation? 491 et suiv. — Voir : *Immatriculation*. — La protection est due au national, non à l'immatriculé, 495. — Voir : *Pays-Bas ; Pérou*.

Protection diplomatique. Voir : *Pays-Bas ; Pérou ; Protection des nationaux à l'étranger*.

Protection du droit des gens. A partir de quel moment le ministre public jouit-il de la protection du droit des gens? t. I, p. 396 et suiv.

Prorogation des traités et conventions, t. II, p. 460.

Protocole. Voir : *Cérémonial de chancellerie*.

Protocole. Voir : *Correspondance diplomatique*.

Protocole. Significations diverses de ce mot, t. II, p. 464.

Protocole de chancellerie. Définition, t. II, p. 464, note 2. — Son utilité, *id.*

Protocole de clôture, t. II, p. 436 et suiv.

Protocole de la dernière séance d'une conférence, t. II, p. 397 et suiv., en note.

Protocoles des séances des congrès et des conférences, t. II, p. 412 et suiv. — Enonciations qu'ils doivent contenir, *id.* — Style des protocoles, 413.

Protocole d'ouverture d'une conférence, t. II, p. 388 et suiv., en note.

Prusse. Conditions d'entrée dans la carrière diplomatique, t. I, p. 29, 30.

Publication de pièces diplomatiques. Voir : *Discrétion*.

Publication des traités et conventions t. II, p. 446.

Puissances-tierces. Leur admission dans les conférences et dans les congrès, t. II, p. 375 et suiv.

Q

Qualification des agents diplomatiques. Rapport au Président de la République française, du 19 avril 1880, t. II, *Appendice*, p. 612.

Qualifications honorifiques, t. I, p. 67 et suiv.

Qualités diplomatiques. Qualités diverses que doit réunir le diplomate, pour se tenir à la hauteur de l'importance de son rôle, t. I, p. 16 et suiv. — Opinion de M. Désiré de Garcia de la Véga, *id.* — Opinion de D. José-Jorje-Loaysa, 18 et suiv.

R

Rang. Qu'est-ce que le *rang*? t. I, p. 77. — Fondement du rang, 77 et suiv. — Point de vue du droit naturel, 70. — Règles conventionnelles sorties des délibérations des congrès de Vienne, d'Aix-la-Chapelle, de Troppau, de Vérone et de Laybach, 78, en note. — — Egalité juridique et inégalité sociale, 79.

Rang. Importance des questions relatives au rang, t. I, p. 89 et suiv. — Voir : *Estrade (le comte d') ; Kinnoul (lord) ; Merle (le comte de) ; Siéyès ; Vatteville (le baron de)*. — Pratique moderne, quant au rang, 96 et suiv.

Rang. L'égalité du rang des États peut-être modifiée, t. I, p. 101. — Comment? *id.* — Le changement dans la forme du gouvernement n'influe pas nécessairement sur le rang, *id.* et suiv. — Ordre à suivre dans le rang, 102 et suiv. — Voir : *Rencontres personnelles*. — Rang observé dans les visites des chefs d'États, 105 et suiv. — Ordre des places dans les écrits, 106 et suiv.

Rang des agents diplomatiques. Règlement du 19 mars 1815, art. 7, t. I, p. 108 et suiv., 265 et suiv. — Par qui est déterminé le rang du ministre public à envoyer, 253 et suiv. — Protocole d'Aix-la-Chapelle du 20 novembre 1818, 268 et suiv. — Combien existe-t-il de classes de ministres publics? 269 et suiv. — Points de vue sous lesquels on peut considérer la question du rang des ministres publics, 288 et suiv. — Rang des ministres publics entre eux : 1° en lieu tiers, *id.* — Voir : *Préséance entre ministres publics*. — Résumé sur la pratique moderne, en matière de rang et de préséance entre les ministres publics, 292 et suiv. — Opinion de Klüber sur les questions de rang et de préséance, 293. — Comment le rang se règle-t-il entre ministres publics d'un même État, les uns vis-à-vis des autres? *id.* — Du rang des ministres entre eux : 2° dans leur propre hôtel, 293 et suiv. — Du rang des ministres publics vis-à-vis de tierces personnes, 294 et suiv.

Rang des États mi-souverains, t. I, p, 98.

Rang des États protégés, t. I, p. 98.

Rang des républiques, t. I, p. 98 et suiv. — Historique, id. — Principes modernes, 100. — Voir : *Lamartine.*

Rang des têtes couronnées et des autres chefs d'Etats monarchiques, t. I, p 96 et suiv.

Rapatriement des Français sans ressources, t. I p. 491, note 1.

Rappel du ministre public, t. II, p 512 et suiv. — La lettre de rappel, *id.* — Voir : *Lettre de rappel.* — Rappel sans cause de mésintelligence, 513 et suiv. — L'audience de congé, 513 et suiv. — Présents offerts au ministre public rappelé, 517 et suiv. — Rappel pour cause de mésintelligence, 520.

Rapports que les chefs de mission et autres agents diplomatiques français devaient adresser au ministre des affaires étrangères, conformément aux instructions adressées en l'an VIII, par M. de Talleyrand, aux agents de la France, t. I. p. 25. — En ce qui concerne les attachés de légation péruviens, 26 note 1.

Rapports que les ministres publics accrédités à l'étranger doivent envoyer à leur gouvernement, t. I, p. 444 et suiv. — Ce que ces rapports doivent contenir, 444, 445 et suiv.

Rapports ordinaires ou extraordinaires, t. I, p. 454 et suiv. — Leur objet, *id.* — Quand y a-t-il lieu aux uns et aux autres ? *id.* — A qui sont-ils adressés ? *id.* — Leur style, 455 et suiv.

Ratification des traités et des conventions, t. II, p. 440 et suiv. — Définition, 440. — Elle a lieu selon les formes propres à la constitution de chaque Etat, *id.* — Loi constitutionnelle française, 440, note 1. — Loi constitutionnelle péruvienne, *id.* — En quoi consiste l'acte de ratification, 440. — Dérogation au droit commun, 441. — Pourquoi cette dérogation ? *id.* — Réserve expresse de la ratification, *id.* — La réserve peut résulter des circonstances, *id.* — La tendance est aujourd'hui de présumer que la ratification a été réservée, *id.* — Délai de la ratification, *id.* — Echange des ratifications, 441 et suiv. — Cas où l'échange des ratifications est retardé, 443. — Ratification incomplète, *id.* — Procès-verbal d'échange des ratifications, 443 et suiv. — Les traités et conventions ne deviennent exécutoires entre les Etats contractants qu'après avoir été ratifiés, 444. — Exemples de traités qui n'ont pas été ratifiés, 444 et suiv.

Ratification des traités. Voir : *Réserve de la ratification.*

Rebelles. Des sujets rebelles peuvent-ils envoyer des ambassadeurs à leur prince ? t. I, p. 184, note 1. — Voir : *Commissaires* ; *Parlementaires.*

Réception des ministres publics. Y a-t-il obligation pour un Etat souverain de recevoir des ministres publics des autres Puissances, ? t. I, p. 189 et suiv. — Conditions mises à la réception des ministres publics, 192 et suiv. — Refus de recevoir, *id.*

Réception des ministres publics de la première classe, t. I, p. 399 et suiv.

Réception des ministres publics de la seconde classe, t. I, p. 409 et suiv.

Réception des ministres publics de la troisième classe, t. I, p. 412 et suiv.

Réception des ministres publics de la quatrième classe, t. I, p. 413 et suiv.

Réception des princes étrangers, t. I, p. 143.

Réciprocité. La règle générale, qui comporte très-peu d'exceptions, en matière d'exercice du droit d'ambassade, est que les Etats se traitent sur le pied de la réciprocité, t. I, p. 283.

Réclame (la). Voir : *Correspondance diplomatique.*

Reconnaissance des titres et dignités, t. I, p. 50 et suiv. — La reconnaissance ne peut être refusée arbitrairement et sans motifs, 50. — Elle peut être retardée, 51. — Exemples de retards, *id* — Elle peut être accordée sous condition, *id.* — Exemples, *id.* — Reconnaissance avec clause déclarant que l'usage ou le non-usage de tels titres déterminés ne sera d'aucun préjudice, 52. — Exemple, *id.* — La reconnaissance peut être refusée, *id.* — Exemple, 52 et suiv. — Le refus de reconnaissance peut être exprès ou tacite, 53.

Reconnaissance d'un Etat, t. I, p. 131 et suiv. — Comment elle se fait, *id.* — Déclaration écrite, 133. — Reconnaissance implicite, *id.*

Refus d'exécuter les traités et conventions. Cas où ce refus pourrait être fondé, t. II, p. 451 et suiv.

Refus de recevoir les ministres publics, t. I, p. 347 et suiv. — Refus général, 348. — Refus spécial, *id.* — Exemples ordinairement cités de refus de recevoir des ministres publics, 348 et suiv. — Voir: *Agréation.*

Refus de reconnaissance des titres et dignités, t. I, p. 53. — Il peut être exprès ou tacite, *id.* — Exemple *id.*, en note.

Régence. Définition, t. I, p. 128. — On ne recourt pas toujours à une régence, quand le prince régnant est incapable ou empêché de gouverner, 128 et suiv., en note. — Notification d'établissement d'une régence, 128 et suiv.

Régent. Définition, t. I, p. 128 et suiv.

Régent. Le régent du royaume, pendant la minorité du roi, a-t-il qualité pour recevoir personnellement les lettres de créance d'un agent diplomatique expressément accrédité auprès de la personne royale? t. I, p. 388.

Reine d'Angleterre. Prend, en 1876, le titre d'impératrice des Indes, t. I, p. 54, en note. — Titres de la reine du Royaume-Uni de la Grande-Bretagne et d'Irlande, *id.*

Reïs-Effendi. Lettre dont sont porteurs pour le reïs-effendi les ministres publics français envoyés en Turquie, t. I, p. 384.

Relations. Les relations (« *relazioni* ») des ambassadeurs vénitiens, t. I, p. 37.

Religion du ministre public, t. I, p. 340 et suiv.

Rémunération des services des agents diplomatiques, t. I, p. 320 et suiv. — Lois, décrets et règlements français, 324 et suiv. — Indemnités de frais d'installation, 328 et suiv. — Rapport du ministre des affaires étrangères de France, du 14 août 1880, et décret conforme de la même date, concernant le mode d'ordonnancement et de paiement des dépenses et traitements des agents diplomatiques, 331 et suiv.

Rencontres personnelles. Ordre à suivre dans le rang, en cas de rencontres personnelles, t. I, p. 102 et suiv. — Moyens de prévenir les disputes de préséance dans les rencontres personnelles, 110 et suiv. — Critique de ces moyens, 112.

Renouvellement des traités et conventions, t. II, p. 460.

Renvoi du ministre public, t. II, p. 532 et suiv.

Représailles. Des représailles peuvent-elles justifier des actes de violence contre un ministre public? t. II, p. 21 et suiv. — Exemple des vexations qui étaient imposées autrefois aux ambassadeurs étrangers, en cas de rupture, 24, note 2.

Représentation de son gouvernement, t. I, p. 433 et suiv. — Exemple, 434 et suiv.

Représentation diplomatique. Un Etat peut-il se faire représenter par l'agent diplomatique d'un Etat étranger? t. I, p. 186 et suiv. — Un même ministre peut-il être chargé en même temps de plusieurs missions près de différents gouvernements? 186 et suiv. — Cas où plusieurs Etats n'ont qu'un même agent diplomatique accrédité près le même gouvernement, 187 et suiv.

Républiques. Elles ne reçoivent aujourd'hui aucune qualification honorifique, t. I, p. 69.

Réserves. Définition, t. II, p. 437.

Réserve de la ratification. Il est de règle, dans le droit des gens contemporain, de réserver la ratification dans la plupart des traités, t. I, p. 379. — Réserve expresse, *id.* — Réserve présumée, 380.

Résidents. Protocole d'Aix-la-Chapelle, du 20 novembre 1818, au sujet des ministres résidents, t. I, p. 268 et suiv.

Résidents. Incertitude qui régnait dans les esprits avant le protocole d'Aix-la-Chapelle du 21 novembre 1818, au sujet de la situation d'éti quette des résidents, t. I, p. 285. — Ils forment une classe intermédiaire de ministres publics entre la seconde classe et la dernière, *id.* — Distinction inutile que fait Klüber entre les résidents, 285, note 2.

Responsabilité des négociateurs, t. II, p. 298 et suiv. — Opinion de M. D. Pedro-Galvez sur la responsabilité des négociateurs qui auraient été d'anciens fonctionnaires politiques, 299 et suiv. — Les Chambres ont-elles le droit d'émettre un vote de non-confiance contre les agents diplomatiques du pays? 300 et suiv.

« **Responsales** ». Ce qu'étaient les « *responsales* », t. I, p. 166.

Réunion d'un Etat à une couronne étrangère, t. I, p. 131 et suiv. — Exemples, 132.

Réversales. Voir : *Lettres réversales.*

Révocation des agents diplomatiques, t. II, p. 530 et suiv. — Un décret de Castilla, du 9 janvier 1855, *id.*

Ribeyro (D. Juan-Antonio). Voir : *Idée de la ligue latino-américaine.*

Richelieu (*le cardinal de*). Passe pour avoir inauguré le système d'entretenir des légations permanentes auprès des cours étrangères, t. I, p. 10. — Avait les vues les plus étendues dans les affaires politiques, mais était irrésolu, dans l'exécution, 17.

Richelieu (le duc de), ambassadeur de France à Vienne. Note de ses frais extraordinaires, t. I, p. 441, note 1.

Rohan (*le prince de*), jugé par Marie-Thérèse, t. I, p. 17.

Rohan (*le prince de*). Train de maison de cet ambassadeur de France à Vienne, t. II, p. 247 et suiv.

Roi. Le titre de roi, t. I, p. 57 et suiv. — Historique, 57. — Principe du droit féodal, *id.* — Principe du droit public contemporain, *id.* — Exemples de certaines couronnes interdites à certains princes, pour des raisons d'ordre politique, 57 et suiv., en note.

Rois. Les rois recevaient autrefois la qualification d'*altesse* et de *sérénité*, t. I, p. 67, en note. — Comment ils se sont donné successivement la *majesté*, *id.* et suiv., en note. — Qualifications données aux rois, quand on s'adresse à eux, 68.

Roi détrôné. A-t-il le droit d'envoyer des ministres publics? t. I, p. 180 et suiv. — Voir : *Faits accomplis; Gouvernements de fait.*

Rois de France. Leur droit à la préséance, t. I, p. 91, et en note.

Rois titulaires. Voir : *Ex-rois.*

Rôle d'observation, t. I, p. 438 et suiv. — Recommandations du comte de Garden, *id.* — Voir : *Corruption.* — Rapports que l'agent diplomatique accrédité à l'étranger doit envoyer à son gouvernement, 444 et suiv. — Comme observateur, le ministre public doit avoir de la vigilance et de la prudence, 447.

Rôle du ministre public dans la négociation, t. I, p. 470.

Rolin-Jacquemyns. Démontre que, de nos jours, l'action diplomatique tend à répondre à des besoins d'un ordre plus élevé que l'utile, t. I, p. 12 et suiv.

Romains. Usages des Romains, en matière de diplomatie, t. I, p. 161 et suiv. — Voir : *Féciaux.*

Rose d'or, t. I, p. 139 et suiv.

Rosse (*l'évêque de*). Incident relatif à l'évêque de Rosse, envoyé de Marie-Stuart, t. II, p. 180, en note. — Questions posées, à cet égard, à cinq des plus savants jurisconsultes d'Angleterre, *id.* — Leur réponse, *id.*

Roumanie. Voir : *Principautés-Unies.*

Rupture des traités et des conventions, t. II, p. 459 et suiv. — Comment les conventions et les traités se rompent-ils? *id.*

Russie. Conditions d'entrée dans la carrière diplomatique, t. I, p. 30. — Diplomatie plutôt civile que militaire, 30 et suiv.

Ryswick (le traité de), t. I, p. 36, en note.

S

Sainte-Alliance. Traité de la Sainte-Alliance, t. II, p. 322, note 1. — Objet de ce traité, *id.*

Saint-Pierre (l'abbé de). Il propose l'institution d'un Sénat européen, t. II, p. 370, note 1.

Saint-Siége. Question des immunités diplomatiques appliquées en Italie aux envoyés du Saint-Siége. Ces immunités sont limitées à l'aller et au retour, t. II, p. 45, note 1. — L'exemption des impôts sur le capital et sur le revenu peut-elle être invoquée, en Italie, par les envoyés étrangers près le Saint-Siége ? 49, 50.

Saint-Siége. Quelle est actuellement, à propos du droit d'ambassade actif et passif, la situation des envoyés des Puissances étrangères auprès du Saint-Siége, et des envoyés du pape auprès des gouvernements étrangers ? t. I, p. 193 et suiv. — Doctrine des auteurs italiens, *id.* — Critique de cette doctrine, 195 et suiv. — Comment la question a été résolue à Lima, en 1878, par le corps diplomatique en résidence dans cette capitale, à propos de M. Mario Moncenni, archevêque d'Héliopolis, et délégué apostolique, 197, note 1.

Saint-Siége. Question de l'inviolabilité appliquée aux envoyés des gouvernements étrangers près le Saint-Siége, et des envoyés du Saint-Siége près les gouvernements étrangers, t. II, p. 16 et suiv.

Saint-Siége. Question de l'immunité de la juridiction criminelle applicable aux envoyés du souverain-pontife près des gouvernements étrangers, et des envoyés des gouvernements étrangers près du Saint-Siége, t. II, p. 180, note 1.

Salut des forteresses. Voir *Honneurs diplomatiques.*

Salut des navires de guerre. Voir : *Honneurs diplomatiques.*

Sanction des traités et des conventions. t. II, p. 452 et suiv. — Quelle est la sanction des traités et des conventions ? 452. — Moyens employés, dans le passé, pour assurer le maintien des traités, *id.* — La garantie, 452 et suiv. — La caution, 453. — Le gage, *id.* — L'hypothèque, *id.* — Le serment, *id.* — Quelle est la garantie la plus efficace, et, de nos jours, la seule habituelle ? 454. — Voir : *Caution ; Gage ; Garantie ; Guerre ; Hypothèque ; Serment.*

Scellés. Voir : *Décès du ministre public.*

Scellés. Apposition des scellés chez le ministre public, par suite du décès de ce dernier, t. II, p. 521. — Par qui seront-ils apposés ? *id.*

Secret de la correspondance diplomatique, t. I, p. 460 et suiv.

Secret de la poste, t. I, p. 461 et suiv. — C'est principalement à l'égard de la correspondance des ministres publics avec leur gouvernement que ce secret doit être scrupuleusement respecté, *id.* — La raison d'État serait un faible prétexte pour en justifier la violation, *id.* — Opinion du comte de Garden, *id.*

Secrétaires. Présentation des secrétaires de légation, t. I, p. 426 et suiv.

Secrétaires d'ambassade ou de légation. Ils jouissent, comme personnes officielles, des priviléges des agents diplomatiques, en ce qui touche leur exemption de la juridiction locale, t. II p. 161.

Secrétaires d'ambassade ou de légation. Ils sont fonctionnaires de l'État, t. II, p. 188, note 1. — Quelles sont leurs attributions ? *id.*, 203, 204 et suiv. — Les secrétaires d'ambassade ou de légation sont quelquefois revêtus du caractère de *conseillers*, 202. — Ils jouissent de l'inviolabilité et des immunités des ministres, 203. — Doivent être distingués des secrétaires privés des ministres publics, 204. — En cas d'absence du ministre public, le secrétaire d'ambassade ou de légation peut-il présenter, en son propre nom, des mémoires, lorsqu'il n'a pas été légitimé comme chargé d'affaires ? 205 et suiv. — Les secrétaires d'ambassade et de légation peuvent-ils prétendre à un cérémonial particulier ? 206. — Combien y a-t-il de secrétaires dans les postes diplomatiques ? 206 et suiv. — Y a-t-il des secrétaires dans tous les postes ? *id.* — Sont-ils tenus à de la représentation, dans les cas où ils remplacent le chef de poste en congé, comme chargés d'affaires par intérim ? 207, note 1.

Secrétaires d'ambassade de deuxième classe. Rapport au Président de la République française, du 21 février 1880, t. II, *Appendice* p. 589. — Décret conforme de la même date, *id.*, 592.

Secrétaire général du ministère

des affaires étrangères. Ses attributions, t. I, p. 206 et suiv. — Voir : *Ministère des affaires étrangères.*

Secrétaires interprètes, t. II, p. 214.

Secrétaires particuliers du ministre public. L'indépendance de ce dernier se communique-t-elle à eux ? t. II, p. 162. — Ne pas confondre ces secrétaires avec les secrétaires d'ambassade ou de légation, *id.*, et t. II, p. 204.

Ségur (*le comte de*). Récit de sa réception comme ambassadeur de France par Catherine II, t. I, p. 418 et suiv.

Sénat de Venise. Comment il était informé de tout ce qui se passait dans les pays étrangers, t. I, p. 443 et suiv.

Sentence arbitrale. Ses effets, pour les parties, t. II, p. 481. — Cas où les parties pourraient ne pas se soumettre à la sentence arbitrale, *id.* — Style des décisions arbitrales, 482.

Serment. Moyen longtemps pratiqué d'assurer l'exécution des traités et des conventions, t. II, p. 453. — Circonstances dans lesquelles il a été employé, *id.* — Ce moyen est aujourd'hui tombé en désuétude, *id.*

Service diplomatique. Tentatives faites par les ministres péruviens, pour organiser sur de solides bases le service diplomatique du Pérou, t. I, p. 27, en note.

Sexe du ministre public, t. I, p. 343 et suiv.

Siéyès. Une fière parole de lui, à Berlin, t. I, p. 95.

Signature des traités et des conventions, t. II, p. 438 et suiv.

Société diplomatique. Caractère élégant et distingué de la société diplomatique, t. II, p. 257.

Souscription. Voir : *Correspondance diplomatique.*

Sous-Secrétaire d'Etat du ministère des affaires étrangères de France. Rétablissement de ce poste, t. II, Appendice, p. 584, note 1. — Services placés dans ses attributions, *id.*

Souverains diplomates, t. II, p. 541 et suiv. — Guillaume III d'Angleterre, 542 et suiv. — Catherine II et Marie-Thérèse, 543 et suiv. — L'empereur Joseph II, 545 et suiv. — Frédéric II, de Prusse, 546 et suiv. — Napoléon Ier, 547 et suiv.

Staël (*Mme de*). Sa présentation à la cour de France comme ambassadrice de Suède, t. II, p. 215.

Stipulations qui forment le corps du traité ou de la convention et qui en fixent la durée, t. II, p. 433 et suiv. — La clarté et la précision sont les qualités nécessaires de la rédaction de ces stipulations, 434. — Devoir des négociateurs, *id.*

Style diplomatique. Voir : *Hotman ; Marselaer ; Meisel.*

Style diplomatique, t. II, p. 486 et suiv.

« **Subdatarii** », t. II, p. 203. — Voir : « *Auditores nunciaturæ* ».

Sublime Porte. Voir : *Porte Ottomane.*

« **Sub spe rati** ». Sens de cette expression, t. I, p. 370, note 3.

Succession du ministre public. Voir : *Décès du ministre public ; Papiers d'Etat ; Veuve du ministre public.*

Suède. Sa réunion au Danemarck et à la Norwège, t. I, p. 88, en note. — Sa délivrance de la domination danoise, *id.*

Suisse. Constitution fédérale de la Suisse, au point de vue du droit diplomatique et de l'exercice du droit d'ambassade, t. I, p. 175 et suiv.

Suisse. Ancien cérémonial observé dans les cantons suisses pour la réception des ambassadeurs, légats ou nonces, t. I, p. 405, note 1. — Règlement nouveau, 406, en note.

Suite du ministre public. Voir : *Immunité de la juridiction civile ; Immunité de la juridiction criminelle.* — De quoi se compose la suite du ministre public, t. II, p. 200 et suiv. — Personnes employées pour le service de la légation, 201 et suiv., 214. — Personnes attachées au ministre public pour son service personnel, 216 et suiv. — Condition de ces personnes, lorsqu'elles quittent le service du ministre public, 217. — Ces personnes n'ont droit aux immunités diplomatiques qu'autant qu'elles habitent la maison du ministre public, 218. — Le ministre public exerce-t-il un droit de juridiction sur les personnes de sa suite? 218 et suiv. — Voir : *Droit de juridiction*. — Les personnes de la suite du ministre public ont le libre exercice de leur religion ou confession à l'intérieur de l'hôtel de la légation, 231 et suiv.

Suite militaire. Ne pas confondre la suite militaire qu'on donnait autrefois aux ministres publics avec les *attachés militaires*, t. II, p. 209.

Sully (le duc de). Etant ambassadeur extraordinaire de France à Londres, il prononce la peine capitale contre un gentilhomme de sa suite, t. II, p. 219, note 1.

Sultan. Origine de ce titre, t. I, p. 65. — Historique, 65 et suiv. — Le sultan a le titre de *padischah*, 65. — Voir : *Padischah*. — Est souvent qualifié de *Hautesse*, 69. — L'usage a prévalu de le qualifier de *Majesté*, *id*.

Sultane, t. I, p. 65, en note.

Sultane Validé, t. I, p. 65, en note.

Suppression des missions diplomatiques, t. II, p. 531 et suiv. — Effets de la suppression et de la fin des missions diplomatiques, 536 et suiv.

Suscription. Voir : *Correspondance diplomatique*.

Suspension des missions diplomatiques, t. II, p. 534 et suiv. — Effets de cette suspension, 535. — Quand, à la suite d'une déclaration de guerre, un agent diplomatique est rappelé de son poste, et qu'après la cessation de la guerre il y est renvoyé, doit-on dire, ou que ses fonctions ont été seulement suspendues dans l'intervalle, ou qu'elles ont cessé d'abord et qu'elles ont été ensuite reprises? 535 et suiv.

Système d'Etats confédérés. — En quoi consiste cette manière d'être d'Etats unis ensemble par un lien fédéral, t. I, p. 173 et suiv. — Voir : *Droit d'ambassade*.

T

Talleyrand (le baron de). Diplomate français du second Empire, t. I, p. 19. — Jugement porté sur ce diplomate par M. de Cavour, 20. — Voir : *Ideville* (Henri d').

Talleyrand (le prince de). Instructions adressées par lui, en l'an VIII, aux agents diplomatiques français, t. I, p. 25.

Talleyrand (le prince de). Son caractère, t. I, p. 19, et t. II, p. 552, note 1. — Il soutient que la diplomatie n'est pas une science de ruse et de duplicité, t. I, p. 20.

Talleyrand (le prince de). Qualités que doit réunir, d'après lui, un bon ministre des affaires étrangères, un bon directeur ou un bon chef de division ou de section, t. I, p. 241 et suiv.

Tarifs des chemins de fer. Les ministres publics y sont soumis, t. II, p. 63.

Taxes télégraphiques. Les ministres publics y sont soumis, t. II, p. 63.

Tchitchérine. Voir : *Commerce*.

« **Te Deum** », t. I, p. 134.

Télégraphie. Emploi de la télégraphie dans les négociations diplomatiques, t. II, p. 302 et suiv.

Témoignage des ministres publics. Un agent diplomatique peut-il être cité comme témoin dans un procès? t. II, p. 181 et suiv.

Thiers (M.). Doute de cet homme d'Etat sur la nécessité absolue d'ambassades fixes, t. II, p. 256, en note.

Tilsitt (traité de). Article 28 de ce traité entre la France et la Russie, relatif au cérémonial des deux cours, t. I, p. 85 et suiv.

Timbres et cachets des postes diplomatiques. Arrêté du ministre des affaires étrangères de France, du 30 avril 1880, t. II, *Appendice*, p. 613.

Titre. Qu'est-ce que le *titre*, t. I, p. 49. — Le titre d'empereur, 54 et suiv. — Le titre de roi, 57 et suiv. — Le titre de grand-duc, 59. — Le titre d'électeur, 59 et suiv. — Le titre de duc, 60 et suiv. — Le titre de prince, 61 et suiv. — Le titre de margrave, 63. — Le titre de landgrave, *id*. — Le titre d'hospodar, 64 et suiv. — Le titre de sultan, 65. — Le titre de pape, 66. — Le titre de czar, 66 et suiv.

Titre d'Excellence. A qui ce titre était-il attribué autrefois? t. II, p. 242. — Depuis quelle époque est-il devenu l'épithète honorifique des ambassadeurs? 242 et suiv. — Historique, *id.* — Usage de ce titre, 243. — Ce titre est-il donné aux ministres de second ordre? *id.*

Titres de mémoire. Définition, t. I, p. 70. — Exemples, 70 et suiv.

Titres de prétention. Définition, t. I, p. 70. — Exemples, 70 et suiv.

Titres et dignités, t. I, p. 49 et suiv. — Les mots *titres* et *dignités* ne sont pas synonymes, 49. — Énumération des titres désignant des dignités, 50. — Règle qui domine la question des titres et dignités, *id.* et 53. — Reconnaissance des titres et dignités, 50 et suiv.

Titre moyen (le). En quoi il consiste; son usage, t. I, p. 71, en note.

Titres nobiliaires attachés, dans l'ancien droit de la France, à certaines fonctions, telles que celles d'ambassadeur, t. II, p. 243, note 1. — Cet usage a disparu, *id.*

Titres pompeux. Ce qu'il faut entendre par cette dénomination, t. I, p. 72 et suiv. — Exemples, *id.*

Titres religieux portés par certains chefs d'États, t. I, p. 69 et suiv. — Origine de ces titres et historique, 70.

Torrès-Caïcedo. Notice, t. II, p. 563 et suiv.

Torys. Qui désigne-t-on ainsi, en Angleterre, t. I, p. 35, en note.

Train de maison du ministre public, t. II, p. 247 et suiv.

Traitement des chefs d'États entre eux, t. I, p. 73 et suiv. — Formules habituellement employées par les têtes couronnées entre elles, et dans leurs rapports avec les chefs d'États républicains, 73, 74.

Traités. Servent parfois, quoique rarement, de base aux préséances, t. I, p. 77. — Conséquences qui en résultent, *id.*

Traités. Définition, t. II, p. 425. — Les traités sont des conventions, 425. — Voir : *Conventions.* — On distingue cependant entre les *traités* et les *conventions*, 425 et suiv. — En quoi consiste la différence entre les *traités* et les *conventions*, 426 et suiv. — Classifications diverses des traités, 428 et suiv. — Les traités politiques et les traités de commerce sont les deux catégories les plus importantes des contrats internationaux, 429, note 1. — Forme des traités, 429 et suiv. — De quoi ces actes internationaux se composent-ils, quant à la forme? *id.* — Le *préambule*, 430 et suiv. — L'*invocation*, *id.* — Désignation des plénipotentiaires, 432 et suiv. — Justification de la qualité pour négocier, 433. — Stipulations qui forment le corps du traité et en fixent la durée, 433 et suiv. — Rédaction de ces stipulations, 434. — Devoir des négociateurs, *id.* — Cas où le traité n'est pas rédigé dans une langue commune, *id.* — Les articles des traités, 434 et suiv. — Voir : *Articles.* — Conventions additionnelles, 436. — Protocole de clôture, 436 et suiv. — Réserves, 437 et suiv. — Finale et autres énonciations dont se composent les traités, 438. — Signature et alternat, 438 et suiv. — Ratification, 440 et suiv. — Exemples de traités qui n'ont pas été ratifiés, 444 et suiv. — Adhésion et accession aux traités, 445 et suiv. — Publication des traités, 446. — Conditions essentielles des traités publics, 446 et suiv. — Exécution des traités, 449 et suiv. — Effets des traités, 450 et suiv. — Intervention des tierces Puissances dans les traités, 452. — Intervention *bénévole* et intervention *formelle*, *id.* — Sanction des traités, 452 et suiv. — Voir: *Caution*; *Gage*; *Garantie*; *Guerre*; *Hypothèque*; *Serment.* — L'interprétation des traités, 454 et suiv. — Conciliation des traités, 458. — Fin des traités, 459 et suiv. — Voir : *Dissolution des traités*; *Rupture des traités.* — Confirmation, prorogation, renouvellement, dénonciation, modification des traités, 460 et suiv. — Déclarations, 461 et suiv. — Traités secrets, 463 et suiv.

Traités conditionnels, t. II, p. 428, note 1.

Traités constitutifs. Définition, t. II, p. 428, note 1.

Traité continental. Voir : *Idée de la ligue latino-américaine.*

Traités d'association. Définition, t. II, p. 428, note 1.

Traités de commerce. Ce n'est guères qu'après la paix de Nimègue, en 1678, que les traités de commerce et de navigation se sont séparés des traités politiques, t. II, p. 249, note 1. — Ils sont, avec les traités politiques, les deux catégories les plus importantes des contrats internationaux, *id.*

Traités définitifs. Ils sont principaux ou accessoires, t. II, p. 428, note 1.

Traités de navigation. Voir : *Traités de commerce.*

Traités économiques, t. II, p. 429.

Traités égaux. Définition, t. II, p. 428, note 1.

Traités éventuels, t. II, p. 428, note 1.

Traités généraux, t. II, p, 429.

Traités inégaux. Définition, t. II, p. 428, note 1.

Traités internationaux. Indication d'ouvrages sur les traités internationaux, que doivent connaître ceux qui se destinent à la diplomatie, t. I, p. 32 et suiv.

Traités personnels. Définition, t. II, p. 428, note 1.

Traités politiques, t. II, p. 429.

Traités préliminaires. Définition, t. II, p. 428, note 1.

Traités purs et simples, t. II, p. 428, note 1.

Traité réels. Définition, t. II, p. 428, note 1.

Traités réglementaires. Définition, t. II, p. 248, note 1.

Traités secrets, t. II, p. 463 et suiv. — Définition, 463. — Leurs effets, *id.* — Clause qui rend secret un traité, 464.

Traités spéciaux, t. II, p. 429.

Transaction. En quoi la *transaction* diffère-t-elle du *compromis* ? t. II, p. 473. — Voir : *Compromis.*

Travail particulier du ministre public, t. I, p. 452 et suiv.

Tsar. Voir : *Czar.*

U

Ultimatum (les). Voir : *Correspondance diplomatique.*

Usurpateur. Un usurpateur a-t-il le droit d'envoyer des ministres publics ? t. I, p. 180 et suiv. — Voir : *Faits accomplis ; Gouvernements de fait.*

Utile (l') est le principal objectif de la politique et de son instrument, la diplomatie, t. I, p. 11. — Voir : *Diplomatie ; Rolin Jaequemyns.*

Utrecht (le traité d'), t. I, p. 36, en note.

V

Valachie. Clauses du traité de Kaïnardji, relatives à la représentation diplomatique de la Valachie, t. I, p. 171. — Clauses de la convention de Paris du 19 août 1858, relatives au même objet, 171, 172. — Le traité de Berlin, 172.

Vannutelli (Sérafin). Mission de cet envoyé apostolique auprès de quelques républiques de l'Amérique du Sud, t. I, p. 449 et suiv.

Vatteville (le baron de). Incident du comte d'Estrade et du baron de Vatteville, en 1661, t. I, p. 90 et suiv.

Véga (Désiré de Garcia de la). Expose les qualités que doit réunir un diplomate pour se tenir à la hauteur de l'importance de son rôle, t. I, p. 16 et suiv. — Voir : *Qualités diplomatiques.*

Venise. L'ancienne République de Venise n'envoyait que des ambassadeurs, t. I, p. 280, note 1 ; — et des résidents, 163.

Venise. Instructions données par le gouvernement de Venise, au XIIe siècle, aux ambassadeurs envoyés par lui à l'empereur d'Orient, t. I, p. 358.

Venise. Réception faite autrefois à l'ambassadeur de France, t. I, p. 401.

Vergennes (le comte de). Négociateur de France à la Sublime-Porte ; son désintéressement et sa moralité politique, t. I, p. 443.

Veto. Voir : *Majorité.*

Veuve du ministre public. Il est d'usage de lui conserver pour quelque temps, ainsi qu'à ses enfants et aux domestiques qu'elle garde à son service, les immunités dont elle jouissait du vivant de son époux, t. II, p. 525. — Un délai peut lui être fixé, *id.*

Vice-rois. Ont-ils le droit d'envoyer des ministres publics ? t. I, p. 178 et suiv.

Victor Hugo. Sa lettre au pasteur Bost, de Genève, t. I, p. 81.

Vienne. Règlement sur le rang entre

les agents diplomatiques, fait à Vienne le 19 mars 1815, t. I, p. 265 et suiv.

Violation des traités et des conventions, t. II, p. 459 et suiv.

Visites des chefs d'Etats. Rang qu'on y observe, t. I, p. 105 et suiv.

Visites diplomatiques, t. I, p. 421 et suiv. — Visites qui suivent la présentation des lettres de créance, *id.* — Visites à l'épouse du souverain, à l'héritier présomptif du trône, aux princes et aux princesses du sang, *id.* — L'audience des princes du sang était imposée aux ambassadeurs par Louis XIV, 422, note 1. — Saint-Simon fait voir à combien de petitesses ces audiences donnaient lieu, *id.* — Dans les républiques, l'agent diplomatique peut se rendre chez l'épouse du chef de l'Etat, mais ce n'est qu'une visite de particulier à particulier, 422. — Visite du ministre des affaires étrangères à l'agent diplomatique, 423. — Visites du corps diplomatique, 423 et suiv. — Grande étiquette et usage rigoureux, 424. — Comment on peut renoncer à cette étiquette, 425. — La question des visites se résout, de nos jours, d'une manière plus simple et plus facile, *id*, note 1.

Viviani (le commandeur). Sa réception comme ministre résident d'Italie à Lima par M. de Piérola, chef suprême de la République du Pérou, le 4 septembre 1880, t. I, p. 420, note 1.

Voitures des ministres publics. Elles ont le privilège de ne pas garder la file dans les cérémonies publiques, ou lorsque les ministres se rendent à la cour, ou au théâtre, t. II, p. 233.

Voltaire. Ce qu'il dit des *entrées* des ambassadeurs, t. I, p. 401, note 1.

Vote. Signification de ce mot dans le langage diplomatique, t. II. p. 414. — Enonciations du vote et style dans lequel il doit être conçu, 415 et suiv.

W

Wegmann (de). Expose que le droit de chaque époque est essentiellement, comme les faits mêmes qui le caractérisent, un produit de l'histoire antérieure, t. I, p. 8. — Application de cette observation au droit diplomatique, 8 et suiv.

Westphalie (paix de). A consacré définitivement l'usage des légations permanentes, t. I, p. 10. — Traités compris sous le nom de *Paix de Wesphalie*, 36, en note.

Wicquefort (Abraham de). Notice biographique, t. I, p. 165, note 2.

Whigs. Qui désigne-t-on ainsi, en Angleterre, t. I. p. 35, en note.

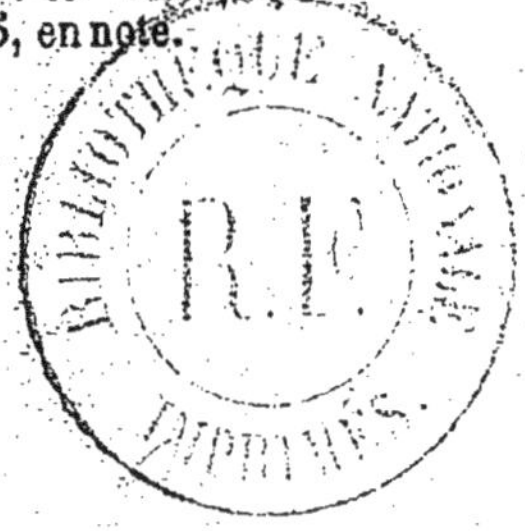

ERRATA

DE LA

TABLE ALPHABÉTIQUE ET ANALYTIQUE

Agents. Combien y-a-t-il de sortes d'agents, t. II, p. 538 et suiv. — Simples-agents, 538. — Agents secrets, 539. — Agents envoyés pour étudier les institutions d'un pays étranger, *id.* — Agents revêtus de pouvoirs formels, mais sans titre officiel et sans caractère diplomatique, *id.*

Audiences de congé, t. II, p. 514 et suiv.

Brefs... Définition, t. II, p. 507. — Comment ils se datent, *id.* — Leur forme, *id.*

Brésil... Bonheur de cet empire, t. II, p. 565 et suiv.

Bulles... Objets des bulles, t. II, p. 506. — Leur forme, *id.* — Leur date, *id.* — Comment elles sont dénommées, *id*

Catherine II de Russie... Son caractère, t. II, p. 543 et suiv.

Cavour (le comte de)... Son caractère, t. II, p. 549.

Célébrités diplomatiques, t. II, p. 540 et suiv. — Antiquité, *id.* — Bas-Empire, *id.* — Temps modernes, 541 et suiv.

Chancellerie... Signification de ce mot, t. II, p. 507. — La chancellerie au Pérou, 508 et suiv. — Attribution de la chancellerie dans les légations, 509.

Chancelier. Historique du titre de chancelier, t. II, p. 507. — Différentes applications, *id.*

Changement survenu dans la classe et le rang diplomatique du ministre public, t. II, p. 534.

Commissaires, t. II, p. 538 et suiv.

Congé... Comment un ministre public prend congé de la cour ou du chef du gouvernement auprès desquels il a été accrédité, t. II, p. 514 et suiv.

Correspondance diplomatique... Les conclusum, t. II, p. 506. — Les ultimatum, *id.* — Les bulles, *id.* — Les encycliques, 506 et suiv. — Les brefs, 507. — La chancellerie et les chanceliers, 507 et suiv.

Décès du ministre public. t. II, p. 520 et suiv. — Apposition des scellés, 521 et suiv. — Succession du ministre public, 522 et suiv. — Réintégration à l'État des papiers diplomatiques et papiers d'État, après le décès du ministre public, 523 et suiv. — Règlement français du 6 avril 1880, 525 et suiv.

Démission du ministre public, t. II, p. 530.

Diplomates américains, t. II, p. 561 et suiv.

Diplomates autrichiens, t. II, p. 560; danois, 561 ; espagnols, *id.* ; français, 550 et suiv. ; hollandais, 561 ; italiens, 549 et suiv. ; portugais, 561 ; prussiens, 560; suédois, 561.

Drouyn de Lhuys. Notice, t. II, p. 553, note 1.

Encycliques.. Objet des encycliques, t. II, p. 506.

Fin des missions diplomatiques. — Comment les missions diplomatiques prennent fin, t. II. p. 511 et suiv. — Expiration du terme fixé pour la durée de la mission, 511. — Fin de l'affaire ou de la négociation qui formait le but de la mission, 512. — Rappel du ministre public, 512 et suiv. — Voir: *Lettre de rappel.* — Rappel sans cause de mésintelligence, 513 et suiv. — L'audience de congé, 514 et suiv. — Comment un ministre public prend congé de la cour ou du chef du gouvernement auprès duquel il est accrédité, 514 et suiv. — Exemple tiré de l'histoire diplomatique du Pérou, 516 et suiv. — Présents offerts au ministre rappelé, 517 et suiv. — Rappel pour cause de mésintelligence, 520. — Décès du ministre public, 520 et suiv. — Le décès du constituant du ministre met-il fin à la mission diplomatique? 527 et suiv. — Cas de décès du souverain auprès duquel le ministre public était accrédité, 528. — Observation relative aux chargés d'affaires, en cas de décès du ministre des affaires étrangères qui les a accrédités, ou de nomination d'un nouveau ministre des affaires étrangères, dans le pays où ils exercent leurs fonctions, 528. — Mort morale du constituant ou du souverain auprès duquel le ministre public était accrédité, 529 et suiv. — Démission du ministre public, 530. — Révocation des agents diplomatiques, 530 et suiv. — Suppression des missions diplomatiques, 531 et suiv. — Déclaration expresse ou tacite du ministre, portant que sa mission doit être regardée comme terminée, 532. — Renvoi du ministre public, 532 et suiv. — Cas de changement survenu dans la classe et le rang diplomatique du ministre public, 534. — Suspension des missions diplomatiques, 534 et suiv. — Effets de la suppression et de la fin des missions diplomatiques, 536 et suiv.

Frédéric II, de Prusse, t. II, p. 546 et suiv.

Guillaume III, d'Angleterre, t. II, p. 542 et suiv.

www.ingramcontent.com/pod-product-compliance
Lightning Source LLC
Chambersburg PA
CBHW071130270326
41929CB00012B/1706

* 9 7 8 2 0 1 2 6 4 5 4 7 9 *